COLEÇÃO LEGISLAÇÕES

DIREITO ELEITORAL

DIRETORIA PEDAGÓGICA	**ASSISTENTE EDITORIAL**
Evandro Guedes	Heloísa Perardt
DIRETORIA DE OPERAÇÕES	Mariana Castro
Javert Falco	**REVISÃO**
DIRETORIA DE MARKETING	Equipe AlfaCon
Jadson Siqueira	**CAPA**
COORDENAÇÃO EDITORIAL	Alexandre Rossa
Wilza Castro	Nara Azevedo
SUPERVISÃO DE EDITORAÇÃO	**PROJETO GRÁFICO E DIAGRAMAÇÃO**
Alexandre Rossa	Alexandre Rossa
ANALISTA DE CONTEÚDO	Nara Azevedo
Mateus Ruhmke Vazzoller	Roberto Antonio Pereira
REVISORA DE TEXTO	**LOGÍSTICA**
Juliany Zanella	Jorge Augusto Silva
	Claudio Silva

P942de

Pretti, Gleibe. Série Legislações - Direito Eleitoral. Editora AlfaCon: Cascavel/PR, 2016.

568 p. 17 x 24 cm

ISBN: 978-85-8339-267-5

Provas. Concursos. Legislação. Direito Eleitoral. Reforma Eleitoral. Súmulas TSE. Questões Comentadas. AlfaCon.

CDU 324.34

Proteção de direitos

Todos os direitos autorais desta obra são reservados e protegidos pela Lei no 9.610/98. É proibida a reprodução de qualquer parte deste material didático, sem autorização prévia expressa por escrito do autor e da editora, por quaisquer meios empregados, sejam eletrônicos, mecânicos, videográficos, fonográficos, reprográficos, microfílmicos, fotográficos, gráficos ou quaisquer outros que possam vir a ser criados. Essas proibições também se aplicam à editoração da obra, bem como às suas características gráficas.

Atualizações e erratas

Esta obra é vendida como se apresenta. Atualizações - definidas a critério exclusivo da Editora AlfaCon, mediante análise pedagógica - e erratas serão disponibilizadas no site www.alfaconcursos.com.br/codigo, por meio do código disponível no final do material didático Ressaltamos que há a preocupação de oferecer ao leitor uma obra com a melhor qualidade possível, sem a incidência de erros técnicos e/ou de conteúdo. Caso ocorra alguma incorreção, solicitamos que o leitor, atenciosamente, colabore com sugestões, por meio do setor de atendimento do AlfaCon Concursos Públicos.

Rua Paraná, 3193- Centro
CEP -85810-010- Cascavel / PR
www.alfaconcursos.com.br

APRESENTAÇÃO DA OBRA

Meu caro estudante e leitor, apresento a você esta obra, de **Direito Eleitoral**.

Em minha vida, parto do princípio de que todos têm um sonho e, pelas experiências que tenho, é preciso ter uma preparação adequada para que se consiga o sucesso.

Você que pretende se preparar para o concurso do TRE está no caminho certo adquirindo esta obra.

Já sou advogado militante e professor, há 15 anos, de cursos preparatórios para OAB, concursos e faculdades, assim como de pós-graduação e, recentemente, de mestrado.

Pela minha experiência como advogado de direito eleitoral e pelas aulas que ministro, noto o desconhecimento da maioria dos alunos sobre o tema de Direito Eleitoral. Diante desse fato, procurei buscar os assuntos mais importantes para este livro, a fim de preparar os candidatos para os concursos que exigem essa matéria.

Em primeiro lugar, separei a legislação atualizada com as orientações do TRE e do TSE, assim como as resoluções e súmulas, e incluí-las na obra de forma didática.

Para solidificar o conhecimento, foram separadas mais de 300 questões atualizadas já com a nova reforma eleitoral de março de 2015, com os seus devidos comentários.

Dessa forma, caro leitor, você tem uma obra completa e ideal para sua preparação.

A você, deixo, como inspiração, as palavras de Charles Chaplin: "A persistência é o caminho do êxito.". Por isso, invista em você, no seu conhecimento e no seu futuro. Não desista até que consiga chegar ao topo. Bons estudos!

Prof. Gleibe Pretti

Índice

Visão Constitucional do Direito Eleitoral..10

  Dos Direitos Políticos...10

    Capítulo V - Dos Partidos Políticos...11

Lei nº 13.165, de 29 de Setembro de 2015..12

  Promulgação da Lei nº 13.165, de 29 de Setembro de 2015 33

Lei nº 4.737, de 15 de Julho de 1965 - Institui o Código Eleitoral..............34

  Parte Primeira - Introdução...34

  Parte Segunda - Dos Órgãos da Justiça Eleitoral 38

    Título I - Do Tribunal Superior 39

    Título II - Dos Tribunais Regionais 47

  Título III - Dos Juízes Eleitorais 54

  Título IV - Das Juntas Eleitorais 56

  Parte Terceira - Do Alistamento...58

  Título I - Da Qualificação e Inscrição...58

    Capítulo I - Da Segunda Via...63

    Capítulo II - Da Transferência...65

    Capítulo III -Dos Preparadores...67

    Capítulo IV - Dos Delegados de Partido Perante o Alistamento..................67

    capítulo V - Do Encerramento do Alistamento..68

  Título II - Do Cancelamento e da Exclusão 69

  Parte Quarta - Das Eleições..71

  Título I - Do Sistema Eleitoral 71

    Capítulo I - Do Registro dos Candidatos 72

    Capítulo II - Do Voto Secreto 78

    Capítulo III - Da Cédula Oficial...78

    Capítulo IV - Da Representação Proporcional...79

  Título II - Dos Atos Preparatórios da Votação 81

    Capítulo I - Das Seções Eleitorais..81

    Capítulo II - Das Mesas Receptoras..82

    Capítulo III - Da Fiscalização Perante as Mesas Receptoras.......................85

  Título III - Do Material para a Votação 86

Título IV - Da Votação 88

    Capítulo I - Dos Lugares da Votação.. 88

    Capítulo II - Da Polícia dos Trabalhos Eleitorais 89

    Capítulo III - Do Início da Votação.. 90

    Capítulo IV - Do Ato de Votar 91

    Capítulo V - Do Encerramento da Votação 95

Título V - Da Apuração.. 97

    Capítulo I - Dos Órgãos Apuradores.. 97

    Capítulo II - Da Apuração nas Juntas... 97

    Capítulo III - Da Apuração nos Tribunais Regionais................................. 109

    Capítulo IV - Da Apuração no Tribunal Superior 113

    Capítulo V - Dos Diplomas.. 115

    Capítulo VI - Das Nulidades da Votação... 115

    Capítulo VII - Do Voto no Exterior... 118

Parte Quinta - Disposições Várias... 121

Título I - Das Garantias Eleitorais.. 121

Título II - Da Propaganda Partidária 122

Título III - Dos Recursos... 127

    Capítulo I - Disposições Preliminares 127

    Capítulo II - Dos Recursos Perante as Juntas e Juízos Eleitorais............ 129

    Capítulo III - Dos Recursos nos Tribunais Regionais................................ 131

    Capítulo IV - Dos Recursos no Tribunal Superior..................................... 137

Título IV - Disposições Penais.. 138

    Capítulo I - Disposições Preliminares 138

    Capítulo II - Dos Crimes Eleitorais 139

    Capítulo III - Do Processo das Infrações... 149

Título V - Disposições Gerais e Transitórias 152

Resolução nº 21.538, de 14 de Outubro de 2003 - Brasília – DF 159

Do Requerimento de Alistamento Eleitoral (RAE) 159

Do Alistamento... 161

Da Transferência.. 165

Índice

Da Segunda Via 166

Do Restabelecimento de Inscrição Cancelada por Equívoco 166

Do Formulário de Atualização da Situação do Eleitor (FASE) 166

Do Título Eleitoral 167

Da Fiscalização dos Partidos Políticos 168

Do Acesso às Informações Constantes do Cadastro 168

Dos Batimentos 170

Dos Documentos Emitidos pelo Sistema no Batimento 170

Das Duplicidades e Pluralidades (Coincidências) 171

Da Competência para Regularização de Situação Eleitoral e para o Processamento das Decisões 172

Da Hipótese de Ilícito Penal 174

Dos Casos Não Apreciados 175

Da Restrição de Direitos Políticos 175

Da Folha de Votação e do Comprovante de Comparecimento à Eleição ... 177

Da Conservação de Documentos 177

Das Inspeções e Correições 178

Da Revisão de Eleitorado 178

Da Administração do Cadastro Eleitoral 183

Da Justificação do Não Comparecimento à Eleição 183

Da Nomenclatura Utilizada 186

Das Disposições Finais 187

Lei de Inelegibilidade - Lei Complementar nº 64, de 18 de maio de 1990 189

Lei dos Partidos Políticos - Lei nº 9.096, de 19 de Setembro de 1995 215

Título I - Disposições Preliminares 215

Título II - Da Organização e Funcionamento dos Partidos Políticos 217

Capítulo I - Da Criação e do Registro dos Partidos Políticos 217

Capítulo II - Do Funcionamento Parlamentar 219

Capítulo III - Do Programa e do Estatuto 220

Capítulo IV - Da Filiação Partidária 221

Capítulo V - Da Fidelidade e da Disciplina Partidárias 223

Capítulo VI - Da Fusão, Incorporação e Extinção dos Partidos Políticos 223

Título III- Das Finanças e Contabilidade dos Partidos 225

Capítulo I - Da Prestação de Contas 225

Capítulo II - Do Fundo Partidário 231

Título IV - Do Acesso Gratuito ao Rádio e à Televisão 236

Título V - Disposições Gerais 242

Título VI - Disposições Finais e Transitórias 243

Lei das Eleições - Lei nº 9.504, de 30 de setembro de 1997 246

Disposições Gerais 246

Das Coligações 247

Das Convenções para Escolha de Candidatos 249

Do Registro de Candidatos 250

Da Arrecadação e da Aplicação de Recursos nas Campanhas Eleitorais 261

Da Prestação de Contas 269

Das Pesquisas e Testes Pré-Eleitorais 276

Da Propaganda Eleitoral em Geral 279

Da Propaganda Eleitoral Mediante Outdoors 292

Da Propaganda Eleitoral na Imprensa 292

Da Propaganda Eleitoral no Rádio e na Televisão 293

Do Direito de Resposta 307

Do Sistema Eletrônico de Votação e da Totalização dos Votos 311

Das Mesas Receptoras 313

Da Fiscalização das Eleições 313

Das Condutas Vedadas aos Agentes Públicos em Campanhas Eleitorais 315

Disposições Transitórias 323

Disposições Finais 325

Lei nº 6.091, de 15 de Agosto de 1974 337

Súmulas do TSE 342

Questões Comentadas 349

Gabaritos 561

Legislações

Visão Constitucional do Direito Eleitoral

Dos Direitos Políticos

Art. 14. A soberania popular será exercida pelo sufrágio universal e pelo voto direto e secreto, com valor igual para todos, e, nos termos da lei, mediante:

I - plebiscito;

II - referendo;

III - iniciativa popular.

§ 1º O alistamento eleitoral e o voto são:

I - obrigatórios para os maiores de dezoito anos;

II - facultativos para:

a) os analfabetos;

b) os maiores de setenta anos;

c) os maiores de dezesseis e menores de dezoito anos.

§ 2º Não podem alistar-se como eleitores os estrangeiros e, durante o período do serviço militar obrigatório, os conscritos.

§ 3º São condições de elegibilidade, na forma da lei:

I - a nacionalidade brasileira;

II - o pleno exercício dos direitos políticos;

III - o alistamento eleitoral;

IV - o domicílio eleitoral na circunscrição;

V - a filiação partidária; Regulamento

VI - a idade mínima de:

a) trinta e cinco anos para Presidente e Vice-Presidente da República e Senador;

b) trinta anos para Governador e Vice-Governador de Estado e do Distrito Federal;

c) vinte e um anos para Deputado Federal, Deputado Estadual ou Distrital, Prefeito, Vice-Prefeito e juiz de paz;

d) dezoito anos para Vereador.

§ 4º São inelegíveis os inalistáveis e os analfabetos.

§ 5º O Presidente da República, os Governadores de Estado e do Distrito Federal, os Prefeitos e quem os houver sucedido, ou substituído no curso dos mandatos poderão ser reeleitos para um único período subsequente. (Redação dada pela Emenda Constitucional nº 16, de 1997)

§ 6º Para concorrerem a outros cargos, o Presidente da República, os Governadores de Estado e do Distrito Federal e os Prefeitos devem renunciar aos respectivos mandatos até seis meses antes do pleito.

§ 7º São inelegíveis, no território de jurisdição do titular, o cônjuge e os parentes consanguíneos ou afins, até o segundo grau ou por adoção, do Presidente da República, de Governador de Estado ou Território, do Distrito Federal, de Prefeito ou de quem os haja substituído dentro dos seis meses anteriores ao pleito, salvo se já titular de mandato eletivo e candidato à reeleição.

§ 8º O militar alistável é elegível, atendidas as seguintes condições:

I - se contar menos de dez anos de serviço, deverá afastar-se da atividade;

II - se contar mais de dez anos de serviço, será agregado pela autoridade superior e, se eleito, passará automaticamente, no ato da diplomação, para a inatividade.

§ 9º Lei complementar estabelecerá outros casos de inelegibilidade e os prazos de sua cessação, a fim de proteger a probidade administrativa, a moralidade para exercício de mandato considerada vida pregressa do candidato, e a normalidade e legitimidade das eleições contra a influência do poder econômico ou o abuso do exercício de função, cargo ou emprego na administração direta ou indireta. (Redação dada pela Emenda Constitucional de Revisão nº 4, de 1994)

§ 10. O mandato eletivo poderá ser impugnado ante a Justiça Eleitoral no prazo de quinze dias contados da diplomação, instruída a ação com provas de abuso do poder econômico, corrupção ou fraude.

§ 11. A ação de impugnação de mandato tramitará em segredo de justiça, respondendo o autor, na forma da lei, se temerária ou de manifesta má-fé.

Art. 15. É vedada a cassação de direitos políticos, cuja perda ou suspensão só se dará nos casos de:

I - cancelamento da naturalização por sentença transitada em julgado;

II - incapacidade civil absoluta;

III - condenação criminal transitada em julgado, enquanto durarem seus efeitos;

IV - recusa de cumprir obrigação a todos imposta ou prestação alternativa, nos termos do Art. 5º, VIII;

V - improbidade administrativa, nos termos do Art. 37, § 4º.

Art. 16. A lei que alterar o processo eleitoral entrará em vigor na data de sua publicação, não se aplicando à eleição que ocorra até um ano da data de sua vigência. (Redação dada pela Emenda Constitucional nº 4, de 1993)

Capítulo V - Dos Partidos Políticos

Art. 17. É livre a criação, fusão, incorporação e extinção de partidos políticos, resguardados a soberania nacional, o regime democrático, o pluripartidarismo, os direitos fundamentais da pessoa humana e observados os seguintes preceitos: Regulamento

I - caráter nacional;

II - proibição de recebimento de recursos financeiros de entidade ou governo estrangeiros ou de subordinação a estes;

Legislações | Direito Eleitoral

III - prestação de contas à Justiça Eleitoral;

IV - funcionamento parlamentar de acordo com a lei.

§ 1º É assegurada aos partidos políticos autonomia para definir sua estrutura interna, organização e funcionamento e para adotar os critérios de escolha e o regime de suas coligações eleitorais, sem obrigatoriedade de vinculação entre as candidaturas em âmbito nacional, estadual, distrital ou municipal, devendo seus estatutos estabelecer normas de disciplina e fidelidade partidária. (Redação dada pela Emenda Constitucional nº 52, de 2006)

§ 2º Os partidos políticos, após adquirirem personalidade jurídica, na forma da lei civil, registrarão seus estatutos no Tribunal Superior Eleitoral.

§ 3º Os partidos políticos têm direito a recursos do fundo partidário e acesso gratuito ao rádio e à televisão, na forma da lei.

§ 4º É vedada a utilização pelos partidos políticos de organização paramilitar.

Lei nº 13.165, de 29 de Setembro de 2015

Altera as Leis nos 9.504, de 30 de setembro de 1997, 9.096, de 19 de setembro de 1995, e 4.737, de 15 de julho de 1965 - Código Eleitoral, para reduzir os custos das campanhas eleitorais, simplificar a administração dos Partidos Políticos e incentivar a participação feminina.

A PRESIDENTA DA REPÚBLICA Faço saber que o Congresso Nacional decreta e eu promulgo, nos termos do § 5° do Art. 66 da Constituição, as seguintes partes da Lei n° 13.165, de 29 de setembro de 2015:

Art. 1° Esta Lei modifica as Leis nos 9.504, de 30 de setembro de 1997, 9.096, de 19 de setembro de 1995, e 4.737, de 15 de julho de 1965 - Código Eleitoral, alterando a legislação infraconstitucional e complementando a reforma das instituições político-eleitorais do País.

Art. 2° A Lei n° 9.504, de 30 de setembro de 1997, passa a vigorar com as seguintes alterações:

Art. 8° A escolha dos candidatos pelos partidos e a deliberação sobre coligações deverão ser feitas no período de 20 de julho a 5 de agosto do ano em que se realizarem as eleições, lavrando-se a respectiva ata em livro aberto, rubricado pela Justiça Eleitoral, publicada em vinte e quatro horas em qualquer meio de comunicação.

.... (NR)

Art. 9° Para concorrer às eleições, o candidato deverá possuir domicílio eleitoral na respectiva circunscrição pelo prazo de, pelo menos, um ano antes do pleito, e estar com a filiação deferida pelo partido no mínimo seis meses antes da data da eleição.

.... (NR)

Art. 10. Cada partido ou coligação poderá registrar candidatos para a Câmara dos Deputados, a Câmara Legislativa, as Assembleias Legislativas e as Câmaras Municipais no total de até 150% (cento e cinquenta por cento) do número de lugares a preencher, salvo:

I - nas unidades da Federação em que o número de lugares a preencher para a Câmara dos Deputados não exceder a doze, nas quais cada partido ou coligação poderá registrar candidatos a Deputado Federal e a Deputado Estadual ou Distrital no total de até 200% (duzentos por cento) das respectivas vagas;

II - nos Municípios de até cem mil eleitores, nos quais cada coligação poderá registrar candidatos no total de até 200% (duzentos por cento) do número de lugares a preencher.

§ 1° (Revogado).

§ 2° (Revogado).

....

§ 5° No caso de as convenções para a escolha de candidatos não indicarem o número máximo de candidatos previsto no *caput*, os órgãos de direção dos partidos respectivos poderão preencher as vagas remanescentes até trinta dias antes do pleito. (NR)

Art. 11. Os partidos e coligações solicitarão à Justiça Eleitoral o registro de seus candidatos até as dezenove horas do dia 15 de agosto do ano em que se realizarem as eleições.

....

§ 2° A idade mínima constitucionalmente estabelecida como condição de elegibilidade é verificada tendo por referência a data da posse, salvo quando fixada em dezoito anos, hipótese em que será aferida na data-limite para o pedido de registro.

.... (NR)

Art. 16. Até vinte dias antes da data das eleições, os Tribunais Regionais Eleitorais enviarão ao Tribunal Superior Eleitoral, para fins de centralização e divulgação de dados, a relação dos candidatos às eleições majoritárias e proporcionais, da qual constará obrigatoriamente a referência ao sexo e ao cargo a que concorrem.

§ 1° Até a data prevista no *caput*, todos os pedidos de registro de candidatos, inclusive os impugnados e os respectivos recursos, devem estar julgados pelas instâncias ordinárias, e publicadas as decisões a eles relativas.

.... (NR)

Art. 18. Os limites de gastos de campanha, em cada eleição, são os definidos pelo Tribunal Superior Eleitoral com base nos parâmetros definidos em lei.

§ 1° (Revogado).

§ 2° (Revogado). (NR)

Art. 18-A. Serão contabilizadas nos limites de gastos de cada campanha as despesas efetuadas pelos candidatos e as efetuadas pelos partidos que puderem ser individualizadas.

Legislações | Direito Eleitoral

Art. 18-B. O descumprimento dos limites de gastos fixados para cada campanha acarretará o pagamento de multa em valor equivalente a 100% (cem por cento) da quantia que ultrapassar o limite estabelecido, sem prejuízo da apuração da ocorrência de abuso do poder econômico.

Art. 20. O candidato a cargo eletivo fará, diretamente ou por intermédio de pessoa por ele designada, a administração financeira de sua campanha usando recursos repassados pelo partido, inclusive os relativos à cota do Fundo Partidário, recursos próprios ou doações de pessoas físicas, na forma estabelecida nesta Lei. (NR)

Art. 22. ....

§ 1° ....

I - acatar, em até três dias, o pedido de abertura de conta de qualquer candidato escolhido em convenção, sendo-lhes vedado condicioná-la a depósito mínimo e à cobrança de taxas ou de outras despesas de manutenção;

....

III - encerrar a conta bancária no final do ano da eleição, transferindo a totalidade do saldo existente para a conta bancária do órgão de direção indicado pelo partido, na forma prevista no Art. 31, e informar o fato à Justiça Eleitoral.

§ 2° O disposto neste artigo não se aplica aos casos de candidatura para Prefeito e Vereador em Municípios onde não haja agência bancária ou posto de atendimento bancário.

.... (NR)

Art. 22-A. Os candidatos estão obrigados à inscrição no Cadastro Nacional da Pessoa Jurídica - CNPJ.

....

§ 2° Cumprido o disposto no § 1° deste artigo e no § 1° do Art. 22, ficam os candidatos autorizados a promover a arrecadação de recursos financeiros e a realizar as despesas necessárias à campanha eleitoral. (NR)

Art. 23. ....

§ 1° As doações e contribuições de que trata este artigo ficam limitadas a 10% (dez por cento) dos rendimentos brutos auferidos pelo doador no ano anterior à eleição.

I - (revogado);

II - (revogado).

§ 1°-A O candidato poderá usar recursos próprios em sua campanha até o limite de gastos estabelecido nesta Lei para o cargo ao qual concorre.

....

§ 7º O limite previsto no § 1º não se aplica a doações estimáveis em dinheiro relativas à utilização de bens móveis ou imóveis de propriedade do doador, desde que o valor estimado não ultrapasse R$ 80.000,00 (oitenta mil reais). (NR)

Art. 24. ....

....

XII - (VETADO).

§ 1º ....

§ 2º (VETADO).

§ 3º (VETADO).

§ 4º O partido ou candidato que receber recursos provenientes de fontes vedadas ou de origem não identificada deverá proceder à devolução dos valores recebidos ou, não sendo possível a identificação da fonte, transferi-los para a conta única do Tesouro Nacional. (NR)

Art. 24-A. (VETADO).

Art. 24-B. (VETADO).

Art. 24-C. O limite de doação previsto no § 1º do Art. 23 será apurado anualmente pelo Tribunal Superior Eleitoral e pela Secretaria da Receita Federal do Brasil.

§ 1º O Tribunal Superior Eleitoral deverá consolidar as informações sobre as doações registradas até 31 de dezembro do exercício financeiro a ser apurado, considerando:

I - as prestações de contas anuais dos partidos políticos, entregues à Justiça Eleitoral até 30 de abril do ano subsequente ao da apuração, nos termos do Art. 32 da Lei nº 9.096, de 19 de setembro de 1995;

II - as prestações de contas dos candidatos às eleições ordinárias ou suplementares que tenham ocorrido no exercício financeiro a ser apurado.

§ 2º O Tribunal Superior Eleitoral, após a consolidação das informações sobre os valores doados e apurados, encaminhá-las-á à Secretaria da Receita Federal do Brasil até 30 de maio do ano seguinte ao da apuração.

§ 3º A Secretaria da Receita Federal do Brasil fará o cruzamento dos valores doados com os rendimentos da pessoa física e, apurando indício de excesso, comunicará o fato, até 30 de julho do ano seguinte ao da apuração, ao Ministério Público Eleitoral, que poderá, até o final do exercício financeiro, apresentar representação com vistas à aplicação da penalidade prevista no Art. 23 e de outras sanções que julgar cabíveis.

Art. 28. ....

....

§ 1º As prestações de contas dos candidatos às eleições majoritárias serão feitas pelo próprio candidato, devendo ser acompanhadas dos extratos das contas bancárias referentes à movimentação dos recursos financceiros usados na campanha e da relação dos cheques recebidos, com a indicação dos respectivos números, valores e emitentes.

§ 2° As prestações de contas dos candidatos às eleições proporcionais serão feitas pelo próprio candidato.

....

§ 4° Os partidos políticos, as coligações e os candidatos são obrigados, durante as campanhas eleitorais, a divulgar em sítio criado pela Justiça Eleitoral para esse fim na rede mundial de computadores (internet):

I - os recursos em dinheiro recebidos para financiamento de sua campanha eleitoral, em até 72 (setenta e duas) horas de seu recebimento;

II - no dia 15 de setembro, relatório discriminando as transferências do Fundo Partidário, os recursos em dinheiro e os estimáveis em dinheiro recebidos, bem como os gastos realizados.

....

§ 6° ....

....

II - doações estimáveis em dinheiro entre candidatos ou partidos, decorrentes do uso comum tanto de sedes quanto de materiais de propaganda eleitoral, cujo gasto deverá ser registrado na prestação de contas do responsável pelo pagamento da despesa.

§ 7° As informações sobre os recursos recebidos a que se refere o § 4° deverão ser divulgadas com a indicação dos nomes, do CPF ou CNPJ dos doadores e dos respectivos valores doados.

§ 8° Os gastos com passagens aéreas efetuados nas campanhas eleitorais serão comprovados mediante a apresentação de fatura ou duplicata emitida por agência de viagem, quando for o caso, desde que informados os beneficiários, as datas e os itinerários, vedada a exigência de apresentação de qualquer outro documento para esse fim.

§ 9° A Justiça Eleitoral adotará sistema simplificado de prestação de contas para candidatos que apresentarem movimentação financeira correspondente a, no máximo, R$ 20.000,00 (vinte mil reais), atualizados monetariamente, a cada eleição, pelo Índice Nacional de Preços ao Consumidor - INPC da Fundação Instituto Brasileiro de Geografia e Estatística - IBGE ou por índice que o substituir.

§ 10. O sistema simplificado referido no § 9° deverá conter, pelo menos:

I - identificação das doações recebidas, com os nomes, o CPF ou CNPJ dos doadores e os respectivos valores recebidos;

II - identificação das despesas realizadas, com os nomes e o CPF ou CNPJ dos fornecedores de material e dos prestadores dos serviços realizados;

III - registro das eventuais sobras ou dívidas de campanha.

§ 11. Nas eleições para Prefeito e Vereador de Municípios com menos de cinquenta mil eleitores, a prestação de contas será feita sempre pelo sistema simplificado a que se referem os §§ 9° e 10.

§ 12. Os valores transferidos pelos partidos políticos oriundos de doações serão registrados na prestação de contas dos candidatos como transferência dos partidos e, na prestação de contas dos partidos, como transferência aos candidatos, sem individualização dos doadores. (NR)

Art. 29. ....

I - (revogado);

II - resumir as informações contidas na prestação de contas, de forma a apresentar demonstrativo consolidado das campanhas;

....

IV - havendo segundo turno, encaminhar a prestação de contas, referente aos 2 (dois) turnos, até o vigésimo dia posterior à sua realização.

§ 1° (Revogado).

.... (NR)

Art. 30. ....

§ 1° A decisão que julgar as contas dos candidatos eleitos será publicada em sessão até três dias antes da diplomação.

....

§ 4° Havendo indício de irregularidade na prestação de contas, a Justiça Eleitoral poderá requisitar do candidato as informações adicionais necessárias, bem como determinar diligências para a complementação dos dados ou o saneamento das falhas.

§ 5° Da decisão que julgar as contas prestadas pelos candidatos caberá recurso ao órgão superior da Justiça Eleitoral, no prazo de 3 (três) dias, a contar da publicação no Diário Oficial.

.... (NR)

Art. 36. A propaganda eleitoral somente é permitida após o dia 15 de agosto do ano da eleição.

....

§ 4° Na propaganda dos candidatos a cargo majoritário deverão constar, também, os nomes dos candidatos a vice ou a suplentes de senador, de modo claro e legível, em tamanho não inferior a 30% (trinta por cento) do nome do titular.

.... (NR)

Art. 36-A. Não configuram propaganda eleitoral antecipada, desde que não envolvam pedido explícito de voto, a menção à pretensa candidatura, a exaltação das qualidades pessoais dos pré-candidatos e os seguintes atos, que poderão ter cobertura dos meios de comunicação social, inclusive via internet:

....

III - a realização de prévias partidárias e a respectiva distribuição de material informativo, a divulgação dos nomes dos filiados que participarão da disputa e a realização de debates entre os pré-candidatos;

....

V - a divulgação de posicionamento pessoal sobre questões políticas, inclusive nas redes sociais;

VI - a realização, a expensas de partido político, de reuniões de iniciativa da sociedade civil, de veículo ou meio de comunicação ou do próprio partido, em qualquer localidade, para divulgar ideias, objetivos e propostas partidárias.

§ 1° É vedada a transmissão ao vivo por emissoras de rádio e de televisão das prévias partidárias, sem prejuízo da cobertura dos meios de comunicação social.

§ 2° Nas hipóteses dos incisos I a VI do *caput*, são permitidos o pedido de apoio político e a divulgação da pré-candidatura, das ações políticas desenvolvidas e das que se pretende desenvolver.

§ 3° O disposto no § 2° não se aplica aos profissionais de comunicação social no exercício da profissão. (NR)

Art. 37. Nos bens cujo uso dependa de cessão ou permissão do poder público, ou que a ele pertençam, e nos bens de uso comum, inclusive postes de iluminação pública, sinalização de tráfego, viadutos, passarelas, pontes, paradas de ônibus e outros equipamentos urbanos, é vedada a veiculação de propaganda de qualquer natureza, inclusive pichação, inscrição a tinta e exposição de placas, estandartes, faixas, cavaletes, bonecos e assemelhados.

....

§ 2° Em bens particulares, independe de obtenção de licença municipal e de autorização da Justiça Eleitoral a veiculação de propaganda eleitoral, desde que seja feita em adesivo ou papel, não exceda a 0,5 m² (meio metro quadrado) e não contrarie a legislação eleitoral, sujeitando-se o infrator às penalidades previstas no § 1°.

.... (NR)

Art. 39. ....

....

§ 9°-A. Considera-se carro de som, além do previsto no § 12, qualquer veículo, motorizado ou não, ou ainda tracionado por animais, que transite divulgando jingles ou mensagens de candidatos.

.... (NR)

Art. 45. Encerrado o prazo para a realização das convenções no ano das eleições, é vedado às emissoras de rádio e televisão, em sua programação normal e em seu noticiário:

....

§ 1° A partir de 30 de junho do ano da eleição, é vedado, ainda, às emissoras transmitir programa apresentado ou comentado por pré-candidato, sob pena, no caso de sua escolha na convenção partidária, de imposição da multa prevista no § 2° e de cancelamento do registro da candidatura do beneficiário.

.... (NR)

Art. 46. Independentemente da veiculação de propaganda eleitoral gratuita no horário definido nesta Lei, é facultada a transmissão por emissora de rádio ou televisão de debates sobre as eleições majoritária ou proporcional, sendo assegurada a participação de candidatos dos partidos com representação superior a nove Deputados, e facultada a dos demais, observado o seguinte:

....

§ 5° Para os debates que se realizarem no primeiro turno das eleições, serão consideradas aprovadas as regras, inclusive as que definam o número de participantes, que obtiverem a concordância de pelo menos 2/3 (dois terços) dos candidatos aptos, no caso de eleição majoritária, e de pelo menos 2/3 (dois terços) dos partidos ou coligações com candidatos aptos, no caso de eleição proporcional. (NR)

Art. 47. As emissoras de rádio e de televisão e os canais de televisão por assinatura mencionados no Art. 57 reservarão, nos trinta e cinco dias anteriores à antevéspera das eleições, horário destinado à divulgação, em rede, da propaganda eleitoral gratuita, na forma estabelecida neste artigo.

§ 1° ....

I - ....

a) das sete horas às sete horas e doze minutos e trinta segundos e das doze horas às doze horas e doze minutos e trinta segundos, no rádio;

b) das treze horas às treze horas e doze minutos e trinta segundos e das vinte horas e trinta minutos às vinte horas e quarenta e dois minutos e trinta segundos, na televisão;

II - ....

a) das sete horas e doze minutos e trinta segundos às sete horas e vinte e cinco minutos e das doze horas e doze minutos e trinta segundos às doze horas e vinte e cinco minutos, no rádio;

b) das treze horas e doze minutos e trinta segundos às treze horas e vinte e cinco minutos e das vinte horas e quarenta e dois minutos e trinta segundos às vinte horas e cinquenta e cinco minutos, na televisão;

III - nas eleições para Senador, às segundas, quartas e sextas-feiras:

a) das sete horas às sete horas e cinco minutos e das doze horas às doze horas e cinco minutos, no rádio, nos anos em que a renovação do Senado Federal se der por um terço;

b) das treze horas às treze horas e cinco minutos e das vinte horas e trinta minutos às vinte horas e trinta e cinco minutos, na televisão, nos anos em que a renovação do Senado Federal se der por um terço;

c) das sete horas às sete horas e sete minutos e das doze horas às doze horas e sete minutos, no rádio, nos anos em que a renovação do Senado Federal se der por dois terços;

d) das treze horas às treze horas e sete minutos e das vinte horas e trinta minutos às vinte horas e trinta e sete minutos, na televisão, nos anos em que a renovação do Senado Federal se der por dois terços;

IV - ....

a) das sete horas e cinco minutos às sete horas e quinze minutos e das doze horas e cinco minutos às doze horas e quinze minutos, no rádio, nos anos em que a renovação do Senado Federal se der por um terço;

b) das treze horas e cinco minutos às treze horas e quinze minutos e das vinte horas e trinta e cinco minutos às vinte horas e quarenta e cinco minutos, na televisão, nos anos em que a renovação do Senado Federal se der por um terço;

c) das sete horas e sete minutos às sete horas e dezesseis minutos e das doze horas e sete minutos às doze horas e dezesseis minutos, no rádio, nos anos em que a renovação do Senado Federal se der por dois terços;

d) das treze horas e sete minutos às treze horas e dezesseis minutos e das vinte horas e trinta e sete minutos às vinte horas e quarenta e seis minutos, na televisão, nos anos em que a renovação do Senado Federal se der por dois terços;

V - na eleição para Governador de Estado e do Distrito Federal, às segundas, quartas e sextas-feiras:

a) das sete horas e quinze minutos às sete horas e vinte e cinco minutos e das doze horas e quinze minutos às doze horas e vinte e cinco minutos, no rádio, nos anos em que a renovação do Senado Federal se der por um terço;

b) das treze horas e quinze minutos às treze horas e vinte e cinco minutos e das vinte horas e quarenta e cinco minutos às vinte horas e cinquenta e cinco minutos, na televisão, nos anos em que a renovação do Senado Federal se der por um terço;

c) das sete horas e dezesseis minutos às sete horas e vinte e cinco minutos e das doze horas e dezesseis minutos às doze horas e vinte e cinco minutos, no rádio, nos anos em que a renovação do Senado Federal se der por dois terços;

d) das treze horas e dezesseis minutos às treze horas e vinte e cinco minutos e das vinte horas e quarenta e seis minutos às vinte horas e cinquenta e cinco minutos, na televisão, nos anos em que a renovação do Senado Federal se der por dois terços;

VI - nas eleições para Prefeito, de segunda a sábado:

a) das sete horas às sete horas e dez minutos e das doze horas às doze horas e dez minutos, no rádio;

b) das treze horas às treze horas e dez minutos e das vinte horas e trinta minutos às vinte horas e quarenta minutos, na televisão;

VII - ainda nas eleições para Prefeito, e também nas de Vereador, mediante inserções de trinta e sessenta segundos, no rádio e na televisão, totalizando setenta minutos diários, de segunda-feira a domingo, distribuídas ao longo da programação veiculada entre as cinco e as vinte e quatro horas, na proporção de 60% (sessenta por cento) para Prefeito e 40% (quarenta por cento) para Vereador.

§ 1°-A Somente serão exibidas as inserções de televisão a que se refere o inciso VII do § 1° nos Municípios em que houver estação geradora de serviços de radiodifusão de sons e imagens.

§ 2° ....

I - 90% (noventa por cento) distribuídos proporcionalmente ao número de representantes na Câmara dos Deputados, considerados, no caso de coligação para eleições majoritárias, o resultado da soma do número de representantes dos seis maiores partidos que a integrem e, nos casos de coligações para eleições proporcionais, o resultado da soma do número de representantes de todos os partidos que a integrem;

II - 10% (dez por cento) distribuídos igualitariamente.

....

§ 9° As emissoras de rádio sob responsabilidade do Senado Federal e da Câmara dos Deputados instaladas em localidades fora do Distrito Federal são dispensadas da veiculação da propaganda eleitoral gratuita dos pleitos referidos nos incisos II a VI do § 1°. (NR)

Art. 51. Durante os períodos previstos nos Arts. 47 e 49, as emissoras de rádio e televisão e os canais por assinatura mencionados no Art. 57 reservarão, ainda, setenta minutos diários para a propaganda eleitoral gratuita, a serem usados em inserções de trinta e sessenta segundos, a critério do respectivo partido ou coligação, assinadas obrigatoriamente pelo partido ou coligação, e distribuídas, ao longo da programação veiculada entre as cinco e as vinte quatro horas, nos termos do § 2° do Art. 47, obedecido o seguinte:

....

II - (revogado);

III - a distribuição levará em conta os blocos de audiência entre as cinco e as onze horas, as onze e as dezoito horas, e as dezoito e as vinte e quatro horas;

.... (NR)

Art. 52. A partir do dia 15 de agosto do ano da eleição, a Justiça Eleitoral convocará os partidos e a representação das emissoras de televisão para elaborarem plano de mídia, nos termos do Art. 51, para o uso da parcela do horário eleitoral gratuito a que tenham direito, garantida a todos participação nos horários de maior e menor audiência. (NR)

Art. 54. Nos programas e inserções de rádio e televisão destinados à propaganda eleitoral gratuita de cada partido ou coligação só poderão aparecer, em gravações internas e externas, observado o disposto no § 2°, candidatos, caracteres com propostas, fotos, jingles, clipes com música ou vinhetas, inclusive de passagem, com indicação do número do candidato ou do partido, bem como seus apoiadores, inclusive os candidatos de que trata o § 1° do Art. 53-A, que poderão dispor de até 25% (vinte e cinco por cento) do tempo de cada programa ou inserção, sendo vedadas montagens, trucagens, computação gráfica, desenhos animados e efeitos especiais.

§ 1° ....

§ 2° Será permitida a veiculação de entrevistas com o candidato e de cenas externas nas quais ele, pessoalmente, exponha:

I - realizações de governo ou da Administração Pública;

II - falhas administrativas e deficiências verificadas em obras e serviços públicos em geral;

III - atos parlamentares e debates legislativos. (NR)

Art. 57-A. É permitida a propaganda eleitoral na internet, nos termos desta Lei, após o dia 15 de agosto do ano da eleição. (NR)

Art. 58. ....

§ 1° ....

....

IV - a qualquer tempo, quando se tratar de conteúdo que esteja sendo divulgado na internet, ou em 72 (setenta e duas) horas, após a sua retirada.

.... (NR)

Art. 59-A. No processo de votação eletrônica, a urna imprimirá o registro de cada voto, que será depositado, de forma automática e sem contato manual do eleitor, em local previamente lacrado.

Parágrafo único. O processo de votação não será concluído até que o eleitor confirme a correspondência entre o teor de seu voto e o registro impresso e exibido pela urna eletrônica.

Art. 73. ....

....

VII - realizar, no primeiro semestre do ano de eleição, despesas com publicidade dos órgãos públicos federais, estaduais ou municipais, ou das respectivas entidades da administração indireta, que excedam a média dos gastos no primeiro semestre dos três últimos anos que antecedem o pleito;

.... (NR)

Art. 93. O Tribunal Superior Eleitoral poderá, nos anos eleitorais, requisitar das emissoras de rádio e televisão, no período de um mês antes do início da propaganda eleitoral a que se refere o Art. 36 e nos três dias anteriores à data do pleito, até dez minutos diários, contínuos ou não, que poderão ser somados e usados em dias espaçados, para a divulgação de comunicados, boletins e instruções ao eleitorado. (NR)

Art. 93-A. O Tribunal Superior Eleitoral, no período compreendido entre 1° de abril e 30 de julho dos anos eleitorais, promoverá, em até cinco minutos diários, contínuos ou não, requisitados às emissoras de rádio e televisão, propaganda institucional, em rádio e televisão, destinada a incentivar a participação feminina na política, bem como a esclarecer os cidadãos sobre as regras e o funcionamento do sistema eleitoral brasileiro. (NR)

Art. 94. ....

....

§ 5° Nos Tribunais Eleitorais, os advogados dos candidatos ou dos partidos e coligações serão intimados para os feitos que não versem sobre a cassação do registro ou do diploma de que trata esta Lei por meio da publicação de edital eletrônico publicado na página do respectivo Tribunal na internet, iniciando-se a contagem do prazo no dia seguinte ao da divulgação. (NR)

Art. 96 ....

....

§ 11. As sanções aplicadas a candidato em razão do descumprimento de disposições desta Lei não se estendem ao respectivo partido, mesmo na hipótese de esse ter se beneficiado da conduta, salvo quando comprovada a sua participação. (NR)

Art. 96-B. Serão reunidas para julgamento comum as ações eleitorais propostas por partes diversas sobre o mesmo fato, sendo competente para apreciá-las o juiz ou relator que tiver recebido a primeira.

§ 1° O ajuizamento de ação eleitoral por candidato ou partido político não impede ação do Ministério Público no mesmo sentido.

§ 2° Se proposta ação sobre o mesmo fato apreciado em outra cuja decisão ainda não transitou em julgado, será ela apensada ao processo anterior na instância em que ele se encontrar, figurando a parte como litisconsorte no feito principal.

§ 3° Se proposta ação sobre o mesmo fato apreciado em outra cuja decisão já tenha transitado em julgado, não será ela conhecida pelo juiz, ressalvada a apresentação de outras ou novas provas.

Art. 100. A contratação de pessoal para prestação de serviços nas campanhas eleitorais não gera vínculo empregatício com o candidato ou partido contratantes, aplicando-se à pessoa física contratada o disposto na alínea h do inciso V do Art. 12 da Lei n° 8.212, de 24 de julho de 1991.

Parágrafo único. Não se aplica aos partidos políticos, para fins da contratação de que trata o *caput*, o disposto no parágrafo único do Art. 15 da Lei n° 8.212, de 24 de julho de 1991. (NR)

Art. 3° A Lei n° 9.096, de 19 de setembro de 1995, passa a vigorar com as seguintes alterações:

Art. 7° ....

§ 1° Só é admitido o registro do estatuto de partido político que tenha caráter nacional, considerando-se como tal aquele que comprove, no período de dois anos, o apoiamento de eleitores não filiados a partido político, correspondente a, pelo menos, 0,5% (cinco décimos por cento) dos votos dados na última eleição geral para a Câmara dos Deputados, não computados os votos em branco e os nulos, distribuídos por um terço, ou mais, dos Estados, com um mínimo de 0,1% (um décimo por cento) do eleitorado que haja votado em cada um deles.

.... (NR)

Art. 22-A. Perderá o mandato o detentor de cargo eletivo que se desfiliar, sem justa causa, do partido pelo qual foi eleito.

Parágrafo único. Consideram-se justa causa para a desfiliação partidária somente as seguintes hipóteses:

I - mudança substancial ou desvio reiterado do programa partidário;

II - grave discriminação política pessoal; e

III - mudança de partido efetuada durante o período de trinta dias que antecede o prazo de filiação exigido em lei para concorrer à eleição, majoritária ou proporcional, ao término do mandato vigente.

Art. 32. ....

....

§ 3° (Revogado).

§ 4° Os órgãos partidários municipais que não hajam movimentado recursos financeiros ou arrecadado bens estimáveis em dinheiro ficam desobrigados de prestar contas à Justiça Eleitoral, exigindo-se do responsável partidário, no prazo estipulado no *caput*, a apresentação de declaração da ausência de movimentação de recursos nesse período.

§ 5° A desaprovação da prestação de contas do partido não ensejará sanção alguma que o impeça de participar do pleito eleitoral. (NR)

Art. 34. A Justiça Eleitoral exerce a fiscalização sobre a prestação de contas do partido e das despesas de campanha eleitoral, devendo atestar se elas refletem adequadamente a real movimentação financeira, os dispêndios e os recursos aplicados nas campanhas eleitorais, exigindo a observação das seguintes normas:

I - obrigatoriedade de designação de dirigentes partidários específicos para movimentar recursos financeiros nas campanhas eleitorais;

II - (revogado);

III - relatório financeiro, com documentação que comprove a entrada e saída de dinheiro ou de bens recebidos e aplicados;

IV - obrigatoriedade de ser conservada pelo partido, por prazo não inferior a cinco anos, a documentação comprobatória de suas prestações de contas;

V - obrigatoriedade de prestação de contas pelo partido político e por seus candidatos no encerramento da campanha eleitoral, com o recolhimento imediato à tesouraria do partido dos saldos financeiros eventualmente apurados.

§ 1° A fiscalização de que trata o *caput* tem por escopo identificar a origem das receitas e a destinação das despesas com as atividades partidárias e eleitorais, mediante o exame formal dos documentos fiscais apresentados pelos partidos políticos e candidatos, sendo vedada a análise das atividades político-partidárias ou qualquer interferência em sua autonomia.

.... (NR)

Art. 37. A desaprovação das contas do partido implicará exclusivamente a sanção de devolução da importância apontada como irregular, acrescida de multa de até 20% (vinte por cento).

....

§ 2° A sanção a que se refere o *caput* será aplicada exclusivamente à esfera partidária responsável pela irregularidade, não suspendendo o registro ou a anotação de seus órgãos de direção partidária nem tornando devedores ou inadimplentes os respectivos responsáveis partidários.

§ 3° A sanção a que se refere o *caput* deverá ser aplicada de forma proporcional e razoável, pelo período de um a doze meses, e o pagamento deverá ser feito por meio de desconto nos futuros repasses de cotas do Fundo Partidário, desde que a prestação de contas seja julgada, pelo juízo ou tribunal competente, em até cinco anos de sua apresentação.

....

§ 9° O desconto no repasse de cotas resultante da aplicação da sanção a que se refere o *caput* será suspenso durante o segundo semestre do ano em que se realizarem as eleições.

§ 10. Os gastos com passagens aéreas serão comprovados mediante apresentação de fatura ou duplicata emitida por agência de viagem, quando for o caso, desde que informados os beneficiários, as datas e os itinerários, vedada a exigência de apresentação de qualquer outro documento para esse fim.

§ 11. Os órgãos partidários poderão apresentar documentos hábeis para esclarecer questionamentos da Justiça Eleitoral ou para sanear irregularidades a qualquer tempo, enquanto não transitada em julgado a decisão que julgar a prestação de contas.

§ 12. Erros formais ou materiais que no conjunto da prestação de contas não comprometam o conhecimento da origem das receitas e a destinação das despesas não acarretarão a desaprovação das contas.

§ 13. A responsabilização pessoal civil e criminal dos dirigentes partidários decorrente da desaprovação das contas partidárias e de atos ilícitos atribuídos ao partido político somente ocorrerá se verificada irregularidade grave e insanável resultante de conduta dolosa que importe enriquecimento ilícito e lesão ao patrimônio do partido.

§ 14. O instituto ou fundação de pesquisa e de doutrinação e educação política não será atingido pela sanção aplicada ao partido político em caso de desaprovação de suas contas, exceto se tiver diretamente dado causa à reprovação. (NR)

Art. 37-A. A falta de prestação de contas implicará a suspensão de novas cotas do Fundo Partidário enquanto perdurar a inadimplência e sujeitará os responsáveis às penas da lei.

Art. 39. ....

....

§ 3° As doações de recursos financeiros somente poderão ser efetuadas na conta do partido político por meio de:

I - cheques cruzados e nominais ou transferência eletrônica de depósitos;

II - depósitos em espécie devidamente identificados;

III - mecanismo disponível em sítio do partido na internet que permita inclusive o uso de cartão de crédito ou de débito e que atenda aos seguintes requisitos:

a) identificação do doador;

b) emissão obrigatória de recibo eleitoral para cada doação realizada.

.... (NR)

Art. 41-A. ....

I - 5% (cinco por cento) serão destacados para entrega, em partes iguais, a todos os partidos que atendam aos requisitos constitucionais de acesso aos recursos do Fundo Partidário; e

.... (NR)

Art. 44. ....

I - na manutenção das sedes e serviços do partido, permitido o pagamento de pessoal, a qualquer título, observado, do total recebido, os seguintes limites:

a) 50% (cinquenta por cento) para o órgão nacional;

b) 60% (sessenta por cento) para cada órgão estadual e municipal;

....

V - na criação e manutenção de programas de promoção e difusão da participação política das mulheres, criados e mantidos pela secretaria da mulher do respectivo partido político ou, inexistindo a secretaria, pelo instituto ou fundação de pesquisa e de doutrinação e educação política de que trata o inciso IV, conforme percentual que será fixado pelo órgão nacional de direção partidária, observado o mínimo de 5% (cinco por cento) do total;

VI - no pagamento de mensalidades, anuidades e congêneres devidos a organismos partidários internacionais que se destinem ao apoio à pesquisa, ao estudo e à doutrinação política, aos quais seja o partido político regularmente filiado;

VII - no pagamento de despesas com alimentação, incluindo restaurantes e lanchonetes.

....

§ 5° O partido político que não cumprir o disposto no inciso V do *caput* deverá transferir o saldo para conta específica, sendo vedada sua aplicação para finalidade diversa, de modo que o saldo remanescente deverá ser aplicado dentro do exercício financeiro subsequente, sob pena de acréscimo de 12,5% (doze inteiros e cinco décimos por cento) do valor previsto no inciso V do *caput*, a ser aplicado na mesma finalidade.

§ 5°-A. A critério das agremiações partidárias, os recursos a que se refere o inciso V poderão ser acumulados em diferentes exercícios financeiros, mantidos em contas bancárias específicas, para utilização futura em campanhas eleitorais de candidatas do partido.

....

§ 7° A critério da secretaria da mulher ou, inexistindo a secretaria, a critério da fundação de pesquisa e de doutrinação e educação política, os recursos a que se refere o inciso V do *caput* poderão ser acumulados em diferentes exercícios financeiros, mantidos em contas bancárias específicas, para utilização futura em campanhas eleitorais de candidatas do partido, não se aplicando, neste caso, o disposto no § 5°. (NR)

Art. 45. ....

....

IV - promover e difundir a participação política feminina, dedicando às mulheres o tempo que será fixado pelo órgão nacional de direção partidária, observado o mínimo de 10% (dez por cento) do programa e das inserções a que se refere o Art. 49.

.... (NR)

Art. 49. Os partidos com pelo menos um representante em qualquer das Casas do Congresso Nacional têm assegurados os seguintes direitos relacionados à propaganda partidária:

I - a realização de um programa a cada semestre, em cadeia nacional, com duração de:

a) cinco minutos cada, para os partidos que tenham eleito até quatro Deputados Federais;

b) dez minutos cada, para os partidos que tenham eleito cinco ou mais Deputados Federais;

II - a utilização, por semestre, para inserções de trinta segundos ou um minuto, nas redes nacionais, e de igual tempo nas emissoras estaduais, do tempo total de:

a) dez minutos, para os partidos que tenham eleito até nove Deputados Federais;

b) vinte minutos, para os partidos que tenham eleito dez ou mais Deputados Federais.

Parágrafo único. A critério do órgão partidário nacional, as inserções em redes nacionais referidas no inciso II do *caput* deste artigo poderão veicular conteúdo regionalizado, comunicando-se previamente o Tribunal Superior Eleitoral. (NR)

Art. 4° A Lei n° 4.737, de 15 de julho de 1965 - Código Eleitoral, passa a vigorar com as seguintes alterações:

Art. 7° ....

....

§ 4° O disposto no inciso V do § 1° não se aplica ao eleitor no exterior que requeira novo passaporte para identificação e retorno ao Brasil. (NR)

Art. 14. ....

....

§ 3° Da homologação da respectiva convenção partidária até a diplomação e nos feitos decorrentes do processo eleitoral, não poderão servir como juízes nos Tribunais Eleitorais, ou como Juiz Eleitoral, o cônjuge ou o parente consanguíneo ou afim, até o segundo grau, de candidato a cargo eletivo registrado na circunscrição.

.... (NR)

Art. 28. ....

....

§ 4° As decisões dos Tribunais Regionais sobre quaisquer ações que importem cassação de registro, anulação geral de eleições ou perda de diplomas somente poderão ser tomadas com a presença de todos os seus membros.

§ 5° No caso do § 4°, se ocorrer impedimento de algum juiz, será convocado o suplente da mesma classe. (NR)

Art. 93. O prazo de entrada em cartório ou na Secretaria do Tribunal, conforme o caso, de requerimento de registro de candidato a cargo eletivo terminará, improrrogavelmente, às dezenove horas do dia 15 de agosto do ano em que se realizarem as eleições.

§ 1° Até vinte dias antes da data das eleições, todos os requerimentos, inclusive os que tiverem sido impugnados, devem estar julgados pelas instâncias ordinárias, e publicadas as decisões a eles relativas.

§ 2° As convenções partidárias para a escolha dos candidatos serão realizadas, no máximo, até 5 de agosto do ano em que se realizarem as eleições.

.... (NR)

Art. 108. Estarão eleitos, entre os candidatos registrados por um partido ou coligação que tenham obtido votos em número igual ou superior a 10% (dez por cento) do quociente eleitoral, tantos quantos o respectivo quociente partidário indicar, na ordem da votação nominal que cada um tenha recebido.

Parágrafo único. Os lugares não preenchidos em razão da exigência de votação nominal mínima a que se refere o *caput* serão distribuídos de acordo com as regras do Art. 109. (NR)

Art. 109. Os lugares não preenchidos com a aplicação dos quocientes partidários e em razão da exigência de votação nominal mínima a que se refere o Art. 108 serão distribuídos de acordo com as seguintes regras:

I - dividir-se-á o número de votos válidos atribuídos a cada partido ou coligação pelo número de lugares definido para o partido pelo cálculo do quociente partidário do Art. 107, mais um, cabendo ao partido ou coligação que apresentar a maior média um dos lugares a preencher, desde que tenha candidato que atenda à exigência de votação nominal mínima;

II - repetir-se-á a operação para cada um dos lugares a preencher;

III - quando não houver mais partidos ou coligações com candidatos que atendam às duas exigências do inciso I, as cadeiras serão distribuídas aos partidos que apresentem as maiores médias.

§ 1° O preenchimento dos lugares com que cada partido ou coligação for contemplado far-se-á segundo a ordem de votação recebida por seus candidatos.

§ 2° Somente poderão concorrer à distribuição dos lugares os partidos ou as coligações que tiverem obtido quociente eleitoral. (NR)

Art. 112. ....

Parágrafo único. Na definição dos suplentes da representação partidária, não há exigência de votação nominal mínima prevista pelo Art. 108. (NR)

Art. 224. ....

....

§ 3° A decisão da Justiça Eleitoral que importe o indeferimento do registro, a cassação do diploma ou a perda do mandato de candidato eleito em pleito majoritário acarreta, após o trânsito em julgado, a realização de novas eleições, independentemente do número de votos anulados.

§ 4° A eleição a que se refere o § 3° correrá a expensas da Justiça Eleitoral e será:

I - indireta, se a vacância do cargo ocorrer a menos de seis meses do final do mandato;

II - direta, nos demais casos. (NR)

Art. 233-A. Aos eleitores em trânsito no território nacional é assegurado o direito de votar para Presidente da República, Governador, Senador, Deputado Federal, Deputado Estadual e Deputado Distrital em urnas especialmente instaladas nas capitais e nos Municípios com mais de cem mil eleitores.

§ 1° O exercício do direito previsto neste artigo sujeita-se à observância das regras seguintes:

Legislações | Direito Eleitoral

I - para votar em trânsito, o eleitor deverá habilitar-se perante a Justiça Eleitoral no período de até quarenta e cinco dias da data marcada para a eleição, indicando o local em que pretende votar;

II - aos eleitores que se encontrarem fora da unidade da Federação de seu domicílio eleitoral somente é assegurado o direito à habilitação para votar em trânsito nas eleições para Presidente da República;

III - os eleitores que se encontrarem em trânsito dentro da unidade da Federação de seu domicílio eleitoral poderão votar nas eleições para Presidente da República, Governador, Senador, Deputado Federal, Deputado Estadual e Deputado Distrital.

§ 2° Os membros das Forças Armadas, os integrantes dos órgãos de segurança pública a que se refere o Art. 144 da Constituição Federal, bem como os integrantes das guardas municipais mencionados no § 8°do mesmo Art. 144, poderão votar em trânsito se estiverem em serviço por ocasião das eleições.

§ 3° As chefias ou comandos dos órgãos a que estiverem subordinados os eleitores mencionados no § 2° enviarão obrigatoriamente à Justiça Eleitoral, em até quarenta e cinco dias da data das eleições, a listagem dos que estarão em serviço no dia da eleição com indicação das seções eleitorais de origem e destino.

§ 4° Os eleitores mencionados no § 2°, uma vez habilitados na forma do § 3°, serão cadastrados e votarão nas seções eleitorais indicadas nas listagens mencionadas no § 3° independentemente do número de eleitores do Município. (NR)

Art. 240. A propaganda de candidatos a cargos eletivos somente é permitida após o dia 15 de agosto do ano da eleição.

.... (NR)

Art. 257. ....

§ 1° ....

§ 2° O recurso ordinário interposto contra decisão proferida por Juiz Eleitoral ou por Tribunal Regional Eleitoral que resulte em cassação de registro, afastamento do titular ou perda de mandato eletivo será recebido pelo Tribunal competente com efeito suspensivo.

§ 3° O Tribunal dará preferência ao recurso sobre quaisquer outros processos, ressalvados os de *habeas corpus* e de mandado de segurança. (NR)

Art. 368-A. A prova testemunhal singular, quando exclusiva, não será aceita nos processos que possam levar à perda do mandato.

Art. 5° O limite de gastos nas campanhas eleitorais dos candidatos às eleições para Presidente da República, Governador e Prefeito será definido com base nos gastos declarados, na respectiva circunscrição, na eleição para os mesmos cargos imediatamente anterior à promulgação desta Lei, observado o seguinte:

I - para o primeiro turno das eleições, o limite será de:

a) 70% (setenta por cento) do maior gasto declarado para o cargo, na circunscrição eleitoral em que houve apenas um turno;

b) 50% (cinquenta por cento) do maior gasto declarado para o cargo, na circunscrição eleitoral em que houve dois turnos;

II - para o segundo turno das eleições, onde houver, o limite de gastos será de 30% (trinta por cento) do valor previsto no inciso I.

Parágrafo único. Nos Municípios de até dez mil eleitores, o limite de gastos será de R$ 100.000,00 (cem mil reais) para Prefeito e de R$ 10.000,00 (dez mil reais) para Vereador, ou o estabelecido no *caput* se for maior.

Art. 6° O limite de gastos nas campanhas eleitorais dos candidatos às eleições para Senador, Deputado Federal, Deputado Estadual, Deputado Distrital e Vereador será de 70% (setenta por cento) do maior gasto contratado na circunscrição para o respectivo cargo na eleição imediatamente anterior à publicação desta Lei.

Art. 7° Na definição dos limites mencionados nos Arts. 5° e 6°, serão considerados os gastos realizados pelos candidatos e por partidos e comitês financeiros nas campanhas de cada um deles.

Art. 8° Caberá à Justiça Eleitoral, a partir das regras definidas nos Arts. 5° e 6°:

I - dar publicidade aos limites de gastos para cada cargo eletivo até 20 de julho do ano da eleição;

II - na primeira eleição subsequente à publicação desta Lei, atualizar monetariamente, pelo Índice Nacional de Preços ao Consumidor - INPC da Fundação Instituto Brasileiro de Geografia e Estatística - IBGE ou por índice que o substituir, os valores sobre os quais incidirão os percentuais de limites de gastos previstos nos Arts. 5° e 6°;

III - atualizar monetariamente, pelo INPC do IBGE ou por índice que o substituir, os limites de gastos nas eleições subsequentes.

Art. 9° Nas três eleições que se seguirem à publicação desta Lei, os partidos reservarão, em contas bancárias específicas para este fim, no mínimo 5% (cinco por cento) e no máximo 15% (quinze por cento) do montante do Fundo Partidário destinado ao financiamento das campanhas eleitorais para aplicação nas campanhas de suas candidatas, incluídos nesse valor os recursos a que se refere o inciso V do Art. 44 da Lei n° 9.096, de 19 de setembro de 1995.

Art. 10. Nas duas eleições que se seguirem à publicação desta Lei, o tempo mínimo referido no inciso IV do Art. 45 da Lei n° 9.096, de 19 de setembro de 1995, será de 20% (vinte por cento) do programa e das inserções.

Art. 11. Nas duas eleições que se seguirem à última das mencionadas no Art. 10, o tempo mínimo referido no inciso IV do Art. 45 da Lei nº 9.096, de 19 de setembro de 1995, será de 15% (quinze por cento) do programa e das inserções.

Art. 12. Até a primeira eleição geral subsequente à aprovação desta Lei, será implantado o processo de votação eletrônica com impressão do registro do voto a que se refere o Art. 59-A da Lei n° 9.504, de 30 de setembro de 1997.

Art. 13. O disposto no § 1° do Art. 7° da Lei n° 9.096, de 19 de setembro de 1995, no tocante ao prazo de dois anos para comprovação do apoiamento de eleitores, não se aplica aos pedidos protocolizados até a data de publicação desta Lei.

Art. 14. Esta Lei entra em vigor na data de sua publicação.

Art. 15. Revogam-se os §§ 1° e 2° do Art. 10, o Art. 17-A, os §§ 1° e 2° do Art. 18, o Art. 19, os incisos I e II do § 1° do Art. 23, o inciso I do *caput* e o § 1° do Art. 29, os §§ 1° e 2° do Art. 48, o inciso II do Art. 51, o Art. 81 e o § 4° do Art. 100-A da Lei n° 9.504, de 30 de setembro de 1997; o Art. 18, o § 3° do Art. 32 e os Arts. 56 e 57 da Lei n° 9.096, de 19 de setembro de 1995; e o § 11 do Art. 32 da Lei n° 9.430, de 27 de dezembro de 1996.

Brasília, 29 de setembro de 2015; 194° da Independência e 127° da República.

DILMA ROUSSEFF

José Eduardo Cardozo

Nelson Barbosa

Luís Inácio Lucena Adams

Este texto não substitui o publicado no DOU de 29.9.2015 - Edição extra

Anotações

Promulgação da Lei nº 13.165, de 29 de Setembro de 2015

Altera as Leis nos 9.504, de 30 de setembro de 1997, 9.096, de 19 de setembro de 1995, e 4.737, de 15 de julho de 1965 - Código Eleitoral, para reduzir os custos das campanhas eleitorais, simplificar a administração dos Partidos Políticos e incentivar a participação feminina.

A PRESIDENTA DA REPÚBLICA Faço saber que o Congresso Nacional decreta e eu promulgo, nos termos do § 5° do Art. 66 da Constituição, as seguintes partes da Lei n° 13.165, de 29 de setembro de 2015:

Art. 2° ....

....

Art. 59-A. No processo de votação eletrônica, a urna imprimirá o registro de cada voto, que será depositado, de forma automática e sem contato manual do eleitor, em local previamente lacrado.

Parágrafo único. O processo de votação não será concluído até que o eleitor confirme a correspondência entre o teor de seu voto e o registro impresso e exibido pela urna eletrônica.

....

Art. 12. Até a primeira eleição geral subsequente à aprovação desta Lei, será implantado o processo de votação eletrônica com impressão do registro do voto a que se refere o Art. 59-A da Lei n° 9.504, de 30 de setembro de 1997.

Brasília, 25 de novembro de 2015; 194° da Independência e 127° da República.

DILMA ROUSSEFF

Este texto não substitui o publicado no DOU de 26.11.2015

Anotações

Lei nº 4.737, de 15 de Julho de 1965 - Institui o Código Eleitoral

O PRESIDENTE DA REPÚBLICA, faço saber que sanciono a seguinte Lei, aprovada pelo Congresso Nacional, nos termos do Art. 4º, caput, do Ato Institucional, de 9 de abril de 1964.

Parte Primeira - Introdução

Art. 1º Este Código contém normas destinadas a assegurar a organização e o exercício de direitos políticos precipuamente os de votar e ser votado.

Parágrafo único. O Tribunal Superior Eleitoral expedirá instruções para sua fiel execução.

Art. 2º Todo poder emana do povo e será exercido, em seu nome, por mandatários escolhidos, direta e secretamente, dentre candidatos indicados por partidos políticos nacionais, ressalvada a eleição indireta nos casos previstos na Constituição e leis específicas.

- CF/88, Art. 1º, parágrafo único: poder exercido pelo povo, por meio de representantes eleitos ou diretamente.
- CF/88, Art. 14, *caput*: voto direto e secreto; e Art. 81, § 1º: caso de eleição pelo Congresso Nacional.

Art. 3º Qualquer cidadão pode pretender investidura em cargo eletivo, respeitadas as condições constitucionais e legais de elegibilidade e incompatibilidade.

- CF/88, Art. 14, §§ 3º e 8º: condições de elegibilidade.
- CF/88, Art. 14, §§ 4º, 6º e 7º, e LC nº 64/1990, Art. 1º, com as alterações dadas pela LC nº 135/2010: causas de inelegibilidade.

Art. 4º São eleitores os brasileiros maiores de 18 anos que se alistarem na forma da lei.

- CF/88, Art. 14, § 1º, II, c: admissão do alistamento facultativo aos maiores de 16 e menores de 18 anos; Art. 14, § 1º, I e II: obrigatoriedade/facultatividade do alistamento e voto.

Art. 5º Não podem alistar-se eleitores:

- CF/88, Art. 14, § 2º: alistamento vedado aos estrangeiros e aos conscritos.

I – os analfabetos;

- CF/88, Art. 14, § 1º, II, a: alistamento e voto facultativos aos analfabetos. Ac.-TSE nº 23.291/2004: este dispositivo não foi recepcionado pela CF/88.

II – os que não saibam exprimir-se na língua nacional;

- V. Res.-TSE nº 23.274/2010: este dispositivo não foi recepcionado pela CF/88.

III – os que estejam privados, temporária ou definitivamente, dos direitos políticos.

- CF/88, Art. 15: casos de perda ou de suspensão de direitos políticos.

Parágrafo único. Os militares são alistáveis desde que oficiais, aspirantes a oficiais, guardas-marinha, subtenentes ou suboficiais, sargentos ou alunos das escolas militares de ensino superior para formação de oficiais.

- CF/88, Art. 14, § 2º: alistamento vedado apenas aos conscritos, durante o serviço militar obrigatório; e § 8º: condições de elegibilidade do militar. Res.-TSE nº 15.850/1989: a palavra conscritos alcança também aqueles matriculados nos órgãos de formação de reserva e os médicos, dentistas, farmacêuticos e veterinários que prestam serviço militar inicial obrigatório.

Art. 6º O alistamento e o voto são obrigatórios para os brasileiros de um e outro sexo, salvo:

- Lei nº 6.236/1975: Determina providências para cumprimento da obrigatoriedade do alistamento eleitoral.
- V. CF/88, Art. 14, § 1º, I e II: obrigatoriedade/facultatividade do alistamento e do voto.
- Ac.-TSE, de 10.2.2015, no PA nº 191.930 e, de 6.12.2011, no PA nº 180.681: alistamento facultativo dos indígenas, independentemente da categorização prevista em legislação infraconstitucional, observadas as exigências de natureza constitucional e eleitoral pertinentes à matéria.

I – quanto ao alistamento:

a) os inválidos;

- Res.-TSE nº 21.920/2004, Art. 1º: alistamento eleitoral e voto obrigatórios para pessoas com deficiência.

b) os maiores de setenta anos;

c) os que se encontrem fora do País;

II – quanto ao voto:

a) os enfermos;

b) os que se encontrem fora do seu domicílio;

c) os funcionários civis e os militares, em serviço que os impossibilite de votar.

Art. 7º O eleitor que deixar de votar e não se justificar perante o Juiz Eleitoral até trinta dias após a realização da eleição incorrerá na multa de três a dez por cento sobre o salário mínimo da região, imposta pelo Juiz Eleitoral e cobrada na forma prevista no Art. 367.

- *Caput* com redação dada pelo Art. 2º da Lei nº 4.961/1966.
- Lei nº 6.091/1974, Arts. 7º e 16, e Res.-TSE nº 21.538/2003, Art. 80, § 1º: prazo de justificação ampliado para 60 dias; no caso de eleitor que esteja no exterior no dia da eleição, prazo de 30 dias contados de seu retorno ao país.
- V. CF/88, Art. 7º, IV: vedação da vinculação do salário mínimo para qualquer fim; Res.-TSE nº 21.538/2003, Art. 85: indica a base de cálculo para aplicação das multas previstas pelo Código Eleitoral e leis conexas; Art. 80, § 4º: estabelece o percentual mínimo de 3% e o máximo de 10% do valor indicado pelo Art. 85 para arbitramento da multa pelo não exercício do voto; Lei nº 10.522/2002, Art. 29: extingue a UFIR e adota como seu último valor o do dia 1º de janeiro de 1997, correspondente a R$1,0641.
- V. Art. 231 deste Código.
- V. Res.-TSE nº 21.920/2004, Art. 1º, parágrafo único: isenta de sanção as pessoas com deficiência nos casos que especifica.

§ 1º Sem a prova de que votou na última eleição, pagou a respectiva multa ou de que se justificou devidamente, não poderá o eleitor:

I – inscrever-se em concurso ou prova para cargo ou função pública, investir-se ou empossar-se neles;

II – receber vencimentos, remuneração, salário ou proventos de função ou emprego público, autárquico ou paraestatal, bem como fundações governamentais, empresas, institutos e sociedades de qualquer natureza, mantidas ou subvencionadas pelo governo ou que exerçam serviço público delegado, correspondentes ao segundo mês subsequente ao da eleição;

III – participar de concorrência pública ou administrativa da União, dos Estados, dos Territórios, do Distrito Federal ou dos Municípios, ou das respectivas autarquias;

IV – obter empréstimos nas autarquias, sociedades de economia mista, caixas econômicas federais ou estaduais, nos institutos e caixas de previdência social, bem como em qualquer estabelecimento de crédito mantido pelo governo, ou de cuja administração este participe, e com essas entidades celebrar contratos;

V – obter passaporte ou carteira de identidade;

- V. § 4º deste artigo.

VI – renovar matrícula em estabelecimento de ensino oficial ou fiscalizado pelo governo;

- Lei nº 6.236/1975: matrícula de estudante.

VII – praticar qualquer ato para o qual se exija quitação do serviço militar ou imposto de renda.

§ 2º Os brasileiros natos ou naturalizados, maiores de 18 anos, salvo os excetuados nos Arts. 5º e 6º, nº I, sem prova de estarem alistados não poderão praticar os atos relacionados no parágrafo anterior.

- CF/88, Art. 12, I: brasileiros natos.
- V. Res.-TSE nº 21.920/2004, Art. 1º, parágrafo único: isenta de sanção as pessoas com deficiência nos casos que especifica.
- V. CF/88, Art. 14, § 1º, I e II: obrigatoriedade/facultatividade do alistamento e do voto.

§ 3º Realizado o alistamento eleitoral pelo processo eletrônico de dados, será cancelada a inscrição do eleitor que não votar em 3 (três) eleições consecutivas, não pagar a multa ou não se justificar no prazo de 6 (seis) meses, a contar da data da última eleição a que deveria ter comparecido.

- Parágrafo acrescido pelo Art. 1º da Lei nº 7.663/1988.
- Res.-TSE nº 21.538/2003, Art. 80, § 6º: eleitores excluídos do cancelamento.
- Res.-TSE nos 20.729/2000, 20.733/2000 e 20.743/2000: a lei de anistia alcança exclusivamente as multas, não anulando a falta à eleição, mantida, portanto, a regra contida nos Arts. 7º, § 3º, e 71, V, deste Código.
- V. Res.-TSE nº 21920/2004, Art. 1º, parágrafo único: isenta de sanção as pessoas com deficiência nos casos que especifica.

§ 4º O disposto no inciso V do § 1º não se aplica ao eleitor no exterior que requeira novo passaporte para identificação e retorno ao Brasil.

- § 4º acrescido pelo Art. 4º da Lei nº 13.165/2015.

Art. 8º O brasileiro nato que não se alistar até os dezenove anos ou o naturalizado que não se alistar até um ano depois de adquirida a nacionalidade brasileira incorrerá na multa de três a dez por cento sobre o valor do salário mínimo da região, imposta pelo Juiz e cobrada no ato da inscrição eleitoral através de selo federal inutilizado no próprio requerimento.

- *Caput* com redação dada pelo Art. 3º da Lei nº 4.961/1966.
- Res.-TSE nº 21.538/2003, Art. 16, parágrafo único: inaplicação da multa ao alistando que deixou de ser analfabeto.
- V. CF/88, Art. 7º, IV: vedação da vinculação do salário mínimo para qualquer fim; Res.-TSE nº 21.538/2003, Art. 85: indica a base de cálculo para aplicação das multas previstas pelo Código Eleitoral e por leis conexas; Art. 80, § 4º: estabelece o percentual mínimo de 3% e o máximo de 10% do valor indicado pelo Art. 85 para arbitramento da multa pelo não exercício do voto; Lei nº 10.522/2002, Art. 29: extingue a UFIR e adota como seu último valor o do dia 1º de janeiro de 1997, correspondente a R$1,0641.
- Lei nº 5.143/1966, Art. 15: revoga a lei relativa ao imposto do selo; IN-STN nº 2/2009: dispõe sobre a GRU, e dá outras providências; Res.-TSE nº 21975/2004, Art. 4º: utilização obrigatória da GRU para recolhimento das multas eleitorais, penalidades pecuniárias e doações de pessoas físicas ou jurídicas; Port.-TSE nº 288/2005: normas visando à arrecadação, ao recolhimento e à cobrança das multas previstas no Código Eleitoral e em leis conexas, e à utilização da GRU.
- V. Res.-TSE nº 21.920/2004, Art. 1º, parágrafo único: isenta de sanção as pessoas com deficiência nos casos que especifica; §§ 2º e 3º: expedição de certidão de quitação eleitoral para esses casos.

Parágrafo único. Não se aplicará a pena ao não alistado que requerer sua inscrição eleitoral até o centésimo primeiro dia anterior à eleição subsequente à data em que completar dezenove anos.

- Parágrafo acrescido pelo Art. 1º da Lei nº 9.041/1995.
- Lei nº 9.504/1997, Art. 91, *caput*: termo final do prazo para o eleitor requerer inscrição eleitoral ou transferência de domicílio.

Art. 9º Os responsáveis pela inobservância do disposto nos Arts. 7º e 8º incorrerão na multa de 1 (um) a 3 (três)salários mínimos vigentes na Zona Eleitoral ou de suspensão disciplinar até 30 (trinta) dias.

- V. CF/88, Art. 7º, IV: vedação da vinculação do salário mínimo para qualquer fim; Res.-TSE nº 21.538/2003, Art. 85: indica a base de cálculo para aplicação das multas previstas pelo Código Eleitoral e por leis conexas; Art. 80, § 4º: estabelece o percentual mínimo de 3% e o máximo de 10% do valor indicado pelo Art. 85 para arbitramento da multa pelo não exercício do voto; Lei nº 10.522/2002, Art. 29: extingue a UFIR e adota como seu último valor o do dia 1º de janeiro de 1997, correspondente a R$1,0641.

Art. 10. O Juiz Eleitoral fornecerá aos que não votarem por motivo justificado e aos não alistados nos termos dos artigos 5º e 6º, nº I, documento que os isente das sanções legais.

- Res.-TSE nº 21.920/2004, Arts. 1º e 2º: isenta de sanção e possibilita a emissão de certidão de quitação eleitoral com prazo de validade indeterminado para a pessoa com deficiência que torne impossível ou demasiadamente oneroso o cumprimento das obrigações eleitorais, relativas ao alistamento e ao exercício do voto.

Legislações | Direito Eleitoral

Art. 11. O eleitor que não votar e não pagar a multa, se se encontrar fora de sua Zona e necessitar de documento de quitação com a Justiça Eleitoral, poderá efetuar o pagamento perante o Juízo da Zona em que estiver.

- Res.-TSE nº 21.823/2004: admissibilidade, por aplicação analógica deste artigo, do pagamento, perante qualquer juízo eleitoral, dos débitos decorrentes de sanções pecuniárias de natureza administrativa impostas com base no Código Eleitoral e na Lei nº 9.504/1997, ao qual deve preceder consulta ao juízo de origem sobre o quantum a ser exigido do devedor.

§ 1º A multa será cobrada no máximo previsto, salvo se o eleitor quiser aguardar que o Juiz da Zona em que se encontrar solicite informações sobre o arbitramento ao Juízo da inscrição.

- V. Art. 367, I, deste Código e Arts. 82 e 85 da Res.-TSE nº 21.538/2003.

§ 2º Em qualquer das hipóteses, efetuado o pagamento através de selos federais inutilizados no próprio requerimento, o Juiz que recolheu a multa comunicará o fato ao da Zona de inscrição e fornecerá ao requerente comprovante do pagamento.

- Lei nº 5.143/1966, Art. 15: revoga a lei relativa ao imposto do selo; IN-STN nº 2/2009: dispõe sobre a GRU, e dá outras providências; Res.-TSE nº 21.975/2004, Art. 4º: utilização obrigatória da GRU para recolhimento das multas eleitorais, penalidades pecuniárias e doações de pessoas físicas ou jurídicas; Port.-TSE nº 288/2005: normas visando à arrecadação, ao recolhimento e à cobrança das multas previstas no Código Eleitoral e em leis conexas, e à utilização da GRU.
- Res.-TSE nº 21.538/2003, Art. 82, §§ 2º e 4º: fornecimento de certidão de quitação eleitoral por juízo diverso do de inscrição do eleitor; Res.-TSE nº 21.667/2004: Dispõe sobre a utilização do serviço de emissão de certidão de quitação eleitoral por meio da Internet e dá outras providências.

Parte Segunda - Dos Órgãos da Justiça Eleitoral

- Ac.-TSE, de 29.2.1996, no REspe nº 12641 e, de 23.8.1994, na MC nº 14.150: a matéria relativa à organização e funcionamento dos Tribunais Eleitorais, disciplinada no Código Eleitoral, foi recepcionada com força de lei complementar pela vigente Constituição (CF/88, Art. 121).

Art. 12. São órgãos da Justiça Eleitoral:

- CF/88, Art. 118.

I – o Tribunal Superior Eleitoral, com sede na Capital da República e jurisdição em todo o País;

II – um Tribunal Regional, na capital de cada Estado, no Distrito Federal e, mediante proposta do Tribunal Superior, na capital de Território;

III – Juntas Eleitorais;

IV – Juízes Eleitorais.

Art. 13. O número de Juízes dos Tribunais Regionais não será reduzido, mas poderá ser elevado até nove, mediante proposta do Tribunal Superior, e na forma por ele sugerida.

- CF/88, Art. 96, II, a: proposta de alteração do número de membros. CF/88, Art. 120, § 1º: composição dos tribunais regionais. V., também, Art. 25 deste Código.

Art. 14. Os Juízes dos Tribunais Eleitorais, salvo motivo justificado, servirão obrigatoriamente por dois anos, e nunca por mais de dois biênios consecutivos.

- CF/88, Art. 121, § 2º.
- Res.-TSE nº 20.958/2001: dispõe sobre Instruções que regulam a investidura e o exercício dos membros dos Tribunais Eleitorais e o término dos respectivos mandatos: essa resolução disciplina inteiramente o assunto tratado na Res.-TSE nº 9.177/1972.

§ 1º Os biênios serão contados, ininterruptamente, sem o desconto de qualquer afastamento, nem mesmo o decorrente de licença, férias, ou licença especial, salvo no caso do § 3º.

§ 2º Os Juízes afastados por motivo de licença, férias e licença especial, de suas funções na Justiça comum, ficarão automaticamente afastados da Justiça Eleitoral pelo tempo correspondente, exceto quando, com períodos de férias coletivas, coincidir a realização de eleição, apuração ou encerramento de alistamento.

§ 3º Da homologação da respectiva convenção partidária até a diplomação e nos feitos decorrentes do processo eleitoral, não poderão servir como juízes nos Tribunais Eleitorais, ou como Juiz Eleitoral, o cônjuge ou o parente consanguíneo ou afim, até o segundo grau, de candidato a cargo eletivo registrado na circunscrição.

- § 3º com redação dada pelo Art. 4º da Lei nº 13.165/2015.
- Lei nº 9.504/1997, Art. 95: Juiz Eleitoral como parte em ação judicial.
- Res.-TSE nº 22.825/2008: impedimento de membro de Tribunal Regional Eleitoral para desempenhar função eleitoral perante circunscrição em que houver parentesco com candidato a cargo eletivo.

§ 4º No caso de recondução para o segundo biênio, observar-se-ão as mesmas formalidades indispensáveis à primeira investidura.

- §§ 1º ao 4º acrescidos pelo Art. 4º da Lei nº 4.961/1966, sendo o § 4º correspondente ao primitivo parágrafo único.
- Ac.-TSE, de 10.4.2012, no PA nº 40.9351: [...] a eleição de determinado desembargador para o cargo de Presidente de TRE, durante o seu primeiro biênio, não o reconduz, automaticamente, para um segundo biênio, sendo imprescindível a sua escolha pelo Tribunal de Justiça.

Art. 15. Os substitutos dos membros efetivos dos Tribunais Eleitorais serão escolhidos, na mesma ocasião e pelo mesmo processo, em número igual para cada categoria.

- CF/88, Art. 121, § 2º.

Título I - Do Tribunal Superior

Art. 16. Compõe-se o Tribunal Superior Eleitoral:

- V. CF/88, Art. 119, *caput*: composição mínima de sete membros; V., ainda, nota ao Art. 23, VI, deste Código.

I – mediante eleição, pelo voto secreto:

a) de três Juízes, dentre os Ministros do Supremo Tribunal Federal; e

- CF/88, Art. 119, I, a.

b) de dois Juízes, dentre os membros do Tribunal Federal de Recursos;

- CF/88, Art. 119, I, b: eleição dentre os ministros do Superior Tribunal de Justiça.

II – por nomeação do Presidente da República de dois dentre seis advogados de notável saber jurídico e idoneidade moral, indicados pelo Supremo Tribunal Federal.

- CF/88, Art. 119, II.
- Ac.-STF, de 17.5.2006, na ADI nº 1127: A incompatibilidade com o exercício da advocacia não alcança os Juízes Eleitorais e seus suplentes, em face da composição da Justiça eleitoral estabelecida na Constituição.

§ 1º Não podem fazer parte do Tribunal Superior Eleitoral cidadãos que tenham entre si parentesco, ainda que por afinidade, até o quarto grau, seja o vínculo legítimo ou ilegítimo, excluindo-se neste caso o que tiver sido escolhido por último.

§ 2º A nomeação de que trata o inciso II deste artigo não poderá recair em cidadão que ocupe cargo público de que seja demissível ad nutum; que seja diretor, proprietário ou sócio de empresa beneficiada com subvenção, privilégio, isenção ou favor em virtude de contrato com a Administração Pública; ou que exerça mandato de caráter político, federal, estadual ou municipal.

- Incisos I e II e §§ 1º e 2º com redação dada pelo Art. 1º da Lei nº 7.191/1984.

Art. 17. O Tribunal Superior Eleitoral elegerá para seu Presidente um dos Ministros do Supremo Tribunal Federal, cabendo ao outro a Vice-Presidência, e para Corregedor-Geral da Justiça Eleitoral um dos seus membros.

- CF/88, Art. 119, parágrafo único: eleição do Presidente e do Vice-Presidente; eleição do Corregedor-Geral dentre os Ministros do Superior Tribunal de Justiça.

§ 1º As atribuições do Corregedor-Geral serão fixadas pelo Tribunal Superior Eleitoral.

- Res.-TSE nº 7.651/1965: fixa as atribuições do Corregedor-Geral e dos Corregedores Regionais da Justiça Eleitoral; Res.-TSE nº 23.338/2011: aprova a organização dos serviços da Corregedoria-Geral da Justiça Eleitoral.
- Res.-TSE nº 21.372/2003: Estabelece rotina para realização de correições nas zonas eleitorais do país.

§ 2º No desempenho de suas atribuições, o Corregedor-Geral se locomoverá para os Estados e Territórios nos seguintes casos:

I – por determinação do Tribunal Superior Eleitoral;

II – a pedido dos Tribunais Regionais Eleitorais;

III – a requerimento de partido deferido pelo Tribunal Superior Eleitoral;

IV – sempre que entender necessário.

§ 3º Os provimentos emanados da Corregedoria-Geral, vinculam os Corregedores Regionais, que lhes devem dar imediato e preciso cumprimento.

Art. 18. Exercerá as funções de Procurador-Geral, junto ao Tribunal Superior Eleitoral, o Procurador-Geral da República, funcionando, em suas faltas e impedimentos, seu substituto legal.

- V. Arts. 73 a 75 da LC nº 75/1993, que dispõe sobre a organização, as atribuições e o estatuto do Ministério Público da União.
- Ac.-TSE, de 19.10.2010, na Pet nº 337554: ilegitimidade de órgão regional do Ministério Público Federal para atuar perante o TSE.

Parágrafo único. O Procurador-Geral poderá designar outros membros do Ministério Público da União, com exercício no Distrito Federal, e sem prejuízo das respectivas funções, para auxiliá-lo junto ao Tribunal Superior Eleitoral, onde não poderão ter assento.

Art. 19. O Tribunal Superior delibera por maioria de votos, em sessão pública, com a presença da maioria de seus membros.

Parágrafo único. As decisões do Tribunal Superior, assim na interpretação do Código Eleitoral em face da Constituição e cassação de registro de partidos políticos, como sobre quaisquer recursos que importem anulação geral de eleições ou perda de diplomas, só poderão ser tomadas com a presença de todos os seus membros. Se ocorrer impedimento de algum Juiz, será convocado o substituto ou o respectivo suplente.

- Ac.-TSE, de 1º.8.2012, no AgR-AC nº 48052; de 12.11.2009, no RO nº 1.589 e, de 17.6.2003, no REspe nº 21.120: o quorum de deliberação dos tribunais regionais eleitorais é o previsto no Art. 28 do Código Eleitoral. Inaplicabilidade do quorum previsto neste parágrafo.
- Ac.-TSE, de 5.12.2013, nos ED-AgR-REspe nº 159389 e, de 17.12.2012, nos ED-AgR-REspe nº 8.197: possibilidade de julgamento com o quorum incompleto por suspeição ou impedimento de ministro titular da classe de advogado e impossibilidade jurídica de convocação de juiz substituto.
- CF/88, Art. 97: Somente pelo voto da maioria absoluta de seus membros ou dos membros do respectivo órgão especial poderão os tribunais declarar a inconstitucionalidade de lei ou ato normativo do poder público.
- Súm.-STF nº 72/1963: No julgamento de questão constitucional, vinculada a decisão do Tribunal Superior Eleitoral, não estão impedidos os ministros do Supremo Tribunal Federal que ali tenham funcionado no mesmo processo, ou no processo originário.
- Ac.-TSE, de 23.10.2007, nos ED-AgR-Ag nº 8062: exigência de quorum completo no julgamento de agravo regimental para evitar perda de diploma.

Art. 20. Perante o Tribunal Superior, qualquer interessado poderá arguir a suspeição ou impedimento dos seus membros, do Procurador-Geral ou de funcionários de sua Secretaria, nos casos previstos na lei processual civil ou penal e por motivo de parcialidade partidária, mediante o processo previsto em regimento.

- V. Art. 14, § 3º, deste Código e Art. 95 da Lei nº 9.504/1997: impedimento de juiz por parentesco ou que for parte em ação judicial que envolva candidato.

Parágrafo único. Será ilegítima a suspeição quando o excipiente a provocar ou, depois de manifestada a causa, praticar ato que importe aceitação do arguido.

Art. 21. Os Tribunais e Juízes inferiores devem dar imediato cumprimento às decisões, mandados, instruções e outros atos emanados do Tribunal Superior Eleitoral.

Art. 22. Compete ao Tribunal Superior:

I – processar e julgar originariamente:

a) o registro e a cassação de registro de partidos políticos, dos seus Diretórios Nacionais e de candidatos a Presidência e Vice-Presidência da República;

- Lei nº 9.096/1995, Arts. 7º e 8º: aquisição da personalidade jurídica mediante registro no Cartório de Registro Civil das Pessoas Jurídicas; Art. 9º: registro do estatuto no Tribunal Superior Eleitoral; Art. 28: casos de cancelamento do registro civil e do estatuto dos partidos políticos.
- LC nº 64/1990, Art. 2º, parágrafo único, I: arguição de inelegibilidade perante o Tribunal Superior Eleitoral.

b) os conflitos de jurisdição entre Tribunais Regionais e Juízes Eleitorais de Estados diferentes;

c) a suspeição ou impedimento aos seus membros, ao Procurador-Geral e aos funcionários da sua Secretaria;

d) os crimes eleitorais e os comuns que lhes forem conexos cometidos pelos seus próprios Juízes e pelos Juízes dos Tribunais Regionais;

- CF/88, Art. 102, I, c: competência do STF para processar e julgar, nas infrações penais comuns e nos crimes de responsabilidade, os membros dos tribunais superiores; Art. 105, I, a: competência do STJ para processar e julgar, nos crimes comuns e nos de responsabilidade, os membros dos tribunais regionais eleitorais.

e) o *habeas corpus* ou mandado de segurança, em matéria eleitoral, relativos a atos do Presidente da República, dos Ministros de Estado e dos Tribunais Regionais; ou, ainda, o *habeas corpus*, quando houver perigo de se consumar a violência antes que o Juiz competente possa prover sobre a impetração;

- A Res. nº 132/1984, do Senado Federal, suspendeu a locução ou mandado de segurança. Entretanto, no Ac.-STF, de 7.4.1994, no RE nº 163.727, o STF deu-lhe interpretação para restringir o seu alcance à verdadeira dimensão da declaração de inconstitucionalidade no Ac.-STF, de 31.8.1983, no MS nº 20.409, que lhe deu causa, vale dizer, à hipótese de mandado de segurança contra ato, de natureza eleitoral, do Presidente da República, mantida a competência do TSE para as demais impetrações previstas neste inciso. CF/88, Art. 102, I, d: competência do STF para processar e julgar mandado de segurança contra ato do Presidente da República. CF/88, Art. 105, I, b: competência do STJ para processar e julgar mandado de segurança contra ato de ministro de Estado. CF/88, Art. 105, I, h, *in fine*: competência da Justiça Eleitoral para o mandado de injunção.
- Ac.-TSE, de 3.6.2008, no AMS nº 3.370; de 18.12.2007, no MS nº 3.664 e, de 27.5.2004, no AgR-MS nº 3175: competência do Tribunal Regional Eleitoral para processar e julgar mandado de segurança contra seus atos em matéria administrativa (atividade-meio).
- V. LC nº 35/1979, Art. 21, VI.
- Ac.-TSE, de 8.5.2001, no AG nº 2.721 e, de 17.2.2000, no RMS nº 118: ato praticado a propósito da atividade-meio da Justiça Eleitoral – matéria de direito comum –, o processo rege-se pela legislação processual comum.
- Ac.-TSE, de 7.6.2011, no HC nº 349.682: incompetência do TSE para processar e julgar *habeas corpus* impetrado contra sua decisão.
- Ac.-TSE, de 28.2.2012, no HC nº 151.921: incompetência do TSE para processar e julgar *habeas corpus* contra decisão de juiz relator de TRE, sob pena de supressão de instância.

f) as reclamações relativas a obrigações impostas por lei aos partidos políticos, quanto à sua contabilidade e à apuração da origem dos seus recursos;

- V. Lei nº 9.096/1995, Art. 35, *caput*: exame da escrituração de partido em decorrência de denúncia.

g) as impugnações à apuração do resultado geral, proclamação dos eleitos e expedição de diploma na eleição de Presidente e Vice-Presidente da República;

h) os pedidos de desaforamento dos feitos não decididos nos Tribunais Regionais dentro de trinta dias da conclusão ao Relator, formulados por partido, candidato, Ministério Público ou parte legitimamente interessada;

- Alínea com redação dada pelo Art. 6º da Lei nº 4.961/1966.

i) as reclamações contra os seus próprios Juízes que, no prazo de trinta dias a contar da conclusão, não houverem julgado os feitos a eles distribuídos;

- Alínea acrescida pelo Art. 6º da Lei nº 4.961/1966.
- Lei nº 9.504/1997, Art. 94, §§ 1º e 2º.
- Dec. monocrática do Min. José Delgado na Rcl nº 475, de 10.10.2007: a competência para o julgamento das reclamações desta espécie passou ao Conselho Nacional de Justiça, nos termos do Art. 103-B, § 4º, III, da Constituição Federal.

j) a ação rescisória, nos casos de inelegibilidade, desde que intentada dentro do prazo de cento e vinte dias de decisão irrecorrível, possibilitando-se o exercício do mandato eletivo até o seu trânsito em julgado;

- Alínea acrescida pelo Art. 1º da LC nº 86/1996.
- Ac.-STF, de 17.3.1999, na ADI nº 1.459: declara inconstitucionais o trecho grifado e a expressão aplicando-se, inclusive, às decisões havidas até cento e vinte dias anteriores à sua vigência, constante do Art. 2º da LC nº 86/1996.
- Ac.-TSE, de 7.11.2013, nos ED-AR nº 70453; de 30.8.2012, no AgR-AR nº 34977 e, de 16.11.2000, na AR nº 106: competência do Tribunal Superior Eleitoral para processar e julgar ação rescisória de seus próprios julgados que tenham analisado o mérito de questões atinentes à inelegibilidade.
- Ac.-TSE, de 27.3.2001, na AR nº 89: incompetência de TRE para julgar ação rescisória. Ac.-TSE, de 25.6.2011, na AR nº 64621 e, de 14.8.2001, na AR nº 124: cabimento de ação rescisória contra decisão monocrática de juiz do TSE. Ac.-TSE, de 20.9.2002, na AR nº 19617: cabimento de ação rescisória de julgado de TRE em matéria não eleitoral.
- Ac.-TSE, de 2.10.2013, no AgR-AR nº 59.017 e, de 10.11.2011, na AR nº 93.296: decadência da rescisória proposta fora do prazo de 120 dias do trânsito em julgado da decisão rescindenda.

II – julgar os recursos interpostos das decisões dos Tribunais Regionais nos termos do Art. 276 inclusive os que versarem matéria administrativa.

- Ac.-TSE, de 6.9.2007, no ERMS nº 367; de 16.12.1997, no REspe nº 12.644: competência do TSE para apreciar recurso contra decisão judicial de TRE sobre matéria administrativa não eleitoral; Ac.-TSE, de 22.2.2007, no REspe nº 25.836: incompetência do TSE para apreciar recurso contra decisão de natureza estritamente administrativa proferida pelos tribunais regionais.

Legislações | Direito Eleitoral

- Ac.-TSE, de 4.11.2010, no AgR-REspe nº 340.044: não equiparação de recurso especial a recurso ordinário em razão do primeiro julgamento do requerimento de registro de candidatura ter sido realizado por TRE.
- Ac.-TSE, de 15.8.2013, no AgR-AI nº 11.576: não cabimento de recurso de natureza jurisdicional em processo administrativo. Ac.-TSE, de 8.2.2011, no AgR-AI nº 12.139: cabimento de recurso especial somente contra decisão judicial, ainda que o processo cuide de matéria administrativa.

Parágrafo único. As decisões do Tribunal Superior são irrecorríveis, salvo nos casos do Art. 281.

Art. 23. Compete, ainda, privativamente, ao Tribunal Superior:

I – elaborar o seu Regimento Interno;

- CF/88, Art. 96, I, a.

II – organizar a sua Secretaria e a Corregedoria-Geral, propondo ao Congresso Nacional a criação ou extinção dos cargos administrativos e a fixação dos respectivos vencimentos, provendo-os na forma da lei;

- CF/88, Art. 96, I, b.

III – conceder aos seus membros licença e férias, assim como afastamento do exercício dos cargos efetivos;

- CF/88, Art. 96, I, f.

IV – aprovar o afastamento do exercício dos cargos efetivos dos Juízes dos Tribunais Regionais Eleitorais;

- Res.-TSE nº 21.842/2004: Dispõe sobre o afastamento de magistrados na Justiça Eleitoral do exercício dos cargos efetivos.

V – propor a criação de Tribunal Regional na sede de qualquer dos Territórios;

VI – propor ao Poder Legislativo o aumento do número dos Juízes de qualquer Tribunal Eleitoral, indicando a forma desse aumento;

- CF/88, Art. 96, II, a: competência para alteração do número de membros dos tribunais inferiores. CF/88, Art. 120, § 1º: ausência de previsão de aumento do número de membros dos tribunais regionais eleitorais, porquanto não se refere à composição mínima.

VII – fixar as datas para as eleições de Presidente e Vice-Presidente da República, Senadores e Deputados Federais, quando não o tiverem sido por lei;

- CF/88, Arts. 28, *caput*, 29, I e II; 32, § 2º; e 77, *caput*, e Lei nº 9.504/1997, Arts. 1º, *caput*, e 2º, § 1º: fixação de data para as eleições presidenciais, federais, estaduais e municipais.
- Res.-TSE nº 23.385/2012: Estabelece diretrizes gerais para a realização de consultas populares concomitante com eleições ordinárias. Lei nº 9.709/1998, Art. 8º, I: competência da Justiça Eleitoral, nos limites de sua circunscrição, para fixar a data de plebiscito e referendo.

VIII – aprovar a divisão dos Estados em Zonas Eleitorais ou a criação de novas Zonas;

- Res.-TSE nº 23.422/2014: estabelece normas para criação e instalação de zonas eleitorais; Dec.-TSE s/nº, de 7.10.2003, na Pet nº 1386: competências para homologar criação, divisão e transferência de zonas eleitorais.

IX – expedir as instruções que julgar convenientes à execução deste Código;

- Ac.-TSE, de 9.9.2014, no REspe nº 64.770: a competência para regulamentar disposições da legislação eleitoral é exclusiva do Tribunal Superior Eleitoral.

X – fixar a diária do Corregedor-Geral, dos Corregedores Regionais e auxiliares em diligência fora da sede;

XI – enviar ao Presidente da República a lista tríplice organizada pelos Tribunais de Justiça, nos termos do Art. 25;

XII – responder, sobre matéria eleitoral, às consultas que lhe forem feitas em tese por autoridade com jurisdição federal ou órgão nacional de partido político;

- Ac.-TSE, de 27.11.2012, no REspe nº 20.680 e, de 20.5.2008, no AgR-MS nº 3.710: a resposta dada a consulta em matéria eleitoral não tem natureza jurisdicional, sendo ato normativo em tese, sem efeitos concretos e sem força executiva com referência a situação jurídica de qualquer pessoa em particular.
- Res.-TSE nos 23.126/2009 e 22.314/2006: consultas recebidas/conhecidas devido à relevância da matéria de cunho administrativo.
- Descabimento de consulta: Ac.-TSE, de 20.5.2014, na Cta nº 96433 e, de 20.3.2012, na Cta nº 148580 e Res.-TSE nº 23.135, de 15.9.2009 (questionamento inespecífico); Ac.-TSE, de 16.9.2014, na Cta nº 103.683 e, de 26.8.2014, na Cta nº 1.694 (após iniciado o processo eleitoral); Ac.-TSE, de 30.8.2012, na Cta nº 140315 e Res.-TSE nº 22.391/2006 (matéria processual); Res.-TSE nos 22.213/2006 e 22.666/2007 (matéria *interna corporis* de partido político).
- Legitimidade para formular consulta ao TSE: Res.-TSE nº 22.228/2006 (Senador); Res.-TSE nº 22.247/2006 (Deputado Federal); Res.-TSE nº 22.229/2006 (secretário-geral de comissão executiva nacional de partido político, como representante de órgão de direção nacional); Res.-TSE nº 22.342/2006 (Defensoria Pública da União).
- Res.-TSE nos 22.828/2008 e 22.515/2007: exigência de autorização específica ou documento que comprove estar o consulente habilitado a formular consultas em nome do partido político a que pertence.
- Ac.-TSE, de 20.9.2011, na Cta nº 182.354: o partido não precisa de instrumento de mandato com poderes específicos para o ajuizamento de consulta.

XIII – autorizar a contagem dos votos pelas Mesas Receptoras nos Estados em que essa providência for solicitada pelo Tribunal Regional respectivo;

- V. Art. 188 deste Código.

XIV – requisitar força federal necessária ao cumprimento da lei, de suas próprias decisões ou das decisões dos Tribunais Regionais que o solicitarem, e para garantir a votação e a apuração;

- Inciso com redação dada pelo Art. 7º da Lei nº 4.961/1966.
- Ac.-TSE, de 1º.10.2010, no PA nº 32.1007: insuficiência do pronunciamento do secretário de Segurança Pública para a requisição de forças federais.
- DL nº 1.064/1969, Art. 2º: disponibilização da Polícia Federal em favor da Justiça Eleitoral por ocasião de eleições; Res.-TSE nº 14.623/1988: atribuições da Polícia Federal quando à disposição da Justiça Eleitoral.

- LC nº 97/1999, Art. 15: do emprego das Forças Armadas na defesa da pátria e na garantia dos poderes constitucionais.

- Ac.-TSE, de 30.9.2014, no PA nº 121.262: dispensa da formalidade de manifestação de Governador de Estado quanto aos pedidos formulados nas vésperas do pleito em virtude do exíguo lapso temporal disponível; Ac.-TSE, de 13.9.2012, no PA nº 63.810: A requisição de forças federais há de ser precedida de consulta ao chefe do Poder Executivo.

- Ac.-TSE, de 2.10.2012, no PA nº 103.909: o deslocamento de forças federais para o estado só é cabível quando o chefe do Poder Executivo local manifesta-se no sentido da insuficiência das forças estaduais; Res.-TSE nº 18504/1992: competência do TSE para requisitar força federal; Dec.-TSE s/nº, de 16.9.2008, no PA nº 20007 e, de 12.8.2008, no PA nº 19.908: prévia manifestação de Governador de Estado; V., também, Dec.-TSE, de 11.9.2008, no PA nº 20.008: considera desnecessária consulta ao chefe do Executivo local sobre a requisição de força federal.

XV – organizar e divulgar a súmula de sua jurisprudência;

XVI – requisitar funcionários da União e do Distrito Federal quando o exigir o acúmulo ocasional do serviço de sua Secretaria;

XVII – publicar um boletim eleitoral;

- O Boletim Eleitoral foi substituído, em julho/1990, pela revista Jurisprudência do Tribunal Superior Eleitoral (Res.-TSE nº 16.584/1990).

XVIII – tomar quaisquer outras providências que julgar convenientes à execução da legislação eleitoral.

- Res.-TSE nº 22.931/2008: a competência do TSE para tomar as providências necessárias à execução da legislação eleitoral diz respeito especificamente ao seu poder normativo, não se enquadrando nessa hipótese controle prévio de ato ainda não editado.

Art. 24. Compete ao Procurador-Geral, como chefe do Ministério Público Eleitoral:

- Ac.-TSE, de 15.5.2008, no AgR-REspe nº 28.511 e, de 29.9.2008, nos ED-REspe nº 29.730: O Ministério Público, no exercício de suas funções, mantém independência funcional, de sorte que a manifestação de um membro do Parquet, em um dado momento do processo, não vincula o agir de um outro membro, no mesmo processo.; V., também, Ac.-TSE, de 25.3.2014, no RO 172.008: O Ministério Público Eleitoral não possui interesse processual para recorrer de decisão proferida em conformidade com o parecer por ele ofertado nos autos.

I – assistir às sessões do Tribunal Superior e tomar parte nas discussões;

- Ac.-TSE nº 11.658/1990: o modo como se dará a participação nas discussões é matéria que diz com o funcionamento dos tribunais a quem cabe a prerrogativa de disciplinar autonomamente.

II – exercer a ação pública e promovê-la até final, em todos os feitos de competência originária do Tribunal;

III – oficiar em todos os recursos encaminhados ao Tribunal;

- RITSE, Art. 13, c: compete ao procurador-geral oficiar, no prazo de cinco dias, em todos os recursos encaminhados ao Tribunal, e nos pedidos de mandado de segurança.

- Ac.-TSE, de 8.9.2011, nos ED-REspe nº 5.410.953: inaplicabilidade deste inciso aos recursos já em tramitação no TSE.

- Ac.-TSE, de 11.11.1997, no ARESPE nº 15031: desnecessidade de pronunciamento da Procuradoria-Geral nos embargos de declaração: V., também, Questão de Ordem no Ac.-TSE, de 20.4.2010, nos ERO nº 1.461.

IV – manifestar-se, por escrito ou oralmente, em todos os assuntos submetidos à deliberação do Tribunal, quando solicitada sua audiência por qualquer dos Juízes, ou por iniciativa sua, se entender necessário;

V – defender a jurisdição do Tribunal;

VI – representar ao Tribunal sobre a fiel observância das leis eleitorais, especialmente quanto à sua aplicação uniforme em todo o País;

VII – requisitar diligências, certidões e esclarecimentos necessários ao desempenho de suas atribuições;

VIII – expedir instruções aos órgãos do Ministério Público junto aos Tribunais Regionais;

IX – acompanhar, quando solicitado, o Corregedor-Geral, pessoalmente ou por intermédio de Procurador que designe, nas diligências a serem realizadas.

- V. Art. 18 deste Código.

Título II - Dos Tribunais Regionais

Art. 25. Os Tribunais Regionais Eleitorais compor-se-ão:

I – mediante eleição, pelo voto secreto:

a) de dois Juízes, dentre os Desembargadores do Tribunal de Justiça; e

b) de dois Juízes de Direito, escolhidos pelo Tribunal de Justiça;

II – do Juiz Federal e, havendo mais de um, do que for escolhido pelo Tribunal Federal de Recursos; e

- CF/88, Art. 120, § 1º, II: de um juiz do Tribunal Regional Federal com sede na capital, ou, não havendo, de um juiz federal.

III – por nomeação do Presidente da República, de dois dentre seis cidadãos de notável saber jurídico e idoneidade moral, indicados pelo Tribunal de Justiça.

- Incisos com redação dada pelo Art. 2º da Lei nº 7.191/1984.
- CF/88, Art. 120, § 1º, III: nomeação dentre seis advogados.
- Res.-TSE nos 20.958/2001, Art. 12, parágrafo único, VI e 21461/2003, Art. 1º: exigência de 10 anos de prática profissional; Art. 5º, desta última: dispensa da comprovação se já foi juiz de TRE. Ac.-STF, de 31.5.2005, no RMS nº 24.334 e, de 29.11.2005, no RMS nº 24.232: a regra geral prevista no Art. 94 da Constituição – dez anos de efetiva atividade profissional – aplica-se de forma complementar à regra do Art. 120 da Constituição; Res.-TSE nº 21.644/2004: necessidade, ainda, de participação anual mínima em cinco atos privativos em causas ou questões distintas, nos termos do Art. 5º do Regulamento Geral do EOAB.
- Ac.-STF, de 29.11.1990, no MS nº 21.073 e, de 19.6.1991, no MS nº 21.060: a OAB não participa do procedimento de indicação de advogados para composição de TRE.
- Ac.-STF, de 6.10.1994, na ADI-MC nº 1.127: advogados membros da Justiça Eleitoral não estão abrangidos pela proibição de exercício da advocacia contida no Art. 28, II, da Lei nº 8.906/1994 (EOAB).
- Ac.-TSE, de 11.2.2014, na LT nº 80.068 e Res.-TSE nº 22222, de 6.6.2006: O mesmo advogado somente poderá ser indicado simultaneamente para o preenchimento de um cargo efetivo e um de substituto.

- Ac.-TSE, de 7.2.2012, na LT nº 133.905 (suspensão condicional de processos criminais) e Ac.-TSE, de 22.3.2012, na LT nº 178423 (existência de feitos cíveis em andamento): situações que recomendam a substituição de jurista indicado para compor lista tríplice.

§ 1º A lista tríplice organizada pelo Tribunal de Justiça será enviada ao Tribunal Superior Eleitoral.

- V. Res.-TSE nº 21.461/2003: dispõe sobre o encaminhamento de lista tríplice; Res.-TSE nº 20.958/2001: Instruções que regulam a investidura e o exercício dos membros dos Tribunais Eleitorais e o término dos respectivos mandatos.
- Ac.-TSE, de 2.10.2012, na LT nº 73777: para a regular formação da lista é necessária a indicação de três advogados para cada vaga; Dec.-TSE s/nº, de 1º.6.2004, no ELT nº 394: inadmissibilidade de lista contendo apenas um nome.

§ 2º A lista não poderá conter nome de Magistrado aposentado ou de membro do Ministério Público.

- Parágrafo com redação dada pelo Art. 8º da Lei nº 4.961/1966.
- Ac.-TSE, de 2.10.2012, na LT nº 20421: vedação à indicação de magistrado aposentado para integrar lista tríplice. Constitucionalidade deste dispositivo assentada pelo Ac.-STF, de 15.12.1999, no RMS nº 23.123.

§ 3º Recebidas as indicações o Tribunal Superior divulgará a lista através de edital, podendo os partidos, no prazo de cinco dias, impugná-la com fundamento em incompatibilidade.

- Ac.-TSE, de 30.6.2011, na LT nº 35.096: a interpretação teleológica do Código Eleitoral conduz à legitimidade abrangente para a impugnação à lista tríplice, incluindo aí o cidadão, o Ministério Público, os parlamentares ou os integrantes do Executivo.

§ 4º Se a impugnação for julgada procedente quanto a qualquer dos indicados, a lista será devolvida ao Tribunal de origem para complementação.

§ 5º Não havendo impugnação, ou desprezada esta, o Tribunal Superior encaminhará a lista ao Poder Executivo para a nomeação.

§ 6º Não podem fazer parte do Tribunal Regional pessoas que tenham entre si parentesco, ainda que por afinidade, até o 4º grau, seja o vínculo legítimo ou ilegítimo, excluindo-se neste caso a que tiver sido escolhida por último.

§ 7º A nomeação de que trata o nº II deste artigo não poderá recair em cidadão que tenha qualquer das incompatibilidades mencionadas no Art. 16, § 4º.

- O DL nº 441/1969 revogou os §§ 6º e 7º do Art. 25, passando os §§ 8º e 9º a constituir, respectivamente, os §§ 6º e 7º.
- A Lei nº 7.191/1984, ao alterar o Art. 25, não fez nenhuma referência aos parágrafos constantes do artigo modificado. Segundo decisões do TSE (Res.-TSE nos 12.391/1985, 18.318/1992 e Ac.-TSE nº 12.641/1996) e do STF (Ac.-STF, de 15.12.1999, no RMS nº 23123), os referidos parágrafos não foram revogados pela lei citada.
- A remissão ao § 4º do Art. 16 deste Código refere-se a sua redação original. Com redação dada pela Lei nº 7.191/1984, a matéria contida no § 4º do Art. 16 passou a ser tratada no § 2º.

Art. 26. O Presidente e o Vice-Presidente do Tribunal Regional serão eleitos por este dentre os três Desembargadores do Tribunal de Justiça; o terceiro Desembargador será o Corregedor Regional da Justiça Eleitoral.

- CF/88, Art. 120, § 2º, c.c. o § 1º, I, a: eleição dentre os dois desembargadores. Não havendo um terceiro magistrado do Tribunal de Justiça, alguns tribunais regionais atribuem a função de corregedor ao Vice-Presidente, cumulativamente, enquanto outros prescrevem a eleição dentre os demais juízes que o compõem.

- Ac-TSE, de 21.2.2013, na Rcl nº 6972: o TSE tem adotado a orientação de que o Art. 102 da Loman impede a recondução a cargos diretivos de tribunal eleitoral em biênios consecutivos, embora a renovação da investidura em Corte Regional Eleitoral seja assegurada por força da Constituição Federal, Art. 121, § 2º.

- Ac.-STF, na Rcl nº 4.587: impossibilidade de alteração ou restrição, por qualquer norma infra-constitucional, da duração bienal de investidura e da possibilidade de recondução de juiz de TRE.

§ 1º As atribuições do Corregedor Regional serão fixadas pelo Tribunal Superior Eleitoral e, em caráter supletivo ou complementar, pelo Tribunal Regional Eleitoral perante o qual servir.

- Res.-TSE nº 7.651/1965: fixa as atribuições do Corregedor-Geral e dos Corregedores Regionais da Justiça Eleitoral; Res.-TSE nº 23.338/2011: aprova a organização dos serviços da Correge-doria-Geral da Justiça Eleitoral.

§ 2º No desempenho de suas atribuições o Corregedor Regional se locomoverá para as Zonas Eleitorais nos seguintes casos:

I – por determinação do Tribunal Superior Eleitoral ou do Tribunal Regional Eleitoral;

II – a pedido dos Juízes Eleitorais;

III – a requerimento de partido, deferido pelo Tribunal Regional;

IV – sempre que entender necessário.

Art. 27. Servirá como Procurador Regional junto a cada Tribunal Regional Eleitoral o Procurador da República no respectivo Estado, e, onde houver mais de um, aquele que for designado pelo Procurador-Geral da República.

§ 1º No Distrito Federal, serão as funções de Procurador Regional Eleitoral exercidas pelo Procurador-Geral da Justiça do Distrito Federal.

§ 2º Substituirá o Procurador Regional, em suas faltas ou impedimentos, o seu substituto legal.

§ 3º Compete aos Procuradores Regionais exercer, perante os Tribunais junto aos quais servirem, as atribuições do Procurador-Geral.

§ 4º Mediante prévia autorização do Procurador-Geral, podendo os Procuradores Regionais requisitar, para auxiliá-los nas suas funções, membros do Ministério Público local, não tendo estes, porém, assento nas sessões do Tribunal.

- Ac.-TSE, de 19.9.1996, no AG nº 309 e Res.-TSE nº 22458, de 24.10.2006: revogação deste artigo pela Loman que regulou completamente a matéria.

Legislações | Direito Eleitoral

- V. Arts. 76 e 77 da LC nº 75/1993: Dispõe sobre a organização, as atribuições e o estatuto do Ministério Público da União.

Art. 28. Os Tribunais Regionais deliberam por maioria de votos, em sessão pública, com a presença da maioria de seus membros.

- Ac.-TSE, de 1º.8.2012, no AgR-AC nº 48.052: inaplicabilidade do quorum previsto no Art. 19.
- Ac.-TSE, de 2.8.2011, no REspe nº 35.627: a duplicidade do voto do presidente do regional no caso de empate conflita com o disposto neste artigo.
- Ac.-TSE, de 4.5.2010, no REspe nº 36.151: exigência do quorum previsto no *caput*, ainda que regimento interno de TRE disponha de forma diversa.

§ 1º No caso de impedimento e não existindo quorum, será o membro do Tribunal substituído por outro da mesma categoria, designado na forma prevista na Constituição.

- Res.-TSE nº 19.740/1996: Juiz classe jurista. Impedimento ou suspeição. Convocação do substituto da mesma categoria por ordem de antiguidade, permanecendo o impedimento ou suspeição convoca-se o remanescente. Aplicação do Art. 19, parágrafo único do CE.
- Res.-TSE nº 22.469/2006: Não há como convocar substitutos representantes de classe diversa para complementação de quorum em Tribunal Regional Eleitoral, dado ser exigível que tal ocorra entre membros da mesma classe, na esteira do estabelecido no Art. 7º da Res.-TSE nº 20.958/2001.

§ 2º Perante o Tribunal Regional, e com recurso voluntário para o Tribunal Superior qualquer interessado poderá arguir a suspeição dos seus membros, do Procurador Regional, ou de funcionários da sua Secretaria, assim como dos Juízes e escrivães eleitorais, nos casos previstos na lei processual civil e por motivo de parcialidade partidária, mediante o processo previsto em regimento.

- Lei nº 10.842/2004, Art. 4º, *caput*: as atribuições da Escrivania Eleitoral passaram a ser exercidas privativamente pelo chefe de cartório eleitoral.
- V. Art. 14, § 3º, deste Código e Art. 95 da Lei nº 9.504/1997: impedimento de juiz por parentesco ou que for parte em ação judicial que envolva candidato.

§ 3º No caso previsto no parágrafo anterior será observado o disposto no parágrafo único do Art. 20.

- Parágrafo acrescido pelo Art. 9º da Lei nº 4.961/1966.

§ 4º As decisões dos Tribunais Regionais sobre quaisquer ações que importem cassação de registro, anulação geral de eleições ou perda de diplomas somente poderão ser tomadas com a presença de todos os seus membros.

§ 5º No caso do § 4º, se ocorrer impedimento de algum juiz, será convocado o suplente da mesma classe.

- §§ 4º e 5º acrescidos pelo Art. 4º da Lei nº 13.165/2015.

Art. 29. Compete aos Tribunais Regionais:

I – processar e julgar originariamente:

a) o registro e o cancelamento do registro dos Diretórios Estaduais e Municipais de partidos políticos, bem como de candidatos a Governador, Vice-Governadores, e membro do Congresso Nacional e das Assembleias Legislativas;

- LC nº 64/1990, Art. 2º, parágrafo único, II: arguição de inelegibilidade perante os tribunais regionais eleitorais.
- Lei nº 9.096/1995, Art. 10, parágrafo único: O partido comunica à Justiça Eleitoral a constituição de seus órgãos de direção e os nomes dos respectivos integrantes, bem como as alterações que forem promovidas, para anotação [...]. Ac.-TSE nº 13060/1996: A finalidade dessa comunicação, entretanto, não é a de fazer existir o órgão de direção ou permitir que participe do processo eleitoral [...]. A razão de ser, pois, é a publicidade, ensejando, ainda, aos tribunais, verificar quem representa os partidos.

b) os conflitos de jurisdição entre Juízes Eleitorais do respectivo Estado;

c) a suspeição ou impedimentos aos seus membros, ao Procurador Regional e aos funcionários da sua Secretaria assim como aos Juízes e Escrivães Eleitorais;

- Lei nº 10.842/2004, Art. 4º, *caput*: as atribuições da Escrivania Eleitoral passaram a ser exercidas privativamente pelo chefe de cartório eleitoral.
- Ac.-TSE, de 30.5.2006, no MS nº 3423: a exceção de suspeição deve ser dirigida, inicialmente, ao juiz tido por suspeito pelo excipiente; acolhida pelo excepto, a ação há de ser submetida ao exame e julgamento de outro magistrado; não acolhida, deve a exceção ser mandada ao Tribunal a que submetido o magistrado.

d) os crimes eleitorais cometidos pelos Juízes Eleitorais;

- CF/88, Art. 96, III.

e) o *habeas corpus* ou mandado de segurança, em matéria eleitoral, contra ato de autoridades que respondam perante os Tribunais de Justiça por crime de responsabilidade e, em grau de recurso, os denegados ou concedidos pelos Juízes Eleitorais; ou, ainda, o *habeas corpus*, quando houver perigo de se consumar a violência antes que o Juiz competente possa prover sobre a impetração;

- Ac.-TSE, de 28.2.2012, no HC nº 151.921: incompetência do TSE para processar e julgar *habeas corpus* contra decisão de juiz relator de TRE, sob pena de supressão de instância.
- Ac.-TSE, de 2.5.2012, no HC nº 5.003: a assunção ao cargo de Prefeito, no curso de processo criminal eleitoral, desloca a competência para o TRE, mas não invalida os atos praticados por juiz de primeiro grau ao tempo em que era competente.

f) as reclamações relativas a obrigações impostas por lei aos partidos políticos, quanto à sua contabilidade e à apuração da origem dos seus recursos;

- V. Lei nº 9.096/1995, Art. 35, *caput*: exame da escrituração de partido em decorrência de denúncia.

g) os pedidos de desaforamento dos feitos não decididos pelos Juízes Eleitorais em trinta dias da sua conclusão para julgamento, formulados por partido, candidato, Ministério Público ou parte legitimamente interessada, sem prejuízo das sanções decorrentes do excesso de prazo;

- Alínea com redação dada pelo Art. 10 da Lei nº 4.961/1966.

II – julgar os recursos interpostos:

a) dos atos e das decisões proferidas pelos Juízes e Juntas Eleitorais;

b) das decisões dos Juízes Eleitorais que concederem ou denegarem *habeas corpus* ou mandado de segurança.

Parágrafo único. As decisões dos Tribunais Regionais são irrecorríveis, salvo nos casos do Art. 276.

Art. 30. Compete, ainda, privativamente, aos Tribunais Regionais:

I – elaborar o seu Regimento Interno;

- CF/88, Art. 96, I, a.

II – organizar a sua Secretaria e a Corregedoria Regional, provendo-lhes os cargos na forma da lei, e propor ao Congresso Nacional, por intermédio do Tribunal Superior a criação ou supressão de cargos e a fixação dos respectivos vencimentos;

- CF/88, Art. 96, I, b.
- Res.-TSE nos 22.020/2005 e 21.902/2004: não compete ao TSE homologar decisão de TRE que aprova criação de escola judiciária no âmbito de sua jurisdição.

III – conceder aos seus membros e aos Juízes Eleitorais licença e férias, assim como afastamento do exercício dos cargos efetivos, submetendo, quanto àqueles, a decisão à aprovação do Tribunal Superior Eleitoral;

- V. CF/88, Art. 96, I, f.
- Res.-TSE nº 21.842/2004: Dispõe sobre o afastamento de magistrados na Justiça Eleitoral do exercício dos cargos efetivos.
- Ac.-TSE, de 12.8.2014, no PA nº 50.412: o afastamento de magistrados da Justiça Comum deve estar compreendido no período entre os dias 1º de julho até cinco dias após a realização do segundo turno das eleições.

IV – fixar a data das eleições de Governador e Vice-Governador, Deputados Estaduais, Prefeitos, Vice-Prefeitos, Vereadores e Juízes de Paz, quando não determinada por disposição constitucional ou legal;

- CF/88, Arts. 28 e 29, II, e Lei nº 9.504/1997, Arts. 1º, *caput*, 2º, § 1º; e 3º, § 2º: fixação de data para as eleições presidenciais, federais, estaduais e municipais.
- CF/88, Art. 32, § 2º: eleições de Governador e Vice-Governador e de Deputados distritais coincidentes com as de Governadores e Deputados Estaduais.
- CF/88, Art. 98, II: criação da Justiça de Paz.

V – constituir as Juntas Eleitorais e designar a respectiva sede e jurisdição;

VI – indicar ao Tribunal Superior as Zonas Eleitorais ou Seções em que a contagem dos votos deva ser feita pela Mesa Receptora;

- V. Art. 188 deste Código.

VII – apurar, com os resultados parciais enviados pelas Juntas Eleitorais, os resultados finais das eleições de Governador e Vice-Governador, de membros do Congresso Nacional e expedir os respectivos diplomas, remetendo dentro do prazo de 10 (dez) dias após a diplomação, ao Tribunal Superior, cópia das atas de seus trabalhos;

VIII – responder, sobre matéria eleitoral, às consultas que lhe forem feitas, em tese, por autoridade pública ou partido político;

- V. inciso XII do Art. 23 deste Código: consulta no âmbito do TSE.

IX – dividir a respectiva circunscrição em Zonas Eleitorais, submetendo esta divisão, assim como a criação de novas Zonas, à aprovação do Tribunal Superior;

- Res.-TSE nº 23.422/2014: estabelece normas para criação e instalação de zonas eleitorais; Dec.-TSE s/nº, de 7.10.2003, na Pet nº 1386: competências para homologar criação, divisão e transferência de zonas eleitorais.

X – aprovar a designação do ofício de Justiça que deva responder pela Escrivania Eleitoral durante o biênio;

XI – (Revogado pela Lei nº 8.868/94.);

XII – requisitar a força necessária ao cumprimento de suas decisões e solicitar ao Tribunal Superior a requisição de força federal;

- Ac.-TSE, de 1º.10.2010, no PA nº 321.007: insuficiência do pronunciamento do secretário de Segurança Pública para a requisição de forças federais.
- DL nº 1.064/1969, Art. 2º: disponibilização da Polícia Federal em favor da Justiça Eleitoral por ocasião de eleições; Res.-TSE nº 14.623/1988: atribuições da Polícia Federal quando à disposição da Justiça Eleitoral.

XIII – autorizar, no Distrito Federal e nas capitais dos Estados, ao seu Presidente e, no interior, aos Juízes Eleitorais, a requisição de funcionários federais, estaduais ou municipais para auxiliarem os Escrivães Eleitorais, quando o exigir o acúmulo ocasional do serviço;

- Lei nº 10.842/2004, Art. 4º, *caput*: as atribuições da Escrivania Eleitoral passaram a ser exercidas privativamente pelo chefe de cartório eleitoral.

XIV – requisitar funcionários da União e, ainda, no Distrito Federal e em cada Estado ou Território, funcionários dos respectivos quadros administrativos, no caso de acúmulo ocasional de serviço de suas Secretarias;

- Lei nº 6.999/1982 e Res.-TSE nº 23.255/2010: dispõem sobre a requisição de servidores públicos pela Justiça Eleitoral.

XV – aplicar as penas disciplinares de advertência e de suspensão até 30 (trinta) dias aos Juízes Eleitorais;

XVI – cumprir e fazer cumprir as decisões e instruções do Tribunal Superior;

XVII – determinar, em caso de urgência, providências para a execução da lei na respectiva circunscrição;

XVIII – organizar o fichário dos eleitores do Estado;

XIX – suprimir os mapas parciais de apuração, mandando utilizar apenas os boletins e os mapas totalizadores, desde que o menor número de candidatos às eleições proporcionais justifique a supressão, observadas as seguintes normas:

a) qualquer candidato ou partido poderá requerer ao Tribunal Regional que suprima a exigência dos mapas parciais de apuração;

Legislações | Direito Eleitoral

b) da decisão do Tribunal Regional qualquer candidato ou partido poderá, no prazo de três dias, recorrer para o Tribunal Superior, que decidirá em cinco dias;

c) a supressão dos mapas parciais de apuração só será admitida até seis meses antes da data da eleição;

d) os boletins e mapas de apuração serão impressos pelos Tribunais Regionais, depois de aprovados pelo Tribunal Superior;

e) o Tribunal Regional ouvirá os partidos na elaboração dos modelos dos boletins e mapas de apuração a fim de que estes atendam às peculiaridades locais, encaminhando os modelos que aprovar, acompanhados das sugestões ou impugnações formuladas pelos partidos, à decisão do Tribunal Superior.

- Inciso XIX e alíneas a a e acrescidos pelo Art. 11, da Lei nº 4.961/1966.

Art. 31. Faltando num Território o Tribunal Regional, ficará a respectiva circunscrição eleitoral sob a jurisdição do Tribunal Regional que o Tribunal Superior designar.

Título III - Dos Juízes Eleitorais

- LC nº 75/1993, Arts. 78 e 79: cabe ao promotor eleitoral o exercício das funções eleitorais perante os juízes e Juntas Eleitorais; será ele o membro do Ministério Público local que oficie perante o juízo incumbido do serviço eleitoral na zona ou, nas hipóteses de sua inexistência, impedimento ou recusa justificada, o que for designado pelo Procurador Regional Eleitoral, por indicação do Procurador-Geral de Justiça.

Art. 32. Cabe a jurisdição de cada uma das Zonas Eleitorais a um Juiz de Direito em efetivo exercício e, na falta deste, ao seu substituto legal que goze das prerrogativas do Art. 95 da Constituição.

- Refere-se à CF/46; corresponde, entretanto, ao mesmo artigo da CF/88.
- Ac.-TSE nº 19.260/2001: O Juiz de Direito substituto pode exercer as funções de Juiz Eleitoral, mesmo antes de adquirir a vitaliciedade, por força do que disposto no Art. 22, § 2º, da Loman.. Ac.-TSE nº 15.277/1999: A Lei Complementar nº 35 continua em vigor na parte em que não haja incompatibilidade com a Constituição, como sucede com seu Art. 22, § 2º. Assim, podem atuar como Juízes Eleitorais os magistrados que, em virtude de não haver decorrido o prazo previsto no Art. 95, I, da Constituição, não gozam de vitaliciedade.
- LC nº 35/1979 (Loman), Art. 11, *caput* e § 1º.
- Res.-TSE nº 22.607/2007: dispõe sobre a residência do Juiz Eleitoral.
- Res.-TSE nº 22.916/2008: impossibilidade de Juiz de Direito, durante período de substituição de desembargador por convocação de Tribunal de Justiça, exercer o cargo de Juiz Eleitoral.
- Ac.-TSE, de 29.3.2012, na Pet nº 33.275: impossibilidade de juízes federais integrarem a jurisdição eleitoral de primeiro grau.

Parágrafo único. Onde houver mais de uma Vara, o Tribunal Regional designará aquela ou aquelas, a que incumbe o serviço eleitoral.

- Res.-TSE nº 20.505/1999: sistema de rodízio na designação dos juízes ou varas para o exercício da jurisdição eleitoral; e Res.-TSE nº 21.009/2002: Estabelece normas relativas ao exercício da jurisdição eleitoral em primeiro grau; Prov.-CGE nº 5/2002: Recomenda observância de orientações que explicita, relativas à aplicação dos critérios concernentes ao rodízio eleitoral, estabelecidos na Res.-TSE nº 21.009, de 5 de março de 2002.

- Ac.-TSE, de 15.9.2009, no RMS nº 579: fixação de critério para definir a jurisdição de zona eleitoral cuja base territorial é abrangida por mais de um foro regional, qual seja, rodízio entre todas as varas que atuam no território correspondente ao da zona eleitoral.

Art. 33. Nas Zonas Eleitorais onde houver mais de uma serventia de Justiça, o Juiz indicará ao Tribunal Regional a que deve ter o anexo da Escrivania Eleitoral pelo prazo de dois anos.

§ 1º Não poderá servir como Escrivão Eleitoral, sob pena de demissão, o membro de Diretório de partido político, nem o candidato a cargo eletivo, seu cônjuge e parente consanguíneo ou afim até o segundo grau.

- V. Lei nº 10.842/2004, Art. 4º: exercício das atribuições da Escrivania e do chefe de cartório eleitoral.

§ 2º O Escrivão Eleitoral, em suas faltas e impedimentos, será substituído na forma prevista pela lei de organização judiciária local.

Art. 34. Os Juízes despacharão todos os dias na sede da sua Zona Eleitoral.

Art. 35. Compete aos Juízes:

I – cumprir e fazer cumprir as decisões e determinações do Tribunal Superior e do Regional;

II – processar e julgar os crimes eleitorais e os comuns que lhe forem conexos, ressalvada a competência originária do Tribunal Superior e dos Tribunais Regionais;

- Ac.-STJ, de 11.6.2003, no CC nº 38.430: competência do juízo da Vara da Infância e da Juventude, ou do juiz que exerce tal função na comarca, para processar e julgar ato infracional cometido por menor inimputável, ainda que a infração seja equiparada a crime eleitoral.
- Ac.-TSE, de 5.4.2011, no AgR-HC nº 31624: competência do Juiz Eleitoral para o julgamento de crimes eleitorais praticados por Vereador.

III – decidir *habeas corpus* e mandado de segurança, em matéria eleitoral, desde que essa competência não esteja atribuída privativamente à instância superior;

IV – fazer as diligências que julgar necessárias à ordem e presteza do serviço eleitoral;

V – tomar conhecimento das reclamações que lhe forem feitas verbalmente ou por escrito, reduzindo-as a termo, e determinando as providências que cada caso exigir;

VI – indicar, para aprovação do Tribunal Regional, a serventia de Justiça que deve ter o anexo da Escrivania Eleitoral;

VII – (Revogado pela Lei nº 8.868/94.);

VIII – dirigir os processos eleitorais e determinar a inscrição e a exclusão de eleitores;

IX – expedir títulos eleitorais e conceder transferência de eleitor;

X – dividir a Zona em Seções Eleitorais;

XI – mandar organizar, em ordem alfabética, relação dos eleitores de cada Seção, para remessa à Mesa Receptora, juntamente com a pasta das folhas individuais de votação;

- V. Lei nº 6.996/1982, Art. 12, *caput*: a folha individual foi substituída por listas de eleitores emitidas no processamento eletrônico de dados.

XII – ordenar o registro e cassação do registro dos candidatos aos cargos eletivos municipais e comunicá-los ao Tribunal Regional;

- LC nº 64/1990, Art. 2º, parágrafo único, III: arguição de inelegibilidade perante os Juízes Eleitorais.

XIII – designar, até 60 (sessenta) dias antes das eleições os locais das Seções;

XIV – nomear, 60 (sessenta) dias antes da eleição, em audiência pública anunciada com pelo menos 5 (cinco) dias de antecedência, os membros das Mesas Receptoras;

- Lei nº 9.504/1997, Art. 63, § 2º: vedada a nomeação, para presidente e mesários, de menores de 18 anos.

XV – instruir os membros das Mesas Receptoras sobre as suas funções;

XVI – providenciar para a solução das ocorrências que se verificarem nas Mesas Receptoras;

XVII – tomar todas as providências ao seu alcance para evitar os atos viciosos das eleições;

XVIII – fornecer aos que não votaram por motivo justificado e aos não alistados, por dispensados do alistamento, um certificado que os isente das sanções legais;

- Res.-TSE nº 21920/2004, Arts. 1º e 2º: isenta de sanção e possibilita a emissão de certidão de quitação eleitoral com prazo de validade indeterminado para a pessoa com deficiência que torne impossível ou demasiadamente oneroso o cumprimento das obrigações eleitorais, relativas ao alistamento e ao exercício do voto.

XIX – comunicar, até as 12 horas do dia seguinte à realização da eleição, ao Tribunal Regional e aos Delegados de partidos credenciados, o número de eleitores que votarem em cada uma das Seções da Zona sob sua jurisdição, bem como o total de votantes da Zona.

Título IV - Das Juntas Eleitorais

- LC nº 75/1993, Arts. 78 e 79: cabe ao promotor eleitoral o exercício das funções eleitorais perante os juízes e Juntas Eleitorais; será ele o membro do Ministério Público local que oficie perante o juízo incumbido do serviço eleitoral na zona ou, nas hipóteses de sua inexistência, impedimento ou recusa justificada, o que for designado pelo Procurador Regional Eleitoral, por indicação do Procurador-Geral de Justiça.

Art. 36. Compor-se-ão as Juntas Eleitorais de um Juiz de Direito, que será o Presidente, e de 2 (dois) ou 4 (quatro) cidadãos de notória idoneidade.

- LC nº 35/1979 (Loman), Art. 11, § 2º.
- V. Lei nº 9.504/1997, Art. 98: dispensa do serviço para eleitores requisitados para servirem à Justiça Eleitoral; Res.-TSE nº 22.747/2008: instruções para aplicação do Art. 98 da Lei nº 9.504/1997.

§ 1º Os membros das Juntas Eleitorais serão nomeados 60 (sessenta) dias antes da eleição, depois de aprovação do Tribunal Regional, pelo Presidente deste, a quem cumpre também designar-lhes a sede.

§ 2º Até 10 (dez) dias antes da nomeação, os nomes das pessoas indicadas para compor as Juntas serão publicados no órgão oficial do Estado, podendo qualquer partido, no prazo de 3 (três) dias, em petição fundamentada, impugnar as indicações.

§ 3º Não podem ser nomeados membros das Juntas, escrutinadores ou auxiliares:

- Lei nº 9.504/1997, Art. 64: vedada a participação de parentes em qualquer grau ou de servidores da mesma repartição pública ou empresa privada na mesma mesa, turma ou junta eleitoral.

I – os candidatos e seus parentes, ainda que por afinidade, até o segundo grau, inclusive, e bem assim o cônjuge;

II – os membros de Diretórios de partidos políticos devidamente registrados e cujos nomes tenham sido oficialmente publicados;

III – as autoridades e agentes policiais, bem como os funcionários no desempenho de cargos de confiança do Executivo;

IV – os que pertencerem ao serviço eleitoral.

Art. 37. Poderão ser organizadas tantas Juntas quantas permitir o número de Juízes de Direito que gozem das garantias do Art. 95 da Constituição, mesmo que não sejam Juízes Eleitorais.

- LC nº 35/1979 (Loman), Art. 23.
- Refere-se à CF/46; corresponde, entretanto, ao mesmo artigo da CF/88.

Parágrafo único. Nas Zonas em que houver de ser organizada mais de uma Junta, ou quando estiver vago o cargo de Juiz Eleitoral ou estiver este impedido, o Presidente do Tribunal Regional, com a aprovação deste, designará Juízes de Direito da mesma ou de outras Comarcas, para presidirem as Juntas Eleitorais.

Art. 38. Ao Presidente da Junta é facultado nomear, dentre cidadãos de notória idoneidade, escrutinadores e auxiliares em número capaz de atender à boa marcha dos trabalhos.

§ 1º É obrigatória essa nomeação sempre que houver mais de dez urnas a apurar.

§ 2º Na hipótese do desdobramento da Junta em Turmas, o respectivo Presidente nomeará um escrutinador para servir como Secretário em cada Turma.

§ 3º Além dos Secretários a que se refere o parágrafo anterior será designado pelo Presidente da Junta um escrutinador para Secretário-Geral competindo-lhe:

I – lavrar as atas;

II – tomar por termo ou protocolar os recursos, neles funcionando como Escrivão;

III – totalizar os votos apurados.

Art. 39. Até 30 (trinta) dias antes da eleição o Presidente da Junta comunicará ao Presidente do Tribunal Regional as nomeações que houver feito e divulgará a composição do órgão por edital publicado ou afixado, podendo qualquer partido oferecer impugnação motivada no prazo de 3 (três) dias.

Art. 40. Compete à Junta Eleitoral:

Legislações | Direito Eleitoral

I – apurar, no prazo de 10 (dez) dias, as eleições realizadas nas Zonas Eleitorais sob a sua jurisdição;

II – resolver as impugnações e demais incidentes verificados durante os trabalhos da contagem e da apuração;

III – expedir os boletins de apuração mencionados no Art. 179;

IV – expedir diploma aos eleitos para cargos municipais.

Parágrafo único. Nos Municípios onde houver mais de uma Junta Eleitoral, a expedição dos diplomas será feita pela que for presidida pelo Juiz Eleitoral mais antigo, à qual as demais enviarão os documentos da eleição.

Art. 41. Nas Zonas Eleitorais em que for autorizada a contagem prévia dos votos pelas Mesas Receptoras, compete à Junta Eleitoral tomar as providências mencionadas no Art. 195.

Parte Terceira - Do Alistamento

- Lei nº 6.996/1982: Dispõe sobre a utilização de processamento eletrônico de dados nos serviços eleitorais e dá outras providências.
- Lei nº 7.444/1985: Dispõe sobre a implantação do processamento eletrônico de dados no alistamento eleitoral e a revisão do eleitorado e dá outras providências.
- Res.-TSE nº 21.538/2003: Dispõe sobre o alistamento e serviços eleitorais mediante processamento eletrônico de dados, a regularização de situação de eleitor, a administração e a manutenção do cadastro eleitoral, o sistema de alistamento eleitoral, a revisão do eleitorado e a fiscalização dos partidos políticos, entre outros.
- Res.-TSE nº 21.920/2004: Dispõe sobre o alistamento eleitoral e o voto dos cidadãos portadores de deficiência, cuja natureza e situação impossibilitem ou tornem extremamente oneroso o exercício de suas obrigações eleitorais.
- Lei nº 6.236/1975: Determina providências para cumprimento da obrigatoriedade do alistamento eleitoral.
- CF/88, Art. 14, § 1º, I e II: obrigatoriedade/facultatividade do alistamento e voto.
- Res.-TSE nº 23.088/2009: Autoriza a expansão do projeto de modernização dos serviços eleitorais voltados ao pré-atendimento do cidadão, via Internet, para requerimento de operações de alistamento, transferência e revisão. Esse pré-atendimento foi implementado em caráter experimental pela Res.-TSE nº 22.754/2008.
- Súm.-STJ nº 368/2008: Compete à Justiça Comum Estadual processar e julgar os pedidos de retificação de dados cadastrais da Justiça Eleitoral.

Título I - Da Qualificação e Inscrição

Art. 42. O alistamento se faz mediante a qualificação e inscrição do eleitor.

Parágrafo único. Para o efeito da inscrição, é domicílio eleitoral o lugar de residência ou moradia do requerente, e, verificado ter o alistando mais de uma, considerar-se-á domicílio qualquer delas.

- Ac.-TSE, de 8.4.2014, no REspe nº 8.551; de 5.2.2013, no AgR-AI nº 7.286; e, de 16.11.2000, no ARESP nº 18.124: conceito de domicílio eleitoral em que basta a demonstração de vínculos políticos, sociais, afetivos, patrimoniais ou de negócios.

Art. 43. O alistando apresentará em Cartório ou local previamente designado, requerimento em fórmula que obedecerá ao modelo aprovado pelo Tribunal Superior.

- Lei nº 7.444/1985: alistamento também por processamento eletrônico.
- Res.-TSE nº 21.538/2003, Arts. 4º a 8º: para alistamento eleitoral, transferência, revisão ou segunda via, será utilizado o Requerimento de Alistamento Eleitoral (RAE).

Art. 44. O requerimento, acompanhado de 3 (três) retratos, será instruído com um dos seguintes documentos, que não poderão ser supridos mediante justificação:

I – carteira de identidade expedida pelo órgão competente do Distrito Federal ou dos Estados;

- Lei nº 6.996/1982, Art. 6º, I; e Lei nº 7.444/1985, Art. 5º, § 2º, I.

II – certificado de quitação do serviço militar;

- Lei nº 6.996/1982, Art. 6º, II; e Lei nº 7.444/1985, Art. 5º, § 2º, II.
- Res.-TSE nº 21384/2003: inexigibilidade de comprovação de quitação com o serviço militar nas operações de transferência de domicílio, revisão de dados e segunda via, à falta de previsão legal. Res.-TSE nº 22097/2005: inexigibilidade do certificado de quitação do serviço militar daquele que completou 18 anos para o qual ainda esteja em curso o prazo de apresentação ao órgão de alistamento militar.

III – certidão de idade extraída do registro civil;

- Lei nº 6.996/1982, Art. 6º, IV; e Lei nº 7.444/1985, Art. 5º, § 2º, IV.

IV – instrumento público do qual se infira, por direito ter o requerente idade superior a dezoito anos e do qual conste, também, os demais elementos necessários à sua qualificação;

- CF/88, Art. 14, § 1º, II, c: admissão do alistamento facultativo aos maiores de 16 e menores de 18 anos; Art. 14, § 1º, I e II: obrigatoriedade/facultatividade do alistamento e voto.
- Lei nº 6.996/1982, Art. 6º, V; e Lei nº 7.444/1985, Art. 5º, § 2º, V.

V – documento do qual se infira a nacionalidade brasileira, originária ou adquirida, do requerente.

- Lei nº 6.192/1974, Arts. 1º e 4º: veda distinção entre brasileiros natos e naturalizados.
- Lei nº 6.996/1982, Art. 6º, VI; e Lei nº 7.444/1985, Art. 5º, § 2º, VI.
- Res.-TSE nº 21.385/2003: inexigibilidade de prova de opção pela nacionalidade brasileira para fins de alistamento eleitoral, não prevista na legislação pertinente.

Parágrafo único. Será devolvido o requerimento que não contenha os dados constantes do modelo oficial, na mesma ordem, e em caracteres inequívocos.

Art. 45. O Escrivão, o funcionário ou o Preparador recebendo a fórmula e documentos determinará que o alistando date e assine a petição e em ato contínuo atestará terem sido a data e a assinatura lançados na sua presença; em seguida, tomará a assinatura do requerente na folha individual de votação e nas duas vias do título eleitoral, dando recibo da petição e do documento.

- Lei nº 10.842/2004, Art. 4º, *caput*: as atribuições da Escrivania Eleitoral passaram a ser exercidas privativamente pelo chefe de cartório eleitoral.

Legislações | Direito Eleitoral

- Lei nº 8.868/1994, Art. 14: revoga os artigos do Código Eleitoral que fazem menção ao preparador eleitoral.
- Lei nº 7.444/1985, Art. 5º, § 1º: no caso de analfabeto, será feita a impressão digital do polegar direito.
- V. Lei nº 6.996/1982, Art. 12, *caput*: a folha individual foi substituída por listas de eleitores emitidas no processamento eletrônico de dados.

§ 1º O requerimento será submetido ao despacho do Juiz nas 48 (quarenta e oito) horas seguintes.

§ 2º Poderá o Juiz se tiver dúvida quanto à identidade do requerente ou sobre qualquer outro requisito para o alistamento, converter o julgamento em diligência para que o alistando esclareça ou complete a prova ou, se for necessário, compareça pessoalmente à sua presença.

§ 3º Se se tratar de qualquer omissão ou irregularidade que possa ser sanada, fixará o Juiz para isso prazo razoável.

§ 4º Deferido o pedido, no prazo de cinco dias, o título e o documento que instruiu o pedido serão entregues pelo Juiz, Escrivão, funcionário ou Preparador. A entrega far-se-á ao próprio eleitor, mediante recibo, ou a quem o eleitor autorizar por escrito o recebimento, cancelando-se o título cuja assinatura não for idêntica à do requerimento de inscrição e à do recibo.

- O recibo será obrigatoriamente anexado ao processo eleitoral, incorrendo o Juiz que não o fizer na multa de um a cinco salários mínimos regionais, na qual incorrerão ainda o Escrivão, funcionário ou Preparador, se responsáveis, bem como qualquer deles, se entregarem ao eleitor o título cuja assinatura não for idêntica à do requerimento de inscrição e do recibo ou o fizerem a pessoa não autorizada por escrito.
- Parágrafo com redação dada pelo Art. 12 da Lei nº 4.961/1966.
- Lei nº 10.842/2004, Art. 4º, *caput*: as atribuições da Escrivania Eleitoral passaram a ser exercidas privativamente pelo chefe de cartório eleitoral.
- V. notas ao *caput* deste artigo sobre as Leis nºs 8.868/1994 e 7.444/1985.
- V. CF/88, Art. 7º, IV: vedação da vinculação do salário mínimo para qualquer fim; Res.-TSE nº 21538/2003, Art. 85: indica a base de cálculo para aplicação das multas previstas pelo Código Eleitoral e por leis conexas; Art. 80, § 4º: estabelece o percentual mínimo de 3% e o máximo de 10% do valor indicado pelo Art. 85 para arbitramento da multa pelo não exercício do voto; Lei nº 10.522/2002, Art. 29: extingue a UFIR e adota como seu último valor o do dia 1º de janeiro de 1997, correspondente a R$1,0641.

§ 5º A restituição de qualquer documento não poderá ser feita antes de despachado o pedido de alistamento pelo Juiz Eleitoral.

§ 6º Quinzenalmente o Juiz Eleitoral fará publicar pela imprensa, onde houver, ou por editais, a lista dos pedidos de inscrição, mencionando os deferidos, os indeferidos e os convertidos em diligência, contando-se dessa publicação o prazo para os recursos a que se refere o parágrafo seguinte.

§ 7º Do despacho que indeferir o requerimento de inscrição caberá recurso interposto pelo alistando e do que o deferir poderá recorrer qualquer Delegado de partido.

- Lei nº 6.996/1982, Art. 7º, § 1º: prazo de cinco dias para interposição de recurso pelo alistando e de dez dias pelo delegado de partido nos casos de inscrição originária. Norma repetida na Res.-TSE nº 21.538/2003, Art. 17, § 1º.

§ 8º Os recursos referidos no parágrafo anterior serão julgados pelo Tribunal Regional Eleitoral dentro de 5 (cinco) dias.

§ 9º Findo esse prazo, sem que o alistando se manifeste, ou logo que seja desprovido o recurso em instância superior, o Juiz inutilizará a folha individual de votação assinada pelo requerente, a qual ficará fazendo parte integrante do processo e não poderá, em qualquer tempo, ser substituída, nem dele retirada, sob pena de incorrer o responsável nas sanções previstas no Art. 293.

- V. Lei nº 6.996/1982, Art. 12, *caput*: a folha individual foi substituída por listas de eleitores emitidas no processamento eletrônico de dados.

§ 10. No caso de indeferimento do pedido, o Cartório devolverá ao requerente, mediante recibo, as fotografias e o documento com que houver instruído o seu requerimento.

§ 11. O título eleitoral e a folha individual de votação somente serão assinados pelo Juiz Eleitoral depois de preenchidos pelo Cartório e de deferido o pedido, sob as penas do Art. 293.

- Parágrafo com redação dada pelo Art. 12 da Lei nº 4.961/1966.
- V. Lei nº 6.996/1982, Art. 12, *caput*: a folha individual foi substituída por listas de eleitores emitidas no processamento eletrônico de dados.

§ 12. É obrigatória a remessa ao Tribunal Regional da ficha do eleitor, após a expedição do seu título.

- Parágrafo acrescido pelo Art. 13 da Lei nº 4.961/1966.

Art. 46. As folhas individuais de votação e os títulos serão confeccionados de acordo com o modelo aprovado pelo Tribunal Superior Eleitoral.

- V. Lei nº 6.996/1982, Art. 12, *caput*: a folha individual foi substituída por listas de eleitores emitidas no processamento eletrônico de dados.
- O modelo do título eleitoral é o aprovado pela Res.-TSE nº 21538/2003, Art. 22.

§ 1º Da folha individual de votação e do título eleitoral constará a indicação da Seção em que o eleitor tiver sido inscrito a qual será localizada dentro do distrito judiciário ou administrativo de sua residência e o mais próximo dela, considerados a distância e os meios de transporte.

- V. nota ao *caput* deste artigo sobre a folha individual de votação.

§ 2º As folhas individuais de votação serão conservadas em pastas, uma para cada Seção Eleitoral; remetidas, por ocasião das eleições, às Mesas Receptoras, serão por estas encaminhadas com a urna e os demais documentos da eleição às Juntas Eleitorais, que as devolverão, findos os trabalhos da apuração, ao respectivo Cartório, onde ficarão guardadas.

- Lei nº 6.996/1982, Art. 12, c.c. o Art. 3º, I e II; e Lei nº 7.444/1985, Art. 6º, *caput* e § 1º: substituição de formalidades com a implantação do processamento eletrônico de dados.

Legislações | Direito Eleitoral

- V. nota ao *caput* deste artigo sobre a folha individual de votação.

§ 3º O eleitor ficará vinculado permanentemente à Seção Eleitoral indicada no seu título, salvo:

I – se se transferir de Zona ou Município, hipótese em que deverá requerer transferência;

II – se, até 100 (cem) dias antes da eleição, provar, perante o Juiz Eleitoral, que mudou de residência dentro do mesmo Município, de um Distrito para outro ou para lugar muito distante da Seção em que se acha inscrito, caso em que serão feitas na folha de votação e no título eleitoral, para esse fim exibido, as alterações correspondentes, devidamente autenticadas pela autoridade judiciária.

- V. Lei nº 9.504/1997, Art. 91, *caput*: fixação em 150 dias.

§ 4º O eleitor poderá, a qualquer tempo, requerer ao Juiz Eleitoral a retificação de seu título eleitoral ou de sua folha individual de votação, quando neles constar erro evidente, ou indicação de Seção diferente daquela a que devesse corresponder a residência indicada no pedido de inscrição ou transferência.

- Parágrafo acrescido pelo Art. 14 da Lei nº 4.961/1966.
- V. nota ao *caput* deste artigo sobre a folha individual de votação.

§ 5º O título eleitoral servirá de prova de que o eleitor está inscrito na Seção em que deve votar. E, uma vez datado e assinado pelo Presidente da Mesa Receptora, servirá também de prova de haver o eleitor votado.

- Primitivo § 4º renumerado para § 5º pelo Art. 14 da Lei nº 4.961/1966.
- V. Res.-TSE nº 21538/2003, Art. 54: comprovante de votação emitido por computador; V., ainda, primeira nota ao Art. 146, XIV, deste Código.

Art. 47. As certidões de nascimento ou casamento, quando destinadas ao alistamento eleitoral, serão fornecidas gratuitamente, segundo a ordem dos pedidos apresentados em Cartório pelos alistandos ou Delegados de partido.

§ 1º Os Cartórios de registro civil farão, ainda, gratuitamente, o registro de nascimento, visando ao fornecimento de certidão aos alistandos, desde que provem carência de recursos, ou aos Delegados de partido, para fins eleitorais.

- Parágrafo acrescido pelo Art. 2º da Lei nº 6.018/1974, com a consequente renumeração dos §§ 1º a 3º. Os antigos parágrafos haviam sido acrescidos pelo Art. 15 da Lei nº 4.961/1966.
- Lei nº 9.534/1997: gratuidade do registro civil de nascimento e da certidão respectiva.
- V. Art. 373 deste Código.

§ 2º Em cada Cartório de registro civil haverá um livro especial, aberto e rubricado pelo Juiz Eleitoral, onde o cidadão, ou o Delegado de partido deixará expresso o pedido de certidão para fins eleitorais, datando-o.

§ 3º O Escrivão, dentro de quinze dias da data do pedido, concederá a certidão, ou justificará, perante o Juiz Eleitoral, por que deixa de fazê-lo.

§ 4º A infração ao disposto neste artigo sujeitará o Escrivão às penas do Art. 293.

- §§ 2º ao 4º acrescidos pelo Art. 15 da Lei nº 4.961/1966, que os numerava como §§ 1º a 3º.

Art. 48. O empregado mediante comunicação com 48 (quarenta e oito) horas de antecedência, poderá deixar de comparecer ao serviço, sem prejuízo do salário e por tempo não excedente a 2 (dois) dias, para o fim de se alistar eleitor ou requerer transferência.

- CLT: Art. 473. O empregado poderá deixar de comparecer ao serviço sem prejuízo do salário: [...] V – até 2 (dois) dias consecutivos ou não, para o fim de se alistar eleitor, nos termos da lei respectiva. Lei nº 8.112/1990: Art. 97. Sem qualquer prejuízo, poderá o servidor ausentar-se do serviço: [...] II – por 2 (dois) dias, para se alistar como eleitor.

Art. 49. Os cegos alfabetizados pelo sistema Braille, que reunirem as demais condições de alistamento, podem qualificar-se mediante o preenchimento da fórmula impressa e a aposição do nome com as letras do referido alfabeto.

§ 1º De forma idêntica serão assinadas a folha individual de votação e as vias do título.

- V. Lei nº 6.996/1982, Art. 12, *caput*: a folha individual foi substituída por listas de eleitores emitidas no processamento eletrônico de dados.

§ 2º Esses atos serão feitos na presença também de funcionários de estabelecimento especializado de amparo e proteção de cegos, conhecedor do sistema Braille, que subscreverá, com o Escrivão ou funcionário designado, a seguinte declaração a ser lançada no modelo de requerimento: Atestamos que a presente fórmula bem como a folha individual de votação e vias do título foram subscritas pelo próprio, em nossa presença.

- Lei nº 10.842/2004, Art. 4º, *caput*: as atribuições da Escrivania Eleitoral passaram a ser exercidas privativamente pelo chefe de cartório eleitoral.
- Lei nº 6.996/1982, Art. 12, *caput*: substituição da folha individual de votação por listas de eleitores emitidas por computador no processamento eletrônico de dados.

Art. 50. O Juiz Eleitoral providenciará para que se proceda ao alistamento nas próprias sedes dos estabelecimentos de proteção aos cegos, marcando previamente, dia e hora para tal fim, podendo se inscrever na Zona Eleitoral correspondente todos os cegos do Município.

- V. Art. 136 deste Código.

§ 1º Os eleitores inscritos em tais condições deverão ser localizados em uma mesma Seção da respectiva Zona.

§ 2º Se no alistamento realizado pela forma prevista nos artigos anteriores, o número de eleitores não alcançar o mínimo exigido, este se completará com a inclusão de outros, ainda que não sejam cegos.

Art. 51. (Revogado pela Lei nº 7.914/89)

Capítulo I - Da Segunda Via

Art. 52. No caso de perda ou extravio de seu título, requererá o eleitor ao Juiz do seu domicílio eleitoral, até 10 (dez) dias antes da eleição, que lhe expeça segunda via.

§ 1º O pedido de segunda via será apresentado em Cartório, pessoalmente, pelo eleitor, instruído o requerimento, no caso de inutilização ou dilaceração, com a primeira via do título.

§ 2º No caso de perda ou extravio do título, o Juiz, após receber o requerimento de segunda via, fará publicar, pelo prazo de 5 (cinco) dias, pela imprensa, onde houver, ou

Legislações | Direito Eleitoral

por editais, a notícia do extravio ou perda e do requerimento de segunda via, deferindo o pedido, findo este prazo, se não houver impugnação.

- • V. parte final da nota ao Art. 57, § 2º, deste Código sobre o Ac.-TSE nº 4339/2003.

Art. 53. Se o eleitor estiver fora do seu domicílio eleitoral poderá requerer a segunda via ao Juiz da Zona em que se encontrar, esclarecendo se vai recebê-la na sua Zona ou na em que requereu.

- • V. Art. 69, parágrafo único, deste Código.

§ 1º O requerimento, acompanhado de um novo título assinado pelo eleitor na presença do Escrivão ou de funcionário designado e de uma fotografia, será encaminhado ao Juiz da Zona do eleitor.

- • Lei nº 10.842/2004, Art. 4º, *caput*: as atribuições da Escrivania Eleitoral passaram a ser exercidas privativamente pelo chefe de cartório eleitoral.
- • Lei nº 7.444/1985, Art. 5º, § 4º, c.c. o Art. 1º, *caput*: dispensa de fotografias no alistamento por processamento eletrônico.

§ 2º Antes de processar o pedido, na forma prevista no artigo anterior, o Juiz determinará que se confira a assinatura constante do novo título com a da folha individual de votação ou do requerimento de inscrição.

- • V. Lei nº 6.996/1982, Art. 12, *caput*: a folha individual foi substituída por listas de eleitores emitidas no processamento eletrônico de dados.

§ 3º Deferido o pedido, o título será enviado ao Juiz da Zona que remeteu o requerimento, caso o eleitor haja solicitado essa providência, ou ficará em Cartório aguardando que o interessado o procure.

§ 4º O pedido de segunda via formulado nos termos deste artigo só poderá ser recebido até 60 (sessenta) dias antes do pleito.

Art. 54. O requerimento de segunda via, em qualquer das hipóteses, deverá ser assinado sobre selos federais, correspondentes a 2% (dois por cento) do salário mínimo da Zona Eleitoral de inscrição.

- • Lei nº 5.143/1966, Art. 15: revoga a lei relativa ao imposto do selo; IN-STN nº 2/2009: dispõe sobre a GRU, e dá outras providências; Res.-TSE nº 21975/2004, Art. 4º: utilização obrigatória da GRU para recolhimento das multas eleitorais, penalidades pecuniárias e doações de pessoas físicas ou jurídicas; Port.-TSE nº 288/2005: normas visando à arrecadação, ao recolhimento e à cobrança das multas previstas no Código Eleitoral e em leis conexas, e à utilização da GRU.
- • V. CF/88, Art. 7º, IV: vedação da vinculação do salário mínimo para qualquer fim; Res.-TSE nº 21538/2003, Art. 85: indica a base de cálculo para aplicação das multas previstas pelo Código Eleitoral e por leis conexas; Art. 80, § 4º: estabelece o percentual mínimo de 3% e o máximo de 10% do valor indicado pelo Art. 85 para arbitramento da multa pelo não exercício do voto; Lei nº 10.522/2002, Art. 29: extingue a UFIR e adota como seu último valor o do dia 1º de janeiro de 1997, correspondente a R$1,0641.

Parágrafo único. Somente será expedida segunda via ao eleitor que estiver quite com a Justiça Eleitoral, exigindo-se, para o que foi multado e ainda não liquidou a dívida, o prévio pagamento, através de selo federal inutilizado nos autos.

Capítulo II - Da Transferência

Art. 55. Em caso de mudança de domicílio, cabe ao eleitor requerer ao Juiz do novo domicílio sua transferência, juntando o título anterior.

§ 1º A transferência só será admitida satisfeitas as seguintes exigências:

I – entrada do requerimento no Cartório Eleitoral do novo domicílio até 100 (cem) dias antes da data da eleição;

- V. Lei nº 9.504/1997, Art. 91, *caput*: fixação em 150 dias.

II – transcorrência de pelo menos 1 (um) ano da inscrição primitiva;

- Lei nº 6.996/1982, Art. 8º, II, e Res.-TSE nº 21538/2003, Art. 18, II. Ac.-TSE nº 4762/2004: o prazo é contado da inscrição imediatamente anterior ao novo domicílio.

III – residência mínima de 3 (três) meses no novo domicílio, atestada pela autoridade policial ou provada por outros meios convincentes.

- V. Lei nº 6.996/1982, Art. 8º, III: residência declarada, sob as penas da lei, pelo próprio eleitor; Lei nº 7.115/1983, Art. 1º: a declaração firmada pelo próprio interessado ou por procurador, sob as penas da lei, presume-se verdadeira.
- Ac.-TSE, de 13.10.2009, no RHC nº 136 e Ac.-TSE nº 196/1993: este inciso III foi derrogado pelo Art. 8º, III, da Lei nº 6.996/1982; Ac.-TSE, de 5.2.2013, no AgR-AI nº 7286: declaração subscrita por delegado de polícia constitui requisito suficiente para comprovação da residência e autoriza a transferência de seu domicílio eleitoral.

§ 2º O disposto nos incisos II e III do parágrafo anterior não se aplica quando se tratar de transferência de título eleitoral de servidor público civil, militar, autárquico, ou de membro de sua família, por motivo de remoção ou transferência.

- Parágrafo com redação dada pelo Art. 16 da Lei nº 4.961/1966.
- Ac.-TSE, de 9.10.2012, no REspe nº 5.389; e Ac.-TSE, de 13.9.2012, no REspe nº 22378: a regra deste parágrafo não afasta, para os servidores públicos militares, a condição de elegibilidade referente ao domicílio eleitoral um ano antes do pleito.

Art. 56. No caso de perda ou extravio do título anterior declarado esse fato na petição de transferência, o Juiz do novo domicílio, como ato preliminar, requisitará, por telegrama, a confirmação do alegado à Zona Eleitoral onde o requerente se achava inscrito.

§ 1º O Juiz do antigo domicílio, no prazo de 5 (cinco) dias, responderá por ofício ou telegrama, esclarecendo se o interessado é realmente eleitor, se a inscrição está em vigor, e, ainda, qual o número e a data da inscrição respectiva.

§ 2º A informação mencionada no parágrafo anterior, suprirá a falta do título extraviado, ou perdido, para o efeito da transferência, devendo fazer parte integrante do processo.

Art. 57. O requerimento de transferência de domicílio eleitoral será imediatamente publicado na imprensa oficial na capital, e em Cartório nas demais localidades, podendo os interessados impugná-lo no prazo de dez dias.

§ 1º Certificado o cumprimento do disposto neste artigo, o pedido deverá ser desde logo decidido, devendo o despacho do Juiz ser publicado pela mesma forma.

- *Caput* e § 1º com redação dada pelo Art. 17 da Lei nº 4.961/1966.

Legislações | Direito Eleitoral

§ 2º Poderá recorrer para o Tribunal Regional Eleitoral, no prazo de 3 (três) dias, o eleitor que pediu a transferência, sendo-lhe a mesma negada, ou qualquer Delegado de partido, quando o pedido for deferido.

- Ac.-TSE nos 10.725/1989 e 19.141/2001, entre outros: reconhecimento de legitimidade recursal a partido político de decisão que indefere transferência de eleitor.
- V. Lei nº 6.996/1982, Art. 7º, § 1º: prazo de cinco dias para interposição de recurso pelo alistando e de dez dias pelo delegado de partido nos casos de inscrição originária ou de transferência;
- Ac.-TSE nº 4.339/2003: [...] o Art. 7º, § 1º, da Lei nº 6.996/1982 não alterou o Art. 57 do Código Eleitoral. Versam os artigos institutos diferentes – inscrição e transferência eleitorais, respectivamente. Em sentido contrário, dec. monocráticas do Corregedor-Geral eleitoral, de 4.4.2006, no PA nº 19.536 e, de 19.3.2007, na Pet nº 1817: [...] as disposições contidas nos Arts. 17, § 1º, e 18, § 5º, da Res.-TSE nº 21.538/2003, aprovadas em consonância com o Art. 7º, § 1º, da Lei nº 6.996/1982, legitimamente alteraram o procedimento do Art. 57 do Código Eleitoral, compatibilizando-o com a sistemática de prestação de serviços eleitorais introduzida com a implantação do processamento eletrônico no alistamento eleitoral (Lei nº 7.444/1985), ficando, por idênticas razões, parcialmente superado o disposto no § 2º do Art. 52 do mesmo Código, relativamente à segunda via.

§ 3º Dentro de 5 (cinco) dias, o Tribunal Regional Eleitoral decidirá do recurso interposto nos termos do parágrafo anterior.

§ 4º Só será expedido o novo título decorridos os prazos previstos neste artigo e respectivos parágrafos.

Art. 58. Expedido o novo título o Juiz comunicará a transferência ao Tribunal Regional competente, no prazo de 10 (dez) dias, enviando-lhe o título eleitoral, se houver, ou documento a que se refere o § 1º do artigo 56.

§ 1º Na mesma data comunicará ao Juiz da Zona de origem a concessão da transferência e requisitará a folha individual de votação.

- V. Lei nº 6.996/1982, Art. 12, *caput*: a folha individual foi substituída por listas de eleitores emitidas no processamento eletrônico de dados.

§ 2º Na nova folha individual de votação ficará consignado, na coluna destinada a anotações, que a inscrição foi obtida por transferência, e, de acordo com os elementos constantes do título primitivo, qual o último pleito em que o eleitor transferido votou. Essa anotação constará, também, de seu título.

- V. nota ao § 1º deste artigo sobre a folha individual de votação.

§ 3º O processo de transferência só será arquivado após o recebimento da folha individual de votação da Zona de origem, que dele ficará constando, devidamente inutilizada, mediante aposição de carimbo a tinta vermelha.

- V. nota ao § 1º deste artigo sobre a folha individual de votação.

§ 4º No caso de transferência de Município ou Distrito dentro da mesma Zona, deferido o pedido, o Juiz determinará a transposição da folha individual de votação para a pasta correspondente ao novo domicílio, a anotação de mudança no título eleitoral e comunicará ao Tribunal Regional para a necessária averbação na ficha do eleitor.

- V. nota ao § 1º deste artigo sobre a folha individual de votação.

Art. 59. Na Zona de origem, recebida do Juiz do novo domicílio a comunicação de transferência, o Juiz tomará as seguintes providências:

I – determinará o cancelamento da inscrição do transferido e a remessa dentro de três dias, da folha individual de votação ao Juiz requisitante;

- V. Lei nº 6.996/1982, Art. 12, *caput*: a folha individual foi substituída por listas de eleitores emitidas no processamento eletrônico de dados.

II – ordenará a retirada do fichário da segunda parte do título;

III – comunicará o cancelamento ao Tribunal Regional a que estiver subordinado, que fará a devida anotação na ficha de seus arquivos;

IV – se o eleitor havia assinado ficha de registro de partido, comunicará ao Juiz do novo domicílio e, ainda, ao Tribunal Regional, se a transferência foi concedida para outro Estado.

Art. 60. O eleitor transferido não poderá votar no novo domicílio eleitoral em eleição suplementar à que tiver sido realizada antes de sua transferência.

Art. 61. Somente será concedida transferência ao eleitor que estiver quite com a Justiça Eleitoral.

§ 1º Se o requerente não instruir o pedido de transferência com o título anterior, o Juiz do novo domicílio, ao solicitar informação ao da Zona de origem, indagará se o eleitor está quite com a Justiça Eleitoral, ou não o estando, qual a importância da multa imposta e não paga.

§ 2º Instruído o pedido com o título, e verificado que o eleitor não votou em eleição anterior, o Juiz do novo domicílio solicitará informações sobre o valor da multa arbitrada na Zona de origem, salvo se o eleitor não quiser aguardar a resposta, hipótese em que pagará o máximo previsto.

§ 3º O pagamento da multa, em qualquer das hipóteses dos parágrafos anteriores, será comunicado ao Juízo de origem para as necessárias anotações.

Capítulo III -Dos Preparadores

Arts. 62 a 65. (Revogados pela Lei nº 8.868/94.)

Capítulo IV - Dos Delegados de Partido Perante o Alistamento

Art. 66. É lícito aos partidos políticos, por seus Delegados:

- Res.-TSE nº 21538/2003, Art. 27, I: acompanhamento, pelos partidos políticos, dos pedidos de alistamento, transferência, segundas vias e quaisquer outros, até mesmo emissão e entrega de títulos eleitorais.

I – acompanhar os processos de inscrição;

II – promover a exclusão de qualquer eleitor inscrito ilegalmente e assumir a defesa do eleitor cuja exclusão esteja sendo promovida;

III – examinar, sem perturbação do serviço e em presença dos servidores designados, os documentos relativos ao alistamento eleitoral, podendo deles tirar cópias ou fotocópias.

Legislações | Direito Eleitoral

§ 1º Perante o Juízo Eleitoral, cada partido poderá nomear 3 (três) Delegados.

- Res.-TSE nº 21.538/2003, Art. 28, *caput*: manutenção de dois delegados junto ao Tribunal Regional Eleitoral e de até três em cada zona eleitoral.

§ 2º Perante os Preparadores, cada partido poderá nomear até 2 (dois) Delegados, que assistam e fiscalizem os seus atos.

- Lei nº 8.868/1994, Art. 14: revoga os artigos do Código Eleitoral que fazem menção ao preparador eleitoral.

§ 3º Os Delegados a que se refere este artigo serão registrados perante os Juízes Eleitorais, a requerimento do Presidente do Diretório Municipal.

§ 4º O Delegado credenciado junto ao Tribunal Regional Eleitoral poderá representar o partido junto a qualquer Juízo ou Preparador do Estado, assim como o Delegado credenciado perante o Tribunal Superior Eleitoral poderá representar o partido perante qualquer Tribunal Regional, Juízo ou Preparador.

- Lei nº 9.096/1995, Art. 11.
- V. nota ao § 2º deste artigo sobre a Lei nº 8.868/1994.

capítulo V - Do Encerramento do Alistamento

Art. 67. Nenhum requerimento de inscrição eleitoral ou de transferência será recebido dentro dos 100 (cem) dias anteriores à data da eleição.

- Lei nº 9.504/1997, Art. 91, *caput*: fixação em 150 dias.

Art. 68. Em audiência pública, que se realizará às 14 (quatorze) horas do 69º (sexagésimo nono) dia anterior à eleição, o Juiz Eleitoral declarará encerrada a inscrição de eleitores na respectiva Zona e proclamará o número dos inscritos até às 18 (dezoito) horas do dia anterior, o que comunicará incontinenti ao Tribunal Regional Eleitoral, por telegrama, e fará público em edital, imediatamente afixado no lugar próprio do Juízo e divulgado pela imprensa, onde houver, declarando nele o nome do último eleitor inscrito e o número do respectivo título, fornecendo aos Diretórios Municipais dos partidos cópia autêntica desse edital.

§ 1º Na mesma data será encerrada a transferência de eleitores, devendo constar do telegrama do Juiz Eleitoral ao Tribunal Regional Eleitoral, do edital e da cópia deste fornecida aos Diretórios Municipais dos partidos e da publicação da imprensa, os nomes dos 10 (dez) últimos eleitores, cujos processos de transferência estejam definitivamente ultimados e o número dos respectivos títulos eleitorais.

§ 2º O despacho de pedido de inscrição, transferência, ou segunda via, proferido após esgotado o prazo legal, sujeita o Juiz Eleitoral às penas do Art. 291.

Art. 69. Os títulos eleitorais resultantes dos pedidos de inscrição ou de transferência serão entregues até 30 (trinta) dias antes da eleição.

Parágrafo único. A segunda via poderá ser entregue ao eleitor até a véspera do pleito.

Art. 70. O alistamento reabrir-se-á em cada Zona logo que estejam concluídos os trabalhos da sua Junta Eleitoral.

Título II - Do Cancelamento e da Exclusão

- Ac.-TSE nºs 643/2004, 646/2004 e 653/2004: necessidade de instauração de processo específico para cancelamento de transferência considerada fraudulenta, observando-se os princípios do contraditório e da ampla defesa.

Art. 71. São causas de cancelamento:

I – a infração dos Arts. 5º e 42;

II – a suspensão ou perda dos direitos políticos;

- CF/88, Art. 15: casos de perda ou suspensão dos direitos políticos.

III – a pluralidade de inscrição;

IV – o falecimento do eleitor;

- Res.-TSE nº 22166/2006: Estabelece providências a serem adotadas em relação a inscrições identificadas como de pessoas falecidas, mediante cruzamento entre dados do cadastro eleitoral e registros de óbitos fornecidos pelo Instituto Nacional de Seguridade Social (INSS).

V – deixar de votar em 3 (três) eleições consecutivas.

- Inciso com redação dada pelo Art. 2º da Lei nº 7.663/1988.
- V. Art. 7º, § 3º, deste Código.

§ 1º A ocorrência de qualquer das causas enumeradas neste artigo acarretará a exclusão do eleitor, que poderá ser promovida *ex officio*, a requerimento de Delegado de partido ou de qualquer eleitor.

§ 2º No caso de ser algum cidadão maior de 18 (dezoito) anos privado temporária ou definitivamente dos direitos políticos, a autoridade que impuser essa pena providenciará para que o fato seja comunicado ao Juiz Eleitoral ou ao Tribunal Regional da circunscrição em que residir o réu.

§ 3º Os oficiais de registro civil, sob as penas do Art. 293, enviarão, até o dia 15 (quinze) de cada mês, ao Juiz Eleitoral da Zona em que oficiarem, comunicação dos óbitos de cidadãos alistáveis, ocorridos no mês anterior, para cancelamento das inscrições.

- V. Art. 79 e nota ao Art. 71, IV, deste Código.

§ 4º Quando houver denúncia fundamentada de fraude no alistamento de uma Zona ou Município, o Tribunal Regional poderá determinar a realização de correição e, provada a fraude em proporção comprometedora, ordenará a revisão do eleitorado, obedecidas as instruções do Tribunal Superior e as recomendações que, subsidiariamente, baixar, com o cancelamento de ofício das inscrições correspondentes aos títulos que não forem apresentados à revisão.

- Parágrafo acrescido pelo Art. 19 da Lei nº 4.961/1966.

Legislações | Direito Eleitoral

- Lei nº 9.504/1997, Art. 92: casos de revisão e de correição nas zonas eleitorais. Res.-TSE nº 21538/2003, Arts. 58 a 76: hipóteses de revisão do eleitorado e procedimento para sua efetivação e Res.-TSE nº 21.372/2003: Estabelece rotina para realização de correições nas zonas eleitorais do país.

Art. 72. Durante o processo e até a exclusão pode o eleitor votar validamente.

- Res.-TSE nº 21.931/2004: admissibilidade da retirada do nome do eleitor da folha de votação, após a sentença de cancelamento, ainda que haja recurso. Excluído em período que inviabilize a regularização no cadastro, o eleitor não ficará sujeito às sanções pelo não exercício do voto.

Parágrafo único. Tratando-se de inscrições contra as quais hajam sido interpostos recursos das decisões que as deferiram, desde que tais recursos venham a ser providos pelo Tribunal Regional ou Tribunal Superior, serão nulos os votos se o seu número for suficiente para alterar qualquer representação partidária ou classificação de candidato eleito pelo princípio majoritário.

Art. 73. No caso de exclusão, a defesa pode ser feita pelo interessado, por outro eleitor ou por Delegado de partido.

Art. 74. A exclusão será mandada processar *ex officio* pelo Juiz Eleitoral, sempre que tiver conhecimento de alguma das causas do cancelamento.

Art. 75. O Tribunal Regional, tomando conhecimento através de seu fichário, da inscrição do mesmo eleitor em mais de uma Zona sob sua jurisdição, comunicará o fato ao Juiz competente para o cancelamento, que de preferência deverá recair:

- Res.-TSE nº 21.538/2003, Art. 33, *caput*: batimento ou cruzamento dos dados constantes do cadastro eletrônico realizado pelo TSE em âmbito nacional; Art. 89 da mesma resolução: inutilização, a critério dos tribunais regionais, dos fichários manuais; e Arts. 40, 41 e 47: cancelamento da inscrição em caso de pluralidade.

I – na inscrição que não corresponda ao domicílio eleitoral;

II – naquela cujo título não haja sido entregue ao eleitor;

III – naquela cujo título não haja sido utilizado para o exercício do voto na última eleição;

IV – na mais antiga.

Art. 76. Qualquer irregularidade determinante de exclusão será comunicada por escrito e por iniciativa de qualquer interessado ao Juiz Eleitoral, que observará o processo estabelecido no artigo seguinte.

Art. 77. O Juiz Eleitoral processará a exclusão pela forma seguinte:

I – mandará autuar a petição ou representação com os documentos que a instruírem;

II – fará publicar edital com prazo de 10 (dez) dias para ciência dos interessados, que poderão contestar dentro de 5 (cinco) dias;

III – concederá dilação probatória de 5 (cinco) a 10 (dez) dias, se requerida;

IV – decidirá no prazo de 5 (cinco) dias.

Art. 78. Determinado, por sentença, o cancelamento, o Cartório tomará as seguintes providências:

I – retirará, da respectiva pasta, a folha de votação, registrará a ocorrência no local próprio para anotações e juntá-la-á ao processo de cancelamento;

- Res.-TSE nº 21.931/2004: admissibilidade da retirada do nome do eleitor da folha de votação, após a sentença de cancelamento, ainda que haja recurso. Excluído em período que inviabilize a regularização no cadastro, o eleitor não ficará sujeito às sanções pelo não exercício do voto.

II – registrará a ocorrência na coluna de observações do livro de inscrição;

III – excluirá dos fichários as respectivas fichas, colecionando-as à parte;

IV – anotará, de forma sistemática, os claros abertos na pasta de votação para o oportuno preenchimento dos mesmos;

V – comunicará o cancelamento ao Tribunal Regional para anotação no seu fichário.

Art. 79. No caso de exclusão por falecimento, tratando-se de caso notório, serão dispensadas as formalidades previstas nos II e III do artigo 77.

- V. Art. 71, § 3º, deste Código, e nota ao inciso IV do mesmo artigo.

Art. 80. Da decisão do Juiz Eleitoral caberá recurso no prazo de 3 (três) dias, para o Tribunal Regional, interposto pelo excluendo ou por Delegado de partido.

- Ac.-TSE nº 21.611/2004: cabe recurso também da sentença que mantém a inscrição eleitoral. Ac.-TSE nº 21.644/2004: legitimidade do Ministério Público Eleitoral para o recurso de que trata este artigo e do delegado de partido para recorrer também na hipótese de manutenção da inscrição eleitoral.

Art. 81. Cessada a causa do cancelamento, poderá o interessado requerer novamente a sua qualificação e inscrição.

Parte Quarta - Das Eleições

Título I - Do Sistema Eleitoral

Art. 82. O sufrágio é universal e direto; o voto, obrigatório e secreto.

Art. 83. Na eleição direta para o Senado Federal, para Prefeito e Vice-Prefeito, adotar-se-á o princípio majoritário.

- Artigo com redação dada pelo Art. 5º da Lei nº 6.534/1978.
- CF/88, Art. 77, § 2º, c.c. os Arts. 28, *caput*, e 32, § 2º: eleição, ainda, para Presidente e Vice-Presidente da República e para Governadores e Vice-Governadores de Estado e do Distrito Federal.

Art. 84. A eleição para a Câmara dos Deputados, Assembleias Legislativas e Câmaras Municipais, obedecerá ao princípio da representação proporcional na forma desta Lei.

- CF/88, Art. 32, §§ 2º e 3º, c.c. os Arts. 27 e 45: eleições, também, para a Câmara Legislativa do Distrito Federal (Deputados Distritais); Art. 33, § 3º: eleições para as câmaras territoriais.

Legislações | Direito Eleitoral

Art. 85. A eleição para Deputados Federais, Senadores e suplentes, Presidente e Vice--Presidente da República, Governadores, Vice-Governadores e Deputados Estaduais far-se-á, simultaneamente, em todo o País.

- Lei nº 9.504/1997, Art. 1º, parágrafo único, I: eleição na mesma data, também, para Governador e Vice-Governador do Distrito Federal e Deputados distritais.
- CF/88, Arts. 28, *caput*; 29, I e II; 32, § 2º; e 77, *caput*; e Lei nº 9.504/1997, Arts. 1º, *caput*; e 2º, § 1º: fixação de data para as eleições presidenciais, federais, estaduais e municipais.

Art. 86. Nas eleições presidenciais, a circunscrição será o País; nas eleições federais e estaduais, o Estado; e, nas municipais, o respectivo Município.

- Ac.-TSE, de 18.9.2008, no REspe nº 29730: o vocábulo jurisdição, inserido no Art. 14, § 7º, da CF/88, que dispõe sobre inelegibilidade reflexa, deve ser interpretado no sentido do termo circunscrição contido neste dispositivo, de forma a corresponder à área de atuação do titular do Poder Executivo.

Capítulo I - Do Registro dos Candidatos

Art. 87. Somente podem concorrer às eleições candidatos registrados por partidos.

- Lei nº 9.504/1997, Art. 10, *caput*, I e II: número de candidatos que cada partido ou coligação pode registrar; § 3º: percentual de vagas reservado para candidaturas de cada sexo.
- Ac.-TSE, de 8.9.2010, no REspe nº 64.228: irrelevância do surgimento de fração, ainda que superior a 0,5% (meio por cento), em relação a quaisquer dos gêneros, se o partido político deixar de esgotar as possibilidades de indicação de candidatos.

Parágrafo único. Nenhum registro será admitido fora do período de 6 (seis) meses antes da eleição.

- Lei nº 9.504/1997, Art. 11, *caput*: prazo para pedido de registro: até às 19 horas do dia 15 de agosto do ano que se realizarem as eleições.
- V. Art. 93 deste Código.

Art. 88. Não é permitido registro de candidato embora para cargos diferentes, por mais de uma circunscrição ou para mais de um cargo na mesma circunscrição.

Parágrafo único. Nas eleições realizadas pelo sistema proporcional o candidato deverá ser filiado ao partido, na circunscrição em que concorrer, pelo tempo que for fixado nos respectivos estatutos.

- Res.-TSE nº 22.088/2005: servidor da Justiça Eleitoral deve se exonerar para cumprir o prazo legal de filiação partidária, ainda que afastado do órgão de origem e pretenda concorrer em estado diverso de seu domicílio profissional. Ac.-TSE, de 30.8.1990, no RESPE nº 8963 e Res.-TSE nº 21.787/2004: inexigência de prévia filiação partidária do militar da ativa, bastando o pedido de registro de candidatura após escolha em convenção partidária. Ac.-TSE, de 23.9.2004, no AgR-REspe nº 22.941: necessidade de tempestiva filiação partidária de militar da reserva não remunerada.

Art. 89. Serão registrados:

I – no Tribunal Superior Eleitoral os candidatos a Presidente e Vice-Presidente da República;

II – nos Tribunais Regionais Eleitorais os candidatos a Senador, Deputado Federal, Governador e Vice-Governador e Deputado Estadual;

III – nos Juízos Eleitorais os candidatos a Vereador, Prefeito e Vice-Prefeito e Juiz de Paz.

Art. 90. Somente poderão inscrever candidatos os partidos que possuam Diretório devidamente registrado na circunscrição em que se realizar a eleição.

- Lei nº 9.504/1997, Art. 4º: partidos políticos que poderão participar das eleições.

Art. 91. O registro de candidatos a Presidente e Vice-Presidente, Governador e Vice-Governador, ou Prefeito e Vice-Prefeito, far-se-á sempre em chapa única e indivisível, ainda que resulte a indicação de aliança de partidos.

- CF/88, Art. 17, § 1º: autonomia dos partidos políticos para adotar os critérios de escolha e o regime de suas coligações eleitorais; Lei nº 9.504/1997, Art. 6º: formação de coligações em eleições majoritárias e proporcionais.

§ 1º O registro de candidatos a Senador far-se-á com o do suplente partidário.

- CF/88, Art. 46, § 3º: registro com dois suplentes.

§ 2º Nos Territórios far-se-á o registro do candidato a Deputado com o do suplente.

- CF/88, Art. 45, § 2º: fixação de quatro vagas para Deputados. Lei nº 9.504/1997: inexistência de previsão de registro de candidato a suplente de Deputado. V., também, Art. 178 deste Código.

Art. 92. (Revogado pelo Art. 107 da Lei nº 9.504/1997.)

Art. 93. O prazo de entrada em cartório ou na Secretaria do Tribunal, conforme o caso, de requerimento de registro de candidato a cargo eletivo terminará, improrrogavelmente, às dezenove horas do dia 15 de agosto do ano em que se realizarem as eleições.

- *Caput* com redação dada pelo Art. 4º da Lei nº 13.165/2015.
- Lei nº 9.504/1997, Art. 11, *caput*: prazo para pedido de registro: até às 19 horas do dia 15 de agosto do ano que se realizarem as eleições.

§ 1º Até vinte dias antes da data das eleições, todos os requerimentos, inclusive os que tiverem sido impugnados, devem estar julgados pelas instâncias ordinárias, e publicadas as decisões a eles relativas.

- LC nº 64/1990, Art. 3º, *caput*: prazo para impugnação de candidatura.

§ 2º As convenções partidárias para a escolha dos candidatos serão realizadas, no máximo, até 5 de agosto do ano em que se realizarem as eleições.

- §§ 1º e 2º com redação dada pelo Art. 4º da Lei nº 13.165/2015.
- V. nota ao *caput* deste artigo sobre o período para a escolha de candidatos e deliberação sobre coligações.

Art. 94. O registro pode ser promovido por Delegado de partido, autorizado em documento autêntico, inclusive telegrama de quem responda pela direção partidária e sempre com assinatura reconhecida por tabelião.

- Lei nº 9.504/1997, Art. 11, § 4º: requerimento de registro feito pelo próprio candidato.

Legislações | Direito Eleitoral

§ 1º O requerimento de registro deverá ser instruído:

- Lei nº 9.504/1997, Art. 11, § 1º: documentos que instruirão o pedido de registro.

I – com a cópia autêntica da ata da Convenção que houver feito a escolha do candidato, a qual deverá ser conferida com o original na Secretaria do Tribunal ou no Cartório Eleitoral;

II – com autorização do candidato, em documento com a assinatura reconhecida por tabelião;

III – com certidão fornecida pelo Cartório Eleitoral da Zona de inscrição, em que conste que o registrando é eleitor;

IV – com prova de filiação partidária, salvo para os candidatos a Presidente e Vice--Presidente, Senador e respectivo suplente, Governador e Vice-Governador, Prefeito e Vice-Prefeito;

- V. CF/88, Art. 14, § 3º, V: exigência de filiação para qualquer candidatura; V., também, notas ao Art. 88, parágrafo único, deste Código.

V – com folha corrida fornecida pelos Cartórios competentes, para que se verifique se o candidato está no gozo dos direitos políticos (arts. 132, III, e 135 da Constituição Federal);

- Inciso com redação dada pelo Art. 20 da Lei nº 4.961/1966.
- Refere-se à CF/46; corresponde aos Arts. 14, § 3º, II, e 15 da CF/88.

VI – com declaração de bens, de que constem a origem e as mutações patrimoniais.

- Ac.-TSE, de 26.9.2006, no REspe nº 27.160: o Art. 11, § 1º, IV, da Lei nº 9.504/1997, revogou tacitamente a parte final deste inciso, passando a exigir apenas que o requerimento do candidato se faça acompanhar, entre outros documentos, da declaração de seus bens, sem indicar os valores atualizados e/ou as mutações patrimoniais.

§ 2º A autorização do candidato pode ser dirigida diretamente ao órgão ou Juiz competente para o registro.

Art. 95. O candidato poderá ser registrado sem o prenome, ou com o nome abreviado, desde que a supressão não estabeleça dúvidas quanto à sua identidade.

- Lei nº 9.504/1997, Art. 12, *caput*: variações nominais indicadas para registro nas eleições proporcionais.

Art. 96. Será negado o registro a candidato que, pública ou ostensivamente, faça parte, ou seja adepto de partido político cujo registro tenha sido cassado com fundamento no artigo 141, § 13, da Constituição Federal.

- CF/88, Art. 17, e Lei nº 9.096/1995, Art. 2º: livre criação, fusão, incorporação e extinção de partidos políticos. O Art. 96 deste Código já se achava derrogado desde 1985, por força de emenda constitucional; da mesma forma, a citação do dispositivo assinalada no Art. 97, § 3º.
- Refere-se à CF/46.
- Lei nº 9.096/1995, Art. 28: casos de cancelamento do registro dos partidos políticos.

Art. 97. Protocolado o requerimento de registro, o Presidente do Tribunal ou o Juiz Eleitoral, no caso de eleição municipal ou distrital, fará publicar imediatamente edital para ciência dos interessados.

§ 1º O edital será publicado na imprensa oficial, nas capitais, e afixado em Cartório, no local de costume, nas demais Zonas.

§ 2º Do pedido de registro caberá, no prazo de 2 (dois) dias, a contar da publicação ou afixação do edital, impugnação articulada por parte de candidato ou de partido político.

- LC nº 64/1990, Art. 3º, *caput*: prazo de cinco dias para impugnação e legitimidade de candidato, partido, coligação e do Ministério Público.
- Ac.-TSE, de 10.10.2013, no REspe nº 26.418: A impugnação ajuizada antes da publicação do edital alusivo ao registro é tempestiva, quando evidenciada a ciência prévia da candidatura pelo impugnante.

§ 3º Poderá, também, qualquer eleitor, com fundamento em inelegibilidade ou incompatibilidade do candidato ou na incidência deste no Art. 96, impugnar o pedido de registro, dentro do mesmo prazo, oferecendo prova do alegado.

- V. notas ao § 2º deste artigo sobre prazo para impugnação.
- Ac.-TSE, de 23.10.2012, no AgR-Respe nº 24.434: ilegitimidade de eleitor para recorrer de decisão proferida em sede de registro de candidatura; Ac.-TSE, de 3.9.2002, no RO nº 549 e, de 18.11.1996, no REspe nº 14.807: ilegitimidade de eleitor para impugnar registro de candidatura, podendo apresentar notícia de inelegibilidade.

§ 4º Havendo impugnação, o partido requerente do registro terá vista dos autos, por 2 (dois) dias, para falar sobre a mesma, feita a respectiva intimação na forma do § 1º.

- LC nº 64/1990, Art. 4º: prazo de sete dias para contestação pelo candidato, partido ou coligação.

Art. 98. Os militares alistáveis são elegíveis, atendidas as seguintes condições:

I – o militar que tiver menos de 5 (cinco) anos de serviço, será, ao se candidatar a cargo eletivo, excluído do serviço ativo;

- CF/88, Art. 14, § 8º, I: se o militar contar menos de dez anos de serviço, deverá afastar-se da atividade.

II – o militar em atividade com 5(cinco) ou mais anos de serviço, ao se candidatar a cargo eletivo, será afastado, temporariamente, do serviço ativo, como agregado, para tratar de interesse particular;

- CF/88, Art. 14, § 8º, II: se o militar contar mais de dez anos de serviço, será agregado pela autoridade superior.
- Lei nº 6.880/1980, Art. 82, XIV, e § 4º: agregação de militar por motivo de candidatura a cargo eletivo.

III – o militar não excluído e que vier a ser eleito, será, no ato da diplomação, transferido para a reserva ou reformado (Emenda Constitucional nº 9, Art. 3º).

- Refere-se à EC nº 9/1964. Correspondia ao Art. 138, parágrafo único, c, da CF/46. V. CF/88, Art. 14, § 8º, II.
- V. Art. 218 deste Código.

Parágrafo único. O Juízo ou Tribunal que deferir o registro de militar candidato a cargo eletivo, comunicará imediatamente a decisão à autoridade a que o mesmo estiver subordinado, cabendo igual obrigação ao partido, quando lançar a candidatura.

Art. 99. Nas eleições majoritárias poderá qualquer partido registrar na mesma circunscrição candidato já por outro registrado, desde que o outro partido e o candidato o consintam por escrito até 10 (dez) dias antes da eleição, observadas as formalidades do Art. 94.

- Lei nº 9.504/1997, Art. 8º, *caput*: prazo para celebração de coligações partidárias; Art. 6º, § 3º, I: na chapa da coligação, podem inscrever-se candidatos filiados a qualquer partido dela integrante.

Parágrafo único. A falta de consentimento expresso acarretará a anulação do registro promovido, podendo o partido prejudicado requerê-la ou recorrer da resolução que ordenar o registro.

Art. 100. Nas eleições realizadas pelo sistema proporcional, o Tribunal Superior Eleitoral, até 6 (seis) meses antes do pleito, reservará para cada partido, por sorteio, em sessão realizada com a presença dos Delegados de partido, uma série de números a partir de 100 (cem).

- Lei nº 9.504/1997, Art. 15: critérios para a identificação numérica dos candidatos. Res.--TSE nº 20.229/1998: escolha dos números facultada aos partidos políticos, observados os critérios da lei citada.

§ 1º A sessão a que se refere o *caput* deste artigo será anunciada aos partidos com antecedência mínima de 5 (cinco) dias.

§ 2º As Convenções partidárias para escolha dos candidatos sortearão, por sua vez, em cada Estado e Município, os números que devam corresponder a cada candidato.

- Lei nº 9.504/1997, Art. 15, § 2º: permissão dada a Deputado Federal, Estadual ou Distrital ou a Vereador para requerer novo número, independentemente do referido sorteio.

§ 3º Nas eleições para Deputado Federal, se o número de partidos não for superior a 9 (nove), a cada um corresponderá obrigatoriamente uma centena, devendo a numeração dos candidatos ser sorteada a partir da unidade, para que ao primeiro candidato do primeiro partido corresponda o número 101 (cento e um), ao do segundo partido, 201 (duzentos e um), e assim sucessivamente.

§ 4º Concorrendo 10 (dez) ou mais partidos, a cada um corresponderá uma centena a partir de 1.101 (um mil cento e um), de maneira que a todos os candidatos sejam atribuídos sempre 4 (quatro) algarismos, suprimindo-se a numeração correspondente à série 2.001 (dois mil e um) a 2.100 (dois mil e cem), para reiniciá-la em 2.101 (dois mil cento e um), a partir do décimo partido.

§ 5º Na mesma sessão, o Tribunal Superior Eleitoral sorteará as séries correspondentes aos Deputados Estaduais e Vereadores, observando, no que couber, as normas constantes dos parágrafos anteriores, e de maneira que a todos os candidatos, sejam atribuídos sempre números de 4 (quatro) algarismos.

- *Caput* e parágrafos com redação dada pelo Art. 1º da Lei nº 7.015/1982.

Art. 101. Pode qualquer candidato requerer, em petição com firma reconhecida, o cancelamento do registro do seu nome.

- *Caput* com redação dada pelo Art. 1º da Lei nº 6.553/1978.
- Lei nº 9.504/1997, Art. 14: cancelamento do registro de candidatos expulsos do partido.

§ 1º Desse fato, o Presidente do Tribunal ou o Juiz, conforme o caso, dará ciência imediata ao partido que tenha feito a inscrição, ao qual ficará ressalvado o direito de substituir por outro o nome cancelado, observadas todas as formalidades exigidas para o registro e desde que o novo pedido seja apresentado até 60 (sessenta) dias antes do pleito.

- Lei nº 9.504/1997, Art. 13, §§ 1º e 3º: registro requerido até dez dias contados do fato ou da decisão judicial que deu origem à substituição e efetivação condicionada à apresentação do pedido até 20 dias antes do pleito.

§ 2º Nas eleições majoritárias, se o candidato vier a falecer ou renunciar dentro do período de 60 (sessenta) dias mencionados no parágrafo anterior, o partido poderá substituí-lo; se o registro do novo candidato estiver deferido até 30 (trinta) dias antes do pleito, serão confeccionadas novas cédulas, caso contrário, serão utilizadas as já impressas, computando-se para o novo candidato os votos dados ao anteriormente registrado.

- Lei nº 9.504/1997, Art. 13, § 2º: substituição em caso de candidato pertencente à coligação.
- Lei nº 9.504/1997, Art. 13, § 3º: Tanto nas eleições majoritárias como nas proporcionais, a substituição só se efetivará se o novo pedido for apresentado até 20 (vinte) dias antes do pleito, exceto em caso de falecimento de candidato, quando a substituição poderá ser efetivada após esse prazo.
- Ac.-TSE, de 14.2.2012, no AgR-AI nº 206950 e Ac.-TSE, de 6.12.2007, no REspe nº 25568: Observado o prazo de dez dias contado do fato ou da decisão judicial que deu origem ao respectivo pedido, é possível a substituição de candidato a cargo majoritário a qualquer tempo antes da eleição (Art. 101, § 2º, do Código Eleitoral) [...].

§ 3º Considerar-se-á nulo o voto dado ao candidato que haja pedido o cancelamento de sua inscrição, salvo na hipótese prevista no parágrafo anterior, in fine.

§ 4º Nas eleições proporcionais, ocorrendo a hipótese prevista neste artigo, ao substituto será atribuído o número anteriormente dado ao candidato cujo registro foi cancelado.

§ 5º Em caso de morte, renúncia, inelegibilidade e preenchimento de vagas existentes nas respectivas chapas, tanto em eleições proporcionais quanto majoritárias, as substituições e indicações se processarão pelas Comissões Executivas.

- Parágrafo acrescido pelo Art. 1º da Lei nº 6.553/1978.
- V. LC nº 64/1990, Art. 17: substituição de candidato inelegível; Lei nº 9.504/1997, Art. 13, *caput*, e §§ 1º e 3º: hipóteses de substituição de candidato e prazo; Art. 10, § 5º: preenchimento de vagas no caso de as convenções para escolha de candidatos não indicarem o número máximo facultado a cada partido ou coligação. V., ainda, primeira nota ao § 2º deste artigo.
- Ac.-TSE, de 10.10.2013, no REspe nº 26.418: A renúncia à candidatura obsta que o renunciante requeira novo registro para o mesmo cargo e no mesmo pleito.

Art. 102. Os registros efetuados pelo Tribunal Superior serão imediatamente comunicados aos Tribunais Regionais e por estes aos Juízes Eleitorais.

Parágrafo único. Os Tribunais Regionais comunicarão também ao Tribunal Superior os registros efetuados por eles e pelos Juízes Eleitorais.

- Lei nº 9.504/1997, Art. 16: relação dos candidatos às eleições majoritárias e proporcionais a ser enviada pelos tribunais regionais ao Tribunal Superior.

Capítulo II - Do Voto Secreto

- Lei nº 9.504/1997, Arts. 59 a 62: sistema eletrônico de votação e totalização dos votos. Arts. 82 a 89: aplicáveis, juntamente com as regras dos Arts. 103 e 104 deste Código, ao sistema convencional.
- Ac.-TSE, de 2.9.2010, no PA nº 108.906: cômputo, na urna eletrônica, de um único voto, ainda que isso implique, em tese, o afastamento do sigilo.

Art. 103. O sigilo do voto é assegurado mediante as seguintes providências:

I – uso de cédulas oficiais em todas as eleições, de acordo com modelo aprovado pelo Tribunal Superior;

II – isolamento do eleitor em cabina indevassável para o só efeito de assinalar na cédula o candidato de sua escolha e, em seguida, fechá-la;

III – verificação da autenticidade da cédula oficial à vista das rubricas;

IV – emprego de urna que assegure a inviolabilidade do sufrágio e seja suficientemente ampla para que não se acumulem as cédulas na ordem em que forem introduzidas.

Capítulo III - Da Cédula Oficial

- Lei nº 9.504/1997, Art. 83 e parágrafos.

Art. 104. As cédulas oficiais serão confeccionadas e distribuídas exclusivamente pela Justiça Eleitoral, devendo ser impressas em papel branco, opaco e pouco absorvente. A impressão será em tinta preta, com tipos uniformes de letras.

§ 1º Os nomes dos candidatos para as eleições majoritárias devem figurar na ordem determinada por sorteio.

§ 2º O sorteio será realizado após o deferimento do último pedido de registro, em audiência presidida pelo Juiz ou Presidente do Tribunal, na presença dos candidatos e Delegados de partido.

§ 3º A realização da audiência será anunciada com 3 (três) dias de antecedência, no mesmo dia em que for deferido o último pedido de registro, devendo os Delegados de partido ser intimados por ofício sob protocolo.

§ 4º Havendo substituição de candidatos após o sorteio, o nome do novo candidato deverá figurar na cédula na seguinte ordem:

I – se forem apenas 2 (dois), em último lugar;

II – se forem 3 (três), em segundo lugar;

III – se forem mais de 3 (três), em penúltimo lugar;

IV – se permanecer apenas 1 (um) candidato e forem substituídos 2 (dois) ou mais, aquele ficará em primeiro lugar, sendo realizado novo sorteio em relação aos demais.

§ 5º Para as eleições realizadas pelo sistema proporcional a cédula conterá espaço para que o eleitor escreva o nome ou o número do candidato de sua preferência e indique a sigla do partido.

§ 6º As cédulas oficiais serão confeccionadas de maneira tal que, dobradas, resguardem o sigilo do voto, sem que seja necessário o emprego de cola para fechá-las.

Capítulo IV - Da Representação Proporcional

Art. 105. Fica facultado a 2 (dois) ou mais partidos coligarem-se para o registro de candidatos comuns a Deputado Federal, Deputado Estadual e Vereador.

- CF/88, Art. 17, § 1º: autonomia dos partidos políticos para adotar os critérios de escolha e o regime de suas coligações eleitorais; Lei nº 9.504/1997, Art. 6º: formação de coligações em eleições majoritárias e proporcionais.

§ 1º A deliberação sobre coligação caberá à Convenção Regional de cada partido, quando se tratar de eleição para a Câmara dos Deputados e Assembleias Legislativas, e à Convenção Municipal, quando se tratar de eleição para a Câmara de Vereadores, e será aprovada mediante a votação favorável da maioria, presentes 2/3 (dois terços) dos convencionais, estabelecendo-se, na mesma oportunidade, o número de candidatos que caberá a cada partido.

- Lei nº 9.504/1997, Art. 7º: previsão de estabelecimento de normas sobre formação de coligação pelo estatuto do partido.

§ 2º Cada partido indicará em Convenção os seus candidatos e o registro será promovido em conjunto pela coligação.

- *Caput* e parágrafos com redação dada pelo Art. 3º da Lei nº 7.454/1985.
- Lei nº 9.504/1997, Art. 6º, § 3º: normas a serem observadas quanto à escolha e ao registro de candidatos em coligação e sua representação.

Art. 106. Determina-se o quociente eleitoral dividindo-se o número de votos válidos apurados pelo de lugares a preencher em cada circunscrição eleitoral, desprezada a fração se igual ou inferior a meio, equivalente a um, se superior.

- Lei nº 9.504/1997, Art. 5º: nas eleições proporcionais, contam-se como votos válidos apenas os votos dados aos candidatos regularmente inscritos e às legendas partidárias.

Parágrafo único. (Revogado pelo Art. 107 da Lei nº 9.504/97.)

Art. 107. Determina-se para cada partido ou coligação o quociente partidário, dividindo-se pelo quociente eleitoral o número de votos válidos dados sob a mesma legenda ou coligação de legendas, desprezada a fração.

- Artigo com redação dada pelo Art. 3º da Lei nº 7.454/1985.

Art. 108. Estarão eleitos, entre os candidatos registrados por um partido ou coligação que tenham obtido votos em número igual ou superior a 10% (dez por cento) do quociente eleitoral, tantos quantos o respectivo quociente partidário indicar, na ordem da votação nominal que cada um tenha recebido.

- Art. 108 com redação dada pelo Art. 4º da Lei nº 13.165/2015.

Parágrafo único. Os lugares não preenchidos em razão da exigência de votação nominal mínima a que se refere o *caput* serão distribuídos de acordo com as regras do Art. 109.

- Parágrafo único acrescido pelo Art. 4º da Lei nº 13.165/2015

Art. 109. Os lugares não preenchidos com a aplicação dos quocientes partidários e em razão da exigência de votação nominal mínima a que se refere o Art. 108 serão distribuídos de acordo com as seguintes regras:

I – dividir-se-á o número de votos válidos atribuídos a cada partido ou coligação pelo número de lugares definido para o partido pelo cálculo do quociente partidário do Art. 107, mais um, cabendo ao partido ou coligação que apresentar a maior média um dos lugares a preencher, desde que tenha candidato que atenda à exigência de votação nominal mínima;

II – repetir-se-á a operação para cada um dos lugares a preencher;

- *Caput* e incisos I e II com redação dada pelo Art. 4º da Lei nº 13.165/2015.

III – quando não houver mais partidos ou coligações com candidatos que atendam às duas exigências do inciso I, as cadeiras serão distribuídas aos partidos que apresentem as maiores médias.

- Inciso III acrescido pelo Art. 4º da Lei nº 13.165/2015.

§ 1º O preenchimento dos lugares com que cada partido ou coligação for contemplado far-se-á segundo a ordem de votação recebida por seus candidatos.

§ 2º Somente poderão concorrer à distribuição dos lugares os partidos ou as coligações que tiverem obtido quociente eleitoral.

- §§ 1º e 2º com redação dada pelo Art. 4º da Lei nº 13.165/2015.

Art. 110. Em caso de empate, haver-se-á por eleito o candidato mais idoso.

Art. 111. Se nenhum partido ou coligação alcançar o quociente eleitoral, considerar-se-ão eleitos, até serem preenchidos todos os lugares, os candidatos mais votados.

- Artigo com redação dada pelo Art. 3º da Lei nº 7.454/1985.

Art. 112. Considerar-se-ão suplentes da representação partidária:

- Lei nº 7.454/1985, Art. 4º, *in fine*: o disposto neste artigo aplica-se também à coligação partidária.

I – os mais votados sob a mesma legenda e não eleitos efetivos das listas dos respectivos partidos;

II – em caso de empate na votação, na ordem decrescente da idade.

Parágrafo único. Na definição dos suplentes da representação partidária, não há exigência de votação nominal mínima prevista pelo Art. 108.

- Parágrafo único com redação dada pelo Art. 4º da Lei nº 13.165/2015.

Art. 113. Na ocorrência de vaga, não havendo suplente para preenchê-la, far-se-á eleição, salvo se faltarem menos de nove meses para findar o período de mandato.

- CF/88, Art. 56, § 2º: prazo de 15 meses para renovação de eleições por vacância, inclusive para Senador; e Art. 81, *caput* e § 1º (e suas notas): eleição direta se faltarem mais de dois anos; e indireta se menos de dois anos para findar o período de mandato, no caso de vacância dos cargos de Presidente e Vice-Presidente da República.

Título II - Dos Atos Preparatórios da Votação

Art. 114. Até 70 (setenta) dias antes da data marcada para a eleição, todos os que requererem inscrição como eleitor, ou transferência, já devem estar devidamente qualificados e os respectivos títulos prontos para a entrega, se deferidos pelo Juiz Eleitoral.

Parágrafo único. Será punido nos termos do Art. 293 o Juiz Eleitoral, o Escrivão Eleitoral, o Preparador ou o funcionário responsável pela transgressão do preceituado neste artigo ou pela não entrega do título pronto ao eleitor que o procurar.

- Lei nº 10.842/2004, Art. 4º, *caput*: as atribuições da Escrivania Eleitoral passaram a ser exercidas privativamente pelo chefe de cartório eleitoral.
- Lei nº 8.868/1994, Art. 14: revoga os artigos do Código Eleitoral que fazem menção ao preparador eleitoral.

Art. 115. Os Juízes Eleitorais, sob pena de responsabilidade, comunicarão ao Tribunal Regional, até 30 (trinta) dias antes de cada eleição, o número de eleitores alistados.

Art. 116. A Justiça Eleitoral fará ampla divulgação, através dos comunicados transmitidos em obediência ao disposto no Art. 250, § 5º, pelo rádio e televisão, bem assim por meio de cartazes afixados em lugares públicos, dos nomes dos candidatos registrados, com indicação do partido a que pertençam, bem como do número sob que foram inscritos, no caso dos candidatos a Deputado e a Vereador.

- O Art. 250, § 5º, da redação original sofreu sucessivas renumerações até ser transformado em § 2º, quando foi revogado pela Lei nº 9.504/1997.
- Lei nº 9.504/1997, Arts. 44 e 47 a 57: horário gratuito de propaganda eleitoral no rádio e na televisão.

Capítulo I - Das Seções Eleitorais

Art. 117. As Seções Eleitorais, organizadas à medida que forem sendo deferidos os pedidos de inscrição, não terão mais de 400 (quatrocentos) eleitores nas capitais e de 300 (trezentos) nas demais localidades, nem menos de 50 (cinquenta) eleitores.

- Lei nº 6.996/1982, Art. 11, *caput*: fixação, pelo TSE, do número de eleitores por seção eleitoral de acordo com o número de cabinas; parágrafo único do Art. 11: Cada seção eleitoral terá, no mínimo, duas cabinas; Res.-TSE nº 14250/1988: [...] Fixação do número de 250 eleitores por cabina, nas seções das capitais, e de 200 nas seções do interior, de acordo com o Art. 11, da Lei nº 6.996/1982; V. Lei nº 9.504/1997, Art. 84, parágrafo único: fixação pela Justiça Eleitoral.

§ 1º Em casos excepcionais, devidamente justificados, o Tribunal Regional poderá autorizar que sejam ultrapassados os índices previstos neste artigo, desde que essa providência venha facilitar o exercício do voto, aproximando o eleitor do local designado para a votação.

§ 2º Se em Seção destinada aos cegos, o número de eleitores não alcançar o mínimo exigido, este se completará com outros, ainda que não sejam cegos.

Art. 118. Os Juízes Eleitorais organizarão relação de eleitores de cada Seção, a qual será remetida aos Presidentes das Mesas Receptoras para facilitação do processo de votação.

- V. Art. 133, I, deste Código.

Capítulo II - Das Mesas Receptoras

Art. 119. A cada Seção Eleitoral corresponde uma Mesa Receptora de votos.

Art. 120. Constituem a Mesa Receptora um Presidente, um Primeiro e um Segundo Mesários, dois Secretários e um suplente, nomeados pelo Juiz Eleitoral sessenta dias antes da eleição, em audiência pública, anunciada pelo menos com cinco dias de antecedência.

- *Caput* com redação dada pelo Art. 22 da Lei nº 4.961/1966.
- Lei nº 8.868/1994, Art. 15: dispensa dos servidores públicos nomeados para compor as Mesas Receptoras ou Juntas Apuradoras pelo dobro dos dias de convocação.
- V. Art. 123, § 3º, deste Código: nomeação de mesário *ad hoc*; Res.-TSE nº 21726, de 27.4.2004: nomeação de mesário *ad hoc* na hora da eleição somente no caso de faltar algum mesário já nomeado.
- Res.-TSE nº 22.411/2006: inexistência de amparo legal para dispensa de eleitor do serviço eleitoral por motivo de crença religiosa.

§ 1º Não podem ser nomeados Presidentes e Mesários:

- Lei nº 9.504/1997, Arts. 63, § 2º, e 64: vedada a nomeação, para presidente e mesários, de menores de 18 anos e proibida a participação de parentes em qualquer grau ou de servidores da mesma repartição pública ou empresa privada na mesma mesa, turma ou junta eleitoral.

I – os candidatos e seus parentes ainda que por afinidade, até o segundo grau, inclusive, e bem assim o cônjuge;

II – os membros de Diretórios de partidos desde que exerçam função executiva;

III – as autoridades e agentes policiais, bem como funcionários no desempenho de cargos de confiança do Executivo;

IV – os que pertencerem ao serviço eleitoral.

§ 2º Os Mesários serão nomeados, de preferência entre os eleitores da própria Seção, e, dentre estes, os diplomados em escola superior, os professores e os serventuários da Justiça.

- Res.-TSE nº 22.098/2005: possibilidade de convocação de eleitor de zona eleitoral diversa em caráter excepcional e com prévia autorização do juízo da inscrição, ainda que se trate de mesário voluntário.
- Res.-TSE nº 22.987/2008: a informação da ocupação exercida pelo eleitor nas operações de alistamento, revisão e transferência visa auxiliar a escolha e nomeação de mesários, nos termos da preferência definida neste dispositivo, e prescinde de prova.

§ 3º O Juiz Eleitoral mandará publicar no jornal oficial, onde houver, e, não havendo, em Cartório, as nomeações que tiver feito, e intimará os Mesários através dessa publicação, para constituírem as Mesas no dia e lugares designados, às 7 horas.

§ 4º Os motivos justos que tiverem os nomeados para recusar a nomeação, e que ficarão à livre apreciação do Juiz Eleitoral, somente poderão ser alegados até 5 (cinco) dias a contar da nomeação, salvo se sobrevindos depois desse prazo.

§ 5º Os nomeados que não declararem a existência de qualquer dos impedimentos referidos no § 1º incorrem na pena estabelecida pelo Art. 310.

Art. 121. Da nomeação da Mesa Receptora qualquer partido poderá reclamar ao Juiz Eleitoral, no prazo de 2 (dois) dias, a contar da audiência, devendo a decisão ser proferida em igual prazo.

- Lei nº 9.504/1997, Art. 63, *caput*: prazo de cinco dias e decisão em 48 horas.

§ 1º Da decisão do Juiz Eleitoral caberá recurso para o Tribunal Regional, interposto dentro de 3 (três) dias, devendo, dentro de igual prazo, ser resolvido.

§ 2º Se o vício da constituição da Mesa resultar da incompatibilidade prevista no nº I do § 1º do Art. 120, e o registro do candidato for posterior à nomeação do Mesário, o prazo para reclamação será contado da publicação dos nomes dos candidatos registrados. Se resultar de qualquer das proibições dos nos II, III e IV, e em virtude de fato superveniente, o prazo se contará do ato da nomeação ou eleição.

§ 3º O partido que não houver reclamado contra a composição da Mesa não poderá arguir, sob esse fundamento, a nulidade da Seção respectiva.

Art. 122. Os Juízes deverão instruir os Mesários sobre o processo de eleição, em reuniões para esse fim convocadas com a necessária antecedência.

- V. Lei nº 9.504/1997, Art. 98: dispensa do serviço para eleitores requisitados para servir à Justiça Eleitoral; Res.-TSE nº 22.747/2008: instruções para aplicação do Art. 98 da Lei nº 9.504/1997.

Art. 123. Os Mesários substituirão o Presidente, de modo que haja sempre quem responda pessoalmente pela ordem e regularidade do processo eleitoral, e assinarão a ata da eleição.

§ 1º O Presidente deve estar presente ao ato de abertura e de encerramento da eleição, salvo força maior, comunicando o impedimento aos Mesários e Secretários, pelo menos 24 (vinte e quatro) horas antes da abertura dos trabalhos, ou imediatamente, se o impedimento se der dentro desse prazo ou no curso da eleição.

§ 2º Não comparecendo o Presidente até às sete horas e trinta minutos, assumirá a Presidência o Primeiro Mesário e, na sua falta ou impedimento, o Segundo Mesário, um dos Secretários ou o suplente.

§ 3º Poderá o Presidente, ou membro da Mesa que assumir a Presidência, nomear *ad hoc*, dentre os eleitores presentes e obedecidas as prescrições do § 1º do Art. 120, os que forem necessários para completar a Mesa.

- Res.-TSE nº 21.726/2004: nomeação de mesário *ad hoc* na hora da eleição somente no caso de faltar algum mesário já nomeado.

Art. 124. O membro da Mesa Receptora que não comparecer no local, em dia e hora determinados para a realização de eleição, sem justa causa apresentada ao Juiz Eleitoral até 30 (trinta) dias após, incorrerá na multa de 50% (cinquenta por cento) a 1 (um) salário mínimo vigente na Zona Eleitoral, cobrada mediante selo federal inutilizado no requerimento em que for solicitado o arbitramento ou através de executivo fiscal.

Legislações | Direito Eleitoral

- V. CF/88, Art. 7º, IV: vedação da vinculação do salário mínimo para qualquer fim; Res.-TSE nº 21.538/2003, Art. 85: indica a base de cálculo para aplicação das multas previstas pelo Código Eleitoral e por leis conexas; Art. 80, § 4º: estabelece o percentual mínimo de 3% e o máximo de 10% do valor indicado pelo Art. 85 para arbitramento da multa pelo não exercício do voto; Lei nº 10.522/2002, Art. 29: extingue a UFIR e adota como seu último valor o do dia 1º de janeiro de 1997, correspondente a R$1,0641.

- V. Lei nº 5.143/1966, Art. 15: revoga a lei relativa ao imposto do selo; IN-STN nº 2/2009: dispõe sobre a GRU, e dá outras providências; Res.-TSE nº 21.975/2004, Art. 4º: utilização obrigatória da GRU para recolhimento das multas eleitorais, penalidades pecuniárias e doações de pessoas físicas ou jurídicas; Port.-TSE nº 288/2005: normas visando à arrecadação, ao recolhimento e à cobrança das multas previstas no Código Eleitoral e em leis conexas, e à utilização da GRU.

- Ac.-TSE, de 28.4.2009, no HC nº 638 e, de 10.11.1998, no RHC nº 21: o não comparecimento de mesário no dia da votação não configura o crime estabelecido no Art. 344 do CE.

§ 1º Se o arbitramento e pagamento da multa não for requerido pelo Mesário faltoso, a multa será arbitrada e cobrada na forma prevista no Art. 367.

§ 2º Se o faltoso for servidor público ou autárquico, a pena será de suspensão até 15 (quinze) dias.

§ 3º As penas previstas neste artigo serão aplicadas em dobro se a Mesa Receptora deixar de funcionar por culpa dos faltosos.

§ 4º Será também aplicada em dobro observado o disposto nos §§ 1º e 2º, a pena ao membro da Mesa que abandonar os trabalhos no decurso da votação sem justa causa apresentada ao Juiz até 3 (três) dias após a ocorrência.

Art. 125. Não se reunindo, por qualquer motivo, a Mesa Receptora, poderão os eleitores pertencentes à respectiva Seção votar na Seção mais próxima, sob a jurisdição do mesmo Juiz, recolhendo-se os seus votos à urna da Seção em que deveriam votar, a qual será transportada para aquela em que tiverem de votar.

§ 1º As assinaturas dos eleitores serão recolhidas nas folhas de votação da Seção a que pertencerem, as quais, juntamente com as cédulas oficiais e o material restante, acompanharão a urna.

§ 2º O transporte da urna e dos documentos da Seção será providenciado pelo Presidente da Mesa, Mesário ou Secretário que comparecer, ou pelo próprio Juiz, ou pessoa que ele designar para esse fim, acompanhando-a os Fiscais que o desejarem.

Art. 126. Se no dia designado para o pleito deixarem de se reunir todas as Mesas de um Município, o Presidente do Tribunal Regional determinará dia para se realizar o mesmo, instaurando-se inquérito para a apuração das causas da irregularidade e punição dos responsáveis.

Parágrafo único. Essa eleição deverá ser marcada dentro de 15 (quinze) dias, pelo menos, para se realizar no prazo máximo de 30 (trinta) dias.

Art. 127. Compete ao Presidente da Mesa Receptora, e, em sua falta, a quem o substituir:

I – receber os votos dos eleitores;

II – decidir imediatamente todas as dificuldades ou dúvidas que ocorrerem;

III – manter a ordem, para o que disporá de força pública necessária;

IV – comunicar ao Juiz Eleitoral, que providenciará imediatamente as ocorrências cuja solução deste dependerem;

V – remeter à Junta Eleitoral todos os papéis que tiverem sido utilizados durante a recepção dos votos;

VI – autenticar, com a sua rubrica, as cédulas oficiais e numerá-las nos termos das instruções do Tribunal Superior Eleitoral;

VII – assinar as fórmulas de observações dos Fiscais ou Delegados de partido, sobre as votações;

VIII – fiscalizar a distribuição das senhas e, verificando que não estão sendo distribuídas segundo a sua ordem numérica, recolher as de numeração intercalada, acaso retidas, as quais não se poderão mais distribuir.

IX – anotar o não comparecimento do eleitor no verso da folha individual de votação.

- Inciso acrescido pelo Art. 23 da Lei nº 4.961/1966.
- V. Lei nº 6.996/1982, Art. 12, *caput*: a folha individual foi substituída por listas de eleitores emitidas no processamento eletrônico de dados.

Art. 128. Compete aos Secretários:

I – distribuir aos eleitores as senhas de entrada previamente rubricadas ou carimbadas segundo a respectiva ordem numérica;

II – lavrar a ata da eleição;

III – cumprir as demais obrigações que lhes forem atribuídas em instruções.

Parágrafo único. As atribuições mencionadas no nº I serão exercidas por um dos Secretários e os constantes dos nos II e III pelo outro.

Art. 129. Nas eleições proporcionais os Presidentes das Mesas Receptoras deverão zelar pela preservação das listas de candidatos afixadas dentro das cabinas indevassáveis, tomando imediatas providências para a colocação de nova lista no caso de inutilização total ou parcial.

Parágrafo único. O eleitor que inutilizar ou arrebatar as listas afixadas nas cabinas indevassáveis ou nos edifícios onde funcionarem Mesas Receptoras, incorrerá nas penas do Art. 297.

Art. 130. Nos estabelecimentos de internação coletiva de hansenianos os membros das Mesas Receptoras serão escolhidos de preferência entre os médicos e funcionários sadios do próprio estabelecimento.

- A Lei nº 7.914/1989 revogou os artigos do Código Eleitoral que dispunham sobre estabelecimentos de internação coletiva.

Capítulo III - Da Fiscalização Perante as Mesas Receptoras

Art. 131. Cada partido poderá nomear 2 (dois) Delegados em cada Município e 2 (dois) Fiscais junto a cada Mesa Receptora, funcionando um de cada vez.

- Lei nº 9.504/1997, Art. 65 e parágrafos: nomeação de delegados e fiscais de partido.

Legislações | Direito Eleitoral

§ 1º Quando o Município abranger mais de uma Zona Eleitoral cada partido poderá nomear 2 (dois) Delegados junto a cada uma delas.

§ 2º A escolha de Fiscal e Delegado de partido não poderá recair em quem, por nomeação do Juiz Eleitoral, já faça parte da Mesa Receptora.

- Lei nº 9.504/1997, Art. 65, *caput*: a escolha não poderá recair, também, em menor de 18 anos.

§ 3º As credenciais expedidas pelos partidos, para os Fiscais, deverão ser visadas pelo Juiz Eleitoral.

- Lei nº 9.504/1997, Art. 65, § 2º: expedição das credenciais, exclusivamente, pelos partidos ou coligações.

§ 4º Para esse fim, o Delegado de partido encaminhará as credenciais ao Cartório, juntamente com os títulos eleitorais dos Fiscais credenciados, para que, verificado pelo Escrivão que as inscrições correspondentes aos títulos estão em vigor e se referem aos nomeados, carimbe as credenciais e as apresente ao Juiz para o visto.

- Lei nº 10.842/2004, Art. 4º, *caput*: as atribuições da Escrivania Eleitoral passaram a ser exercidas privativamente pelo chefe de cartório eleitoral.
- V. nota ao § 3º deste artigo sobre expedição de credenciais.

§ 5º As credenciais que não forem encaminhadas ao Cartório pelos Delegados de partido, para os fins do parágrafo anterior, poderão ser apresentadas pelos próprios Fiscais para a obtenção do visto do Juiz Eleitoral.

- V. nota ao § 3º deste artigo sobre expedição de credenciais.

§ 6º Se a credencial apresentada ao Presidente da Mesa Receptora não estiver autenticada na forma do § 4º, o Fiscal poderá funcionar perante a Mesa, mas o seu voto não será admitido, a não ser na Seção em que seu nome estiver incluído.

- Res.-TSE nº 15.602/1989: considerou revogado este parágrafo pelo Art. 12, § 1º, da Lei nº 6.996/1982.

§ 7º O Fiscal de cada partido poderá ser substituído por outro no curso dos trabalhos eleitorais.

Art. 132. Pelas Mesas Receptoras serão admitidos a fiscalizar a votação, formular protestos e fazer impugnações, inclusive sobre a identidade do eleitor, os candidatos registrados, os Delegados e os Fiscais dos partidos.

- Lei nº 9.504/1997, Art. 66: fiscalização, pelos partidos e pelas coligações, de todas as fases do processo de votação e apuração das eleições.

Título III - Do Material para a Votação

Art. 133. Os Juízes Eleitorais enviarão ao Presidente de cada Mesa Receptora, pelo menos 72 (setenta e duas) horas antes da eleição, o seguinte material:

I – relação dos eleitores da Seção, que poderá ser dispensada, no todo ou em parte, pelo respectivo Tribunal Regional Eleitoral em decisão fundamentada e aprovada pelo Tribunal Superior Eleitoral;

- Inciso com redação dada pelo Art. 17 da Lei nº 6.055/1974.
- V. Art. 118 deste Código.

II – relações dos partidos e dos candidatos registrados, as quais deverão ser afixadas no recinto das Seções Eleitorais em lugar visível, e dentro das cabinas indevassáveis as relações de candidatos a eleições proporcionais;

- Lei nº 9.504/1997, Art. 12, § 5º, I e II: § 5º A Justiça Eleitoral organizará e publicará, até trinta dias antes da eleição, as seguintes relações, para uso na votação e apuração: I – a primeira, ordenada por partidos, com a lista dos respectivos candidatos em ordem numérica, com as três variações de nome correspondentes a cada um, na ordem escolhida pelo candidato; II – a segunda, com o índice onomástico e organizada em ordem alfabética, nela constando o nome completo de cada candidato e cada variação de nome, também em ordem alfabética, seguidos da respectiva legenda e número. Res.-TSE nº 21607/2004: organização apenas de lista de candidatos em ordem alfabética, sem prejuízo de os cartórios eleitorais manterem e divulgarem lista dos candidatos organizada pelos números com os quais concorrem.

III – as folhas individuais de votação dos eleitores da Seção, devidamente acondicionadas;

- V. Lei nº 6.996/1982, Art. 12, *caput*: a folha individual foi substituída por listas de eleitores emitidas no processamento eletrônico de dados.

IV – uma folha de votação para os eleitores de outras Seções, devidamente rubricada;

V – uma urna vazia, vedada pelo Juiz Eleitoral, com tiras de papel ou pano forte;

VI – sobrecartas maiores para os votos impugnados ou sobre os quais haja dúvida;

VII – cédulas oficiais;

VIII – sobrecartas especiais para remessa à Junta Eleitoral dos documentos relativos à eleição;

IX – senhas para serem distribuídas aos eleitores;

X – tinta, canetas, penas, lápis e papel, necessários aos trabalhos;

XI – folhas apropriadas para impugnação e folhas para observação de Fiscais de partidos;

XII – modelo da ata a ser lavrada pela Mesa Receptora;

XIII – material necessário para vedar, após a votação, a fenda da urna;

XIV – um exemplar das instruções do Tribunal Superior Eleitoral;

XV – material necessário à contagem dos votos quando autorizada;

XVI – outro qualquer material que o Tribunal Regional julgue necessário ao regular funcionamento da Mesa.

- Incisos VI a XVI renumerados pelo Art. 24 da Lei nº 4.961/1966, em virtude da revogação do primitivo inciso VI.

§ 1º O material de que trata este artigo deverá ser remetido por protocolo ou pelo correio acompanhado de uma relação ao pé da qual o destinatário declarará o que recebeu e como o recebeu, e aporá sua assinatura.

§ 2º Os Presidentes da Mesa que não tiverem recebido até 48 (quarenta e oito) horas antes do pleito o referido material deverão diligenciar para o seu recebimento.

Legislações | Direito Eleitoral

§ 3º O Juiz Eleitoral, em dia e hora previamente designados, em presença dos Fiscais e Delegados dos partidos, verificará, antes de fechar e lacrar as urnas, se estas estão completamente vazias; fechadas, enviará uma das chaves, se houver, ao Presidente da Junta Eleitoral e a da fenda, também se houver, ao Presidente da Mesa Receptora, juntamente com a urna.

Art. 134. Nos estabelecimentos de internação coletiva para hansenianos serão sempre utilizadas urnas de lona.

- A Lei nº 7.914/1989 revogou os artigos do Código Eleitoral que dispunham sobre estabelecimentos de internação coletiva.

Título IV - Da Votação

- Lei nº 6.996/1982: utilização do processamento eletrônico de dados nos serviços eleitorais.
- Lei nº 9.504/1997, Arts. 59 a 62: sistema eletrônico de votação e totalização de votos.

Capítulo I - Dos Lugares da Votação

Art. 135. Funcionarão as Mesas Receptoras nos lugares designados pelos Juízes Eleitorais 60 (sessenta) dias antes da eleição, publicando-se a designação.

§ 1º A publicação deverá conter a Seção com a numeração ordinal e local em que deverá funcionar, com a indicação da rua, número e qualquer outro elemento que facilite a localização pelo eleitor.

§ 2º Dar-se-á preferência aos edifícios públicos, recorrendo-se aos particulares se faltarem aqueles em número e condições adequadas.

- Res.-TSE nº 22.411/2006: escolas particulares de comunidade religiosa podem ser designadas como locais de votação.

§ 3º A propriedade particular será obrigatória e gratuitamente cedida para esse fim.

§ 4º É expressamente vedado o uso de propriedade pertencente a candidato, membro de Diretório de partido, Delegado de partido ou autoridade policial, bem como dos respectivos cônjuges e parentes, consanguíneos ou afins, até o 2º grau, inclusive.

§ 5º Não poderão ser localizadas Seções Eleitorais em fazenda, sítio ou qualquer propriedade rural privada, mesmo existindo no local prédio público, incorrendo o Juiz nas penas do Art. 312, em caso de infringência.

- Parágrafo com redação dada pelo Art. 25 da Lei nº 4.961/1966.
- Lei nº 6.091/1974: fornecimento de transporte e alimentação a eleitores em zonas rurais.

§ 6º Os Tribunais Regionais, nas capitais, e os Juízes Eleitorais, nas demais Zonas, farão ampla divulgação da localização das Seções.

§ 6º-A Os Tribunais Regionais Eleitorais deverão, a cada eleição, expedir instruções aos Juízes Eleitorais, para orientá-los na escolha dos locais de votação de mais fácil acesso para o eleitor deficiente físico.

- Parágrafo acrescido pelo Art. 1º da Lei nº 10.226/2001.

- Dec. nº 5.296/2004, Art. 21, parágrafo único: No caso do exercício do direito de voto, as urnas das seções eleitorais devem ser adequadas ao uso com autonomia pelas pessoas portadoras de deficiência ou com mobilidade reduzida e estarem instaladas em local de votação plenamente acessível e com estacionamento próximo. Lei nº 10.098/2000: Estabelece normas gerais e critérios básicos para a promoção da acessibilidade das pessoas portadoras de deficiência ou com mobilidade reduzida, e dá outras providências, regulamentada pelo decreto citado e pelo Dec. nº 5.626/2005.

§ 6º-B (Vetado.)

§ 7º Da designação dos lugares de votação poderá qualquer partido reclamar ao Juiz Eleitoral, dentro de três dias a contar da publicação, devendo a decisão ser proferida dentro de quarenta e oito horas.

§ 8º Da decisão do Juiz Eleitoral caberá recurso para o Tribunal Regional, interposto dentro de três dias, devendo, no mesmo prazo, ser resolvido.

- §§ 7º e 8º acrescidos pelo Art. 25 da Lei nº 4.961/1966.

§ 9º Esgotados os prazos referidos nos §§ 7º e 8º deste artigo, não mais poderá ser alegada, no processo eleitoral, a proibição contida em seu § 5º.

- Parágrafo acrescido pelo Art. 1º da Lei nº 6.336/1976.

Art. 136. Deverão ser instaladas Seções nas vilas e povoados, assim como nos estabelecimentos de internação coletiva, inclusive para cegos, e nos leprosários onde haja, pelo menos, 50 (cinquenta) eleitores.

- V. Arts. 50 e 130 deste Código.

Parágrafo único. A Mesa Receptora designada para qualquer dos estabelecimentos de internação coletiva deverá funcionar em local indicado pelo respectivo diretor; o mesmo critério será adotado para os estabelecimentos especializados para proteção dos cegos.

Art. 137. Até 10 (dez) dias antes da eleição, pelo menos, comunicarão os Juízes Eleitorais aos chefes das repartições públicas e aos proprietários, arrendatários ou administradores das propriedades particulares, a resolução de que serão os respectivos edifícios, ou parte deles, utilizados para o funcionamento das Mesas Receptoras.

Art. 138. No local destinado à votação, a Mesa ficará em recinto separado do público; ao lado haverá uma cabina indevassável onde os eleitores, à medida que comparecerem, possam assinalar a sua preferência na cédula.

- V. Lei nº 6.996/1982, Art. 11: fixação do número de eleitores de acordo com o número de cabinas e Res.-TSE nº 14.250/1998, que fixa o número de 250 eleitores por cabina, nas seções das capitais e de 200 nas seções do interior.

Parágrafo único. O Juiz Eleitoral providenciará para que nos edifícios escolhidos sejam feitas as necessárias adaptações.

Capítulo II - Da Polícia dos Trabalhos Eleitorais

Art. 139. Ao Presidente da Mesa Receptora e ao Juiz Eleitoral cabe a polícia dos trabalhos eleitorais.

Art. 140. Somente podem permanecer no recinto da Mesa Receptora os seus membros, os candidatos, um Fiscal, um Delegado de cada partido e, durante o tempo necessário à votação, o eleitor.

§ 1º O Presidente da Mesa, que é, durante os trabalhos, a autoridade superior, fará retirar do recinto ou do edifício quem não guardar a ordem e compostura devidas e estiver praticando qualquer ato atentatório da liberdade eleitoral.

§ 2º Nenhuma autoridade estranha à Mesa poderá intervir, sob pretexto algum, em seu funcionamento, salvo o Juiz Eleitoral.

Art. 141. A força armada conservar-se-á a cem metros da Seção Eleitoral e não poderá aproximar-se do lugar da votação, ou nele penetrar, sem ordem do Presidente da Mesa.

Capítulo III - Do Início da Votação

Art. 142. No dia marcado para a eleição, às 7 (sete) horas, o Presidente da Mesa Receptora, os Mesários e os Secretários verificarão se no lugar designado estão em ordem o material remetido pelo Juiz e a urna destinada a recolher os votos, bem como se estão presentes os Fiscais de partido.

Art. 143. Às 8 (oito) horas, supridas as deficiências declarará o Presidente iniciados os trabalhos, procedendo-se em seguida à votação, que começará pelos candidatos e eleitores presentes.

§ 1º Os membros da Mesa e os Fiscais de partido deverão votar no correr da votação, depois que tiverem votado os eleitores que já se encontravam presentes no momento da abertura dos trabalhos, ou no encerramento da votação.

§ 2º Observada a prioridade assegurada aos candidatos, têm preferência para votar o Juiz Eleitoral da Zona, seus auxiliares de serviço, os eleitores de idade avançada, os enfermos e as mulheres grávidas.

- Parágrafo acrescido pelo Art. 26 da Lei nº 4.961/1966, com a consequente renumeração do primitivo parágrafo único para o atual § 1º.

Art. 144. O recebimento dos votos começará às 8 (oito) horas e terminará, salvo o disposto no Art. 153, às 17 (dezessete) horas.

Art. 145. O Presidente, Mesários, Secretários, suplentes e os Delegados e Fiscais de partido votarão perante as Mesas em que servirem, sendo que os Delegados e Fiscais desde que a credencial esteja visada na forma do artigo 131, § 3º; quando eleitores de outras Seções, seus votos serão tomados em separado.

- *Caput* com redação dada pelo Art. 27 da Lei nº 4.961/1966.
- Lei nº 9.504/1997, Art. 65, § 2º: expedição das credenciais, exclusivamente, pelos partidos ou coligações.
- Res.-TSE nº 20.686/2000: impossibilidade de voto em separado nos locais em que adotada urna eletrônica; V. Lei nº 9.504/1997, Art. 62.

Parágrafo único. Com as cautelas constantes do Art. 147, § 2º, poderão ainda votar fora da respectiva Seção:

- V. nota ao *caput* deste artigo sobre a impossibilidade de voto em separado.

I – o Juiz Eleitoral, em qualquer Seção da Zona sob sua jurisdição, salvo em eleições municipais, nas quais poderá votar em qualquer Seção do Município em que for eleitor;

II – o Presidente da República, o qual poderá votar em qualquer Seção Eleitoral do País, nas eleições presidenciais; em qualquer Seção do Estado em que for eleitor nas eleições para Governador, Vice-Governador, Senador, Deputado Federal e Estadual; em qualquer Seção do Município em que estiver inscrito, nas eleições para Prefeito, Vice-Prefeito e Vereador;

III – os candidatos à Presidência da República, em qualquer Seção Eleitoral do País, nas eleições presidenciais, e, em qualquer Seção do Estado em que forem eleitores, nas eleições de âmbito estadual;

IV – os Governadores, Vice-Governadores, Senadores, Deputados Federais e Estaduais, em qualquer Seção do Estado, nas eleições de âmbito nacional e estadual; em qualquer Seção do Município de que sejam eleitores, nas eleições municipais;

V – os candidatos a Governador, Vice-Governador, Senador, Deputado Federal e Estadual, em qualquer Seção do Estado de que sejam eleitores, nas eleições de âmbito nacional e estadual;

VI – os Prefeitos, Vice-Prefeitos e Vereadores, em qualquer Seção de Município que representarem, desde que eleitores do Estado, sendo que, no caso de eleições municipais, nelas somente poderão votar se inscritos no Município;

VII – os candidatos a Prefeito, Vice-Prefeito e Vereador, em qualquer Seção de Município, desde que dele sejam eleitores;

VIII – os militares, removidos ou transferidos dentro do período de 6 (seis) meses antes do pleito, poderão votar nas eleições para Presidente e Vice-Presidente da República na localidade em que estiverem servindo;

IX – os policiais militares em serviço.

- Inciso acrescido pelo Art. 102 da Lei nº 9.504/1997.

Capítulo IV - Do Ato de Votar

Art. 146. Observar-se-á na votação o seguinte:

I – o eleitor receberá, ao apresentar-se na Seção, e antes de penetrar no recinto da Mesa, uma senha numerada, que o Secretário rubricará, no momento, depois de verificar pela relação dos eleitores da Seção, que o seu nome consta da respectiva pasta;

II – no verso da senha o Secretário anotará o número de ordem da folha individual da pasta, número esse que constará da relação enviada pelo Cartório à Mesa Receptora;

- V. Lei nº 6.996/1982, Art. 12, *caput*: a folha individual foi substituída por listas de eleitores emitidas no processamento eletrônico de dados.

III – admitido a penetrar no recinto da Mesa, segundo a ordem numérica das senhas, o eleitor apresentará ao Presidente seu título, o qual poderá ser examinado por Fiscal ou Delegado de partido, entregando, no mesmo ato, a senha;

IV – pelo número anotado no verso da senha, o Presidente, ou Mesário, localizará a folha individual de votação, que será confrontada com o título e poderá também ser examinada por Fiscal ou Delegado de partido;

- V. nota ao inciso II deste artigo sobre a Lei nº 6.996/1982.

V – achando-se em ordem o título e a folha individual e não havendo dúvida sobre a identidade do eleitor, o Presidente da Mesa o convidará a lançar sua assinatura no verso da folha individual de votação; em seguida entregar-lhe-á a cédula única rubricada no ato pelo Presidente e Mesários e numerada de acordo com as instruções do Tribunal Superior, instruindo-o sobre a forma de dobrá-la, fazendo-o passar à cabina indevassável, cuja porta ou cortina será cerrada em seguida;

- Lei nº 7.332/1985, Art. 18, parágrafo único: caso de eleitor analfabeto.
- V. nota ao inciso II deste artigo sobre a Lei nº 6.996/1982.
- Lei nº 9.504/1997, Art. 83, § 1º: duas cédulas distintas, uma para as eleições majoritárias e outra para as eleições proporcionais; Art. 84, *caput*: votação em momentos distintos.

VI – o eleitor será admitido a votar, ainda que deixe de exibir no ato da votação o seu título, desde que seja inscrito na Seção e conste da respectiva pasta a sua folha individual de votação; nesse caso, a prova de ter votado será feita mediante certidão que obterá posteriormente, no Juízo competente;

- V. nota ao inciso II deste artigo sobre a Lei nº 6.996/1982.
- Lei nº 6.996/1982, Art. 12, § 2º: admissão do eleitor a votar ainda que não esteja de posse do seu título, desde que seja inscrito na seção, conste da lista dos eleitores e exiba documento que comprove sua identidade. Res.-TSE nº 21.632/2004: inadmissibilidade de certidões de nascimento ou casamento como prova de identidade de quem não apresentar título de eleitor no momento da votação. V., também, nota ao Art. 147, *caput*, deste Código.

VII – no caso da omissão da folha individual na respectiva pasta, verificada no ato da votação, será o eleitor, ainda, admitido a votar, desde que exiba o seu título eleitoral e dele conste que o portador é inscrito na Seção, sendo o seu voto, nesta hipótese, tomado em separado e colhida sua assinatura na folha de votação modelo 2 (dois). Como ato preliminar da apuração do voto, averiguar-se-á se se trata de eleitor em condições de votar, inclusive se realmente pertence à Seção;

- V. nota ao inciso II deste artigo sobre a Lei nº 6.996/1982.
- Ac.-TSE nº 15.143/1998: incompatibilidade do voto em separado, na hipótese referida, com o cadastro eletrônico, uma vez que as listas emitidas são coincidentes com os assentamentos do cartório eleitoral.
- V. nota ao inciso V deste artigo sobre a Lei nº 7.332/1985.

VIII – verificada a ocorrência de que trata o número anterior, a Junta Eleitoral, antes de encerrar os seus trabalhos, apurará a causa da omissão. Se tiver havido culpa ou dolo, será aplicada ao responsável, na primeira hipótese, a multa de até 2 (dois) salários mínimos, e, na segunda, a de suspensão até 30 (trinta) dias;

- V. CF/88, Art. 7º, IV: vedação da vinculação do salário mínimo para qualquer fim; Res.-TSE nº 21.538/2003, Art. 85: indica a base de cálculo para aplicação das multas previstas pelo Código Eleitoral e por leis conexas; Art. 80, § 4º: estabelece o percentual mínimo de 3% e o máximo de 10% do valor indicado pelo Art. 85 para arbitramento da multa pelo não exercício do voto; Lei nº 10.522/2002, Art. 29: extingue a UFIR e adota como seu último valor o do dia 1º de janeiro de 1997, correspondente a R$1,0641.

IX – na cabina indevassável, onde não poderá permanecer mais de um minuto, o eleitor indicará os candidatos de sua preferência e dobrará a cédula oficial, observadas as seguintes normas:

- Lei nº 9.504/1997, Art. 84, parágrafo único: o tempo de votação será fixado pela Justiça Eleitoral.

a) assinalando com uma cruz, ou de modo que torne expressa a sua intenção, o quadrilátero correspondente ao candidato majoritário de sua preferência;

b) escrevendo o nome, o prenome, ou o número do candidato de sua preferência nas eleições proporcionais;

- Alínea com redação dada pelo Art. 1º da Lei nº 7.434/1985.

c) escrevendo apenas a sigla do partido de sua preferência, se pretender votar só na legenda;

- A alínea c havia sido revogada pelo Art. 4º da Lei nº 6.989/1982 e foi restabelecida pela Lei nº 7.332/1985, Art. 20, que cita o Art. 145 quando, na verdade, trata-se do Art. 146.

X – ao sair da cabina o eleitor depositará na urna a cédula;

XI – ao depositar a cédula na urna o eleitor deverá fazê-lo de maneira a mostrar a parte rubricada à Mesa e aos Fiscais de partido, para que verifiquem, sem nela tocar, se não foi substituída;

XII – se a cédula oficial não for a mesma, será o eleitor convidado a voltar à cabina indevassável e a trazer seu voto na cédula que recebeu; se não quiser tornar à cabina ser-lhe-á recusado o direito de voto, anotando-se a ocorrência na ata e ficando o eleitor retido pela Mesa, e à sua disposição, até o término da votação ou a devolução da cédula oficial já rubricada e numerada;

XIII – se o eleitor, ao receber a cédula ou ao recolher-se à cabina de votação, verificar que a cédula se acha estragada ou, de qualquer modo, viciada ou assinalada ou se ele próprio, por imprudência, imprevidência ou ignorância, a inutilizar, estragar ou assinalar erradamente, poderá pedir uma outra ao Presidente da Seção Eleitoral, restituindo, porém, a primeira, a qual será imediatamente inutilizada à vista dos presentes e sem quebra do sigilo do que o eleitor haja nela assinalado;

XIV – introduzida a sobrecarta na urna, o Presidente da Mesa devolverá o título ao eleitor, depois de datá-lo e assiná-lo; em seguida rubricará, no local próprio, a folha individual de votação.

- Com a implantação do processamento eletrônico de dados no alistamento eleitoral (Lei nº 7.444/1985), o TSE, pela Res.-TSE nº 12547/1986, aprovou novo modelo do título, sendo uma das alterações a eliminação do espaço reservado para o fim mencionado. O modelo em vigor é o aprovado pela Res.-TSE nº 21538/2003.
- V. nota ao inciso II deste artigo sobre a Lei nº 6.996/1982.

Legislações | Direito Eleitoral

Art. 147. O Presidente da Mesa dispensará especial atenção à identidade de cada eleitor admitido a votar. Existindo dúvida a respeito, deverá exigir-lhe a exibição da respectiva carteira, e, na falta desta, interrogá-lo sobre os dados constantes do título, ou da folha individual de votação, confrontando a assinatura do mesmo com a feita na sua presença pelo eleitor, e mencionando na ata a dúvida suscitada.

- V. Lei nº 6.996/1982, Art. 12, *caput*: a folha individual foi substituída por listas de eleitores emitidas no processamento eletrônico de dados.
- Res.-TSE nº 21.632/2004: certidões de nascimento ou de casamento não são documentos hábeis para comprovar a identidade de quem não apresentar título de eleitor no momento da votação.

§ 1º A impugnação à identidade do eleitor, formulada pelos membros da Mesa, Fiscais, Delegados, candidatos ou qualquer eleitor, será apresentada verbalmente ou por escrito, antes de ser o mesmo admitido a votar.

- Ac.-TSE, de 6.3.2007, no REspe nº 25.556 e, de 26.10.1999, no REspe nº 14.998: a impugnação relativa à identidade do eleitor deve ser feita no momento da votação, sob pena de preclusão.

§ 2º Se persistir a dúvida ou for mantida a impugnação, tomará o Presidente da Mesa as seguintes providências:

- V. Art. 221, III, deste Código.
- Res.-TSE nº 20.638/2000 e instruções para as eleições: o Presidente da mesa solicitará a presença do juiz para decidir, ficando o eleitor impedido de votar na urna eletrônica até decisão, dada a impossibilidade de voto em separado.

I – escreverá numa sobrecarta branca o seguinte: Impugnado por F;

II – entregará ao eleitor a sobrecarta branca, para que ele, na presença da Mesa e dos Fiscais, nela coloque a cédula oficial que assinalou, assim como o seu título, a folha de impugnação e qualquer outro documento oferecido pelo impugnante;

III – determinará ao eleitor que feche a sobrecarta branca e a deposite na urna;

IV – anotará a impugnação na ata.

§ 3º O voto em separado, por qualquer motivo, será sempre tomado na forma prevista no parágrafo anterior.

- Res.-TSE nº 20.686/2000: impossibilidade de voto em separado nos locais em que adotada urna eletrônica; V. Lei nº 9.504/1997, Art. 62.

Art. 148. O eleitor somente poderá votar na Seção Eleitoral em que estiver incluído o seu nome.

§ 1º Essa exigência somente poderá ser dispensada nos casos previstos no Art. 145 e seus parágrafos.

- Lei nº 9.504/1997, Art. 62, *caput*, e Res.-TSE nº 20.686/2000: somente pode votar o eleitor cujo nome conste na folha de votação da respectiva seção eleitoral.

§ 2º Aos eleitores mencionados no Art. 145 não será permitido votar sem a exibição do título, e nas folhas de votação modelo 2 (dois), nas quais lançarão suas assinaturas, serão sempre anotadas na coluna própria as Seções mencionadas nos títulos retidos.

§ 3º Quando se tratar de candidato, o Presidente da Mesa Receptora verificará, previamente, se o nome figura na relação enviada à Seção, e quando se tratar de Fiscal de partido, se a credencial está devidamente visada pelo Juiz Eleitoral.

- Parágrafos 4º e 5º revogados pelo Art. 29 da Lei nº 4.961/1966.

Art. 149. Não será admitido recurso contra a votação, se não tiver havido impugnação perante a Mesa Receptora, no ato da votação, contra as nulidades arguidas.

Art. 150. O eleitor cego poderá:

I – assinar a folha individual de votação em letras de alfabeto comum ou do sistema Braille;

II – assinalar a cédula oficial, utilizando também qualquer sistema;

III – usar qualquer elemento mecânico que trouxer consigo, ou lhe for fornecido pela Mesa, e que lhe possibilite exercer o direito de voto.

Art. 151. (Revogado pela Lei nº 7.914/89.)

Art. 152. Poderão ser utilizadas máquinas de votar, a critério e mediante regulamentação do Tribunal Superior Eleitoral.

- Lei nº 9.504/1997, Arts. 59 a 62: votação e totalização dos votos por sistema eletrônico.

Capítulo V - Do Encerramento da Votação

Art. 153. Às 17 (dezessete) horas, o Presidente fará entregar as senhas a todos os eleitores presentes e, em seguida, os convidará, em voz alta, a entregar à Mesa seus títulos, para que sejam admitidos a votar.

Parágrafo único. A votação continuará na ordem numérica das senhas, e o título será devolvido ao eleitor, logo que tenha votado.

Art. 154. Terminada a votação e declarado o seu encerramento pelo Presidente, tomará este as seguintes providências:

I – vedará a fenda de introdução da cédula na urna, de modo a cobri-la inteiramente com tiras de papel ou pano forte, rubricadas pelo Presidente e Mesários e, facultativamente, pelos Fiscais presentes; separará todas as folhas de votação correspondentes aos eleitores faltosos e fará constar, no verso de cada uma delas, na parte destinada à assinatura do eleitor, a falta verificada, por meio de breve registro, que autenticará com a sua assinatura.

- Inciso com redação dada pelo Art. 31 da Lei nº 4.961/1966.

II – encerrará, com a sua assinatura, a folha de votação modelo 2 (dois), que poderá ser também assinada pelos Fiscais;

III – mandará lavrar, por um dos Secretários, a ata da eleição, preenchendo o modelo fornecido pela Justiça Eleitoral, para que constem:

a) os nomes dos membros da Mesa que hajam comparecido, inclusive o suplente;

b) as substituições e nomeações feitas;

c) os nomes dos Fiscais que hajam comparecido e dos que se retiraram durante a votação;

d) a causa, se houver, do retardamento para o começo da votação;

e) o número, por extenso, dos eleitores da Seção que compareceram e votaram e o número dos que deixaram de comparecer;

f) o número, por extenso, de eleitores de outras Seções que hajam votado e cujos votos hajam sido recolhidos ao invólucro especial;

g) o motivo de não haverem votado alguns dos eleitores que compareceram;

h) os protestos e as impugnações apresentados pelos Fiscais, assim como as decisões sobre eles proferidas, tudo em seu inteiro teor;

i) a razão de interrupção da votação, se tiver havido, e o tempo de interrupção;

j) a ressalva das rasuras, emendas e entrelinhas porventura existentes nas folhas de votação e na ata, ou a declaração de não existirem;

IV – mandará, em caso de insuficiência de espaço no modelo destinado ao preenchimento, prosseguir a ata em outra folha devidamente rubricada por ele, Mesários e Fiscais que o desejarem, mencionando esse fato na própria ata;

V – assinará a ata com os demais membros da Mesa, Secretários e Fiscais que quiserem;

VI – entregará a urna e os documentos do ato eleitoral ao Presidente da Junta ou à agência do correio mais próxima, ou a outra vizinha que ofereça melhores condições de segurança e expedição, sob recibo em triplicata com a indicação de hora, devendo aqueles documentos ser encerrados em sobrecartas rubricadas por ele e pelos Fiscais que o quiserem;

VII – comunicará em ofício, ou impresso próprio, ao Juiz Eleitoral da Zona a realização da eleição, o número de eleitores que votaram e a remessa da urna e dos documentos à Junta Eleitoral;

VIII – enviará em sobrecarta fechada uma das vias do recibo do correio à Junta Eleitoral e a outra ao Tribunal Regional.

§ 1º Os Tribunais Regionais poderão prescrever outros meios de vedação das urnas.

§ 2º No Distrito Federal e nas capitais dos Estados poderão os Tribunais Regionais determinar normas diversas para a entrega de urnas e papéis eleitorais, com as cautelas destinadas a evitar violação ou extravio.

Art. 155. O Presidente da Junta Eleitoral e as agências do correio tomarão as providências necessárias para o recebimento da urna e dos documentos referidos no artigo anterior.

§ 1º Os Fiscais e Delegados de partidos têm direito de vigiar e acompanhar a urna desde o momento da eleição, durante a permanência nas agências do correio e até a entrega à Junta Eleitoral.

§ 2º A urna ficará permanentemente à vista dos interessados e sob a guarda de pessoa designada pelo Presidente da Junta Eleitoral.

Art. 156. Até às 12 (doze) horas do dia seguinte à realização da eleição, o Juiz Eleitoral é obrigado, sob pena de responsabilidade e multa de 1 (um) a 2 (dois) salários mínimos, a comunicar ao Tribunal Regional, e aos Delegados de partido perante ele credenciados, o número de eleitores que votaram em cada uma das Seções da Zona sob sua jurisdição, bem como o total de votantes da Zona.

- V. CF/88, Art. 7º, IV: vedação da vinculação do salário mínimo para qualquer fim; Res.-TSE nº 21538/2003, Art. 85: indica a base de cálculo para aplicação das multas previstas pelo Código Eleitoral e por leis conexas; Art. 80, § 4º: estabelece o percentual mínimo de 3% e o máximo de 10% do valor indicado pelo Art. 85 para arbitramento da multa pelo não exercício do voto; Lei nº 10.522/2002, Art. 29: extingue a UFIR e adota como seu último valor o do dia 1º de janeiro de 1997, correspondente a R$1,0641.

§ 1º Se houver retardamento nas medidas referidas no Art. 154, o Juiz Eleitoral, assim que receba o ofício constante desse dispositivo, nº VII, fará a comunicação constante deste artigo.

§ 2º Essa comunicação será feita por via postal, em ofícios registrados de que o Juiz Eleitoral guardará cópia no arquivo da Zona, acompanhada do recibo do correio.

§ 3º Qualquer candidato, Delegado ou Fiscal de partido poderá obter, por certidão, o teor da comunicação a que se refere este artigo, sendo defeso ao Juiz Eleitoral recusá-la ou procrastinar a sua entrega ao requerente.

Art. 157. (Revogado pela Lei nº 7.914/89.)

Título V - Da Apuração

Capítulo I - Dos Órgãos Apuradores

Art. 158. A apuração compete:

I – às Juntas Eleitorais quanto às eleições realizadas na Zona sob sua jurisdição;

II – aos Tribunais Regionais a referente às eleições para Governador, Vice-Governador, Senador, Deputado Federal e Estadual, de acordo com os resultados parciais enviados pelas Juntas Eleitorais;

- Lei nº 6.996/1982, Art. 13: criação de Juntas Apuradoras regionais.

III – ao Tribunal Superior Eleitoral nas eleições para Presidente e Vice-Presidente da República, pelos resultados parciais remetidos pelos Tribunais Regionais.

Capítulo II - Da Apuração nas Juntas

Seção I - Disposições Preliminares

Art. 159. A apuração começará no dia seguinte ao das eleições e, salvo motivo justificado, deverá terminar dentro de 10 (dez) dias.

§ 1º Iniciada a apuração, os trabalhos não serão interrompidos aos sábados, domingos e dias feriados, devendo a Junta funcionar das 8 (oito) às 18 (dezoito) horas, pelo menos.

§ 2º Em caso de impossibilidade de observância do prazo previsto neste artigo, o fato deverá ser imediatamente justificado perante o Tribunal Regional, mencionando-se as horas ou dias necessários para o adiamento, que não poderá exceder a cinco dias.

- Parágrafo com redação dada pelo Art. 32 da Lei nº 4.961/1966.

§ 3º Esgotado o prazo e a prorrogação estipulada neste artigo, ou não tendo havido em tempo hábil o pedido de prorrogação, a respectiva Junta Eleitoral perde a competência para prosseguir na apuração, devendo o seu Presidente remeter, imediatamente, ao Tribunal Regional, todo o material relativo à votação.

§ 4º Ocorrendo a hipótese prevista no parágrafo anterior, competirá ao Tribunal Regional fazer a apuração.

§ 5º Os membros da Junta Eleitoral responsáveis pela inobservância injustificada dos prazos fixados neste artigo estarão sujeitos à multa de dois a dez salários mínimos, aplicada pelo Tribunal Regional.

- §§ 3º ao 5º acrescidos pelo Art. 32 da Lei nº 4.961/1966.
- V. nota ao Art. 146, VIII, sobre vedação da vinculação do salário mínimo para qualquer fim.

Art. 160. Havendo conveniência, em razão do número de urnas a apurar, a Junta poderá subdividir-se em Turmas, até o limite de 5 (cinco), todas presididas por algum dos seus componentes.

Parágrafo único. As dúvidas que forem levantadas em cada Turma serão decididas por maioria de votos dos membros da Junta.

Art. 161. Cada partido poderá credenciar perante as Juntas até 3 (três) Fiscais, que se revezem na fiscalização dos trabalhos.

§ 1º Em caso de divisão da Junta em Turmas, cada partido poderá credenciar até 3 (três) Fiscais para cada Turma.

§ 2º Não será permitida, na Junta ou Turma, a atuação de mais de 1 (um) Fiscal de cada partido.

Art. 162. Cada partido poderá credenciar mais de 1 (um) Delegado perante a Junta, mas no decorrer da apuração só funcionará 1 (um) de cada vez.

- Lei nº 9.504/1997, Art. 87, *caput*: garantia aos fiscais e delegados, na apuração, de postarem-se a uma distância não superior a um metro da mesa.

Art. 163. Iniciada a apuração da urna, não será a mesma interrompida, devendo ser concluída.

Parágrafo único. Em caso de interrupção por motivo de força maior, as cédulas e as folhas de apuração serão recolhidas à urna e esta fechada e lacrada, o que constará da ata.

Art. 164. É vedada às Juntas Eleitorais a divulgação, por qualquer meio, de expressões, frases ou desenhos estranhos ao pleito, apostos ou contidos nas cédulas.

§ 1º Aos membros, escrutinadores e auxiliares das Juntas que infringirem o disposto neste artigo será aplicada a multa de 1 (um) a 2 (dois) salários mínimos vigentes na Zona Eleitoral, cobrados através de executivo fiscal ou da inutilização de selos federais no processo em que for arbitrada a multa.

- V. nota ao Art. 146, VIII, sobre vedação da vinculação do salário mínimo para qualquer fim e outros temas.

§ 2º Será considerada dívida líquida e certa, para efeito de cobrança, a que for arbitrada pelo Tribunal Regional e inscrita em livro próprio na Secretaria desse órgão.

- V. Art. 367 deste Código.

Seção II - Da Abertura da Urna

Art. 165. Antes de abrir cada urna a Junta verificará:

I – se há indício de violação da urna;

II – se a Mesa Receptora se constituiu legalmente;

III – se as folhas individuais de votação e as folhas modelo 2 (dois) são autênticas;

- V. Lei nº 6.996/1982, Art. 12, *caput*: a folha individual foi substituída por listas de eleitores emitidas no processamento eletrônico de dados.

IV – se a eleição se realizou no dia, hora e local designados e se a votação não foi encerrada antes das 17 (dezessete) horas;

V – se foram infringidas as condições que resguardam o sigilo do voto;

VI – se a Seção Eleitoral foi localizada com infração ao disposto nos §§ 4º e 5º do Art. 135;

VII – se foi recusada, sem fundamento legal, a fiscalização de partidos aos atos eleitorais;

VIII – se votou eleitor excluído do alistamento, sem ser o seu voto tomado em separado;

- Res.-TSE nº 20686/2000: impossibilidade de voto em separado, nos locais em que adotada urna eletrônica; V. Lei nº 9.504/1997, Art. 62.

IX – se votou eleitor de outra Seção, a não ser nos casos expressamente admitidos;

X – se houve demora na entrega da urna e dos documentos conforme determina o nº VI do Art. 154;

XI – se consta nas folhas individuais de votação dos eleitores faltosos o devido registro de sua falta.

- Inciso acrescido pelo Art. 33 da Lei nº 4.961/1966.
- V. nota ao inciso VIII deste artigo sobre a impossibilidade do voto em separado.

§ 1º Se houver indício de violação da urna, proceder-se-á da seguinte forma:

I – antes da apuração, o Presidente da Junta indicará pessoa idônea para servir como perito e examinar a urna com assistência do representante do Ministério Público;

II – se o perito concluir pela existência de violação e o seu parecer for aceito pela Junta, o Presidente desta comunicará a ocorrência ao Tribunal Regional, para as providências de lei;

III – se o perito e o representante do Ministério Público concluírem pela inexistência de violação, far-se-á a apuração;

IV – se apenas o representante do Ministério Público entender que a urna foi violada, a Junta decidirá, podendo aquele, se a decisão não for unânime, recorrer imediatamente para o Tribunal Regional;

V – não poderão servir de peritos os referidos no Art. 36, § 3º, nos I a IV.

§ 2º As impugnações fundadas em violação da urna somente poderão ser apresentadas até a abertura desta.

§ 3º Verificado qualquer dos casos dos nos. II, III, IV e V do artigo, a Junta anulará a votação, fará a apuração dos votos em separado e recorrerá de ofício para o Tribunal Regional.

- V. nota ao inciso VIII deste artigo sobre a impossibilidade de voto em separado.

§ 4º Nos casos dos nos VI, VII, VIII, IX e X, a Junta decidirá se a votação é válida, procedendo à apuração definitiva em caso afirmativo, ou na forma do parágrafo anterior, se resolver pela nulidade da votação.

§ 5º A Junta deixará de apurar os votos da urna que não estiver acompanhada dos documentos legais e lavrará termo relativo ao fato, remetendo-a, com cópia da sua decisão, ao Tribunal Regional.

Art. 166. Aberta a urna, a Junta verificará se o número de cédulas oficiais corresponde ao de votantes.

§ 1º A incoincidência entre o número de votantes e o de cédulas oficiais encontradas na urna não constituirá motivo de nulidade da votação, desde que não resulte de fraude comprovada.

- *Caput* e § 1º com redação dada pelo Art. 34 da Lei nº 4.961/1966.

§ 2º Se a Junta entender que a incoincidência resulta de fraude, anulará a votação, fará a apuração em separado e recorrerá de ofício para o Tribunal Regional.

Art. 167. Resolvida a apuração da urna, deverá a Junta inicialmente:

I – examinar as sobrecartas brancas contidas na urna, anulando os votos referentes aos eleitores que não podiam votar;

II – misturar as cédulas oficiais dos que podiam votar com as demais existentes na urna.

- Incisos com redação dada pelo Art. 35 da Lei nº 4.961/1966, revogados os incisos III e IV.

Art. 168. As questões relativas à existência de rasuras, emendas e entrelinhas nas folhas de votação e na ata da eleição, somente poderão ser suscitadas na fase correspondente à abertura das urnas.

Seção III - Das Impugnações e dos Recursos

Art. 169. À medida que os votos forem sendo apurados, poderão os Fiscais e Delegados de partido, assim como os candidatos, apresentar impugnações que serão decididas de plano pela Junta.

- Lei nº 9.504/1997, Art. 69, *caput*: impugnação perante o Tribunal Regional Eleitoral, quando não recebida pela junta.

§ 1º As Juntas decidirão por maioria de votos as impugnações.

§ 2º De suas decisões cabe recurso imediato, interposto verbalmente ou por escrito, que deverá ser fundamentado no prazo de 48 (quarenta e oito) horas para que tenha seguimento.

- Ac.-TSE nºs 21.393/2004, 19.401/2001 e 15.308/1998: aplicação do prazo previsto no Art. 258 deste Código para recurso contra decisão da junta eleitoral nas hipóteses de, respectivamente, pedido de recontagem de votos, pedido de anulação da votação e retificação da ata geral de apuração.

§ 3º O recurso, quando ocorrerem eleições simultâneas, indicará expressamente a eleição a que se refere.

§ 4º Os recursos serão instruídos de ofício, com certidão da decisão recorrida; se interpostos verbalmente, constará também da certidão o trecho correspondente do boletim.

- Parágrafo com redação dada pelo Art. 36 da Lei nº 4.961/1966.
- Lei nº 9.504/1997, Art. 71, *caput*: instrução dos recursos pelos partidos, pelas coligações e pelos candidatos.

Art. 170. As impugnações quanto à identidade do eleitor, apresentadas no ato da votação, serão resolvidas pelo confronto da assinatura tomada no verso da folha individual de votação com a existente no anverso; se o eleitor votou em separado, no caso de omissão da folha individual na respectiva pasta, confrontando-se a assinatura da folha modelo 2 (dois) com a do título eleitoral.

- V. Lei nº 6.996/1982, Art. 12, *caput*: a folha individual foi substituída por listas de eleitores emitidas no processamento eletrônico de dados.
- Res.-TSE nº 20.686/2000: impossibilidade de voto em separado, nos locais em que adotada urna eletrônica; V. Lei nº 9.504/1997, Art. 62.

Art. 171. Não será admitido recurso contra a apuração, se não tiver havido impugnação perante a Junta, no ato da apuração, contra as nulidades arguidas.

- V. Art. 223 deste Código.

Art. 172. Sempre que houver recurso fundado em contagem errônea de votos, vícios de cédulas ou de sobrecartas para votos em separado, deverão as cédulas ser conservadas em invólucro lacrado, que acompanhará o recurso e deverá ser rubricado pelo Juiz Eleitoral, pelo recorrente e pelos Delegados de partido que o desejarem.

- Parágrafo com redação dada pelo Art. 37 da Lei nº 4.961/1966.
- V. nota ao Art. 170 deste Código sobre a impossibilidade do voto em separado.

Seção IV - Da Contagem dos Votos

Art. 173. Resolvidas as impugnações a Junta passará a apurar os votos.

Parágrafo único. Na apuração, poderá ser utilizado sistema eletrônico, a critério do Tribunal Superior Eleitoral e na forma por ele estabelecida.

- Parágrafo acrescido pelo Art. 11, da Lei nº 6.978/1982.
- Lei nº 6.996/1982, Art. 14, parágrafo único, c.c. o Art. 1º: processamento eletrônico de cédulas programadas para a apuração.
- Lei nº 9.504/1997, Arts. 59 a 62: votação e totalização de votos por sistema eletrônico.

Art. 174. As cédulas oficiais, à medida que forem sendo abertas, serão examinadas e lidas em voz alta por um dos componentes da Junta.

§ 1º Após fazer a declaração dos votos em branco e antes de ser anunciado o seguinte, será aposto na cédula, no lugar correspondente à indicação do voto, um carimbo com a expressão em branco, além da rubrica do Presidente da Turma.

§ 2º O mesmo processo será adaptado para o voto nulo.

§ 3º Não poderá ser iniciada a apuração dos votos da urna subsequente, sob as penas do Art. 345, sem que os votos em branco da anterior estejam todos registrados pela forma referida no § 1º.

§ 4º As questões relativas às cédulas somente poderão ser suscitadas nessa oportunidade.

- O Art. 38 da Lei nº 4.961/1966 transformou o parágrafo único em § 3º e acrescentou os §§ 1º e 2º; e o Art. 15 da Lei nº 6.055/1974 deu nova redação ao § 1º, incluiu o § 2º e renumerou os §§ 2º e 3º para 3º e 4º.

Art. 175. Serão nulas as cédulas:

- Os Arts. 175 a 177 foram alterados pelos Arts. 5º a 7º da Lei nº 6.989/1982; entretanto, o Art. 20 da Lei nº 7.332/1985 restabeleceu a redação anterior.

I – que não corresponderem ao modelo oficial;

II – que não estiverem devidamente autenticadas;

III – que contiverem expressões, frases ou sinais que possam identificar o voto.

§ 1º Serão nulos os votos, em cada eleição majoritária:

I – quando forem assinalados os nomes de dois ou mais candidatos para o mesmo cargo;

II – quando a assinalação estiver colocada fora do quadrilátero próprio, desde que torne duvidosa a manifestação da vontade do eleitor.

§ 2º Serão nulos os votos, em cada eleição pelo sistema proporcional:

I – quando o candidato não for indicado, através do nome ou do número, com clareza suficiente para distingui-lo de outro candidato ao mesmo cargo, mas de outro partido, e o eleitor não indicar a legenda;

II – se o eleitor escrever o nome de mais de um candidato ao mesmo cargo, pertencentes a partidos diversos ou, indicando apenas os números, o fizer também de candidatos de partidos diferentes;

III – se o eleitor, não manifestando preferência por candidato, ou o fazendo de modo que não se possa identificar o de sua preferência, escrever duas ou mais legendas diferentes no espaço relativo à mesma eleição.

§ 3º Serão nulos, para todos os efeitos, os votos dados a candidatos inelegíveis ou não registrados.

- A Lei nº 4.961/1966, Art. 39, revogou o primitivo § 2º deste artigo e renumerou os primitivos §§ 3º e 4º para 2º e 3º.
- V. Art. 72, parágrafo único, deste Código.
- Res.-TSE nº 22.992/2008: [...] A Junta Eleitoral deve proclamar eleito o candidato que obtiver a maioria dos votos válidos, não computados os votos nulos e os em branco. Todavia, não há prejuízo de que nova proclamação seja feita em razão de superveniente deferimento do registro de candidato que se encontrava *sub judice*.

§ 4º O disposto no parágrafo anterior não se aplica quando a decisão de inelegibilidade ou de cancelamento de registro for proferida após a realização da eleição a que concorreu o candidato alcançado pela sentença, caso em que os votos serão contados para o partido pelo qual tiver sido feito o seu registro.

- Ac.-TSE, de 29.4.2014, no AgR-REspe nº 74918: a aplicação deste parágrafo não foi afastada pelo Art. 16-A da Lei nº 9.504/1997.

Art. 176. Contar-se-á o voto apenas para a legenda, nas eleições pelo sistema proporcional:

- Lei nº 9.504/1997, Arts. 59, § 2º, e 60: cômputo de votos para a legenda no sistema eletrônico de votação; Art. 86: voto de legenda no sistema de votação convencional.

I – se o eleitor escrever apenas a sigla partidária, não indicando o candidato de sua preferência;

II – se o eleitor escrever o nome de mais de um candidato do mesmo partido;

III – se o eleitor, escrevendo apenas os números, indicar mais de um candidato do mesmo partido;

IV – se o eleitor não indicar o candidato através do nome ou do número com clareza suficiente para distingui-lo de outro candidato do mesmo partido.

- *Caput* e incisos com redação dada pelo Art. 1º da Lei nº 8.037/1990.

Art. 177. Na contagem dos votos para as eleições realizadas pelo sistema proporcional observar-se-ão, ainda, as seguintes normas:

I – a inversão, omissão ou erro de grafia do nome ou prenome não invalidará o voto, desde que seja possível a identificação do candidato;

II – se o eleitor escrever o nome de um candidato e o número correspondente a outro da mesma legenda ou não, contar-se-á o voto para o candidato cujo nome foi escrito, bem como para a legenda a que pertence;

III – se o eleitor escrever o nome ou o número de um candidato e a legenda de outro partido, contar-se-á o voto para o candidato cujo nome ou número foi escrito;

IV – se o eleitor escrever o nome ou o número de um candidato a Deputado Federal na parte da cédula referente a Deputado Estadual ou vice-versa, o voto será contado para o candidato cujo nome ou número foi escrito;

V – se o eleitor escrever o nome ou o número de candidatos em espaço da cédula que não seja o correspondente ao cargo para o qual o candidato foi registrado, será o voto computado para o candidato e respectiva legenda, conforme o registro.

- *Caput* e incisos com redação dada pelo Art. 1º da Lei nº 8.037/1990.
- Lei nº 9.504/1997, Art. 85: votos dados a homônimos.

Art. 178. O voto dado ao candidato a Presidente da República entender-se-á dado também ao candidato a Vice-Presidente, assim como o dado aos candidatos a Governador, Senador, Deputado Federal nos Territórios, Prefeito e Juiz de Paz entender-se-á dado ao respectivo Vice ou suplente.

- V. Art. 91, § 2º, deste Código. CF/88, Art. 46, § 3º: voto abrangendo os dois suplentes de Senador.
- CF/88, Arts. 14, § 3º, VI, c, e 98, II: criação da Justiça de Paz.

Art. 179. Concluída a contagem dos votos, a Junta ou Turma deverá:

I – transcrever nos mapas referentes à urna a votação apurada;

II – expedir boletim contendo o resultado da respectiva Seção, no qual serão consignados o número de votantes, a votação individual de cada candidato, os votos de cada legenda partidária, os votos nulos e os em branco, bem como recursos, se houver.

- Lei nº 9.504/1997, Art. 68, *caput*, e 87, § 6º: nome e número dos candidatos nos boletins de urna.

§ 1º Os mapas, em todas as suas folhas, e os boletins de apuração, serão assinados pelo Presidente e membros da Junta e pelos Fiscais de partido que o desejarem.

§ 2º O boletim a que se refere este artigo obedecerá a modelo aprovado pelo Tribunal Superior Eleitoral, podendo, porém, na sua falta, ser substituído por qualquer outro expedido por Tribunal Regional ou pela própria Junta Eleitoral.

- V. nota ao inciso II deste artigo sobre nome e número dos candidatos nos boletins de urna.

§ 3º Um dos exemplares do boletim de apuração será imediatamente afixado na sede da Junta, em local que possa ser copiado por qualquer pessoa.

§ 4º Cópia autenticada do boletim de apuração será entregue a cada partido, por intermédio do Delegado ou Fiscal presente, mediante recibo.

- Lei nº 9.504/1997, Arts. 68, § 1º, e 87, § 2º: cópia do boletim de urna aos partidos e coligações; Arts. 68, § 2º, e 87, § 4º: caracterização de crime no caso de descumprimento.

§ 5º O boletim de apuração ou sua cópia autenticada, com a assinatura do Juiz e pelo menos de um dos membros da Junta, fará prova do resultado apurado, podendo ser apresentado ao Tribunal Regional, nas eleições federais e estaduais, sempre que o número de votos constantes dos mapas recebidos pela Comissão Apuradora não coincidir com os nele consignados.

- Lei nº 9.504/1997, Art. 87, § 5º: não poderão servir de prova os rascunhos ou qualquer outro tipo de anotação fora dos boletins de urna.

§ 6º O partido ou candidato poderá apresentar o boletim na oportunidade concedida pelo Art. 200, quando terá vista do relatório da Comissão Apuradora, ou antes, se durante os trabalhos da Comissão tiver conhecimento da incoincidência de qualquer resultado.

§ 7º Apresentado o boletim, será aberta vista aos demais partidos, pelo prazo de 2 (dois) dias, os quais somente poderão contestar o erro indicado com a apresentação de boletim da mesma urna, revestido das mesmas formalidades.

§ 8º Se o boletim apresentado na contestação consignar outro resultado, coincidente ou não com o que figurar no mapa enviado pela Junta, a urna será requisitada e recontada pelo próprio Tribunal Regional, em sessão.

- Lei nº 9.504/1997, Art. 88: casos de recontagem de urna.

§ 9º A não expedição do boletim imediatamente após a apuração de cada urna e antes de se passar à subsequente, sob qualquer pretexto, constitui o crime previsto no Art. 313.

Art. 180. O disposto no artigo anterior e em todos os seus parágrafos aplica-se às eleições municipais, observadas somente as seguintes alterações:

I – o boletim de apuração poderá ser apresentado à Junta até 3 (três) dias depois de totalizados os resultados, devendo os partidos ser cientificados, através de seus Delegados, da data em que começará a correr esse prazo;

II – apresentado o boletim, será observado o disposto nos §§ 7º e 8º do artigo anterior, devendo a recontagem ser procedida pela própria Junta.

Art. 181. Salvo nos casos mencionados nos artigos anteriores, a recontagem de votos só poderá ser deferida pelos Tribunais Regionais, em recurso interposto imediatamente após a apuração de cada urna.

Parágrafo único. Em nenhuma outra hipótese poderá a Junta determinar a reabertura de urnas já apuradas para recontagem de votos.

Art. 182. Os títulos dos eleitores estranhos à Seção serão separados, para remessa, depois de terminados os trabalhos da Junta, ao Juiz Eleitoral da Zona neles mencionada, a fim de que seja anotado na folha individual de votação o voto dado em outra Seção.

- V. Lei nº 6.996/1982, Art. 12, *caput*: a folha individual foi substituída por listas de eleitores emitidas no processamento eletrônico de dados.

Parágrafo único. Se, ao ser feita a anotação, no confronto do título com a folha individual, se verificar incoincidência ou outro indício de fraude, serão autuados tais documentos e o Juiz determinará as providências necessárias para apuração do fato e consequentes medidas legais.

- V. nota ao *caput* deste artigo sobre a folha individual de votação.

Art. 183. Concluída a apuração, e antes de se passar à subsequente, as cédulas serão recolhidas à urna, sendo esta fechada e lacrada, não podendo ser reaberta senão depois de transitada em julgado a diplomação, salvo nos casos de recontagem de votos.

- Lei nº 9.504/1997, Art. 88: casos de recontagem de urna.

Parágrafo único. O descumprimento do disposto no presente artigo, sob qualquer pretexto, constitui o crime eleitoral previsto no Art. 314.

Art. 184. Terminada a apuração, a Junta remeterá ao Tribunal Regional, no prazo de vinte e quatro horas, todos os papéis eleitorais referentes às eleições estaduais ou fede-

Legislações | Direito Eleitoral

rais, acompanhados dos documentos referentes à apuração, juntamente com a ata geral dos seus trabalhos, na qual serão consignadas as votações apuradas para cada legenda e candidato e os votos não apurados, com a declaração dos motivos por que não o foram.

§ 1º Essa remessa será feita em invólucro fechado, lacrado e rubricado pelos membros da Junta, Delegados e Fiscais de partido, por via postal, ou sob protocolo, conforme for mais rápida e segura a chegada ao destino.

§ 2º Se a remessa dos papéis eleitorais de que trata este artigo não se verificar no prazo nele estabelecido, os membros da Junta estarão sujeitos à multa correspondente à metade do salário mínimo regional por dia de retardamento.

- V. CF/88, Art. 7º, IV: vedação da vinculação do salário mínimo para qualquer fim; Res.-TSE nº 21.538/2003, Art. 85: indica a base de cálculo para aplicação das multas previstas pelo Código Eleitoral e por leis conexas; Art. 80, § 4º: estabelece o percentual mínimo de 3% e o máximo de 10% do valor indicado pelo Art. 85 para arbitramento da multa pelo não exercício do voto; Lei nº 10.522/2002, Art. 29: extingue a UFIR e adota como seu último valor o do dia 1º de janeiro de 1997, correspondente a R$1,0641.

§ 3º Decorridos quinze dias sem que o Tribunal Regional tenha recebido os papéis referidos neste artigo ou comunicação de sua expedição, determinará ao Corregedor Regional ou Juiz Eleitoral mais próximo que os faça apreender e enviar imediatamente, transferindo-se para o Tribunal Regional a competência para decidir sobre os mesmos.

- *Caput* e § 1º, primitivamente parágrafo único, com redação dada pelo Art. 42 da Lei nº 4.961/1966, que também acrescentou os §§ 2º e 3º.

Art. 185. Sessenta dias após o trânsito em julgado da diplomação de todos os candidatos eleitos nos pleitos eleitorais realizados simultaneamente e prévia publicação de edital de convocação, as cédulas serão retiradas das urnas e imediatamente incineradas, na presença do Juiz Eleitoral e em ato público, vedado a qualquer pessoa, inclusive ao Juiz, o seu exame na ocasião da incineração.

- Artigo com redação dada pelo Art. 16 da Lei nº 6.055/1974.

Parágrafo único. Poderá ainda a Justiça Eleitoral, tomadas as medidas necessárias à garantia do sigilo, autorizar a reciclagem industrial das cédulas, em proveito do ensino público de primeiro grau ou de instituições beneficentes.

- Parágrafo acrescido pelo Art. 1º da Lei nº 7.977/1989.

Art. 186. Com relação às eleições municipais e distritais, uma vez terminada a apuração de todas as urnas, a Junta resolverá as dúvidas não decididas, verificará o total dos votos apurados, inclusive os votos em branco, determinará o quociente eleitoral e os quocientes partidários e proclamará os candidatos eleitos.

- Lei nº 9.504/1997, Art. 3º, *caput*: eleição do candidato a Prefeito que obtiver a maioria dos votos. CF/88, Art. 29, II e III: exigência de alcance da maioria absoluta de votos na eleição de Prefeito nos municípios com mais de 200 mil eleitores e posse no dia 1º de janeiro.

§ 1º O Presidente da Junta fará lavrar, por um dos Secretários, a ata geral concernente às eleições referidas neste artigo, da qual constará o seguinte:

I – as Seções apuradas e o número de votos apurados em cada urna;

II – as Seções anuladas, os motivos por que o foram e o número de votos não apurados;

III – as Seções onde não houve eleição e os motivos;

IV – as impugnações feitas, a solução que lhes foi dada e os recursos interpostos;

V – a votação de cada legenda na eleição para Vereador;

VI – o quociente eleitoral e os quocientes partidários;

VII – a votação dos candidatos a Vereador, incluídos em cada lista registrada, na ordem da votação recebida;

VIII – a votação dos candidatos a Prefeito, Vice-Prefeito e a Juiz de Paz, na ordem da votação recebida.

§ 2º Cópia da ata geral da eleição municipal, devidamente autenticada pelo Juiz, será enviada ao Tribunal Regional e ao Tribunal Superior Eleitoral.

Art. 187. Verificando a Junta Apuradora que os votos das Seções anuladas e daquelas cujos eleitores foram impedidos de votar, poderão alterar a representação de qualquer partido ou classificação de candidato eleito pelo princípio majoritário, nas eleições municipais, fará imediata comunicação do fato ao Tribunal Regional, que marcará, se for o caso, dia para a renovação da votação naquelas Seções.

§ 1º Nas eleições suplementares municipais observar-se-á, no que couber, o disposto no Art. 201.

- Res.-TSE nº 23.280/2010: Estabelece instruções para a marcação de eleições suplementares; e Res.-TSE nº 23.332/2010: Dispõe sobre a realização de eleições suplementares em anos eleitorais.

§ 2º Essas eleições serão realizadas perante novas Mesas Receptoras, nomeadas pelo Juiz Eleitoral, e apuradas pela própria Junta que, considerando os anteriores e os novos resultados, confirmará ou invalidará os diplomas que houver expedido.

§ 3º Havendo renovação de eleições para os cargos de Prefeito e Vice-Prefeito, os diplomas somente serão expedidos depois de apuradas as eleições suplementares.

§ 4º Nas eleições suplementares, quando se referirem a mandatos de representação proporcional, a votação e a apuração far-se-ão exclusivamente para as legendas registradas.

- Ac.-TSE nº 3.464/2003: não há incompatibilidade deste dispositivo com a Constituição Federal de 1988.

Seção V - Da Contagem dos Votos pela Mesa Receptora

Art. 188. O Tribunal Superior Eleitoral poderá autorizar a contagem de votos pelas Mesas Receptoras, nos Estados em que o Tribunal Regional indicar as Zonas ou Seções em que esse sistema deva ser adotado.

- V. Arts. 23, XIII, e 30, VI, deste Código.

Art. 189. Os Mesários das Seções em que for efetuada a contagem dos votos serão nomeados escrutinadores da Junta.

Art. 190. Não será efetuada a contagem dos votos pela Mesa se esta não se julgar suficientemente garantida, ou se qualquer eleitor houver votado sob impugnação, devendo a Mesa, em um ou outro caso, proceder na forma determinada para as demais, das Zonas em que a contagem não foi autorizada.

Art. 191. Terminada a votação, o Presidente da Mesa tomará as providências mencionadas nas alíneas II, III, IV e V do Art. 154.

Art. 192. Lavrada e assinada a ata, o Presidente da Mesa, na presença dos demais membros, Fiscais e Delegados de partido, abrirá a urna e o invólucro e verificará se o número de cédulas oficiais coincide com o de votantes.

§ 1º Se não houver coincidência entre o número de votantes e o de cédulas oficiais encontradas na urna e no invólucro, a Mesa Receptora não fará a contagem dos votos.

§ 2º Ocorrendo a hipótese prevista no parágrafo anterior, o Presidente da Mesa determinará que as cédulas e as sobrecartas sejam novamente recolhidas à urna e ao invólucro, os quais serão fechados e lacrados, procedendo, em seguida, na forma recomendada pelas alíneas VI, VII e VIII do Art. 154.

Art. 193. Havendo coincidência entre o número de cédulas e o de votantes, deverá a Mesa, inicialmente, misturar as cédulas contidas nas sobrecartas brancas, da urna e do invólucro, com as demais.

§ 1º Em seguida, proceder-se-á a abertura das cédulas e contagem dos votos, observando-se o disposto nos Arts. 169 e seguintes, no que couber.

§ 2º Terminada a contagem dos votos, será lavrada ata resumida, de acordo com modelo aprovado pelo Tribunal Superior e da qual constarão apenas as impugnações acaso apresentadas, figurando os resultados no boletim que se incorporará à ata, e do qual se dará cópia aos Fiscais dos partidos.

Art. 194. Após a lavratura da ata, que deverá ser assinada pelos membros da Mesa e Fiscais e Delegados de partido, as cédulas e as sobrecartas serão recolhidas à urna, sendo esta fechada, lacrada e entregue ao Juiz Eleitoral pelo Presidente da Mesa ou por um dos Mesários, mediante recibo.

§ 1º O Juiz Eleitoral poderá, havendo possibilidade, designar funcionários para recolher as urnas e demais documentos nos próprios locais da votação ou instalar postos e locais diversos para seu recebimento.

§ 2º Os Fiscais e Delegados de partido podem vigiar e acompanhar a urna desde o momento da eleição, durante a permanência nos postos arrecadadores e até a entrega à Junta.

Art. 195. Recebida a urna e documentos, a Junta deverá:

I – examinar a sua regularidade, inclusive quanto ao funcionamento normal da Seção;

II – rever o boletim de contagem de votos da Mesa Receptora, a fim de verificar se está aritmeticamente certo, fazendo dele constar que, conferido, nenhum erro foi encontrado;

III – abrir a urna e conferir os votos sempre que a contagem da Mesa Receptora não permitir o fechamento dos resultados;

IV – proceder à apuração se da ata da eleição constar impugnação de Fiscal, Delegado, candidato ou membro da própria Mesa em relação ao resultado de contagem dos votos;

V – resolver todas as impugnações constantes da ata da eleição;

VI – praticar todos os atos previstos na competência das Juntas Eleitorais.

Art. 196. De acordo com as instruções recebidas a Junta Apuradora poderá reunir os membros das Mesas Receptoras e demais componentes da Junta em local amplo e adequado no dia seguinte ao da eleição, em horário previamente fixado, e a proceder à apuração na forma estabelecida nos Arts. 159 e seguintes, de uma só vez ou em duas ou mais etapas.

Parágrafo único. Nesse caso cada partido poderá credenciar um Fiscal para acompanhar a apuração de cada urna, realizando-se esta sob a supervisão do Juiz e dos demais membros da Junta, aos quais caberá decidir, em cada caso, as impugnações e demais incidentes verificados durante os trabalhos.

Capítulo III - Da Apuração nos Tribunais Regionais

Art. 197. Na apuração, compete ao Tribunal Regional:

I – resolver as dúvidas não decididas e os recursos interpostos sobre as eleições federais e estaduais e apurar as votações que haja validado, em grau de recurso;

II – verificar o total dos votos apurados entre os quais se incluem os em branco;

- Lei nº 9.504/1997, Art. 5º.

III – determinar os quocientes, eleitoral e partidário, bem como a distribuição das sobras;

IV – proclamar os eleitos e expedir os respectivos diplomas;

V – fazer a apuração parcial das eleições para Presidente e Vice-Presidente da República.

Art. 198. A apuração pelo Tribunal Regional começará no dia seguinte ao em que receber os primeiros resultados parciais das Juntas e prosseguirá sem interrupção, inclusive nos sábados, domingos e feriados, de acordo com o horário previamente publicado, devendo terminar 30 (trinta) dias depois da eleição.

§ 1º Ocorrendo motivos relevantes, expostos com a necessária antecedência, o Tribunal Superior poderá conceder prorrogação desse prazo, uma só vez e por quinze dias.

§ 2º Se o Tribunal Regional não terminar a apuração no prazo legal, seus membros estarão sujeitos à multa correspondente à metade do salário mínimo regional por dia de retardamento.

- O Art. 43 da Lei nº 4.961/1966 substituiu o primitivo parágrafo único pelos atuais §§ 1º e 2º.
- V. nota ao Art. 184, § 2º, deste Código sobre a vedação da vinculação do salário mínimo para qualquer fim e outros temas.

Art. 199. Antes de iniciar a apuração, o Tribunal Regional constituirá, com 3 (três) de seus membros, presidida por um destes, uma Comissão Apuradora.

Legislações | Direito Eleitoral

§ 1º O Presidente da Comissão designará um funcionário do Tribunal para servir de Secretário e para auxiliarem os seus trabalhos, tantos outros quantos julgar necessários.

§ 2º De cada sessão da Comissão Apuradora será lavrada ata resumida.

§ 3º A Comissão Apuradora fará publicar no órgão oficial, diariamente, um boletim com a indicação dos trabalhos realizados e do número de votos atribuídos a cada candidato.

§ 4º Os trabalhos da Comissão Apuradora poderão ser acompanhados por Delegados dos partidos interessados, sem que, entretanto, neles intervenham com protestos, impugnações ou recursos.

§ 5º Ao final dos trabalhos a Comissão Apuradora apresentará ao Tribunal Regional os mapas gerais da apuração e um relatório, que mencione:

I – o número de votos válidos e anulados em cada Junta Eleitoral, relativos a cada eleição;

II – as Seções apuradas e os votos nulos e anulados de cada uma;

III – as Seções anuladas, os motivos por que o foram e o número de votos anulados ou não apurados;

IV – as Seções onde não houve eleição e os motivos;

V – as impugnações apresentadas às Juntas e como foram resolvidas por elas, assim como os recursos que tenham sido interpostos;

VI – a votação de cada partido;

VII – a votação de cada candidato;

VIII – o quociente eleitoral;

IX – os quocientes partidários;

X – a distribuição das sobras.

Art. 200. O relatório a que se refere o artigo anterior ficará na Secretaria do Tribunal, pelo prazo de 3 (três) dias, para exame dos partidos e candidatos interessados, que poderão examinar também os documentos em que ele se baseou.

§ 1º Terminado o prazo supra, os partidos poderão apresentar as suas reclamações, dentro de 2 (dois) dias, sendo estas submetidas a parecer da Comissão Apuradora que, no prazo de 3 (três) dias, apresentará aditamento ao relatório com a proposta das modificações que julgar procedentes, ou com a justificação da improcedência das arguições.

§ 2º O Tribunal Regional, antes de aprovar o relatório da Comissão Apuradora e, em três dias improrrogáveis, julgará as impugnações e as reclamações não providas pela Comissão Apuradora, e, se as deferir, voltará o relatório à Comissão para que sejam feitas as alterações resultantes da decisão.

- Parágrafo acrescido pelo Art. 44 da Lei nº 4.961/1966, com consequente renumeração do primitivo parágrafo único.

Art. 201. De posse do relatório referido no artigo anterior, reunir-se-á o Tribunal, no dia seguinte, para o conhecimento do total dos votos apurados, e, em seguida, se verificar que os votos das Seções anuladas e daquelas cujos eleitores foram impedidos de votar, poderão alterar a representação de qualquer partido ou classificação de candidato eleito pelo princípio majoritário, ordenará a realização de novas eleições.

Parágrafo único. As novas eleições obedecerão às seguintes normas:

I – o Presidente do Tribunal fixará, imediatamente, a data, para que se realizem dentro de 15 (quinze) dias, no mínimo, e de 30 (trinta) dias, no máximo, a contar do despacho que a fixar, desde que não tenha havido recurso contra a anulação das Seções;

II – somente serão admitidos a votar os eleitores da Seção, que hajam comparecido à eleição anulada, e os de outras Seções que ali houverem votado;

III – nos casos de coação que haja impedido o comparecimento dos eleitores às urnas, no de encerramento da votação antes da hora legal, e quando a votação tiver sido realizada em dia, hora e lugar diferentes dos designados, poderão votar todos os eleitores da Seção e somente estes;

IV – nas Zonas onde apenas uma Seção for anulada, o Juiz Eleitoral respectivo presidirá a Mesa Receptora; se houver mais de uma Seção anulada, o Presidente do Tribunal Regional designará os Juízes-Presidentes das respectivas Mesas Receptoras;

V – as eleições realizar-se-ão nos mesmos locais anteriormente designados, servindo os Mesários e Secretários que pelo Juiz forem nomeados, com a antecedência de, pelo menos, 5 (cinco) dias, salvo se a anulação for decretada por infração dos §§ 4º e 5º do Art. 135;

VI – as eleições assim realizadas serão apuradas pelo Tribunal Regional.

Art. 202. Da reunião do Tribunal Regional será lavrada ata geral, assinada pelos seus membros e da qual constarão:

I – as Seções apuradas e o número de votos apurados em cada uma;

II – as Seções anuladas, as razões por que o foram e o número de votos não apurados;

III – as Seções onde não tenha havido eleição e os motivos;

IV – as impugnações apresentadas às Juntas Eleitorais e como foram resolvidas;

V – as Seções em que se vai realizar ou renovar a eleição;

VI – a votação obtida pelos partidos;

VII – o quociente eleitoral e o partidário;

VIII – os nomes dos votados na ordem decrescente dos votos;

IX – os nomes dos eleitos;

X – os nomes dos suplentes, na ordem em que devem substituir ou suceder.

§ 1º Na mesma sessão, o Tribunal Regional proclamará os eleitos e os respectivos suplentes e marcará a data para a expedição solene dos diplomas em sessão pública, salvo quanto a Governador e Vice-Governador, se ocorrer a hipótese prevista na Emenda Constitucional nº 13.

- Refere-se à CF/46. CF/88, Art. 28, *in fine*, c.c. o Art. 77, § 3º: hipótese de eleição em segundo turno.

§ 2º O Vice-Governador e o suplente de Senador, considerar-se-ão eleitos em virtude da eleição do Governador e do Senador com os quais se candidatarem.

- CF/88, Art. 46, § 3º: dois suplentes.

§ 3º Os candidatos a Governador e Vice-Governador somente serão diplomados depois de realizadas as eleições suplementares referentes a esses cargos.

- V. nota ao § 1º deste artigo sobre eleição em segundo turno.

§ 4º Um traslado da ata da sessão, autenticado com a assinatura de todos os membros do Tribunal que assinaram a ata original, será remetida ao Presidente do Tribunal Superior.

§ 5º O Tribunal Regional comunicará o resultado da eleição ao Senado Federal, Câmara dos Deputados e Assembleia Legislativa.

Art. 203. Sempre que forem realizadas eleições de âmbito estadual juntamente com eleições para Presidente e Vice-Presidente da República, o Tribunal Regional desdobrará os seus trabalhos de apuração, fazendo tanto para aquelas como para esta, uma ata geral.

§ 1º A Comissão Apuradora deverá, também, apresentar relatórios distintos, um dos quais referente apenas às eleições presidenciais.

§ 2º Concluídos os trabalhos da apuração, o Tribunal Regional remeterá ao Tribunal Superior os resultados parciais das eleições para Presidente e Vice-Presidente da República, acompanhados de todos os papéis que lhe digam respeito.

Art. 204. O Tribunal Regional julgando conveniente, poderá determinar que a totalização dos resultados de cada urna seja realizada pela própria Comissão Apuradora.

Parágrafo único. Ocorrendo essa hipótese serão observadas as seguintes regras:

I – a decisão do Tribunal será comunicada, até 30 (trinta) dias antes da eleição aos Juízes Eleitorais, aos Diretórios dos partidos e ao Tribunal Superior;

II – iniciada a apuração os Juízes Eleitorais remeterão ao Tribunal Regional, diariamente, sob registro postal ou por portador, os mapas de todas as urnas apuradas no dia;

III – os mapas serão acompanhados de ofício sucinto, que esclareça apenas a que Seções correspondem e quantas ainda faltam para completar a apuração da Zona;

IV – havendo sido interposto recurso em relação à urna correspondente aos mapas enviados, o Juiz fará constar do ofício, em seguida à indicação da Seção, entre parênteses, apenas esse esclarecimento: houve recurso;

V – a ata final da Junta não mencionará, no seu texto, a votação obtida pelos partidos e candidatos, a qual ficará constando dos boletins de apuração do Juízo, que dela ficarão fazendo parte integrante;

VI – cópia autenticada da ata, assinada por todos os que assinaram o original, será enviada ao Tribunal Regional na forma prevista no Art. 184;

VII – a Comissão Apuradora, à medida que for recebendo os mapas, passará a totalizar os votos, aguardando, porém, a chegada da cópia autêntica da ata para encerrar a totalização referente a cada Zona;

VIII – no caso de extravio de mapa o Juiz Eleitoral providenciará a remessa de 2ª via, preenchida à vista dos Delegados de partido especialmente convocados para esse fim e pelos resultados constantes do boletim de apuração que deverá ficar arquivado no Juízo.

Capítulo IV - Da Apuração no Tribunal Superior

Art. 205. O Tribunal Superior fará a apuração geral das eleições para Presidente e Vice-Presidente da República pelos resultados verificados pelos Tribunais Regionais em cada Estado.

Art. 206. Antes da realização da eleição o Presidente do Tribunal sorteará, dentre os Juízes, o Relator de cada grupo de Estados, ao qual serão distribuídos todos os recursos e documentos da eleição referentes ao respectivo grupo.

Art. 207. Recebidos os resultados de cada Estado, e julgados os recursos interpostos das decisões dos Tribunais Regionais, o Relator terá o prazo de 5 (cinco) dias para apresentar seu relatório, com as conclusões seguintes:

I – os totais dos votos válidos e nulos do Estado;

II – os votos apurados pelo Tribunal Regional que devem ser anulados;

III – os votos anulados pelo Tribunal Regional que devem ser computados como válidos;

IV – a votação de cada candidato;

V – o resumo das decisões do Tribunal Regional sobre as dúvidas e impugnações, bem como dos recursos que hajam sido interpostos para o Tribunal Superior, com as respectivas decisões e indicação das implicações sobre os resultados.

Art. 208. O relatório referente a cada Estado ficará na Secretaria do Tribunal, pelo prazo de dois dias, para exame dos partidos e candidatos interessados, que poderão examinar também os documentos em que ele se baseou e apresentar alegações ou documentos sobre o relatório, no prazo de 2 (dois) dias.

Parágrafo único. Findo esse prazo, serão os autos conclusos ao Relator, que, dentro em 2 (dois) dias, os apresentará a julgamento, que será previamente anunciado.

Art. 209. Na sessão designada será o feito chamado a julgamento de preferência a qualquer outro processo.

§ 1º Se o relatório tiver sido impugnado, os partidos interessados poderão, no prazo de 15 (quinze) minutos, sustentar oralmente as suas conclusões.

§ 2º Se do julgamento resultarem alterações na apuração efetuada pelo Tribunal Regional, o acórdão determinará que a Secretaria, dentro em 5 (cinco) dias, levante as folhas de apuração parcial das Seções cujos resultados tiverem sido alterados, bem como o mapa geral da respectiva circunscrição, de acordo com as alterações decorrentes do julgado, devendo o mapa, após o visto do Relator, ser publicado na Secretaria.

§ 3º A esse mapa admitir-se-á, dentro em 48 (quarenta e oito) horas de sua publicação, impugnação fundada em erro de conta ou de cálculo, decorrente da própria sentença.

Art. 210. Os mapas gerais de todas as circunscrições com as impugnações, se houver, e a folha de apuração final levantada pela Secretaria, serão autuados e distribuídos a um Relator-Geral, designado pelo Presidente.

Parágrafo único. Recebidos os autos, após a audiência do Procurador-Geral, o Relator, dentro de 48 (quarenta e oito) horas, resolverá as impugnações relativas aos erros de conta ou de cálculo, mandando fazer as correções, se for o caso, e apresentará, a seguir, o relatório final com os nomes dos candidatos que deverão ser proclamados eleitos e os dos demais candidatos, na ordem decrescente das votações.

Art. 211. Aprovada em sessão especial a apuração geral, o Presidente anunciará a votação dos candidatos, proclamando a seguir eleito Presidente da República o candidato, mais votado que tiver obtido maioria absoluta de votos, excluídos, para a apuração desta, os em branco e os nulos.

- CF/88, Art. 77, § 2º; e Lei nº 9.504/1997, Art. 2º: eleição do candidato que obtiver a maioria absoluta dos votos, não computados os em branco e os nulos.

§ 1º O Vice-Presidente considerar-se-á eleito em virtude da eleição do Presidente com o qual se candidatar.

- CF/88, Art. 77, § 1º; e Lei nº 9.504/1997, Art. 2º, § 4º: a eleição do Presidente importará a do Vice-Presidente com ele registrado.

§ 2º Na mesma sessão o Presidente do Tribunal Superior designará a data para a expedição solene dos diplomas em sessão pública.

Art. 212. Verificando que os votos das Seções anuladas e daquelas cujos eleitores foram impedidos de votar, em todo o País, poderão alterar a classificação de candidato, ordenará o Tribunal Superior a realização de novas eleições.

§ 1º Essas eleições serão marcadas desde logo pelo Presidente do Tribunal Superior e terão lugar no primeiro domingo ou feriado que ocorrer após o 15º (décimo quinto) dia a contar da data do despacho, devendo ser observado o disposto nos II a VI do parágrafo único do Art. 201.

§ 2º Os candidatos a Presidente e Vice-Presidente da República somente serão diplomados depois de realizadas as eleições suplementares referentes a esses cargos.

Art. 213. Não se verificando a maioria absoluta, o Congresso Nacional, dentro de quinze dias após haver recebido a respectiva comunicação do Presidente do Tribunal Superior Eleitoral, reunir-se-á em sessão pública para se manifestar sobre o candidato mais votado, que será considerado eleito se, em escrutínio secreto, obtiver metade mais um dos votos dos seus membros.

- CF/88, Art. 77, *caput*, c.c. o § 3º; e Lei nº 9.504/1997, Art. 2º, § 1º: eleição direta em segundo turno, no último domingo de outubro.

§ 1º Se não ocorrer a maioria absoluta referida no *caput* deste artigo, renovar-se-á, até 30 (trinta) dias depois, a eleição em todo o País, à qual concorrerão os dois candidatos mais votados, cujos registros estarão automaticamente revalidados.

§ 2º No caso de renúncia ou morte, concorrerá à eleição prevista no parágrafo anterior o substituto registrado pelo mesmo partido político ou coligação partidária.

- CF/88, Art. 77, § 4º; e Lei nº 9.504/1997, Art. 2º, § 2º: habilitação ao segundo turno do candidato remanescente mais votado.

Art. 214. O Presidente e o Vice-Presidente da República tomarão posse a 15 (quinze) de março, em sessão do Congresso Nacional.

- CF/88, Arts. 82 e 78: posse em 1º de janeiro e em sessão do Congresso Nacional, respectivamente.

Parágrafo único. No caso do § 1º do artigo anterior, a posse realizar-se-á dentro de 15 (quinze) dias a contar da proclamação do resultado da segunda eleição, expirando, porém, o mandato a 15 (quinze) de março do quarto ano.

Capítulo V - Dos Diplomas

Art. 215. Os candidatos eleitos, assim como os suplentes, receberão diploma assinado pelo Presidente do Tribunal Superior, do Tribunal Regional ou da Junta Eleitoral, conforme o caso.

- Res.-TSE nº 19766/1996: possibilidade de recebimento do diploma por procurador; excepcionalmente, o juiz pode mudar o dia marcado para a diplomação, observadas a conveniência e oportunidade.

Parágrafo único. Do diploma deverá constar o nome do candidato, a indicação da legenda sob a qual concorreu, o cargo para o qual foi eleito ou a sua classificação como suplente, e, facultativamente, outros dados a critério do Juiz ou do Tribunal.

Art. 216. Enquanto o Tribunal Superior não decidir o recurso interposto contra a expedição do diploma, poderá o diplomado exercer o mandato em toda a sua plenitude.

- Ac.-TSE, de 4.3.2008, no REspe nº 28.391; de 28.6.2006, na MC nº 1.833 e Ac.-TSE nos 1320/2004, 1277/2003, 21403/2003 e 1049/2002: inaplicabilidade deste dispositivo à ação de impugnação de mandato eletivo.
- Ac.-TSE, de 18.6.2009, na AC nº 3.237: O recurso contra expedição de diploma não assegura o direito ao exercício do mandato eletivo até seu julgamento final (Art. 216 do CE) se a inviabilidade da candidatura estiver confirmada em outro processo.

Art. 217. Apuradas as eleições suplementares, o Juiz ou o Tribunal reverá a apuração anterior, confirmando ou invalidando os diplomas que houver expedido.

Parágrafo único. No caso de provimento, após a diplomação, de recurso contra o registro de candidato ou de recurso parcial, será também revista a apuração anterior, para confirmação ou invalidação de diplomas, observado o disposto no § 3º do Art. 261.

Art. 218. O Presidente de Junta ou de Tribunal que diplomar militar candidato a cargo eletivo comunicará imediatamente a diplomação à autoridade a que o mesmo estiver subordinado, para os fins do Art. 98.

Capítulo VI - Das Nulidades da Votação

Art. 219. Na aplicação da lei eleitoral o Juiz atenderá sempre aos fins e resultados a que ela se dirige, abstendo-se de pronunciar nulidades sem demonstração de prejuízo.

Parágrafo único. A declaração de nulidade não poderá ser requerida pela parte que lhe deu causa nem a ela aproveitar.

Art. 220. É nula a votação:

I – quando feita perante Mesa não nomeada pelo Juiz Eleitoral, ou constituída com ofensa à letra da lei;

II – quando efetuada em folhas de votação falsas;

III – quando realizada em dia, hora, ou local diferentes do designado ou encerrada antes das 17 horas;

IV – quando preterida formalidade essencial do sigilo dos sufrágios;

- Ac.-TSE, de 2.9.2010, no PA nº 108.906: cômputo, na urna eletrônica, de um único voto, ainda que isso implique, em tese, o afastamento do sigilo.

V – quando a Seção Eleitoral tiver sido localizada com infração do disposto nos §§ 4º e 5º do Art. 135.

- Inciso acrescido pelo Art. 45 da Lei nº 4.961/1966; anteriormente, com a mesma redação, constituía ele o inciso I do Art. 221.

Parágrafo único. A nulidade será pronunciada quando o órgão apurador conhecer do ato ou dos seus efeitos e a encontrar provada, não lhe sendo lícito supri-la, ainda que haja consenso das partes.

Art. 221. É anulável a votação:

I – quando houver extravio de documento reputado essencial;

II – quando for negado ou sofrer restrição o direito de fiscalizar, e o fato constar da ata ou de protesto interposto, por escrito, no momento;

III – quando votar, sem as cautelas do Art. 147, § 2º:

a) eleitor excluído por sentença não cumprida por ocasião da remessa das folhas individuais de votação à Mesa, desde que haja oportuna reclamação de partido;

b) eleitor de outra Seção, salvo a hipótese do Art. 145;

c) alguém com falsa identidade em lugar do eleitor chamado.

- Revogado o primitivo inciso I, e renumerados os demais incisos, pelo Art. 46 da Lei nº 4.961/1966; o inciso I passou a constituir o inciso V do Art. 220.
- V. também, Art. 72, parágrafo único, deste Código.
- Ac.-TSE, de 6.3.2007, no REspe nº 25.556 e, de 26.10.1999, no REspe nº 14.998: a impugnação relativa à identidade do eleitor deve ser feita no momento da votação, sob pena de preclusão.

Art. 222. É também anulável a votação, quando viciada de falsidade, fraude, coação, uso de meios de que trata o Art. 237, ou emprego de processo de propaganda ou captação de sufrágios vedado por lei.

- §§ 1º e 2º revogados pelo Art. 47 da Lei nº 4.961/1966.
- Ac.-TSE, de 18.12.2007, no MS nº 3649: Os Arts. 222 e 224 devem ser interpretados de modo que as normas nele contidas se revistam de maior eficácia [...] para contemplar, também, a hipótese dos votos atribuídos aos cassados em AIME para declará-los nulos, ante a descoberta superveniente de que a vontade manifestada nas urnas não foi livre. V., também, décima segunda nota ao Art. 224 deste Código.

Art. 223. A nulidade de qualquer ato, não decretada de ofício pela Junta, só poderá ser arguida quando de sua prática, não mais podendo ser alegada, salvo se a arguição se basear em motivo superveniente ou de ordem constitucional.

§ 1º Se a nulidade ocorrer em fase na qual não possa ser alegada no ato, poderá ser arguida na primeira oportunidade que para tanto se apresente.

§ 2º Se se basear em motivo superveniente deverá ser alegada imediatamente, assim que se tornar conhecida, podendo as razões do recurso ser aditadas no prazo de 2 (dois) dias.

§ 3º A nulidade de qualquer ato, baseada em motivo de ordem constitucional, não poderá ser conhecida em recurso interposto fora do prazo. Perdido o prazo numa fase própria, só em outra que se apresentar poderá ser arguida.

- Parágrafo com redação dada pelo Art. 48 da Lei nº 4.961/1966.

Art. 224. Se a nulidade atingir a mais de metade dos votos do País nas eleições presidenciais, do Estado nas eleições federais e estaduais ou do Município nas eleições municipais, julgar-se-ão prejudicadas as demais votações e o Tribunal marcará dia para nova eleição dentro do prazo de 20 (vinte) a 40 (quarenta) dias.

- CF/88, Art. 77, §§ 2º e 3º, c.c. os Arts. 28 e 29, II: votos nulos e em branco não computados para o cálculo da maioria nas eleições de Presidente da República e Vice-Presidente da República, Governador e Vice-Governador, e Prefeito e Vice-Prefeito de municípios com mais de 200 mil eleitores.

- Ac.-TSE de 11.10.2011, no MS nº 162.058: ausente disposição específica na lei orgânica municipal sobre a modalidade da eleição suplementar; eleições diretas devem ser realizadas, ainda que a dupla vacância dos cargos de Prefeito e Vice-Prefeito se dê no segundo biênio da legislatura.

- Ac.-TSE, de 12.5.2011, no AgR-MS nº 57.264: possibilidade de, no caso de renovação de eleição, haver redução de prazos relacionados à propaganda eleitoral, às convenções partidárias e à desincompatibilização, de forma a atender ao disposto neste artigo; vedação da mitigação de prazos processuais relacionados às garantias constitucionais da ampla defesa e do devido processo legal.

- Ac.-TSE, de 11.11.2010, no REspe nº 303.157: incidência do Art. 14, § 7º, da CF/88, sem mitigação, sobre a condição de todos os postulantes aos cargos postos em disputa, mesmo em se tratando de eleição suplementar.

- Ac.-TSE, de 18.5.2010, no REspe nº 36.043 (renovação da eleição); e Ac.-TSE, de 4.5.2010, no AgR-REspe nº 3919571 (eleição suplementar): o exame da aptidão de candidatura deve ocorrer no momento do novo pedido de registro, não se levando em conta a situação anterior do candidato na eleição anulada, a menos que ele tenha dado causa à anulação.

- Ac.-TSE nos 13.185/1992, 2624/1998, 3113/2003 e Ac.-STF, de 2.10.1998, no RMS nº 23234: não há incompatibilidade entre este artigo e o Art. 77, § 2º, da CF/88.

- Ac.-TSE, de 29.6.2006, no MS nº 3438 e, de 5.12.2006, no REspe nº 25585: Para fins de aplicação do Art. 224 do Código Eleitoral, não se somam aos votos anulados em decorrência da prática de captação ilícita de sufrágio os votos nulos por manifestação apolítica de eleitores. Res.-TSE nº 22.992/2008: Os votos dados a candidatos cujos registros encontravam-se *sub judice*, tendo sido confirmados como nulos, não se somam, para fins de novas eleições (Art. 224, CE), aos votos nulos decorrentes de manifestação apolítica do eleitor.

Legislações | Direito Eleitoral

- Ac.-TSE, de 29.6.2006, no MS nº 3.438: impossibilidade de conhecimento, de ofício, da matéria tratada neste dispositivo, ainda que de ordem pública.

- Ac.-TSE, de 4.5.2010, no AgR-REspe nº 3.919.571: a renovação da eleição reabre todo o processo eleitoral e constitui novo pleito, de nítido caráter autônomo. Ac.-TSE, de 1º.7.2009, no MS nº 4.228: Cuidando-se de renovação das eleições, com base no Art. 224 do CE, devem ser considerados os eleitores constantes do cadastro atual. Ac.-TSE, de 4.3.2008, no MS nº 3.709: observância do prazo mínimo de um ano de filiação partidária ainda que na renovação da eleição tratada neste dispositivo.

- Ac.-TSE, de 10.9.2013, no REspe nº 757; de 20.10.2009, no REspe nº 35.796; de 2.8.2007, no REspe nº 28116; de 12.6.2007, no REspe nº 26.140 e, de 14.2.2006, no MS nº 3.413: impossibilidade de participação, na renovação do pleito, do candidato que deu causa à nulidade da eleição anterior.

- Ac.-TSE, de 1º.7.2013, no MS nº 17886 e, de 4.9.2008, no MS nº 3.757: no caso da aplicação deste artigo, o Presidente do Legislativo Municipal é o único legitimado a assumir a chefia do Executivo Municipal interinamente, até a realização do novo pleito.

- Ac.-TSE, de 2.9.2008, no Ag nº 8055 e, de 18.12.2007, no MS nº 3649: incidência do Art. 224 do CE/65 em sede de ação de impugnação de mandato eletivo.

- Res.-TSE nº 23.280/2010: Estabelece instruções para a marcação de eleições suplementares; Res.-TSE nº 23.332/2010: Dispõe sobre a realização de eleições suplementares em anos eleitorais.

§ 1º Se o Tribunal Regional na área de sua competência, deixar de cumprir o disposto neste artigo, o Procurador Regional levará o fato ao conhecimento do Procurador-Geral, que providenciará junto ao Tribunal Superior para que seja marcada imediatamente nova eleição.

§ 2º Ocorrendo qualquer dos casos previstos neste Capítulo o Ministério Público promoverá, imediatamente, a punição dos culpados.

§ 3º A decisão da Justiça Eleitoral que importe o indeferimento do registro, a cassação do diploma ou a perda do mandato de candidato eleito em pleito majoritário acarreta, após o trânsito em julgado, a realização de novas eleições, independentemente do número de votos anulados.

- § 3º acrescido pelo Art. 4º da Lei nº 13.165/2015.

§ 4º A eleição a que se refere o § 3º correrá a expensas da Justiça Eleitoral e será:

I – indireta, se a vacância do cargo ocorrer a menos de seis meses do final do mandato;

II – direta, nos demais casos.

- § 4º e incisos I e II acrescidos pelo Art. 4º da Lei nº 13.165/2015.

Capítulo VII - Do Voto no Exterior

Art. 225. Nas eleições para Presidente e Vice-Presidente da República poderá votar o eleitor que se encontrar no Exterior.

§ 1º Para esse fim, serão organizadas Seções Eleitorais, nas sedes das Embaixadas e Consulados-Gerais.

§ 2º Sendo necessário instalar duas ou mais Seções poderá ser utilizado local em que funcione serviço do governo brasileiro.

- Ac.-TSE, de 1º.8.2014, no PA nº 58.473: autorização, em caráter excepcional, de instalação de seções eleitorais em localidades diversas de embaixadas e repartições consulares.

Art. 226. Para que se organize uma Seção Eleitoral no Exterior é necessário que na circunscrição sob a jurisdição da Missão Diplomática ou do Consulado-Geral haja um mínimo de 30 (trinta) eleitores inscritos.

Parágrafo único. Quando o número de eleitores não atingir o mínimo previsto no parágrafo anterior, os eleitores poderão votar na Mesa Receptora mais próxima, desde que localizada no mesmo País, de acordo com a comunicação que lhes for feita.

Art. 227. As Mesas Receptoras serão organizadas pelo Tribunal Regional do Distrito Federal mediante proposta dos Chefes de Missão e Cônsules-Gerais, que ficarão investidos, no que for aplicável, das funções administrativas de Juiz Eleitoral.

Parágrafo único. Será aplicável às Mesas Receptoras o processo de composição e fiscalização partidária vigente para as que funcionam no Território nacional.

Art. 228. Até 30 (trinta) dias antes da realização da eleição todos os brasileiros eleitores, residentes no estrangeiro, comunicarão à sede da Missão Diplomática ou ao Consulado-Geral, em carta, telegrama ou qualquer outra via, a sua condição de eleitor e sua residência.

§ 1º Com a relação dessas comunicações e com os dados do registro consular, serão organizadas as folhas de votação, e notificados os eleitores da hora e local da votação.

§ 2º No dia da eleição só serão admitidos a votar os que constem da folha de votação e os passageiros e tripulantes de navios e aviões de guerra e mercantes que, no dia, estejam na sede das Seções Eleitorais.

Art. 229. Encerrada a votação, as urnas serão enviadas pelos Cônsules-Gerais às sedes das Missões Diplomáticas. Estas as remeterão, pela mala diplomática, ao Ministério das Relações Exteriores, que delas fará entrega ao Tribunal Regional Eleitoral do Distrito Federal, a quem competirá a apuração dos votos e julgamento das dúvidas e recursos que hajam sido interpostos.

Parágrafo único. Todo o serviço de transporte do material eleitoral será feito por via aérea.

Art. 230. Todos os eleitores que votarem no Exterior terão os seus títulos apreendidos pela Mesa Receptora.

Parágrafo único. A todo eleitor que votar no Exterior será concedido comprovante para a comunicação legal ao Juiz Eleitoral de sua Zona.

Art. 231. Todo aquele que, estando obrigado a votar, não o fizer, fica sujeito, além das penalidades previstas para o eleitor que não vota no território nacional, à proibição de requerer qualquer documento perante a repartição diplomática a que estiver subordinado, enquanto não se justificar.

- V. Art. 7º deste Código.
- Lei nº 6.091/1974, Art. 16, § 2º, e Res.-TSE nº 21538/2003, Art. 80, § 1º: prazo de 30 dias para justificação, contado da entrada do eleitor no país.

Art. 232. Todo o processo eleitoral realizado no estrangeiro fica diretamente subordinado ao Tribunal Regional do Distrito Federal.

- Ac.-TSE, de 27.5.2014, na Cta nº 11794: o voto no exterior somente é permitido aos brasileiros residentes no estrangeiro que realizem a inscrição perante a Zona Eleitoral do Exterior (Zona ZZ), sob a jurisdição do TRE/DF.

Art. 233. O Tribunal Superior Eleitoral e o Ministério das Relações Exteriores baixarão as instruções necessárias e adotarão as medidas adequadas para o voto no Exterior.

- Res.-TSE nº 20573/2000: procedimentos a serem adotados pelas missões diplomáticas e repartições consulares em situações de interesse da Justiça Eleitoral.
- Ac.-STF, de 30.9.2010, na ADI nº 4.467: liminar concedida para, mediante interpretação conforme, reconhecer que somente a ausência de documento oficial de identidade, com fotografia, trará obstáculo ao exercício do direito de voto.
- Ac.-TSE, de 2.9.2010, no PA nº 245.835: cabimento do uso do passaporte no dia da votação para fins de identificação do eleitor.

Art. 233-A. Aos eleitores em trânsito no território nacional é assegurado o direito de votar para Presidente da República, Governador, Senador, Deputado Federal, Deputado Estadual e Deputado Distrital em urnas especialmente instaladas nas capitais e nos Municípios com mais de cem mil eleitores.

- *Caput* com redação dada pelo Art. 4º da Lei nº 13.165/2015.

§ 1º O exercício do direito previsto neste artigo sujeita-se à observância das regras seguintes:

I – para votar em trânsito, o eleitor deverá habilitar-se perante a Justiça Eleitoral no período de até quarenta e cinco dias da data marcada para a eleição, indicando o local em que pretende votar;

II – aos eleitores que se encontrarem fora da unidade da Federação de seu domicílio eleitoral somente é assegurado o direito à habilitação para votar em trânsito nas eleições para Presidente da República;

III – os eleitores que se encontrarem em trânsito dentro da unidade da Federação de seu domicílio eleitoral poderão votar nas eleições para Presidente da República, Governador, Senador, Deputado Federal, Deputado Estadual e Deputado Distrital.

- § 1º e incisos I a III acrescidos pelo Art. 4º da Lei nº 13.165/2015.

§ 2º Os membros das Forças Armadas, os integrantes dos órgãos de segurança pública a que se refere o Art. 144 da Constituição Federal, bem como os integrantes das guardas municipais mencionados no § 8º do mesmo Art. 144, poderão votar em trânsito se estiverem em serviço por ocasião das eleições.

- § 2º acrescido pelo Art. 4º da Lei nº 13.165/2015.

§ 3º As chefias ou comandos dos órgãos a que estiverem subordinados os eleitores mencionados no § 2º enviarão obrigatoriamente à Justiça Eleitoral, em até quarenta e cinco dias da data das eleições, a listagem dos que estarão em serviço no dia da eleição com indicação das seções eleitorais de origem e destino.

- Parágrafo 3º acrescido pelo Art. 4º da Lei nº 13.165/2015.

§ 4º Os eleitores mencionados no § 2º, uma vez habilitados na forma do § 3º, serão cadastrados e votarão nas seções eleitorais indicadas nas listagens mencionadas no § 3º independentemente do número de eleitores do Município.

- Parágrafo 4º acrescido pelo Art. 4º da Lei nº 13.165/2015.

Parte Quinta - Disposições Várias

Título I - Das Garantias Eleitorais

Art. 234. Ninguém poderá impedir ou embaraçar o exercício do sufrágio.

- V. Art. 297 deste Código.

Art. 235. O Juiz Eleitoral, ou o Presidente da Mesa Receptora, pode expedir salvo-conduto com a cominação de prisão por desobediência até 5 (cinco) dias, em favor do eleitor que sofrer violência, moral ou física, na sua liberdade de votar, ou pelo fato de haver votado.

Parágrafo único. A medida será válida para o período compreendido entre 72 (setenta e duas) horas antes até 48 (quarenta e oito) horas depois do pleito.

Art. 236. Nenhuma autoridade poderá, desde 5 (cinco) dias antes e até 48 (quarenta e oito) horas depois do encerramento da eleição, prender ou deter qualquer eleitor, salvo em flagrante delito ou em virtude de sentença criminal condenatória por crime inafiançável, ou, ainda, por desrespeito a salvo-conduto.

§ 1º Os membros das Mesas Receptoras e os Fiscais de partido, durante o exercício de suas funções, não poderão ser, detidos ou presos, salvo o caso de flagrante delito; da mesma garantia gozarão os candidatos desde 15 (quinze) dias antes da eleição.

§ 2º Ocorrendo qualquer prisão o preso será imediatamente conduzido à presença do Juiz competente que, se verificar a ilegalidade da detenção, a relaxará e promoverá a responsabilidade do coator.

Art. 237. A interferência do poder econômico e o desvio ou abuso do poder de autoridade, em desfavor da liberdade do voto, serão coibidos e punidos.

- LC nº 64/1990, Art. 22 e seguintes: representação por uso indevido, desvio ou abuso do poder econômico ou do poder de autoridade; e Lei nº 9.504/1997, Arts. 73, 75 e 77: condutas vedadas aos agentes públicos em campanha eleitoral; Art. 74: abuso de autoridade. CF/88, Art. 14, § 10: ação de impugnação de mandato eletivo.

§ 1º O eleitor é parte legítima para denunciar os culpados e promover-lhes a responsabilidade, e a nenhum servidor público, inclusive de autarquia, de entidade paraestatal e de sociedade de economia mista, será lícito negar ou retardar ato de ofício tendente a esse fim.

Legislações | Direito Eleitoral

§ 2º Qualquer eleitor ou partido político poderá se dirigir ao Corregedor-Geral ou Regional, relatando fatos e indicando provas, e pedir abertura de investigação para apurar uso indevido do poder econômico, desvio ou abuso do poder de autoridade, em benefício de candidato ou de partido político.

- Ac.-TSE, de 9.8.2011, nos ED-Rp nº 317632 e, de 21.9.2006, no AgR-Rp nº 963: o mero eleitor não é parte legítima para ajuizar pedido de abertura de investigação judicial, considerados os limites impostos pelo Art. 22 da LC nº 64/1990.

§ 3º O Corregedor, verificada a seriedade da denúncia procederá ou mandará proceder a investigações, regendo-se estas, no que lhes for aplicável, pela Lei nº 1.579 de 18/03/1952.

- LC nº 64/1990, Arts. 21 e 22: procedimento para apuração do uso indevido, desvio ou abuso do poder econômico ou do poder de autoridade, em benefício de candidato ou partido político.
- A Lei nº 1.579/1952, que Dispõe sobre as comissões parlamentares de inquérito, trata do cumprimento de diligências, convocações, tomada de depoimentos, inquirição de testemunhas, requisições e apresentação de conclusões.

Art. 238. É proibida, durante o ato eleitoral, a presença de força pública no edifício em que funcionar Mesa Receptora, ou nas imediações, observado o disposto no Art. 141.

Art. 239. Aos partidos políticos é assegurada a prioridade postal durante os 60 (sessenta) dias anteriores à realização das eleições, para remessa de material de propaganda de seus candidatos registrados.

- V. Art. 338 deste Código.

Título II - Da Propaganda Partidária

- Lei nº 9.096/1995, Arts. 45 a 49, e Lei nº 9.504/1997, Arts. 36 a 57-I.

Art. 240. A propaganda de candidatos a cargos eletivos somente é permitida após o dia 15 de agosto do ano da eleição.

- *Caput* com redação dada pelo Art. 4º da Lei nº 13.165/2015.
- V. Lei nº 9.504/1997, Art. 36-A e notas correspondentes: casos que não serão considerados como propaganda antecipada.

Parágrafo único. É vedada, desde quarenta e oito horas antes até vinte e quatro horas depois da eleição, qualquer propaganda política mediante radiodifusão, televisão, comícios ou reuniões públicas.

- Lei nº 9.504/1997, Art. 39, §§ 4º e 5º, com alterações da Lei nº 12.891/2013: horário de comício e de utilização de aparelhagem de sonorização fixa e atos de propaganda eleitoral no dia da eleição que caracterizam crime.
- Lei nº 12.034/2009, Art. 7º: não aplicação da vedação constante deste parágrafo único à propaganda eleitoral veiculada gratuitamente na Internet, no sítio eleitoral, blog, sítio interativo ou social, ou outros meios eletrônicos de comunicação do candidato, ou no sítio do partido ou coligação, nas formas previstas no Art. 57-B da Lei nº 9.504/1997.

Art. 241. Toda propaganda eleitoral será realizada sob a responsabilidade dos partidos e por eles paga, imputando-se-lhes solidariedade nos excessos praticados pelos seus candidatos e adeptos.

- Lei nº 9.504/1997, Art. 17: responsabilidade dos partidos ou de seus candidatos pelas despesas de campanha eleitoral e formas de financiamento.
- Ac.-TSE, de 30.4.2013, no AgR-AI nº 282.212; e Ac.-TSE, de 22.2.2011, no AgR-AI nº 385447: [...] os partidos políticos respondem solidariamente pelos excessos praticados por seus candidatos e adeptos no que tange à propaganda eleitoral.
- Ac.-STJ, de 23.11.2005, no REsp nº 663.887: responsabilidade solidária do candidato por dano moral causado pela utilização não autorizada de fotografia na propaganda eleitoral.

Parágrafo único. A solidariedade prevista neste artigo é restrita aos candidatos e aos respectivos partidos, não alcançando outros partidos, mesmo quando integrantes de uma mesma coligação.

Parágrafo único acrescido pelo Art. 1º da Lei nº 12.891/2013.

- Ac.-TSE, de 24.6.2014, na Cta nº 100.075: inaplicabilidade da Lei nº 12.891/2013 às eleições de 2014.

Art. 242. A propaganda, qualquer que seja a sua forma ou modalidade, mencionará sempre a legenda partidária e só poderá ser feita em língua nacional, não devendo empregar meios publicitários destinados a criar, artificialmente, na opinião pública, estados mentais, emocionais ou passionais.

- *Caput* com redação dada pelo Art. 1º da Lei nº 7.476/1986.
- Ac.-TSE, de 19.9.2002, no AgR-Rp nº 446 e, de 13.9.2006, no AgR-Rp nº 1069: na hipótese de inobservância do disposto neste parágrafo e no § 2º do Art. 6º da Lei nº 9.504/1997, deve o julgador advertir – à falta de norma sancionadora – o autor da conduta ilícita, sob pena de crime de desobediência.
- V. Art. 335 deste Código.
- Ac.-TSE, de 23.9.2014, na Rp nº 120.133: a parte final deste artigo não impede a crítica de natureza política ínsita e necessária ao debate eleitoral e da essência do processo democrático representativo.
- Ac.-TSE, de 26.8.2014, na Rp nº 107.313: a proibição do uso de linguagem estrangeira nas propagandas eleitorais não alcança a utilização de imagem de capa de revista internacional.

Parágrafo único. Sem prejuízo do processo e das penas cominadas, a Justiça Eleitoral adotará medidas para fazer impedir ou cessar imediatamente a propaganda realizada com infração do disposto neste artigo.

- Res.-TSE nº 18.698/1992: mantém este dispositivo por entender que o legislador, ao dar nova redação ao *caput*, não lhe suprimiu o parágrafo único.
- Res.-TSE nº 7.966/1966: Instruções regulamentando o Art. 242 do Código Eleitoral.

Art. 243. Não será tolerada propaganda:

I – de guerra, de processos violentos para subverter o regime, a ordem política e social ou de preconceitos de raça ou de classes;

Legislações | Direito Eleitoral

II – que provoque animosidade entre as Forças Armadas ou contra elas, ou delas contra as classes e instituições civis;

III – de incitamento de atentado contra pessoa ou bens;

IV – de instigação à desobediência coletiva ao cumprimento da lei de ordem pública;

V – que implique em oferecimento, promessa ou solicitação de dinheiro, dádiva, rifa, sorteio ou vantagem de qualquer natureza;

VI – que perturbe o sossego público, com algazarra ou abusos de instrumentos sonoros ou sinais acústicos;

- Ac.-TSE, de 1.3.2011, no REspe nº 28.478: competência do Juiz Eleitoral e não do Ministério Público para o exercício do poder de polícia para fazer cessar a propaganda irregular; impossibilidade de a multa por infração à legislação eleitoral decorrer unicamente do poder de polícia, devendo resultar do regular processamento judicial, cabendo ao MPE, eventualmente, ajuizar, nos termos do Art. 96 da Lei nº 9.504/1997, representação por descumprimento do Art. 39, § 3º, daquela lei.

VII – por meio de impressos ou de objeto que pessoa inexperiente ou rústica possa confundir com moeda;

VIII – que prejudique a higiene e a estética urbana ou contravenha a posturas municipais ou a outra qualquer restrição de direito;

- Ac.-TSE, de 19.8.2010, no AgR-REspe nº 35.182: este inciso foi recepcionado pela CF/88.
- Ac.-TSE, de 12.5.2011, no AgR-REspe nº 34.515; Ac.-TSE, de 17.2.2011, no AgR-REspe nº 35.134; Ac.-TSE, de 14.3.2006, no REspe nº 24801: prevalência da lei de postura municipal sobre o Art. 37 da Lei nº 9.504/1997 em hipótese de conflito; V., ainda, Ac.-TSE, de 29.10.2010, no RMS nº 268.445: prevalência da Lei Eleitoral sobre as leis de posturas municipais, desde que a propaganda seja exercida dentro dos limites legais.

IX – que caluniar, difamar ou injuriar quaisquer pessoas, bem como órgãos ou entidades que exerçam autoridade pública.

- V. Arts. 324 a 326 deste Código.

§ 1º O ofendido por calúnia, difamação ou injúria, sem prejuízo e independentemente da ação penal competente, poderá demandar, no Juízo Cível, a reparação do dano moral respondendo por este o ofensor e, solidariamente, o partido político deste, quando responsável por ação ou omissão, e quem quer que favorecido pelo crime, haja de qualquer modo contribuído para ele.

§ 2º No que couber, aplicar-se-ão na reparação do dano moral, referido no parágrafo anterior, os Arts. 81 a 88 da Lei nº 4.117, de 27 de agosto de 1962.

- V. nota ao § 3º deste artigo sobre o Art. 58 da Lei nº 9.504/1997.

§ 3º É assegurado o direito de resposta a quem for injuriado, difamado ou caluniado através da imprensa, rádio, televisão, ou alto-falante, aplicando-se, no que couberem, os Arts. 90 e 96 da Lei nº 4.117, de 27 de agosto de 1962.

- Parágrafos 1º a 3º acrescidos pelo Art. 49 da Lei nº 4.961/1966.
- Lei nº 9.504/1997, Art. 58: ofensa por meio de qualquer veículo de comunicação social.

Gleibe Pretti

- Os dispositivos citados da Lei nº 4.117/1962, que Institui o Código Brasileiro de Telecomunicações, foram revogados pelo Art. 3º do DL nº 236/1967. O processo e julgamento do direito de resposta, na Justiça Eleitoral, passou a ser regulamentado pelos Arts. 58 e 58-A da Lei nº 9.504/1997.
- CF/88, Art. 5º, V: garantia do direito de resposta.

Art. 244. É assegurado aos partidos políticos registrados o direito de, independentemente de licença da autoridade pública e do pagamento de qualquer contribuição:

I – fazer inscrever, na fachada de suas sedes e dependências, o nome que os designe, pela forma que melhor lhes parecer;

II – instalar e fazer funcionar, normalmente, das quatorze às vinte e duas horas, nos três meses que antecederem as eleições, alto-falantes ou amplificadores de voz, nos locais referidos, assim como em veículos seus, ou à sua disposição, em território nacional, com observância da legislação comum.

- Lei nº 9.504/1997, Art. 36, *caput*: propaganda permitida após o dia 15 de agosto do ano da eleição; Art. 39, § 3º: funcionamento de alto-falantes ou amplificadores de som em recinto aberto ou fechado no horário das 8h às 22h.
- O Art. 322 deste Código previa penalidade para o descumprimento deste artigo; foi, entretanto, revogado pelo Art. 107 da Lei nº 9.504/1997.

Parágrafo único. Os meios de propaganda a que se refere o nº II deste artigo não serão permitidos, a menos de 500 metros:

- Lei nº 9.504/1997, Art. 39, § 3º: distância inferior a 200 metros para propaganda em recinto aberto ou fechado.

I – das sedes do Executivo Federal, dos Estados, Territórios e respectivas Prefeituras Municipais;

II – das Câmaras Legislativas Federais, Estaduais e Municipais;

III – dos Tribunais Judiciais;

IV – dos hospitais e casas de saúde;

V – das escolas, bibliotecas públicas, igrejas e teatros, quando em funcionamento;

VI – dos quartéis e outros estabelecimentos militares.

Art. 245. A realização de qualquer ato de propaganda partidária ou eleitoral, em recinto aberto, não depende de licença da polícia.

- Lei nº 9.504/1997, Art. 39, *caput*: em recinto aberto ou fechado.

§ 1º Quando o ato de propaganda tiver de realizar-se em lugar designado para a celebração de comício, na forma do disposto no Art. 3º da Lei nº 1.207, de 25 de outubro de 1950, deverá ser feita comunicação à autoridade policial, pelo menos 24 (vinte e quatro) horas antes de sua realização.

- Lei nº 1.207/1950, Art. 3º: fixação de locais de comício; e Lei nº 9.504/1997, Art. 39, § 1º: prazo para comunicação à autoridade policial da realização de qualquer ato de propaganda partidária ou eleitoral, em recinto aberto ou fechado.

Legislações | Direito Eleitoral

§ 2º Não havendo local anteriormente fixado para a celebração de comício, ou sendo impossível ou difícil nele realizar-se o ato de propaganda eleitoral, ou havendo pedido para designação de outro local, a comunicação a que se refere o parágrafo anterior será feita, no mínimo, com antecedência de 72 (setenta e duas) horas, devendo a autoridade policial, em qualquer desses casos, nas 24 (vinte e quatro) horas seguintes, designar local amplo e de fácil acesso, de modo que não impossibilite ou frustre a reunião.

§ 3º Aos órgãos da Justiça Eleitoral compete julgar das reclamações sobre a localização dos comícios e providências sobre a distribuição equitativa dos locais aos partidos.

- Arts. 246 e 247. (Revogados pelo Art. 107 da Lei nº 9.504/97.)

Art. 248. Ninguém poderá impedir a propaganda eleitoral, nem inutilizar, alterar ou perturbar os meios lícitos nela empregados.

- V. Arts. 331 e 332 deste Código.

Art. 249. O direito de propaganda não importa restrição ao poder de polícia quando este deva ser exercido em benefício da ordem pública.

- Lei nº 9.504/1997, Art. 41: proibição de aplicação de multa e cerceamento da propaganda sob alegação do exercício do poder de polícia.

Art. 250. (Revogado pelo Art. 107 da Lei nº 9.504/97.)

Art. 251. No período destinado à propaganda eleitoral gratuita não prevalecerão quaisquer contratos ou ajustes firmados pelas empresas que possam burlar ou tornar inexequível qualquer dispositivo deste Código ou das instruções baixadas pelo Tribunal Superior Eleitoral.

Arts. 252 a 254. (Revogados pelo DL nº 1.538/77.)

Art. 255. Nos 15 (quinze) dias anteriores ao pleito é proibida a divulgação, por qualquer forma, de resultados de prévias ou testes pré-eleitorais.

- Lei nº 9.504/1997, Art. 33: registro de pesquisas de opinião pública relativas às eleições ou aos candidatos junto à Justiça Eleitoral.
- CF/88, Art. 220, § 1º: liberdade de informação. Ac.-TSE nº 10.305/1988: incompatibilidade, com a CF/88, da norma que proíbe divulgação de resultados de pesquisas eleitorais. Res.-TSE nº 23364/2011, Art. 12, *caput*: possibilidade de divulgação de pesquisa eleitoral a qualquer momento, inclusive no dia das eleições, desde que respeitado o prazo de cinco dias para o registro.
- Lei nº 9.504/1997, Art. 35-A, acrescido pela Lei nº 11.300/2006: proibição de divulgação de pesquisas eleitorais do décimo quinto dia anterior até às 18 horas do dia da eleição, dispositivo considerado inconstitucional conforme Ac.-STF, de 6.9.2006, na ADI nº 3.741, e também conforme decisão administrativa do TSE de 23.5.2006 (ata da 57ª sessão, DJ de 30.5.2006).

Art. 256. As autoridades administrativas federais, estaduais e municipais proporcionarão aos partidos, em igualdade de condições, as facilidades permitidas para a respectiva propaganda.

§ 1º No período da campanha eleitoral, independentemente do critério de prioridade, os serviços telefônicos, oficiais ou concedidos, farão instalar, na sede dos Diretórios devidamente registrados, telefones necessários, mediante requerimento do respectivo Presidente e pagamento das taxas devidas.

§ 2º O Tribunal Superior Eleitoral baixará as instruções necessárias ao cumprimento do disposto no parágrafo anterior fixando as condições a serem observadas.

- §§ 1º e 2º acrescidos pelo Art. 51 da Lei nº 4.961/1966.

Título III - Dos Recursos

Capítulo I - Disposições Preliminares

Art. 257. Os recursos eleitorais não terão efeito suspensivo.

§ 1º A execução de qualquer acórdão será feita imediatamente, através de comunicação por ofício, telegrama, ou, em casos especiais, a critério do Presidente do Tribunal, através de cópia do acórdão.

- Primitivo parágrafo único renumerado como § 1º pelo Art. 4º da Lei nº 13.165/2015.
- V. Art. 216 deste Código; Art. 15, parágrafo único, da LC nº 64/1990 e RITSE, Art. 27, parágrafo único.

§ 2º O recurso ordinário interposto contra decisão proferida por Juiz Eleitoral ou por Tribunal Regional Eleitoral que resulte em cassação de registro, afastamento do titular ou perda de mandato eletivo será recebido pelo Tribunal competente com efeito suspensivo.

- § 2º acrescido pelo Art. 4º da Lei nº 13.165/2015.

§ 3º O Tribunal dará preferência ao recurso sobre quaisquer outros processos, ressalvados os de *habeas corpus* e de mandado de segurança.

- § 3º acrescido pelo Art. 4º da Lei nº 13.165/2015.

Art. 258. Sempre que a lei não fixar prazo especial, o recurso deverá ser interposto em três dias da publicação do ato, resolução ou despacho.

- LC nº 64/1990, Arts. 8º, *caput*, 11, § 2º, e 14; e Lei nº 9.504/1997, Art. 96, § 8º: publicação em cartório ou sessão nos processos de registro de candidatos e nas representações ou reclamações por descumprimento da última lei citada, respectivamente.
- Lei nº 9.504/1997, Art. 96, § 8º: prazo de 24 horas para a interposição de recurso em sede de representação fundada neste artigo; V., contudo, na citada lei, os seguintes dispositivos, que estabelecem prazo de três dias para recurso: Art. 30, § 5º (prestação de contas de campanha eleitoral); Art. 30-A, § 3º (apuração de condutas relativas à arrecadação e gastos de recursos); Art. 41-A, § 4º (captação ilícita de sufrágio); Art. 73, § 13 (condutas vedadas aos agentes públicos em campanhas eleitorais); Art. 81, § 4º (doações e contribuições de pessoas jurídicas para campanhas eleitorais).
- Ac.-TSE, de 2.3.2011, no AgR-REspe nº 36.693: inaplicabilidade aos feitos eleitorais do Art. 191 do CPC (Lei nº 5.869/1973), que trata da contagem de prazo em dobro aos litisconsortes com diferentes procuradores.

Art. 259. São preclusivos os prazos para interposição de recurso, salvo quando neste se discutir matéria constitucional.

Parágrafo único. O recurso em que se discutir matéria constitucional não poderá ser interposto fora do prazo. Perdido o prazo numa fase própria, só em outra que se apresentar poderá ser interposto.

Art. 260. A distribuição do primeiro recurso que chegar ao Tribunal Regional ou Tribunal Superior prevenirá a competência do Relator para todos os demais casos do mesmo Município ou Estado.

- V. Port.-TSE nº 410/2011.
- Ac.-TSE nos 7.571/1983, 13.854/1993 e 21.380/2004: a prevenção diz respeito, exclusivamente, aos recursos parciais interpostos contra a votação e apuração.
- Ac.-TSE, de 3.8.2006, na AgR-MC nº 1.850: [...] a aplicação do Art. 260 do CE, para efeito de prevenção, é dada exatamente pelo primeiro processo em que se discute a eleição, daí por que o estado fica prevento ao relator daquele processo, e não pelo tipo de processo.

Art. 261. Os recursos parciais, entre os quais não se incluem os que versarem matéria referente ao registro de candidatos, interpostos para os Tribunais Regionais no caso de eleições municipais, e para o Tribunal Superior no caso de eleições estaduais ou federais, serão julgados à medida que derem entrada nas respectivas Secretarias.

§ 1º Havendo dois ou mais recursos parciais de um mesmo Município ou Estado, ou se todos, inclusive os de diplomação, já estiverem no Tribunal Regional ou no Tribunal Superior, serão eles julgados seguidamente, em uma ou mais sessões.

§ 2º As decisões com os esclarecimentos necessários ao cumprimento serão comunicadas de uma só vez ao Juiz Eleitoral ou ao Presidente do Tribunal Regional.

§ 3º Se os recursos de um mesmo Município ou Estado deram entrada em datas diversas, sendo julgados separadamente, o Juiz Eleitoral ou o Presidente do Tribunal Regional, aguardará a comunicação de todas as decisões para cumpri-las, salvo se o julgamento dos demais importar em alteração do resultado do pleito que não tenha relação com o recurso já julgado.

§ 4º Em todos os recursos, no despacho que determinar a remessa dos autos à instância superior, o Juízo a quo esclarecerá quais os ainda em fase de processamento e, no último, quais os anteriormente remetidos.

§ 5º Ao se realizar a diplomação, se ainda houver recurso pendente de decisão em outra instância, será consignado que os resultados poderão sofrer alterações decorrentes desse julgamento.

§ 6º Realizada a diplomação, e decorrido o prazo para recurso, o Juiz ou Presidente do Tribunal Regional comunicará à instância superior se foi ou não interposto recurso.

Art. 262. O recurso contra expedição de diploma caberá somente nos casos de inelegibilidade superveniente ou de natureza constitucional e de falta de condição de elegibilidade.

Art. 262 com redação dada pelo Art. 1º da Lei nº 12.891/2013.

- Ac.-TSE, de 24.6.2014, na Cta nº 100.075: inaplicabilidade da Lei nº 12.891/2013 às eleições de 2014.
- Ac.-TSE, de 3.2.2011, no AgR-AI nº 11.450: o prazo para propositura do RCED tem natureza decadencial, mas a superveniência do recesso forense autoriza a prorrogação de seu termo final para o primeiro dia útil subsequente.

- Ac.-TSE, de 28.5.2009, no RCED nº 703: competência do TSE para julgar RCED expedido em favor de Senador, Deputado Federal e seus suplentes, Governador e Vice-Governador; Sobre a competência do TRE para julgar recurso de diplomação: Ac.-TSE, de 31.8.1993, no REspe nº 11605 (Prefeito); Ac.-TSE, de 11.2.1999, no REspe nº 15.516 e Ac.-TSE, de 16.2.2006, no REspe nº 25284 (Vereador); V., ainda, Ac.-STF, de 1º.10.2009, na ADPF nº 167: ação de arguição de descumprimento de preceito fundamental proposta em razão de decisões judiciais do TSE que reconheceram sua competência originária para processar e julgar os recursos contra expedição de diploma de candidatos eleitos em eleições estaduais e federais. O Plenário do STF não referendou a liminar concedida em 10.9.2009, que havia determinado o sobrestamento desses recursos no âmbito do TSE.

- Ac.-TSE, de 5.8.2008, no RCED nº 728: Quem perdeu os direitos políticos não tem legitimidade para interpor recurso contra a expedição de diploma; Ac.-TSE, de 17.3.1992, no AG nº 8.659: ilegitimidade ativa de eleitor.

- Ac.-TSE, de 16.2.2006, no REspe nº 25284; de 16.3.2004, no RCED nº 647 e, de 16.3.2004, no RCED nº 643: não há litisconsórcio passivo necessário do partido político ou de coligação no recurso contra expedição de diploma de candidatos da eleição proporcional.

I – (Revogado pelo Art. 4º da Lei nº 12.891/2013);

II – (Revogado pelo Art. 4º da Lei nº 12.891/2013);

III – (Revogado pelo Art. 4º da Lei nº 12.891/2013);

IV – (Revogado pelo Art. 4º da Lei nº 12.891/2013).

- Ac.-TSE, de 24.6.2014, na Cta nº 100075: inaplicabilidade da Lei nº 12.891/2013 às eleições de 2014.

Art. 263. No julgamento de um mesmo pleito eleitoral, as decisões anteriores sobre questões de direito constituem prejulgados para os demais casos, salvo se contra a tese votarem dois terços dos membros do Tribunal.

- Ac.-TSE nº 12.501/1992: inconstitucionalidade deste artigo desde a CF/46.

Art. 264. Para os Tribunais Regionais e para o Tribunal Superior caberá, dentro de 3 (três) dias, recurso dos atos, resoluções ou despachos dos respectivos Presidentes.

Capítulo II - Dos Recursos Perante as Juntas e Juízos Eleitorais

Art. 265. Dos atos, resoluções ou despachos dos Juízes ou Juntas Eleitorais caberá recurso para o Tribunal Regional.

- Ac.-TSE, de 17.4.2007, no REspe nº 25.756: descabimento do recurso inominado contra decisão interlocutória.

Parágrafo único. Os recursos das decisões das Juntas serão processados na forma estabelecida pelos Arts. 169 e seguintes.

Art. 266. O recurso independerá de termo e será interposto por petição devidamente fundamentada, dirigida ao Juiz Eleitoral e acompanhada, se o entender o recorrente, de novos documentos.

Legislações | Direito Eleitoral

Parágrafo único. Se o recorrente se reportar a coação, fraude, uso de meios de que trata o Art. 237 ou emprego de processo de propaganda ou captação de sufrágios vedada por lei, dependentes de prova a ser determinada pelo Tribunal, bastar-lhe-á indicar os meios a elas conducentes.

- Parágrafo acrescido pelo Art. 52 da Lei nº 4.961/1966.

Art. 267. Recebida a petição, mandará o Juiz intimar o recorrido para ciência do recurso, abrindo-se-lhe vista dos autos a fim de, em prazo igual ao estabelecido para a sua interposição, oferecer razões, acompanhadas ou não de novos documentos.

§ 1º A intimação se fará pela publicação da notícia da vista no jornal que publicar o expediente da Justiça Eleitoral, onde houver, e nos demais lugares, pessoalmente pelo Escrivão, independente de iniciativa do recorrente.

- Lei nº 10.842/2004, Art. 4º, *caput*: as atribuições da Escrivania Eleitoral passaram a ser exercidas privativamente pelo chefe de cartório eleitoral.

§ 2º Onde houver jornal oficial, se a publicação não ocorrer no prazo de 3 (três) dias, a intimação se fará pessoalmente ou na forma prevista no parágrafo seguinte.

§ 3º Nas Zonas em que se fizer intimação pessoal, se não for encontrado o recorrido dentro de 48 (quarenta e oito) horas, a intimação se fará por edital afixado no foro, no local de costume.

§ 4º Todas as citações e intimações serão feitas na forma estabelecida neste artigo.

§ 5º Se o recorrido juntar novos documentos, terá o recorrente vista dos autos por 48 (quarenta e oito) horas para falar sobre os mesmos, contado o prazo na forma deste artigo.

§ 6º Findos os prazos a que se referem os parágrafos anteriores, o Juiz Eleitoral fará, dentro de quarenta e oito horas, subir os autos ao Tribunal Regional com a sua resposta e os documentos em que se fundar, sujeito à multa de dez por cento do salário mínimo regional por dia de retardamento, salvo se entender de reformar a sua decisão.

- Parágrafo com redação dada pelo Art. 53 da Lei nº 4.961/1966.
- V. CF/88, Art. 7º, IV: vedação da vinculação do salário mínimo para qualquer fim; Res.-TSE nº 21538/2003, Art. 85: indica a base de cálculo para aplicação das multas previstas pelo Código Eleitoral e por leis conexas; Art. 80, § 4º: estabelece o percentual mínimo de 3% e o máximo de 10% do valor indicado pelo Art. 85 para arbitramento da multa pelo não exercício do voto; Lei nº 10.522/2002, Art. 29: extingue a UFIR e adota como seu último valor o do dia 1º de janeiro de 1997, correspondente a R$1,0641.

§ 7º Se o Juiz reformar a decisão recorrida, poderá o recorrido, dentro de 3 (três) dias, requerer suba o recurso como se por ele interposto.

- Ac.-TSE, de 10.3.2015, no RMS nº 5698: o juízo de retratação previsto nesse dispositivo prescinde de pedido expresso da parte recorrente e consubstancia exceção ao princípio da inalterabilidade da decisão na Justiça Eleitoral.

Capítulo III - Dos Recursos nos Tribunais Regionais

Art. 268. No Tribunal Regional nenhuma alegação escrita ou nenhum documento poderá ser oferecido por qualquer das partes, salvo o disposto no Art. 270.

- Artigo com redação dada pelo Art. 54 da Lei nº 4.961/1966.
- Súm.-TSE nº 3/1992: possibilidade de juntada de documento com o recurso ordinário em processo de registro de candidatos quando o juiz não abre prazo para suprimento de defeito de instrução do pedido.

Art. 269. Os recursos serão distribuídos a um Relator em 24 (vinte e quatro) horas e na ordem rigorosa da antiguidade dos respectivos membros, esta última exigência sob pena de nulidade de qualquer ato ou decisão do Relator ou do Tribunal.

§ 1º Feita a distribuição, a Secretaria do Tribunal abrirá vista dos autos à Procuradoria Regional, que deverá emitir parecer no prazo de 5 (cinco) dias.

§ 2º Se a Procuradoria não emitir parecer no prazo fixado, poderá a parte interessada requerer a inclusão do processo na pauta, devendo o Procurador, nesse caso, proferir parecer oral na assentada do julgamento.

Art. 270. Se o recurso versar sobre coação, fraude, uso de meios de que trata o Art. 237, ou emprego de processo de propaganda ou captação de sufrágios vedado por lei dependente de prova indicada pelas partes ao interpô-lo ou ao impugná-lo, o Relator no Tribunal Regional deferi-la-á em vinte e quatro horas da conclusão, realizando-se ela no prazo improrrogável de cinco dias.

- *Caput* com redação dada pelo Art. 55 da Lei nº 4.961/1966.
- Ac.-TSE, de 19.6.2008, no Ag nº 8062 e, de 6.3.2007, no REspe nº 26041: No recurso contra a diplomação, basta ao recorrente apresentar prova suficiente ou indicar, no momento da interposição do recurso, as que pretende ver produzidas, nos termos do Art. 270 do Código Eleitoral. Não se exige a produção da prova e a apuração dos fatos em autos apartados.

§ 1º Admitir-se-ão como meios de prova para apreciação pelo Tribunal as justificações e as perícias processadas perante o Juiz Eleitoral da Zona, com citação dos partidos que concorreram ao pleito e do representante do Ministério Público.

§ 2º Indeferindo o Relator a prova serão os autos, a requerimento do interessado, nas vinte e quatro horas seguintes, presentes à primeira sessão do Tribunal, que deliberará a respeito.

§ 3º Protocoladas as diligências probatórias, ou com a juntada das justificações ou diligências, a Secretaria do Tribunal abrirá, sem demora, vista dos autos, por vinte e quatro horas, seguidamente, ao recorrente e ao recorrido para dizerem a respeito.

§ 4º Findo o prazo acima, serão os autos conclusos ao Relator.

- Parágrafos 1º a 4º acrescidos pelo Art. 55 da Lei nº 4.961/1966.

Art. 271. O Relator devolverá os autos à Secretaria no prazo, improrrogável de 8 (oito) dias para, nas 24 (vinte e quatro) horas seguintes, ser o caso incluído na pauta de julgamento do Tribunal.

Legislações | Direito Eleitoral

- Ac.-TSE, de 5.6.2012, no AgR-REspe nº 392.368: a ausência de publicação de pauta de julgamento na imprensa oficial acarreta a nulidade do feito por cerceamento de defesa.

§ 1º Tratando-se de recurso contra a expedição de diploma, os autos, uma vez devolvidos pelo Relator, serão conclusos ao Juiz imediato em antiguidade como revisor, o qual deverá devolvê-los em 4 (quatro) dias.

§ 2º As pautas serão organizadas com um número de processos que possam ser realmente julgados, obedecendo-se rigorosamente à ordem da devolução dos mesmos à Secretaria pelo Relator, ou revisor, nos recursos contra a expedição de diploma, ressalvadas as preferências determinadas pelo Regimento do Tribunal.

Art. 272. Na sessão do julgamento, uma vez feito o relatório pelo Relator, cada uma das partes poderá, no prazo improrrogável de dez minutos, sustentar oralmente as suas conclusões.

Parágrafo único. Quando se tratar de julgamento de recursos contra a expedição de diploma, cada parte terá vinte minutos para sustentação oral.

Art. 273. Realizado o julgamento, o Relator, se vitorioso, ou o Relator designado para redigir o acórdão, apresentará a redação deste, o mais tardar, dentro em 5 (cinco) dias.

§ 1º O acórdão conterá uma síntese das questões debatidas e decididas.

§ 2º Sem prejuízo do disposto no parágrafo anterior, se o Tribunal dispuser de serviço taquigráfico, serão juntas ao processo as notas respectivas.

Art. 274. O acórdão, devidamente assinado, será publicado, valendo como tal a inserção da sua conclusão no órgão oficial.

§ 1º Se o órgão oficial não publicar o acórdão no prazo de 3 (três) dias, as partes serão intimadas pessoalmente e, se não forem encontradas no prazo de 48 (quarenta e oito) horas, a intimação se fará por edital afixado no Tribunal, no local de costume.

- Ac.-TSE, de 20.3.2014, no AgR-AI nº 150.622: inaplicabilidade deste parágrafo quando o acórdão for publicado nos termos da Lei nº 11.419/2006, que trata da comunicação eletrônica dos atos processuais.

§ 2º O disposto no parágrafo anterior aplicar-se-á a todos os casos de citação ou intimação.

Art. 275. São admissíveis embargos de declaração nas hipóteses previstas no Código de Processo Civil.

- Lei nº 13.105, de 16.3.2015 (Código de Processo Civil), Art. 1.067 que dá nova redação ao Art. 275 do Código Eleitoral e entra em vigor após decorrido 1 (um) ano da data de sua publicação oficial (DOU de 17.3.2015):

§ 1º Os embargos de declaração serão opostos no prazo de 3 (três) dias, contado da data de publicação da decisão embargada, em petição dirigida ao juiz ou relator, com a indicação do ponto que lhes deu causa.

§ 2º Os embargos de declaração não estão sujeitos a preparo.

§ 3º O juiz julgará os embargos em 5 (cinco) dias.

§ 4º Nos tribunais:

I – o relator apresentará os embargos em mesa na sessão subsequente, proferindo voto;

II – não havendo julgamento na sessão referida no inciso I, será o recurso incluído em pauta;

III – vencido o relator, outro será designado para lavrar o acórdão.

§ 5º Os embargos de declaração interrompem o prazo para a interposição de recurso.

§ 6º Quando manifestamente protelatórios os embargos de declaração, o juiz ou o tribunal, em decisão fundamentada, condenará o embargante a pagar ao embargado multa não excedente a 2 (dois) salários-mínimos.

§ 7º Na reiteração de embargos de declaração manifestamente protelatórios, a multa será elevada a até 10 (dez) salários-mínimos.

- Res.-TSE nºs 22.886/2008 e 22.254/2006: não cabem embargos de declaração em sede de consulta.
- Ac.-TSE, de 10.4.2007, no REspe nº 25.030: Deixar o acórdão, em embargos declaratórios, de se pronunciar sobre alegação de contradição, quando aguarda manifestação do *dominus litis* acerca da instauração, ou não, da ação penal, não caracteriza insuficiência de fundamentação.
- Ac.-TSE, de 16.4.2015, no REspe nº 166.034 e, de 13.8.2013, no REspe nº 13.068: cabe à parte identificar precisamente qual vício não teria sido sanado e sua relevância para o deslinde da causa, não sendo suficientes alegações genéricas.

I – quando há no acórdão obscuridade, dúvida ou contradição;

- Ac.-TSE, de 14.6.2012, nos ED-PC nº 54.581: a contradição interna, que ocorre entre as proposições e conclusões do próprio julgado, autoriza o acolhimento dos embargos. Ac.-TSE, de 5.6.2012, nos ED-AgR-AI nº 10.301: A contradição que autoriza a oposição dos embargos é a que existe entre os fundamentos do julgado e sua conclusão e não entre aqueles e as teses recursais.

II – quando for omitido ponto sobre que devia pronunciar-se o Tribunal.

- Ac.-TSE, de 18.2.2014, no REspe nº 17.387: Se o vício apontado nos declaratórios contiver elemento capaz de alterar o julgado [...], cabe ao julgador se manifestar sobre ele, ainda que para afastá-lo.

§ 1º Os embargos serão opostos dentro em 3 (três) dias da data da publicação do acórdão, em petição dirigida ao Relator, na qual será indicado o ponto obscuro, duvidoso, contraditório ou omisso.

- Ac.-TSE, de 27.11.2007, no REspe nº 26.904; de 20.11.2007, no REspe nº 26.281 e, de 19.6.2007, no REspe nº 28.209: prazo de 24 horas para oposição de embargos de declaração contra acórdão de Tribunal Regional em sede de representação fundada no Art. 96 da Lei nº 9.504/1997.

§ 2º O Relator porá os embargos em Mesa para julgamento, na primeira sessão seguinte proferindo o seu voto.

§ 3º Vencido o Relator, outro será designado para lavrar o acórdão.

Legislações | Direito Eleitoral

§ 4º Os embargos de declaração suspendem o prazo para a interposição de outros recursos, salvo se manifestamente protelatórios e assim declarados na decisão que os rejeitar.

- Ac-TSE, de 23.6.2009, no Ag nº 8407; de 12.8.2008, nos ED-ED-REspe nº 26.062 e, de 6.3.2007, no Ag nº 5902: os embargos de declaração protelatórios não interrompem o prazo para a interposição de outros recursos e sujeitam o embargante à multa prevista no Art. 538, parágrafo único, do CPC (Lei nº 5.869/1973).

- Ac.-TSE, de 15.3.2011, no AgR-AI nº 369422; Ac.-TSE nos 12.071/1994 e 714/1999: a hipótese é de interrupção.

- Ac.-TSE, de 17.12.2014, no AgR-REspe nº 121.104: o uso da expressão meramente protelatórios – ao invés de manifestamente protelatórios – não afasta a consequência desse dispositivo.

Art. 276. As decisões dos Tribunais Regionais são terminativas, salvo os casos seguintes em que cabe recurso para o Tribunal Superior:

- CF/88, Art. 121, § 4º: Das decisões dos tribunais regionais eleitorais somente caberá recurso quando: I – forem proferidas contra disposição expressa desta Constituição ou de lei; II – ocorrer divergência na interpretação de lei entre dois ou mais Tribunais Eleitorais; III – versarem sobre inelegibilidade ou expedição de diplomas nas eleições federais ou estaduais; IV – anularem diplomas ou decretarem a perda de mandatos eletivos federais ou estaduais; V – denegarem *habeas corpus*, mandado de segurança, *habeas data* ou mandado de injunção.

- Ac.-TSE, de 1º.9.2011, no AgR-AI nº 286.893: recurso extraordinário contra acórdão de TRE constitui erro grosseiro e inviabiliza a aplicação do princípio da fungibilidade recursal. Ac.-STF, de 18.12.95, no Ag nº 164.491; Ac.-TSE nos 4.661/2004, 5.664/2005 e Ac.-TSE, de 23.6.2005, no Ag nº 5.117: descabimento de recurso extraordinário contra acórdão de TRE; cabe recurso para o TSE, mesmo que se discuta matéria constitucional. Ac.-TSE nº 51.17/2005: não se aplica a regra de interposição simultânea de recurso especial e extraordinário.

- Incompetência do Tribunal Superior Eleitoral para apreciar recurso contra decisão de natureza estritamente administrativa proferida pelos tribunais regionais: Ac.-TSE, de 22.2.2007, nos REspe nos 25.416 e 25.434 (concessão de auxílio-alimentação e auxílio-creche); Ac.-TSE, de 22.2.2007, no REspe nº 25.836 (alteração de função de confiança); Ac.-TSE nos 10/1996 e 12.644/1997: Competência do TSE para apreciar recurso contra decisão judicial de Tribunal Regional sobre matéria administrativa não eleitoral.

I – especial:

- V. § 6º do Art. 30 da Lei nº 9.504/1997.

- Ac.-TSE, de 9.11.2006, no REspe nº 26.171: a interposição de REspe e de RE deve ser feita em peças recursais distintas, nos termos do Art. 541 do CPC (Lei nº 5.869/1973).

- Ac.-TSE, de 4.11.2010, no AgR-REspe 340.044: não equiparação de recurso especial a recurso ordinário em razão de o primeiro julgamento do requerimento de registro de candidatura ter sido realizado por TRE.

- Ac-TSE, de 28.10.2010, no AgR-RO nº 89.490: incumbe à da parte comprovar a tempestividade do recurso especial no momento de sua interposição.

- Ac.-TSE, de 8.2.2011, no AgR-AI nº 12.139: cabimento de recurso especial somente contra decisão judicial, ainda que o processo cuide de matéria administrativa.

a) quando forem proferidas contra expressa disposição de lei;

- Ac.-TSE, de 3.11.2010, no AgR-RESPE nº 403.877: enunciado de súmula de tribunal superior não se equipara a lei federal para fins de interposição de recurso especial.

b) quando ocorrer divergência na interpretação de lei entre dois ou mais Tribunais Eleitorais;

- Ac.-TSE nos 6.208/2005, 5.888/2005, 15.724/1999 e 15.208/1999: julgados do mesmo Tribunal não são aptos a comprovar dissídio; Ac.-TSE nº 11.663/1994: acórdão do mesmo Tribunal pode comprovar dissídio quando verificada a diversidade de componentes; Ac.-TSE nº 2.577/2001: julgado de tribunal de justiça não é apto a comprovar dissídio; Ac.-TSE nº 17713/2000: julgado do STF não é apto a comprovar dissídio; Ac.-TSE nos 25094/2005 e 4.573/2004: julgado do STJ não é apto a comprovar dissídio; Ac.-TSE nº 6.061/2006: decisão monocrática não se presta para a configuração de dissenso jurisprudencial; Ac.-TSE, de 9.11.2006, no REspe nº 26.171: resolução oriunda de consulta administrativa não é apta à comprovação de dissídio; Ac.-TSE, de 3.11.2008, no REspe nº 31.512: súmula do TSE não é apta a comprovar dissídio jurisprudencial; Ac.-TSE, de 15.9.2009, no AgR-REspe nº 27.947: a transcrição de excertos de pareceres do Ministério Público Eleitoral não é apta a caracterizar dissenso jurisprudencial.

II – ordinário:

- Ac.-TSE, de 5.2.2009, no RO nº 2.339: incidência, no âmbito da Justiça Eleitoral, quanto aos recursos ordinários de competência do TSE, do Art. 515, § 3º, do CPC (Lei nº 5.869/1973), que possibilita ao Tribunal julgar de plano a lide nos casos de extinção do processo sem julgamento do mérito na instância a quo, desde que todas as provas já tenham sido produzidas.

a) quando versarem sobre expedição de diplomas nas eleições federais e estaduais;

- Ac.-TSE, de 27.11.2014, no REspe nº 44.853 e, de 26.11.2013, no REspe nº 504.871: cabimento de recurso ordinário se o feito versa sobre inelegibilidade ou envolve cassação de diploma ou mandato nas eleições federais ou estaduais.

- Ac.-TSE, de 8.5.2008, na MC nº 2323: cabimento de recurso especial na hipótese de perda de mandato eletivo municipal.

b) quando denegarem *habeas corpus* ou mandado de segurança.

§ 1º É de 3 (três) dias o prazo para a interposição do recurso, contado da publicação da decisão nos casos dos nos I, letras a e b e II, letra b e da sessão da diplomação no caso do nº II, letra a.

- Ac.-TSE, de 8.5.2001, no AG nº 2.721 e, de 17.2.2000, no RMS nº 118: ato praticado a propósito da atividade-meio da Justiça Eleitoral – matéria de direito comum –, o processo rege-se pela legislação processual comum.

- Ac.-TSE, de 6.3.2007, no REspe nº 27.839: prazo de 24 horas para a interposição de recurso especial contra decisão de juiz auxiliar em pedido de direito de resposta.

§ 2º Sempre que o Tribunal Regional determinar a realização de novas eleições, o prazo para a interposição dos recursos, no caso do nº II, a, contar-se-á da sessão em que, feita a apuração das sessões renovadas, for proclamado o resultado das eleições suplementares.

- Depreende-se do contexto que a palavra correta neste caso é seções.

Art. 277. Interposto recurso ordinário contra decisão do Tribunal Regional, o Presidente poderá, na própria petição, mandar abrir vista ao recorrido para que, no mesmo prazo, ofereça as suas razões.

Parágrafo único. Juntadas as razões do recorrido, serão os autos remetidos ao Tribunal Superior.

Art. 278. Interposto recurso especial contra decisão do Tribunal Regional, a petição será juntada nas 48 (quarenta e oito) horas seguintes e os autos conclusos ao Presidente dentro de 24 (vinte e quatro) horas.

§ 1º O Presidente, dentro em 48 (quarenta e oito) horas do recebimento dos autos conclusos, proferirá despacho fundamentado, admitindo ou não o recurso.

- Ac.-TSE nos 2447/2000, 15.964/1999, 12.265/1994 e 12.074/1991: não estão sujeitos a juízo de admissibilidade, pelo Presidente do TRE, os recursos especiais relativos a registro de candidaturas.

§ 2º Admitido o recurso, será aberta vista dos autos ao recorrido para que, no mesmo prazo, apresente as suas razões.

- V. Art. 544 do CPC (Lei nº 5.869/1973): cabimento de agravo nos próprios autos; Ac.-TSE, de 20.10.2011, no PA nº 144683: incidência da Lei nº 12.322/2010 no processo eleitoral.
- Ac.-TSE, de 17.4.2012, nos ED-REspe nº 166424: é nulo o acórdão proferido sem intimação dos recorridos para apresentar contrarrazões a recurso especial, por ofensa aos princípios do contraditório e do devido processo legal.

§ 3º Em seguida serão os autos conclusos ao Presidente, que mandará remetê-los ao Tribunal Superior.

Art. 279. Denegado o recurso especial, o recorrente poderá interpor, dentro em 3 (três) dias, agravo de instrumento.

- Lei nº 12.322/2010, alteradora do Art. 544 do CPC (Lei nº 5.869/1973): transforma o agravo de instrumento interposto contra decisão que não admite recurso extraordinário ou especial em agravo nos próprios autos. Ac.-TSE, de 20.10.2011, no PA nº 144.683: incidência da Lei nº 12.322/2010 no processo eleitoral.
- V. Port.-TSE nº 129/1996.
- V. Res.-TSE nº 21.477/2003.
- Ac.-TSE, de 4.9.2007, no Ag nº 8.668: A assistência é cabível em qualquer fase do processo, inclusive na bifurcação revelada em instrumento decorrente da interposição de agravo.

§ 1º O agravo de instrumento será interposto por petição que conterá:

I – a exposição do fato e do direito;

II – as razões do pedido de reforma da decisão;

III – a indicação das peças do processo que devem ser trasladadas.

§ 2º Serão obrigatoriamente trasladadas a decisão recorrida e a certidão da intimação.

- Ac.-TSE, de 21.8.2007, no Ag nº 7197 e, de 7.11.2006, no Ag nº 7.329: a juntada de procuração outorgando poderes ao advogado substabelecente é indispensável.

§ 3º Deferida a formação do agravo, será intimado o recorrido para, no prazo de 3 (três) dias, apresentar as suas razões e indicar as peças dos autos que serão também trasladadas.

§ 4º Concluída a formação do instrumento o Presidente do Tribunal determinará a remessa dos autos ao Tribunal Superior, podendo, ainda, ordenar a extração e a juntada de peças não indicadas pelas partes.

§ 5º O Presidente do Tribunal não poderá negar seguimento ao agravo, ainda que interposto fora do prazo legal.

§ 6º Se o agravo de instrumento não for conhecido, porque interposto fora do prazo legal, o Tribunal Superior imporá ao recorrente multa correspondente ao valor do maior salário mínimo vigente no País, multa essa que será inscrita e cobrada na forma prevista no Art. 367.

- V. CF/88, Art. 7º, IV: vedação da vinculação do salário mínimo para qualquer fim; Res.-TSE nº 21538/2003, Art. 85: indica a base de cálculo para aplicação das multas previstas pelo Código Eleitoral e por leis conexas; Art. 80, § 4º: estabelece o percentual mínimo de 3% e o máximo de 10% do valor indicado pelo Art. 85 para arbitramento da multa pelo não exercício do voto; Lei nº 10.522/2002, Art. 29: extingue a UFIR e adota como seu último valor o do dia 1º de janeiro de 1997, correspondente a R$1,0641.

§ 7º Se o Tribunal Regional dispuser de aparelhamento próprio, o instrumento deverá ser formado com fotocópias ou processos semelhantes, pagas as despesas, pelo preço do custo, pelas partes, em relação às peças que indicarem.

Capítulo IV - Dos Recursos no Tribunal Superior

Art. 280. Aplicam-se ao Tribunal Superior as disposições dos Arts. 268, 269, 270, 271 (*caput*), 272, 273, 274 e 275.

Art. 281. São irrecorríveis as decisões do Tribunal Superior, salvo as que declararem a invalidade de lei ou ato contrário à Constituição Federal e as denegatórias de *habeas corpus* ou mandado de segurança, das quais caberá recurso ordinário para o Supremo Tribunal Federal, interposto no prazo de 3 (três) dias.

- CF/88, Art. 102, II, a, e III: cabimento de recurso ordinário e extraordinário; e Art. 121, § 3º: irrecorribilidade das decisões do TSE. Lei nº 6.055/1974, Art. 12: prazo de três dias para interposição de recurso extraordinário. Súm.-STF nº 728/2003: É de três dias o prazo para a interposição de recurso extraordinário contra decisão do Tribunal Superior Eleitoral, contado, quando for o caso, a partir da publicação do acórdão, na própria sessão de julgamento, nos termos do Art. 12 da Lei nº 6.055/1974, que não foi revogado pela Lei nº 8.950/1994.
- Ac.-STF, de 23.11.2004, no Ag nº 504.598: recurso ordinário cabível apenas de decisão denegatória de *habeas corpus* ou mandado de segurança.

§ 1º Juntada a petição nas 48 (quarenta e oito) horas seguintes, os autos serão conclusos ao Presidente do Tribunal, que, no mesmo prazo, proferirá despacho fundamentado, admitindo ou não o recurso.

§ 2º Admitido o recurso, será aberta vista dos autos ao recorrido para que, dentro de 3 (três) dias, apresente as suas razões.

- Port.-TSE nº 331/2003, Art. 1º, *caput.*

Legislações | Direito Eleitoral

§ 3º Findo esse prazo, os autos serão remetidos ao Supremo Tribunal Federal.

Art. 282. Denegado o recurso, o recorrente poderá interpor, dentro de 3 (três) dias, agravo de instrumento, observado o disposto no Art. 279 e seus parágrafos, aplicada a multa a que se refere o § 6º pelo Supremo Tribunal Federal.

- Lei nº 12.322/2010, alteradora do Art. 544 do CPC (Lei nº 5.869/1973): transforma o agravo de instrumento interposto contra decisão que não admite recurso extraordinário ou especial em agravo nos próprios autos. Ac.-TSE, de 20.10.2011, no PA nº 144683: incidência da Lei nº 12.322/2010 no processo eleitoral.
- Res.-STF nº 451/2010, alterada pela Res.-STF nº 472/2011.
- V. Port.-TSE nº 129/96 e Port.-TSE nº 331/2003.

Título IV - Disposições Penais

Capítulo I - Disposições Preliminares

Art. 283. Para os efeitos penais são considerados membros e funcionários da Justiça Eleitoral:

I – os Magistrados que, mesmo não exercendo funções eleitorais, estejam presidindo Juntas Apuradoras ou se encontrem no exercício de outra função por designação de Tribunal Eleitoral;

II – os cidadãos que temporariamente integram órgãos da Justiça Eleitoral;

III – os cidadãos que hajam sido nomeados para as Mesas Receptoras ou Juntas Apuradoras;

IV – os funcionários requisitados pela Justiça Eleitoral.

§ 1º Considera-se funcionário público, para os efeitos penais, além dos indicados no presente artigo, quem, embora transitoriamente ou sem remuneração, exerce cargo, emprego ou função pública.

§ 2º Equipara-se a funcionário público quem exerce cargo, emprego ou função em entidade paraestatal ou em sociedade de economia mista.

Art. 284. Sempre que este Código não indicar o grau mínimo, entende-se que será ele de quinze dias para a pena de detenção e de um ano para a de reclusão.

Art. 285. Quando a lei determina a agravação ou atenuação da pena sem mencionar o quantum, deve o Juiz fixá-lo entre um quinto e um terço, guardados os limites da pena cominada ao crime.

Art. 286. A pena de multa consiste no pagamento ao Tesouro Nacional, de uma soma de dinheiro, que é fixada em dias-multa. Seu montante é, no mínimo, 1 (um) dia-multa e, no máximo, 300 (trezentos) dias-multa.

§ 1º O montante do dia-multa é fixado segundo o prudente arbítrio do Juiz, devendo este ter em conta as condições pessoais e econômicas do condenado, mas não pode ser inferior ao salário mínimo diário da região, nem superior ao valor de um salário mínimo mensal.

- V. CF/88, Art. 7º, IV: vedação da vinculação do salário mínimo para qualquer fim; Res.-TSE nº 21.538/2003, Art. 85: indica a base de cálculo para aplicação das multas previstas pelo Código Eleitoral e por leis conexas; Art. 80, § 4º: estabelece o percentual mínimo de 3% e o máximo de 10% do valor indicado pelo Art. 85 para arbitramento da multa pelo não exercício do voto; Lei nº 10.522/2002, Art. 29: extingue a UFIR e adota como seu último valor o do dia 1º de janeiro de 1997, correspondente a R$1,0641.

§ 2º A multa pode ser aumentada até o triplo, embora não possa exceder o máximo genérico (*caput*), se o Juiz considerar que, em virtude da situação econômica do condenado, é ineficaz a cominada, ainda que no máximo, ao crime de que se trate.

Art. 287. Aplicam-se aos fatos incriminados nesta Lei as regras gerais do Código Penal.

Art. 288. Nos crimes eleitorais cometidos por meio da imprensa, do rádio ou da televisão, aplicam-se exclusivamente as normas deste Código e as remissões a outra lei nele contempladas.

Capítulo II - Dos Crimes Eleitorais

Art. 289. Inscrever-se fraudulentamente eleitor:

Pena – reclusão até 5 anos e pagamento de 5 a 15 dias-multa.

- Ac.-TSE, de 3.3.2015, no REspe nº 571.991: a prestação de auxílio material à inscrição fraudulenta de eleitor caracteriza a participação no crime previsto neste artigo.

Art. 290. Induzir alguém a se inscrever eleitor com infração de qualquer dispositivo deste Código:

Pena – reclusão até 2 anos e pagamento de 15 a 30 dias-multa.

- Ac.-TSE nº 68/2005: induzir alguém abrange as condutas de instigar, incitar ou auxiliar terceiro a alistar-se fraudulentamente, aproveitando-se de sua ingenuidade ou de sua ignorância.
- Ac.-TSE, de 3.3.2015, no REspe nº 571.991: o crime desse dispositivo somente pode ser praticado pelo eleitor, não admitindo coautoria, mas participação.
- Ac.-TSE, de 18.8.2011, no REspe nº 23.310: o crime de falsidade ideológica eleitoral (Art. 350 do CE) não é meio necessário nem fase normal de preparação para a prática do delito tipificado neste artigo. Os crimes descritos são autônomos e podem ser praticados sem que um dependa do outro.
- Ac.-TSE, de 26.2.2013, no REspe nº 198: o tipo descrito neste artigo deve ser afastado quando houver o concurso de vontades entre o eleitor e o suposto autor da conduta.

Art. 291. Efetuar o Juiz, fraudulentamente, a inscrição de alistando:

Pena – reclusão até 5 anos e pagamento de 5 a 15 dias-multa.

Art. 292. Negar ou retardar a autoridade judiciária, sem fundamento legal, a inscrição requerida:

Pena – pagamento de 30 a 60 dias-multa.

Art. 293. Perturbar ou impedir de qualquer forma o alistamento:

Pena – detenção de 15 dias a 6 meses ou pagamento de 30 a 60 dias-multa.

Legislações | Direito Eleitoral

Art. 294. (Revogado pelo Art. 14 da Lei nº 8.868/94.)

Art. 295. Reter título eleitoral contra a vontade do eleitor:

Pena – detenção até dois meses ou pagamento de 30 a 60 dias-multa.

- Lei nº 9.504/1997, Art. 91, parágrafo único: a retenção de título eleitoral ou do comprovante do alistamento eleitoral constitui crime, punível com detenção, de um a três meses, com a alternativa de prestação de serviços à comunidade por igual período, e multa no valor de cinco mil a dez mil Ufirs.

Art. 296. Promover desordem que prejudique os trabalhos eleitorais:

Pena – detenção até dois meses e pagamento de 60 a 90 dias-multa.

Art. 297. Impedir ou embaraçar o exercício do sufrágio:

Pena – detenção até seis meses e pagamento de 60 a 100 dias-multa.

- Res.-TSE nºs 22.963/2008 e 22.422/2006: possibilidade de funcionamento do comércio no dia da eleição.

Art. 298. Prender ou deter eleitor, membro de Mesa Receptora, Fiscal, Delegado de partido ou candidato, com violação do disposto no Art. 236:

Pena – reclusão até quatro anos.

Art. 299. Dar, oferecer, prometer, solicitar ou receber, para si ou para outrem, dinheiro, dádiva, ou qualquer outra vantagem, para obter ou dar voto e para conseguir ou prometer abstenção, ainda que a oferta não seja aceita:

Pena – reclusão até quatro anos e pagamento de 5 a 15 dias-multa.

- Ac.-TSE, de 18.8.2011, no HC nº 78.048: A regra segundo a qual o corréu não pode figurar, no processo em que o é, como testemunha há de ser tomada de forma estrita, não cabendo partir para ficção jurídica, no que, envolvido na prática criminosa – compra de votos, Art. 299 do Código Eleitoral –, não veio a ser denunciado.
- Ac.-TSE, de 2.3.2011, nos ED-REspe nº 58.245: a configuração do delito previsto neste artigo não exige pedido expresso de voto, mas sim a comprovação da finalidade de obter ou dar voto ou prometer abstenção.
- Ac.-TSE, de 28.10.2010, no AgR-AI nº 10672: inaplicabilidade do princípio da insignificância.
- Ac.-TSE nº 81/2005: o Art. 41-A da Lei nº 9.504/1997 não alterou a disciplina deste artigo e não implicou abolição do crime de corrupção eleitoral aqui tipificado. Ac.-TSE, de 27.11.2007, no Ag nº 6.553: A absolvição na representação por captação ilícita de sufrágio, na esfera cível--eleitoral, ainda que acobertada pelo manto da coisa julgada, não obsta a *persecutio criminis* pela prática do tipo penal descrito no Art. 299, do Código Eleitoral.
- Ac.-TSE, de 15.3.2007, no Ag nº 6.014, e de 8.3.2007, no REspe nº 25.388: Esta Corte tem entendido que, para a configuração do crime descrito no Art. 299 do CE, é necessário o dolo específico que exige o tipo penal, qual seja, a finalidade de obter ou dar voto ou prometer abstenção.
- Ac.-TSE, de 27.11.2007, no Ag nº 8.905: O crime de corrupção eleitoral, por ser crime formal, não admite a forma tentada, sendo o resultado mero exaurimento da conduta criminosa.

- Ac.-TSE, de 23.2.2010, HC nº 672: exige-se para a configuração do ilícito penal que o corruptor eleitoral passivo seja pessoa apta a votar.

- Ac.-TSE, de 25.8.2011, no AgR-AI nº 58.648: para a configuração do crime de corrupção eleitoral, a promessa de vantagem deve estar vinculada à obtenção do voto de determinados eleitores, não podendo se confundir com a realização de promessas de campanha; V. também, o Ac.-TSE, de 1º.10.2015, no HC nº 8.992: não obstante promessas genéricas de campanha não representarem compra de votos, não é possível confundir a imprescindibilidade de a promessa visar a obtenção do voto com a necessidade - não exigida - de o eleitor prometer votar no candidato. Caráter formal do crime de corrupção eleitoral.

- Ac.-TSE, de 26.2.2013, no RHC nº 45.224: na acusação da prática de corrupção eleitoral, a peça acusatória deve indicar qual ou quais eleitores teriam sido beneficiados ou aliciados, sem o que o direito de defesa fica comprometido.

- Ac.-TSE, de 5.2.2015, no AgR-AI nº 20.903: o crime previsto neste artigo tutela o livre exercício do voto ou a abstenção do eleitor.

Art. 300. Valer-se o servidor público da sua autoridade para coagir alguém a votar ou não votar em determinado candidato ou partido:

Pena – detenção até 6 meses e pagamento de 60 a 100 dias-multa.

Parágrafo único. Se o agente é membro ou funcionário da Justiça Eleitoral e comete o crime prevalecendo-se do cargo a pena é agravada.

Art. 301. Usar de violência ou grave ameaça para coagir alguém a votar, ou não votar, em determinado candidato ou partido, ainda que os fins visados não sejam conseguidos:

Pena – reclusão até quatro anos e pagamento de 5 a 15 dias-multa.

- Ac.-TSE, de 17.2.2011, no AgR-REspe nº 5.163.598: não exigência de que o crime deste artigo tenha sido praticado necessariamente durante o período eleitoral; a ausência de poder de gestão de programa social não afasta eventual configuração do delito deste artigo.

Art. 302. Promover, no dia da eleição, com o fim de impedir, embaraçar ou fraudar o exercício do voto a concentração de eleitores, sob qualquer forma:

Pena – reclusão de quatro (4) a seis (6) anos e pagamento de 200 a 300 dias-multa.

- Artigo com redação dada pelo Art. 1º do DL nº 1.064/1969.

- Ac.-TSE nos 21.401/2004 e 4.723/2004: a Lei nº 6.091/1974, Art. 11, III, revogou a parte final deste artigo – inclusive o fornecimento gratuito de alimento e transporte coletivo – por considerar como crime o descumprimento do Art. 5º daquela lei, dilatando o período de proibição de transporte de eleitores desde o dia anterior até o posterior à eleição.

- Ac.-TSE, de 20.3.2012, no HC nº 70.543: o tipo deste artigo não alcança o transporte de cidadãos no dia da realização de plebiscito.

Art. 303. Majorar os preços de utilidades e serviços necessários à realização de eleições, tais como transporte e alimentação de eleitores, impressão, publicidade e divulgação de matéria eleitoral:

Pena – pagamento de 250 a 300 dias-multa.

- Lei nº 6.091/1974, Art. 11: infrações sobre fornecimento de transporte e alimentação a eleitor.

Art. 304. Ocultar, sonegar, açambarcar ou recusar no dia da eleição o fornecimento, normalmente a todos, de utilidades, alimentação e meios de transporte, ou conceder exclusividade dos mesmos a determinado partido ou candidato:

Pena – pagamento de 250 a 300 dias-multa.

- V. nota ao artigo anterior sobre a Lei nº 6.091/1974.

Art. 305. Intervir autoridade estranha à Mesa Receptora, salvo o Juiz Eleitoral, no seu funcionamento sob qualquer pretexto:

Pena – detenção até seis meses e pagamento de 60 a 90 dias-multa.

Art. 306. Não observar a ordem em que os eleitores devem ser chamados a votar:

Pena – pagamento de 15 a 30 dias-multa.

Art. 307. Fornecer ao eleitor cédula oficial já assinalada ou por qualquer forma marcada:

Pena – reclusão até cinco anos e pagamento de 5 a 15 dias-multa.

Art. 308. Rubricar e fornecer a cédula oficial em outra oportunidade que não a de entrega da mesma ao eleitor:

Pena – reclusão até cinco anos e pagamento de 60 a 90 dias-multa.

Art. 309. Votar ou tentar votar mais de uma vez, ou em lugar de outrem:

Pena – reclusão até três anos.

Art. 310. Praticar, ou permitir o membro da Mesa Receptora que seja praticada, qualquer irregularidade que determine a anulação de votação, salvo no caso do Art. 311:

Pena – detenção até seis meses ou pagamento de 90 a 120 dias-multa.

Art. 311. Votar em Seção Eleitoral em que não está inscrito, salvo nos casos expressamente previstos, e permitir, o Presidente da Mesa Receptora, que o voto seja admitido:

Pena – detenção até um mês ou pagamento de 5 a 15 dias-multa para o eleitor e de 20 a 30 dias-multa para o Presidente da Mesa.

Art. 312. Violar ou tentar violar o sigilo do voto:

Pena – detenção até dois anos.

Art. 313. Deixar o Juiz e os membros da Junta de expedir o boletim de apuração imediatamente após a apuração de cada urna e antes de passar à subsequente, sob qualquer pretexto e ainda que dispensada a expedição pelos Fiscais, Delegados ou candidatos presentes:

Pena – pagamento de 90 a 120 dias-multa.

Parágrafo único. Nas Seções Eleitorais em que a contagem for procedida pela Mesa Receptora incorrerão na mesma pena o Presidente e os Mesários que não expedirem imediatamente o respectivo boletim.

- Lei nº 9.504/1997, Art. 68, § 1º: entrega obrigatória de cópia do boletim de urna aos partidos e às coligações pelo presidente da mesa receptora.

Art. 314. Deixar o Juiz e os membros da Junta de recolher as cédulas apuradas na respectiva urna, fechá-la e lacrá-la, assim que terminar a apuração de cada Seção e antes de passar à subsequente, sob qualquer pretexto e ainda que dispensada a providência pelos Fiscais, Delegados ou candidatos presentes:

Pena – detenção até dois meses ou pagamento de 90 a 120 dias-multa.

Parágrafo único. Nas Seções Eleitorais em que a contagem dos votos for procedida pela Mesa Receptora incorrerão na mesma pena o Presidente e os Mesários que não fecharem e lacrarem a urna após a contagem.

Art. 315. Alterar nos mapas ou nos boletins de apuração a votação obtida por qualquer candidato ou lançar nesses documentos votação que não corresponda às cédulas apuradas:

Pena – reclusão até cinco anos e pagamento de 5 a 15 dias-multa.

- Lei nº 6.996/1982, Art. 15: incorrerá nas penas do Art. 315 quem alterar resultados no processamento eletrônico das cédulas.
- Lei nº 9.504/1997, Art. 72: crimes relacionados ao sistema de tratamento automático de dados usado pelo serviço eleitoral e a equipamento usado na votação ou na totalização de votos.

Art. 316. Não receber ou não mencionar nas atas da eleição ou da apuração os protestos devidamente formulados ou deixar de remetê-los à instância superior:

Pena – reclusão até cinco anos e pagamento de 5 a 15 dias-multa.

Art. 317. Violar ou tentar violar o sigilo da urna ou dos invólucros:

Pena – reclusão de três a cinco anos.

Art. 318. Efetuar a Mesa Receptora a contagem dos votos da urna quando qualquer eleitor houver votado sob impugnação (Art. 190):

Pena – detenção até um mês ou pagamento de 30 a 60 dias-multa.

Art. 319. Subscrever o eleitor mais de uma ficha de registro de um ou mais partidos:

Pena – detenção até um mês ou pagamento de 10 a 30 dias-multa.

Art. 320. Inscrever-se o eleitor, simultaneamente, em dois ou mais partidos:

Pena – pagamento de 10 a 20 dias-multa.

- Lei nº 9.096/1995, Art. 22, parágrafo único.

Art. 321. Colher assinatura do eleitor em mais de uma ficha de registro de partido:

Pena – detenção até dois meses ou pagamento de 20 a 40 dias-multa.

Art. 322. (Revogado pelo Art. 107 da Lei nº 9.504/97.)

Art. 323. Divulgar, na propaganda, fatos que sabe inverídicos, em relação a partidos ou candidatos e capazes de exercerem influência perante o eleitorado:

Pena – detenção de dois meses a um ano ou pagamento de 120 a 150 dias-multa.

- Ac.-TSE, de 15.10.2009, no AgR-REspe nº 35.977: necessidade de que os textos imputados como inverídicos sejam fruto de matéria paga para tipificação do delito previsto neste dispositivo.

Parágrafo único. A pena é agravada se o crime é cometido pela imprensa, rádio ou televisão.

Art. 324. Caluniar alguém, na propaganda eleitoral, ou visando fins de propaganda, imputando-lhe falsamente fato definido como crime:

Pena – detenção de seis meses a dois anos e pagamento de 10 a 40 dias-multa.

- Ac.-TSE, de 23.11.2010, no HC nº 258.303: no julgamento da ADPF nº 130, o STF declarou não recepcionado pela CF/88 a Lei nº 5.250/1967, o que não alcança o crime de calúnia previsto neste artigo.

§ 1º Nas mesmas penas incorre quem, sabendo falsa a imputação, a propala ou divulga.

§ 2º A prova da verdade do fato imputado exclui o crime, mas não é admitida:

I – se, constituindo o fato imputado crime de ação privada, o ofendido, não foi condenado por sentença irrecorrível;

II – se o fato é imputado ao Presidente da República ou chefe de governo estrangeiro;

III – se do crime imputado, embora de ação pública, o ofendido foi absolvido por sentença irrecorrível.

Art. 325. Difamar alguém, na propaganda eleitoral, ou visando a fins de propaganda, imputando-lhe fato ofensivo à sua reputação:

Pena – detenção de três meses a um ano e pagamento de 5 a 30 dias-multa.

- Ac.-TSE, de 14.12.2010, no HC nº 187.635: desnecessidade de que a ofensa seja praticada contra candidato para a tipificação do crime previsto neste artigo.
- Ac.-TSE, de 17.5.2011, no RHC nº 761.681: o deferimento do direito de resposta e a interrupção da divulgação da ofensa não excluem a ocorrência dos crimes de difamação e de divulgação de fatos inverídicos na propaganda eleitoral.
- Ac.-TSE, de 6.10.2015, no REspe nº 186.819 e, de 13.10.2011, no HC nº 114.080: a tipificação deste delito está relacionada não ao sujeito da conduta, mas ao contexto eleitoral em que é realizada, bastando que a difamação seja praticada no âmbito de atos típicos de propaganda eleitoral ou para os fins desta.

Parágrafo único. A exceção da verdade somente se admite se o ofendido é funcionário público e a ofensa é relativa ao exercício de suas funções.

Art. 326. Injuriar alguém, na propaganda eleitoral, ou visando a fins de propaganda, ofendendo-lhe a dignidade ou o decoro:

Pena – detenção até seis meses, ou pagamento de 30 a 60 dias-multa.

- Ac.-TSE, de 14.12.2010, no HC nº 187.635: desnecessidade de que a ofensa seja praticada contra candidato para a tipificação do crime previsto neste artigo.

§ 1º O Juiz pode deixar de aplicar a pena:

I – se o ofendido, de forma reprovável, provocou diretamente a injúria;

II – no caso de retorsão imediata, que consista em outra injúria.

§ 2º Se a injúria consiste em violência ou vias de fato, que, por sua natureza ou meio empregado, se considerem aviltantes:

Pena – detenção de três meses a um ano e pagamento de 5 a 20 dias-multa, além das penas correspondentes à violência prevista no Código Penal.

Art. 327. As penas cominadas nos Arts. 324, 325 e 326, aumentam-se de um terço, se qualquer dos crimes é cometido:

I – contra o Presidente da República ou chefe de governo estrangeiro;

II – contra funcionário público, em razão de suas funções;

III – na presença de várias pessoas, ou por meio que facilite a divulgação da ofensa.

Arts. 328 e 329. (Revogados pelo Art. 107 da Lei nº 9.504/97.)

Art. 330. Nos casos dos Arts. 328 e 329 se o agente repara o dano antes da sentença final, o Juiz pode reduzir a pena.

- Artigos revogados pelo Art. 107 da Lei nº 9.504/1997.

Art. 331. Inutilizar, alterar ou perturbar meio de propaganda devidamente empregado:

Pena – detenção até seis meses ou pagamento de 90 a 120 dias-multa.

Art. 332. Impedir o exercício de propaganda:

Pena – detenção até seis meses e pagamento de 30 a 60 dias-multa.

Art. 333. (Revogado pelo Art. 107 da Lei nº 9.504/97)

Art. 334. Utilizar organização comercial de vendas, distribuição de mercadorias, prêmios e sorteios para propaganda ou aliciamento de eleitores:

Pena – detenção de seis meses a um ano e cassação do registro se o responsável for candidato.

Art. 335. Fazer propaganda, qualquer que seja a sua forma, em língua estrangeira:

Pena – detenção de três a seis meses e pagamento de 30 a 60 dias-multa.

Parágrafo único. Além da pena cominada, a infração ao presente artigo importa a apreensão e perda do material utilizado na propaganda.

Art. 336. Na sentença que julgar ação penal pela infração de qualquer dos Arts. 322, 323, 324, 325, 326, 328, 329, 331, 332, 333, 334 e 335, deve o Juiz verificar, de acordo com o seu livre convencimento, se o Diretório local do partido, por qualquer dos seus membros, concorreu para a prática de delito, ou dela se beneficiou conscientemente.

- Arts. 322, 328, 329 e 333 revogados pelo Art. 107 da Lei nº 9.504/1997.

Parágrafo único. Nesse caso, imporá o Juiz ao Diretório responsável pena de suspensão de sua atividade eleitoral por prazo de 6 a 12 meses, agravada até o dobro nas reincidências.

Legislações | Direito Eleitoral

Art. 337. Participar, o estrangeiro ou brasileiro que não estiver no gozo dos seus direitos políticos, de atividades partidárias, inclusive comícios e atos de propaganda em recintos fechados ou abertos:

Pena – detenção até seis meses e pagamento de 90 a 120 dias-multa.

Parágrafo único. Na mesma pena incorrerá o responsável pelas emissoras de rádio ou televisão que autorizar transmissões de que participem os mencionados neste artigo, bem como o diretor de jornal que lhes divulgar os pronunciamentos.

- Ac.-TSE, de 14.10.2014, no REspe nº 36.173: não recepção do Art. 337 do Código Eleitoral pela Constituição Federal de 1988.

Art. 338. Não assegurar o funcionário postal a prioridade prevista no Art. 239:

Pena – pagamento de 30 a 60 dias-multa.

Art. 339. Destruir, suprimir ou ocultar urna contendo votos, ou documentos relativos à eleição:

Pena – reclusão de dois a seis anos e pagamento de 5 a 15 dias-multa.

Parágrafo único. Se o agente é membro ou funcionário da Justiça Eleitoral e comete o crime prevalecendo-se do cargo, a pena é agravada.

Art. 340. Fabricar, mandar fabricar, adquirir, fornecer, ainda que gratuitamente, subtrair ou guardar urnas, objetos, mapas, cédulas ou papéis de uso exclusivo da Justiça Eleitoral:

Pena – reclusão até três anos e pagamento de 3 a 15 dias-multa.

Parágrafo único. Se o agente é membro ou funcionário da Justiça Eleitoral e comete o crime prevalecendo-se do cargo, a pena é agravada.

Art. 341. Retardar a publicação ou não publicar, o diretor ou qualquer outro funcionário de órgão oficial federal, estadual, ou municipal, as decisões, citações ou intimações da Justiça Eleitoral:

Pena – detenção até um mês ou pagamento de 30 a 60 dias-multa.

Art. 342. Não apresentar o órgão do Ministério Público, no prazo legal, denúncia ou deixar de promover a execução de sentença condenatória:

Pena – detenção até dois meses ou pagamento de 60 a 90 dias-multa.

- V. nota ao Art. 357 sobre o Ac.-TSE, de 18.8.2011, no HC nº 78.048.

Art. 343. Não cumprir o Juiz o disposto no § 3º do Art. 357:

Pena – detenção até dois meses ou pagamento de 60 a 90 dias-multa.

Art. 344. Recusar ou abandonar o serviço eleitoral sem justa causa:

Pena – detenção até dois meses ou pagamento de 90 a 120 dias-multa.

- Ac.-TSE, de 28.4.2009, no HC nº 638 e, de 10.11.1998, no RHC nº 21: o não comparecimento de mesário no dia da votação não configura o crime estabelecido neste artigo.

Art. 345. Não cumprir a autoridade judiciária, ou qualquer funcionário dos órgãos da Justiça Eleitoral, nos prazos legais, os deveres impostos por este Código, se a infração não estiver sujeita a outra penalidade:

Pena – pagamento de 30 a 90 dias-multa.

- Artigo com redação dada pelo Art. 56 da Lei nº 4.961/1966.
- Lei nº 4.410/1964, Art. 2º, e Lei nº 9.504/1997, Art. 94, *caput* e § 2º: infração às normas que preveem prioridade para os feitos eleitorais. V., também, Art. 58, § 7º, da última lei citada.

Art. 346. Violar o disposto no Art. 377:

Pena – detenção até seis meses e pagamento de 30 a 60 dias-multa.

Parágrafo único. Incorrerão na pena, além da autoridade responsável, os servidores que prestarem serviços e os candidatos, membros ou diretores de partido que derem causa à infração.

Art. 347. Recusar alguém cumprimento ou obediência a diligências, ordens ou instruções da Justiça Eleitoral ou opor embaraços à sua execução:

Pena – detenção de três meses a um ano e pagamento de 10 a 20 dias-multa.

- Ac.-TSE, de 18.10.2011, no HC nº 130.882: o tipo penal deste artigo aperfeiçoa-se apenas na sua forma dolosa.
- Ac.-TSE, de 6.11.2007, no HC nº 579; 245/1995; 11650/1994 e 240/1994: necessidade, para configuração do crime, que tenha havido ordem judicial, direta e individualizada, expedida ao agente.
- Ac.-TSE, de 6.11.2007, no HC nº 579: impossibilidade de imputação do crime de desobediência a candidatos caso a determinação judicial de observância às regras de propaganda eleitoral tenha sido dirigida exclusivamente a partidos e a coligações.

Art. 348. Falsificar, no todo ou em parte, documento público, ou alterar documento público verdadeiro, para fins eleitorais:

Pena – reclusão de dois a seis anos e pagamento de 15 a 30 dias-multa.

§ 1º Se o agente é funcionário público e comete o crime prevalecendo-se do cargo, a pena é agravada.

§ 2º Para os efeitos penais, equipara-se a documento público o emanado de entidade paraestatal, inclusive fundação do Estado.

Art. 349. Falsificar, no todo ou em parte, documento particular ou alterar documento particular verdadeiro, para fins eleitorais:

Pena – reclusão até cinco anos e pagamento de 3 a 10 dias-multa.

- Ac.-TSE, de 6.11.2014, no RHC nº 392.317: para a caracterização do crime desse inciso, é necessária a presença de potencial lesivo da conduta para macular a fé pública.

Art. 350. Omitir, em documento público ou particular, declaração que dele devia constar, ou nele inserir ou fazer inserir declaração falsa ou diversa da que devia ser escrita, para fins eleitorais:

Pena – reclusão até cinco anos e pagamento de 5 a 15 dias-multa, se o documento é público, e reclusão até três anos e pagamento de 3 a 10 dias-multa, se o documento é particular.

- Ac.-TSE, de 8.9.2011, no RHC nº 19.088: o crime deste artigo é de natureza formal, descabendo potencializar, para definir-se a atribuição de autoridade policial, o fato de haver sido o documento utilizado em certa localidade, prevalecendo a definição decorrente do Art. 72 do CPP (Não sendo conhecido o lugar da infração, a competência regular-se-á pelo domicílio ou residência do réu).
- Ac.-TSE, de 4.8.2015, no REspe nº 41.861: é equivocada a afirmação de que nenhuma omissão de informações ou inserção de informações inverídicas em prestação de contas tem aptidão para configurar o delito em análise, por ser cronologicamente posterior às eleições.
- Ac.-TSE, de 2.5.2006, nos REspe nos 25.417 e 25.418: para a adequação do tipo penal previsto neste dispositivo é necessário que a declaração falsa prestada para fins eleitorais seja firmada pelo próprio eleitor interessado, e não por terceiro.
- Ac.-TSE, de 7.12.2011, no HC nº 154.094: o tipo previsto neste artigo é crime formal, sendo irrelevante a existência de resultado naturalístico, bastando que o documento falso tenha potencialidade lesiva.
- Ac.-TSE, de 18.8.2011, no REspe nº 23.310: o tipo previsto neste artigo não é meio necessário nem fase normal de preparação para a prática do delito tipificado no Art. 290 deste Código; são crimes autônomos que podem ser praticados sem que um dependa do outro.
- Ac.-TSE, de 4.8.2011, no REspe nº 35.486: a forma incriminadora fazer inserir, prevista neste artigo, admite a realização por terceira pessoa – autor intelectual da falsidade ideológica.
- Ac.-TSE, de 1º.8.2014, no AgR-REspe nº 105.191: caracteriza-se o delito quando do documento constar informação falsa preparada para provar, por seu conteúdo, fato juridicamente relevante.
- Ac.-TSE, de 6.11.2014, no REspe nº 3.845.587: a prática consubstanciada na falsidade de documento no âmbito de prestação de contas possui finalidade eleitoral e relevância jurídica, pois tem o condão de atingir o bem jurídico tutelado pela norma, que é a fé pública eleitoral.

Parágrafo único. Se o agente da falsidade documental é funcionário público e comete o crime prevalecendo-se do cargo ou se a falsificação ou alteração é de assentamentos de registro civil, a pena é agravada.

Art. 351. Equipara-se a documento (348, 349 e 350), para os efeitos penais, a fotografia, o filme cinematográfico, o disco fonográfico ou fita de ditafone a que se incorpore declaração ou imagem destinada à prova de fato juridicamente relevante.

Art. 352. Reconhecer, como verdadeira, no exercício da função pública, firma ou letra que o não seja, para fins eleitorais:

Pena – reclusão até cinco anos e pagamento de 5 a 15 dias-multa se o documento é público, e reclusão até três anos e pagamento de 3 a 10 dias-multa se o documento é particular.

Art. 353. Fazer uso de qualquer dos documentos falsificados ou alterados, a que se referem os Arts. 348 a 352:

Pena – a cominada à falsificação ou à alteração.

- Ac.-TSE, de 14.4.2015, no REspe nº 36.837: para a configuração do delito previsto neste dispositivo não se exige a ocorrência de dano efetivo à fé pública, sendo suficiente a potencialidade lesiva ao bem jurídico tutelado.

Art. 354. Obter, para uso próprio ou de outrem, documento público ou particular, material ou ideologicamente falso para fins eleitorais:

Pena – a cominada à falsificação ou à alteração.

Capítulo III - Do Processo das Infrações

- Ac.-TSE, de 28.6.2006, no HC nº 537: O fato de a Polícia Civil haver feito o auto de prisão, em vez da Polícia Federal, não constitui ilicitude.
- Súm.-STJ nº 192/1997: Compete ao Juízo das Execuções Penais do Estado a execução das penas impostas a sentenciados pela Justiça Federal, Militar ou Eleitoral, quando recolhidos a estabelecimentos sujeitos a administração estadual.
- Ac.-TSE, de 28.6.2012, no REspe nº 29.803: no processo-crime eleitoral a recusa à proposta de transação afasta o rito da Lei nº 9.099/1995, cumprindo observar o previsto no CE.

Art. 355. As infrações penais definidas neste Código são de ação pública.

- Ac.-TSE, de 24.2.2011, nos ED-AI nº 181917: a queixa-crime em ação penal privada subsidiária somente pode ser aceita caso o representante do Ministério Público não tenha oferecido denúncia, requerido diligências ou solicitado o arquivamento de inquérito policial no prazo legal. Ac.-TSE nº 21.295/2003: cabimento de ação penal privada subsidiária no âmbito da Justiça Eleitoral, por tratar-se de garantia constitucional, prevista na CF/88, Art. 5º, LIX. Inadmissibilidade da ação penal pública condicionada a representação do ofendido, em virtude do interesse público que envolve a matéria eleitoral.

Art. 356. Todo cidadão que tiver conhecimento de infração penal deste Código deverá comunicá-la ao Juiz Eleitoral da Zona onde a mesma se verificou.

- Ac.-TSE, de 2.5.2012, no HC nº 103.379: possibilidade de instauração de inquérito policial por requisição do Ministério Público com fundamento em delação anônima.

§ 1º Quando a comunicação for verbal, mandará a autoridade judicial reduzi-la a termo, assinado pelo apresentante e por duas testemunhas, e a remeterá ao órgão do Ministério Público local, que procederá na forma deste Código.

§ 2º Se o Ministério Público julgar necessários maiores esclarecimentos e documentos complementares ou outros elementos de convicção, deverá requisitá-los diretamente de quaisquer autoridades ou funcionários que possam fornecê-los.

Art. 357. Verificada a infração penal, o Ministério Público oferecerá a denúncia dentro do prazo de 10 (dez) dias.

- Ac.-TSE, de 18.8.2011, no HC nº 78.048: possibilidade de o Ministério Público, titular da ação penal pública, deixar de acionar certos envolvidos, como ocorre no tipo corrupção do Art. 299 do CE quanto ao eleitor, geralmente de baixa escolaridade e menos afortunado, que tenha recebido benefício para votar em determinado candidato.

Legislações | Direito Eleitoral

- Ac.-STJ, de 25.10.2005, no RMS nº 14.990: aplicação deste dispositivo também ao membro do Ministério Público. Súm.-STJ nº 234/2000: A participação de membro do Ministério Público na fase investigatória criminal não acarreta o seu impedimento ou suspeição para o oferecimento da denúncia.

- Res.-TSE nº 21.294/2002, Ac.-STJ, de 9.4.2003, no CC nº 37.595, e Ac.-TSE nº 25.137/2005: aplicabilidade das Leis nos 9.099/1995 e 10.259/2001 (transação penal e suspensão condicional do processo) no processo penal eleitoral, salvo para crimes que contam com sistema punitivo especial.

- Ac.-TSE nos 4692/2004 e 234/1994: a inobservância do prazo para denúncia não extingue a punibilidade.

- Ac.-TSE, de 5.4.2011, no AgR-RHC nº 175.815: possibilidade de oferecimento de denúncia por descumprimento de transação penal, na ausência de sentença homologatória.

- Ac.-TSE, de 8.5.2012, no REspe nº 685.214.904: o recebimento da denúncia por juiz incompetente é nulo e não interrompe o prazo prescricional.

- Ac.-TSE, de 14.2.2012, no HC nº 113.813: afastado, por pronunciamento judicial, o óbice à suspensão condicional do processo, cumpre abrir vista ao Ministério Público para manifestação.

§ 1º Se o órgão do Ministério Público, ao invés de apresentar a denúncia, requerer o arquivamento da comunicação, o Juiz, no caso de considerar improcedentes as razões invocadas, fará remessa da comunicação ao Procurador Regional, e este oferecerá a denúncia, designará outro Promotor para oferecê-la, ou insistirá no pedido de arquivamento, ao qual só então estará o Juiz obrigado a atender.

- Ac.-TSE, de 10.4.2007, no REspe nº 25.030: compete às Câmaras de Coordenação e Revisão manifestar-se sobre o arquivamento de inquérito policial (LC nº 75/1993, Art. 62, IV), objeto de pedido do Procurador Regional Eleitoral e rejeitado pelo Tribunal Regional.

- Ac.-TSE, de 28.6.2011, no RHC nº 4.653; de 22.11.2005, no HC nº 523 e, de 15.8.2002, no HC nº 435: aplicação do Art. 28 do CPP, cujo teor é semelhante ao deste dispositivo, em caso de recusa do órgão do Ministério Público em propor suspensão condicional do processo.

§ 2º A denúncia conterá a exposição do fato criminoso com todas as suas circunstâncias, a qualificação do acusado ou esclarecimentos pelos quais se possa identificá-lo, a classificação do crime e, quando necessário, o rol das testemunhas.

§ 3º Se o órgão do Ministério Público não oferecer a denúncia no prazo legal representará contra ele a autoridade judiciária, sem prejuízo da apuração da responsabilidade penal.

§ 4º Ocorrendo a hipótese prevista no parágrafo anterior o Juiz solicitará ao Procurador Regional a designação de outro Promotor, que, no mesmo prazo, oferecerá a denúncia.

§ 5º Qualquer eleitor poderá provocar a representação contra o órgão do Ministério Público se o Juiz, no prazo de 10 (dez) dias, não agir de ofício.

Art. 358. A denúncia será rejeitada quando:

I – o fato narrado evidentemente não constituir crime;

II – já estiver extinta a punibilidade, pela prescrição ou outra causa;

- Ac.-TSE, de 26.6.2012, nos ED-ED-REspe nº 35.486: O acórdão confirmatório da condenação não é marco interruptivo da prescrição.

III – for manifesta a ilegitimidade da parte ou faltar condição exigida pela lei para o exercício da ação penal.

Parágrafo único. Nos casos do nº III, a rejeição da denúncia não obstará ao exercício da ação penal, desde que promovida por parte legítima ou satisfeita a condição.

Art. 359. Recebida a denúncia, o juiz designará dia e hora para o depoimento pessoal do acusado, ordenando a citação deste e a notificação do Ministério Público.

- Artigo com redação dada pelo Art. 1º da Lei nº 10.732/2003.
- Ac.-TSE, de 8.5.2012, no REspe nº 685.214.904: o recebimento da denúncia por juiz incompetente é nulo e não interrompe o prazo prescricional.
- Ac.-TSE, de 22.5.2012, no AgR-REspe nº 385.827: não há dispositivo legal que determine a intimação de réu para participar do interrogatório de corréus.
- Ac.-TSE, de 17.5.2012, no RHC nº 46.376: as decisões de improcedência proferidas em sede civil-eleitoral não obstam a persecução criminal instaurada para apurar fatos idênticos.
- Ac.-TSE, de 27.3.2012, no HC nº 119.009: a decisão judicial que recebe a denúncia tem natureza interlocutória e prescinde da fundamentação exigida pelo Art. 93, IX, da Constituição Federal.

Parágrafo único. O réu ou seu defensor terá o prazo de 10 (dez) dias para oferecer alegações escritas e arrolar testemunhas.

- Parágrafo acrescido pelo Art. 1º da Lei nº 10.732/2003.
- Ac.-TSE, de 6.3.2012, no AgR-REspe nº 3.973.097: impossibilidade de se atribuir à Defensoria Pública a defesa e a orientação jurídica de pessoas que não se enquadrem no conceito de hipossuficiente (aplicação subsidiária do Art. 263, parágrafo único, do CPP).

Art. 360. Ouvidas as testemunhas de acusação e da defesa e praticadas as diligências requeridas pelo Ministério Público e deferidas ou ordenadas pelo Juiz, abrir-se-á o prazo de 5 (cinco) dias a cada uma das partes – acusação e defesa – para alegações finais.

- Ac.-TSE, de 31.5.2012, no RHC nº 66.851: não caracteriza cerceamento de defesa, nem ofensa ao devido processo legal, a decisão que, em sede de ação penal, indefere pedido de oitiva de testemunhas que não contribuirão para o esclarecimento dos fatos narrados na denúncia.

Art. 361. Decorrido esse prazo, e conclusos os autos ao Juiz dentro de quarenta e oito horas, terá o mesmo 10 (dez) dias para proferir a sentença.

Art. 362. Das decisões finais de condenação ou absolvição cabe recurso para o Tribunal Regional, a ser interposto no prazo de 10 (dez) dias.

Art. 363. Se a decisão do Tribunal Regional for condenatória, baixarão imediatamente os autos à instância inferior para a execução da sentença, que será feita no prazo de 5 (cinco) dias, contados da data da vista ao Ministério Público.

- Ac.-TSE nº 4590/2004: cabimento de embargos infringentes e de nulidade previstos no CPP, Art. 609, parágrafo único.
- Ac.-TSE, de 23.8.2011, no HC nº 412.471: impossibilidade de execução provisória da pena privativa de liberdade ou restritiva de direitos decorrente de sentença penal condenatória sem trânsito em julgado, ressalvada a decretação de prisão cautelar nos termos do Art. 312 do CPP, quando presentes fundamentos idôneos.

Parágrafo único. Se o órgão do Ministério Público deixar de promover a execução da sentença serão aplicadas as normas constantes dos parágrafos 3º, 4º e 5º do Art. 357.

Art. 364. No processo e julgamento dos crimes eleitorais e dos comuns que lhes forem conexos, assim como nos recursos e na execução, que lhes digam respeito, aplicar-se-á, como lei subsidiária ou supletiva, o Código de Processo Penal.

- Ac.-TSE nº 11.953/1995: incabível a apresentação de razões recursais na instância superior; inaplicabilidade do CPP, Art. 600, § 4º, devendo ser observados os Arts. 266 e 268 deste Código.

Título V - Disposições Gerais e Transitórias

Art. 365. O serviço eleitoral prefere a qualquer outro, é obrigatório e não interrompe o interstício de promoção dos funcionários para ele requisitados.

- Lei nº 6.999/1982 e Res.-TSE nº 23.255/2010: dispõem sobre a requisição de servidores públicos pela Justiça Eleitoral.
- Lei nº 8.868/1994, Art. 15: dispensa dos servidores públicos nomeados para compor as Mesas Receptoras ou Juntas Apuradoras pelo dobro dos dias de convocação; Lei nº 9.504/1997, Art. 98: dispositivo de mesmo teor que, entretanto, utiliza a expressão eleitores em substituição a servidores públicos; V., ainda, Res.-TSE nº 22.747/2008: Aprova instruções para aplicação do Art. 98 da Lei nº 9.504/1997.

Art. 366. Os funcionários de qualquer órgão da Justiça Eleitoral não poderão pertencer a Diretório de partido político ou exercer qualquer atividade partidária, sob pena de demissão.

- Res.-TSE nº 21.570/2003: filiação partidária proibida ao servidor da Justiça Eleitoral.
- Res.-TSE nº 22.088/2005: servidor da Justiça Eleitoral deve se exonerar para cumprir o prazo legal de filiação partidária, ainda que afastado do órgão de origem e pretenda concorrer em estado diverso de seu domicílio profissional. V., contudo, Ac.-TSE, de 11.12.2008, no REspe nº 29.769: deferimento de pedido de registro de candidato que, eleito Prefeito em primeiro mandato, foi aprovado e empossado em concurso público realizado por Tribunal Regional Eleitoral, tendo se licenciado, antes de entrar em efetivo exercício, para prosseguir na chefia do Poder Executivo Municipal.
- Ac.-TSE, de 5.8.2014, no PA nº 57.514: o servidor requisitado pela Justiça Eleitoral, quanto à filiação partidária, deve se submeter às limitações a que estão sujeitos seus próprios servidores.

Art. 367. A imposição e a cobrança de qualquer multa, salvo no caso das condenações criminais, obedecerão às seguintes normas:

- Res.-TSE nº 21.975/2004: Disciplina o recolhimento e a cobrança das multas previstas no Código Eleitoral e leis conexas e a distribuição do Fundo Especial de Assistência Financeira aos Partidos Políticos (Fundo Partidário). Port.-TSE nº 288/2005: Estabelece normas e procedimentos visando à arrecadação, recolhimento e cobrança das multas previstas no Código Eleitoral e leis conexas, e à utilização da Guia de Recolhimento da União (GRU).

I – no arbitramento será levada em conta a condição econômica do eleitor;

- Ac.-TSE, de 22.6.2010, no R-Rp nº 98.696: A multa fixada dentro dos limites legais não ofende os princípios da proporcionalidade e razoabilidade.

II – arbitrada a multa de ofício ou a requerimento do eleitor, o pagamento será feito através de selo federalinutilizado no próprio requerimento ou no respectivo processo;

- Lei nº 5.143/1966, Art. 15; abole o imposto do selo; IN-STN nº 2/2009: Dispõe sobre a Guia de Recolhimento da União (GRU), e dá outras providências; Res.-TSE nº 21.975/2004, Art. 4º: utilização obrigatória da GRU para recolhimento das multas eleitorais e penalidades pecuniárias, assim como doações de pessoas físicas ou jurídicas; Port.-TSE nº 288/2005: Estabelece normas e procedimentos visando à arrecadação, recolhimento e cobrança das multas previstas no Código Eleitoral e leis conexas, e à utilização da Guia de Recolhimento da União (GRU).

III – se o eleitor não satisfizer o pagamento no prazo de 30 (trinta) dias, será considerada dívida líquida e certa, para efeito de cobrança mediante executivo fiscal, a que for inscrita em livro próprio no Cartório Eleitoral;

- V. Art. 164, §§ 1º e 2º, deste Código e nota ao *caput* deste artigo.
- Ac.-TSE, de 7.12.2011, no AgR-AI nº 11.227: a previsão de inscrição de dívida em livro do cartório eleitoral não afasta a competência da Procuradoria da Fazenda Nacional para inscrevê-la ou expedir a certidão de dívida ativa.
- Ac.-TSE, de 8.8.2013, no REspe nº 12.840; e Ac.-TSE, de 23.10.2012, no AgR-REspe nº 28.764: prazo prescricional de dez anos para as multas eleitorais – dívidas ativas de natureza não tributária – (Art. 205 do Código Civil).

IV – a cobrança judicial da dívida será feita por ação executiva, na forma prevista para a cobrança da dívida ativa da Fazenda Pública, correndo a ação perante os Juízos Eleitorais;

- Ac.-TSE, de 9.9.2014, no REspe nº 116.839: legitimidade da União para ajuizar ação de execução de astreintes, imposta pelo descumprimento de ordem judicial relativa à retirada de propaganda eleitoral irregular; Ac.-STJ, de 25.8.1999, no CC nº 22.539 e, de 28.4.1999, no CC nº 23.132: competência da Justiça Eleitoral para a execução fiscal de multa eleitoral; Súm.-STJ nº 374/2009: Compete à Justiça Eleitoral processar e julgar a ação para anular débito decorrente de multa eleitoral.
- V. nota ao inciso III deste artigo sobre os Ac.-TSE, de 8.8.2013, no REspe nº 12840 e, de 23.10.2012, no AgR-REspe nº 28.764.

V – nas capitais e nas comarcas onde houver mais de um Promotor de Justiça, a cobrança da dívida far-se-á por intermédio do que for designado pelo Procurador Regional Eleitoral;

- Ac.-TSE nº 5.764/2005: legitimidade da Procuradoria da Fazenda Nacional para a execução fiscal de multa eleitoral.

VI – os recursos cabíveis, nos processos para cobrança da dívida decorrente de multa, serão interpostos para a instância superior da Justiça Eleitoral;

VII – em nenhum caso haverá recurso de ofício;

VIII – as custas, nos Estados, Distrito Federal e Territórios serão cobradas nos termos dos respectivos Regimentos de Custas;

- Res.-TSE nº 20.843/2001: Dispõe sobre o reembolso, aos oficiais de justiça, de despesas no cumprimento de mandados da Justiça Eleitoral; Res.-TSE nº 19.752/1996: Procedimento adotado pela Justiça Eleitoral para recolhimento à União de custas processuais, pagamento de honorários advocatícios e diligências de oficial de justiça.

IX – os Juízes Eleitorais comunicarão aos Tribunais Regionais, trimestralmente, a importância total das multas impostas nesse período e quanto foi arrecadado através de pagamentos feitos na forma dos nos II e III;

X – idêntica comunicação será feita pelos Tribunais Regionais ao Tribunal Superior.

§ 1º As multas aplicadas pelos Tribunais Eleitorais serão consideradas líquidas e certas, para efeito de cobrança mediante executivo fiscal desde que inscritas em livro próprio na Secretaria do Tribunal competente.

- Parágrafo 1º acrescido pelo Art. 57 da Lei nº 4.961/1966.

§ 2º A multa pode ser aumentada até dez vezes, se o Juiz, ou Tribunal considerar que, em virtude da situação econômica do infrator, é ineficaz, embora aplicada no máximo.

- Primitivo parágrafo único renumerado como § 2º pelo Art. 57 da Lei nº 4.961/1966, o qual acrescentou o termo ou Tribunal.

§ 3º O alistando, ou o eleitor, que comprovar devidamente o seu estado de pobreza, ficará isento do pagamento de multa.

- Parágrafo 3º acrescido pelo Art. 57 da Lei nº 4.961/1966.
- Ac.-TSE, de 10.2.2011, nos ED-AI nº 11491: inaplicabilidade dessa isenção a candidatos; a alegação de ausência de recursos financeiros não é apta para ilidir a multa aplicada em representação por propaganda eleitoral irregular [...].
- Lei nº 7.115/1983, Art. 1º: dispõe, entre outras, sobre a prova de pobreza.

§ 4º Fica autorizado o Tesouro Nacional a emitir selos, sob a designação Selo Eleitoral, destinados ao pagamento de emolumentos, custas, despesas e multas, tanto as administrativas como as penais, devidas à Justiça Eleitoral.

- Parágrafo 4º acrescido pelo Art. 57 da Lei nº 4.961/1966.
- V. nota ao inciso II deste artigo sobre a Lei nº 5.143/1966 e outras normas.
- V. nota ao inciso VIII deste artigo sobre as Res.-TSE nos 20843/2001 e 19752/1996.

§ 5º Os pagamentos de multas poderão ser feitos através de guias de recolhimento, se a Justiça Eleitoral não dispuser de selo eleitoral em quantidade suficiente para atender aos interessados.

- Parágrafo 5º acrescido pelo Art. 57 da Lei nº 4.961/1966.
- V. nota ao inciso II deste artigo sobre a Lei nº 5.143/1966 e outras normas.

Art. 368. Os atos requeridos ou propostos em tempo oportuno, mesmo que não sejam apreciados no prazo legal, não prejudicarão aos interessados.

Art. 368-A. A prova testemunhal singular, quando exclusiva, não será aceita nos processos que possam levar à perda do mandato.

Art. 368-A acrescido pelo Art. 4º da Lei nº 13.165/2015.

Art. 369. O Governo da União fornecerá, para ser distribuído por intermédio dos Tribunais Regionais, todo o material destinado ao alistamento eleitoral e às eleições.

Art. 370. As transmissões de natureza eleitoral, feitas por autoridades e repartições competentes, gozam de franquia postal, telegráfica, telefônica, radiotelegráfica ou radiotelefônica, em linhas oficiais ou nas que sejam obrigadas a serviço oficial.

- Lei nº 6.538/1978, Art. 32: O serviço postal e o serviço de telegrama são remunerados através de tarifas de preços, além de prêmios ad valorem com relação ao primeiro, aprovados pelo Ministério das Comunicações; e Art. 34: É vedada a concessão de isenção ou redução subjetiva das tarifas, preços e prêmios ad valorem, ressalvados os casos de calamidade pública e os previstos nos atos internacionais devidamente ratificados, na forma do disposto em regulamento.

Art. 371. As repartições públicas são obrigadas, no prazo máximo de 10 (dez) dias, a fornecer às autoridades, aos representantes de partidos ou a qualquer alistando as informações e certidões que solicitarem relativas à matéria eleitoral, desde que os interessados manifestem especificamente as razões e os fins do pedido.

Art. 372. Os tabeliães não poderão deixar de reconhecer nos documentos necessários à instrução dos requerimentos e recursos eleitorais, as firmas de pessoas de seu conhecimento, ou das que se apresentarem com 2 (dois) abonadores conhecidos.

Art. 373. São isentos de selo os requerimentos e todos os papéis destinados a fins eleitorais e é gratuito o reconhecimento de firma pelos tabeliães para os mesmos fins.

- CF/88, Art. 5º, XXXIV, b, e LXXVII: gratuidade de certidões em repartições públicas e ações de *habeas corpus* e *habeas data*.
- Lei nº 9.265/1996 (regulamenta a CF/88, Art. 5º, LXXVII), Art. 1º: gratuidade de atos considerados necessários ao exercício da cidadania, quais sejam, os que capacitam o cidadão ao exercício da soberania popular a que se reporta o Art. 14 da CF/88; aqueles referentes ao alistamento militar; os pedidos de informação ao poder público, em todos os seus âmbitos, objetivando a instrução de defesa ou denúncia de irregularidade administrativa na órbita pública; as ações de impugnação de mandato eletivo por abuso do poder econômico, corrupção ou fraude; quaisquer requerimentos ou petições que visem às garantias individuais e à defesa do interesse público.
- Lei nº 5.143/1966, Art. 15; abole o imposto do selo; IN-STN nº 2/2009: Dispõe sobre a Guia de Recolhimento da União (GRU), e dá outras providências; Res.-TSE nº 21.975/2004, Art. 4º: utilização obrigatória da GRU para recolhimento das multas eleitorais e penalidades pecuniárias, assim como doações de pessoas físicas ou jurídicas; Port.-TSE nº 288/2005: Estabelece normas e procedimentos visando à arrecadação, recolhimento e cobrança das multas previstas no Código Eleitoral e leis conexas, e à utilização da Guia de Recolhimento da União (GRU).
- V. Art. 47 deste Código.

Parágrafo único. Nos processos-crimes e nos executivos fiscais referentes à cobrança de multas serão pagas custas nos termos do Regimento de Custas de cada Estado, sendo as devidas à União pagas através de selos federais inutilizados nos autos.

- V. nota ao *caput* deste artigo sobre a Lei nº 5.143/1966 e outras normas.
- Res.-TSE nº 20.843/2001: Dispõe sobre o reembolso, aos oficiais de justiça, de despesas no cumprimento de mandados da Justiça Eleitoral. Res.-TSE nº 19.752/1996: Procedimento

adotado pela Justiça Eleitoral para recolhimento à União de custas processuais, pagamento de honorários advocatícios e diligências de oficial de justiça.

Art. 374. Os membros dos Tribunais Eleitorais, os Juízes Eleitorais e os servidores públicos requisitados para os órgãos da Justiça Eleitoral que, em virtude de suas funções nos mencionados órgãos, não tiverem as férias que lhes couberem, poderão gozá-las no ano seguinte, acumuladas ou não.

- Artigo com redação dada pelo Art. 58 da Lei nº 4.961/1966, que revogou-lhe o parágrafo único.

Art. 375. Nas áreas contestadas, enquanto não forem fixados definitivamente os limites interestaduais, far-se-ão as eleições sob a jurisdição do Tribunal Regional da circunscrição eleitoral em que, do ponto de vista da administração judiciária estadual, estejam elas incluídas.

Art. 376. A proposta orçamentária da Justiça Eleitoral será anualmente elaborada pelo Tribunal Superior, de acordo com as propostas parciais que lhe forem remetidas pelos Tribunais Regionais, e dentro das normas legais vigentes.

- CF/88, Art. 99, §§ 1º e 2º, I.

Parágrafo único. Os pedidos de créditos adicionais que se fizerem necessários ao bom andamento dos serviços eleitorais, durante o exercício, serão encaminhados em relação trimestral à Câmara dos Deputados, por intermédio do Tribunal Superior.

Art. 377. O serviço de qualquer repartição, federal, estadual, municipal, autarquia, fundação do Estado, sociedade de economia mista, entidade mantida ou subvencionada pelo Poder Público, ou que realiza contrato com este, inclusive o respectivo prédio e suas dependências, não poderá ser utilizado para beneficiar partido ou organização de caráter político.

- Lei nº 9.096/1995, Art. 51: utilização de escolas públicas ou casas legislativas pelos partidos políticos para realização de suas reuniões e convenções. Lei nº 9.504/1997, Art. 8º, § 2º: utilização de prédios públicos para realização de convenção para escolha de candidato.
- Ac.-TSE, de 13.2.2007, no AgR-REspe nº 25.983: Não caracteriza o crime dos Arts. 346 c.c. 377, CE, a simples visita dos candidatos à sede da entidade que recebe subvenção da municipalidade. Os dispositivos visam coibir o uso efetivo e abusivo de serviços ou dependências de entes públicos ou de entidades mantidas ou subvencionadas pelo poder público, ou que com este contrata, em benefício de partidos ou organização de caráter político; não se exige potencialidade do ato, mas sim o uso efetivo das instalações.
- V. Art. 346 deste Código.

Parágrafo único. O disposto neste artigo será tornado efetivo, a qualquer tempo, pelo órgão competente da Justiça Eleitoral, conforme o âmbito nacional, regional ou municipal do órgão infrator, mediante representação fundamentada de autoridade pública, representante partidário ou de qualquer eleitor.

Art. 378. O Tribunal Superior organizará, mediante proposta do Corregedor-Geral, os serviços da Corregedoria, designando, para desempenhá-los, funcionários efetivos do seu quadro e transformando o cargo de um deles, diplomado em Direito e de conduta moral irrepreensível, no de Escrivão da Corregedoria, símbolo PJ-1, a cuja nomeação serão inerentes, assim na Secretaria como nas diligências, as atribuições de titular de ofício de Justiça.

- Res.-TSE nº 23.338/2011: Aprova a organização dos serviços da Corregedoria-Geral da Justiça Eleitoral, define as atribuições das subunidades e dos titulares de cargos e funções.

Art. 379. Serão considerados de relevância os serviços prestados pelos Mesários e componentes das Juntas Apuradoras.

- Lei nº 8.868/1994, Art. 15: dispensa dos servidores públicos nomeados para compor as Mesas Receptoras ou Juntas Apuradoras pelo dobro dos dias de convocação; Lei nº 9.504/1997, Art. 98: dispositivo de mesmo teor que, entretanto, utiliza a expressão eleitores em substituição a servidores públicos; V., ainda, Res.-TSE nº 22.747/2008: Aprova instruções para aplicação do Art. 98 da Lei nº 9.504/1997.

§ 1º Tratando-se de servidor público, em caso de promoção, a prova de haver prestado tais serviços será levada em consideração para efeito de desempate, depois de observados os critérios já previstos em leis ou regulamentos.

§ 2º Persistindo o empate de que trata o parágrafo anterior, terá preferência, para a promoção, o funcionário que tenha servido maior número de vezes.

§ 3º O disposto neste artigo não se aplica aos membros ou servidores da Justiça Eleitoral.

Art. 380. Será feriado nacional o dia em que se realizarem eleições de data fixada pela Constituição Federal; nos demais casos, serão as eleições marcadas para um domingo ou dia já considerado feriado por lei anterior.

- CF/88, Art. 77; e Lei nº 9.504/1997, Arts. 1º, *caput*, e 2º, § 1º: fixação de datas para eleição de Presidente e Vice-Presidente da República. CF/88, Arts. 28, *caput*, e 29, II; e Lei nº 9.504/1997, arts 1º, *caput*, 2º, § 1º, e 3º, § 2º: fixação de datas para eleição de Governador e Vice-Governador e de Prefeito e Vice-Prefeito. Lei nº 9.504/1997, Art. 1º, *caput*: fixação de datas para eleição de Senador, Deputado Federal, Deputado Estadual, Deputado distrital e Vereador. CF/88, Art. 32, § 2º: eleições de Governador e Vice-Governador e de Deputados distritais coincidentes com a de Governadores e de Deputados Estaduais.
- Res.-TSE nº 21.255/2002: Funcionamento de shopping center em dia de eleição. Feriado nacional. Impossibilidade de abertura do comércio em geral, excetuando-se os estabelecimentos que trabalham no ramo de alimentação e entretenimento. Garantia aos funcionários do exercício do voto.
- Res.-TSE nºs 22.422/2006 e 22.963/2008: possibilidade de funcionamento do comércio no dia da eleição.

Art. 381. Esta Lei não altera a situação das candidaturas a Presidente ou Vice-Presidente da República e a Governador ou Vice-Governador de Estado, desde que resultante de Convenções partidárias regulares e já registradas ou em processo de registro, salvo a ocorrência de outros motivos de ordem legal ou constitucional que as prejudiquem.

Parágrafo único. Se o registro requerido se referir isoladamente a Presidente ou a Vice-Presidente da República e a Governador ou Vice-Governador de Estado, a validade respectiva dependerá de complementação da chapa conjunta na forma e nos prazos previstos neste Código (Constituição, Art. 81, com a redação dada pela Emenda Constitucional nº 9).

Legislações | Direito Eleitoral

- Dispositivo transitório.
- Refere-se à CF/46.

Art. 382. Este Código entrará em vigor 30 dias após a sua publicação.

Art. 383. Revogam-se as disposições em contrário.

Brasília, 15 de julho de 1965; 144º da Independência e 77º da República.

H. Castello Branco

Milton Soares Campos.

_____

Publicada no DOU de 19.7.1965; retificada no DOU de 30.7.1965.

Anotações

Resolução nº 21.538, de 14 de Outubro de 2003 - Brasília – DF

Dispõe sobre o alistamento e serviços eleitorais mediante processamento eletrônico de dados, a regularização de situação de eleitor, a administração e a manutenção do cadastro eleitoral, o sistema de alistamento eleitoral, a revisão do eleitorado e a fiscalização dos partidos políticos, entre outros.

- Res.-TSE nº 20.573/2000: procedimentos a serem adotados pelas missões diplomáticas e repartições consulares em situações de interesse da Justiça Eleitoral.

O Tribunal Superior Eleitoral, no uso de suas atribuições, tendo em conta o disposto na Lei nº 7.444, de 20 de dezembro de 1985,

Considerando que à Corregedoria-Geral da Justiça Eleitoral cabe velar pela fiel execução das leis e instruções e pela boa ordem e celeridade dos serviços eleitorais,

Considerando a necessidade de adaptar as normas em vigor à nova sistemática adotada para o cadastro eleitoral,

Considerando a necessidade de estabelecer rotina procedimental única, de forma a facilitar os trabalhos desenvolvidos, especialmente quanto às situações de duplicidade ou pluralidade de inscrições e revisão de eleitorado,

Art. 1º O alistamento eleitoral, mediante processamento eletrônico de dados, implantado nos termos da Lei nº 7.444/85, será efetuado, em todo o território nacional, na conformidade do referido diploma legal e desta resolução.

Parágrafo único. Os tribunais regionais eleitorais adotarão o sistema de alistamento desenvolvido pelo Tribunal Superior Eleitoral.

Do Requerimento de Alistamento Eleitoral (RAE)

- Prov.-CGE nº 9/2011: Regulamenta o uso de funcionalidade do Sistema ELO destinada ao deferimento coletivo de Requerimentos de Alistamento Eleitoral (RAE).

Art. 2º O requerimento de alistamento eleitoral (RAE) (anexo I) servirá como documento de entrada de dados e será processado eletronicamente.

Parágrafo único. O sistema de alistamento de que trata o parágrafo único do Art. 1º conterá os campos correspondentes ao formulário RAE, de modo a viabilizar a impressão do requerimento, com as informações pertinentes, para apreciação do Juiz Eleitoral.

Art. 3º Para preenchimento do RAE, devem ser observados os procedimentos especificados nesta resolução e nas orientações pertinentes.

Art. 4º Deve ser consignada OPERAÇÃO 1 – ALISTAMENTO quando o alistando requerer inscrição e quando em seu nome não for identificada inscrição em nenhuma zona eleitoral do país ou exterior, ou a única inscrição localizada estiver cancelada por determinação de autoridade judiciária (FASE 450).

- Prov.-CGE nº 1/2004.

- V. Prov.-CGE nº 6/2009: Aprova as Instruções para utilização dos Códigos de Atualização da Situação do Eleitor (ASE).

Art. 5º Deve ser consignada OPERAÇÃO 3 – TRANSFERÊNCIA sempre que o eleitor desejar alterar seu domicílio e for encontrado em seu nome número de inscrição em qualquer município ou zona, unidade da Federação ou país, em conjunto ou não com eventual retificação de dados.

§ 1º Na hipótese do *caput*, o eleitor permanecerá com o número originário da inscrição e deverá ser, obrigatoriamente, consignada no campo próprio a sigla da UF anterior.

§ 2º É vedada a transferência de número de inscrição envolvida em coincidência, suspensa, cancelada automaticamente pelo sistema quando envolver situação de perda e suspensão de direitos políticos, cancelada por perda de direitos políticos (FASE 329) e por decisão de autoridade judiciária (FASE 450).

- V. Prov.-CGE nº 6/2009: Aprova as Instruções para utilização dos Códigos de Atualização da Situação do Eleitor (ASE).

§ 3º Será admitida transferência com reutilização do número de inscrição cancelada pelos Códigos FASE 019 – falecimento, 027 – duplicidade/pluralidade, 035 – deixou de votar em três eleições consecutivas e 469 – revisão de eleitorado, desde que comprovada a inexistência de outra inscrição liberada, não liberada, regular ou suspensa para o eleitor.

- Voto do relator na proposta de edição desta resolução: a reutilização de número de inscrição cancelada na operação de transferência e de revisão impedirá o inchamento do cadastro e preservará o histórico do eleitor; permanece, todavia, a vedação de reutilização no caso de inscrição cancelada, por decisão judicial (FASE 450), em decorrência da natureza irregular ou fraudulenta.
- V. Prov.-CGE nº 6/2009: Aprova as Instruções para utilização dos Códigos de Atualização da Situação do Eleitor (ASE).

§ 4º Existindo mais de uma inscrição cancelada para o eleitor no cadastro, nas condições previstas no § 3º, deverá ser promovida, preferencialmente, a transferência daquela:

I – que tenha sido utilizada para o exercício do voto no último pleito;

II – que seja mais antiga.

Art. 6º Deve ser consignada OPERAÇÃO 5 – REVISÃO quando o eleitor necessitar alterar local de votação no mesmo município, ainda que haja mudança de zona eleitoral, retificar dados pessoais ou regularizar situação de inscrição cancelada nas mesmas condições previstas para a transferência a que se refere o § 3º do Art. 5º.

- Prov.-CGE nº 1/2004.

Art. 7º Deve ser consignada OPERAÇÃO 7 – SEGUNDA VIA quando o eleitor estiver inscrito e em situação regular na zona por ele procurada e desejar apenas a segunda via do seu título eleitoral, sem nenhuma alteração.

Art. 8º Nas hipóteses de REVISÃO ou de SEGUNDA VIA, o título eleitoral será expedido automaticamente e a data de domicílio do eleitor não será alterada.

Do Alistamento

- V. Lei nº 9.504/1997, Art. 91, *caput*: Nenhum requerimento de inscrição eleitoral ou de transferência será recebido dentro dos cento e cinquenta dias anteriores à data da eleição.

- Res.-TSE nº 21.920/2004: Dispõe sobre o alistamento eleitoral e o voto dos cidadãos portadores de deficiência, cuja natureza e situação impossibilitem ou tornem extremamente oneroso o exercício de suas obrigações eleitorais.

- Ac.-TSE, de 18.2.2014, no REspe nº 37481 e, de 5.2.2013, no AgR-AI nº 7286: o conceito de domicílio eleitoral é mais elástico do que o do Direito Civil, satisfazendo-se com vínculos de natureza política, econômica, social e familiar.

- Res.-TSE nº 23.088/2009: Autoriza a expansão do projeto de modernização dos serviços eleitorais voltados ao pré-atendimento do cidadão, via Internet, para requerimento de operações de alistamento, transferência e revisão, implementado em caráter experimental pela Res.-TSE nº 22.754/2007.

- Súm.-STJ nº 368/2008: Compete à Justiça Comum Estadual processar e julgar os pedidos de retificação de dados cadastrais da Justiça Eleitoral.

- Ac.-TSE, de 6.12.2011, no PA nº 180.681: alistamento facultativo dos indígenas como eleitores, observadas as exigências de natureza constitucional e eleitoral pertinentes à matéria.

Art. 9º No cartório eleitoral ou no posto de alistamento, o servidor da Justiça Eleitoral preencherá o RAE ou digitará as informações no sistema de acordo com os dados constantes do documento apresentado pelo eleitor, complementados com suas informações pessoais, de conformidade com as exigências do processamento de dados, destas instruções e das orientações específicas.

- Lei nº 7.444/1985, Art. 5º.

- Res.-TSE nº 22.987/2008: a informação da ocupação exercida pelo eleitor nas operações de alistamento, revisão e transferência visa auxiliar a escolha e nomeação de mesários, nos termos do Art. 120, § 2º, do CE/65, e prescinde de prova.

§ 1º O RAE deverá ser preenchido ou digitado e impresso na presença do requerente.

§ 2º No momento da formalização do pedido, o requerente manifestará sua preferência sobre local de votação, entre os estabelecidos para a zona eleitoral.

- Res.-TSE nº 21.407/2003: impossibilidade de o eleitor escolher local de votação pertencente a zona eleitoral diversa daquela em que tem domicílio.

§ 3º Para os fins o § 2º deste artigo, será colocada à disposição, no cartório ou posto de alistamento, a relação de todos os locais de votação da zona, com os respectivos endereços.

§ 4º A assinatura do requerimento ou a aposição da impressão digital do polegar será feita na presença do servidor da Justiça Eleitoral, que deverá atestar, de imediato, a satisfação dessa exigência.

- Lei nº 7.444/1985, Art. 5º, § 1º: no caso de analfabeto, será feita a impressão digital do polegar direito.

Art. 10. Antes de submeter o pedido a despacho do Juiz Eleitoral, o servidor providenciará o preenchimento ou a digitação no sistema dos espaços que lhe são reservados no RAE.

Legislações | Direito Eleitoral

Parágrafo único. Para efeito de preenchimento do requerimento ou de digitação no sistema, será mantida em cada zona eleitoral relação de servidores, identificados pelo número do título eleitoral, habilitados a praticar os atos reservados ao cartório.

Art. 11. Atribuído número de inscrição, o servidor, após assinar o formulário, destacará o protocolo de solicitação, numerado de idêntica forma, e o entregará ao requerente, caso a emissão do título não seja imediata.

- Res.-TSE nº 13.511/1986: Dispõe sobre o prazo de eficácia do comprovante de pedido de alistamento; Lei nº 9.504/1997, Art. 91, parágrafo único: A retenção de título eleitoral ou do comprovante de alistamento eleitoral constitui crime, punível com detenção, de um a três meses, com a alternativa de prestação de serviços à comunidade por igual período, e multa no valor de cinco mil a dez mil UFIR.

Art. 12. Os tribunais regionais eleitorais farão distribuir, observada a sequência numérica fornecida pela Secretaria de Informática, às zonas eleitorais da respectiva circunscrição, séries de números de inscrição eleitoral, a serem utilizados na forma deste artigo.

Parágrafo único. O número de inscrição compor-se-á de até 12 algarismos, por unidade da Federação, assim discriminados:

a) os oito primeiros algarismos serão sequenciados, desprezando-se, na emissão, os zeros à esquerda;

b) os dois algarismos seguintes serão representativos da unidade da Federação de origem da inscrição, conforme Códigos constantes da seguinte tabela:

01 – São Paulo

02 – Minas Gerais

03 – Rio de Janeiro

04 – Rio Grande do Sul

05 – Bahia

06 – Paraná

07 – Ceará

08 – Pernambuco

09 – Santa Catarina

10 – Goiás

11 – Maranhão

12 – Paraíba

13 – Pará

14 – Espírito Santo

15 – Piauí

16 – Rio Grande do Norte

17 – Alagoas

18 – Mato Grosso

19 – Mato Grosso do Sul

20 – Distrito Federal

21 – Sergipe

22 – Amazonas

23 – Rondônia

24 – Acre

25 – Amapá

26 – Roraima

27 – Tocantins

28 – Exterior (ZZ)

c) os dois últimos algarismos constituirão dígitos verificadores, determinados com base no módulo 11, sendo o primeiro calculado sobre o número sequencial e o último sobre o Código da unidade da Federação seguido do primeiro dígito verificador.

Art. 13. Para o alistamento, o requerente apresentará um dos seguintes documentos do qual se infira a nacionalidade brasileira (Lei nº 7.444/85, Art. 5º, § 2º):

- Res.-TSE nº 21.385/2003: inexigibilidade de prova de opção pela nacionalidade brasileira para fins de alistamento eleitoral, não prevista na legislação pertinente.

a) carteira de identidade ou carteira emitida pelos órgãos criados por lei federal, controladores do exercício profissional;

b) certificado de quitação do serviço militar;

- Res.-TSE nº 21.384/2003: inexigibilidade de comprovação de quitação com o serviço militar nas operações de transferência de domicílio, revisão de dados e segunda via, à falta de previsão legal; Res.-TSE nº 22097/2005: inexigibilidade do certificado de quitação do serviço militar daquele que completou 18 anos para o qual ainda esteja em curso o prazo de apresentação ao órgão de alistamento militar.

c) certidão de nascimento ou casamento, extraída do Registro Civil;

- Ac.-TSE, de 6.12.2011, no PA nº 180.681: faculta-se aos indígenas que não disponham do documento de registro civil de nascimento a apresentação do congênere administrativo expedido pela Funai.

d) instrumento público do qual se infira, por direito, ter o requerente a idade mínima de 16 anos e do qual constem, também, os demais elementos necessários à sua qualificação.

Parágrafo único. A apresentação do documento a que se refere a alínea b é obrigatória para maiores de 18 anos, do sexo masculino.

Art. 14. É facultado o alistamento, no ano em que se realizarem eleições, do menor que completar 16 anos até a data do pleito, inclusive.

- CF/88, Art. 14, § 1º, II, c: alistamento e voto facultativos para os maiores de dezesseis e os menores de dezoito anos.

§ 1º O alistamento de que trata o *caput* poderá ser solicitado até o encerramento do prazo fixado para requerimento de inscrição eleitoral ou transferência.

Legislações | Direito Eleitoral

§ 2º O título emitido nas condições deste artigo somente surtirá efeitos com o implemento da idade de 16 anos (Res.-TSE nº 19.465, de 12.3.96).

Art. 15. O brasileiro nato que não se alistar até os 19 anos ou o naturalizado que não se alistar até um ano depois de adquirida a nacionalidade brasileira incorrerá em multa imposta pelo Juiz Eleitoral e cobrada no ato da inscrição.

- V. Art. 85 desta resolução: base de cálculo para aplicação de multas previstas no Código Eleitoral e leis conexas.
- Res.-TSE nº 21.975/2004: Disciplina o recolhimento e a cobrança das multas previstas no Código Eleitoral e leis conexas e a distribuição do Fundo Especial de Assistência Financeira aos Partidos Políticos (Fundo Partidário).

Parágrafo único. Não se aplicará a pena ao não alistado que requerer sua inscrição eleitoral até o centésimo quinquagésimo primeiro dia anterior à eleição subsequente à data em que completar 19 anos (Código Eleitoral, Art. 8º c.c. a Lei nº 9.504/97, Art. 91).

Art. 16. O alistamento eleitoral do analfabeto é facultativo (Constituição Federal, Art. 14, § 1º, II, a).

Parágrafo único. Se o analfabeto deixar de sê-lo, deverá requerer sua inscrição eleitoral, não ficando sujeito à multa prevista no Art. 15 (Código Eleitoral, Art. 8º).

- Lei nº 6.236/1975, Art. 1º, § 1º: O diretor, professor ou responsável por curso de alfabetização de adolescentes e adultos encaminhará o aluno que o concluir ao competente Juiz Eleitoral, para obtenção do título de eleitor.
- Ac.-TSE, de 6.12.2011, no PA nº 180.681: isenção de multa para os índios que venham a se alfabetizar e se inscrever como eleitores.

Art. 17. Despachado o requerimento de inscrição pelo Juiz Eleitoral e processado pelo cartório, o setor da Secretaria do Tribunal Regional Eleitoral responsável pelos serviços de processamento eletrônico de dados enviará ao cartório eleitoral, que as colocará à disposição dos partidos políticos, relações de inscrições incluídas no cadastro, com os respectivos endereços.

§ 1º Do despacho que indeferir o requerimento de inscrição, caberá recurso interposto pelo alistando no prazo de cinco dias e, do que o deferir, poderá recorrer qualquer delegado de partido político no prazo de dez dias, contados da colocação da respectiva listagem à disposição dos partidos, o que deverá ocorrer nos dias 1º e 15 de cada mês, ou no primeiro dia útil seguinte, ainda que tenham sido exibidas ao alistando antes dessas datas e mesmo que os partidos não as consultem (Lei nº 6.996/1982, Art. 7º).

- Ac.-TSE nº 4.339/2003: [...] o Art. 7º, § 1º, da Lei nº 6.996/1982 não alterou o Art. 57 do Código Eleitoral. Versam os artigos institutos diferentes – inscrição e transferência eleitorais, respectivamente. V., em sentido contrário, dec. monocráticas do Corregedor-Geral eleitoral, de 4.4.2006, no PA nº 19.536 e, de 19.3.2007, na Pet nº 1817: [...] as disposições contidas nos Arts. 17, § 1º, e 18, § 5º, da Res.-TSE nº 21.538/2003, aprovadas em consonância com o Art. 7º, § 1º, da Lei nº 6.996/1982, legitimamente alteraram o procedimento do Art. 57 do Código Eleitoral, compatibilizando-o com a sistemática de prestação de serviços eleitorais introduzida com a implantação do processamento eletrônico no alistamento eleitoral (Lei nº 7.444/1985), ficando, por idênticas razões, parcialmente superado o disposto no § 2º do Art. 52 do mesmo código, relativamente à segunda via.

§ 2º O cartório eleitoral providenciará, para o fim do disposto no § 1º, relações conten-do os pedidos indeferidos.

Da Transferência

- V. Lei nº 9.504/1997, Art. 91, *caput*: Nenhum requerimento de inscrição eleitoral ou de transfe-rência será recebido dentro dos cento e cinquenta dias anteriores à data da eleição.
- Res.-TSE nº 23.088/2009: Autoriza a expansão do projeto de modernização dos serviços elei-torais voltados ao pré-atendimento do cidadão, via Internet, para requerimento de operações de alistamento, transferência e revisão, implementado em caráter experimental pela Res.-TSE nº 22.754/2007.

Art. 18. A transferência do eleitor só será admitida se satisfeitas as seguintes exigências:

- Prov.-CGE nº 1/2004.

I – recebimento do pedido no cartório eleitoral do novo domicílio no prazo estabe-lecido pela legislação vigente;

II – transcurso de, pelo menos, um ano do alistamento ou da última transferência;

III – residência mínima de três meses no novo domicílio, declarada, sob as penas da lei, pelo próprio eleitor (Lei nº 6.996/82, Art. 8º);

- Lei nº 6.996/1982, Art. 8º, III: residência declarada, sob as penas da lei, pelo próprio eleitor; Lei nº 7.115/1983, Art. 1º, *caput*: A declaração destinada a fazer prova de vida, residência, pobreza, dependência econômica, homonímia ou bons antecedentes, quando firmada pelo próprio inte-ressado ou por procurador bastante, e sob as penas da lei, presume-se verdadeira; e Res.-TSE nº 11.917/1984: as regras de direito probatório contidas na Lei nº 7.115/1983 são aplicáveis ao processo eleitoral, com exceção do processo penal eleitoral.
- Ac.-TSE, de 18.2.2014, no REspe nº 37481 e, de 5.2.2013, no AgR-AI nº 7286: o conceito de domicílio eleitoral é mais elástico do que o do Direito Civil, satisfazendo-se com vínculos de natureza política, econômica, social e familiar.

IV – prova de quitação com a Justiça Eleitoral.

- V. Lei nº 9.504/1997, Art. 11, §§ 7º ao 9º.
- Res.-TSE nº 21.667/2004: Dispõe sobre a utilização do serviço de emissão de certidão de quitação eleitoral por meio da Internet e dá outras providências.

§ 1º O disposto nos incisos II e III não se aplica à transferência de título eleitoral de servidor público civil, militar, autárquico, ou de membro de sua família, por motivo de remoção ou transferência (Lei nº 6.996/82, Art. 8º, parágrafo único).

§ 2º Ao requerer a transferência, o eleitor entregará ao servidor do cartório o título elei-toral e a prova de quitação com a Justiça Eleitoral.

§ 3º Não comprovada a condição de eleitor ou a quitação para com a Justiça Eleitoral, o Juiz Eleitoral arbitrará, desde logo, o valor da multa a ser paga.

- V. Art. 85 desta resolução: base de cálculo para aplicação de multas previstas no Código Eleitoral e leis conexas.
- Res.-TSE nº 21.975/2004: Disciplina o recolhimento e a cobrança das multas previstas no Código Eleitoral e leis conexas e a distribuição do Fundo Especial de Assistência Financeira aos Partidos Políticos (Fundo Partidário).

Legislações | Direito Eleitoral

§ 4º Despachado o requerimento de transferência pelo Juiz Eleitoral e processado pelo cartório, o setor da Secretaria do Tribunal Regional Eleitoral responsável pelos serviços de processamento de dados enviará ao cartório eleitoral, que as colocará à disposição dos partidos políticos, relações de inscrições atualizadas no cadastro, com os respectivos endereços.

§ 5º Do despacho que indeferir o requerimento de transferência, caberá recurso interposto pelo eleitor no prazo de cinco dias e, do que o deferir, poderá recorrer qualquer delegado de partido político no prazo de dez dias, contados da colocação da respectiva listagem à disposição dos partidos, o que deverá ocorrer nos dias 1º e 15 de cada mês, ou no primeiro dia útil seguinte, ainda que tenham sido exibidas ao requerente antes dessas datas e mesmo que os partidos não as consultem (Lei nº 6.996/82, Art. 8º).

- Lei nº 6.996/1982, Art. 7º, § 2º: dispositivo legal correspondente, em vez do Art. 8º.
- V nota ao § 1º, do Art. 17, desta Resolução sobre o Ac.-TSE nº 4339/2003 e outros.

§ 6º O cartório eleitoral providenciará, para o fim do disposto no § 5º, relações contendo os pedidos indeferidos.

Da Segunda Via

Art. 19. No caso de perda ou extravio do título, bem assim de sua inutilização ou dilaceração, o eleitor deverá requerer pessoalmente ao juiz de seu domicílio eleitoral que lhe expeça segunda via.

§ 1º Na hipótese de inutilização ou dilaceração, o requerimento será instruído com a primeira via do título.

§ 2º Em qualquer hipótese, no pedido de segunda via, o eleitor deverá apor a assinatura ou a impressão digital do polegar, se não souber assinar, na presença do servidor da Justiça Eleitoral, que deverá atestar a satisfação dessa exigência, após comprovada a identidade do eleitor.

Do Restabelecimento de Inscrição Cancelada por Equívoco

Art. 20. Será admitido o restabelecimento, mediante comando do Código FASE 361, de inscrição cancelada em virtude de comando equivocado dos Códigos FASE 019, 450 e 469.

Do Formulário de Atualização da Situação do Eleitor (FASE)

- V. Prov.-CGE nº 6/2009: Aprova as Instruções para utilização dos Códigos de Atualização da Situação do Eleitor (ASE).

Art. 21. Para registro de informações no histórico de inscrição no cadastro, utilizar-se-á, como documento de entrada de dados, o formulário de atualização da situação do eleitor (FASE), cuja tabela de códigos será estabelecida pela Corregedoria-Geral.

Parágrafo único. A atualização de registros de que trata o *caput* poderá ser promovida, desde que viabilizado, diretamente no sistema de alistamento eleitoral, dispensando-se o preenchimento do formulário FASE.

Do Título Eleitoral

Art. 22. O título eleitoral será confeccionado com características, formas e especificações constantes do modelo anexo II.

Parágrafo único. O título eleitoral terá as dimensões de 9,5x6,0cm, será confeccionado em papel com marca d'água e peso de 120g/m², impresso nas cores preto e verde, em frente e verso, tendo como fundo as Armas da República, e será contornado por serrilha.

Art. 23. O título eleitoral será emitido, obrigatoriamente, por computador e dele constarão, em espaços próprios, o nome do eleitor, a data de nascimento, a unidade da Federação, o município, a zona e a seção eleitoral onde vota, o número da inscrição eleitoral, a data de emissão, a assinatura do Juiz Eleitoral, a assinatura do eleitor ou a impressão digital de seu polegar, bem como a expressão segunda via, quando for o caso.

§ 1º Os tribunais regionais poderão autorizar, na emissão on-line de títulos eleitorais e em situações excepcionais, a exemplo de revisão de eleitorado, recadastramento ou rezoneamento, o uso, mediante rígido controle, de impressão da assinatura (chancela) do Presidente do Tribunal Regional Eleitoral respectivo, em exercício na data da autorização, em substituição à assinatura do Juiz Eleitoral da zona, nos títulos eleitorais.

§ 2º Nas hipóteses de alistamento, transferência, revisão e segunda via, a data da emissão do título será a de preenchimento do requerimento.

Art. 24. Juntamente com o título eleitoral, será emitido protocolo de entrega do título eleitoral (Pete) (canhoto), que conterá o número de inscrição, o nome do eleitor e de sua mãe e a data de nascimento, com espaços, no verso, destinados à assinatura do eleitor ou aposição da impressão digital de seu polegar, se não souber assinar, à assinatura do servidor do cartório responsável pela entrega e o número de sua inscrição eleitoral, bem como à data de recebimento.

§ 1º O título será entregue, no cartório ou no posto de alistamento, pessoalmente ao eleitor, vedada a interferência de pessoas estranhas à Justiça Eleitoral.

- Lei nº 9.504/1997, Art. 91, parágrafo único: A retenção de título eleitoral ou do comprovante de alistamento eleitoral constitui crime, punível com detenção, de um a três meses, com a alternativa de prestação de serviços à comunidade por igual período, e multa no valor de cinco mil a dez mil UFIR; CE/65, Art. 295: Reter título eleitoral contra a vontade do eleitor: pena – detenção até dois meses ou pagamento de 30 a 60 dias-multa.

§ 2º Antes de efetuar a entrega do título, comprovada a identidade do eleitor e a exatidão dos dados inseridos no documento, o servidor destacará o título eleitoral e colherá a assinatura ou a impressão digital do polegar do eleitor, se não souber assinar, no espaço próprio constante do canhoto.

Art. 25. No período de suspensão do alistamento, não serão recebidos requerimentos de alistamento ou transferência (Lei nº 9.504/97, Art. 91, *caput*).

- Lei nº 9.504/1997, Art. 91, *caput*: Nenhum requerimento de inscrição eleitoral ou de transferência será recebido dentro dos cento e cinquenta dias anteriores à data da eleição.

Parágrafo único. O processamento reabrir-se-á em cada zona logo que estejam concluídos os trabalhos de apuração em âmbito nacional (Código Eleitoral, Art. 70).

Art. 26. O título eleitoral prova a quitação do eleitor para com a Justiça Eleitoral até a data de sua emissão.

Da Fiscalização dos Partidos Políticos

Art. 27. Os partidos políticos, por seus delegados, poderão:

I – acompanhar os pedidos de alistamento, transferência, revisão, segunda via e quaisquer outros, até mesmo emissão e entrega de títulos eleitorais, previstos nesta resolução;

II – requerer a exclusão de qualquer eleitor inscrito ilegalmente e assumir a defesa do eleitor cuja exclusão esteja sendo promovida;

III – examinar, sem perturbação dos serviços e na presença dos servidores designados, os documentos relativos aos pedidos de alistamento, transferência, revisão, segunda via e revisão de eleitorado, deles podendo requerer, de forma fundamentada, cópia, sem ônus para a Justiça Eleitoral.

Parágrafo único. Qualquer irregularidade determinante de cancelamento de inscrição deverá ser comunicada por escrito ao Juiz Eleitoral, que observará o procedimento estabelecido nos Arts. 77 a 80 do Código Eleitoral.

Art. 28. Para os fins do Art. 27, os partidos políticos poderão manter até dois delegados perante o Tribunal Regional Eleitoral e até três delegados em cada zona eleitoral, que se revezarão, não sendo permitida a atuação simultânea de mais de um delegado de cada partido.

§ 1º Na zona eleitoral, os delegados serão credenciados pelo Juiz Eleitoral.

§ 2º Os delegados credenciados no Tribunal Regional Eleitoral poderão representar o partido, na circunscrição, perante qualquer juízo eleitoral.

Do Acesso às Informações Constantes do Cadastro

- Ac.-STF, de 12.2.2004, na ADI nº 1.570: declaração de inconstitucionalidade do Art. 3º da Lei nº 9.034/1995, na parte em que se refere à quebra de sigilos fiscal e eleitoral (a lei citada dispõe sobre a utilização de meios operacionais para a prevenção e repressão de ações praticadas por organizações criminosas. Os seus Arts. 2º e 3º estabelecem: Art. 2º Em qualquer fase de persecução criminal são permitidos, sem prejuízo dos já previstos em lei, os seguintes procedimentos de investigação e formação de provas: [...] III – o acesso a dados, documentos e informações fiscais, bancárias, financeiras e eleitorais. Art. 3º Nas hipóteses do inciso III do Art. 2º desta lei, ocorrendo possibilidade de violação de sigilo preservado pela Constituição ou por lei, a diligência será realizada pessoalmente pelo juiz, adotado o mais rigoroso segredo de justiça [...]).
- V. Lei nº 9.096/1995, Art. 19, § 3º: garantia de acesso pleno dos órgãos de direção nacional dos partidos políticos às informações de seus filiados constantes do cadastro eleitoral. V., também, notas ao Art. 29, *caput*, e ao Art. 51, *caput*, desta resolução.

Art. 29. As informações constantes do cadastro eleitoral serão acessíveis às instituições públicas e privadas e às pessoas físicas, nos termos desta resolução (Lei nº 7.444/85, Art. 9º, I).

- Prov.-CGE nº 6/2006: Disciplina o procedimento a ser observado para o acesso a dados do cadastro eleitoral.
- Res.-TSE nº 21.966/2004: Partido político em processo de registro na Justiça Eleitoral tem direito de obter lista de eleitores, com os respectivos número do título e zona eleitoral.
- Ac.-TSE, de 3.9.2014, no PA nº 50242 e de 10.11.2011, no PA nº 168.116: aos defensores públicos da União é facultado solicitar informações do cadastro de eleitores, inclusive as de natureza pessoal, desde que o façam à autoridade judiciária competente.
- Ac.-TSE, de 20.8.2009, no PA nº 20.198: as informações do cadastro eleitoral são de acesso restrito ao próprio eleitor, às autoridades judiciárias, ao Ministério Público e às entidades autorizadas pelo TSE, desde que exista reciprocidade de interesses.

§ 1º Em resguardo da privacidade do cidadão, não se fornecerão informações de caráter personalizado constantes do cadastro eleitoral.

- Res.-TSE nº 23.061/2009, que Disciplina os procedimentos para a atualização do cadastro eleitoral, decorrente da implantação, em municípios previamente selecionados pelos tribunais regionais eleitorais, de nova sistemática de identificação do eleitor, mediante incorporação de dados biométricos e fotografia, e dá outras providências, Art. 7º: as informações referentes a documento de identidade e Cadastro de Pessoa Física, bem como a fotografia e as impressões digitais do eleitor, possuem caráter personalizado.

§ 2º Consideram-se, para os efeitos deste artigo, como informações personalizadas, relações de eleitores acompanhadas de dados pessoais (filiação, data de nascimento, profissão, estado civil, escolaridade, telefone e endereço).

§ 3º Excluem-se da proibição de que cuida o § 1º os pedidos relativos a procedimento previsto na legislação eleitoral e os formulados:

- Prov.-CGE nº 17/2011: vedação de fornecimento do espelho de consulta ao cadastro a qualquer pessoa estranha à Justiça Eleitoral, inclusive ao próprio eleitor e aos legitimados à obtenção de dados do cadastro, na forma deste parágrafo.

a) pelo eleitor sobre seus dados pessoais;

b) por autoridade judicial e pelo Ministério Público, vinculada a utilização das informações obtidas, exclusivamente, às respectivas atividades funcionais;

c) por entidades autorizadas pelo Tribunal Superior Eleitoral, desde que exista reciprocidade de interesses (Lei nº 7.444/85, Art. 4º).

- Lei nº 9.096/1995, Art. 19, § 3º, acrescido pelo Art. 2º da Lei nº 12.034/2009: garantia de acesso pleno, pelos órgãos de direção nacional dos partidos políticos, às informações de seus filiados constantes do cadastro eleitoral.
- Prov.-CGE nº 6/2006, Art. 5º: remessa à Presidência do TSE, para apreciação, de solicitação de órgão ou entidade destinada à formalização de ajuste voltado ao credenciamento para obtenção de dados do cadastro eleitoral, na forma desta alínea, recebida pelo juízo ou Tribunal Regional Eleitoral.

Legislações | Direito Eleitoral

Art. 30. Os Tribunais e Juízes Eleitorais poderão, no âmbito de suas jurisdições, autorizar o fornecimento a interessados, desde que sem ônus para a Justiça Eleitoral e disponíveis em meio magnético, dos dados de natureza estatística levantados com base no cadastro eleitoral, relativos ao eleitorado ou ao resultado de pleito eleitoral, salvo quando lhes for atribuído caráter reservado.

Art. 31. Os juízes e os Tribunais Eleitorais não fornecerão dados do cadastro de eleitores não pertencentes a sua jurisdição, salvo na hipótese do Art. 82 desta resolução.

Art. 32. O uso dos dados de natureza estatística do eleitorado ou de pleito eleitoral obriga a quem os tenha adquirido a citar a fonte e a assumir responsabilidade pela manipulação inadequada ou extrapolada das informações obtidas.

Dos Batimentos

- Res.-TSE nº 22.166/2006: Estabelece providências a serem adotadas em relação a inscrições identificadas como de pessoas falecidas, mediante cruzamento entre dados do cadastro eleitoral e registros de óbitos fornecidos pelo Instituto Nacional de Seguridade Social (INSS).

Art. 33. O batimento ou cruzamento das informações constantes do cadastro eleitoral terá como objetivos expurgar possíveis duplicidades ou pluralidades de inscrições eleitorais e identificar situações que exijam averiguação e será realizado pelo Tribunal Superior Eleitoral, em âmbito nacional.

§ 1º As operações de alistamento, transferência e revisão somente serão incluídas no cadastro ou efetivadas após submetidas a batimento.

§ 2º Inscrição agrupada em duplicidade ou pluralidade ficará sujeita a apreciação e decisão de autoridade judiciária.

§ 3º Em um mesmo grupo, serão sempre consideradas não liberadas as inscrições mais recentes, excetuadas as inscrições atribuídas a gêmeos, que serão identificadas em situação liberada.

§ 4º Em caso de agrupamento de inscrição de gêmeo com inscrição para a qual não foi indicada aquela condição, essa última será considerada não liberada.

Dos Documentos Emitidos pelo Sistema no Batimento

Art. 34. Será colocada à disposição de todas as zonas eleitorais, após a realização de batimento:

I – RELAÇÃO DE ELEITORES AGRUPADOS (envolvidos em duplicidade ou pluralidade) emitida por ordem de número de grupo, contendo todos os eleitores agrupados inscritos na zona, com dados necessários a sua individualização, juntamente com índice em ordem alfabética;

II – COMUNICAÇÃO dirigida à autoridade judiciária incumbida da apreciação do caso, noticiando o agrupamento de inscrição em duplicidade ou pluralidade, para as providências estabelecidas nesta resolução.

Parágrafo único. Será expedida NOTIFICAÇÃO dirigida ao eleitor cuja inscrição foi considerada não liberada pelo batimento.

Das Duplicidades e Pluralidades (Coincidências)

Art. 35. Colocada à disposição a relação de eleitores agrupados, o Juiz Eleitoral fará publicar edital, pelo prazo de três dias, para conhecimento dos interessados.

Art. 36. Todo eleitor que tiver sua inscrição não liberada em decorrência do cruzamento de informações deverá ser notificado para, se o desejar, requerer regularização de sua situação eleitoral, no prazo de 20 dias, contados da data de realização do batimento.

Art. 37. Recebida a comunicação da coincidência, a autoridade judiciária deverá, de ofício e imediatamente:

I – determinar sua autuação;

II – determinar a regularização da situação da inscrição do eleitor que não possuir outra inscrição liberada, independentemente de requerimento, desde que constatado que o grupo é formado por pessoas distintas;

III – determinar as diligências cabíveis quando não for possível identificar de pronto se a inscrição pertence ou não a um mesmo eleitor;

IV – aguardar, sendo o caso, o comparecimento do eleitor ao cartório durante os 20 dias que lhe são facultados para requerer regularização de situação eleitoral;

V – comparecendo o eleitor ao cartório, orientá-lo, conforme o caso, a preencher o Requerimento para Regularização de Inscrição (RRI), ou a requerer, oportunamente, transferência, revisão ou segunda via;

VI – determinar o cancelamento da(s) inscrição(ões) que comprovadamente pertença(m) a um mesmo eleitor, assegurando a cada eleitor apenas uma inscrição;

VII – dar publicidade à decisão;

VIII – promover a digitação da decisão;

IX – adotar demais medidas cabíveis.

Art. 38. Não poderá ser objeto de transferência, revisão ou segunda via, inscrição agrupada em duplicidade ou pluralidade.

Art. 39. Encerrado o prazo para exame e decisão dos casos de duplicidade ou pluralidade, não existindo decisão de autoridade judiciária, a inscrição liberada passará a figurar como regular e a não liberada como cancelada, caso exista no cadastro.

Art. 40. Identificada situação em que um mesmo eleitor possua duas ou mais inscrições liberadas ou regulares, agrupadas ou não pelo batimento, o cancelamento de uma ou mais delas deverá, preferencialmente, recair:

I – na inscrição mais recente, efetuada contrariamente às instruções em vigor;

II – na inscrição que não corresponda ao domicílio eleitoral do eleitor;

III – naquela cujo título não haja sido entregue ao eleitor;

IV – naquela cujo título não haja sido utilizado para o exercício do voto na última eleição;

V – na mais antiga.

§ 1º Comprovado que as inscrições identificadas pertencem a gêmeos ou homônimos, deverá ser comandado o respectivo Código FASE.

- V. Prov.-CGE nº 6/2009: Aprova as Instruções para utilização dos Códigos de Atualização da Situação do Eleitor (ASE).

§ 2º Constatada a inexatidão de qualquer dado constante do cadastro eleitoral, deverá ser providenciada a necessária alteração, mediante preenchimento ou digitação de RAE (Operação 5 – Revisão), observadas as formalidades para seu deferimento.

Da Competência para Regularização de Situação Eleitoral e para o Processamento das Decisões

Art. 41. A decisão das duplicidades e pluralidades de inscrições, agrupadas ou não pelo batimento, inclusive quanto às inscrições de pessoas que estão com seus direitos políticos suspensos, na esfera administrativa, caberá:

I – No tocante às duplicidades, ao juiz da zona eleitoral onde foi efetuada a inscrição mais recente (Tipo 1D), ressalvadas as hipóteses previstas nos §§ 1º a 3º deste artigo;

II – No tocante às pluralidades:

a) ao juiz da zona eleitoral, quando envolver inscrições efetuadas em uma mesma zona eleitoral (Tipo 1P);

b) ao Corregedor Regional Eleitoral, quando envolver inscrições efetuadas entre zonas eleitorais de uma mesma circunscrição (Tipo 2P);

c) ao Corregedor-Geral, quando envolver inscrições efetuadas em zonas eleitorais de circunscrições diversas (Tipo 3P).

§ 1º As decisões de situação relativa a pessoa que perdeu seus direitos políticos (Tipo 3D) e de pluralidades decorrentes do agrupamento de uma ou mais inscrições, requeridas em circunscrições distintas, com um ou mais registros de suspensão da Base de Perda e Suspensão de Direitos Políticos (Tipo 3P) serão da competência do Corregedor-Geral.

- Prov.-CGE nº 18/2011: Regulamenta a utilização da Base de Perda e Suspensão de Direitos Políticos.

§ 2º As decisões das duplicidades envolvendo inscrição e registro de suspensão da Base de Perda e Suspensão de Direitos Políticos (Tipo 2D) e das pluralidades decorrentes do agrupamento de uma ou mais inscrições, requeridas na mesma circunscrição, com um ou mais registros de suspensão da referida base (Tipo 2P) serão da competência do Corregedor Regional Eleitoral.

§ 3º Na hipótese de duplicidade envolvendo inscrições atribuídas a gêmeos ou homônimos comprovados, existindo inscrição não liberada no grupo, a competência para decisão será do juiz da zona eleitoral a ela correspondente.

§ 4º Em grau de recurso, no prazo de três dias, caberá:

a) ao Corregedor Regional a apreciação de situações que motivaram decisão de Juiz Eleitoral de sua circunscrição;

b) ao Corregedor-Geral a apreciação de situações que ensejaram decisão de Corregedor Regional.

§ 5º Havendo decisões conflitantes em processo de regularização de situação de eleitor, proferidas por autoridades judiciárias distintas, envolvendo inscrições atribuídas a uma mesma pessoa, o conflito será decidido:

a) pelo Corregedor Regional eleitoral, quando se tratar de decisões proferidas por juízes de zonas eleitorais de uma mesma circunscrição;

b) pelo Corregedor-Geral, quando se tratar de decisões proferidas por Juízes Eleitorais de circunscrições diversas ou pelos Corregedores Regionais.

Art. 42. O Juiz Eleitoral só poderá determinar a regularização, o cancelamento ou a suspensão de inscrição que pertença à sua jurisdição.

- Ac.-TSE, de 31.10.2006, no Ag nº 7.179: Não afasta a competência do Juiz Eleitoral para processar e julgar requerimento de cancelamento de inscrição eleitoral o fato de, no curso da ação, ser requerida a transferência da inscrição para outra circunscrição.

Parágrafo único. A autoridade judiciária que tomar conhecimento de fato ensejador do cancelamento de inscrição liberada ou regular, ou da necessidade de regularização de inscrição não liberada, cancelada ou suspensa, efetuada em zona eleitoral diferente daquela em que tem jurisdição, deverá comunicá-lo à autoridade judiciária competente, para medidas cabíveis, por intermédio da correspondente Corregedoria Regional.

Art. 43. Nas duplicidades e pluralidades de sua competência, o Corregedor-Geral ou o Corregedor Regional poderão se pronunciar quanto a qualquer inscrição agrupada.

Art. 44. A competência para decidir a respeito das duplicidades e pluralidades, na esfera penal, será sempre do Juiz Eleitoral da zona onde foi efetuada a inscrição mais recente.

Art. 45. Examinada e decidida a duplicidade ou a pluralidade, a decisão tomada pela autoridade judiciária será processada, conforme o caso:

I – pela própria zona eleitoral e, na impossibilidade, encaminhada à respectiva secretaria regional de informática, por intermédio das corregedorias regionais;

II – pelas corregedorias regionais, com o apoio das secretarias regionais de informática, no que não lhes for possível proceder;

III – pela própria Corregedoria-Geral.

Art. 46. As informações necessárias ao exame e decisão das duplicidades e pluralidades deverão ser prestadas no prazo de dez dias, contados do recebimento da requisi-

Legislações | Direito Eleitoral

ção, por intermédio do ofício INFORMAÇÕES PRESTADAS PELA AUTORI-
DADE JUDICIÁRIA.

Parágrafo único. Ainda que o eleitor não tenha sido encontrado, o ofício de que trata o
caput deverá ser preenchido, assinado, instruído e enviado, no prazo estipulado, à autoridade judiciária competente para decisão.

Art. 47. A autoridade judiciária competente deverá se pronunciar quanto às situações de
duplicidade e pluralidade detectadas pelo batimento em até 40 dias contados da data de
realização do respectivo batimento.

§ 1º Processada a decisão de que trata o *caput*, a situação da inscrição será automaticamente atualizada no cadastro.

§ 2º Inscrição agrupada em duplicidade ou pluralidade, com situação não liberada, que
não for objeto de decisão da autoridade judiciária no prazo especificado no *caput*, decorridos dez dias, será automaticamente cancelada pelo sistema.

§ 3º Após o transcurso de seis anos, contados do processamento do Código FASE próprio, as inscrições canceladas serão excluídas do cadastro.

- V. Prov.-CGE nº 6/2009: Aprova as Instruções para utilização dos Códigos de Atualização da
Situação do Eleitor (ASE).

Da Hipótese de Ilícito Penal

Art. 48. Decidida a duplicidade ou pluralidade e tomadas as providências de praxe, se
duas ou mais inscrições em cada grupo forem atribuídas a um mesmo eleitor, excetuados
os casos de evidente falha dos serviços eleitorais, os autos deverão ser remetidos ao Ministério Público Eleitoral.

§ 1º Manifestando-se o Ministério Público pela existência de indício de ilícito penal
eleitoral a ser apurado, o processo deverá ser remetido, pela autoridade judiciária competente, à Polícia Federal para instauração de inquérito policial.

§ 2º Inexistindo unidade regional do Departamento de Polícia Federal na localidade
onde tiver jurisdição o Juiz Eleitoral a quem couber decisão a respeito, a remessa das peças informativas poderá ser feita por intermédio das respectivas corregedorias regionais
eleitorais.

§ 3º Concluído o apuratório ou no caso de pedido de dilação de prazo, o inquérito policial a que faz alusão o § 1º deverá ser encaminhado, pela autoridade policial que o presi-
dir, ao Juiz Eleitoral a quem couber decisão a respeito na esfera penal.

§ 4º Arquivado o inquérito ou julgada a ação penal, o Juiz Eleitoral comunicará, sendo
o caso, a decisão tomada à autoridade judiciária que determinou sua instauração, com a
finalidade de tornar possível a adoção de medidas cabíveis na esfera administrativa.

§ 5º A espécie, no que lhe for aplicável, será regida pelas disposições do Código Eleitoral e, subsidiariamente, pelas normas do Código de Processo Penal.

§ 6º Não sendo cogitada a ocorrência de ilícito penal eleitoral a ser apurado, os autos deverão ser arquivados na zona eleitoral onde o eleitor possuir inscrição regular.

Art. 49. Os procedimentos a que se refere esta resolução serão adotados sem prejuízo da apuração de responsabilidade de qualquer ordem, seja de eleitor, de servidor da Justiça Eleitoral ou de terceiros, por inscrição fraudulenta ou irregular.

Parágrafo único. Qualquer eleitor, partido político ou Ministério Público poderá se dirigir formalmente ao Juiz Eleitoral, Corregedor Regional ou geral, no âmbito de suas respectivas competências, relatando fatos e indicando provas para pedir abertura de investigação com o fim de apurar irregularidade no alistamento eleitoral.

Dos Casos Não Apreciados

Art. 50. Os requerimentos para regularização de inscrição (RRI) recebidos após o prazo previsto no *caput* do Art. 36 serão indeferidos pela autoridade judiciária competente, por intempestivos, e o eleitor deverá ser orientado a procurar o cartório da zona eleitoral para regularizar sua situação.

Da Restrição de Direitos Políticos

Art. 51. Tomando conhecimento de fato ensejador de inelegibilidade ou de suspensão de inscrição por motivo de suspensão de direitos políticos ou de impedimento ao exercício do voto, a autoridade judiciária determinará a inclusão dos dados no sistema mediante comando de FASE.

- Res.-TSE nº 22.193/2006 e Ac.-TSE nº 13.293/1996: imposição de medida de segurança e condenação por prática de contravenção penal também ensejam a suspensão dos direitos políticos prevista no Art. 15, III, da Constituição Federal.
- V. Prov.-CGE nº 6/2009: Aprova as Instruções para utilização dos Códigos de Atualização da Situação do Eleitor (ASE).

§ 1º Não se tratando de eleitor de sua zona eleitoral, o Juiz Eleitoral comunicará o fato, por intermédio das correspondentes corregedorias regionais, à zona eleitoral a que pertencer a inscrição.

§ 2º Quando se tratar de pessoa não inscrita perante a Justiça Eleitoral ou com inscrição cancelada no cadastro, o registro será feito diretamente na base de perda e suspensão de direitos políticos pela Corregedoria Regional Eleitoral que primeiro tomar conhecimento do fato.

§ 3º Comunicada a perda de direitos políticos pelo Ministério da Justiça, a Corregedoria-Geral providenciará a imediata atualização da situação das inscrições no cadastro e na base de perda e suspensão de direitos políticos.

§ 4º A outorga a brasileiros do gozo dos direitos políticos em Portugal, devidamente comunicada ao Tribunal Superior Eleitoral, importará suspensão desses mesmos direitos no Brasil (Decreto nº 70.391, de 12.4.72).

- Dec. nº 3.927/2001: Promulga o Tratado de Amizade, Cooperação e Consulta, entre a República Federativa do Brasil e a República Portuguesa, celebrado em Porto Seguro em 22 de abril de 2000, cujo Art. 78 revoga a Convenção sobre Igualdade de Direitos e Deveres entre Brasileiros e Portugueses regulamentada pelo Dec. nº 70.391/72. O Art. 17, item 3, do tratado dispõe: O gozo de direitos políticos no Estado de residência importa na suspensão do exercício dos mesmos direitos no Estado da nacionalidade.

Art. 52. A regularização de situação eleitoral de pessoa com restrição de direitos políticos somente será possível mediante comprovação de haver cessado o impedimento.

§ 1º Para regularização de inscrição envolvida em coincidência com outra de pessoa que perdeu ou está com seus direitos políticos suspensos, será necessária a comprovação de tratar-se de eleitor diverso.

§ 2º Na hipótese do artigo, o interessado deverá preencher requerimento e instruir o pedido com declaração de situação de direitos políticos e documentação comprobatória de sua alegação.

§ 3º Comprovada a cessação do impedimento, será comandado o Código FASE próprio e/ou inativado(s), quando for o caso, o(s) registro(s) correspondente(s) na base de perda e suspensão de direitos políticos.

- V. Prov.-CGE nº 6/2009: Aprova as Instruções para utilização dos Códigos de Atualização da Situação do Eleitor (ASE).

Art. 53. São considerados documentos comprobatórios de reaquisição ou restabelecimento de direitos políticos:

- CF/88, Art. 15: casos de perda ou de suspensão de direitos políticos.

I – Nos casos de perda:

a) decreto ou portaria;

b) comunicação do Ministério da Justiça.

II – Nos casos de suspensão:

a) para interditos ou condenados: sentença judicial, certidão do juízo competente ou outro documento;

b) para conscritos ou pessoas que se recusaram à prestação do serviço militar obrigatório: Certificado de Reservista, Certificado de Isenção, Certificado de Dispensa de Incorporação, Certificado do Cumprimento de Prestação Alternativa ao Serviço Militar Obrigatório, Certificado de Conclusão do Curso de Formação de Sargentos, Certificado de Conclusão de Curso em Órgão de Formação da Reserva ou similares;

- Res.-TSE nº 15.850/89: a palavra conscrito alcança também aqueles matriculados nos órgãos de formação de reserva e os médicos, dentistas, farmacêuticos e veterinários que prestam serviço militar inicial obrigatório.

c) para beneficiários do Estatuto da Igualdade: comunicação do Ministério da Justiça ou de repartição consular ou missão diplomática competente, a respeito da cessação do gozo de direitos políticos em Portugal, na forma da lei.

- V. nota ao Art. 51, § 4°, desta resolução sobre o Dec. n° 3.927/2001: Promulga o Tratado de Amizade, Cooperação e Consulta, entre a República Federativa do Brasil e a República Portuguesa.

III – Nos casos de inelegibilidade: certidão ou outro documento.

Da Folha de Votação e do Comprovante de Comparecimento à Eleição

Art. 54. A folha de votação, da qual constarão apenas os eleitores regulares ou liberados, e o comprovante de comparecimento serão emitidos por computador.

§ 1° A folha de votação, obrigatoriamente, deverá:

a) identificar as eleições, a data de sua realização e o turno;

b) conter dados individualizadores de cada eleitor, como garantia de sua identificação no ato de votar;

c) ser emitida em ordem alfabética de nome de eleitor, encadernada e embalada por seção eleitoral.

§ 2° O comprovante de comparecimento (canhoto) conterá o nome completo do eleitor, o número de sua inscrição eleitoral e referência à data da eleição.

Da Conservação de Documentos

Art. 55. Os formulários utilizados pelos cartórios e Tribunais Eleitorais, em pleitos anteriores à data desta resolução e nos que lhe seguirem, deverão ser conservados em cartório, observado o seguinte:

I – os protocolos de entrega do título eleitoral (PETE) assinados pelo eleitor e os formulários (Formulário de Alistamento Eleitoral – FAE ou Requerimento de Alistamento Eleitoral – RAE) relativos a alistamento, transferência, revisão ou segunda via, por, no mínimo, cinco anos;

II – as folhas de votação, por oito anos, descartando-se a mais antiga somente após retornar das seções eleitorais a mais recente;

III – os formulários de atualização da situação do eleitor (FASE) e os comprovantes de comparecimento à eleição (canhotos) que permanecerem junto à folha de votação poderão ser descartados depois de processados e armazenados em meio magnético;

- V. Prov.-CGE n° 6/2009: Aprova as Instruções para utilização dos Códigos de Atualização da Situação do Eleitor (ASE).

IV – os cadernos de revisão utilizados durante os serviços pertinentes, por quatro anos, contados do encerramento do período revisional;

V – os boletins de urna, por quatro anos, contados da data de realização do pleito correspondente;

VI – as relações de eleitores agrupados, até o encerramento do prazo para atualização das decisões nas duplicidades e pluralidades;

Legislações | Direito Eleitoral

VII – os títulos eleitorais não procurados pelo eleitor, os respectivos protocolos de entrega e as justificativas eleitorais, até o pleito subsequente ou, relativamente a estas, durante o período estabelecido nas instruções específicas para o respectivo pleito;

VIII – as relações de filiados encaminhadas pelos partidos políticos, por dois anos.

Das Inspeções e Correições

- Res.-TSE nº 21.372/2003: Estabelece rotina para realização de correições nas zonas eleitorais do país.

Art. 56. O Corregedor-Geral ou Regional, no âmbito de sua jurisdição, sempre que entender necessário ou que tomar conhecimento da ocorrência de indícios de irregularidades na prestação dos serviços eleitorais, pessoalmente ou por intermédio de comissão de servidores especialmente por ele designada, como providência preliminar à correição, inspecionará os serviços eleitorais da circunscrição, visando identificar eventuais irregularidades.

Parágrafo único. A comissão apresentará relatório circunstanciado da inspeção ao corregedor, que determinará providências pertinentes, objetivando a regularização dos procedimentos ou a abertura de correição.

Art. 57. O Corregedor Regional realizará correição ordinária anual na circunscrição e extraordinária, sempre que entender necessário ou ante a existência de indícios de irregularidades que a justifique, observadas as instruções específicas do Tribunal Superior Eleitoral e as que subsidiariamente baixar a Corregedoria Regional Eleitoral.

Da Revisão de Eleitorado

Art. 58. Quando houver denúncia fundamentada de fraude no alistamento de uma zona ou município, o Tribunal Regional Eleitoral poderá determinar a realização de correição e, provada a fraude em proporção comprometedora, ordenará, comunicando a decisão ao Tribunal Superior Eleitoral, a revisão do eleitorado, obedecidas as instruções contidas nesta resolução e as recomendações que subsidiariamente baixar, com o cancelamento de ofício das inscrições correspondentes aos títulos que não forem apresentados à revisão (Código Eleitoral, Art. 71, § 4º).

§ 1º O Tribunal Superior Eleitoral determinará, de ofício, a revisão ou correição das zonas eleitorais sempre que:

- Res.-TSE nºs 22.586/2007, 22.021/2005, 21.490/2003: necessidade de preenchimento cumulativo dos três requisitos.

I – o total de transferências de eleitores ocorridas no ano em curso seja dez por cento superior ao do ano anterior;

II – o eleitorado for superior ao dobro da população entre dez e quinze anos, somada à de idade superior a setenta anos do território daquele município;

III – o eleitorado for superior a sessenta e cinco por cento da população projetada para aquele ano pelo Instituto Brasileiro de Geografia e Estatística (IBGE) (Lei nº 9.504/97, Art. 92).

- Res.-TSE nos 21.490/2003 e 204.72/1999: revisão quando o eleitorado for superior a 80% da população; Res.-TSE nos 21.490/2003: nos municípios em que a relação eleitorado/população for superior a 65% e menor ou igual a 80%, o cumprimento do disposto neste artigo se dá por meio da correição ordinária anual prevista na Res.-TSE nº 21.372/2003.

§ 2º Não será realizada revisão de eleitorado em ano eleitoral, salvo em situações excepcionais, quando autorizada pelo Tribunal Superior Eleitoral.

§ 3º Caberá à Secretaria de Informática apresentar, anualmente, até o mês de outubro, à presidência do Tribunal Superior Eleitoral, estudo comparativo que permita a adoção das medidas concernentes ao cumprimento da providência prevista no § 1º.

Art. 59. O Tribunal Regional Eleitoral, por intermédio da Corregedoria Regional, inspecionará os serviços de revisão (Res.-TSE nº 7.651/65, Art. 8º).

Art. 60. O Juiz Eleitoral poderá determinar a criação de postos de revisão, que funcionarão em datas fixadas no edital a que se refere o Art. 63 e em período não inferior a seis horas, sem intervalo, inclusive aos sábados e, se necessário, aos domingos e feriados.

§ 1º Nas datas em que os trabalhos revisionais estiverem sendo realizados nos postos de revisão, o cartório sede da zona poderá, se houver viabilidade, permanecer com os serviços eleitorais de rotina.

§ 2º Após o encerramento diário do expediente nos postos de revisão, a listagem geral e o caderno de revisão deverão ser devidamente guardados em local seguro e previamente determinado pelo Juiz Eleitoral.

§ 3º Os serviços de revisão encerrar-se-ão até as 18 horas da data especificada no edital de que trata o Art. 63 desta resolução.

§ 4º Existindo, na ocasião do encerramento dos trabalhos, eleitores aguardando atendimento, serão distribuídas senhas aos presentes, que serão convidados a entregar ao Juiz Eleitoral seus títulos eleitorais para que sejam admitidos à revisão, que continuará se processando em ordem numérica das senhas até que todos sejam atendidos, sem interrupção dos trabalhos.

Art. 61. Aprovada a revisão de eleitorado, a Secretaria de Informática, ou órgão regional por ela indicado, emitirá ou colocará à disposição, em meio magnético, listagem geral do cadastro, contendo relação completa dos eleitores regulares inscritos e/ou transferidos no período abrangido pela revisão no(s) município(s) ou zona(s) a ela sujeito(s), bem como o correspondente caderno de revisão, do qual constará comprovante destacável de comparecimento (canhoto).

Parágrafo único. A listagem geral e o caderno de revisão serão emitidos em única via, englobarão todas as seções eleitorais referentes à zona ou município objeto da revisão e serão encaminhados, por intermédio da respectiva Corregedoria Regional, ao Juiz Eleitoral da zona onde estiver sendo realizada a revisão.

Art. 62. A revisão do eleitorado deverá ser sempre presidida pelo Juiz Eleitoral da zona submetida à revisão.

§ 1º O Juiz Eleitoral dará início aos procedimentos revisionais no prazo máximo de 30 dias, contados da aprovação da revisão pelo Tribunal competente.

§ 2º A revisão deverá ser precedida de ampla divulgação, destinada a orientar o eleitor quanto aos locais e horários em que deverá se apresentar, e processada em período estipulado pelo Tribunal Regional Eleitoral, não inferior a 30 dias (Lei nº 7.444/85, Art. 3º, § 1º).

§ 3º A prorrogação do prazo estabelecido no edital para a realização da revisão, se necessária, deverá ser requerida pelo Juiz Eleitoral, em ofício fundamentado, dirigido à presidência do Tribunal Regional Eleitoral, com antecedência mínima de cinco dias da data do encerramento do período estipulado no edital.

Art. 63. De posse da listagem e do caderno de revisão, o Juiz Eleitoral deverá fazer publicar, com antecedência mínima de cinco dias do início do processo revisional, edital para dar conhecimento da revisão aos eleitores cadastrados no(s) município(s) ou zona(s), convocando-os a se apresentarem, pessoalmente, no cartório ou nos postos criados, em datas previamente especificadas, atendendo ao disposto no Art. 62, a fim de procederem às revisões de suas inscrições.

Parágrafo único. O edital de que trata o *caput* deverá:

I – dar ciência aos eleitores de que:

a) estarão obrigados a comparecer à revisão a fim de confirmarem seu domicílio, sob pena de cancelamento da inscrição, sem prejuízo das sanções cabíveis, se constatada irregularidade;

b) deverão se apresentar munidos de documento de identidade, comprovante de domicílio e título eleitoral ou documento comprobatório da condição de eleitor ou de terem requerido inscrição ou transferência para o município ou zona (Código Eleitoral, Art. 45).

II – estabelecer a data do início e do término da revisão, o período e a área abrangidos, e dias e locais onde serão instalados os postos de revisão;

III – ser disponibilizado no fórum da comarca, nos cartórios eleitorais, repartições públicas e locais de acesso ao público em geral, dele se fazendo ampla divulgação, por um mínimo de três dias consecutivos, por meio da imprensa escrita, falada e televisada, se houver, e por quaisquer outros meios que possibilitem seu pleno conhecimento por todos os interessados, o que deverá ser feito sem ônus para a Justiça Eleitoral.

Art. 64. A prova de identidade só será admitida se feita pelo próprio eleitor mediante apresentação de um ou mais dos documentos especificados no Art. 13 desta resolução.

Art. 65. A comprovação de domicílio poderá ser feita mediante um ou mais documentos dos quais se infira ser o eleitor residente ou ter vínculo profissional, patrimonial ou comunitário no município a abonar a residência exigida.

§ 1º Na hipótese de ser a prova de domicílio feita mediante apresentação de contas de luz, água ou telefone, nota fiscal ou envelopes de correspondência, estes deverão ter sido, respectivamente, emitidos ou expedidos nos 3 (três) meses anteriores ao preenchimento do RAE, ressalvada a possibilidade de exigir-se documentação relativa a período anterior, na forma do § 3º deste artigo.

- Parágrafo com redação dada pelo Art. 1º da Res.-TSE nº 23.392/2013.

§ 2º Na hipótese de ser a prova de domicílio feita mediante apresentação de cheque bancário, este só poderá ser aceito se dele constar o endereço do correntista.

§ 3º O Juiz Eleitoral poderá, se julgar necessário, exigir o reforço, por outros meios de convencimento, da prova de domicílio quando produzida pelos documentos elencados nos §§ 1º e 2º.

§ 4º Subsistindo dúvida quanto à idoneidade do comprovante de domicílio apresentado ou ocorrendo a impossibilidade de apresentação de documento que indique o domicílio do eleitor, declarando este, sob as penas da lei, que tem domicílio no município, o Juiz Eleitoral decidirá de plano ou determinará as providências necessárias à obtenção da prova, inclusive por meio de verificação in loco.

Art. 66. A revisão de eleitorado ficará submetida ao direto controle do Juiz Eleitoral e à fiscalização do representante do Ministério Público que oficiar perante o juízo.

Art. 67. O Juiz Eleitoral deverá dar conhecimento aos partidos políticos da realização da revisão, facultando-lhes, na forma prevista nos Arts. 27 e 28 desta resolução, acompanhamento e fiscalização de todo o trabalho.

Art. 68. O Juiz Eleitoral poderá requisitar diretamente às repartições públicas locais, observados os impedimentos legais, tantos auxiliares quantos bastem para o desempenho dos trabalhos, bem como a utilização de instalações de prédios públicos.

Art. 69. O Juiz Eleitoral determinará o registro, no caderno de revisão, da regularidade ou não da inscrição do eleitor, observados os seguintes procedimentos:

a) o servidor designado pelo Juiz Eleitoral procederá à conferência dos dados contidos no caderno de revisão com os documentos apresentados pelo eleitor;

b) comprovados a identidade e o domicílio eleitoral, o servidor exigirá do eleitor que aponha sua assinatura ou a impressão digital de seu polegar no caderno de revisão, e entregar-lhe-á o comprovante de comparecimento à revisão (canhoto);

c) o eleitor que não apresentar o título eleitoral deverá ser considerado como revisado, desde que atendidas as exigências dos Arts. 64 e 65 desta resolução e que seu nome conste do caderno de revisão;

d) constatada incorreção de dado identificador do eleitor constante do cadastro eleitoral, se atendidas as exigências dos Arts. 64 e 65 desta resolução, o eleitor deverá ser considerado revisado e orientado a procurar o cartório eleitoral para a necessária retificação;

e) o eleitor que não comprovar sua identidade ou domicílio não assinará o caderno de revisão nem receberá o comprovante revisional;

f) o eleitor que não constar do caderno de revisão, cuja inscrição pertença ao período abrangido pela revisão, deverá ser orientado a procurar o cartório eleitoral para regularizar sua situação eleitoral, na forma estabelecida nesta resolução.

Art. 70. Na revisão mediante sistema informatizado, observar-se-ão, no que couber, os procedimentos previstos no Art. 69.

Parágrafo único. Nas situações descritas nas alíneas d e f do Art. 69, o eleitor poderá requerer, desde que viável, regularização de sua situação eleitoral no próprio posto de revisão.

Art. 71. Se o eleitor possuir mais de uma inscrição liberada ou regular no caderno de revisão, apenas uma delas poderá ser considerada revisada.

Parágrafo único. Na hipótese do *caput*, deverá(ão) ser formalmente recolhido(s) e inutilizado(s) o(s) título(s) encontrado(s) em poder do eleitor referente(s) à(s) inscrição(ões) que exigir(em) cancelamento.

Art. 72. Compete ao Tribunal Regional Eleitoral autorizar, excetuadas as hipóteses previstas no § 1º do Art. 58 desta resolução, a alteração do período e/ou da área abrangidos pela revisão, comunicando a decisão ao Tribunal Superior Eleitoral.

Art. 73. Concluídos os trabalhos de revisão, ouvido o Ministério Público, o Juiz Eleitoral deverá determinar o cancelamento das inscrições irregulares e daquelas cujos eleitores não tenham comparecido, adotando as medidas legais cabíveis, em especial quanto às inscrições consideradas irregulares, situações de duplicidade ou pluralidade e indícios de ilícito penal a exigir apuração.

Parágrafo único. O cancelamento das inscrições de que trata o *caput* somente deverá ser efetivado no sistema após a homologação da revisão pelo Tribunal Regional Eleitoral.

Art. 74. A sentença de cancelamento deverá ser específica para cada município abrangido pela revisão e prolatada no prazo máximo de dez dias contados da data do retorno dos autos do Ministério Público, podendo o Tribunal Regional Eleitoral fixar prazo inferior.

§ 1º A sentença de que trata o *caput* deverá:

I – relacionar todas as inscrições que serão canceladas no município;

II – ser publicada a fim de que os interessados e, em especial, os eleitores cancelados, exercendo a ampla defesa, possam recorrer da decisão.

§ 2º Contra a sentença a que se refere este artigo, caberá, no prazo de três dias, contados da publicidade, o recurso previsto no Art. 80 do Código Eleitoral e serão aplicáveis as disposições do Art. 257 do mesmo diploma legal.

- O Art. 257 do Código Eleitoral teve os §§ 2º e 3º acrescidos pelo Art. 4º da Lei nº 13.165/2015.

§ 3º No recurso contra a sentença a que se refere este artigo, os interessados deverão especificar a inscrição questionada, relatando fatos e fornecendo provas, indícios e circunstâncias ensejadoras da alteração pretendida.

Art. 75. Transcorrido o prazo recursal, o Juiz Eleitoral fará minucioso relatório dos trabalhos desenvolvidos, que encaminhará, com os autos do processo de revisão, à Corregedoria Regional Eleitoral.

Parágrafo único. Os recursos interpostos deverão ser remetidos, em autos apartados, à presidência do Tribunal Regional Eleitoral.

Art. 76. Apreciado o relatório e ouvido o Ministério Público, o Corregedor Regional Eleitoral:

I – indicará providências a serem tomadas, se verificar a ocorrência de vícios comprometedores à validade ou à eficácia dos trabalhos;

II – submetê-lo-á ao Tribunal Regional, para homologação, se entender pela regularidade dos trabalhos revisionais.

Da Administração do Cadastro Eleitoral

Art. 77. A execução dos serviços de processamento eletrônico de dados, na Justiça Eleitoral, será realizada por administração direta do Tribunal Regional Eleitoral, em cada circunscrição, sob a orientação e supervisão do Tribunal Superior Eleitoral e na conformidade de suas instruções.

Art. 78. Para a execução dos serviços de que trata esta resolução, os tribunais regionais eleitorais, sob supervisão e coordenação do Tribunal Superior Eleitoral, poderão celebrar convênios ou contratos com entidades da administração direta ou indireta da União, estados, Distrito Federal, territórios ou municípios, ou com empresas cujo capital seja exclusivamente nacional (Lei nº 7.444/85, Art. 7º, parágrafo único).

Art. 79. O cadastro eleitoral e as informações resultantes de sua manutenção serão administrados e utilizados, exclusivamente, pela Justiça Eleitoral, na forma desta resolução.

- Res.-TSE nº 21.823/2004: registro, no cadastro eleitoral, da imposição e quitação de multas de natureza administrativa, vinculado ao histórico da inscrição do infrator.
- Lei nº 9.096/1995, Art. 19, § 3º: garantia de acesso pleno, pelos órgãos de direção nacional dos partidos políticos, às informações de seus filiados constantes do cadastro eleitoral. V., também, notas ao Art. 29, *caput*, e ao Art. 51, *caput*, desta resolução.

§ 1º Às empresas contratadas para a execução de serviços eleitorais, por processamento eletrônico, é vedada a utilização de quaisquer dados ou informações resultantes do cadastro eleitoral, para fins diversos do serviço eleitoral, sob pena de imediata rescisão do contrato e sem prejuízo de outras sanções administrativas, civis e criminais.

§ 2º O Tribunal Superior Eleitoral, em todo o território nacional, e os tribunais regionais eleitorais, no âmbito das respectivas jurisdições, fiscalizarão o cumprimento do disposto neste artigo.

§ 3º Caso recebam pedidos de informações sobre dados constantes do cadastro eleitoral, as empresas citadas no § 1º deverão encaminhá-los à presidência do Tribunal Eleitoral competente, para apreciação.

Da Justificação do Não Comparecimento à Eleição

Art. 80. O eleitor que deixar de votar e não se justificar perante o Juiz Eleitoral até 60 dias após a realização da eleição incorrerá em multa imposta pelo Juiz Eleitoral e cobrada na forma prevista nos Arts. 7º e 367 do Código Eleitoral, no que couber, e 85 desta resolução.

- Res.-TSE nº 21.975/2004: Disciplina o recolhimento e a cobrança das multas previstas no Código Eleitoral e leis conexas e a distribuição do Fundo Especial de Assistência Financeira aos Partidos Políticos (Fundo Partidário).

§ 1º Para eleitor que se encontrar no exterior na data do pleito, o prazo de que trata o *caput* será de 30 dias, contados do seu retorno ao país.

§ 2º O pedido de justificação será sempre dirigido ao Juiz Eleitoral da zona de inscrição, podendo ser formulado na zona eleitoral em que se encontrar o eleitor, a qual providenciará sua remessa ao juízo competente.

§ 3º Indeferido o requerimento de justificação ou decorridos os prazos de que cuidam o *caput* e os §§ 1º e 2º, deverá ser aplicada multa ao eleitor, podendo, após o pagamento, ser-lhe fornecida certidão de quitação.

- Lei nº 9.504/1997, Art. 11, §§ 7º a 9º, acrescidos pelo Art. 3º da Lei nº 12.034/2009.

§ 4º A fixação do valor da multa pelo não exercício do voto observará o que dispõe o Art. 85 desta resolução e a variação entre o mínimo de 3% e o máximo de 10% do valor utilizado como base de cálculo.

§ 5º A justificação da falta ou o pagamento da multa serão anotados no cadastro.

§ 6º Será cancelada a inscrição do eleitor que se abstiver de votar em três eleições consecutivas, salvo se houver apresentado justificativa para a falta ou efetuado o pagamento de multa, ficando excluídos do cancelamento os eleitores que, por prerrogativa constitucional, não estejam obrigados ao exercício do voto (suprimido).

- Res.-TSE nº 23.419/2014: Estabelece prazos para execução dos procedimentos relativos ao cancelamento de inscrições e regularização da situação dos eleitores que deixaram de votar nas três últimas eleições.
- Suprimida a expressão e cuja idade não ultrapasse 80 anos pelo Ac.-TSE nº 649/2005.
- V. Res.-TSE nº 21.920/2004: isenta de sanções pessoas com deficiência que torne impossível ou demasiadamente oneroso o cumprimento das obrigações eleitorais, relativas ao alistamento e ao exercício de voto; V. Res.-TSE nº 22.545/2007: possibilidade de emissão de certidão de quitação eleitoral por prazo indeterminado.
- V. Prov.-CGE nº 1/2015: Define orientações para a execução dos procedimentos para cancelamento de inscrições e regularização de situação de eleitores que deixaram de votar nas três últimas eleições.

§ 7º Para o cancelamento a que se refere o § 6º, a Secretaria de Informática colocará à disposição do Juiz Eleitoral do respectivo domicílio, em meio magnético ou outro acessível aos cartórios eleitorais, relação dos eleitores cujas inscrições são passíveis de cancelamento, devendo ser afixado edital no cartório eleitoral.

§ 8º Decorridos 60 dias da data do batimento que identificar as inscrições sujeitas a cancelamento, mencionadas no § 7º, inexistindo comando de quaisquer dos Códigos FASE 078 – Quitação mediante multa, 108 – Votou em separado, 159 – Votou fora da seção ou 167 – Justificou ausência às urnas, ou processamento das operações de transferência, revisão ou segunda via, a inscrição será automaticamente cancelada pelo sistema, mediante Código FASE 035 – Deixou de votar em três eleições consecutivas, observada a exceção contida no § 6º.

- Res.-TSE n° 23.419/2014, Art. 1°, § 2°: não estarão sujeitas a cancelamento as inscrições atribuídas a pessoas portadoras de deficiência que tornem impossível ou extremamente oneroso o cumprimento das obrigações eleitorais, para as quais houver comando do Código FASE 396 (motivo/forma 4), até o final do período de que trata este parágrafo.

- V. Prov.-CGE n° 6/2009: Aprova as Instruções para utilização dos Códigos de Atualização da Situação do Eleitor (ASE).

- Res.-TSE nos 20686/2000 e 20.255/1998 e Ac.-TSE n° 15.143/1998: impossibilidade do voto em separado de eleitor excluído indevidamente do cadastro geral ou cujo nome não consta da folha de votação.

- Lei n° 9.504/1997, Art. 62, *caput*: impossibilidade do voto fora da seção na votação eletrônica.

Art. 81. O documento de justificação formalizado perante a Justiça Eleitoral, no dia da eleição, prova a ausência do eleitor do seu domicílio eleitoral.

§ 1° A justificação será formalizada em impresso próprio fornecido pela Justiça Eleitoral ou, na falta do impresso, digitado ou manuscrito.

§ 2° O encarregado do atendimento entregará ao eleitor o comprovante, que valerá como prova da justificação, para todos os efeitos legais (Lei n° 6.091/74, Art. 16 e parágrafos).

§ 3° Os documentos de justificação entregues em missão diplomática ou repartição consular brasileira serão encaminhados ao Ministério das Relações Exteriores, que deles fará entrega ao Tribunal Regional Eleitoral do Distrito Federal para processamento.

§ 4° Os documentos de justificação preenchidos com dados insuficientes ou inexatos, que impossibilitem a identificação do eleitor no cadastro eleitoral, terão seu processamento rejeitado pelo sistema, o que importará débito para com a Justiça Eleitoral.

§ 5° Os procedimentos estipulados neste artigo serão observados sem prejuízo de orientações específicas que o Tribunal Superior Eleitoral aprovar para o respectivo pleito.

Art. 82. O eleitor que não votar e não pagar a multa, caso se encontre fora de sua zona e necessite prova de quitação com a Justiça Eleitoral, poderá efetuar o pagamento perante o juízo da zona em que estiver (Código Eleitoral, Art. 11).

- Res.-TSE n° 21.823/2004: possibilidade de pagamento de multas impostas com base no Código Eleitoral e na Lei n° 9.504/1997 perante qualquer juízo eleitoral, ao qual deve preceder consulta ao juízo de origem sobre o quantum a ser exigido do devedor.

§ 1° A multa será cobrada no máximo previsto, salvo se o eleitor quiser aguardar que o juiz da zona em que se encontrar solicite informações sobre o arbitramento ao juízo da inscrição.

§ 2° Efetuado o pagamento, o juiz que recolheu a multa fornecerá certidão de quitação e determinará o registro da informação no cadastro.

- V. Res.-TSE n° 21.975/2004: Disciplina o recolhimento e a cobrança das multas previstas no Código Eleitoral e leis conexas e a distribuição do Fundo Especial de Assistência Financeira aos Partidos Políticos (Fundo Partidário).

§ 3° O alistando ou o eleitor que comprovar, na forma da lei, seu estado de pobreza, perante qualquer juízo eleitoral, ficará isento do pagamento da multa (Código Eleitoral, Art. 367, § 3°).

§ 4º O eleitor que estiver quite com suas obrigações eleitorais poderá requerer a expedição de certidão de quitação em zona eleitoral diversa daquela em que é inscrito (Res.-TSE nº 20.497, de 21.10.99).

- V. Art. 11, §§ 7º ao 9º, da Lei nº 9.504/1997.
- V. Res.-TSE nº 21.667/2004: Dispõe sobre a utilização do serviço de emissão de certidão de quitação eleitoral por meio da Internet e dá outras providências.
- Res.-TSE nº 22.783/2008: A Justiça Eleitoral não emite 'certidão positiva com efeitos negativos' para fins de comprovação de quitação eleitoral, pois o débito oriundo de aplicação de multa eleitoral não possui natureza tributária, inexistindo, assim, analogia aos Arts. 205 e 206 do CTN. Ainda na mesma decisão: O parcelamento de débito oriundo da aplicação de multa eleitoral [...] obtido na Procuradoria-Geral da Fazenda Nacional ou na Justiça Eleitoral [...] possibilita o reconhecimento da quitação eleitoral, para fins de pedido de registro de candidatura, desde que tal parcelamento tenha sido requerido e obtido antes de tal pedido, estando devidamente pagas as parcelas vencidas.

Da Nomenclatura Utilizada

Art. 83. Para efeito desta resolução, consideram-se:

I – Coincidência – o agrupamento pelo batimento de duas ou mais inscrições ou registros que apresentem dados iguais ou semelhantes, segundo critérios previamente definidos pelo Tribunal Superior Eleitoral;

II – Gêmeos comprovados – aqueles que tenham comprovado mesma filiação, data e local de nascimento, em cujas inscrições haja registro de Código FASE 256;

- V. Prov.-CGE nº 6/2009: Aprova as Instruções para utilização dos Códigos de Atualização da Situação do Eleitor (ASE).

III – Homônimos – aqueles, excetuados os gêmeos, que possuam dados iguais ou semelhantes, segundo critérios previamente definidos pelo Tribunal Superior Eleitoral, e que figurem em uma mesma duplicidade ou pluralidade (coincidência);

IV – Homônimos comprovados – aqueles em cujas inscrições haja registro de Código FASE 248;

- V. Prov.-CGE nº 6/2009: Aprova as Instruções para utilização dos Códigos de Atualização da Situação do Eleitor (ASE).

V – Situação – condição atribuída à inscrição que define sua disponibilidade para o exercício do voto e condiciona a possibilidade de sua movimentação no cadastro:

a) regular – a inscrição não envolvida em duplicidade ou pluralidade, que está disponível para o exercício do voto e habilitada a transferência, revisão e segunda via;

b) suspensa – a inscrição que está indisponível, temporariamente (até que cesse o impedimento), em virtude de restrição de direitos políticos, para o exercício do voto e não poderá ser objeto de transferência, revisão e segunda via;

c) cancelada – a inscrição atribuída a eleitor que incidiu em uma das causas de cancelamento previstas na legislação eleitoral, que não poderá ser utilizada para o exercício do voto e somente poderá ser objeto de transferência ou revisão nos casos previstos nesta resolução;

d) coincidente – a inscrição agrupada pelo batimento, nos termos do inciso I, sujeita a exame e decisão de autoridade judiciária e que não poderá ser objeto de transferência, revisão e segunda via:

– não liberada – inscrição coincidente que não está disponível para o exercício do voto;

– liberada – inscrição coincidente que está disponível para o exercício do voto.

VI – Inexistente – a inscrição cuja inserção no cadastro foi inviabilizada em decorrência de decisão de autoridade judiciária ou de atualização automática pelo sistema após o batimento;

VII – Eleição – cada um dos turnos de um pleito, para todos os efeitos, exceto para os fins de aplicação do disposto no parágrafo único do Art. 15 desta resolução (Código Eleitoral, Art. 8º, c.c. a Lei nº 9.504/97, Art. 91).

Das Disposições Finais

Art. 84. O Juiz Eleitoral poderá determinar a incineração do título eleitoral, bem como do respectivo protocolo de entrega, não procurado pelo eleitor até a data da eleição posterior à emissão do documento.

Art. 85. A base de cálculo para aplicação das multas previstas pelo Código Eleitoral e leis conexas, bem como das de que trata esta resolução, será o último valor fixado para a UFIR, multiplicado pelo fator 33,02, até que seja aprovado novo índice, em conformidade com as regras de atualização dos débitos para com a União.

Art. 86. Os registros de banco de erros permanecerão disponíveis para tratamento pelas zonas eleitorais durante o prazo de seis meses, contados da data de inclusão da inscrição no banco, após o qual serão automaticamente excluídos, deixando de ser efetivadas as operações correspondentes.

Art. 87. A Corregedoria-Geral, com o apoio da Secretaria de Informática, providenciará manuais e rotinas necessários à execução dos procedimentos de que trata esta resolução.

Art. 88. A Corregedoria-Geral e as corregedorias regionais eleitorais exercerão supervisão, orientação e fiscalização direta do exato cumprimento das instruções contidas nesta resolução.

Art. 89. Os fichários manuais existentes nas zonas e nos tribunais regionais eleitorais, relativos aos registros dos eleitores, anteriores ao recadastramento de que cuidam a Lei nº 7.444/85 e a Res.-TSE nº 12.547, de 28.2.86, poderão, a critério do Tribunal Regional respectivo, ser inutilizados, preservando-se os arquivos relativos à filiação partidária e os documentos que, também a critério do Tribunal Regional, tenham valor histórico.

Art. 90. Considerado o estágio de automação dos serviços eleitorais, a Corregedoria-Geral expedirá provimentos destinados a regulamentar a presente resolução, aprovando os formulários e tabelas cujos modelos por ela não tenham sido regulamentados, necessários a sua fiel execução.

- Prov.-CGE nº 6/2003 e suas alterações. V., ainda, nota à seção Do Formulário de Atualização da Situação do Eleitor (FASE), localizada antes do Art. 21 desta resolução.

Art. 91. A Secretaria de Informática providenciará a transformação dos atuais Códigos FASE de cancelamento de inscrições em decorrência de revisão de eleitorado em Códigos FASE 469 e, até a data em que entrar em vigor esta resolução, a adequação do sistema necessária à implementação desta norma.

- V. Prov.-CGE nº 6/2009: Aprova as Instruções para utilização dos Códigos de Atualização da Situação do Eleitor (ASE).

Art. 92. Esta resolução entra em vigor no dia 1º de janeiro de 2004, revogadas a Res.-TSE nº 20.132, de 19.3.98, e as demais disposições em contrário e ressalvadas as regras relativas à disciplina da revisão de eleitorado e à fixação de competência para exame de duplicidades e pluralidades, que terão aplicação imediata.

Sala de Sessões do Tribunal Superior Eleitoral.

Brasília, 14 de outubro de 2003.

Ministro CARLOS VELLOSO, Presidente em Exercício – Ministro BARROS MONTEIRO, relator – Ministro MARCO AURÉLIO – Ministro FRANCISCO PEÇANHA MARTINS – Ministro FERNANDO NEVES – Ministro LUIZ CARLOS MADEIRA.

Publicada no DJ de 3.11.2003.

Anotações

Lei de Inelegibilidade - Lei Complementar nº 64, de 18 de maio de 1990

Estabelece, de acordo com o Art. 14, § 9º, da Constituição Federal, casos de inelegibilidade, prazos de cessação e determina outras providências.

- Ac.-TSE, de 14.2.2013, no AgR-REspe nº 9677 e, de 4.9.2012, no AgR-REspe nº 23046: No julgamento das ADCs nos 29 e 30 e da ADI nº 4.578, o STF assentou que a aplicação das causas de inelegibilidade instituídas ou alteradas pela LC nº 135/2010 a fatos anteriores à sua vigência não viola a Constituição Federal.

O PRESIDENTE DA REPÚBLICA, faço saber que o Congresso Nacional decreta e eu sanciono a seguinte lei:

Art. 1º São inelegíveis:

- Ac.-TSE nos 22.014/2004 e 12.371/1992: a inelegibilidade atinge somente a capacidade eleitoral passiva; não restringe o direito de votar.

I – para qualquer cargo:

- Ac.-STF, de 16.2.2012, nas ADC nos 29 e 30: constitucionalidade das hipóteses de inelegibilidade instituídas pelas alíneas c, d, f,g, h, j, m, n, o, p e q deste inciso, introduzidas pela LC nº 135/2010.

a) os inalistáveis e os analfabetos;

- Súm.-TSE nº 15/1996: O exercício de cargo eletivo não é circunstância suficiente para, em recurso especial, determinar-se a reforma de decisão mediante a qual o candidato foi considerado analfabeto. Ac.-TSE nos 318/2004, 21.707/2004 e 21.920/2004, entre outros: nas hipóteses de dúvida fundada, a aferição da alfabetização se fará individualmente, sem constrangimentos; o exame ou teste não pode ser realizado em audiência pública por afrontar a dignidade humana. Ac.-TSE nº 24343/2004: ilegitimidade do teste de alfabetização quando, apesar de não ser coletivo, traz constrangimento ao candidato.

b) os membros do Congresso Nacional, das Assembleias Legislativas, da Câmara Legislativa e das Câmaras Municipais que hajam perdido os respectivos mandatos por infringência do disposto nos incisos I e II do Art. 55 da Constituição Federal, dos dispositivos equivalentes sobre perda de mandato das Constituições Estaduais e Leis Orgânicas dos Municípios e do Distrito Federal, para as eleições que se realizarem durante o período remanescente do mandato para o qual foram eleitos e nos oito anos subsequentes ao término da legislatura;

- Alínea b com redação dada pelo Art. 1º da LC nº 81/1994.
- Ac.-TSE nº 20.349/2002: aplicabilidade do novo prazo também àqueles cujo mandato foi cassado anteriormente à vigência da LC nº 81/1994.

c) o Governador e o Vice-Governador de Estado e do Distrito Federal e o Prefeito e o Vice-Prefeito que perderem seus cargos eletivos por infringência a dispositivo da Constituição Estadual, da Lei Orgânica do Distrito Federal ou da Lei Orgânica do Município, para as eleições que se realizarem durante o período remanescente e nos 8 (oito) anos subsequentes ao término do mandato para o qual tenham sido eleitos;

- Alínea c com redação dada pelo Art. 2º da LC nº 135/2010.

d) os que tenham contra sua pessoa representação julgada procedente pela Justiça Eleitoral, em decisão transitada em julgado ou proferida por órgão colegiado, em processo de apuração de abuso do poder econômico ou político, para a eleição na qual concorrem ou tenham sido diplomados, bem como para as que se realizarem nos 8 (oito) anos seguintes;

- Alínea d com redação dada pelo Art. 2º da LC nº 135/2010.
- Ac.-TSE, de 17.12.2014, no REspe nº 15.105 e, de 20.11.2012, no AgR-Respe nº 2361: o vocábulo representação constante da redação desta alínea corresponde à própria ação de investigação judicial eleitoral, prevista pelo Art. 22 desta lei.
- Ac.-TSE, de 29.5.2014, na Cta nº 43.344: o prazo de inelegibilidade desta alínea inicia-se na data da eleição do ano da condenação e expira no dia de igual número de início do oitavo ano subsequente.
- Ac.-TSE, de 30.9.2010, no RO nº 86514: não incidência da lei nova (LC nº 135/2010) sobre os efeitos produzidos pela lei anterior, principalmente quando exauridos ainda na vigência da norma antiga.
- Ac.-TSE, de 8.2.2011, no AgR-RO nº 371.450: não incidência da inelegibilidade desta alínea quando proferida em sede de RCED ou AIME.
- Ac.-TSE, de 4.9.2012, no REspe nº 18.984: incidência da norma prevista nesta alínea ainda que se trate de condenação transitada em julgado referente a eleição anterior à vigência da LC nº 135/2010.
- V. segunda nota à alínea j deste inciso, cujo entendimento é aplicável ao prazo de inelegibilidade de oito anos aqui previsto.
- Ac.-TSE, de 19.3.2013, no AgR-REspe nº 21.204: a inelegibilidade prevista nesta alínea não incide sem a ocorrência de condenação pela prática de abuso do poder econômico ou político em decisão transitada em julgado ou proferida por órgão colegiado.
- Ac.-TSE, de 2.10.2014, no RO nº 97.150: a condenação por abuso ou uso indevido dos veículos ou meios de comunicação atrai a incidência da inelegibilidade prevista nesta alínea.
- Ac.-TSE, de 16.12.2014, no RO nº 90.718: a inelegibilidade prevista nesta alínea somente incide aos que, à época da condenação pela prática do abuso, tenham concorrido ao pleito.
- V. nota à alínea h deste inciso sobre o Ac.-TSE, de 17.12.2014, no REspe nº 15.105.

e) os que forem condenados, em decisão transitada em julgado ou proferida por órgão judicial colegiado, desde a condenação até o transcurso do prazo de 8 (oito) anos após o cumprimento da pena, pelos crimes:

- Ac.-TSE, de 4.12.2012, no REspe nº 9664: inelegibilidade que exige a condenação criminal colegiada ou transitada em julgado, sendo inadmissível sua incidência por mera presunção.
- Ac.-TSE, de 17.12.2012, no AgR-REspe nº 29.969: incompetência da Justiça Eleitoral para analisar o acerto ou desacerto da decisão condenatória.
- Ac.-TSE, de 14.2.2013, no AgR-REspe nº 36.440: a conversão da pena privativa de liberdade em pena restritiva de direitos não afasta a incidência da causa de inelegibilidade prevista nesta alínea.
- Ac.-TSE, de 2.10.2014, no RO 58743: o prazo desta alínea deve ser contado a partir da data em que ocorrida a prescrição da pretensão executória, e não do momento da sua declaração judicial.

- Ac.-TSE, de 4.11.2014, no RMS nº 15.090: o indulto presidencial não equivale à reabilitação para afastar a inelegibilidade decorrente de condenação criminal, sendo mantidos os efeitos secundários da condenação.

- Ac.-TSE, de 23.4.2015, no PA nº 93.631: o prazo de inelegibilidade projeta-se por oito anos após o cumprimento da pena, seja ela privativa de liberdade, seja restritiva de direito ou multa.

1. contra a economia popular, a fé pública, a Administração Pública e o patrimônio público;

- Ac.-TSE, de 4.10.2012, no REspe nº 12.922: os crimes contra a administração e o patrimônio públicos abrangem os previstos na Lei de Licitações.

- Ac.-TSE, de 15.10.2013, no REspe nº 7.679: inelegibilidade decorrente da prática de crime contra a Administração Pública consistente no desenvolvimento clandestino de atividades de telecomunicação.

2. contra o patrimônio privado, o sistema financeiro, o mercado de capitais e os previstos na lei que regula a falência;

- Ac.-TSE, de 30.9.2014, no RO nº 98.150: a condenação por crime de violação de direito autoral não gera a inelegibilidade prevista neste item, por não se enquadrar na classificação legal de crime contra o patrimônio privado.

3. contra o meio ambiente e a saúde pública;

4. eleitorais, para os quais a lei comine pena privativa de liberdade;

5. de abuso de autoridade, nos casos em que houver condenação à perda do cargo ou à inabilitação para o exercício de função pública;

6. de lavagem ou ocultação de bens, direitos e valores;

7. de tráfico de entorpecentes e drogas afins, racismo, tortura, terrorismo e hediondos;

8. de redução à condição análoga à de escravo;

9. contra a vida e a dignidade sexual; e

- Ac.-TSE, de 11.11.2014, no RO nº 263.449 e, de 21.5.2013, no REspe nº 61.103: a inelegibilidade prevista neste item incide nas hipóteses de condenação criminal emanada do Tribunal do Júri, órgão colegiado soberano, integrante do Poder Judiciário.

10. praticados por organização criminosa, quadrilha ou bando;

- Alínea e com redação dada pelo Art. 2º da LC nº 135/2010.

- CF/88, Art. 15, III: suspensão dos direitos políticos enquanto durarem os efeitos da condenação criminal transitada em julgado. Ac.-TSE nºs 16.742/2000 e 22.148/2004: o Art. 15, III, da Constituição não torna inconstitucional este dispositivo, que tem apoio no Art. 14, § 9º, da Constituição.

- Ac.-TSE, de 28.4.2011, no AgR-RO nº 160.446: incompetência da Justiça Eleitoral para, no processo de registro de candidatura, decidir a prescrição da pretensão punitiva, seus efeitos no processo penal ante a pendência de recurso da acusação, bem como aferir o acerto ou desacerto da decisão da Justiça Comum Criminal que a declarou.

- Ac.-TSE, de 12.11.2008, no REspe nº 30.252: Embora o delito de incêndio esteja inserido no Título VIII – Dos Crimes contra a Incolumidade Pública – do Código Penal, a circunstância de ter sido cometido no fórum da cidade, isto é, em edifício público, o inclui entre os crimes contra o patrimônio público a que faz referência o Art. 1º, I, e, da Lei Complementar nº 64/1990.

- Ac.-TSE, de 3.4.2008, no REspe nº 28.390: ainda que reconhecida a prescrição da pretensão executória, incide a inelegibilidade prevista neste dispositivo, cujo termo inicial será a data em que declarada a extinção da punibilidade.

f) os que forem declarados indignos do oficialato, ou com ele incompatíveis, pelo prazo de 8 (oito) anos;

- Alínea f com redação dada pelo Art. 2º da LC nº 135/2010.

g) os que tiverem suas contas relativas ao exercício de cargos ou funções públicas rejeitadas por irregularidade insanável que configure ato doloso de improbidade administrativa, e por decisão irrecorrível do órgão competente, salvo se esta houver sido suspensa ou anulada pelo Poder Judiciário, para as eleições que se realizarem nos 8 (oito) anos seguintes, contados a partir da data da decisão, aplicando-se o disposto no inciso II do Art. 71 da Constituição Federal, a todos os ordenadores de despesa, sem exclusão de mandatários que houverem agido nessa condição;

- Alínea g com redação dada pelo Art. 2º da LC nº 135/2010.
- Ac.-TSE, de 26.8.2014, no RO nº 40.137: a inelegibilidade prevista nesta alínea pode ser examinada a partir de decisão irrecorrível dos tribunais de contas que rejeitam as contas do Prefeito que age como ordenador de despesas.
- Caracterização de irregularidade insanável que configura ato doloso de improbidade administrativa e atrai a inelegibilidade desta alínea: Ac.-TSE, de 1º.10.2014, no AgR-RO nº 34.478 (aplicação de verbas federais repassadas ao município em desacordo com convênio); Ac.-TSE, de 3.9.2013, no REspe nº 49.345 (imputação de débito ao administrador pelo TCU); Ac.-TSE, de 2.4.2013, no AgR-REspe nº 25.454 (contratação de pessoal sem a realização de concurso público e não recolhimento ou repasse a menor de verbas previdenciárias); Ac.-TSE, de 21.2.2013, no AgR-REspe nº 8975 (falta de repasse integral de valores relativos ao ISS e ao IRPF); Ac.-TSE, de 14.2.2013, no AgR-REspe nº 45520 (violação ao Art. 37, XIII, da CF/88); Ac.-TSE, de 5.2.2013, no AgR-REspe nº 44.144 (não aplicação de percentual mínimo de receita resultante de impostos nas ações e nos serviços públicos de saúde); Ac.-TSE, de 22.10.2013, no REspe nº 19.662; de 14.2.2013, no AgR-REspe nº 17.652 e, de 17.12.2012, no REspe nº 32.574 (descumprimento da Lei de Responsabilidade Fiscal ou da Constituição Federal quanto à aplicação do piso fixado para o ensino); Ac.-TSE, de 18.12.2012, no Respe nº 9307 (pagamento a maior de subsídio a Vereadores, em descumprimento ao Art. 29, VI, da CF/88); Ac.-TSE, de 18.12.2012, no AgR-REspe nº 23.722 (pagamento indevido de diárias); Ac.-TSE, de 23.10.2012, no AgR-REspe nº 5527 (descumprimento da Lei de Licitações); Ac.-TSE, de 9.10.2012, no REspe nº 11.543 (violação ao Art. 29-A, I, da CF/88).
- Ac.-TSE, de 25.11.2008, no REspe nº 30516; Ac.-STF, de 17.6.1992, no RE nº 132.747: compete ao Poder Legislativo o julgamento das contas do chefe do Executivo, atuando o Tribunal de Contas como órgão auxiliar, na esfera opinativa (CF/88, Art. 71, I). Ac.-TSE, de 6.10.2008, no REspe nº 28.944: na apreciação das contas do chefe do Executivo relativas a convênio, a competência dos tribunais de contas é de julgamento, e não opinativa (CF/88, Art. 71, II). Ac.--TSE, de 6.2.2014, no REspe nº 10715; e de 30.9.1996, no REspe nº 13174: excetuado o chefe do Poder Executivo, as contas de gestão dos ocupantes de cargos e funções públicas são examinadas pelo Tribunal de Contas.
- Súm.-TSE nº 1/1992: proposta a ação para desconstituir a decisão que rejeitou as contas antes da impugnação, fica suspensa a inelegibilidade; Ac.-TSE, de 24.8.2006, no RO nº 912; de

13.9.2006, no RO n° 963; de 29.9.2006, no REspe n° 26.942 e, de 16.11.2006, no RO n° 1.067: a mera propositura da ação anulatória, sem a obtenção de provimento liminar ou tutela antecipada, não suspende a inelegibilidade; Ac.-TSE, de 8.3.2007, no RO n° 1239: A revogação de tutela antecipada que suspendeu os efeitos de decisão de rejeição de contas, ocorrida após a realização do pleito, à proclamação dos eleitos e às vésperas da diplomação, não tem o condão de alterar a situação do candidato que concorreu na eleição já respaldado pela referida tutela; Ac.-TSE, de 31.10.2006, no RO n° 1.104 e Ac.TSE n°s 815/2004; 24.199/2004 e 237/1998: transitada em julgado a sentença, não acolhendo o pedido, volta a correr o prazo, persistindo a inelegibilidade pelo tempo que faltar.

- Ac.-TSE, de 6.2.2014, no REspe n° 20.417 e, de 20.10.2011, no REspe n° 1.108.395: o recurso de revisão interposto perante o TCU e os embargos de declaração a ele relativos não afastam o caráter definitivo da decisão que rejeita as contas.

- Afasta a inelegibilidade desta alínea: Ac.-TSE, de 6.5.2014, no REspe n° 15.705 (decisão judicial da Justiça Comum, posterior à interposição do REspe, mas anterior ao pleito, declarando a nulidade do decreto legislativo de rejeição de contas) e, Ac.-TSE, de 17.9.2013, no REspe n° 31.003 (provimento de recurso de revisão no Tribunal de Contas e a consequente aprovação das contas); Não afasta a inelegibilidade prevista nesta alínea: Ac.-TSE, de 21.11.2012, no REspe n° 28.160 (liminar concedida por tribunal de contas em sede de recurso de revisão).

- Ac.-TSE, de 14.6.2011, no RO n° 252.356: a interpretação teleológica direciona à conclusão de não se exigir que o pronunciamento do Tribunal de Contas tenha sido implementado em prestação de contas; alcança, também, a glosa parcial.

- Ac.-TSE, de 25.4.2013, nos ED-REspe n° 10.378 e, de 16.12.2010, no AgR-RO n° 452298: irrelevância da natureza do procedimento utilizado pelo órgão competente para aferir irregularidades em convênio com a União; necessidade tão somente da confirmação da irregularidade insanável por decisão irrecorrível do órgão competente que não tenha sido suspensa por decisão judicial.

- Ac.-TSE, de 17.11.2009, no REspe n° 36.637: A ausência de intimação da decisão do TCE que rejeitou as contas do candidato configura cerceamento de defesa e justifica a propositura de pedido de reconsideração e obtenção de provimento liminar após o pedido de registro de candidatura.

- Ac.-TSE, de 1°.8.2006, no Ag n° 6.316; 15.208/1999; 15209/1998, 15.204/1998 e 15.148/1997: não incidência da cláusula de inelegibilidade na hipótese de rejeição de contas supervenientes ao registro de candidatura, pois o dispositivo aplica-se às eleições que vierem a se realizar, e não às já realizadas, ainda que se trate de reeleição.

- Ac.-TSE, de 10.12.2013, no REspe n° 182.098, de 10.11.2009, no REspe n° 35.791; e, de 26.11.2008, no REspe n° 33280: o decurso do prazo conferido à Câmara Municipal para apreciar o parecer do Tribunal de Contas não atrai a inelegibilidade cominada neste dispositivo.

- V. Art. 11, § 10, da Lei n° 9.504/1997.

- Lei n° 9.504/1997, Art. 11, § 5°: disponibilização à Justiça Eleitoral, pelos tribunais e conselhos de contas, da relação dos que tiveram suas contas rejeitadas; Lei n° 8.443/1992, Art. 91: envio ao Ministério Público Eleitoral, pelo TCU, dos nomes dos responsáveis cujas contas houverem sido julgadas irregulares nos cinco anos imediatamente anteriores à realização de cada eleição; Ac.-TSE, de 12.12.2008, no REspe n° 34.627; de 13.11.2008, no REspe n° 32.984; de 2.9.2008, no REspe n° 29.316 e Res.-TSE n° 21.563/2003: a mera inclusão do nome do administrador público na lista remetida à Justiça Eleitoral por tribunal ou conselho de contas não gera inelegibilidade, por se tratar de procedimento meramente informativo.

Legislações | Direito Eleitoral

- Ac.-TSE, de 3.12.2013, no REspe nº 2.546; de 30.8.2012, no REspe nº 23.383 e, de 8.2.2011, no AgR-RO nº 99.574: impossibilidade de incidência da inelegibilidade prevista nesta alínea quando ausente ato doloso de improbidade administrativa ou intenção de causar dano ao Erário; Ac.-TSE, de 20.5.2014, nos ED-AgR-REspe nº 27.272 e, de 5.12.2013, no AgR--REspe nº 52.980: a inelegibilidade desta alínea não incide quando demonstrada a regularidade da aplicação dos recursos e ausência de prejuízo ao Erário, a despeito da omissão do dever de prestar contas ou de sua apresentação extemporânea.

- Ac.-TSE, de 5.8.2014, no AgR-REspe nº 16.813 e, de 28.6.2011, no REspe nº 42.050: compete à Justiça Eleitoral a qualificação jurídica da irregularidade apontada pelo órgão competente no julgamento das contas e não a aferição da existência de vício.

- V. Art. 11, § 10, da Lei nº 9.504/1997 e 12ª nota.

- Ac.-TSE, de 12.12.2012, no AgR-REspe nº 10.807: a ausência de disponibilização pública das contas da Câmara, sem a comprovação de dolo, má-fé ou prejuízo à Administração Pública, não configura ato doloso de improbidade administrativa.

- Ac.-TSE, de 24.5.2012, no AgR-RO nº 83.942: prestação de contas extemporânea configura hipótese de crime de responsabilidade a ensejar o reconhecimento da inelegibilidade descrita nesta alínea.

- Ac.-TSE, de 2.4.2013, no AgR-REspe nº 32.679: extrapolado o limite do Art. 29-A da CF/88, por ser dado objetivo cuja verificação é matemática, resta caracterizada a irregularidade insanável que constitui ato doloso de improbidade administrativa, sendo inaplicáveis os princípios da proporcionalidade e da razoabilidade.

- Ac.-TSE, de 7.2.2013, no AgR-REspe nº 16.447: a obtenção de tutela antecipada para afastar os efeitos de decisões de rejeição de contas é suficiente para afastar a inelegibilidade desta alínea.

- Ac.-TSE, de 18.12.2012, no REspe nº 29.474: inaplicabilidade do disposto no § 2º do Art. 26-C da LC nº 64/1990 aos casos de rejeição de contas previstos nesta alínea, no processo de registro de candidatura.

- Ac.-TSE, de 21.3.2013, no REspe nº 5.163: O termo inicial do período de inelegibilidade – oito anos – coincide com a data da publicação da decisão mediante a qual rejeitadas as contas.

- Ac.-TSE, de 8.8.2013, no REspe nº 41.160: impossibilidade de conclusão pela inelegibilidade de candidato, se pendente recurso no Tribunal de Contas.

- Ac.-TSE, de 19.8.2014, no REspe nº 4366: o saneamento das irregularidades pelo TCE, em razão da quitação do débito, não tem o condão de assentar a boa-fé e a ausência de dolo.

- Ac.-TSE, de 22.10.2014, no REspe nº 25.725: invade a competência da Justiça Eleitoral a decisão da Justiça Federal que mantenha válido o acórdão do TCU que rejeita as contas e afasta a potencial inelegibilidade da conduta.

- Ac.-TSE, de 19.12.2014, no RO nº 97.587: não cabe à Justiça Eleitoral transmudar a natureza atribuída ao julgamento procedido pelo Tribunal de Contas.

- Ac.-TSE, de 25.11.2014, no AgR-REspe nº 43.594: irregularidade no repasse de recursos para ente privado, sem fins lucrativos, atrai a inelegibilidade prevista nesta alínea.

h) os detentores de cargo na Administração Pública direta, indireta ou fundacional, que beneficiarem a si ou a terceiros, pelo abuso do poder econômico ou político, que forem condenados em decisão transitada em julgado ou proferida por órgão judicial colegiado, para a eleição na qual concorrem ou tenham sido diplomados, bem como para as que se realizarem nos 8 (oito) anos seguintes;

- Alínea h com redação dada pelo Art. 2º da LC nº 135/2010.
- Ac.-TSE, de 17.12.2014, no REspe nº 15.105: quanto à incidência da inelegibilidade desta alínea nas hipóteses de condenação tanto pela Justiça Comum como pela Justiça Eleitoral; quanto à aplicação das causas de inelegibilidade dispostas nesta alínea e na alínea d não somente a quem praticou o abuso de poder na eleição para a qual concorreu (visando beneficiar a própria candidatura), mas também a quem cometeu o ilícito na eleição na qual não se lançou candidato.
- Ac.-TSE, de 1º.10.2010, no AgR-RO nº 303.704: imposição de multa por propaganda eleitoral antecipada, reconhecida em publicidade institucional, não implica inelegibilidade desta alínea.
- Ac.-TSE, de 24.6.2014, na Cta nº 13.115: o termo inicial para contagem do prazo de inelegibilidade desta alínea é a data da eleição em que verificado o abuso.
- Ac.-TSE, de 19.3.2013, no AgR-REspe nº 21.204: a inelegibilidade prevista nesta alínea não incide sem a ocorrência de condenação pela prática de abuso do poder econômico ou político em decisão transitada em julgado ou proferida por órgão colegiado.
- Ac.-TSE, de 16.12.2014, no RO nº 90.718: a inelegibilidade prevista nesta alínea requer que o benefício auferido pela prática de abuso de poder econômico ou político esteja necessariamente relacionado ao exercício do cargo na administração.

i) os que, em estabelecimento de crédito, financiamento ou seguro, que tenham sido ou estejam sendo objeto de processo de liquidação judicial ou extrajudicial, hajam exercido, nos 12 (doze) meses anteriores à respectiva decretação, cargo ou função de direção, administração ou representação, enquanto não forem exonerados de qualquer responsabilidade;

- Ac.-TSE nº 22.739/2004: este dispositivo não é inconstitucional ao condicionar a duração da inelegibilidade à exoneração de responsabilidade, sem fixação de prazo.

j) os que forem condenados, em decisão transitada em julgado ou proferida por órgão colegiado da Justiça Eleitoral, por corrupção eleitoral, por captação ilícita de sufrágio, por doação, captação ou gastos ilícitos de recursos de campanha ou por conduta vedada aos agentes públicos em campanhas eleitorais que impliquem cassação do registro ou do diploma, pelo prazo de 8 (oito) anos a contar da eleição;

- Alínea j acrescida pelo Art. 2º da LC nº 135/2010.
- Ac.-TSE, de 14.11.2013, no AgR-AI nº 17.773; de 20.6.2013, no REspe nº 9.308 e, de 9.10.2012, no REspe nº 7427: o termo inicial da inelegibilidade prevista nesta alínea deve ser contado da data da eleição, expirando no dia de igual número de início.
- Ac.-TSE, de 21.11.2013, na Cta nº 38.063: cessada a inelegibilidade antes das eleições, cumpre observar o Art. 11, § 10, da Lei nº 9.504/1997, quanto às alterações fáticas ou jurídicas supervenientes ao registro.
- Ac.-TSE, de 9.10.2012, no REspe nº 206: não incidência da inelegibilidade prevista nesta alínea se, em virtude da procedência de AIME, o mandato do Vice-Prefeito tiver sido cassado, por força da indivisibilidade da chapa, em ação proposta contra ambos.
- Ac.-TSE, de 25.10.2012, no AgR-REspe nº 16.076: para configurar a inelegibilidade aqui prevista, é necessário decisão pela cassação do diploma ou do registro do candidato por conduta vedada aos agentes públicos em campanhas eleitorais, e não somente aplicação de multa.
- Ac.-TSE, de 21.11.2012, no REspe nº 11.661: o comparecimento de candidato a inauguração de obra pública constitui conduta vedada aos agentes públicos apta a atrair a inelegibilidade desta alínea.

Legislações | Direito Eleitoral

k) o Presidente da República, o Governador de Estado e do Distrito Federal, o Prefeito, os membros do Congresso Nacional, das Assembleias Legislativas, da Câmara Legislativa, das Câmaras Municipais, que renunciarem a seus mandatos desde o oferecimento de representação ou petição capaz de autorizar a abertura de processo por infringência a dispositivo da Constituição Federal, da Constituição Estadual, da Lei Orgânica do Distrito Federal ou da Lei Orgânica do Município, para as eleições que se realizarem durante o período remanescente do mandato para o qual foram eleitos e nos 8 (oito) anos subsequentes ao término da legislatura;

- Alínea k acrescida pelo Art. 2º da LC nº 135/2010.
- Ac.-TSE, de 20.3.2013, no AgR-REspe nº 46.017; e Ac.-TSE, de 1º.9.2010, no RO nº 64580: compete à Justiça Eleitoral tão somente verificar se houve a renúncia nos termos deste dispositivo legal.
- Ac.-TSE, de 31.8.2010, no RO nº 161.660: possibilidade de a Justiça Eleitoral examinar se renúncia de candidato no Senado Federal está sujeita aos efeitos da inelegibilidade desta alínea, ainda que interfira em decisão daquele órgão determinando o arquivamento da representação.
- Ac.-TSE, de 2.10.2014, no RO nº 73.294: representação por quebra de decoro parlamentar, apreciada e arquivada, nos mesmos fundamentos de representação anterior, na qual o candidato havia renunciado, afasta a incidência da inelegibilidade.

l) os que forem condenados à suspensão dos direitos políticos, em decisão transitada em julgado ou proferida porórgão judicial colegiado, por ato doloso de improbidade administrativa que importe lesão ao patrimônio público e enriquecimento ilícito, desde a condenação ou o trânsito em julgado até o transcurso do prazo de 8 (oito) anos após o cumprimento da pena;

- Alínea l acrescida pelo Art. 2º da LC nº 135/2010.
- Ac.-TSE, de 8.9.2010, no REspe nº 420.382: inocorrência de inelegibilidade quando a suspensão dos direitos políticos for aplicada por juiz singular.
- Ac.-TSE, de 20.9.2012, no REspe nº 27.558: O ato doloso de improbidade administrativa pode implicar o enriquecimento ilícito tanto do próprio agente, mediante proveito pessoal, quanto de terceiros por ele beneficiados.
- Ac.-TSE, de 2.5.2013, no AgR-REspe nº 20.219: desnecessidade de trânsito em julgado de condenação para efeito do reconhecimento da inelegibilidade prevista nesta alínea, bastando que aquela tenha sido proferida em decisão colegiada.
- Ac.-TSE, de 27.11.2014, no RO nº 67.938; de 10.12.2013, no REspe nº 27.838 e, de 7.3.2013, no AgR-REspe nº 7154: a condenação por ato doloso de improbidade administrativa deve implicar lesão ao Erário e enriquecimento ilícito.
- Ac.-TSE, de 22.10.2014, no RO nº 140.804 e, de 11.9.2014, no RO nº 38.023: indefere-se o registro de candidatura se, a partir da análise das condenações, for possível constatar que a Justiça Comum reconheceu a presença cumulativa de prejuízo ao Erário e de enriquecimento ilícito decorrente de ato doloso de improbidade administrativa, ainda que não conste expressamente na parte dispositiva da decisão condenatória.
- Ac.-TSE, de 1º.10.2014, no RO nº 180.908 e, de 6.12.2012, no AgR-REspe nº 6.710: as condenações por ato doloso de improbidade administrativa fundadas apenas no Art. 11, da Lei nº 8.429/1992 não são aptas à caracterização da causa de inelegibilidade prevista nesta alínea.

- Ac.-TSE, de 17.12.2014, no AgR-RO nº 22.344: a análise do enriquecimento ilícito pode ser realizada pela Justiça Eleitoral, a partir do exame da fundamentação do *decisum*, ainda que não tenha constado expressamente do dispositivo.

m) os que forem excluídos do exercício da profissão, por decisão sancionatória do órgão profissional competente, em decorrência de infração ético-profissional, pelo prazo de 8 (oito) anos, salvo se o ato houver sido anulado ou suspenso pelo Poder Judiciário;

n) os que forem condenados, em decisão transitada em julgado ou proferida por órgão judicial colegiado, em razão de terem desfeito ou simulado desfazer vínculo conjugal ou de união estável para evitar caracterização de inelegibilidade, pelo prazo de 8 (oito) anos após a decisão que reconhecer a fraude;

- Ac.-TSE, de 21.8.2014, no REspe nº 39.723: a incidência desse dispositivo pressupõe ação judicial que condene a parte por fraude.

o) os que forem demitidos do serviço público em decorrência de processo administrativo ou judicial, pelo prazo de 8 (oito) anos, contado da decisão, salvo se o ato houver sido suspenso ou anulado pelo Poder Judiciário;

- Ac.-TSE, de 12.9.2014, no RO nº 29.340: a inelegibilidade prevista nesta alínea somente é afastada no caso de absolvição criminal que negue a existência do fato ou da autoria.

p) a pessoa física e os dirigentes de pessoas jurídicas responsáveis por doações eleitorais tidas por ilegais por decisão transitada em julgado ou proferida por órgão colegiado da Justiça Eleitoral, pelo prazo de 8 (oito) anos após a decisão, observando-se o procedimento previsto no Art. 22;

- Ac.-TSE, de 16.9.2014, no RO nº 53.430: as doações ilegais geradoras de inelegibilidade são as capazes de afetar a normalidade e legitimidade das eleições, configurando abuso do poder econômico ou político; Ac.-TSE, de 27.9.2012, no REspe nº 26.120: inelegibilidade de dirigente de pessoa jurídica condenada por doação eleitoral tida por ilegal.

- Ac.-TSE, de 13.11.2012, no AgR-REspe nº 26.124: o dolo é matéria estranha à configuração da inelegibilidade prevista nesta alínea.

- Ac.-TSE, de 7.5.2013, no AgR-REspe nº 40.669: a inelegibilidade desta alínea não atinge a pessoa jurídica condenada, mas seus dirigentes, os quais não necessitam integrar a relação processual da representação.

- Ac.-TSE, de 19.2.2013, no REspe nº 42.624: multas relativas às doações eleitorais, tidas como ilegais, atraem a inelegibilidade prevista nesta alínea independentemente do seu pagamento.

- Ac.-TSE, de 22.5.2014, no REspe nº 22.991: somente doações acima do limite legal com evidente excesso na utilização de recursos financeiros e contornos de abuso do poder econômico podem gerar a causa de inelegibilidade desta alínea; inelegibilidade suspensa por decisão liminar que suste os efeitos de decisão colegiada de condenação por doação acima do limite legal.

- Ac.-TSE, de 28.2.2013, no AgR-REspe nº 94.681: para a incidência da causa de inelegibilidade prevista nesta alínea, é necessário que a representação por doação irregular de campanha tenha observado o procedimento previsto no Art. 22 da LC nº 64/1990; as restrições previstas na LC nº 135/2010 incidem sobre todas as hipóteses nela contempladas, ainda que não tenha sido declarada a inelegibilidade nos próprios autos da representação.

q) os magistrados e os membros do Ministério Público que forem aposentados compulsoriamente por decisão sancionatória, que tenham perdido o cargo por sentença ou que tenham pedido exoneração ou aposentadoria voluntária na pendência de processo administrativo disciplinar, pelo prazo de 8 (oito) anos;

- Alíneas m a q acrescidas pelo Art. 2º da LC nº 135/2010.

II – para Presidente e Vice-Presidente da República:

a) até 6 (seis) meses depois de afastados definitivamente de seus cargos e funções:

1 – os Ministros de Estado;

2 – os Chefes dos órgãos de assessoramento direto, civil e militar, da Presidência da República;

3 – o Chefe do órgão de assessoramento de informações da Presidência da República;

4 – o Chefe do Estado-Maior das Forças Armadas;

5 – o Advogado-Geral da União e o Consultor-Geral da República;

6 – os Chefes do Estado-Maior da Marinha, do Exército e da Aeronáutica;

7 – os Comandantes do Exército, Marinha e Aeronáutica;

8 – os Magistrados;

9 – os Presidentes, Diretores e Superintendentes de autarquias, empresas públicas, sociedades de economia mista, e fundações públicas e as mantidas pelo Poder Público;

- Ac.-TSE, de 7.10.2008, no REspe nº 30.539 e Ac.-TSE, de 25.11.2010, no RO nº 442.592: as entidades mantidas pelo poder público são aquelas cuja soma das verbas públicas totaliza mais da metade de suas receitas.

- Não incidência da inelegibilidade deste item: Ac.-TSE, de 7.10.2008, no REspe nº 30539 (dirigente de entidade privada sem fins lucrativos que receba recursos públicos) e Ac.-TSE, de 25.11.2010, no RO nº 442.592 (presidente de fundo social municipal).

- Res.-TSE nº 22.793/2008: O professor de carreira em instituição federal de ensino que exerça o cargo de reitor e venha a se candidatar ao cargo de Prefeito ou de Vice-Prefeito, deverá afastar-se definitivamente do cargo de reitor quatro meses antes do pleito, bem como licenciar-se das funções de magistério até três meses antes do pleito.

10 – os Governadores de Estado, do Distrito Federal e de Territórios;

11 – os Interventores Federais;

12 – os Secretários de Estado;

13 – os Prefeitos Municipais;

14 – os membros do Tribunal de Contas da União, dos Estados e do Distrito Federal;

15 – o Diretor-Geral do Departamento de Polícia Federal;

16 – os Secretários-Gerais, os Secretários Executivos, os Secretários Nacionais, os Secretários Federais dos Ministérios e as pessoas que ocupem cargos equivalentes;

b) os que tenham exercido, nos 6 (seis) meses anteriores à eleição, nos Estados, no Distrito Federal, Territórios e em qualquer dos Poderes da União, cargo ou função, de nomeação pelo Presidente da República, sujeito à aprovação prévia do Senado Federal;

c) (Vetado.)

d) os que, até 6 (seis) meses antes da eleição tiverem competência ou interesse, direta, indireta ou eventual, no lançamento, arrecadação ou fiscalização de impostos, taxas e contribuições de caráter obrigatório, inclusive parafiscais, ou para aplicar multas relacionadas com essas atividades;

- Res.-TSE nos 22.627/2007 e 19.506/1996: afastamento não remunerado dos servidores que se enquadrarem neste dispositivo. V., em sentido diverso, Res.-TSE nº 18.136/1992: remuneração assegurada apenas durante o trimestre imediatamente anterior ao pleito, à míngua de previsão legal de remuneração nos primeiros três meses de afastamento.

e) os que, até 6 (seis) meses antes da eleição tenham exercido cargo ou função de direção, administração ou representação nas empresas de que tratam os Arts. 3º e 5º da Lei nº 4.137, de 10 de setembro de 1962, quando, pelo âmbito e natureza de suas atividades, possam tais empresas influir na economia nacional;

- A lei citada foi revogada pelo Art. 92 da Lei nº 8.884/1994, que foi revogado pelo Art. 127 da Lei nº 12.529/2011.

f) os que, detendo o controle de empresas ou grupo de empresas que atuem no Brasil, nas condições monopolísticas previstas no parágrafo único do Art. 5º da Lei citada na alínea anterior, não apresentarem à Justiça Eleitoral, até 6 (seis) meses antes do pleito, a prova de que fizeram cessar o abuso apurado, do poder econômico, ou de que transferiram, por força regular, o controle de referidas empresas ou grupo de empresas;

g) os que tenham, dentro dos 4 (quatro) meses anteriores ao pleito, ocupado cargo ou função de direção, administração ou representação em entidades representativas de classe, mantidas, total ou parcialmente, por contribuições impostas pelo poder público ou com recursos arrecadados e repassados pela Previdência Social;

- Res.-TSE nº 23.232/2010: desincompatibilização de dirigentes de serviços sociais e de formação profissional autônomos.
- Ac.-TSE, de 20.5.2014, na Cta nº 11.187: a OAB enquadra-se no rol das entidades representativas de classe a que se refere esta alínea.

h) os que, até 6 (seis) meses depois de afastados das funções, tenham exercido cargo de Presidente, Diretor ou Superintendente de sociedades com objetivos exclusivos de operações financeiras e façam publicamente apelo à poupança e ao crédito, inclusive através de cooperativas e da empresa ou estabelecimentos que gozem, sob qualquer forma, de vantagens asseguradas pelo Poder Público, salvo se decorrentes de contratos que obedeçam a cláusulas uniformes;

i) os que, dentro de 6 (seis) meses anteriores ao pleito, hajam exercido cargo ou função de direção, administração ou representação em pessoa jurídica ou em empresa que mantenha contrato de execução de obras, de prestação de serviços ou de fornecimento de bens com órgão de Poder Público ou sob seu controle, salvo no caso de contrato que obedeça a cláusulas uniformes;

- Ac.-TSE, de 11.10.2012, no REspe nº 23.763: contrato firmado com o poder público decorrente de pregão obedece, em geral, a cláusulas uniformes.

j) os que, membros do Ministério Público, não se tenham afastado das suas funções até 6 (seis) meses anteriores ao pleito;

l) os que, servidores públicos, estatutários ou não, dos órgãos ou entidades da administração direta ou indireta da União, dos Estados, do Distrito Federal, dos Municípios e dos Territórios, inclusive das fundações mantidas pelo Poder Público, não se afastarem até 3 (três) meses anteriores ao pleito, garantido o direito à percepção dos seus vencimentos integrais;

- Lei nº 8.112/1990 (regime jurídico dos servidores públicos federais): Art. 86. O servidor terá direito a licença, sem remuneração, durante o período que mediar entre a sua escolha em convenção partidária, como candidato a cargo eletivo, e a véspera do registro de sua candidatura perante a Justiça Eleitoral. § 1º O servidor candidato a cargo eletivo na localidade onde desempenha suas funções e que exerça cargo de direção, chefia, assessoramento, arrecadação ou fiscalização, dele será afastado, a partir do dia imediato ao do registro de sua candidatura perante a Justiça Eleitoral, até o décimo dia seguinte ao do pleito. § 2º A partir do registro da candidatura e até o décimo dia seguinte ao da eleição, o servidor fará jus à licença, assegurados os vencimentos do cargo efetivo, somente pelo período de três meses.
- Res.-TSE nos 20.135/1998 e 19.506/1996 e Ac.-TSE nos 22.286/2004, 16.734/2000 e12.835/1996: incidência do Art. 1º, II, d, aos servidores públicos que tenham competência ou interesse no lançamento, arrecadação ou fiscalização de impostos, taxas e contribuições de caráter obrigatório, inclusive parafiscais, ou para aplicar multas relacionadas com essas atividades.
- Inaplicabilidade desta alínea: Ac-TSE, de 12.9.2014, no RO nº 54.980 (ao juiz arbitral); Ac.-TSE, de 12.11.2008, no AgR-REspe nº 32.377 (ao estudante estagiário).
- Ac-TSE, de 3.9.2014, no RO nº 71414; de 8.5.2014, no AgR-REspe nº 9.595 e, de 25.11.2010, no AgR-RO nº 161.574: quando a data-limite de desincompatibilização ocorrer em dia não útil, o pedido de afastamento poderá ser realizado no primeiro dia útil subsequente.
- Ac.-TSE, de 25.11.2010, no Ag-RO nº 132.527: comunicação feita à direção da unidade em que o servidor exerce suas funções pode ser suficiente como prova de desincompatibilização.
- V. nota ao Art. 1º, II, d, desta lei sobre as Res.-TSE nos 22.627/2007 e 19506/1996.
- Ac.-TSE, de 4.6.2013, no AgR-REspe nº 17.587: o policial civil se equipara a servidor público, para fins de desincompatibilização, devendo se afastar das funções no prazo de três meses da data das eleições, para disputar o cargo de Vereador, excepcionados os ocupantes de funções de comando (LC nº 64/1990, Art. 1º, IV,c).
- Ac.-TSE, de 23.9.2014, no REspe nº 72.793 e, de 20.9.2004, no ARESPE nº 22.708: Pessoa contratada para atender necessidade temporária de excepcional interesse público deverá se afastar três meses antes do pleito.

III – para Governador e Vice-Governador de Estado e do Distrito Federal:

a) os inelegíveis para os cargos de Presidente e Vice-Presidente da República especificados na alínea a do inciso II deste artigo e, no tocante às demais alíneas, quando se tratar de repartição pública, associação ou empresas que operem no território do Estado ou do Distrito Federal, observados os mesmos prazos;

b) até 6 (seis) meses depois de afastados definitivamente de seus cargos ou funções:

1 – os Chefes dos Gabinetes Civil e Militar do Governador do Estado ou do Distrito Federal;

2 – os Comandantes do Distrito Naval, Região Militar e Zona Aérea;

3 – os Diretores de órgãos estaduais ou sociedades de assistência aos Municípios;

- Ac.-TSE, de 27.11.2014, no RO nº 78.372: A simples previsão estatutária a possibilitar o recebimento de recursos públicos é suficiente para o reconhecimento da sociedade de assistência a municípios.

4 – os Secretários da administração municipal ou membros de órgãos congêneres;

IV – para Prefeito e Vice-Prefeito:

a) no que lhes for aplicável, por identidade de situações, os inelegíveis para os cargos de Presidente e Vice-Presidente da República, Governador e Vice-Governador de Estado e do Distrito Federal, observado o prazo de 4 (quatro) meses para a desincompatibilização;

- Ac.-TSE, de 25.4.2012, na Cta nº 4.663: Secretário municipal pode se candidatar ao cargo de Prefeito em município diverso daquele onde atua sem necessidade de desincompatibilização, salvo hipótese de município desmembrado.

b) os membros do Ministério Público e Defensoria Pública em exercício na Comarca, nos 4 (quatro) meses anteriores ao pleito, sem prejuízo dos vencimentos integrais;

- Res.-TSE nº 22.141/2006: o direito à percepção dos vencimentos ou remuneração do defensor público estadual, candidato a Vereador, deverá ser analisado à luz da LC nº 80/1994 e das leis orgânicas das defensorias públicas estaduais.
- Ac.-TSE, de 13.10.2011, na Cta nº 150.889: prazo de filiação partidária para membros do Ministério Público Estadual submetidos à vedação constitucional de filiação partidária: quatro meses para Prefeito e seis meses para Vereador.

c) as autoridades policiais, civis ou militares, com exercício no Município, nos 4 (quatro) meses anteriores ao pleito;

- Ac.-TSE, de 4.6.2013, no AgR-REspe nº 17.587: o policial civil se equipara ao servidor público, para fins de desincompatibilização, devendo se afastar das funções no prazo de três meses da data das eleições, para disputar o cargo de Vereador, excepcionados os ocupantes de funções de comando (LC nº 64/1990, Art. 1º, IV,c).

V – para o Senado Federal:

a) os inelegíveis para os cargos de Presidente e Vice-Presidente da República especificados na alínea a do inciso II deste artigo e, no tocante às demais alíneas, quando se tratar de repartição pública, associação ou empresa que opere no território do Estado, observados os mesmos prazos;

b) em cada Estado e no Distrito Federal, os inelegíveis para os cargos de Governador e Vice-Governador, nas mesmas condições estabelecidas, observados os mesmos prazos;

VI – para a Câmara dos Deputados, Assembleia Legislativa e Câmara Legislativa, no que lhes for aplicável, por identidade de situações, os inelegíveis para o Senado Federal, nas mesmas condições estabelecidas, observados os mesmos prazos;

VII – para a Câmara Municipal:

a) no que lhes for aplicável, por identidade de situações, os inelegíveis para o Senado Federal e para a Câmara dos Deputados, observado o prazo de 6 (seis) meses para a desincompatibilização;

- Ac.-TSE, de 13.10.2011, na Cta nº 150.889: prazo de filiação partidária para membros do Ministério Público Estadual submetidos à vedação constitucional de filiação partidária: quatro meses para Prefeito e seis meses para Vereador.

b) em cada Município, os inelegíveis para os cargos de Prefeito e Vice-Prefeito, observado o prazo de 6 (seis) meses para a desincompatibilização.

§ 1º Para concorrência a outros cargos, o Presidente da República, os Governadores de Estado e do Distrito Federal e os Prefeitos devem renunciar aos respectivos mandatos até 6 (seis) meses antes do pleito.

- CF/88, Art. 14, § 5º: possibilidade de reeleição para um único período subsequente.
- Res.-TSE nº 19.952/1997: reelegibilidade, para um único período subsequente, também do Vice-Presidente da República, dos Vice-Governadores e dos Vice-Prefeitos; inexigibilidade de desincompatibilização dos titulares para disputarem a reeleição, solução que se estende ao Vice-Presidente da República, aos Vice-Governadores e aos Vice-Prefeitos.

§ 2º O Vice-Presidente, o Vice-Governador e o Vice-Prefeito poderão candidatar-se a outros cargos, preservando os seus mandatos respectivos, desde que, nos últimos 6 (seis) meses anteriores ao pleito, não tenham sucedido ou substituído o titular.

- Ac.-TSE, de 1º.10.2014, no RO nº 26.465: não há falar em ausência de desincompatibilização se inexistentes nos autos provas cabais e incontestes de que a Vice-Prefeita, por força da assunção dita automática da chefia do Poder Executivo, praticou atos de governo ou de gestão no período de afastamento do titular.

§ 3º são inelegíveis, no território de jurisdição do titular, o cônjuge e os parentes consanguíneos ou afins, até o segundo grau ou por adoção, do Presidente da República, de Governador de Estado ou Território, do Distrito Federal, de Prefeito ou de quem os haja substituído dentro dos 6 (seis) meses anteriores ao pleito, salvo se já titular de mandato eletivo e candidato à reeleição.

- V. CF/88, Art. 14, § 7º; CC/2002, Arts. 1.591 a 1.595 (relações de parentesco) e 1.723 a 1.727 (união estável e concubinato).
- Ac.-TSE nº 24.564/2004: Os sujeitos de uma relação estável homossexual, à semelhança do que ocorre com os de relação estável, de concubinato e de casamento, submetem-se à regra de inelegibilidade prevista no Art. 14, § 7º, da Constituição Federal.
- Ac.-TSE nos 3043/2001 e 19442/2001; Ac.-STF, de 7.4.2003, no RE nº 344.882: elegibilidade de cônjuge e parentes do chefe do Executivo para o mesmo cargo do titular, quando este for reelegível e tiver se afastado definitivamente do cargo até seis meses antes da eleição; Res.-TSE nos 21.508/2003 e 15.120/1989 e Ac.-TSE nº 193/1998: elegibilidade de cônjuge e parentes do chefe do Executivo para cargo diverso, desde que este se afaste definitivamente até seis meses antes da eleição; Res.-TSE nº 23.087/2009: possibilidade de cônjuges, não detentores de mandato eletivo, candidatarem-se aos cargos de Prefeito e Vice-Prefeito, sem que tal situação configure a inelegibilidade do Art. 14, § 7º, da CF/88, que diz respeito à hipótese em que um dos cônjuges ocupa cargo eletivo.

- Súv.-STF nº 18/2009: A dissolução da sociedade ou do vínculo conjugal, no curso do mandato, não afasta a inelegibilidade prevista no § 7º do Art. 14 da Constituição Federal.

§ 4ºA inelegibilidade prevista na alínea e do inciso I deste artigo não se aplica aos crimes culposos e àqueles definidos em lei como de menor potencial ofensivo, nem aos crimes de ação penal privada.

- § 4º acrescido pelo Art. 2º da LC nº 135/2010.

§ 5º A renúncia para atender à desincompatibilização com vistas a candidatura a cargo eletivo ou para assunção de mandato não gerará a inelegibilidade prevista na alínea k, a menos que a Justiça Eleitoral reconheça fraude ao disposto nesta Lei Complementar.

- Parágrafo 5º acrescido pelo Art. 2º da LC nº 135/2010.

Art. 2º Compete à Justiça Eleitoral conhecer e decidir as arguições de inelegibilidade.

Parágrafo único. A arguição de inelegibilidade será feita perante:

I – o Tribunal Superior Eleitoral, quando se tratar de candidato a Presidente ou Vice-Presidente da República;

II – os Tribunais Regionais Eleitorais, quando se tratar de candidato a Senador, Governador e Vice-Governador de Estado e do Distrito Federal, Deputado Federal, Deputado Estadual e Deputado Distrital;

III – os Juízes Eleitorais, quando se tratar de candidato a Prefeito, Vice-Prefeito e Vereador.

Art. 3º Caberá a qualquer candidato, a partido político, coligação ou ao Ministério Público, no prazo de 5 (cinco) dias, contados da publicação do pedido de registro de candidato, impugná-lo em petição fundamentada.

- Ilegitimidade para impugnar registro de candidatura: Ac.-TSE, de 29.9.2008, no REspe nº 30842; Ac.-TSE nᵒˢ 23578/2004, 19960/2002, 16867/2000 e 345/1998 (partido político coligado isoladamente); Ac.-TSE nᵒˢ 23556/2004, 549/2002, 20267/2002, 14807/1996 e 12375/1992 (eleitor; possibilidade, contudo, de apresentação de notícia de inelegibilidade); Ac.-TSE, de 20.9.2006, no REspe nº 26861 (diretório municipal em eleição federal e estadual); Ac.-TSE, de 13.10.2008, no REspe nº 31162 (partido político ou coligação partidária em virtude de irregularidade em convenção de agremiação adversária).
- Ac.-TSE, de 17.12.2008, no REspe nº 34.532: a duplicidade de filiação partidária pode ser conhecida de ofício no curso do processo de registro de candidatura, não se impondo que seja aferida em processo próprio.
- Legitimidade para impugnar registro de candidatura: Ac.-TSE, de 18.10.2012, no REspe nº 21.978 (terceiro juridicamente interessado); Ac.-TSE, de 31.8.2010, no RO nº 161.660 (qualquer candidato, independentemente do cargo por ele disputado).
- Ac.-TSE, de 10.10.2013, no REspe nº 26.418: A impugnação ajuizada antes da publicação do edital alusivo ao registro é tempestiva, quando evidenciada a ciência prévia da candidatura pelo impugnante.
- Ac.-TSE, de 15.5.2014, no REspe nº 48.423: para o Ministério Público o prazo deste artigo inicia-se com a publicação do edital e não com sua intimação pessoal.

§ 1º A impugnação, por parte do candidato, partido político ou coligação, não impede a ação do Ministério Público no mesmo sentido.

§ 2º Não poderá impugnar o registro de candidato o representante do Ministério Público que, nos 4 (quatro) anos anteriores, tenha disputado cargo eletivo, integrado Diretório de partido ou exercido atividade político-partidária.

§ 3º O impugnante especificará, desde logo, os meios de prova com que pretende demonstrar a veracidade do alegado, arrolando testemunhas, se for o caso, no máximo de 6 (seis).

- Ac.-TSE, de 5.9.2013, no RMS nº 71.926: inadmissibilidade de apresentação, em AIME, do rol de testemunhas em momento posterior à petição inicial.

Art. 4º A partir da data em que terminar o prazo para impugnação, passará a correr, após devida notificação, o prazo de 7 (sete) dias para que o candidato, partido político ou coligação possa contestá-la, juntar documentos, indicar rol de testemunhas e requerer a produção de outras provas, inclusive documentais, que se encontrarem em poder de terceiros, de repartições públicas ou em procedimentos judiciais, ou administrativos, salvo os processos em tramitação em segredo de Justiça.

Art. 5º Decorrido o prazo para contestação, se não se tratar apenas de matéria de direito e a prova protestada for relevante, serão designados os 4 (quatro) dias seguintes para inquirição das testemunhas do impugnante e do impugnado, as quais comparecerão por iniciativa das partes que as tiverem arrolado, com notificação judicial.

§ 1º As testemunhas do impugnante e do impugnado serão ouvidas em uma só assentada.

§ 2º Nos 5 (cinco) dias subsequentes, o Juiz, ou o Relator, procederá a todas as diligências que determinar, de ofício ou a requerimento das partes.

§ 3º No prazo do parágrafo anterior, o Juiz, ou o Relator, poderá ouvir terceiros, referidos pelas partes, ou testemunhas, como conhecedores dos fatos e circunstâncias que possam influir na decisão da causa.

§ 4º Quando qualquer documento necessário à formação da prova se achar em poder de terceiro, o Juiz, ou o Relator, poderá ainda, no mesmo prazo, ordenar o respectivo depósito.

§ 5º Se o terceiro, sem justa causa, não exibir o documento, ou não comparecer a Juízo, poderá o Juiz contra ele expedir mandado de prisão e instaurar processo por crime de desobediência.

Art. 6º Encerrado o prazo da dilação probatória, nos termos do artigo anterior, as partes, inclusive o Ministério Público, poderão apresentar alegações no prazo comum de 5 (cinco) dias.

- Ac.-TSE nº 22.785/2004: no processo de registro de candidatura, a abertura de prazo para alegações finais é opcional, a critério do juiz.
- Ac.-TSE, de 21.8.2007, no REspe nº 26.100: na ação de impugnação de mandato eletivo, a iniciativa para a apresentação de alegações finais é das partes e do Ministério Público, fluindo o prazo independentemente de intimação ou vista, cujo termo inicial está vinculado [...] ou ao término da dilação probatória ou a uma decisão do juiz indeferindo-a por não ser relevante 'a prova protestada' ou requerida (Art. 5º).

- Ac.-TSE, de 26.9.2013, no REspe nº 41.662 e Ac.-TSE, de 21.10.2004, no REspe nº 23.578: impossibilidade de aproveitamento de impugnação a registro de candidato ajuizada por parte ilegítima como notícia de inelegibilidade.

Art. 7º Encerrado o prazo para alegações, os autos serão conclusos ao Juiz, ou ao Relator, no dia imediato, para sentença ou julgamento pelo Tribunal.

Parágrafo único. O Juiz, ou o Tribunal, formará sua convicção pela livre apreciação da prova, atendendo aos fatos e às circunstâncias constantes dos autos, ainda que não alegados pelas partes, mencionando, na decisão, os que motivaram seu convencimento.

- Ac.-STF, de 22.5.2014, na ADI nº 1.082: constitucionalidade da expressão ainda que não alegados pelas partes.

Art. 8º Nos pedidos de registro de candidatos a eleições municipais, o Juiz Eleitoral apresentará a sentença em Cartório 3 (três) dias após a conclusão dos autos, passando a correr deste momento o prazo de 3 (três) dias para a interposição de recurso para o Tribunal Regional Eleitoral.

- Súm.-TSE nº 10/1992: a contagem do prazo de recurso não se altera quando a sentença é entregue antes dos três dias previstos.
- Súm.-TSE nº 3/1992: não tendo o juiz aberto prazo para o suprimento de defeito da instrução do pedido, pode o documento, cuja falta houver motivado o indeferimento, ser juntado com o recurso ordinário. Súm.-TSE nº 11/1992: ilegitimidade do partido que não impugnou o registro de candidato para recorrer da sentença que o deferiu, salvo se cuidar de matéria constitucional.

§ 1ºA partir da data em que for protocolizada a petição de recurso, passará a correr o prazo de 3 (três) dias para a apresentação de contrarrazões.

§ 2º Apresentadas as contrarrazões, serão os autos imediatamente remetidos ao Tribunal Regional Eleitoral, inclusive por portador, se houver necessidade, decorrente da exiguidade de prazo, correndo as despesas do transporte por conta do recorrente, se tiver condições de pagá-las.

Art. 9º Se o Juiz Eleitoral não apresentar a sentença no prazo do artigo anterior, o prazo para recurso só começará a correr após a publicação da mesma por edital, em Cartório.

Parágrafo único. Ocorrendo a hipótese prevista neste artigo, o Corregedor Regional, de ofício, apurará o motivo do retardamento e proporá ao Tribunal Regional Eleitoral, se for o caso, a aplicação da penalidade cabível.

Art. 10. Recebidos os autos na Secretaria do Tribunal Regional Eleitoral, estes serão autuados e apresentados no mesmo dia ao Presidente, que, também na mesma data, os distribuirá a um Relator e mandará abrir vistas ao Procurador Regional pelo prazo de 2 (dois) dias.

Parágrafo único. Findo o prazo, com ou sem parecer, os autos serão enviados ao Relator, que os apresentará em mesa para julgamento em 3 (três) dias, independentemente de publicação em pauta.

Art. 11. Na sessão do julgamento, que poderá se realizar em até 2 (duas) reuniões seguidas, feito o relatório, facultada a palavra às partes e ouvido o Procurador Regional, proferirá o Relator o seu voto e serão tomados os dos demais Juízes.

Legislações | Direito Eleitoral

§ 1º Proclamado o resultado, o Tribunal se reunirá para lavratura do acórdão, no qual serão indicados o direito, os fatos e as circunstâncias com base nos fundamentos do Relator ou do voto vencedor.

§ 2º Terminada a sessão, far-se-á a leitura e a publicação do acórdão, passando a correr dessa data o prazo de 3 (três) dias, para a interposição de recurso para o Tribunal Superior Eleitoral, em petição fundamentada.

- Súm.-TSE nº 10/1992: a contagem do prazo de recurso não se altera quando a sentença é entregue antes dos três dias previstos.
- Ac.-TSE, de 6.11.2012, no AgR-RO nº 6.075: o Ministério Público Eleitoral será pessoalmente intimado dos acórdãos, em sessão de julgamento, quando nela publicados.
- Ac.-TSE, de 9.11.2006, no REspe nº 26.171: a interposição de REspe e de RE deve ser feita em peças recursais distintas, nos termos do Art. 541 do CPC (Lei nº 5.869/1973).

Art. 12. Havendo recurso para o Tribunal Superior Eleitoral, a partir da data em que for protocolizada a petição passará a correr o prazo de 3 (três) dias para a apresentação de contrarrazões, notificado por telegrama o recorrido.

Parágrafo único. Apresentadas as contrarrazões, serão os autos imediatamente remetidos ao Tribunal Superior Eleitoral.

- Ac.-TSE nos 21.923/2004, 2.447/2000, 2.447/2000, 12265/1994: recurso especial em processo de registro de candidato não está sujeito a juízo de admissibilidade pelo Presidente do TRE.

Art. 13. Tratando-se de registro a ser julgado originariamente por Tribunal Regional Eleitoral, observado o disposto no Art. 6º desta Lei Complementar, o pedido de registro, com ou sem impugnação, será julgado em 3 (três) dias, independentemente de publicação em pauta.

Parágrafo único. Proceder-se-á ao julgamento na forma estabelecida no Art. 11, desta Lei Complementar e, havendo recurso para o Tribunal Superior Eleitoral, observar-se-á o disposto no artigo anterior.

Art. 14. No Tribunal Superior Eleitoral, os recursos sobre registro de candidatos serão processados e julgados na forma prevista nos Arts. 10 e 11 desta Lei Complementar.

- RITSE, Art. 36, §§ 6º e 7º, com redação dada pela Res.-TSE nº 20.595/2000: possibilidade de o relator negar seguimento a pedido ou recurso intempestivo, manifestamente inadmissível, improcedente, prejudicado ou em confronto com súmula ou com jurisprudência dominante do TSE, do STF ou de Tribunal Superior; possibilidade, também, de prover, desde logo, o recurso se a decisão recorrida estiver na situação descrita por último. Em qualquer hipótese, da decisão cabe agravo regimental, conforme previsto no § 8º do mesmo artigo.

Art. 15. Transitada em julgado ou publicada a decisão proferida por órgão colegiado que declarar a inelegibilidade do candidato, ser-lhe-á negado registro, ou cancelado, se já tiver sido feito, ou declarado nulo o diploma, se já expedido.

- Art. 15, *caput*, com redação dada pelo Art. 2º da LC nº 135/2010.
- Ac.-TSE, de 25.9.2012, no AgR-MS nº 88.673: impossibilidade de cancelamento imediato da candidatura, com proibição de realização de atos de propaganda eleitoral, em virtude de decisão por órgão colegiado no processo de registro.

Parágrafo único. A decisão a que se refere o *caput*, independentemente da apresentação de recurso, deverá ser comunicada, de imediato, ao Ministério Público Eleitoral e ao órgão da Justiça Eleitoral competente para o registro de candidatura e expedição de diploma do réu.

- **Parágrafo único** acrescido pelo Art. 2º da LC nº 135/2010.
- Ac.-TSE, de 10.5.2007, na MC nº 2181 e, de 2.8.2007, no REspe nº 28.116: O Art. 15 da Lei Complementar nº 64/1990, nos processos de registro de candidatura, aplica-se apenas às hipóteses em que se discute inelegibilidade.

Art. 16. Os prazos a que se referem os Arts. 3º e seguintes desta Lei Complementar são peremptórios e contínuos e correm em Secretaria ou Cartório e, a partir da data do encerramento do prazo para registro de candidatos, não se suspendem aos sábados, domingos e feriados.

Art. 17. É facultado ao partido político ou coligação que requerer o registro de candidato considerado inelegível dar-lhe substituto, mesmo que a decisão passada em julgado tenha sido proferida após o termo final do prazo de registro, caso em que a respectiva Comissão Executiva do partido fará a escolha do candidato.

- CE/65, Art. 101, § 5º, e Lei nº 9.504/1997, Art. 13.

Art. 18. A declaração de inelegibilidade do candidato à Presidência da República, Governador de Estado e do Distrito Federal e Prefeito Municipal não atingirá o candidato a Vice--Presidente, Vice-Governador ou Vice-Prefeito, assim como a destes não atingirá aqueles.

- Ac.-TSE, de 26.10.2006, no REspe nº 25.586: [...] o Art. 18 da LC nº 64/1990 é aplicável aos casos em que o titular da chapa majoritária teve seu registro indeferido antes das eleições. Assim, o partido tem a faculdade de substituir o titular, sem qualquer prejuízo ao Vice. Entretanto, a cassação do registro ou diploma do titular, após o pleito, atinge o seu Vice, perdendo este, também, o seu diploma, porquanto maculada restou a chapa. Isso com fundamento no princípio da indivisibilidade da chapa única majoritária [...]. Desse modo, [...] incabível a aplicação do Art. 18 da LC nº 64/1990, pois, no caso dos autos, a candidata a Prefeita teve seu registro indeferido posteriormente às eleições.
- Ac-TSE, de 11.9.2014, no RO nº 90.431: o candidato ao cargo de Vice-Governador que não incida em inelegibilidade e possua as condições de elegibilidade pode ter o seu registro deferido em chapa substituta, desde que completa.

Art. 19. As transgressões pertinentes a origem de valores pecuniários, abuso do poder econômico ou político, em detrimento da liberdade de voto, serão apuradas mediante investigações jurisdicionais realizadas pelo Corregedor-Geral e Corregedores Regionais Eleitorais.

- V. Lei nº 9.504/1997, Arts. 22, §§ 3º e 4º, 25, 30-A e 74.

Parágrafo único. A apuração e a punição das transgressões mencionadas no *caput* deste artigo terão o objetivo de proteger a normalidade e legitimidade das eleições contra a influência do poder econômico ou do abuso do exercício de função, cargo ou emprego na administração direta, indireta e fundacional da União, dos Estados, do Distrito Federal e dos Municípios.

Art. 20. O candidato, partido político ou coligação são parte legítima para denunciar os culpados e promover-lhes a responsabilidade; a nenhum servidor público, inclusive de autarquias, de entidade paraestatal e de sociedade de economia mista será lícito negar ou retardar ato de ofício tendente a esse fim, sob pena de crime funcional.

Art. 21. As transgressões a que se refere o Art. 19 desta Lei Complementar serão apuradas mediante procedimento sumaríssimo de investigação judicial, realizada pelo Corregedor-Geral e Corregedores Regionais Eleitorais, nos termos das Leis nos 1.579, de 18 de março de 1952; 4.410, de 24 de setembro de 1964, com as modificações desta Lei Complementar.

Art. 22. Qualquer partido político, coligação, candidato ou Ministério Público Eleitoral poderá representar à Justiça Eleitoral, diretamente ao Corregedor-Geral ou Regional, relatando fatos e indicando provas, indícios e circunstâncias e pedir abertura de investigação judicial para apurar uso indevido, desvio ou abuso do poder econômico ou do poder de autoridade, ou utilização indevida de veículos ou meios de comunicação social, em benefício de candidato ou de partido político, obedecido o seguinte rito:

- Ac.-TSE, de 19.8.2010, no AgR-REspe nº 36.020: declaração de inelegibilidade e cassação do registro de candidatura refogem à competência da Justiça Comum.

- Ac.-TSE, de 1º.2.2011, no AgR-REspe nº 28.315: a adoção do rito deste artigo para a representação prevista no Art. 30-A da Lei nº 9.504/1997 não implica o deslocamento da competência para o corregedor.

- V. Lei nº 9.504/1997, Arts. 22, §§ 3º e 4º, 25, 30-A e 74.

- Ac.-TSE, de 18.8.2011, no AgR-REspe nº 34.693: a intimação para o Vice-Prefeito integrar a lide na fase recursal não afasta o defeito de citação, que deve ocorrer no prazo assinado para formalização da investigação eleitoral.

- Ac.-TSE, de 1º.8.2014, no AgR-REspe nº 28.947 e, de 17.5.2011, no AgR-AI nº 254.928: há litisconsórcio passivo necessário entre o titular e o Vice nas ações eleitorais em que se cogita a cassação de registro, diploma ou mandato.

- Ac.-TSE, de 2.8.2011, no REspe nº 433.079: a concessão de uma única entrevista não caracteriza uso indevido dos meios de comunicação social.

- Ac.-TSE, de 17.3.2015, no AgR-REspe nº 70.667; de 2.3.2011, no AgR-AI nº 130.734 e, de 19.8.2010, no AI nº 11.834: inexigibilidade de formação de litisconsórcio passivo necessário entre o candidato beneficiado e os que contribuíram para a realização da conduta abusiva.

- Legitimidade ativa: Ac.-TSE, de 29.6.2006, no REspe nº 26.012 (partido político que não tenha participado das eleições, não indicando candidatos); Ac.-TSE, de 25.11.2008, no RO nº 1.537: (candidato que [...] pertença à circunscrição do réu, tenha sido registrado para o pleito e os fatos motivadores da pretensão se relacionem à mesma eleição, sendo desnecessária a repercussão direta na esfera política do autor). Ilegitimidade ativa: Ac.-TSE nos 25.015/2005 e 24.982/2005 (partido coligado atuando isoladamente); Ac.-TSE nos 25.002/2005 e 5.485/2005 (nulidade da investigação judicial suscitada sem aprovação de todos os partidos coligados); Ac.-TSE, de 21.9.2006, na Rp nº 963 e, de 30.11.2006, na Rp nº 1.251 (eleitor).

- Ac.-TSE nos 373/2005, 782/2004 e 717/2003: ilegitimidade de pessoa jurídica para figurar no polo passivo da investigação judicial eleitoral.

- Ac.-TSE, de 19.8.2010, no AgR-REspe nº 35.721 e, de 25.3.2008, no REspe nº 28.469: a AIJE proposta com base no Art. 41-A da Lei nº 9.504/1997 pode ser ajuizada até a data da diplomação; Ac.-TSE, de 17.4.2008, no RO nº 1530: possibilidade de propositura de ação de investigação judicial eleitoral antes de iniciado o período eleitoral; Ac.-TSE, de 8.8.2006, no Ag nº 6.821: possibilidade de propositura de ação de investigação judicial eleitoral fundada em abuso do poder político após a data do pleito, não incidindo, na espécie, o entendimento consubstanciado em questão de ordem no REspe nº 25.935/2006.

- V. Lei nº 9.504/1997, Arts. 41-A, § 3º, e 73, § 12.

- Ac.-TSE, de 6.3.2008, no MS nº 3.706: A condenação pela prática de abuso não está condicionada à limitação temporal das condutas vedadas descritas no Art. 73 da Lei nº 9.504/1997.

- Ac.-TSE, de 31.3.2011, no AgR-REspe nº 25.386: decisão interlocutória proferida nas ações que seguem o rito deste artigo é irrecorrível, devendo o seu conteúdo ser impugnado no recurso da sentença definitiva de mérito.

- Ac.-TSE, de 13.10.2011, no AgR-REspe nº 3.776.232: legitimidade ativa da coligação, mesmo após a realização das eleições.

- Ac.-TSE, de 2.5.2012, no REspe nº 114: dispensabilidade de prova pré-constituída, desde que indicadas na inicial, e desnecessidade de trânsito em julgado da AIJE para que as provas nela produzidas sejam utilizadas em RCED.

- Ac.-TSE, de 27.5.2014, no REspe nº 46.822: o abuso do poder político caracteriza-se pelo comprometimento da igualdade da disputa e da legitimidade do pleito; não caracteriza uso indevido dos meios de comunicação os veículos impressos assumirem posição favorável a determinada candidatura.

- Ac.-TSE, de 7.8.2014, no AgR-REspe nº 61.742: não há nulidade do processo pela ausência de citação do Vice, quando a AIJE tiver aplicado apenas sanção pecuniária ao titular.

- Ac.-TSE, de 17.12.2014, no REspe nº 63.070; de 11.3.2014, no AgR-REspe nº 34.915; e, de 10.5.2012, no REspe nº 470968: o uso indevido dos meios de comunicação social caracteriza-se pela exposição desproporcional de um candidato em detrimento de outros.

- Ac.-TSE, de 16.12.2014, no REspe nº 68.254: o abuso do poder político pode ocorrer mesmo antes do registro de candidatura, competindo à Justiça Eleitoral verificar a conotação eleitoral da conduta.

- Ac.-TSE, de 3.2.2015, no REspe nº 19.847: A oferta de valores a candidato, com intuito de comprar-lhe a candidatura, configura a prática de abuso do poder econômico.

- Ac.-TSE, de 22.9.2015, no REspe nº 13.426: configura o abuso de autoridade a elevada contratação temporária de servidores para cargos de natureza permanente, em ano eleitoral.

I – o Corregedor, que terá as mesmas atribuições do Relator em processos judiciais, ao despachar a inicial, adotará as seguintes providências:

- Res.-TSE nº 20.960/2001: possibilidade de convocação ou designação de Juízes de Direito pelo corregedor para realização de atos relativos à instrução processual; Res.-TSE nº 22694/2008: inexistência de previsão legal específica quanto à forma de remuneração.

a) ordenará que se notifique o representado do conteúdo da petição, entregando-se-lhe a segunda via apresentada pelo representante com as cópias dos documentos, a fim de que, no prazo de 5 (cinco) dias, ofereça ampla defesa, juntada de documentos e rol de testemunhas, se cabível;

b) determinará que se suspenda o ato que deu motivo à representação, quando for relevante o fundamento e do ato impugnado puder resultar a ineficiência da medida, caso seja julgada procedente;

c) indeferirá desde logo a inicial, quando não for caso de representação ou lhe faltar algum requisito desta Lei Complementar;

II – no caso do Corregedor indeferir a reclamação ou representação, ou retardar-lhe a solução, poderá o interessado renová-la perante o Tribunal, que resolverá dentro de 24 (vinte e quatro) horas;

- Res.-TSE nº 22.022/2005: inaplicabilidade deste inciso quando se tratar de eleições municipais, cabendo recurso no caso de indeferimento da petição inicial ou, no caso de demora, a invocação do inciso III deste artigo, perante o TRE.

- Ac.-TSE, de 1º.6.2016, no RO nº 714: a renovação da representação, na hipótese de anterior indeferimento, requer a apresentação de fatos, indícios, circunstâncias e fundamentos novos em relação aos que já foram apresentados e analisados pela corregedoria regional, excetuando-se essa regra quando o corregedor retardar a solução da investigação judicial.

III – o interessado, quando for atendido ou ocorrer demora, poderá levar o fato ao conhecimento do Tribunal Superior Eleitoral, a fim de que sejam tomadas as providências necessárias;

- Depreende-se do contexto que o vocábulo não foi omitido por engano da expressão quando for atendido.

IV – feita a notificação, a Secretaria do Tribunal juntará aos autos cópia autêntica do ofício endereçado ao representado, bem como a prova da entrega ou da sua recusa em aceitá-la ou dar recibo;

- Ac.-TSE, de 26.5.2011, no REspe nº 272.506: irrelevância de o requerimento objetivando a diligência ter sido veiculado fora dos três dias previstos neste inciso, presente a possibilidade de o próprio Estado julgador implementar a providência.

V – findo o prazo da notificação, com ou sem defesa, abrir-se-á prazo de 5 (cinco) dias para inquirição, em uma só assentada, de testemunhas arroladas pelo representante e pelo representado, até o máximo de 6 (seis) para cada um, as quais comparecerão independentemente de intimação;

- Ac.-TSE, de 9.9.2014, no AgR-REspe nº 80.025 e, de 6.12.2005, no AAG nº 6.241: impossibilidade de julgamento antecipado da lide na representação por abuso de poder ou captação ilícita de sufrágio, na hipótese de necessária dilação probatória, com oitiva de testemunhas.

- Ac.-TSE, de 4.5.2010, no REspe nº 36.151: extrapolação do número de testemunhas em virtude da diversidade de fatos suscitados num mesmo processo.

- Ac.-TSE, de 18.5.2006, no REspe nº 26.148: [...] a apresentação do rol de testemunhas deve ocorrer no momento da inicial ajuizada pelo representante e da defesa protocolada pelo representado.

- Ac.-TSE, de 4.6.2009, no HC nº 131: inexistência de previsão legal quanto à obrigatoriedade de depoimento pessoal de Prefeito e Vice-Prefeito que figuram no polo passivo de ação de investigação judicial eleitoral.

VI – nos 3 (três) dias subsequentes, o Corregedor procederá a todas as diligências que determinar, *ex officio* ou a requerimento das partes;

VII – no prazo da alínea anterior, o Corregedor poderá ouvir terceiros, referidos pelas partes, ou testemunhas, como conhecedores dos fatos e circunstâncias que possam influir na decisão do feito;

VIII – quando qualquer documento necessário à formação da prova se achar em poder de terceiro, inclusive estabelecimento de crédito, oficial ou privado, o Corregedor poderá, ainda, no mesmo prazo, ordenar o respectivo depósito ou requisitar cópias;

IX – se o terceiro, sem justa causa, não exibir o documento, ou não comparecer a Juízo, o Juiz poderá expedir contra ele mandado de prisão e instaurar processo por crime de desobediência;

X – encerrado o prazo da dilação probatória, as partes, inclusive o Ministério Público, poderão apresentar alegações no prazo comum de 2 (dois) dias;

- Ac.-TSE, de 16.5.2006, no RO nº 749: o prazo comum para alegações finais previsto neste dispositivo não caracteriza cerceamento de defesa.

XI – terminado o prazo para alegações, os autos serão conclusos ao Corregedor, no dia imediato, para apresentação de relatório conclusivo sobre o que houver sido apurado;

XII – o relatório do Corregedor, que será assentado em 3 (três) dias, e os autos da representação serão encaminhados ao Tribunal competente, no dia imediato, com pedido de inclusão incontinenti do feito em pauta, para julgamento na primeira sessão subsequente;

- Ac.-TSE nº 404/2002: impossibilidade de o corregedor julgar monocraticamente a representação, não se aplicando à hipótese os §§ 6º e 7º do Art. 36 do RITSE. Ac.-TSE nº 4.029/2003: impossibilidade de o juiz auxiliar julgar monocraticamente a representação fundada no Art. 41-A da Lei nº 9.504/1997 nas eleições estaduais e federais, em razão da adoção do procedimento do Art. 22 deste artigo.

XIII – no Tribunal, o Procurador-Geral ou Regional Eleitoral terá vista dos autos por 48 (quarenta e oito) horas, para se pronunciar sobre as imputações e conclusões do relatório;

- Ac.-TSE, de 15.5.2007, no REspe nº 25.934: No juízo eleitoral de primeiro grau, o representante do Ministério Público tem o prazo de 48 horas para emitir seu parecer nas representações processadas mediante as regras da Lei Complementar nº 64/1990. Interpretação dos Arts. 22, XIII e 24 da citada lei complementar.

XIV – julgada procedente a representação, ainda que após a proclamação dos eleitos, o Tribunal declarará a inelegibilidade do representado e de quantos hajam contribuído para a prática do ato, cominando-lhes sanção de inelegibilidade para as eleições a se realizarem nos 8 (oito) anos subsequentes à eleição em que se verificou, além da cassação do registro ou diploma do candidato diretamente beneficiado pela interferência do poder econômico ou pelo desvio ou abuso do poder de autoridade ou dos meios de comunicação, determinando a remessa dos autos ao Ministério Público Eleitoral, para instauração de processo disciplinar, se for o caso, e de ação penal, ordenando quaisquer outras providências que a espécie comportar;

Legislações | Direito Eleitoral

- Inciso XIV com redação dada pelo Art. 2º da LC nº 135/2010.
- Ac.-TSE, de 23.6.2009, no RO nº 1.413: Para a incidência da inelegibilidade, por abuso de poder político [...] é necessário que o candidato tenha praticado o ato na condição de detentor de cargo na Administração Pública.
- Ac.-TSE, de 12.2.2009, no RO nº 1.362: possibilidade de [...] imposição da pena de cassação de registro e de inelegibilidade, mesmo após o dia da votação, mas antes da diplomação do candidato eleito. Interpretação que visa a excluir um vácuo jurisdicional (do dia da votação até a diplomação dos eleitos) durante o qual não existiria qualquer provimento jurisdicional efetivo, capaz de gerar a cassação de registro, hábil a afastar do processo eleitoral e a impedir que venha a ser diplomado o candidato que abusou do seu poder econômico ou político.
- Ac.-TSE, de 2.5.2012, no REspe nº 1.301.583: inaplicabilidade da sanção de inelegibilidade no recurso contra expedição de diploma.
- Ac.-TSE, de 18.9.2014, no AgR-AI nº 31.540; de 7.8.2012, no RO nº 11.169 e, de 17.2.2011, no AgR-REspe nº 3.888.128: na apuração de abuso de poder não se indaga se houve responsabilidade, participação ou anuência do candidato, mas se o fato o beneficiou.

XV – (Inciso revogado pelo Art. 4º da LC nº 135/2010.);

XVI – para a configuração do ato abusivo, não será considerada a potencialidade de o fato alterar o resultado da eleição, mas apenas a gravidade das circunstâncias que o caracterizam.

- Inciso XVI acrescido pelo Art. 2º da LC nº 135/2010.
- Ac.-TSE, de 13.8.2013, no REspe nº 13.068: a partir do acréscimo deste inciso, não cabe mais considerar a potencialidade de o fato alterar o resultado da eleição, mas apenas a gravidade das circunstâncias que o caracterizam.
- Ac.-TSE, de 23.6.2015, no REspe nº 115.348: a análise das circunstâncias e eventuais ilicitudes que envolvam a transferência de elevado número de eleitores pode ser avaliada sob o ângulo da aferição do abuso do poder econômico e/ou político, a fim de se preservar a legitimidade e normalidade do pleito eleitoral.

Art. 23. O Tribunal formará sua convicção pela livre apreciação dos fatos públicos e notórios, dos indícios e presunções e prova produzida, atentando para circunstâncias ou fatos, ainda que não indicados ou alegados pelas partes, mas que preservem o interesse público de lisura eleitoral.

- Ac.-TSE, de 29.9.2015, no AgR-REspe nº 66.119: É ilícita a gravação ambiental realizada em local privado sem o consentimento dos demais; Ac.-TSE, de 16.4.2015, no REspe nº 166.034: a gravação que registra fato ocorrido à luz do dia, em local público desprovido de qualquer controle de acesso, deve ser reputada como prova lícita que não depende de prévia autorização judicial para sua captação; Ac.-TSE, de 1º.9.2015, no HC nº 30.990: quanto aos processos penal e civil eleitoral, reconhece-se a licitude das gravações ambientais realizadas sem autorização judicial e sem o conhecimento de um dos interlocutores, desde que sem violação às garantias de liberdade e privacidade.
- Ac.-STF, de 22.5.2014, na ADI nº 1.082: constitucionalidade das expressões fatos públicos e notórios, dos indícios e presunções [...], ainda que não indicados ou alegados pelas partes [...].

Art. 24. Nas eleições municipais, o Juiz Eleitoral será competente para conhecer e processar a representação prevista nesta Lei Complementar, exercendo todas as funções atribuídas ao Corregedor-Geral ou Regional, constantes dos incisos I a XV do Art. 22 desta Lei Complementar, cabendo ao representante do Ministério Público Eleitoral em função da Zona Eleitoral as atribuições deferidas ao Procurador-Geral e Regional Eleitoral, observadas as normas do procedimento previstas nesta Lei Complementar.

Art. 25. Constitui crime eleitoral a arguição de inelegibilidade, ou a impugnação de registro de candidato feito por interferência do poder econômico, desvio ou abuso do poder de autoridade, deduzida de forma temerária ou de manifesta má-fé:

Pena – detenção de 6 (seis) meses a 2 (dois) anos, e multa de 20 (vinte) a 50 (cinquenta) vezes o valor do Bônus do Tesouro Nacional – BTN e, no caso de sua extinção, de título público que o substitua.

- O BTN foi extinto pelo Art. 3º da Lei nº 8.177/1991.
- Ac.-TSE, de 10.10.2006, no RHC nº 97: impossibilidade de imediato trancamento de investigação criminal contra candidato a Prefeito, contra a coligação a que pertence e contra os advogados que a representam judicialmente na hipótese de indícios de manifesta má-fé na proposição de ação de investigação judicial eleitoral contra adversário político.

Art. 26. Os prazos de desincompatibilização previstos nesta Lei Complementar que já estiverem ultrapassados na data de sua vigência considerar-se-ão atendidos desde que a desincompatibilização ocorra até 2 (dois) dias após a publicação desta Lei Complementar.

Art. 26-A. Afastada pelo órgão competente a inelegibilidade prevista nesta Lei Complementar, aplicar-se-á, quanto ao registro de candidatura, o disposto na lei que estabelece normas para as eleições.

- Art. 26-A acrescido pelo Art. 2º da LC nº 135/2010.

Art. 26-B. O Ministério Público e a Justiça Eleitoral darão prioridade, sobre quaisquer outros, aos processos de desvio ou abuso do poder econômico ou do poder de autoridade até que sejam julgados, ressalvados os de *habeas corpus* e mandado de segurança.

§ 1º É defeso às autoridades mencionadas neste artigo deixar de cumprir qualquer prazo previsto nesta Lei Complementar sob alegação de acúmulo de serviço no exercício das funções regulares.

§ 2º Além das polícias judiciárias, os órgãos da receita federal, estadual e municipal, os tribunais e órgãos de contas, o Banco Central do Brasil e o Conselho de Controle de Atividade Financeira auxiliarão a Justiça Eleitoral e o Ministério Público Eleitoral na apuração dos delitos eleitorais, com prioridade sobre as suas atribuições regulares.

§ 3º O Conselho Nacional de Justiça, o Conselho Nacional do Ministério Público e as Corregedorias Eleitorais manterão acompanhamento dos relatórios mensais de atividades fornecidos pelas unidades da Justiça Eleitoral a fim de verificar eventuais descumprimentos injustificados de prazos, promovendo, quando for o caso, a devida responsabilização.

- Art. 26-B e §§1º a 3º acrescidos pelo Art. 2º da LC nº 135/2010.

Art. 26-C. O órgão colegiado do tribunal ao qual couber a apreciação do recurso contra as decisões colegiadas a que se referem as alíneas d, e, h, j, l e n do inciso I do Art. 1º poderá, em caráter cautelar, suspender a inelegibilidade sempre que existir plausibilidade da pretensão recursal e desde que a providência tenha sido expressamente requerida, sob pena de preclusão, por ocasião da interposição do recurso.

Legislações | Direito Eleitoral

- Art. 3º da LC nº 135/2010: Os recursos interpostos antes da vigência desta lei complementar poderão ser aditados para o fim a que se refere o *caput* do Art. 26-C da Lei Complementar nº 64, de 18 de maio de 1990, introduzido por esta Lei Complementar.
- Ac-TSE, de 23.9.2014, no RO nº 119.158; de 13.12.2012, no REspe nº 52.771; de 30.10.2012, no AgR-REspe nº 68.767 e, de 22.6.2010, na QO-AC nº 142.085: o disposto neste artigo [...] não afasta o poder geral de cautela conferido ao juiz pelo Art. 798 do CPC (Lei nº 5.869/1973), nem transfere ao Plenário a competência para examinar, inicialmente, pedido de concessão de medida liminar, ainda que a questão envolva inelegibilidade.

§ 1º Conferido efeito suspensivo, o julgamento do recurso terá prioridade sobre todos os demais, à exceção dos de mandado de segurança e de *habeas corpus*.

§ 2º Mantida a condenação de que derivou a inelegibilidade ou revogada a suspensão liminar mencionada no *caput*, serão desconstituídos o registro ou o diploma eventualmente concedidos ao recorrente.

- Ac.-TSE, de 11.12.2014, no MS nº 54.746 e, de 23.9.2014, no REspe nº 38.375: a incidência deste parágrafo não acarreta o imediato indeferimento do registro ou cancelamento do diploma, sendo necessário aferir a presença de todos os requisitos da inelegibilidade, observados o contraditório e a ampla defesa.

§ 3º A prática de atos manifestamente protelatórios por parte da defesa, ao longo da tramitação do recurso, acarretará a revogação do efeito suspensivo.

- Art. 26-C e §§ 1º a 3º acrescidos pelo Art. 2º da LC nº 135/2010.

Art. 27. Esta Lei Complementar entra em vigor na data de sua publicação.

Art. 28. Revogam-se a Lei Complementar nº 5, de 29 de abril de 1970 e as demais disposições em contrário.

Brasília, em 18 de maio de 1990; 169º da Independência e 102º da República.

Fernando Collor

Publicada no DOU de 21.5.1990.

Anotações

Lei dos Partidos Políticos - Lei nº 9.096, de 19 de Setembro de 1995

Dispõe sobre partidos políticos, regulamenta os Arts. 17 e 14, § 3º, inciso V, da Constituição Federal.

O Vice-Presidente da República, no exercício do cargo de Presidente da República.

Faço saber que o Congresso Nacional decreta e eu sanciono a seguinte Lei:

Título I - Disposições Preliminares

- V. Res.-TSE nº 23465/2015: Disciplina a criação, organização, fusão, incorporação e extinção de partidos políticos.

Art. 1º O partido político, pessoa jurídica de direito privado, destina-se a assegurar, no interesse do regime democrático, a autenticidade do sistema representativo e a defender os direitos fundamentais definidos na Constituição Federal.

- Lei nº 10.406/2002 (Código Civil):

  Art. 44. São pessoas jurídicas de direito privado:

  [...]

  V – os partidos políticos.

  [...]

  § 3º Os partidos políticos serão organizados e funcionarão conforme o disposto em lei específica.

  [...]

- IN-RFB nº 1.470/2014, que Dispõe sobre o Cadastro Nacional da Pessoa Jurídica (CNPJ):

  Art. 4º São também obrigados a se inscrever no CNPJ:

  [...]

  § 6º A inscrição dos partidos políticos no CNPJ ocorre por meio de seus órgãos de direção nacional, regional e local, cadastrados exclusivamente na condição de estabelecimento matriz.

  § 7º Não são inscritas no CNPJ as coligações de partidos políticos.

Art. 2º É livre a criação, fusão, incorporação e extinção de partidos políticos cujos programas respeitem a soberania nacional, o regime democrático, o pluripartidarismo e os direitos fundamentais da pessoa humana.

- CF/88, Art. 17.

Art. 3º É assegurada, ao partido político, autonomia para definir sua estrutura interna, organização e funcionamento.

- V. Art. 17, § 1º, da CF/88, que assegura a autonomia aos partidos políticos.
- V. Lei nº 9.504/1997, Art. 6º: formação de coligações em eleições majoritárias e proporcionais.
- Ac.-TSE, de 12.11.2008, no REspe nº 31.913: possibilidade de a Justiça Eleitoral examinar ilegalidades e nulidades na hipótese de conflito de interesses, com reflexos no pleito, entre os diretórios regional e municipal de partido político.

Parágrafo único. É assegurada aos candidatos, partidos políticos e coligações autonomia para definir o cronograma das atividades eleitorais de campanha e executá-lo em qualquer dia e horário, observados os limites estabelecidos em lei.

- Parágrafo único acrescido pelo Art. 2º da Lei nº 12.891/2013.
- Ac.-TSE, de 24.6.2014, na Cta nº 100075: inaplicabilidade da Lei nº 12.891/2013 às eleições de 2014.

Art. 4º Os filiados de um partido político têm iguais direitos e deveres.

Art. 5º A ação do partido tem caráter nacional e é exercida de acordo com seu estatuto e programa, sem subordinação a entidades ou governos estrangeiros.

Art. 6º É vedado ao partido político ministrar instrução militar ou paramilitar, utilizar-se de organização da mesma natureza e adotar uniforme para seus membros.

- CF/88, Art. 17, § 4º.

Art. 7º O partido político, após adquirir personalidade jurídica na forma da lei civil, registra seu estatuto no Tribunal Superior Eleitoral.

- CF/88, Art. 17, § 2º.

§ 1º Só é admitido o registro do estatuto de partido político que tenha caráter nacional, considerando-se como tal aquele que comprove, no período de dois anos, o apoiamento de eleitores não filiados a partido político, correspondente a, pelo menos, 0,5% (cinco décimos por cento) dos votos dados na última eleição geral para a Câmara dos Deputados, não computados os votos em branco e os nulos, distribuídos por um terço, ou mais, dos Estados, com um mínimo de 0,1% (um décimo por cento) do eleitorado que haja votado em cada um deles.

- § 1º com redação dada pelo Art. 3º da Lei nº 13.165/2015.
- V. Art. 13 da Lei nº 13.165/2015: não aplicação desse prazo aos pedidos protocolizados até a data de publicação desta lei.
- V. Art. 55 desta lei.
- Res.-TSE nº 22.553/2007: inadmissibilidade de encaminhamento de ficha de apoiamento de eleitores pela Internet, tendo em vista a exigência contida no Art. 9º, § 1º, da Lei nº 9.096/1995; Res.-TSE nº 22.510/2007: impossibilidade de utilização de cédula de identidade em lugar do título eleitoral; Res.-TSE nº 21.966/2004: Partido político em processo de registro na Justiça Eleitoral tem direito de obter lista de eleitores, com os respectivos número do título e zona eleitoral; Res.-TSE nº 21.853/2004: consulta respondida sobre dados possíveis de inserção no formulário para coleta de assinaturas de apoiamento para a criação de partido político.

§ 2º Só o partido que tenha registrado seu estatuto no Tribunal Superior Eleitoral pode participar do processo eleitoral, receber recursos do Fundo Partidário e ter acesso gratuito ao rádio e à televisão, nos termos fixados nesta Lei.

- CF/88, Art. 17, § 3º.
- Res.-TSE nº 22.592/2007: o partido incorporador tem direito à percepção das cotas do Fundo Partidário devidas ao partido incorporado, anteriores à averbação do registro no TSE.

§ 3º Somente o registro do estatuto do partido no Tribunal Superior Eleitoral assegura a exclusividade da sua denominação, sigla e símbolos, vedada a utilização, por outros partidos, de variações que venham a induzir a erro ou confusão.

Título II - Da Organização e Funcionamento dos Partidos Políticos

- V. Res.-TSE nº 23.465/2015: Disciplina a criação, organização, fusão, incorporação e extinção de partidos políticos.

Capítulo I - Da Criação e do Registro dos Partidos Políticos

Art. 8º O requerimento do registro de partido político, dirigido ao Cartório competente do Registro Civil das Pessoas Jurídicas, da Capital Federal, deve ser subscrito pelos seus fundadores, em número nunca inferior a cento e um, com domicílio eleitoral em, no mínimo, um terço dos Estados, e será acompanhado de:

I – cópia autêntica da ata da reunião de fundação do partido;

II – exemplares do Diário Oficial que publicou, no seu inteiro teor, o programa e o estatuto;

III – relação de todos os fundadores com o nome completo, naturalidade, número do título eleitoral com a Zona, Seção, Município e Estado, profissão e endereço da residência.

- Res.-TSE nº 22.510/2007: impossibilidade de utilização de cédula de identidade, em lugar do título eleitoral, no procedimento de coleta de assinaturas de apoiamento para criação de partido político.

§ 1º O requerimento indicará o nome e função dos dirigentes provisórios e o endereço da sede do partido na Capital Federal.

- Res.-TSE nº 22.316/2006: o endereço a ser indicado deve ser o da sede nacional do partido político na capital federal.
- Res.-TSE nº 23.078/2009: As comunicações telefônicas ou via fac-símile e correspondências oficiais do TSE aos partidos políticos deverão ser encaminhadas às suas respectivas sedes na capital federal.

§ 2º Satisfeitas as exigências deste artigo, o Oficial do Registro Civil efetua o registro no livro correspondente, expedindo certidão de inteiro teor.

§ 3º Adquirida a personalidade jurídica na forma deste artigo, o partido promove a obtenção do apoiamento mínimo de eleitores a que se refere o § 1º do Art. 7º e realiza os atos necessários para a constituição definitiva de seus órgãos e designação dos dirigentes, na forma do seu estatuto.

- V. nota ao inciso III deste artigo sobre a Res.-TSE nº 22.510/2007 e nota ao Art. 9º, § 1º, desta lei sobre a Res.-TSE nº 22.553/2007.

Art. 9º Feita a constituição e designação, referidas no § 3º do artigo anterior, os dirigentes nacionais promoverão o registro do estatuto do partido junto ao Tribunal Superior Eleitoral, através de requerimento acompanhado de:

I – exemplar autenticado do inteiro teor do programa e do estatuto partidários, inscritos no Registro Civil;

II – certidão do Registro Civil da Pessoa Jurídica, a que se refere o § 2º do artigo anterior;

III – certidões dos Cartórios Eleitorais que comprovem ter o partido obtido o apoiamento mínimo de eleitores a que se refere o § 1º do Art. 7º.

- Ac.-TSE, de 24.9.2013, no RPP nº 40309; Ac.-TSE, de 24.9.2013, no RPP nº 30.524; Ac.-TSE, de 19.6.2012, no RPP nº 153.572; e Ac.-TSE, de 27.9.2011, no RPP nº 141.796: as certidões firmadas após a consolidação dos TREs ou expedidas depois do julgamento do registro regional devem ser computadas e fazer parte do processo de registro no TSE.

§ 1º A prova do apoiamento mínimo de eleitores é feita por meio de suas assinaturas, com menção ao número do respectivo título eleitoral, em listas organizadas para cada Zona, sendo a veracidade das respectivas assinaturas e o número dos títulos atestados pelo Escrivão Eleitoral.

- Res.-TSE nº 22.510/2007: impossibilidade de utilização de cédula de identidade, em lugar do título eleitoral, no procedimento de coleta de assinaturas de apoiamento para criação de partido político.

- Lei nº 10.842/2004, Art. 4º: as atribuições da Escrivania Eleitoral passaram a ser exercidas privativamente pelo chefe de cartório eleitoral.

- Res.-TSE nº 22.553/2007: inadmissibilidade de encaminhamento de ficha de apoiamento de eleitores pela Internet. Res.-TSE nº 21.966/2004: os partidos em processo de registro na Justiça Eleitoral têm o direito de obter lista de eleitores, com o número do título e zona eleitoral. Res.-TSE nº 21.853/2004: cidadão analfabeto pode manifestar apoio por meio de impressão digital, desde que identificado por nome, números de inscrição, zona e seção, município, unidade da Federação e data de emissão do título eleitoral.

- Ac.-TSE, de 3.10.2013, no RPP nº 59.454: inviabilidade de reconhecimento, na instância superior, das assinaturas invalidadas e, também, das rejeitadas sem motivação pelos cartórios eleitorais, havendo possibilidade de realização de diligências voltadas ao esclarecimento de dúvida acerca da autenticidade das assinaturas ou da sua correspondência com os números dos títulos eleitorais informados.

§ 2º O Escrivão Eleitoral dá imediato recibo de cada lista que lhe for apresentada e, no prazo de quinze dias, lavra o seu atestado, devolvendo-a ao interessado.

- V. nota ao parágrafo anterior sobre a Lei nº 10.842/2004, Art. 4º.

§ 3º Protocolado o pedido de registro no Tribunal Superior Eleitoral, o processo respectivo, no prazo de quarenta e oito horas, é distribuído a um Relator, que, ouvida a Procuradoria-Geral, em dez dias, determina, em igual prazo, diligências para sanar eventuais falhas do processo.

§ 4º Se não houver diligências a determinar, ou após o seu atendimento, o Tribunal Superior Eleitoral registra o estatuto do partido, no prazo de trinta dias.

- Ac.-TSE, de 2.6.2011, na Cta nº 75.535: possibilidade da filiação partidária no novo partido somente após o registro do estatuto na Justiça Eleitoral.

Art. 10. As alterações programáticas ou estatutárias, após registradas no Ofício Civil competente, devem ser encaminhadas, para o mesmo fim, ao Tribunal Superior Eleitoral.

- Ac.-TSE, de 12.8.2010, na Pet nº 93: as alterações programáticas e estatutárias podem ser apresentadas separadamente.

Parágrafo único. O partido comunica à Justiça Eleitoral a constituição de seus órgãos de direção e os nomes dos respectivos integrantes, bem como as alterações que forem promovidas, para anotação:

- Parágrafo acrescido pelo Art. 1º da Lei nº 9.259/1996, que dispõe, ainda, em seu Art. 3º, que este parágrafo aplica-se a todas as alterações efetivadas a qualquer tempo, ainda que submetidas à Justiça Eleitoral na vigência da Lei nº 5.682/1971.
- Res.-TSE nº 23.093/2009, que Dispõe sobre o Sistema de Gerenciamento de Informações Partidárias (SGIP), Art. 5º, *caput*: previsão de módulo externo que permite aos partidos políticos remeterem à Justiça Eleitoral, pela Internet, dados referentes à constituição e às alterações dos órgãos de direção partidários, em qualquer âmbito, e ao credenciamento e descredenciamento de delegados perante a Justiça Eleitoral.

I – no Tribunal Superior Eleitoral, dos integrantes dos órgãos de âmbito nacional;

II – nos Tribunais Regionais Eleitorais, dos integrantes dos órgãos de âmbito estadual, municipal ou zonal.

Art. 11. O partido com registro no Tribunal Superior Eleitoral pode credenciar, respectivamente:

I – Delegados perante o Juiz Eleitoral;

II – Delegados perante o Tribunal Regional Eleitoral;

III – Delegados perante o Tribunal Superior Eleitoral.

Parágrafo único. Os Delegados credenciados pelo órgão de direção nacional representam o partido perante quaisquer Tribunais ou Juízes Eleitorais; os credenciados pelos órgãos estaduais, somente perante o Tribunal Regional Eleitoral e os Juízes Eleitorais do respectivo Estado, do Distrito Federal ou Território Federal; e os credenciados pelo órgão municipal, perante o Juiz Eleitoral da respectiva jurisdição.

- Ac.-TSE, de 28.6.2012, no AgR-AC nº 45.624: legitimidade de partidos políticos representados pelos diretórios estaduais para propor a ação de perda de cargo eletivo por infidelidade partidária, quando o cargo almejado for municipal.

Capítulo II - Do Funcionamento Parlamentar

Art. 12. O partido político funciona, nas Casas Legislativas, por intermédio de uma bancada, que deve constituir suas lideranças de acordo com o estatuto do partido, as disposições regimentais das respectivas Casas e as normas desta Lei.

- Ac-STF, de 9.2.2000, na ADI nº 1.363-7: constitucionalidade deste dispositivo.

Art. 13. Tem direito a funcionamento parlamentar, em todas as Casas Legislativas para as quais tenha elegido representante, o partido que, em cada eleição para a Câmara dos Deputados obtenha o apoio de, no mínimo, cinco por cento dos votos apurados, não computados os brancos e os nulos, distribuídos em, pelo menos, um terço dos Estados, com um mínimo de dois por cento do total de cada um deles.

- Ac.-STF, de 7.12.2006, nas ADI nos 1.351 e 1.354: declara inconstitucional este artigo.

Legislações | Direito Eleitoral

- Res.-TSE nos 22.132/2005 e 22.280/2006: a questão relativa ao funcionamento dos partidos não é matéria eleitoral.

Capítulo III - Do Programa e do Estatuto

Art. 14. Observadas as disposições constitucionais e as desta Lei, o partido é livre para fixar, em seu programa, seus objetivos políticos e para estabelecer, em seu estatuto, a sua estrutura interna, organização e funcionamento.

Art. 15. O estatuto do partido deve conter, entre outras, normas sobre:

I – nome, denominação abreviada e o estabelecimento da sede na Capital Federal;

II – filiação e desligamento de seus membros;

III – direitos e deveres dos filiados;

IV – modo como se organiza e administra, com a definição de sua estrutura geral e identificação, composição e competências dos órgãos partidários nos níveis municipal, estadual e nacional, duração dos mandatos e processo de eleição dos seus membros;

V – fidelidade e disciplina partidárias, processo para apuração das infrações e aplicação das penalidades, assegurado amplo direito de defesa;

VI – condições e forma de escolha de seus candidatos a cargos e funções eletivas;

VII – finanças e contabilidade, estabelecendo, inclusive, normas que os habilitem a apurar as quantias que os seus candidatos possam despender com a própria eleição, que fixem os limites das contribuições dos filiados e definam as diversas fontes de receita do partido, além daquelas previstas nesta Lei;

VIII – critérios de distribuição dos recursos do Fundo Partidário entre os órgãos de nível municipal, estadual e nacional que compõem o partido;

- Res.-TSE nº 22.090/2005: o diretório regional ou municipal diretamente beneficiado por conduta vedada será excluído da distribuição de recursos de multas dela oriundas.

IX – procedimento de reforma do programa e do estatuto.

Art. 15-A. A responsabilidade, inclusive civil e trabalhista, cabe exclusivamente ao órgão partidário municipal, estadual ou nacional que tiver dado causa ao não cumprimento da obrigação, à violação de direito, a dano a outrem ou a qualquer ato ilícito, excluída a solidariedade de outros órgãos de direção partidária.

- Art. 15-A, *caput*, com redação dada pelo Art. 2º da Lei nº 12.034/2009.

Parágrafo único. É assegurada aos candidatos, partidos políticos e coligações autonomia para definir o cronograma das atividades eleitorais de campanha e executá-lo em qualquer dia e horário, observados os limites estabelecidos em lei.

- Parágrafo único acrescido pelo Art. 2º da Lei nº 12.891/2013.
- Ac.-TSE, de 24.6.2014, na Cta nº 100.075: inaplicabilidade da Lei nº 12.891/2013 às eleições de 2014.

Capítulo IV - Da Filiação Partidária

- Res.-TSE nº 23.117/2009: Dispõe sobre a filiação partidária, aprova nova sistemática destinada ao encaminhamento de dados pelos partidos à Justiça Eleitoral e dá outras providências.

Art. 16. Só pode filiar-se a partido o eleitor que estiver no pleno gozo de seus direitos políticos.

- Lei nº 6.996/1982, Art. 7º, § 2º, e Res.-TSE nº 21.538/2003, Arts. 17, § 1º, e 18, § 5º: fornecimento de relações de eleitores aos partidos políticos nos dias 1º e 15 de cada mês, ou no primeiro dia útil seguinte, pelos cartórios eleitorais.
- Vedações de atividade político-partidária: CF/88, Art. 142, § 3º, V (militares); CF/88, Art. 128, § 5º, II, e (membros do Ministério Público); CF/88, Art. 95, parágrafo único, III (magistrados); CF/88, Art. 73, §§ 3º e 4º (membros do TCU); LC nº 80/1994, Arts. 46, V, 91, V, e 130, V (membros da Defensoria Pública); CE/65, Art. 366 (servidor da Justiça Eleitoral).
- Res.-TSE nº 23.117/2009, Art. 1º: a inelegibilidade não impede a filiação partidária. No mesmo sentido, Ac.-TSE nºs 23.351/2004, 22.014/2004 e 12.371/1992.

Art. 17. Considera-se deferida, para todos os efeitos, a filiação partidária, com o atendimento das regras estatutárias do partido.

- Ac.-TSE, de 2.6.2011, na Cta nº 75.535: inexistência de filiação partidária antes da constituição definitiva do partido político; impossibilidade de indivíduo que se associa a partido ainda em formação ser considerado filiado propriamente dito; possibilidade de eleitores com ou sem mandato eletivo associarem-se ao partido político em formação e impossibilidade de transformar esse ato associativo em filiação partidária após o registro do estatuto partidário pelo TSE.

Parágrafo único. Deferida a filiação do eleitor, será entregue comprovante ao interessado, no modelo adotado pelo partido.

Art. 18. (Revogado pelo Art. 15 da Lei nº 13.165/2015)

Art. 19. Na segunda semana dos meses de abril e outubro de cada ano, o partido, por seus órgãos de direção municipais, regionais ou nacional, deverá remeter, aos Juízes Eleitorais, para arquivamento, publicação e cumprimento dos prazos de filiação partidária para efeito de candidatura a cargos eletivos, a relação dos nomes de todos os seus filiados, da qual constará a data de filiação, o número dos títulos eleitorais e das Seções em que estão inscritos.

- *Caput* com redação dada pelo Art. 103 da Lei nº 9.504/1997.
- Res.-TSE nº 19.989/1997: a relação de filiados aos partidos políticos deverá ser encaminhada à Justiça Eleitoral nos dias 8 a 14 dos meses de abril e outubro, durante expediente normal dos cartórios. Res.-TSE nºs 20.793/2001, 20.874/2001, 21.061/2002, 21.709/2004, 21.936/2004, 22.164/2006.
- Súm.-TSE nº 20/2000: A falta do nome do filiado ao partido na lista por este encaminhada à Justiça Eleitoral, nos termos do Art. 19 da Lei nº 9.096, de 19.9.1995, pode ser suprida por outros elementos de prova de oportuna filiação.
- Ac.-TSE, de 21.8.2008, no REspe nº 28.988: A ficha de filiação partidária não substitui a relação de filiados encaminhada pelo partido político ao juízo eleitoral.

§ 1º Se a relação não é remetida nos prazos mencionados neste artigo, permanece inalterada a filiação de todos os eleitores, constante da relação remetida anteriormente.

Legislações | Direito Eleitoral

§ 2º Os prejudicados por desídia ou má-fé poderão requerer, diretamente à Justiça Eleitoral, a observância do que prescreve o *caput* deste artigo.

§ 3º Os órgãos de direção nacional dos partidos políticos terão pleno acesso às informações de seus filiados constantes do cadastro eleitoral.

- Parágrafo 3º acrescido pelo Art. 2º da Lei nº 12.034/2009.
- Res.-TSE nº 21.538/2003, Art. 29: disciplina o acesso ao cadastro eleitoral.

Art. 20. É facultado ao partido político estabelecer, em seu estatuto, prazos de filiação partidária superiores aos previstos nesta Lei, com vistas à candidatura a cargos eletivos.

Parágrafo único. Os prazos de filiação partidária, fixados no estatuto do partido, com vistas à candidatura a cargos eletivos, não podem ser alterados no ano da elcição.

Art. 21. Para desligar-se do partido, o filiado faz comunicação escrita ao órgão de direção municipal e ao Juiz Eleitoral da Zona em que for inscrito.

- Res.-TSE nº 23.117/2009, Art. 13, § 5º: comunicação apenas ao juiz da zona eleitoral em que inscrito o filiado na hipótese de inexistência de órgão municipal ou comprovada impossibilidade de localização do representante do partido político.

Parágrafo único. Decorridos dois dias da data da entrega da comunicação, o vínculo torna-se extinto, para todos os efeitos.

Art. 22. O cancelamento imediato da filiação partidária verifica-se nos casos de:

I – morte;

II – perda dos direitos políticos;

III – expulsão;

IV – outras formas previstas no estatuto, com comunicação obrigatória ao atingido no prazo de quarenta e oito horas da decisão;

V – filiação a outro partido, desde que a pessoa comunique o fato ao juiz da respectiva Zona Eleitoral.

- Inciso V acrescido pelo Art. 2º da Lei nº 12.891/2013.
- Ac.-TSE, de 24.6.2014, na Cta nº 100.075: inaplicabilidade da Lei nº 12.891/2013 às eleições de 2014.

Parágrafo único. Havendo coexistência de filiações partidárias, prevalecerá a mais recente, devendo a Justiça Eleitoral determinar o cancelamento das demais.

- Parágrafo único com redação dada pelo Art. 2º da Lei nº 12.891/2013.
- Ac.-TSE, de 24.6.2014, na Cta nº 100.075: inaplicabilidade da Lei nº 12.891/2013 às eleições de 2014.

Art. 22-A. Perderá o mandato o detentor de cargo eletivo que se desfiliar, sem justa causa, do partido pelo qual foi eleito.

- *Caput* acrescido pelo Art. 3º da Lei nº 13.165/2015.

Parágrafo único. Consideram-se justa causa para a desfiliação partidária somente as seguintes hipóteses:

I – mudança substancial ou desvio reiterado do programa partidário;

II – grave discriminação política pessoal; e

III – mudança de partido efetuada durante o período de trinta dias que antecede o prazo de filiação exigido em lei para concorrer à eleição, majoritária ou proporcional, ao término do mandato vigente.

- Parágrafo único e incisos I a III acrescidos pelo Art. 3º da Lei nº 13.165/2015.

Capítulo V - Da Fidelidade e da Disciplina Partidárias

Art. 23. A responsabilidade por violação dos deveres partidários deve ser apurada e punida pelo competente órgão, na conformidade do que disponha o estatuto de cada partido.

§ 1º Filiado algum pode sofrer medida disciplinar ou punição por conduta que não esteja tipificada no estatuto do partido político.

§ 2º Ao acusado é assegurado amplo direito de defesa.

Art. 24. Na Casa Legislativa, o integrante da bancada de partido deve subordinar sua ação parlamentar aos princípios doutrinários e programáticos e às diretrizes estabelecidas pelos órgãos de direção partidários, na forma do estatuto.

Art. 25. O estatuto do partido poderá estabelecer, além das medidas disciplinares básicas de caráter partidário, normas sobre penalidades, inclusive com desligamento temporário da bancada, suspensão do direito de voto nas reuniões internas ou perda de todas as prerrogativas, cargos e funções que exerça em decorrência da representação e da proporção partidária, na respectiva Casa Legislativa, ao parlamentar que se opuser, pela atitude ou pelo voto, às diretrizes legitimamente estabelecidas pelos órgãos partidários.

Art. 26. Perde automaticamente a função ou cargo que exerça, na respectiva Casa Legislativa, em virtude da proporção partidária, o parlamentar que deixar o partido sob cuja legenda tenha sido eleito.

- Res.-TSE nº 22.526/2007: preservação, pelos partidos políticos e coligações partidárias, do direito à vaga obtida pelo sistema proporcional na hipótese de pedido de cancelamento de filiação ou de transferência do candidato eleito para agremiação partidária diversa. Res.-TSE nºs 22.563/2007 e 22.580/2007: preservação da vaga, também, no caso de transferência para agremiação partidária integrante da coligação pela qual o candidato elegeu-se. Res.-TSE nº 22.600/2007: entendimento aplicável às vagas obtidas pelo sistema majoritário.

- Res.-TSE nº 22.610/2007: regulamentação dos processos de perda de cargo eletivo e de justificação de desfiliação partidária. Ac.-STF, de 12.11.2008, nas ADI nºs 3.999 e 4.086 e Ac.-TSE, de 11.10.2008, na AC nº 2.424: constitucionalidade da citada resolução.

Capítulo VI - Da Fusão, Incorporação e Extinção dos Partidos Políticos

Art. 27. Fica cancelado, junto ao Ofício Civil e ao Tribunal Superior Eleitoral, o registro do partido que, na forma de seu estatuto, se dissolva, se incorpore ou venha a se fundir a outro.

Art. 28. O Tribunal Superior Eleitoral, após trânsito em julgado de decisão, determina o cancelamento do registro civil e do estatuto do partido contra o qual fique provado:

Legislações | Direito Eleitoral

I – ter recebido ou estar recebendo recursos financeiros de procedência estrangeira;

II – estar subordinado a entidade ou governo estrangeiros;

III – não ter prestado, nos termos desta Lei, as devidas contas à Justiça Eleitoral;

- Ac.-TSE, de 24.9.2015, na Rp nº 425.461: não obstante a omissão do partido em prestar contas, impõe-se a observância do princípio da proporcionalidade diante do protagonismo dos partidos políticos no cenário democrático, das circunstâncias de cada caso e da cumulação de penalidades impostas à agremiação; Res.-TSE nº 20.679/2000: a não prestação de contas pelos órgãos partidários regionais ou municipais não implica o cancelamento dos mesmos.

IV – que mantém organização paramilitar.

§ 1º A decisão judicial a que se refere este artigo deve ser precedida de processo regular, que assegure ampla defesa.

§ 2º O processo de cancelamento é iniciado pelo Tribunal à vista de denúncia de qualquer eleitor, de representante de partido, ou de representação do Procurador-Geral Eleitoral.

§ 3º O partido político, em nível nacional, não sofrerá a suspensão das cotas do Fundo Partidário, nem qualquer outra punição como consequência de atos praticados por órgãos regionais ou municipais.

- Parágrafo acrescido pelo Art. 2º da Lei nº 9.693/1998.
- Res.-TSE nº 22.090/2005: o diretório regional ou municipal diretamente beneficiado por conduta vedada será excluído da distribuição de recursos de multas dela oriundas.

§ 4º Despesas realizadas por órgãos partidários municipais ou estaduais ou por candidatos majoritários nas respectivas circunscrições devem ser assumidas e pagas exclusivamente pela esfera partidária correspondente, salvo acordo expresso com órgão de outra esfera partidária.

- § 4º acrescido pelo Art. 2º da Lei nº 12.034/2009.

§ 5º Em caso de não pagamento, as despesas não poderão ser cobradas judicialmente dos órgãos superiores dos partidos políticos, recaindo eventual penhora exclusivamente sobre o órgão partidário que contraiu a dívida executada.

- § 5º acrescido pelo Art. 2º da Lei nº 12.034/2009.

§ 6º O disposto no inciso III do *caput* refere-se apenas aos órgãos nacionais dos partidos políticos que deixarem de prestar contas ao Tribunal Superior Eleitoral, não ocorrendo o cancelamento do registro civil e do estatuto do partido quando a omissão for dos órgãos partidários regionais ou municipais.

- Parágrafo 6º acrescido pelo Art. 2º da Lei nº 12.034/2009.

Art. 29. Por decisão de seus órgãos nacionais de deliberação, dois ou mais partidos poderão fundir-se num só ou incorporar-se um ao outro.

§ 1º No primeiro caso, observar-se-ão as seguintes normas:

I – os órgãos de direção dos partidos elaborarão projetos comuns de estatuto e programa;

II – os órgãos nacionais de deliberação dos partidos em processo de fusão votarão em reunião conjunta, por maioria absoluta, os projetos, e elegerão o órgão de direção nacional que promoverá o registro do novo partido.

§ 2º No caso de incorporação, observada a lei civil, caberá ao partido incorporando deliberar por maioria absoluta de votos, em seu órgão nacional de deliberação, sobre a adoção do estatuto e do programa de outra agremiação.

§ 3º Adotados o estatuto e o programa do partido incorporador, realizar-se-á, em reunião conjunta dos órgãos nacionais de deliberação, a eleição do novo órgão de direção nacional.

§ 4º Na hipótese de fusão, a existência legal do novo partido tem início com o registro, no Ofício Civil competente da Capital Federal, do estatuto e do programa, cujo requerimento deve ser acompanhado das atas das decisões dos órgãos competentes.

§ 5º No caso de incorporação, o instrumento respectivo deve ser levado ao Ofício Civil competente, que deve, então, cancelar o registro do partido incorporado a outro.

§ 6º No caso de incorporação, o instrumento respectivo deve ser levado ao Ofício Civil competente, que deve, então, cancelar o registro do partido incorporado a outro.

- § 6º com redação dada pelo Art. 2º da Lei nº 13.107/2015: coincidência literal com o § 5º.

§ 7º Havendo fusão ou incorporação, devem ser somados exclusivamente os votos dos partidos fundidos ou incorporados obtidos na última eleição geral para a Câmara dos Deputados, para efeito da distribuição dos recursos do Fundo Partidário e do acesso gratuito ao rádio e à televisão.

- § 7º com redação dada pelo Art. 2º da Lei nº 13.107/2015.
- Res.-TSE nº 22.592/2007: o partido incorporador tem direito à percepção das cotas do Fundo Partidário devidas ao partido incorporado, anteriores à averbação do registro no TSE.
- Ac.-TSE, de 29.4.2014, na Cta nº 18226: a fusão não abre a parlamentares de partidos que não a integraram a oportunidade de migrarem.

§ 8º O novo estatuto ou instrumento de incorporação deve ser levado a registro e averbado, respectivamente, no Ofício Civil e no Tribunal Superior Eleitoral.

- § 8º acrescido pelo Art. 2º da Lei nº 13.107/2015.

§ 9º Somente será admitida a fusão ou incorporação de partidos políticos que hajam obtido o registro definitivo do Tribunal Superior Eleitoral há, pelo menos, 5 (cinco) anos.

- § 9º acrescido pelo Art. 2º da Lei nº 13.107/2015.

Título III- Das Finanças e Contabilidade dos Partidos

Capítulo I - Da Prestação de Contas

- Res.-TSE nº 23.464/2015: Regulamenta o disposto no Título III da Lei nº 9.096, de 19 de setembro de 1995 - Das Finanças e Contabilidade dos Partidos e revoga a Res.-TSE nº 23.432/2014, sem prejuízo de sua aplicação ao exercício de 2015.

Legislações | Direito Eleitoral

- Port. Conjunta-TSE/SRF nº 74/2006: Dispõe sobre o intercâmbio de informações entre o Tribunal Superior Eleitoral e a Secretaria da Receita Federal e dá outras providências.

Art. 30. O partido político, através de seus órgãos nacionais, regionais e municipais, deve manter escrituração contábil, de forma a permitir o conhecimento da origem de suas receitas e a destinação de suas despesas.

Art. 31. É vedado ao partido receber, direta ou indiretamente, sob qualquer forma ou pretexto, contribuição ou auxílio pecuniário ou estimável em dinheiro, inclusive através de publicidade de qualquer espécie, procedente de:

- Lei nº 9.504/1997, Art. 24: doações vedadas a partido e candidato para campanhas eleitorais.
- Ac.- STF, de 17.9.2015, na ADI nº 4.650: declara a inconstitucionalidade parcial sem redução de texto deste dispositivo, na parte em que autoriza, a contrario sensu, a realização de doações por pessoas jurídicas a partidos políticos com efeitos *ex tunc*. Essa decisão é aplicável às eleições de 2016.

I – entidade ou governo estrangeiros;

- CF/88, Art. 17, II.

II – autoridade ou órgãos públicos, ressalvadas as dotações referidas no Art. 38;

- Res.-TSE nº 23.464/2015, Art. 12, § 1º: as autoridades públicas de que trata este inciso são aqueles, filiados ou não a partidos políticos, que exerçam cargos de chefia ou direção na Administração Pública direta ou indireta; Ac.-TSE, de 11.11.2014, no REspe nº 4.930: inadmissibilidade de que a contribuição seja cobrada mediante desconto automático na folha de pagamento.
- Res.-TSE nº 22.025/2005: incide a vedação deste inciso sobre a contribuição de detentor de cargo ou função de confiança, calculada em percentagem sobre a remuneração percebida e recolhida ao Partido mediante consignação em folha de pagamento.

III – autarquias, empresas públicas ou concessionárias de serviços públicos, sociedades de economia mista e fundações instituídas em virtude de lei e para cujos recursos concorram órgãos ou entidades governamentais;

- Ac.-TSE, de 9.2.2006, no REspe nº 25.559: a vedação quanto às fundações de que trata este inciso se refere às de natureza pública.

IV – entidade de classe ou sindical.

Art. 32. O partido está obrigado a enviar, anualmente, à Justiça Eleitoral, o balanço contábil do exercício findo, até o dia 30 de abril do ano seguinte.

§ 1º O balanço contábil do órgão nacional será enviado ao Tribunal Superior Eleitoral, o dos órgãos estaduais aos Tribunais Regionais Eleitorais e o dos órgãos municipais aos Juízes Eleitorais.

- Ac.-TSE, de 8.5.2007, no REspe nº 27.934: competência originária dos tribunais regionais eleitorais para julgar as prestações de contas de diretório regional de partido político.

§ 2º A Justiça Eleitoral determina, imediatamente, a publicação dos balanços na imprensa oficial, e, onde ela não exista, procede à afixação dos mesmos no Cartório Eleitoral.

§ 3º (Revogado pelo Art. 15 da Lei nº 13.165/2015.)

§ 4º Os órgãos partidários municipais que não hajam movimentado recursos financeiros ou arrecadado bens estimáveis em dinheiro ficam desobrigados de prestar contas à Justiça Eleitoral, exigindo-se do responsável partidário, no prazo estipulado no *caput*, a apresentação de declaração da ausência de movimentação de recursos nesse período.

§ 5º A desaprovação da prestação de contas do partido não ensejará sanção alguma que o impeça de participar do pleito eleitoral.

- §§ 4º e 5º acrescidos pelo Art. 3º da Lei nº 13.165/2015.

Art. 33. Os balanços devem conter, entre outros, os seguintes itens:

I – discriminação dos valores e destinação dos recursos oriundos do Fundo Partidário;

II – origem e valor das contribuições e doações;

III – despesas de caráter eleitoral, com a especificação e comprovação dos gastos com programas no rádio e televisão, comitês, propaganda, publicações, comícios, e demais atividades de campanha;

IV – discriminação detalhada das receitas e despesas.

Art. 34. A Justiça Eleitoral exerce a fiscalização sobre a prestação de contas do partido e das despesas de campanha eleitoral, devendo atestar se elas refletem adequadamente a real movimentação financeira, os dispêndios e os recursos aplicados nas campanhas eleitorais, exigindo a observação das seguintes normas:

- *Caput* com redação dada pelo Art. 3º da Lei nº 13.165/2015.
- V. Portaria-TSE nº 417, de 25.6.2014: instrui sobre celebração de acordos de cooperação entre os tribunais regionais eleitorais e as fazendas públicas.
- Ac.-TSE, de 5.8.2014, na PC nº 408659 e, de 9.12.2010, na PC nº 408052: ainda que expressivo o montante dos valores que apresentaram divergência, é possível aplicar o princípio da proporcionalidade e aprovar as contas com ressalvas, quando aquele representar pequena porcentagem do total arrecadado.
- Ac.-TSE, de 19.8.2014, no AgR-AI nº 21.133: ainda que expressivo o percentual de valores divergentes, é possível aplicar o princípio da proporcionalidade e aprovar contas com ressalvas cujos valores absolutos sejam pequenos.

I – obrigatoriedade de designação de dirigentes partidários específicos para movimentar recursos financeiros nas campanhas eleitorais;

- Inciso I com redação dada pelo Art. 3º da Lei nº 13.165/2015.

II – (Revogado pelo Art. 3º da Lei nº 13.165/2015)

III – relatório financeiro, com documentação que comprove a entrada e saída de dinheiro ou de bens recebidos e aplicados;

IV – obrigatoriedade de ser conservada pelo partido, por prazo não inferior a cinco anos, a documentação comprobatória de suas prestações de contas;

V – obrigatoriedade de prestação de contas pelo partido político e por seus candidatos no encerramento da campanha eleitoral, com o recolhimento imediato à tesouraria do partido dos saldos financeiros eventualmente apurados.

Legislações | Direito Eleitoral

- Incisos III a V com redação dada pelo Art. 3º da Lei nº 13.165/2015.
- Lei nº 9.504/1997, Art. 31: sobras de recursos financeiros de campanha.

§ 1º A fiscalização de que trata o *caput* tem por escopo identificar a origem das receitas e a destinação das despesas com as atividades partidárias e eleitorais, mediante o exame formal dos documentos fiscais apresentados pelos partidos políticos e candidatos, sendo vedada a análise das atividades político-partidárias ou qualquer interferência em sua autonomia.

- § 1º com redação dada pelo Art. 3º da Lei nº 13.165/2015.

§ 2º Para efetuar os exames necessários ao atendimento do disposto no *caput*, a Justiça Eleitoral pode requisitar técnicos do Tribunal de Contas da União ou dos Estados, pelo tempo que for necessário.

- Primitivo parágrafo único renumerado como § 2º pelo Art. 2º da Lei nº 12.891/2013.
- Ac.-TSE, de 24.6.2014, na Cta nº 100075: inaplicabilidade da Lei nº 12.891/2013 às eleições de 2014.

Art. 35. O Tribunal Superior Eleitoral e os Tribunais Regionais Eleitorais, à vista de denúncia fundamentada de filiado ou Delegado de partido, de representação do Procurador-Geral ou Regional ou de iniciativa do Corregedor, determinarão o exame da escrituração do partido e a apuração de qualquer ato que viole as prescrições legais ou estatutárias a que, em matéria financeira, aquele ou seus filiados estejam sujeitos, podendo, inclusive, determinar a quebra de sigilo bancário das contas dos partidos para o esclarecimento ou apuração de fatos vinculados à denúncia.

- Port. Conjunta-TSE/SRF nº 74/2006, Arts. 2º, 3º e 4º: possibilidade de qualquer cidadão apresentar denúncia à Receita Federal do Brasil sobre uso indevido de recursos, financeiros ou não, em campanha eleitoral ou nas atividades dos partidos políticos; verificação do cometimento de ilícitos tributários e informação ao TSE de qualquer infração tributária detectada e ao disposto nos Arts. 23 e 27 da Lei nº 9.504/1997.

Parágrafo único. O partido pode examinar, na Justiça Eleitoral, as prestações de contas mensais ou anuais dos demais partidos, quinze dias após a publicação dos balanços financeiros, aberto o prazo de cinco dias para impugná-las, podendo, ainda, relatar fatos, indicar provas e pedir abertura de investigação para apurar qualquer ato que viole as prescrições legais ou estatutárias a que, em matéria financeira, os partidos e seus filiados estejam sujeitos.

- Ac.-TSE, de 11.4.2006, no RMS nº 426: o presente dispositivo aplica-se tão somente à prestação de contas dos partidos políticos, sendo a prestação de contas da campanha eleitoral regulada pelos Arts. 28 e seguintes da Lei nº 9.504/1997.

Art. 36. Constatada a violação de normas legais ou estatutárias, ficará o partido sujeito às seguintes sanções:

I – no caso de recursos de origem não mencionada ou esclarecida, fica suspenso o recebimento das quotas do Fundo Partidário até que o esclarecimento seja aceito pela Justiça Eleitoral;

II – no caso de recebimento de recursos mencionados no Art. 31, fica suspensa a participação no Fundo Partidário por um ano;

III – no caso de recebimento de doações cujo valor ultrapasse os limites previstos no Art. 39, § 4º, fica suspensa por dois anos a participação no Fundo Partidário e será aplicada ao partido multa correspondente ao valor que exceder aos limites fixados.

- O § 4º mencionado foi revogado pelo Art. 107 da Lei nº 9.504/1997.

Art. 37. A desaprovação das contas do partido implicará exclusivamente a sanção de devolução da importância apontada como irregular, acrescida de multa de até 20% (vinte por cento).

- *Caput* com redação dada pelo Art. 3º da Lei nº 13.165/2015.

§ 1º A Justiça Eleitoral pode determinar diligências necessárias à complementação de informações ou ao saneamento de irregularidades encontradas nas contas dos órgãos de direção partidária ou de candidatos.

- Primitivo parágrafo único renumerado como § 1º pelo Art. 3º da Lei nº 9.693/1998.

§ 2º A sanção a que se refere o *caput* será aplicada exclusivamente à esfera partidária responsável pela irregularidade, não suspendendo o registro ou a anotação de seus órgãos de direção partidária nem tornando devedores ou inadimplentes os respectivos responsáveis partidários.

- § 2º com redação dada pelo Art. 3º da Lei nº 13.165/2015.
- V. Art. 15-A desta lei: responsabilidade civil e trabalhista dos órgãos partidários.

§ 3º A sanção a que se refere o *caput* deverá ser aplicada de forma proporcional e razoável, pelo período de um a doze meses, e o pagamento deverá ser feito por meio de desconto nos futuros repasses de cotas do Fundo Partidário, desde que a prestação de contas seja julgada, pelo juízo ou tribunal competente, em até cinco anos de sua apresentação.

- § 3º com redação dada pelo Art. 3º da Lei nº 13.165/2015.
- Ac.-TSE, de 15.9.2010, na Pet nº 1680: a gravidade das irregularidades constatadas na prestação de contas deve ser levada em conta.
- Ac.-TSE, de 23.9.2014, na PC nº 37: o cômputo do prazo prescricional inicia-se com a apresentação das contas, e não a partir da publicação da Lei nº 12.034/2009.
- Lei nº 9.504/1997, Art. 25, parágrafo único: dispositivo de teor semelhante, relativo à prestação de contas de candidato.

§ 4º Da decisão que desaprovar total ou parcialmente a prestação de contas dos órgãos partidários caberá recurso para os Tribunais Regionais Eleitorais ou para o Tribunal Superior Eleitoral, conforme o caso, o qual deverá ser recebido com efeito suspensivo.

- § 4º acrescido pelo Art. 2º da Lei nº 12.034/2009.
- Ac.-TSE, de 6.3.2012, no AgR-RO nº 2834855: descabimento de recurso ordinário em processo de prestação de contas de partido político apreciado originariamente por TRE por ausência de previsão legal.
- Ac.-TSE, de 21.6.2011, nos ED-Pet nº 1458: execução imediata, após publicação, da decisão do TSE que desaprova a prestação de contas.

§ 5º As prestações de contas desaprovadas pelos Tribunais Regionais e pelo Tribunal Superior poderão ser revistas para fins de aplicação proporcional da sanção aplicada, mediante requerimento ofertado nos autos da prestação de contas.

- § 5º acrescido pelo Art. 2º da Lei nº 12.034/2009.
- Ac.-TSE, de 30.3.2010, no AgR-Pet nº 1.616: irretroatividade do disposto neste parágrafo, na redação dada pela Lei nº 12.034/2009.
- Ac.-TSE, de 22.10.2015, no REspe nº 171.502: A decisão judicial que julga as contas como não prestadas não pode ser revista após o seu trânsito em julgado. Isso, contudo, não impede que o partido político busque regularizar a sua situação perante a Justiça Eleitoral, com o propósito de suspender a sanção que lhe foi imposta pela decisão imutável.

§ 6º O exame da prestação de contas dos órgãos partidários tem caráter jurisdicional.

- § 6º acrescido pelo Art. 2º da Lei nº 12.034/2009.

§ 7º (Vetado pelo Art. 2º da Lei nº 12.891/2013).

§ 8º (Vetado pelo Art. 2º da Lei nº 12.891/2013).

§ 9º O desconto no repasse de cotas resultante da aplicação da sanção a que se refere o *caput* será suspenso durante o segundo semestre do ano em que se realizarem as eleições.

§ 10. Os gastos com passagens aéreas serão comprovados mediante apresentação de fatura ou duplicata emitida por agência de viagem, quando for o caso, desde que informados os beneficiários, as datas e os itinerários, vedada a exigência de apresentação de qualquer outro documento para esse fim.

§ 11. Os órgãos partidários poderão apresentar documentos hábeis para esclarecer questionamentos da Justiça Eleitoral ou para sanear irregularidades a qualquer tempo, enquanto não transitada em julgado a decisão que julgar a prestação de contas.

- Parágrafos 9º ao 11 acrescidos pelo Art. 3º da Lei nº 13.165/2015.

§ 12. Erros formais ou materiais que no conjunto da prestação de contas não comprometam o conhecimento da origem das receitas e a destinação das despesas não acarretarão a desaprovação das contas.

§ 13. A responsabilização pessoal civil e criminal dos dirigentes partidários decorrente da desaprovação das contas partidárias e de atos ilícitos atribuídos ao partido político somente ocorrerá se verificada irregularidade grave e insanável resultante de conduta dolosa que importe enriquecimento ilícito e lesão ao patrimônio do partido.

§ 14. O instituto ou fundação de pesquisa e de doutrinação e educação política não será atingido pela sanção aplicada ao partido político em caso de desaprovação de suas contas, exceto se tiver diretamente dado causa à reprovação.

- §§ 12 ao 14 acrescidos pelo Art. 3º da Lei nº 13.165/2015.

Art. 37-A. A falta de prestação de contas implicará a suspensão de novas cotas do Fundo Partidário enquanto perdurar a inadimplência e sujeitará os responsáveis às penas da lei.

- Art. 37-A acrescido pelo Art. 3º da Lei nº 13.165/2015.

Capítulo II - Do Fundo Partidário

- Res.-TSE nº 23.464/2015: Regulamenta o disposto no Título III da Lei nº 9.096, de 19 de setembro de 1995 - Das Finanças e Contabilidade dos Partidos e revoga a Res.-TSE nº 23.432/2014, sem prejuízo de sua aplicação ao exercício de 2015. Res.-TSE nº 21.975/2004: Disciplina o recolhimento e a cobrança das multas previstas no Código Eleitoral e leis conexas e a distribuição do Fundo Especial de Assistência Financeira aos Partidos Políticos (Fundo Partidário). Res.-TSE nº 21875/2004: Regulamenta o recolhimento do percentual de participação de institutos ou fundações de pesquisa e de doutrinação e educação política nas verbas do Fundo Partidário. Port.-TSE nº 288/2005: Estabelece normas e procedimentos visando à arrecadação, recolhimento e cobrança das multas previstas no Código Eleitoral e leis conexas, e à utilização da Guia de Recolhimento da União (GRU).

- Ac.-TSE, de 1º.8.2011, na Pet nº 409.436: nos casos de penhora judicial não cabe ao TSE promover o bloqueio das cotas do Fundo Partidário e nem fornecer o número da conta bancária de partido político.

- Res.-TSE nº 23.126/2009: Os recursos oriundos de fontes não identificadas compõem o Fundo Partidário e deverão ser recolhidos por meio da Guia de Recolhimento da União (GRU), nos termos da Resolução-TSE nº 21.975/2004 e Portaria-TSE nº 288/2005.

Art. 38. O Fundo Especial de Assistência Financeira aos Partidos Políticos (Fundo Partidário) é constituído por:

- Res.-TSE nº 23.126/2009: os recursos recebidos pelos partidos políticos oriundos de fontes não identificadas devem ser recolhidos ao Fundo Partidário mediante Guia de Recolhimento da União (GRU), nos termos da Res.-TSE nº 21.975/2004 e Port.-TSE nº 288/2005.

I – multas e penalidades pecuniárias aplicadas nos termos do Código Eleitoral e leis conexas;

- Ac.-TSE, de 1º.3.2011, no REspe nº 28.478: inviabilidade do pedido de reversão da multa em favor do Fundo Estadual para a Reparação dos Direitos Difusos.

II – recursos financeiros que lhe forem destinados por lei, em caráter permanente ou eventual;

III – doações de pessoa física ou jurídica, efetuadas por intermédio de depósitos bancários diretamente na conta do Fundo Partidário;

- Ac.- STF, de 17.9.2015, na ADI nº 4.650: declara a inconstitucionalidade da expressão ou pessoa jurídica, com eficácia *ex tunc*. Essa decisão é aplicável às eleições de 2016.

IV – dotações orçamentárias da União em valor nunca inferior, cada ano, ao número de eleitores inscritos em 31 de dezembro do ano anterior ao da proposta orçamentária, multiplicados por trinta e cinco centavos de real, em valores de agosto de 1995.

§ 1º (Vetado.)

§ 2º (Vetado.)

Art. 39. Ressalvado o disposto no Art. 31, o partido político pode receber doações de pessoas físicas e jurídicas para constituição de seus fundos.

- Ac.- STF, de 17.9.2015, na ADI nº 4.650: declara a inconstitucionalidade da expressão e jurídicas, com eficácia *ex tunc*. Essa decisão é aplicável às eleições de 2016.

§ 1º As doações de que trata este artigo podem ser feitas diretamente aos órgãos de direção nacional, estadual e municipal, que remeterão, à Justiça Eleitoral e aos órgãos hierarquicamente superiores do partido, o demonstrativo de seu recebimento e respectiva destinação, juntamente com o balanço contábil.

§ 2º Outras doações, quaisquer que sejam, devem ser lançadas na contabilidade do partido, definidos seus valores em moeda corrente.

§ 3º As doações de recursos financeiros somente poderão ser efetuadas na conta do partido político por meio de:

- *Caput* com redação dada pelo Art. 3º da Lei nº 13.165/2015.
- Ac.-TSE, de 6.3.2012, no AgR-REspe nº 2.834.940: ausência de abertura de conta corrente e recebimento de recursos sem identificação do doador são vícios que atingem a transparência e comprometem a fiscalização da regularidade da prestação de contas.

I – cheques cruzados e nominais ou transferência eletrônica de depósitos;

II – depósitos em espécie devidamente identificados;

III – mecanismo disponível em sítio do partido na internet que permita inclusive o uso de cartão de crédito ou de débito e que atenda aos seguintes requisitos:

a) identificação do doador;

b) emissão obrigatória de recibo eleitoral para cada doação realizada.

- Incisos I a III acrescidos pelo Art. 3º da Lei nº 13.165/2015.

§ 4º (Revogado pelo Art. 107 da Lei nº 9.504/1997.)

§ 5º Em ano eleitoral, os partidos políticos poderão aplicar ou distribuir pelas diversas eleições os recursos financeiros recebidos de pessoas físicas e jurídicas, observando-se o disposto no § 1º do Art. 23, no Art. 24 e no § 1º do Art. 81 da Lei nº 9.504, de 30 de setembro de 1997, e os critérios definidos pelos respectivos órgãos de direção e pelas normas estatutárias.

- Parágrafo 5º acrescido pelo Art. 2º da Lei nº 12.034/2009.
- Ac.- STF, de 17.9.2015, na ADI nº 4.650: declara a inconstitucionalidade da expressão e jurídicas, com eficácia *ex tunc*. Essa decisão é aplicável às eleições de 2016.
- Ac.-TSE, de 1º.8.2012, no REspe nº 780.819: possibilidade de órgãos locais de partidos políticos realizarem doações às candidaturas federais e estaduais.

Art. 40. A previsão orçamentária de recursos para o Fundo Partidário deve ser consignada, no Anexo do Poder Judiciário, ao Tribunal Superior Eleitoral.

§ 1º O Tesouro Nacional depositará, mensalmente, os duodécimos no Banco do Brasil, em conta especial à disposição do Tribunal Superior Eleitoral.

§ 2º Na mesma conta especial serão depositadas as quantias arrecadadas pela aplicação de multas e outras penalidades pecuniárias, previstas na legislação eleitoral.

Art. 41. O Tribunal Superior Eleitoral, dentro de cinco dias, a contar da data do depósito a que se refere o § 1º do artigo anterior, fará a respectiva distribuição aos órgãos nacionais dos partidos, obedecendo aos seguintes critérios:

- Ac.-STF, de 7.12.2006, nas ADI nos 1.351 e 1.354: declara inconstitucional a expressão grifada.
- V. Art. 41-A desta lei, que estabelece critérios para distribuição do Fundo Partidário.
- Res.-TSE nº 22.090/2005: o diretório regional ou municipal diretamente beneficiado por conduta vedada será excluído da distribuição de recursos de multas dela oriundas.

I – um por cento do total do Fundo Partidário será destacado para entrega, em partes iguais, a todos os partidos que tenham seus estatutos registrados no Tribunal Superior Eleitoral;

- Ac.-STF, de 7.12.2006, nas ADI nos 1.351 e 1.354: declara inconstitucional este inciso.

II – noventa e nove por cento do total do Fundo Partidário serão distribuídos aos partidos que tenham preenchido as condições do Art. 13, na proporção dos votos obtidos na última eleição geral para a Câmara dos Deputados.

- Ac.-STF, de 7.12.2006, nas ADI nos 1.351 e 1.354: declara inconstitucional este inciso.

Art. 41-A. Do total do Fundo Partidário:

- *Caput* com redação dada pelo Art. 1º da Lei nº 12.875/2013.
- Ac.-STF, de 1º.10.2015, na ADI nº 5.105: declara a inconstitucionalidade do Art. 1º da Lei nº 12.875/2013.
- Redação do Art. 41-A, anterior à Lei nº 12.875/2013, acrescido pelo Art. 1º da Lei nº 11.459/2007: Art. 41-A. 5% (cinco por cento) do total do Fundo Partidário serão destacados para entrega, em partes iguais, a todos os partidos que tenham seus estatutos registrados no Tribunal Superior Eleitoral e 95% (noventa e cinco por cento) do total do Fundo Partidário serão distribuídos a eles na proporção dos votos obtidos na última eleição geral para a Câmara dos Deputados.

I – 5% (cinco por cento) serão destacados para entrega, em partes iguais, a todos os partidos que atendam aos requisitos constitucionais de acesso aos recursos do Fundo Partidário; e

- Inciso I com redação dada pelo Art. 3º da Lei nº 13.165/2015.

II – 95% (noventa e cinco por cento) serão distribuídos aos partidos na proporção dos votos obtidos na última eleição geral para a Câmara dos Deputados.

- Inciso II acrescido pelo Art. 1º da Lei nº 12.875/2013.
- Ac.-STF, de 1º.10.2015, na ADI nº 5.105: declara a inconstitucionalidade do Art. 1º da Lei nº 12.875/2013.

Parágrafo único. Para efeito do disposto no inciso II, serão desconsideradas as mudanças de filiação partidária em quaisquer hipóteses.

- Parágrafo único com redação dada pelo Art. 2º da Lei nº 13.107/2015.

Art. 42. Em caso de cancelamento ou caducidade do órgão de direção nacional do partido, reverterá ao Fundo Partidário a quota que a este caberia.

Art. 43. Os depósitos e movimentações dos recursos oriundos do Fundo Partidário serão feitos em estabelecimentos bancários controlados pelo Poder Público Federal, pelo Poder Público Estadual ou, inexistindo estes, no banco escolhido pelo órgão diretivo do partido.

Art. 44. Os recursos oriundos do Fundo Partidário serão aplicados:

- Ac.-TSE, de 16.9.2014, na Pet nº 1621: [...] mesmo quando as irregularidades encontradas redundam em aprovação com ressalvas das contas apresentadas, é cabível a determinação de devolução ao Erário dos valores das despesas não comprovadas.
- Ac.-TSE, de 24.3.2015, na PC nº 94969 e, de 30.3.2010, na Pet nº 1831: o pagamento de juros e multas não está entre as despesas autorizadas por este artigo.
- Ac.-TSE, de 21.5.2015, na Cta nº 139623: é vedada a utilização de recursos do Fundo Partidário para efetuar pagamento de multas eleitorais, decorrente de infração à Lei das Eleições.

I – na manutenção das sedes e serviços do partido, permitido o pagamento de pessoal, a qualquer título, observado, do total recebido, os seguintes limites:

a) 50% (cinquenta por cento) para o órgão nacional;

b) 60% (sessenta por cento) para cada órgão estadual e municipal;

- Inciso I com redação dada pelo Art. 3º da Lei nº 13.165/2015.
- Res.-TSE nº 21.837/2004: possibilidade de utilização de recursos do Fundo Partidário na aquisição de bens mobiliários, computadores, impressoras, softwares e veículos automotivos.
- Ac.-TSE, de 11.6.2015, na Cta nº 5.605: A assunção de obrigações e despesas entre órgãos partidários é perfeitamente possível, desde que não haja a utilização de recursos do Fundo Partidário quando do adimplemento, seja ele total ou parcial, nas hipóteses em que o diretório originalmente responsável esteja impedido de receber recursos daquele fundo.
- Res.-TSE nº 23.086/2009: a destinação de verbas do Fundo Partidário prevista neste inciso estende-se às despesas congêneres efetuadas pelo partido político na propaganda intrapartidária (prévias partidárias).
- Ac.-TSE, de 30.3.2010, no AgR-RMS nº 712: o não cumprimento dessa regra, por si só, não implica automática rejeição das contas de agremiação político-partidária, ainda mais quando demonstrada a inocorrência da má-fé e desídia.
- Ac.-TSE, de 17.2.2011, no AgR-RMS nº 675: a extrapolação do limite dos gastos com pessoal não pode configurar mera irregularidade em prestação de contas, sob pena de se permitir ao partido gastar excessivamente recursos públicos, oriundos do Fundo Partidário, com pessoal, o que é expressamente vedado por este inciso.
- Ac.-TSE, de 17.2.2011, no AgR-RMS nº 675: desaprovação da prestação de contas de partido que extrapolar o limite dos gastos com pessoal.
- Ac.-TSE, de 24.4.2014, na Cta nº 33.814: impossibilidade de assunção de despesas dos diretórios estaduais ou municipais pelo diretório nacional, exceto as essenciais à manutenção de sedes e serviços do partido.

II – na propaganda doutrinária e política;

III – no alistamento e campanhas eleitorais;

IV – na criação e manutenção de instituto ou fundação de pesquisa e de doutrinação e educação política, sendo esta aplicação de, no mínimo, vinte por cento do total recebido;

- V. Res.-TSE nos 22.121/2005 e 22.746/2008: regras de adequação de institutos ou fundações de pesquisa e de doutrinação e educação política de partidos políticos às normas estabelecidas no Código Civil de 2002.

- Res.-TSE nº 21.875/2004: Regulamenta o recolhimento do percentual de participação de institutos ou fundações de pesquisa e de doutrinação e educação política nas verbas do Fundo Partidário.

- Res.-TSE nº 22.226/2006: As fundações criadas devem ter a forma de pessoa jurídica de direito privado (Art. 1º da Res.-TSE nº 22.121, de 9.12.2005); a execução dos programas de divulgação da linha programática partidária é matéria *interna corporis* dos partidos políticos.

- Ac.-TSE, de 7.2.2012, na Cta nº 172.195: impossibilidade de diretório nacional recolher, para fundação, percentual da respectiva cota do Fundo Partidário suspensa por decisão da Justiça Eleitoral.

V – na criação e manutenção de programas de promoção e difusão da participação política das mulheres, criados e mantidos pela secretaria da mulher do respectivo partido político ou, inexistindo a secretaria, pelo instituto ou fundação de pesquisa e de doutrinação e educação política de que trata o inciso IV, conforme percentual que será fixado pelo órgão nacional de direção partidária, observado o mínimo de 5% (cinco por cento) do total;

- Inciso V com redação dada pelo Art. 3º da Lei nº 13.165/2015.

- V. Art. 9º da Lei nº 13.165/2015: reserva de parcela do fundo partidário para aplicação nas campanhas das candidatas de cada partido para as três eleições que se seguirem à publicação desta Lei.

- V. Art. 45, IV, desta lei.

VI – no pagamento de mensalidades, anuidades e congêneres devidos a organismos partidários internacionais que se destinem ao apoio à pesquisa, ao estudo e à doutrinação política, aos quais seja o partido político regularmente filiado;

VII – no pagamento de despesas com alimentação, incluindo restaurantes e lanchonetes.

- Incisos VI e VII acrescidos pelo Art. 3º da Lei nº 13.165/2015.

§ 1º Na prestação de contas dos órgãos de direção partidária de qualquer nível devem ser discriminadas as despesas realizadas com recursos do Fundo Partidário, de modo a permitir o controle da Justiça Eleitoral sobre o cumprimento do disposto nos incisos I e IV deste artigo.

- Ac.-TSE, de 30.9.2015, na Pet nº 2660: a utilização de uma única conta bancária para movimentar os recursos do Fundo Partidário e aqueles próprios do partido impede o controle da aplicação dos recursos públicos, nos termos do Art. 44 da Lei nº 9.096/1995, ensejando a desaprovação das contas da agremiação.

§ 2º A Justiça Eleitoral pode, a qualquer tempo, investigar sobre a aplicação de recursos oriundos do Fundo Partidário.

§ 3º Os recursos de que trata este artigo não estão sujeitos ao regime da Lei n° 8.666, de 21 de junho de 1993, tendo os partidos políticos autonomia para contratar e realizar despesas.

- § 3º com redação dada pelo Art. 2º da Lei nº 12.891/2013.

- Ac.-TSE, de 24.6.2014, na Cta nº 100.075: inaplicabilidade da Lei nº 12.891/2013 às eleições de 2014.

§ 4º Não se incluem no cômputo do percentual previsto no inciso I deste artigo encargos e tributos de qualquer natureza.

- § 4º acrescido pelo Art. 2º da Lei nº 12.034/2009.

§ 5º O partido político que não cumprir o disposto no inciso V do *caput* deverá transferir o saldo para conta específica, sendo vedada sua aplicação para finalidade diversa, de modo que o saldo remanescente deverá ser aplicado dentro do exercício financeiro subsequente, sob pena de acréscimo de 12,5% (doze inteiros e cinco décimos por cento) do valor previsto no inciso V do *caput*, a ser aplicado na mesma finalidade.

- § 5º com redação dada pelo Art. 3º da Lei nº 13.165/2015.

§ 5º-A. A critério das agremiações partidárias, os recursos a que se refere o inciso V poderão ser acumulados em diferentes exercícios financeiros, mantidos em contas bancárias específicas, para utilização futura em campanhas eleitorais de candidatas do partido.

- § 5º-A acrescido pelo Art. 3º da Lei nº 13.165/2015.

§ 6º No exercício financeiro em que a fundação ou instituto de pesquisa não despender a totalidade dos recursos que lhe forem assinalados, a eventual sobra poderá ser revertida para outras atividades partidárias, conforme previstas no *caput* deste artigo.

- Parágrafo 6º acrescido pelo Art. 2º da Lei nº 12.891/2013.
- Ac.-TSE, de 24.6.2014, na Cta nº 1000.75: inaplicabilidade da Lei nº 12.891/2013 às eleições de 2014.

§ 7º A critério da secretaria da mulher ou, inexistindo a secretaria, a critério da fundação de pesquisa e de doutrinação e educação política, os recursos a que se refere o inciso V do *caput* poderão ser acumulados em diferentes exercícios financeiros, mantidos em contas bancárias específicas, para utilização futura em campanhas eleitorais de candidatas do partido, não se aplicando, neste caso, o disposto no § 5º.

- § 7º acrescido pelo Art. 3º da Lei nº 13.165/2015.

Título IV - Do Acesso Gratuito ao Rádio e à Televisão

- Res.-TSE nº 20.034/1997, alterada pelas Res.-TSE nⁿˢ 20.086/1997, 20.400/1998, 20.479/1999, 20.822/2001, 20.849/2001, 22.503/2006 e 22.696/2008: instruções para o acesso gratuito ao rádio e à televisão pelos partidos políticos.
- Res.-TSE nº 21.983/2005: possibilidade da realização de propaganda partidária por meio de mídia impressa ou outdoor.
- Res.-TSE nº 23.086/2009, que dispõe sobre a propaganda intrapartidária (prévias partidárias) visando escolha de candidatos em convenção: [...] A divulgação das prévias não pode revestir caráter de propaganda eleitoral antecipada, razão pela qual se limita a consulta de opinião dentro do partido. 1. A divulgação das prévias por meio de página na Internet extrapola o limite interno do partido e, por conseguinte, compromete a fiscalização, pela Justiça Eleitoral, do seu alcance. 2. Tendo em vista a restrição de que a divulgação das prévias não pode ultrapassar o âmbito intrapartidário, as mensagens eletrônicas são permitidas apenas aos filiados do partido. 3. Nos termos do Art. 36, § 3º da Lei nº 9.504/1997, que pode ser estendido por analogia às prévias, não se veda o uso de faixas e cartazes para realização de propaganda intrapartidária, desde que

em local próximo da realização das prévias, com mensagem aos filiados. [...] 4. [...] a confecção de panfletos para distribuição aos filiados, dentro dos limites do partido, não encontra, por si só, vedação na legislação eleitoral. [...] 5. Assim como as mensagens eletrônicas, o envio de cartas, como forma de propaganda intrapartidária, é permitido por ocasião das prévias, desde que essas sejam dirigidas exclusivamente aos filiados do partido. 6. Incabível autorizar matérias pagas em meios de comunicação, uma vez que ultrapassam ou podem ultrapassar o âmbito partidário e atingir, por conseguinte, toda a comunidade [...].

Art. 45. A propaganda partidária gratuita, gravada ou ao vivo, efetuada mediante transmissão por rádio e televisão será realizada entre as dezenove horas e trinta minutos e as vinte e duas horas para, com exclusividade:

- Lei nº 9.504/1997, Art. 36, § 2º: vedação de veiculação de propaganda partidária gratuita no segundo semestre do ano da eleição.
- Ac.-TSE, de 11.11.2014, na Rp nº 66.267: possibilidade de exame, pela Corregedoria-Geral, das representações por propaganda eleitoral antecipada em horário de propaganda partidária em conjunto com o desvirtuamento das regras previstas neste artigo.

I – difundir os programas partidários;

II – transmitir mensagens aos filiados sobre a execução do programa partidário, dos eventos com este relacionados e das atividades congressuais do partido;

III – divulgar a posição do partido em relação a temas político-comunitários;

- Ac.-TSE, de 2.10.2013, na Rp nº 42941: na propaganda partidária é admissível que liderança de expressão apresente as posições da agremiação sobre temas político-comunitários.
- Ac.-TSE, de 27.2.2014, no AgR-REspe nº 3059: realizar críticas a promessa de campanha, na propaganda partidária, configura o posicionamento de partido político sobre tema de interesse político-comunitário.

IV – promover e difundir a participação política feminina, dedicando às mulheres o tempo que será fixado pelo órgão nacional de direção partidária, observado o mínimo de 10% (dez por cento) do programa e das inserções a que se refere o Art. 49.

- Inciso IV com redação dada pelo Art. 3º da Lei nº 13.165/2015.
- V. Arts. 10 e 11 da Lei nº 13.165/2015: alteram o percentual do tempo dedicado à participação política feminina para as quatro próximas eleições a partir da publicação desta lei.
- V. Art. 44, V, desta lei.
- Ac.-TSE, de 1.4.2014, no REspe nº 52363: a admissão de inserções diferenciadas na propaganda partidária não tem o condão de afastar as regras do Art. 45 da Lei nº 9.096/1995, como a reserva legal de 10% do tempo destinado ao incentivo da participação feminina na política.

§ 1º Fica vedada, nos programas de que trata este Título:

- Ac.-TSE, de 8.3.2007, na Rp nº 862: possibilidade de identificação do partido político por meio de sombreamento da logomarca (marca d'água).
- Ac.-TSE, de 30.9.2014, na Rp nº 31568: incompetência do Tribunal Superior Eleitoral para apreciar desvio de finalidade em propaganda partidária veiculada em data diversa da que tiver autorizado.

I – a participação de pessoa filiada a partido que não o responsável pelo programa;

Legislações | Direito Eleitoral

II – a divulgação de propaganda de candidatos a cargos eletivos e a defesa de interesses pessoais ou de outros partidos;

- Ac.-TSE, de 27.3.2014, na Rp nº 31483: a inserção protagonizada por lideranças políticas exercentes de cargos eletivos não induz desvio das finalidades legais.

III – a utilização de imagens ou cenas incorretas ou incompletas, efeitos ou quaisquer outros recursos que distorçam ou falseiem os fatos ou a sua comunicação.

- Ac.-TSE, de 30.3.2006, na Rp nº 782: caracterização do desvio de finalidade ainda que não se faça uso de montagem ou de trucagem de imagens.

§ 2º O partido que contrariar o disposto neste artigo será punido:

- Parágrafo 2º com redação dada pelo Art. 2º da Lei nº 12.034/2009.
- Ac.-TSE, de 30.5.2006, nas Rp nos 902, 906 e 907: A procedência da representação implica a perda do espaço que seria ocupado presumivelmente pela exibição do filme publicitário acaso não tivesse sido deferida a medida liminar e também a cassação do direito do partido às inserções correspondentes a que faria jus no semestre seguinte [...].
- Ac.-TSE, de 8.3.2007, na Rp nº 888: A ausência de identificação da agremiação partidária não é capaz de, por si só, acarretar a imposição da penalidade de perda do direito de transmissão no semestre seguinte preconizada no Art. 45, § 2º, da Lei nº 9.096/1995, aplicável somente aos partidos políticos que contrariem o disposto na referida norma.
- Res.-TSE nº 20.744/2000 e Ac.-TSE nos 1.176/2000, 657/2003 e 683/2004: cabimento de pedido de direito de resposta na propaganda partidária com base no Art. 5º, V, da CF/88.
- Ac.-TSE, de 12.5.2011, no R-Rp nº 222623: competência dos juízes auxiliares para julgar representação eleitoral ajuizada por realização de propaganda eleitoral antecipada quando não houver cumulação objetiva com as sanções previstas para o desvirtuamento da propaganda partidária. Ac.-TSE, de 25.4.2012, na Rp nº 114624; Ac-TSE, de 18.12.2007, na Rp nº 997; de 30.10.2007, na Rp nº 944: Competência do Corregedor-Geral para apreciar feito que verse sobre a utilização do espaço destinado ao programa partidário para a realização de propaganda eleitoral extemporânea, presente o cúmulo objetivo, sendo possível a dualidade de exames, sob a ótica das Lei nos 9.096/1995 e 9.504/1997.

I – quando a infração ocorrer nas transmissões em bloco, com a cassação do direito de transmissão no semestre seguinte;

- Inciso I acrescido pelo Art. 2º da Lei nº 12.034/2009.
- Ac.-TSE, de 24.6.2010, na Rp nº 107182: a penalidade no caso deste inciso limita-se ao tempo total da propaganda em cadeia.

II – quando a infração ocorrer nas transmissões em inserções, com a cassação de tempo equivalente a 5 (cinco) vezes ao da inserção ilícita, no semestre seguinte.

- Inciso II acrescido pelo Art. 2º da Lei nº 12.034/2009.
- Ac.-TSE, de 24.6.2010, na Rp nº 107182: a penalidade em decorrência do desvio de finalidade em inserções de propaganda partidária limitar-se-á à cassação do tempo equivalente a cinco vezes ao da inserção impugnada, não se podendo multiplicá-la pelo número de veiculações da mesma publicidade julgada ilegal em uma mesma data.
- Ac.-TSE, de 4.8.2015, no AgR-AI nº 16213: A penalidade limitar-se-á à cassação do tempo equivalente a cinco vezes ao da inserção impugnada, afigurando-se defeso multiplicá-la pelo número de veiculações da propaganda reputada por ilegal em uma mesma data, porém considera-se a quantidade de veiculações quando replicada em datas distintas.

§ 3º A representação, que somente poderá ser oferecida por partido político, será julgada pelo Tribunal Superior Eleitoral quando se tratar de programa em bloco ou inserções nacionais e pelos Tribunais Regionais Eleitorais quando se tratar de programas em bloco ou inserções transmitidos nos Estados correspondentes.

- Parágrafo 3º com redação dada pelo Art. 2º da Lei nº 12.034/2009.

- Ac.-TSE, de 5.4.2011, no R-Rp nº 189711 e Ac.-TSE, de 10.8.2010, no R-Rp nº 177413: legitimidade de notório pré-candidato para figurar como parte no polo passivo de representação por realização de propaganda eleitoral antecipada em programa partidário.

- Ac.-TSE, de 19.6.2012, na Rp nº 154105; Ac.-TSE, de 25.4.2012, nos REspe nº 125198 e no REspe nº 189348: legitimidade ativa do Ministério Público Eleitoral.

- Ac.-TSE, de 26.4.2007, na Rp nº 861: com a edição da Res.-TSE nº 22503/2006, foram extintos os espaços destinados à divulgação de propaganda partidária em cadeia regional.

- Ac.-TSE, de 9.8.2011, na Rp nº 124931: ilegitimidade de órgão regional de partido político para ajuizar representação por infração às regras que disciplinam a propaganda partidária autorizada pelo TSE.

- Ac.-STF, de 19.6.2013, na ADI nº 4.617: interpretação conforme a Constituição para estabelecer a legitimidade concorrente dos partidos políticos e do Ministério Público Eleitoral para a propositura da reclamação de que trata este parágrafo.

- Ac.-TSE, de 30.9.2014, na Rp nº 12690: compete ao Tribunal Superior Eleitoral a representação em inserções nacionais de partido político, ainda que vise a pré-candidato em eleições estaduais ou federais.

§ 4º O prazo para o oferecimento da representação encerra-se no último dia do semestre em que for veiculado o programa impugnado, ou se este tiver sido transmitido nos últimos 30 (trinta) dias desse período, até o 15º (décimo quinto) dia do semestre seguinte.

- Parágrafo 4º acrescido pelo Art. 2º da Lei nº 12.034/2009.

§ 5º Das decisões dos Tribunais Regionais Eleitorais que julgarem procedente representação, cassando o direito de transmissão de propaganda partidária, caberá recurso para o Tribunal Superior Eleitoral, que será recebido com efeito suspensivo.

- § 5º acrescido pelo Art. 2º da Lei nº 12.034/2009.

- Ac.-TSE, de 7.12.2011, no AgR-AC nº 143095: a pretensão de exame do efeito suspensivo de que trata este parágrafo deverá ser direcionada, no TSE, ao recurso contra o acórdão regional que tenha julgado procedente a representação e não ao interposto nos autos do pedido de propaganda partidária.

§ 6º A propaganda partidária, no rádio e na televisão, fica restrita aos horários gratuitos disciplinados nesta Lei, com proibição de propaganda paga.

- § 6º acrescido pelo Art. 2º da Lei nº 12.034/2009. Corresponde ao § 3º da redação original.

- Res.-TSE nº 21.705/2004, proferida na vigência da redação anterior do § 3º, de mesmo teor: este dispositivo abrange os programas destinados à doutrinação e à educação política produzidos por fundação criada por partido político; a vedação de propaganda paga se estende aos canais de televisão por assinatura ou via satélite.

Legislações | Direito Eleitoral

Art. 46. As emissoras de rádio e de televisão ficam obrigadas a realizar, para os partidos políticos, na forma desta Lei, transmissões gratuitas em âmbito nacional e estadual, por iniciativa e sob a responsabilidade dos respectivos órgãos de direção.

- Ac.-TSE nos 370/2002 e 236/2003, dentre outros: defere-se nova data para transmissão que não tenha sido efetivada por falha técnica da emissora. Ac.-TSE nº 690/2004: inexistência de direito da emissora a compensação fiscal nessa hipótese.
- Res.-TSE nº 23.010/2009: impossibilidade de alteração do horário de transmissão da propaganda partidária em bloco em apenas uma unidade da Federação.
- Ac.-TSE, de 12.5.2015, na Cta nº 93750: impossibilidade de mudança do conteúdo da propaganda partidária nacional, em bloco ou inserções, para estadual.

§ 1º As transmissões serão em bloco, em cadeia nacional ou estadual, e em inserções de trinta segundos e um minuto, no intervalo da programação normal das emissoras.

- Ac.-TSE, de 26.4.2007, na Rp nº 861: com a edição da Res.-TSE nº 22.503/2006, foram extintos os espaços destinados a divulgação de propaganda partidária em cadeia regional.
- Ac.-TSE, de 22.10.2013, no PP nº 1691: a norma deste parágrafo não contempla limitação ao número de dias para a veiculação das inserções, desde que obedeçam aos parâmetros mínimo e máximo de duração para cada uma delas.
- Ac.-TSE, de 27.5.2014, no MS nº 24517: a exibição de propaganda partidária por meio de inserções nacionais e estaduais só é garantida ao partido político que tenha elegido representantes em duas eleições consecutivas.

§ 2º A formação das cadeias, tanto nacional quanto estaduais, será autorizada pelo Tribunal Superior Eleitoral, que fará a necessária requisição dos horários às emissoras de rádio e de televisão, mediante requerimento dos órgãos nacionais dos partidos, com antecedência mínima de quinze dias.

- Ac.-TSE, de 26.4.2007, na Rp nº 861: com a edição da Res.-TSE nº 22503/2006, foram extintos os espaços destinados à divulgação de propaganda partidária em cadeia regional.
- Res.-TSE nº 20.034/1997, Art. 5º, com redação dada pela Res.-TSE nº 20.479/1999: prazo até o dia 1º de dezembro do ano anterior à transmissão para os partidos requererem a formação das cadeias. Ac.-TSE nº 2.175/2000: legitimidade da fixação do referido prazo, em face da competência do TSE para regular a fiel execução da lei, não importando em restrição de direitos.

§ 3º No requerimento a que se refere o parágrafo anterior, o órgão partidário solicitará conjuntamente a fixação das datas de formação das cadeias, nacional e estaduais.

- Ac.-TSE, de 26.4.2007, na Rp nº 861: com a edição da Res.-TSE nº 22503/2006, foram extintos os espaços destinados a divulgação de propaganda partidária em cadeia regional.

§ 4º O Tribunal Superior Eleitoral, independentemente do âmbito nacional ou estadual da transmissão, havendo coincidência de data, dará prioridade ao partido que apresentou o requerimento em primeiro lugar.

- Ac.-TSE, de 26.4.2007, na Rp nº 861: com a edição da Res.-TSE nº 22503/2006, foram extintos os espaços destinados a divulgação de propaganda partidária em cadeia regional.

§ 5º O material de áudio e vídeo com os programas em bloco ou as inserções será entregue às emissoras com antecedência mínima de 12 (doze) horas da transmissão, podendo as inserções de rádio ser enviadas por meio de correspondência eletrônica.

- § 5º com redação dada pelo Art. 2º da Lei nº 12.891/2013.
- Ac.-TSE, de 24.6.2014, na Cta nº 100075: inaplicabilidade da Lei nº 12.891/2013 às eleições de 2014.
- Res.-TSE nº 21.381/2003 e Ac.-TSE, de 8.3.2007, na Rp nº 893: inexigência legal de entrega, pelos partidos, de material uniforme ou análogo para as propagandas partidárias realizadas por meio de inserções, tanto nacionais como estaduais (as transmissões em cadeia regional foram extintas pela Res.-TSE nº 22.503/2006).

§ 6º As inserções a serem feitas na programação das emissoras serão determinadas:

I – pelo Tribunal Superior Eleitoral, quando solicitadas por órgão de direção nacional de partido;

II – pelo Tribunal Regional Eleitoral, quando solicitadas por órgão de direção estadual de partido.

§ 7º Em cada rede somente serão autorizadas até dez inserções de trinta segundos ou cinco de um minuto por dia.

§ 8º É vedada a veiculação de inserções idênticas no mesmo intervalo de programação, exceto se o número de inserções de que dispuser o partido exceder os intervalos disponíveis, sendo vedada a transmissão em sequência para o mesmo partido político.

- § 8º acrescido pelo Art. 2º da Lei nº 12.891/2013.
- Ac.-TSE, de 24.6.2014, na Cta nº 100075: inaplicabilidade da Lei nº 12.891/2013 às eleições de 2014.

Art. 47. Para agilizar os procedimentos, condições especiais podem ser pactuadas diretamente entre as emissoras de rádio e de televisão e os órgãos de direção do partido, obedecidos os limites estabelecidos nesta Lei, dando-se conhecimento ao Tribunal Eleitoral da respectiva jurisdição.

Art. 48. O partido registrado no Tribunal Superior Eleitoral que não atenda ao disposto no Art. 13 tem assegurada a realização de um programa em cadeia nacional, em cada semestre, com a duração de dois minutos.

- Ac.-STF, de 7.12.2006, nas ADI nos 1.351 e 1.354: declara inconstitucional este artigo.

Art. 49. Os partidos com pelo menos um representante em qualquer das Casas do Congresso Nacional têm assegurados os seguintes direitos relacionados à propaganda partidária:

- *Caput* com redação dada pelo Art. 3º da Lei nº 13.165/2015.

I – a realização de um programa a cada semestre, em cadeia nacional, com duração de:
- Inciso I com redação dada pelo Art. 3º da Lei nº 13.165/2015.

a) cinco minutos cada, para os partidos que tenham eleito até quatro Deputados Federais;

b) dez minutos cada, para os partidos que tenham eleito cinco ou mais Deputados Federais;

- Alíneas a e b acrescidas pelo Art. 3º da Lei nº 13.165/2015.

II – a utilização, por semestre, para inserções de trinta segundos ou um minuto, nas redes nacionais, e de igual tempo nas emissoras estaduais, do tempo total de:
- Inciso II com redação dada pelo Art. 3º da Lei nº 13.165/2015.

Legislações | Direito Eleitoral

a) dez minutos, para os partidos que tenham eleito até nove Deputados Federais;

b) vinte minutos, para os partidos que tenham eleito dez ou mais Deputados Federais.

- Alíneas a e b com redação dada pelo Art. 3º da Lei nº 13.165/2015.

Parágrafo único. A critério do órgão partidário nacional, as inserções em redes nacionais referidas no inciso II do *caput* deste artigo poderão veicular conteúdo regionalizado, comunicando-se previamente o Tribunal Superior Eleitoral.

- Parágrafo único acrescido pelo Art. 3º da Lei nº 13.165/2015.

Título V - Disposições Gerais

Art. 50. (Vetado.)

Art. 51. É assegurado ao partido político com estatuto registrado no Tribunal Superior Eleitoral o direito à utilização gratuita de escolas públicas ou Casas Legislativas para a realização de suas reuniões ou Convenções, responsabilizando-se pelos danos porventura causados com a realização do evento.

- Lei nº 9.504/1997, Art. 8º, § 2º: utilização gratuita de prédios públicos para realização de convenções de escolha de candidatos.

Art. 52. (Vetado.)

Parágrafo único. As emissoras de rádio e televisão terão direito a compensação fiscal pela cedência do horário gratuito previsto nesta Lei.

- Lei nº 9.504/1997, Art. 99, § 1º a 3º, acrescidos pelo Art. 3º da Lei nº 12.034/2009:

"Art. 99. [...]

§ 1º O direito à compensação fiscal das emissoras de rádio e televisão previsto no parágrafo único do Art. 52 da Lei nº 9.096, de 19 de setembro de 1995, e neste artigo, pela cedência do horário gratuito destinado à divulgação das propagandas partidárias e eleitoral, estende-se à veiculação de propaganda gratuita de plebiscitos e referendos de que dispõe o Art. 8º da Lei nº 9.709, de 18 de novembro de 1998, mantido também, a esse efeito, o entendimento de que:

I – (Vetado.);

II – o valor apurado na forma do inciso I poderá ser deduzido do lucro líquido para efeito de determinação do lucro real, na apuração do Imposto sobre a Renda da Pessoa Jurídica (IRPJ), inclusive da base de cálculo dos recolhimentos mensais previstos na legislação fiscal (Art. 2º da Lei nº 9.430, de 27 de dezembro de 1996), bem como da base de cálculo do lucro presumido.

§ 2º (Vetado).

§ 3º No caso de microempresas e empresas de pequeno porte optantes pelo Regime Especial Unificado de Arrecadação de Tributos e Contribuições (Simples Nacional), o valor integral da compensação fiscal apurado na forma do inciso I do § 1º será deduzido da base de cálculo de imposto e contribuições federais devidos pela emissora, seguindo os critérios definidos pelo Comitê Gestor do Simples Nacional (CGSN).

- Dec. nº 7.791/2012: Regulamenta a compensação fiscal na apuração do Imposto sobre a Renda da Pessoa Jurídica (IRPJ) pela divulgação gratuita da propaganda partidária e eleitoral, de plebiscitos e referendos.

- Res.-TSE nº 22.917/2008: competência da Justiça Federal para apreciar pedido de extensão da prerrogativa de compensação fiscal a empresa autorizada pelo poder público para exploração dos serviços de rede de transporte de comunicações. Prejudicado, ainda, pedido alternativo de formalização de contrato com o TSE para transmissão do sinal gerado às emissoras de televisão e rádio na propaganda partidária e eleitoral gratuita.

- Ac.-TSE nº 690/2004: inexistência de direito à compensação fiscal na hipótese de deferimento de nova data para transmissão da propaganda partidária em razão de falha técnica da emissora.

Art. 53. A fundação ou instituto de direito privado, criado por partido político, destinado ao estudo e pesquisa, à doutrinação e à educação política, rege-se pelas normas da lei civil e tem autonomia para contratar com instituições públicas e privadas, prestar serviços e manter estabelecimentos de acordo com suas finalidades, podendo, ainda, manter intercâmbio com instituições não nacionais.

- V. Res.-TSE nᵒˢ 22.121/2005 e 22746/2008: regras de adequação de institutos ou fundações de pesquisa e de doutrinação e educação política de partidos políticos às normas estabelecidas no Código Civil de 2002.

- V. Art. 44, IV, desta lei: aplicação de recursos do Fundo Partidário na criação e manutenção das fundações a que se refere este artigo.

Art. 54. Para fins de aplicação das normas estabelecidas nesta Lei, consideram-se como equivalentes a Estados e Municípios o Distrito Federal e os Territórios e respectivas divisões político-administrativas.

Título VI - Disposições Finais e Transitórias

Art. 55. O partido político que, nos termos da legislação anterior, tenha registro definitivo, fica dispensado da condição estabelecida no § 1º do Art. 7º, e deve providenciar a adaptação de seu estatuto às disposições desta Lei, no prazo de seis meses da data de sua publicação.

§ 1º A alteração estatutária com a finalidade prevista neste artigo pode ser realizada pelo partido político em reunião do órgão nacional máximo, especialmente convocado na forma dos estatutos, com antecedência mínima de trinta dias e ampla divulgação, entre seus órgãos e filiados, do projeto do estatuto.

§ 2º Aplicam-se as disposições deste artigo ao partido que, na data da publicação desta Lei:

I – tenha completado seu processo de organização nos termos da legislação anterior e requerido o registro definitivo;

II – tenha seu pedido de registro *sub judice*, desde que sobrevenha decisão favorável do órgão judiciário competente;

III – tenha requerido registro de seus estatutos junto ao Tribunal Superior Eleitoral, após o devido registro como entidade civil.

Art. 56. (Revogado pelo Art. 3º da Lei nº 13.165/2015)

I – (Revogado pelo Art. 3º da Lei nº 13.165/2015)

II – (Revogado pelo Art. 3º da Lei nº 13.165/2015)

III – (Revogado pelo Art. 3º da Lei nº 13.165/2015)

IV – (Revogado pelo Art. 3º da Lei nº 13.165/2015)

V – (Revogado pelo Art. 2º da Lei nº 11.459/2007)

Art. 57. (Revogado pelo Art. 3º da Lei nº 13.165/2015)

I – (Revogado pelo Art. 3º da Lei nº 13.165/2015)

II – (Revogado pelo Art. 2º da Lei nº 11.459/2007)

III – (Revogado pelo Art. 3º da Lei nº 13.165/2015)

Art. 58. A requerimento de partido, o Juiz Eleitoral devolverá as fichas de filiação partidária existentes no Cartório da respectiva Zona, devendo ser organizada a primeira relação de filiados, nos termos do Art. 19, obedecidas as normas estatutárias.

Parágrafo único. Para efeito de candidatura a cargo eletivo será considerada como primeira filiação a constante das listas de que trata este artigo.

Art. 59. O Art. 16 da Lei nº 3.071, de 1º de janeiro de 1916 (Código Civil), passa a vigorar com a seguinte redação:

Art. 16. [...]

III – os partidos políticos.

[...]

§ 3º Os partidos políticos reger-se-ão pelo disposto, no que lhes for aplicável, nos Arts. 17 a 22 deste Código e em lei específica.

- V. nota ao Art. 1º desta lei sobre o Art. 44, V e § 3º do CC.

Art. 60. Os artigos a seguir enumerados da Lei nº 6.015, de 31 de dezembro de 1973, passam a vigorar com a seguinte redação:

Art. 114. [...]

III – os atos constitutivos e os estatutos dos partidos políticos.

[...]

Art. 120. O registro das sociedades, fundações e partidos políticos consistirá na declaração, feita em livro, pelo oficial, do número de ordem, da data da apresentação e da espécie do ato constitutivo, com as seguintes indicações:

[...]

Parágrafo único. Para o registro dos partidos políticos, serão obedecidos, além dos requisitos deste artigo, os estabelecidos em lei específica.

Art. 61. O Tribunal Superior Eleitoral expedirá instruções para a fiel execução desta Lei.

- Res.-TSE nº 23.464/2015: Regulamenta o disposto no Título III da Lei nº 9.096, de 19 de setembro de 1995 - Das Finanças e Contabilidade dos Partidos e revoga a Res.-TSE nº 23432/2014, sem prejuízo de sua aplicação ao exercício de 2015; Res.-TSE nº 23.465/2015: Disciplina a criação, organização, fusão, incorporação e extinção de partidos políticos; Res.-TSE nº 23.117/2009: Dispõe sobre a filiação partidária, aprova nova sistemática destinada ao encaminhamento de dados pelos partidos à Justiça Eleitoral e dá outras providências e respectivas alterações; Res.-TSE nº 23.093/2009: Dispõe sobre o Sistema de Gerenciamento de Informações Partidárias (SGIP); Res.-TSE nº 22.121/2005: Dispõe sobre as regras de adequação de institutos ou fundações de pesquisa e de doutrinação e educação política de partidos políticos às normas estabelecidas no Código Civil de 2002; Res.-TSE nº 21.975/2004: Disciplina o recolhimento e a cobrança das multas previstas no Código Eleitoral e leis conexas e a distribuição do Fundo Especial de Assistência Financeira aos Partidos Políticos (Fundo Partidário); Res.-TSE nº 21.875/2004: Regulamenta o recolhimento do percentual de participação de institutos ou fundações de pesquisa e de doutrinação e educação política nas verbas do Fundo Partidário; Res.-TSE nº 21.377/2003: [...] Disciplina os novos procedimentos a serem adotados, pela Secretaria de Informática do TSE, nos casos de fusão ou incorporação dos partidos políticos; e Res.-TSE nº 20034/1997: Instruções para o acesso gratuito ao rádio e à televisão pelos partidos políticos.

Art. 62. Esta Lei entra em vigor na data de sua publicação.

Art. 63. Ficam revogadas a Lei nº 5.682, de 21 de julho de 1971, e respectivas alterações; a Lei nº 6.341, de 5 de julho de 1976; a Lei nº 6.817, de 5 de setembro de 1980; a Lei nº 6.957, de 23 de novembro de 1981; o Art. 16 da Lei nº 6.996, de 7 de junho de 1982; a Lei nº 7.307, de 9 de abril de 1985, e a Lei nº 7.514, de 9 de julho de 1986.

Brasília, 19 de setembro de 1995; 174º da Independência e 107º da República.

Marco Antonio de Oliveira Maciel

Nelson A. Jobim

Publicada no DOU de 20.9.1995.

Anotações

Legislações | Direito Eleitoral

Lei das Eleições - Lei nº 9.504, de 30 de setembro de 1997

Estabelece normas para as eleições.

O Vice-Presidente da República, no exercício do cargo de Presidente da República,

Faço saber que o Congresso Nacional decreta e eu sanciono a seguinte Lei:

Disposições Gerais

Art. 1º As eleições para Presidente e Vice-Presidente da República, Governador e Vice-Governador de Estado e do Distrito Federal, Prefeito e Vice-Prefeito, Senador, Deputado Federal, Deputado Estadual, Deputado Distrital e Vereador dar-se-ão, em todo o País, no primeiro domingo de outubro do ano respectivo.

Parágrafo único. Serão realizadas simultaneamente as eleições:

I – para Presidente e Vice-Presidente da República, Governador e Vice-Governador de Estado e do Distrito Federal, Senador, Deputado Federal, Deputado Estadual e Deputado Distrital;

II – para Prefeito, Vice-Prefeito e Vereador.

Art. 2º Será considerado eleito o candidato a Presidente ou a Governador que obtiver a maioria absoluta de votos, não computados os em branco e os nulos.

§ 1º Se nenhum candidato alcançar maioria absoluta na primeira votação, far-se-á nova eleição no último domingo de outubro, concorrendo os dois candidatos mais votados, e considerando-se eleito o que obtiver a maioria dos votos válidos.

§ 2º Se, antes de realizado o segundo turno, ocorrer morte, desistência ou impedimento legal de candidato, convocar-se-á, dentre os remanescentes, o de maior votação.

§ 3º Se, na hipótese dos parágrafos anteriores, remanescer em segundo lugar mais de um candidato com a mesma votação, qualificar-se-á o mais idoso.

§ 4º A eleição do Presidente importará a do candidato a Vice-Presidente com ele registrado, o mesmo se aplicando à eleição de Governador.

Art. 3º Será considerado eleito Prefeito o candidato que obtiver a maioria dos votos, não computados os em branco e os nulos.

- Ac.-TSE, de 28.5.2013, no REspe nº 31.696: a parte final do § 2º do Art. 77 da CF/88 é aplicável às eleições municipais de todas as cidades brasileiras, inclusive aquelas com menos de 200 mil eleitores.

§ 1º A eleição do Prefeito importará a do candidato a Vice-Prefeito com ele registrado.

§ 2º Nos Municípios com mais de duzentos mil eleitores, aplicar-se-ão as regras estabelecidas nos §§ 1º a 3º do artigo anterior.

Art. 4º Poderá participar das eleições o partido que, até um ano antes do pleito, tenha registrado seu estatuto no Tribunal Superior Eleitoral, conforme o disposto em lei, e tenha, até a data da Convenção, órgão de direção constituído na circunscrição, de acordo com o respectivo estatuto.

- Ac.-TSE nos 21798/2004, 17.081/2000 e 13.060/1996: a existência do órgão partidário não está condicionada à anotação no TRE.
- Ac.-TSE, de 2.6.2011, na Cta nº 75.535: o encaminhamento da listagem de partido, cujo estatuto fora registrado no TSE em menos de um ano das eleições, não supre a exigência legal do prazo mínimo de filiação de um ano, contado da constituição definitiva do partido.
- Ac.-STF, de 28.5.2014, na ADI nº 1.817: constitucionalidade da exigência do prazo mínimo de um ano de existência para que partidos possam concorrer em eleições.

Art. 5º Nas eleições proporcionais, contam-se como válidos apenas os votos dados a candidatos regularmente inscritos e às legendas partidárias.

Das Coligações

Art. 6º É facultado aos partidos políticos, dentro da mesma circunscrição, celebrar coligações para eleição majoritária, proporcional, ou para ambas, podendo, neste último caso, formar-se mais de uma coligação para a eleição proporcional dentre os partidos que integram a coligação para o pleito majoritário.

- V. CF/88, Art. 17, § 1º.
- Res.-TSE nº 23.200, de 17.12.2009: com o fim da obrigatoriedade de verticalização partidária assegura-se aos partidos políticos autonomia para adotar os critérios de escolha e o regime de suas coligações eleitorais, sem obrigatoriedade de vinculação entre as candidaturas em âmbito nacional, estadual, distrital ou municipal, devendo seus estatutos estabelecer normas de disciplina e fidelidade partidária.
- V. Ac.-STF, de 22.3.2006, na ADI nº 3.685-8.

§ 1º A coligação terá denominação própria, que poderá ser a junção de todas as siglas dos partidos que a integram, sendo a ela atribuídas as prerrogativas e obrigações de partido político no que se refere ao processo eleitoral, e devendo funcionar como um só partido no relacionamento com a Justiça Eleitoral e no trato dos interesses interpartidários.

- Ac.-TSE nos 345/1998, 15529/1998, 22.107/2004, 5.052/2005 e 25.015/2005: a coligação existe a partir do acordo de vontades dos partidos políticos e não da homologação pela Justiça Eleitoral.

§ 1º-A. A denominação da coligação não poderá coincidir, incluir ou fazer referência a nome ou número de candidato, nem conter pedido de voto para partido político.

- § 1º-A acrescido pelo Art. 3º da Lei nº 12.034/2009.

§ 2º Na propaganda para eleição majoritária, a coligação usará, obrigatoriamente, sob sua denominação, as legendas de todos os partidos que a integram; na propaganda para eleição proporcional, cada partido usará apenas sua legenda sob o nome da coligação.

- Ac.-TSE, de 18.9.2014, no AgR-REspe nº 41676 e, de 3.4.2012, no REspe nº 326.581: ausência de previsão legal de sanção pecuniária por descumprimento ao disposto neste parágrafo. Ac.-TSE, de 19.9.2002, no AgR-RP nº 446 e, de 13.9.2006, no AgR-Rp nº 1.069: na hipótese de inobservância do que prescrevem este dispositivo e o correspondente do Código Eleitoral, deve o julgador advertir – à falta de norma sancionadora – o autor da conduta ilícita, sob pena de crime de desobediência.

- Ac.-TSE, de 22.8.2006, na Rp nº 1.004: dispensa da identificação da coligação e dos partidos que a integram na propaganda eleitoral em inserções de 15 segundos no rádio.
- V. Art. 242, *caput*, do CE/65.

§ 3º Na formação de coligações, devem ser observadas, ainda, as seguintes normas:

I – na chapa da coligação, podem inscrever-se candidatos filiados a qualquer partido político dela integrante;

- Ac.-TSE, de 29.8.2013, no REspe nº 13.404: a norma deste inciso não impõe a todos os partidos integrantes da coligação que apresentem candidatos ao pleito proporcional.

II – o pedido de registro dos candidatos deve ser subscrito pelos Presidentes dos partidos coligados, por seus Delegados, pela maioria dos membros dos respectivos órgãos executivos de direção ou por representante da coligação, na forma do inciso III;

III – os partidos integrantes da coligação devem designar um representante, que terá atribuições equivalentes às de Presidente de partido político, no trato dos interesses e na representação da coligação, no que se refere ao processo eleitoral;

IV – a coligação será representada perante a Justiça Eleitoral pela pessoa designada na forma do inciso III ou por Delegados indicados pelos partidos que a compõem, podendo nomear até:

- Ac.-TSE, de 20.9.2006, no REspe nº 26.587: este dispositivo não confere capacidade postulatória a delegado de partido político.

a) três Delegados perante o Juízo Eleitoral;

b) quatro Delegados perante o Tribunal Regional Eleitoral;

c) cinco Delegados perante o Tribunal Superior Eleitoral.

§ 4º O partido político coligado somente possui legitimidade para atuar de forma isolada no processo eleitoral quando questionar a validade da própria coligação, durante o período compreendido entre a data da convenção e o termo final do prazo para a impugnação do registro de candidatos.

- § 4º acrescido pelo Art. 3º da Lei nº 12.034/2009.
- Ac.-TSE, de 18.12.2012, no AgR-REspe nº 8.274: A outorga de poderes realizada por todos os presidentes das agremiações que compõem a coligação é suficiente para legitimar a impugnação proposta pelos partidos coligados.

§ 5º A responsabilidade pelo pagamento de multas decorrentes de propaganda eleitoral é solidária entre os candidatos e os respectivos partidos, não alcançando outros partidos mesmo quando integrantes de uma mesma coligação.

- Parágrafo 5º acrescido pelo Art. 3º da Lei nº 12.891/2013.
- Ac.-TSE, de 24.6.2014, na Cta nº 100.075: inaplicabilidade da Lei nº 12.891/2013 às eleições de 2014.

Das Convenções para Escolha de Candidatos

Art. 7º As normas para a escolha e substituição dos candidatos e para a formação de coligações serão estabelecidas no estatuto do partido, observadas as disposições desta Lei.

§ 1º Em caso de omissão do estatuto, caberá ao órgão de direção nacional do partido estabelecer as normas a que se refere este artigo, publicando-as no Diário Oficial da União até cento e oitenta dias antes das eleições.

- Ac.-TSE nº 19.955/2002: as normas para escolha e substituição de candidatos e para formação de coligação não se confundem com as diretrizes estabelecidas pela convenção nacional sobre coligações – enquanto aquelas possuem, ao menos em tese, natureza permanente, as diretrizes variam de acordo com o cenário político formado para cada pleito.

§ 2º Se a convenção partidária de nível inferior se opuser, na deliberação sobre coligações, às diretrizes legitimamente estabelecidas pelo órgão de direção nacional, nos termos do respectivo estatuto, poderá esse órgão anular a deliberação e os atos dela decorrentes.

- § 2º com redação dada pelo Art. 3º da Lei nº 12.034/2009.

§ 3º As anulações de deliberações dos atos decorrentes de convenção partidária, na condição acima estabelecida, deverão ser comunicadas à Justiça Eleitoral no prazo de 30 (trinta) dias após a data limite para o registro de candidatos.

- § 3º com redação dada pelo Art. 3º da Lei nº 12.034/2009.

§ 4º Se, da anulação, decorrer a necessidade de escolha de novos candidatos, o pedido de registro deverá ser apresentado à Justiça Eleitoral nos 10 (dez) dias seguintes à deliberação, observado o disposto no Art. 13.

- § 4º acrescido pelo Art. 3º da Lei nº 12.034/2009.

Art. 8º A escolha dos candidatos pelos partidos e a deliberação sobre coligações deverão ser feitas no período de 20 de julho a 5 de agosto do ano em que se realizarem as eleições, lavrando-se a respectiva ata em livro aberto, rubricado pela Justiça Eleitoral, publicada em vinte e quatro horas em qualquer meio de comunicação.

- *Caput* com redação dada pelo Art. 2º da Lei nº 13.165/2015.
- Ac.-TSE, de 11.9.2012, no AgR-REspe nº 8.942: possibilidade de deferimento do Drap se não for evidenciado nenhum indício de grave irregularidade ou fraude no caso concreto, excepcionando a necessidade de lavratura da ata de convenção.
- Ac.-TSE, de 1º.4.2014, no REspe nº 2.204: a ocorrência de fraude na convenção de um ou mais partidos integrantes de coligação não acarreta, necessariamente, o indeferimento do registro da coligação, mas a exclusão dos partidos cujas convenções tenham sido consideradas inválidas.

§ 1º Aos detentores de mandato de Deputado Federal, Estadual ou Distrital, ou de Vereador, e aos que tenham exercido esses cargos em qualquer período da legislatura que estiver em curso, é assegurado o registro de candidatura para o mesmo cargo pelo partido a que estejam filiados.

- Ac.-STF, de 24.4.2002, na ADI-MC nº 2.530: suspensa, até decisão final da ação, a eficácia deste § 1º.

Legislações | Direito Eleitoral

§ 2º Para a realização das Convenções de escolha de candidatos, os partidos políticos poderão usar gratuitamente prédios públicos, responsabilizando-se por danos causados com a realização do evento.

Art. 9º Para concorrer às eleições, o candidato deverá possuir domicílio eleitoral na respectiva circunscrição pelo prazo de, pelo menos, um ano antes do pleito, e estar com a filiação deferida pelo partido no mínimo seis meses antes da data da eleição.

- *Caput* com redação dada pelo Art. 2º da Lei nº 13.165/2015.
- Ac.-TSE, de 16.6.2011, na Cta nº 76142: impossibilidade de se considerar, para fins de candidatura, o prazo em que o eleitor figurava apenas como fundador ou apoiador na criação da legenda.
- Res.-TSE nº 22.088/2005: servidor da Justiça Eleitoral deve se exonerar do cargo público para cumprir o prazo legal de filiação partidária, ainda que afastado do órgão de origem e pretenda concorrer em estado diverso de seu domicílio profissional. Ac.-TSE, de 30.8.1990, no REspe nº 8.963 e Res.-TSE nº 21.787/2004: inexigência de prévia filiação partidária do militar da ativa, bastando o pedido de registro de candidatura após escolha em convenção partidária. Ac.-TSE, de 23.9.2004, no AgR-REspe nº 22.941: necessidade de tempestiva filiação partidária de militar da reserva não remunerada.
- Ac.-TSE, de 15.9.2010, no AgR-REspe nº 254.118: não atendimento desta condição de elegibilidade se a transferência de domicílio tiver sido concluída no cartório eleitoral após o prazo limite deste artigo, ainda que o pré-atendimento tenha se iniciado em momento anterior.
- Ac.-TSE, de 29.9.2010, no AgR-REspe nº 224.358: ausência de previsão de candidaturas avulsas, desvinculadas de partido, no sistema eleitoral vigente, sendo possível concorrer aos cargos eletivos somente os filiados que tiverem sido escolhidos em convenção partidária.
- Ac.-TSE, de 3.4.2012, na Cta nº 3.364: domicílio eleitoral de juízes e desembargadores.
- Ac.-TSE, de 23.4.2013, no AgR-REspe nº 8.121: cabimento de recurso especial em matéria referente a domicílio eleitoral, em função de sua natureza administrativo-eleitoral poder ensejar reflexos em relação a candidaturas.
- Ac.-TSE, de 9.10.2012, no REspe nº 5.389: A condição de elegibilidade referente ao domicílio eleitoral um ano antes do pleito, na respectiva circunscrição, também se aplica aos militares.

Parágrafo único. Havendo fusão ou incorporação de partidos após o prazo estipulado no *caput*, será considerada, para efeito de filiação partidária, a data de filiação do candidato ao partido de origem.

Do Registro de Candidatos

Art. 10. Cada partido ou coligação poderá registrar candidatos para a Câmara dos Deputados, a Câmara Legislativa, as Assembleias Legislativas e as Câmaras Municipais no total de até 150% (cento e cinquenta por cento) do número de lugares a preencher, salvo:

- *Caput* com redação dada pelo Art. 2º da Lei nº 13.165/2015.
- LC nº 78/1993: Disciplina a fixação do número de Deputados, nos termos do Art. 45, § 1º, da Constituição Federal.
- CF/88, Art. 29, IV e alíneas, com redação dada pela EC nº 58/2009: critérios para fixação do número de Vereadores. Ac.-STF, de 24.3.2004, no RE nº 197.917: aplicação de critério aritmético rígido no cálculo do número de Vereadores.

I – nas unidades da Federação em que o número de lugares a preencher para a Câmara dos Deputados não exceder a doze, nas quais cada partido ou coligação poderá registrar candidatos a Deputado Federal e a Deputado Estadual ou Distrital no total de até 200% (duzentos por cento) das respectivas vagas;

II – nos Municípios de até cem mil eleitores, nos quais cada coligação poderá registrar candidatos no total de até 200% (duzentos por cento) do número de lugares a preencher.

- Incisos I e II acrescidos pelo Art. 2º da Lei nº 13.165/2015.

§ 1º (Revogado pelo Art. 15 da Lei nº 13.165/2015)

§ 2º (Revogado pelo Art. 15 da Lei nº 13.165/2015)

§ 3º Do número de vagas resultante das regras previstas neste artigo, cada partido ou coligação preencherá o mínimo de 30% (trinta por cento) e o máximo de 70% (setenta por cento) para candidaturas de cada sexo.

- § 3º com redação dada pelo Art. 3º da Lei nº 12.034/2009.

- V. Res.-TSE nº 23.270/2010: utilização do sistema CANDex para gerar as mídias relativas aos pedidos de registro e aviso aos partidos e coligações quanto aos percentuais mínimo e máximo de cada sexo.

- Ac.-TSE, de 8.9.2010, no REspe nº 64.228: irrelevância do surgimento de fração, ainda que superior a 0,5% (meio por cento), em relação a quaisquer dos gêneros, se o partido político deixar de esgotar as possibilidades de indicação de candidatos.

- Ac.-TSE, de 6.11.2012, no REspe nº 2.939: na impossibilidade de registro de candidaturas femininas no percentual mínimo de 30%, o partido ou a coligação deve reduzir o número de candidatos do sexo masculino para adequar-se os respectivos percentuais.

- Ac.-TSE, de 11.11.2014, no AgR-REspe nº 160.892: os percentuais de gênero devem ser observados no momento do registro de candidatura, em eventual preenchimento de vagas remanescentes ou na substituição de candidatos.

§ 4º Em todos os cálculos, será sempre desprezada a fração, se inferior a meio, e igualada a um, se igual ou superior.

- Res.-TSE nos 21.608/2004, Art. 21, § 4º; 22156/2006, Art. 20, § 5º; 22.717/2008, Art. 22, § 4º; 23.221/2010, Art. 18, § 6º (instruções sobre registro de candidatos); e Ac.-TSE nº 22.764/2004: na hipótese do § 3º deste artigo, qualquer fração resultante será igualada a um no cálculo do percentual mínimo estabelecido para um dos sexos e desprezada no cálculo das vagas restantes para o outro sexo.

- V. nota ao parágrafo anterior sobre o Ac.-TSE, de 8.9.2010, no REspe nº 64.228.

§ 5º No caso de as convenções para a escolha de candidatos não indicarem o número máximo de candidatos previsto no *caput*, os órgãos de direção dos partidos respectivos poderão preencher as vagas remanescentes até trinta dias antes do pleito.

- § 5º com redação dada pelo Art. 2º da Lei nº 13.165/2015.

- Ac.-TSE, de 2.4.2013, no AgR-REspe nº 20.608: impossibilidade de preenchimento das vagas remanescentes por candidato que tenha pedido de registro indeferido, com decisão transitada em julgado, para a mesma eleição.

- V. nota ao § 3º deste artigo sobre o Ac.-TSE, de 6.11.2012, no REspe nº 2.939.

Legislações | Direito Eleitoral

Art. 11. Os partidos e coligações solicitarão à Justiça Eleitoral o registro de seus candidatos até as dezenove horas do dia 15 de agosto do ano em que se realizarem as eleições.

- *Caput* com redação dada pelo Art. 2º da Lei nº 13.165/2015.
- Ac.-TSE, de 16.9.2014, no REspe nº 276.524: O requerimento de registro de candidatura (RRC) pode ser subscrito por procurador constituído por instrumento particular.

§ 1º O pedido de registro deve ser instruído com os seguintes documentos:

- Ac.-TSE, de 23.9.2014, no REspe nº 234.956: no teste de alfabetização, basta que se verifique a capacidade de leitura e de expressão do pensamento por escrito; Ac.-TSE nº 12.767, de 13.11.2012: o comprovante de escolaridade pode ser suprido por declaração de próprio punho, firmada na presença do Juiz Eleitoral ou de servidor do cartório eleitoral por ele designado; Ac.-TSE, de 27.9.2012, no AgR-REspe nº 2.375: A exigência de alfabetização do candidato pode ser aferida por teste realizado perante o juízo eleitoral, de forma individual e reservada; Ac.-TSE, de 7.6.2011, no AgR-RO nº 445.925: a CNH gera presunção de escolaridade, necessária ao deferimento do registro de candidatura.
- Ac.-TSE, de 6.10.2010, na Rp nº 154.808: inexigibilidade de apresentação de certidões cíveis para o registro de candidatura, por não constar do rol deste parágrafo.
- Ac.-TSE, de 15.9.2010, no REspe nº 190.323: as condições de elegibilidade não estão previstas somente no Art. 14, § 3º, I a VI, da CF/88, mas também neste parágrafo.
- Ac.-TSE, de 4.5.2010, no AgR-REspe nº 3.919.571: O exame da aptidão de candidatura em eleição suplementar deve ocorrer no momento do novo pedido de registro, não se levando em conta a situação anterior do candidato na eleição anulada, a menos que ele tenha dado causa à anulação.

I – cópia da ata a que se refere o Art. 8º;

- Ac.-TSE, de 11.9.2012, no AgR-REspe nº 8.942: possibilidade de deferimento do Drap se não for evidenciado nenhum indício de grave irregularidade ou fraude no caso concreto, excepcionando a necessidade de lavratura da ata de convenção.

II – autorização do candidato, por escrito;

III – prova de filiação partidária;

- Ac.-TSE, de 16.6.2011, na Cta nº 76.142: ausência de impedimento para que fundador do partido político continue filiado à agremiação de origem.
- Ac.-TSE, de 2.6.2011, na Cta nº 75.535: possibilidade da filiação partidária no novo partido somente após o registro do estatuto na Justiça Eleitoral; prazo razoável de 30 dias, contados do registro do estatuto partidário pelo TSE, para a filiação no novo partido (aplicação analógica do § 4º do Art. 9º da Lei nº 9.096/1995).
- Ac.-TSE, de 18.9.2014, no AgR-REspe nº 49.368: não se admite, como prova de vínculo de filiação partidária, documento unilateral produzido pela parte interessada, a exemplo da ficha de filiação partidária.
- Ac.-TSE, de 30.9.2014, no AgR-REspe nº 186711, de 23.9.2014, no AgR-REspe nº 150.925 e, de 18.9.2014, no AgR-REspe nº 49.368: documentos produzidos unilateralmente não são aptos a comprovar a filiação partidária.

IV – declaração de bens, assinada pelo candidato;

- Ac.-TSE, de 26.9.2006, no REspe nº 27.160: este dispositivo revogou tacitamente a parte final do inciso VI do § 1º do Art. 94 do Código Eleitoral, passando a exigir apenas que o requerimento do candidato se faça acompanhar, entre outros documentos, da declaração de seus bens, sem indicar os valores atualizados e ou as mutações patrimoniais. Ac.-TSE nº 19.974/2002: inexigibilidade de declaração de imposto de renda.
- Res.-TSE nº 21.295/2002: publicidade dos dados da declaração de bens.

V – cópia do título eleitoral ou certidão, fornecida pelo Cartório Eleitoral, de que o candidato é eleitor na circunscrição ou requereu sua inscrição ou transferência de domicílio no prazo previsto no Art. 9º ;

VI – certidão de quitação eleitoral;

- V. Art. 11, §§ 7º ao 9º, desta lei.
- Ac.-TSE, de 15.9.2010, no REspe nº 190323: quitação eleitoral também é condição de elegibilidade.
- Ac.-TSE, de 16.10.2012, no AgR-REspe nº 23211; Ac.-TSE, de 30.8.2012, no AgR-REspe nº 11197 e Ac.-TSE, de 28.9.2010, no REspe nº 442363: a apresentação das contas de campanha é suficiente para a obtenção de quitação eleitoral, sendo desnecessária sua aprovação.
- Res.-TSE nº 21.667/2004: Dispõe sobre a utilização do serviço de emissão de certidão de quitação eleitoral por meio da Internet e dá outras providências.
- Res.-TSE nº 23.241/2010: impossibilidade de expedição de certidão de quitação eleitoral para que os sentenciados cumprindo penas nos regimes semiaberto e aberto obtenham emprego; possibilidade de fornecimento, pela Justiça Eleitoral, de certidões que reflitam a suspensão de direitos políticos, das quais constem a natureza da restrição e o impedimento, durante a sua vigência, do exercício do voto e da regularização da situação eleitoral.
- Res.-TSE nº 22.783/2008: A Justiça Eleitoral não emite 'certidão positiva com efeitos negativos' para fins de comprovação de quitação eleitoral, pois o débito oriundo de aplicação de multa eleitoral não possui natureza tributária, inexistindo, assim, analogia aos Arts. 205 e 206 do CTN. Ainda na mesma decisão: O parcelamento de débito oriundo da aplicação de multa eleitoral [...] obtido na Procuradoria-Geral da Fazenda Nacional ou na Justiça Eleitoral [...] possibilita o reconhecimento da quitação eleitoral, para fins de pedido de registro de candidatura, desde que tal parcelamento tenha sido requerido e obtido antes de tal pedido, estando devidamente pagas as parcelas vencidas.

VII – certidões criminais fornecidas pelos órgãos de distribuição da Justiça Eleitoral, Federal e Estadual;

- Ac-TSE, de 30.9.2014, no AgR-REspe nº 64.978 e, de 15.9.2010, no AgR-REspe nº 247543: necessidade de certidão de inteiro teor, quando apresentada certidão criminal com registros positivos; Ac.-TSE, de 25.9.2006, no RO nº 1.192: certidão de vara de execução criminal não supre a exigência expressa neste inciso; Ac.-TSE, de 10.10.2006, no RO nº 1.028 e, de 21.9.2006, no REspe nº 26.375: inexigibilidade de que conste destinação expressa a fins eleitorais.

VIII – fotografia do candidato, nas dimensões estabelecidas em instrução da Justiça Eleitoral, para efeito do disposto no § 1º do Art. 59;

IX – propostas defendidas pelo candidato a Prefeito, a Governador de Estado e a Presidente da República.

- Inciso IX acrescido pelo Art. 3º da Lei nº 12.034/2009.

§ 2º A idade mínima constitucionalmente estabelecida como condição de elegibilidade é verificada tendo por referência a data da posse, salvo quando fixada em dezoito anos, hipótese em que será aferida na data-limite para o pedido de registro.

- § 2º com redação dada pelo Art. 2º da Lei nº 13.165/2015.
- V. CF/88, Art. 14, § 3º, VI.

§ 3º Caso entenda necessário, o Juiz abrirá prazo de setenta e duas horas para diligências.

- V. Súm.-TSE nº 3/1992.
- Ac.-TSE, de 25.9.2014, no AgR-REspe nº 184.028 e, de 4.9.2014, no REspe nº 38.455: no julgamento dos registros de candidaturas, o órgão jurisdicional deve considerar o documento juntado de forma tardia, enquanto não esgotada a instância ordinária.
- Ac.-TSE, de 15.9.2010, no AgR-REspe nº 123.179: possibilidade de juntada de documentos a fim de suprir irregularidade no requerimento de registro, posteriormente ao seu indeferimento, caso o candidato não tenha sido intimado para tal providência na fase de diligência.
- Ac.-TSE, de 27.3.2014, no REspe nº 9.592: possibilidade de conversão do prazo deste parágrafo em dias.

§ 4º Na hipótese de o partido ou coligação não requerer o registro de seus candidatos, estes poderão fazê-lo perante a Justiça Eleitoral, observado o prazo máximo de quarenta e oito horas seguintes à publicação da lista dos candidatos pela Justiça Eleitoral.

- § 4º com redação dada pelo Art. 3º da Lei nº 12.034/2009.
- Ac.-TSE, de 29.9.2010, no AgR-REspe nº 224.358: ausência de previsão de candidaturas avulsas, desvinculadas de partido, no sistema eleitoral vigente, sendo possível concorrer aos cargos eletivos somente os filiados que tiverem sido escolhidos em convenção partidária.

§ 5º Até a data a que se refere este artigo, os Tribunais e Conselhos de Contas deverão tornar disponíveis à Justiça Eleitoral relação dos que tiveram suas contas relativas ao exercício de cargos ou funções públicas rejeitadas por irregularidade insanável e por decisão irrecorrível do órgão competente, ressalvados os casos em que a questão estiver sendo submetida à apreciação do Poder Judiciário, ou que haja sentença judicial favorável ao interessado.

- Lei nº 8.443/1992 (LOTCU), Art. 91: Para a finalidade prevista no Art. 1º, inciso I, alínea g, e no Art. 3º, ambos da Lei Complementar nº 64, de 18 de maio de 1990, o Tribunal enviará ao Ministério Público Eleitoral, em tempo hábil, o nome dos responsáveis cujas contas houverem sido julgadas irregulares nos cinco anos imediatamente anteriores à realização de cada eleição.
- Ac.-TSE, de 12.12.2008, no REspe nº 34627; de 13.11.2008, no REspe nº 32984; de 2.9.2008, no REspe nº 29316 e Res.-TSE nº 21563/2003: a mera inclusão do nome do administrador público na lista remetida à Justiça Eleitoral por Tribunal ou conselho de contas não gera inelegibilidade, por se tratar de procedimento meramente informativo.

§ 6º A Justiça Eleitoral possibilitará aos interessados acesso aos documentos apresentados para os fins do disposto no § 1º.

- § 6º acrescido pelo Art. 3º da Lei nº 12.034/2009.

§ 7º A certidão de quitação eleitoral abrangerá exclusivamente a plenitude do gozo dos direitos políticos, o regular exercício do voto, o atendimento a convocações da Justiça

Eleitoral para auxiliar os trabalhos relativos ao pleito, a inexistência de multas aplicadas, em caráter definitivo, pela Justiça Eleitoral e não remitidas, e a apresentação de contas de campanha eleitoral.

- § 7º acrescido pelo Art. 3º da Lei nº 12.034/2009.

- Ac.-TSE, de 16.10.2012, no AgR-REspe nº 23.211; Ac.-TSE, de 30.8.2012, no AgR-REspe nº 11197; e Ac.-TSE, de 28.9.2010, no REspe nº 442.363: a apresentação das contas de campanha é suficiente para a obtenção de quitação eleitoral, sendo desnecessária sua aprovação.

- Ac.-TSE, de 4.6.2013, nos ED-AgR-REspe nº 18.354 e Ac-TSE, de 15.9.2010, no REspe nº 108352: a quitação eleitoral abrange tanto as multas decorrentes das condenações por ilícitos eleitorais quanto as penalidades pecuniárias por ausência às urnas.

- Ac.-TSE, de 11.11.2010, no AgR-REspe nº 411.981: não há falar na ausência de quitação eleitoral do pré-candidato quando a decisão que julgar suas contas de campanha como não prestadas ainda estiver *sub judice*.

- Ac.-TSE, de 26.8.2014, no REspe nº 80.982: possibilidade de considerar, para fins de aferição da quitação eleitoral, a comprovação do pagamento ou do cumprimento regular do parcelamento da dívida após a data da formalização do registro de candidatura, enquanto o feito se encontrar na instância ordinária.

§ 8º Para fins de expedição da certidão de que trata o § 7º, considerar-se-ão quites aqueles que:

I – condenados ao pagamento de multa, tenham, até a data da formalização do seu pedido de registro de candidatura, comprovado o pagamento ou o parcelamento da dívida regularmente cumprido;

II – pagarem a multa que lhes couber individualmente, excluindo-se qualquer modalidade de responsabilidade solidária, mesmo quando imposta concomitantemente com outros candidatos e em razão do mesmo fato;

- § 8º e incisos I e II acrescidos pelo Art. 3º da Lei nº 12.034/2009.

III - o parcelamento das multas eleitorais é direito do cidadão, seja ele eleitor ou candidato, e dos partidos políticos, podendo ser parceladas em até 60 (sessenta) meses, desde que não ultrapasse o limite de 10% (dez por cento) de sua renda.

- Inciso III acrescido pelo Art. 3º da Lei nº 12.891/2013.

- Ac.-TSE, de 24.6.2014, na Cta nº 100.075: inaplicabilidade da Lei nº 12.891/2013 às eleições de 2014.

§ 9º A Justiça Eleitoral enviará aos partidos políticos, na respectiva circunscrição, até o dia 5 de junho do ano da eleição, a relação de todos os devedores de multa eleitoral, a qual embasará a expedição das certidões de quitação eleitoral.

- § 9º acrescido pelo Art. 3º da Lei nº 12.034/2009.

- Ac.-TSE, de 11.9.2012, no AgR-REspe nº 34.604 e Res.-TSE nº 23.272/2010: o acesso dos partidos políticos às relações de devedores de multa eleitoral deve ser feito com a utilização do sistema Filiaweb mediante habilitação dos usuários dos diretórios nacionais e regionais das agremiações.

- V. Prov.-CGE nº 5/2010: estabelece procedimento para o cadastramento de usuários no Filiaweb com a finalidade exclusiva de acessar a relação de devedores.

Legislações | Direito Eleitoral

§ 10. As condições de elegibilidade e as causas de inelegibilidade devem ser aferidas no momento da formalização do pedido de registro da candidatura, ressalvadas as alterações, fáticas ou jurídicas, supervenientes ao registro que afastem a inelegibilidade.

- § 10 acrescido pelo Art. 3º da Lei nº 12.034/2009.

- São causas supervenientes que afastam a inelegibilidade: Ac.-TSE, de 6.5.2014, no REspe nº 15.705 (decisão da Justiça Comum, posterior à interposição do REspe, mas anterior ao pleito, declarando a nulidade do decreto legislativo de rejeição de contas); Ac.-TSE, de 30.10.2012, no AgR-REspe nº 9.564 (provimento de embargos de declaração, pelo Tribunal de Contas, para julgar regulares as contas de candidato); Ac.-TSE, de 25.10.2012, no REspe nº 20.919 (obtenção de medidas liminares ou quaisquer outras causas supervenientes ao pedido de registro que afastem a inelegibilidade, exceto quando a extinção desta se der por eventual decurso de prazo, caso em que será aferida à data da formalização do pedido de registro); Ac.-TSE, de 2.5.2012, no AgR-RO nº 407311; de 7.10.2010, no AgR-RO nº 396478; e, de 15.9.2010, no AgR-RO nº 415.441 (obtenção de tutela antecipada na Justiça Comum ou de liminar posterior ao pedido de registro); Ac.-TSE, de 22.3.2011, no RO nº 223.666 (procedência de pedido de revisão pelo TCU).

- Ac.-TSE, de 28.4.2011, no RO nº 927.112: cumpre à Justiça Eleitoral, enquanto não cessada a jurisdição relativamente ao registro de candidato, levar em conta fato superveniente, na forma deste parágrafo.

- Ac.-TSE, de 29.9.2010, no AgR-REspe nº 139.831: obtenção de quitação eleitoral inviabilizada quando a prestação de contas de campanha se der após o pedido de registro de candidatura.

- Ac.-TSE, de 12.11.2008, nos ED-ED-REspe nº 29.200: a sentença judicial homologatória da opção pela nacionalidade brasileira possui efeitos *ex tunc* e, ainda que prolatada em momento posterior ao pedido de registro de candidatura, permite o deferimento superveniente deste.

- V. Art. 11, § 3º, desta lei, e respectivas notas.

- V. nota ao § 1º deste artigo sobre o Ac.-TSE, de 4.5.2010, no AgR-REspe nº 3.919.571.

- Ac.-TSE, de 28.9.2010, no AgR-RO nº 91.145: não impedimento do deferimento do pedido de registro de candidatura pela circunstância de a nova cautelar ter sido proposta na pendência de recurso ordinário no processo de registro.

- Ac.-TSE, de 23.9.2014, no REspe nº 103.442; de 3.9.2014, no RO nº 52.552; e, de 26.8.2014, no REspe nº 80982: aplicabilidade deste parágrafo às condições de elegibilidade e não somente às causas de inelegibilidade.

- Ac.-TSE, de 11.10.2008, no REspe nº 33.969: condenação por propaganda irregular, com trânsito em julgado, não afasta a elegibilidade de candidato caso a determinação de anotação da multa no cadastro eleitoral tenha ocorrido em momento posterior ao pedido de registro de candidatura.

- Ac.-TSE, de 5.12.2013, no REspe nº 8.450: possibilidade de incidência de inelegibilidade superveniente por fato novo ocorrido durante a apreciação de pedido de registro no âmbito ordinário, independentemente de mostrar-se negativo aos interesses do candidato.

- Ac.-TSE, de 12.12.2012, no AgR-REspe nº 13.098: As condições de elegibilidade e as causas de inelegibilidade são aferidas na data do protocolo do pedido de registro.

- Ac.-TSE, de 18.12.2012, no REspe nº 29.474: inaplicabilidade do disposto no § 2º do Art. 26-C da LC nº 64/1990 aos casos de rejeição de contas previstos na alínea g do inciso I do Art. 1º da referida lei, no processo de registro de candidatura.

- Ac.-TSE, de 21.11.2013, na Cta nº 38063; de 14.11.2013, no AgR-AI nº 17.773 e, de 20.6.2013, no REspe nº 9308: cessada a inelegibilidade antes das eleições, cumpre observar o disposto neste parágrafo quanto às alterações fáticas ou jurídicas supervenientes ao registro; a oportunidade de incidência coincide com o encerramento da jurisdição ordinária.
- Ac.-TSE, de 11.12.2014, nos ED-RO nº 29.462: a data da diplomação é o termo final para a obtenção de decisões favoráveis que afastem a inelegibilidade, repercutindo no registro de candidatura.
- Ac.-TSE, de 26.8.2014, no RO nº 15.429: fixação de tese a ser observada nos registros de candidatura do pleito de 2014: As inelegibilidades supervenientes ao requerimento de registro de candidatura poderão ser objeto de análise pelas instâncias ordinárias no próprio processo de registro de candidatura, desde que garantidos o contraditório e a ampla defesa.

§ 11. A Justiça Eleitoral observará, no parcelamento a que se refere o § 8º deste artigo, as regras de parcelamento previstas na legislação tributária federal.

- § 11 acrescido pelo Art. 3º da Lei nº 12.034/2009.
- Ac.-TSE, de 14.5.2013, no REspe nº 30.850: o parcelamento da multa imposta afasta a ausência de quitação eleitoral desde a data do requerimento, ainda que a definição pela Fazenda Nacional ocorra após a data limite para a feitura do registro.

§ 12. (Vetado pelo Art. 3º da Lei nº 12.034/2009).

§ 13. Fica dispensada a apresentação pelo partido, coligação ou candidato de documentos produzidos a partir de informações detidas pela Justiça Eleitoral, entre eles os indicados nos incisos III, V e VI do § 1º deste artigo.

- Parágrafo 13 acrescido pelo Art. 3º da Lei nº 12.891/2013.
- Ac.-TSE, de 24.6.2014, na Cta nº 100.075: inaplicabilidade da Lei nº 12.891/2013 às eleições de 2014.

Art. 12. O candidato às eleições proporcionais indicará, no pedido de registro, além de seu nome completo, as variações nominais com que deseja ser registrado, até o máximo de três opções, que poderão ser o prenome, sobrenome, cognome, nome abreviado, apelido ou nome pelo qual é mais conhecido, desde que não se estabeleça dúvida quanto à sua identidade, não atente contra o pudor e não seja ridículo ou irreverente, mencionando em que ordem de preferência deseja registrar-se.

§ 1º Verificada a ocorrência de homonímia, a Justiça Eleitoral procederá atendendo ao seguinte:

I – havendo dúvida, poderá exigir do candidato prova de que é conhecido por dada opção de nome, indicada no pedido de registro;

II – ao candidato que, na data máxima prevista para o registro, esteja exercendo mandato eletivo ou o tenha exercido nos últimos quatro anos, ou que nesse mesmo prazo se tenha candidatado com um dos nomes que indicou, será deferido o seu uso no registro, ficando outros candidatos impedidos de fazer propaganda com esse mesmo nome;

III – ao candidato que, pela sua vida política, social ou profissional, seja identificado por um dado nome que tenha indicado, será deferido o registro com esse nome, observado o disposto na parte final do inciso anterior;

Legislações | Direito Eleitoral

IV – tratando-se de candidatos cuja homonímia não se resolva pelas regras dos dois incisos anteriores, a Justiça Eleitoral deverá notificá-los para que, em dois dias, cheguem a acordo sobre os respectivos nomes a serem usados;

V – não havendo acordo no caso do inciso anterior, a Justiça Eleitoral registrará cada candidato com o nome e sobrenome constantes do pedido de registro, observada a ordem de preferência ali definida.

- Súm.-TSE nº 4/1992: Não havendo preferência entre candidatos que pretendam o registro da mesma variação nominal, defere-se o do que primeiro o tenha requerido.

§ 2º A Justiça Eleitoral poderá exigir do candidato prova de que é conhecido por determinada opção de nome por ele indicado, quando seu uso puder confundir o eleitor.

§ 3º A Justiça Eleitoral indeferirá todo pedido de variação de nome coincidente com nome de candidato a eleição majoritária, salvo para candidato que esteja exercendo mandato eletivo ou o tenha exercido nos últimos quatro anos, ou que, nesse mesmo prazo, tenha concorrido em eleição com o nome coincidente.

§ 4º Ao decidir sobre os pedidos de registro, a Justiça Eleitoral publicará as variações de nome deferidas aos candidatos.

§ 5º A Justiça Eleitoral organizará e publicará, até trinta dias antes da eleição, as seguintes relações, para uso na votação e apuração:

- Res.-TSE nº 21.607/2004: organização apenas de lista de candidatos em ordem alfabética, sem prejuízo de os cartórios eleitorais manterem e divulgarem lista dos candidatos organizada pelos números sob os quais concorrem.

I – a primeira, ordenada por partidos, com a lista dos respectivos candidatos em ordem numérica, com as três variações de nome correspondentes a cada um, na ordem escolhida pelo candidato;

II – a segunda, com o índice onomástico e organizada em ordem alfabética, nela constando o nome completo de cada candidato e cada variação de nome, também em ordem alfabética, seguidos da respectiva legenda e número.

Art. 13. É facultado ao partido ou coligação substituir candidato que for considerado inelegível, renunciar ou falecer após o termo final do prazo do registro ou, ainda, tiver seu registro indeferido ou cancelado.

- Res.-TSE nº 22855/2008 e Ac.-TSE nº 23.848/2004: o termo candidato neste artigo diz respeito àquele que postula a candidatura, e não ao candidato com o registro deferido.
- Ac.-TSE, de 11.12.2014, no REspe nº 61.245 e, de 18.3.2010, no REspe nº 36.150: a renúncia à candidatura é ato unilateral e não depende de homologação para produzir efeitos.
- Ac.-TSE, de 3.10.2014, nos ED-RO nº 44.545 e, de 6.5.2010, no AgR-AgR-REspe nº 35.748: o indeferimento do registro de candidato faculta ao partido ou à coligação sua substituição, não condicionada à sua renúncia.

§ 1º A escolha do substituto far-se-á na forma estabelecida no estatuto do partido a que pertencer o substituído, e o registro deverá ser requerido até 10 (dez) dias contados do fato ou da notificação do partido da decisão judicial que deu origem à substituição.

- Parágrafo 1º com redação dada pelo Art. 3º da Lei nº 12.034/2009.

- Ac.-TSE, de 6.6.2013, no AgR-REspe nº 42497; de 14.2.2012, no AgR-AI nº 206.950 e, de 6.12.2007, no REspe nº 25.568: Observado o prazo de dez dias contado do fato ou da decisão judicial que deu origem ao respectivo pedido, é possível a substituição de candidato a cargo majoritário a qualquer tempo antes da eleição.
- Ac.-TSE, de 25.8.2009, no Respe nº 35.513: Na pendência de recurso do candidato renunciante, o dies a quo para contagem do prazo de substituição é o dia da renúncia.
- Ac.-TSE, de 17.11.2009, no REspe nº 36.032: pedido de substituição feito simultaneamente à apresentação da renúncia do candidato substituído, antes de esgotados os dez dias do ato em si ou da respectiva homologação, não é intempestivo.
- Ac.-TSE, de 25.6.2013, no REspe nº 18.526: a fluência do prazo para substituição, quando há recursos pendentes de julgamento, inicia-se a partir da renúncia.

§ 2º Nas eleições majoritárias, se o candidato for de coligação, a substituição deverá fazer-se por decisão da maioria absoluta dos órgãos executivos de direção dos partidos coligados, podendo o substituto ser filiado a qualquer partido dela integrante, desde que o partido ao qual pertencia o substituído renuncie ao direito de preferência.

§ 3º Tanto nas eleições majoritárias como nas proporcionais, a substituição só se efetivará se o novo pedido for apresentado até 20 (vinte) dias antes do pleito, exceto em caso de falecimento de candidato, quando a substituição poderá ser efetivada após esse prazo.

- § 3º com redação dada pelo Art. 3º da Lei nº 12.891/2013.
- Ac.-TSE, de 24.6.2014, na Cta nº 100.075: inaplicabilidade da Lei nº 12.891/2013 às eleições de 2014.

Art. 14. Estão sujeitos ao cancelamento do registro os candidatos que, até a data da eleição, forem expulsos do partido, em processo no qual seja assegurada ampla defesa e sejam observadas as normas estatutárias.

Parágrafo único. O cancelamento do registro do candidato será decretado pela Justiça Eleitoral, após solicitação do partido.

Art. 15. A identificação numérica dos candidatos se dará mediante a observação dos seguintes critérios:

- CE/65, Art. 101, § 4º: número do substituto nas eleições proporcionais.

I – os candidatos aos cargos majoritários concorrerão com o número identificador do partido ao qual estiverem filiados;

- Res.-TSE nᵒˢ 21728/2004, 21757/2004 e 21.788/2004: impossibilidade de registrar-se candidato a Presidente da República, Governador ou Prefeito com número de outro partido integrante da coligação.

II – os candidatos à Câmara dos Deputados concorrerão com o número do partido ao qual estiverem filiados, acrescido de dois algarismos à direita;

III – os candidatos às Assembleias Legislativas e à Câmara Distrital concorrerão com o número do partido ao qual estiverem filiados acrescido de três algarismos à direita;

IV – o Tribunal Superior Eleitoral baixará resolução sobre a numeração dos candidatos concorrentes às eleições municipais.

Legislações | Direito Eleitoral

§ 1º Aos partidos fica assegurado o direito de manter os números atribuídos à sua legenda na eleição anterior, e aos candidatos, nesta hipótese, o direito de manter os números que lhes foram atribuídos na eleição anterior para o mesmo cargo.

§ 2º Aos candidatos a que se refere o § 1º do Art. 8º, é permitido requerer novo número ao órgão de direção de seu partido, independentemente do sorteio a que se refere o § 2º do Art. 100 da Lei nº 4.737, de 15 de julho de 1965 – Código Eleitoral.

§ 3º Os candidatos de coligações, nas eleições majoritárias, serão registrados com o número de legenda do respectivo partido e, nas eleições proporcionais, com o número de legenda do respectivo partido acrescido do número que lhes couber, observado o disposto no parágrafo anterior.

Art. 16. Até vinte dias antes da data das eleições, os Tribunais Regionais Eleitorais enviarão ao Tribunal Superior Eleitoral, para fins de centralização e divulgação de dados, a relação dos candidatos às eleições majoritárias e proporcionais, da qual constará obrigatoriamente a referência ao sexo e ao cargo a que concorrem.

- *Caput* com redação dada pelo Art. 2º da Lei nº 13.165/2015.

§ 1º Até a data prevista no *caput*, todos os pedidos de registro de candidatos, inclusive os impugnados e os respectivos recursos, devem estar julgados pelas instâncias ordinárias, e publicadas as decisões a eles relativas.

- § 1º com redação dada pelo Art. 2º da Lei nº 13.165/2015.
- Ac.-TSE, de 20.3.2014, no REspe nº 2117 e Ac-TSE, de 6.9.2012, no REspe nº 9.749: fica prejudicada a análise do recurso em registro de candidatura do candidato classificado em segundo lugar no pleito majoritário, se o primeiro colocado obtém mais de 50% dos votos válidos.

§ 2º Os processos de registro de candidaturas terão prioridade sobre quaisquer outros, devendo a Justiça Eleitoral adotar as providências necessárias para o cumprimento do prazo previsto no § 1º, inclusive com a realização de sessões extraordinárias e a convocação dos juízes suplentes pelos Tribunais, sem prejuízo da eventual aplicação do disposto no Art. 97 e de representação ao Conselho Nacional de Justiça.

- § 2º acrescido pelo Art. 3º da Lei nº 12.034/2009.

Art. 16-A. O candidato cujo registro esteja *sub judice* poderá efetuar todos os atos relativos à campanha eleitoral, inclusive utilizar o horário eleitoral gratuito no rádio e na televisão e ter seu nome mantido na urna eletrônica enquanto estiver sob essa condição, ficando a validade dos votos a ele atribuídos condicionada ao deferimento de seu registro por instância superior.

- Ac.-TSE, de 25.9.2012, no AgR-MS nº 88.673: impossibilidade de cancelamento imediato da candidatura, com proibição de realização de atos de propaganda eleitoral, em virtude de decisão por órgão colegiado no processo de registro.
- Ac.-TSE, de 4.6.2013, no REspe nº 720: o candidato que deu causa à anulação do pleito não poderá participar das novas eleições, vedação que ocorre em razão da prática de ilícito eleitoral pelo próprio candidato, não sendo o caso quando seu registro estiver *sub judice*.

Parágrafo único. O cômputo, para o respectivo partido ou coligação, dos votos atribuídos ao candidato cujo registro esteja *sub judice* no dia da eleição fica condicionado ao deferimento do registro do candidato.

- Art. 16-A e parágrafo único acrescidos pelo Art. 4º da Lei nº 12.034/2009.
- Res.-TSE nº 23.273/2010: com o registro indeferido, porém *sub judice*, o candidato é considerado apto para os fins do Art. 46, § 5º, desta lei.
- Ac.-TSE, de 1º.10.2010, no PA nº 325.256: possibilidade de divulgação, no site do TSE, da quantidade de votos obtidos pelos candidatos, independentemente da situação da candidatura.
- Ac.-TSE, de 29.4.2014, no AgR-REspe nº 74.918: a norma deste parágrafo não afastou a aplicação do § 4º do Art. 175 do CE; são contados para a legenda os votos obtidos por candidato, cujo registro encontrava-se deferido na data do pleito eleitoral.
- Ac.-TSE, de 22.5.2012, no AgR-RMS nº 273.427, de 21.8.2012, e no MS nº 430.827: votos atribuídos a candidato com registro indeferido não são computados para o partido ou para a coligação.

Art. 16-B. O disposto no Art. 16-A quanto ao direito de participar da campanha eleitoral, inclusive utilizar o horário eleitoral gratuito, aplica-se igualmente ao candidato cujo pedido de registro tenha sido protocolado no prazo legal e ainda não tenha sido apreciado pela Justiça Eleitoral.

- Art. 16-B acrescido pelo Art. 3º da Lei nº 12.891/2013.
- Ac.-TSE, de 24.6.2014, na Cta nº 100.075: inaplicabilidade da Lei nº 12.891/2013 às eleições de 2014.

Da Arrecadação e da Aplicação de Recursos nas Campanhas Eleitorais

- Port. Conjunta-TSE/SRF nº 74/2006: Dispõe sobre o intercâmbio de informações entre o Tribunal Superior Eleitoral e a Secretaria da Receita Federal e dá outras providências, abrangendo informações relativas à prestação de contas de candidatos e de comitês financeiros de partidos políticos (Art. 1º, *caput*) e à prestação anual de contas dos partidos políticos (Art. 1º, § 1º); prevê a possibilidade de qualquer cidadão apresentar denúncia à SRF sobre uso indevido de recursos, financeiros ou não, em campanha eleitoral ou nas atividades dos partidos políticos (Art. 2º), a verificação do cometimento de ilícitos tributários (Art. 3º) e a informação ao TSE de qualquer infração tributária detectada (Art. 4º, *caput*) e ao disposto nos Arts. 23, 27 e 81 desta lei (Art. 4º, parágrafo único). IN Conjunta-TSE/RFB nº 1.019/2010: Dispõe sobre atos, perante o Cadastro Nacional da Pessoa Jurídica (CNPJ), dos comitês financeiros de partidos políticos e de candidatos a cargos eletivos, inclusive vices e suplentes.

Art. 17. As despesas da campanha eleitoral serão realizadas sob a responsabilidade dos partidos, ou de seus candidatos, e financiadas na forma desta Lei.

Art. 17-A. (Revogado pelo Art. 15 da Lei nº 13.165/2015)

Art. 18. Os limites de gastos de campanha, em cada eleição, são os definidos pelo Tribunal Superior Eleitoral com base nos parâmetros definidos em lei.

- *Caput* com redação dada pelo Art. 2º da Lei nº 13.165/2015.
- V. Arts. 5º ao 8º da Lei nº 13.165/2015: estabelecem limites de gastos nas campanhas eleitorais dos candidatos.

§ 1º (Revogado pelo Art. 15 da Lei nº 13.165/2015)

§ 2º (Revogado pelo Art. 15 da Lei nº 13.165/2015)

Art. 18-A. Serão contabilizadas nos limites de gastos de cada campanha as despesas efetuadas pelos candidatos e as efetuadas pelos partidos que puderem ser individualizadas.

- Art. 18-A acrescido pelo Art. 2º da Lei nº 13.165/2015.

Art. 18-B. O descumprimento dos limites de gastos fixados para cada campanha acarretará o pagamento de multa em valor equivalente a 100% (cem por cento) da quantia que ultrapassar o limite estabelecido, sem prejuízo da apuração da ocorrência de abuso do poder econômico.

- Art. 18-B acrescido pelo Art. 2º da Lei nº 13.165/2015.

Art. 19. (Revogado pelo Art. 15 da Lei nº 13.165/2015.)

Art. 20. O candidato a cargo eletivo fará, diretamente ou por intermédio de pessoa por ele designada, a administração financeira de sua campanha usando recursos repassados pelo partido, inclusive os relativos à cota do Fundo Partidário, recursos próprios ou doações de pessoas físicas, na forma estabelecida nesta Lei.

- Art. 20 com redação dada pelo Art. 2º da Lei nº 13.165/2015.

Art. 21. O candidato é solidariamente responsável com a pessoa indicada na forma do Art. 20 desta Lei pela veracidade das informações financeiras e contábeis de sua campanha, devendo ambos assinar a respectiva prestação de contas.

- Art. 21 com redação dada pelo Art. 1º da Lei nº 11.300/2006.

Art. 22. É obrigatório para o partido e para os candidatos abrir conta bancária específica para registrar todo o movimento financeiro da campanha.

- Ac.-TSE, de 13.10.2011, no AgR-AI nº 139912 e Ac.-TSE, de 21.3.2006, no REspe nº 25306: obrigatoriedade de abertura da conta bancária mesmo que não haja movimentação financeira.
- Ac.-TSE, de 13.12.2011, no AgR-AI nº 149794: constitui irregularidade insanável a arrecadação de recursos e a realização de despesas antes da abertura de conta específica.
- Ac.-TSE, de 29.11.2011, no AgR-AI nº 126633: o movimento financeiro de campanha abrange, inclusive, os recursos próprios do candidato, sob pena de desaprovação das contas.

§ 1º Os bancos são obrigados a:

I – acatar, em até três dias, o pedido de abertura de conta de qualquer candidato escolhido em convenção, sendo-lhes vedado condicioná-la a depósito mínimo e à cobrança de taxas ou de outras despesas de manutenção;

- Inciso I com redação dada pelo Art. 2º da Lei nº 13.165/2015.

II - identificar, nos extratos bancários das contas correntes a que se refere o *caput*, o CPF ou o CNPJ do doador;

- § 1º com redação dada pelo Art. 3º da Lei nº 12.891/2013.
- Ac.-TSE, de 24.6.2014, na Cta nº 100075: inaplicabilidade da Lei nº 12.891/2013 às eleições de 2014.

III – encerrar a conta bancária no final do ano da eleição, transferindo a totalidade do saldo existente para a conta bancária do órgão de direção indicado pelo partido, na forma prevista no Art. 31, e informar o fato à Justiça Eleitoral.

- Inciso III acrescido pelo Art. 2º da Lei nº 13.165/2015.

§ 2º O disposto neste artigo não se aplica aos casos de candidatura para Prefeito e Vereador em Municípios onde não haja agência bancária ou posto de atendimento bancário.

- § 2º com redação dada pelo Art. 2º da Lei nº 13.165/2015.

§ 3º O uso de recursos financeiros para pagamentos de gastos eleitorais que não provenham da conta específica de que trata o *caput* deste artigo implicará a desaprovação da prestação de contas do partido ou candidato; comprovado abuso de poder econômico, será cancelado o registro da candidatura ou cassado o diploma, se já houver sido outorgado.

- Ac.-TSE, de 26.4.2012, no REspe nº 227525: aplicação do princípio da razoabilidade na apreciação da licitude de despesas sem o acionamento da conta bancária.
- Ac.-TSE, de 26.5.2011, no AgR-AI nº 33.360: aprovação das contas de campanha com ressalvas, mediante apresentação de documentos comprobatórios da regularidade das despesas e ausência de má-fé de candidato.

§ 4º Rejeitadas as contas, a Justiça Eleitoral remeterá cópia de todo o processo ao Ministério Público Eleitoral para os fins previstos no Art. 22 da Lei Complementar nº 64, de 18 de maio de 1990.

- § 3º e 4º acrescidos pelo Art. 1º da Lei nº 11.300/2006.

Art. 22-A. Os candidatos estão obrigados à inscrição no Cadastro Nacional da Pessoa Jurídica - CNPJ.

- *Caput* com redação dada pelo Art. 2º da Lei nº 13.165/2015.

§ 1º Após o recebimento do pedido de registro da candidatura, a Justiça Eleitoral deverá fornecer em até 3 (três) dias úteis, o número de registro de CNPJ.

- Parágrafo 1º acrescido pelo Art. 4º da Lei nº 12.034/2009.

§ 2º Cumprido o disposto no § 1º deste artigo e no § 1º do Art. 22, ficam os candidatos autorizados a promover a arrecadação de recursos financeiros e a realizar as despesas necessárias à campanha eleitoral.

- § 2º com redação dada pelo Art. 2º da Lei nº 13.165/2015.

Art. 23. Pessoas físicas poderão fazer doações em dinheiro ou estimáveis em dinheiro para campanhas eleitorais, obedecido o disposto nesta Lei.

- *Caput* com redação dada pelo Art. 3º da Lei nº 12.034/2009.
- Port. Conjunta-TSE/SRF nº 74/2006, Art. 4º, parágrafo único: a SRF informará ao TSE qualquer infração ao disposto neste artigo.

§ 1º As doações e contribuições de que trata este artigo ficam limitadas a 10% (dez por cento) dos rendimentos brutos auferidos pelo doador no ano anterior à eleição.

- § 1º com redação dada pelo Art. 2º da Lei nº 13.165/2015.

Legislações | Direito Eleitoral

- Ac.-TSE, de 27.2.2014, no AgR-AI nº 3.623 e, de 20.3.2012, no REspe nº 183569: o rendimento bruto de cônjuges casados no regime de comunhão universal de bens pode ser considerado na aferição do limite de doação por pessoa física.

- Ac.-TSE, de 23.4.2013, no REspe nº 147.536: A retificação da declaração de rendimentos consubstancia faculdade prevista na legislação tributária, cabendo ao autor da representação comprovar eventual vício ou má-fé na prática do ato.

- Ac.-TSE, de 13.6.2013, no AgR-REspe nº 51.067: o limite de doação de 10% deve ser calculado sobre os rendimentos brutos auferidos no ano anterior à eleição, comprovados por meio da declaração de imposto de renda.

- Ac.-TSE, de 5.9.2013, no AgR-REspe nº 8.639: o limite de doação de 10% estabelecido para as pessoas físicas deve ser verificado levando-se em conta o montante global das doações realizadas.

- Ac.-TSE, de 1º.4.2014, no REspe nº 33.379: as doações de firma individual devem observar os limites deste inciso.

- Ac.-TSE, de 19.8.2014, no REspe nº 59.116: doação eleitoral de ascendente para descendente deve limitar-se ao valor de 10% do rendimento bruto auferido pelo doador no exercício anterior.

- Ac.-TSE, de 26.8.2014, no REspe nº 48.781: para fins de aferição do limite de doação previsto neste inciso, considera-se o somatório dos rendimentos percebidos como pessoa natural e empresário individual.

- Ac.-TSE nº 16628, de 17.12.2014: inaplicabilidade do princípio da insignificância nas representações por doação acima do limite legal.

I – (Revogado pelo Art. 15 da Lei nº 13.165/2015.)

II – (Revogado pelo Art. 15 da Lei nº 13.165/2015.)

§ 1º-A O candidato poderá usar recursos próprios em sua campanha até o limite de gastos estabelecido nesta Lei para o cargo ao qual concorre.

- § 1º-A acrescido pelo Art. 2º da Lei nº 13.165/2015.

§ 2º As doações estimáveis em dinheiro a candidato específico, comitê ou partido deverão ser feitas mediante recibo, assinado pelo doador, exceto na hipótese prevista no § 6º do Art. 28.

- § 2º com redação dada pelo Art. 3º da Lei nº 12.891/2013.

- Ac.-TSE, de 24.6.2014, na Cta nº 100.075: inaplicabilidade da Lei nº 12.891/2013 às eleições de 2014.

- Ac.-TSE, de 25.3.2014, no AgR-REspe nº 25.612.315: a ausência de recibos eleitorais configura irregularidade grave e insanável, apta a ensejar a rejeição das contas do candidato.

§ 3º A doação de quantia acima dos limites fixados neste artigo sujeita o infrator ao pagamento de multa no valor de cinco a dez vezes a quantia em excesso.

- Ac.-TSE, de 27.2.2014, no AgR-AI nº 8.889 e, de 8.3.2012, no AgR-REspe nº 124.656: na representação contra pessoa física por doação a campanhas eleitorais acima do limite legal, por falta de previsão legal, incide o rito previsto no Art. 96 da Lei nº 9.504/1997.

- Ac.-TSE, de 15.12.2011, no AgR-REspe nº 24.826: inaplicabilidade do princípio da insignificância na fixação desta multa.

- Ac.-TSE, de 1º.8.2012, no CC nº 5.792: a competência para processar e julgar a representação por doação de recursos acima do limite legal é do juízo do domicílio do doador.

- Ac.-TSE, de 28.2.2013, no AgR-REspe nº 94.681: para a incidência da causa de inelegibilidade prevista no Art. 1º, I, p, da LC nº 64/1990, é necessário que a representação por doação irregular de campanha tenha observado o procedimento previsto no Art. 22 da LC nº 64/1990.

- Ac.-TSE, de 9.6.2011, na Rp nº 98.140: o juízo ao qual se vincula o doador é o competente para processar e julgar a representação por doação de recursos acima do limite legal.

§ 4º As doações de recursos financeiros somente poderão ser efetuadas na conta mencionada no Art. 22 desta Lei por meio de:

- § 4º com redação dada pelo Art. 1º da Lei nº 11.300/2006.

I – cheques cruzados e nominais ou transferência eletrônica de depósitos;

- Res.-TSE nº 22.494/2006: Nas doações de dinheiro para campanhas eleitorais, feitas por meio eletrônico, via rede bancária, é dispensada a assinatura do doador desde que possa ser ele identificado no próprio documento bancário.

II – depósitos em espécie devidamente identificados até o limite fixado no inciso I do § 1º deste artigo;

- Incisos I e II acrescidos pelo Art. 1º da Lei nº 11.300/2006.

III – mecanismo disponível em sítio do candidato, partido ou coligação na Internet, permitindo inclusive o uso de cartão de crédito, e que deverá atender aos seguintes requisitos:

a) identificação do doador;

- Ac.-TSE, de 22.5.2014, na Cta nº 20.887: impossibilidade de existência de intermediários entre o eleitor e o candidato.

b) emissão obrigatória de recibo eleitoral para cada doação realizada.

- Inciso III e alíneas a e b acrescidos pelo Art. 3º da Lei nº 12.034/2009.

- Ac.-TSE, de 15.12.2011, no AgR-RO nº 4.080.386: irregularidade insanável por ausência de recibo eleitoral na prestação de contas.

§ 5º Ficam vedadas quaisquer doações em dinheiro, bem como de troféus, prêmios, ajudas de qualquer espécie feitas por candidato, entre o registro e a eleição, a pessoas físicas ou jurídicas.

- § 5º acrescido pelo Art. 1º da Lei nº 11.300/2006.

§ 6º Na hipótese de doações realizadas por meio da Internet, as fraudes ou erros cometidos pelo doador sem conhecimento dos candidatos, partidos ou coligações não ensejarão a responsabilidade destes nem a rejeição de suas contas eleitorais.

- § 6º acrescido pelo Art. 3º da Lei nº 12.034/2009.

§ 7º O limite previsto no § 1º não se aplica a doações estimáveis em dinheiro relativas à utilização de bens móveis ou imóveis de propriedade do doador, desde que o valor estimado não ultrapasse R$ 80.000,00 (oitenta mil reais).

- § 7º com redação dada pelo Art. 2º da Lei nº 13.165/2015.

Art. 24. É vedado, a partido e candidato, receber direta ou indiretamente doação em dinheiro ou estimável em dinheiro, inclusive por meio de publicidade de qualquer espécie, procedente de:

- Lei nº 9.096/1995, Art. 31: contribuição ou auxílio pecuniário vedado ao partido político.

I – entidade ou governo estrangeiro;

II – órgão da Administração Pública direta e indireta ou fundação mantida com recursos provenientes do Poder Público;

III – concessionário ou permissionário de serviço público;

- Ac.-TSE, de 22.5.2014, no REspe nº 264.766: aprova-se com ressalvas as contas de campanha de candidato que devolve doação de empresa concessionária antes da prestação de contas com apresentação dos respectivos recibos.

IV – entidade de direito privado que receba, na condição de beneficiária, contribuição compulsória em virtude de disposição legal;

V – entidade de utilidade pública;

VI – entidade de classe ou sindical;

- Ac.-TSE, de 3.10.2014, no R-Rp nº 115714: Conselho Regional de Medicina que utiliza seu cadastro de associados para manifestar opinião política contrária a candidato viola o disposto neste artigo, c.c. o Art. 57-E, *caput*.

VII – pessoa jurídica sem fins lucrativos que receba recursos do exterior;

VIII – entidades beneficentes e religiosas;

- Inciso VIII acrescido pelo Art. 1º da Lei nº 11.300/2006.

IX – entidades esportivas;

- Inciso IX com redação dada pelo Art. 3º da Lei nº 12.034/2009.

X – organizações não governamentais que recebam recursos públicos;

XI – organizações da sociedade civil de interesse público.

- Incisos X e XI acrescidos pelo Art. 1º da Lei nº 11.300/2006.

XII – (Vetado pelo Art. 2º da Lei nº 13.165/2015).

§ 1º Não se incluem nas vedações de que trata este artigo as cooperativas cujos cooperados não sejam concessionários ou permissionários de serviços públicos, desde que não estejam sendo beneficiadas com recursos públicos, observado o disposto no Art. 81.

- Parágrafo único, acrescido pelo Art. 3º da Lei nº 12.034/2009, renumerado como § 1º pelo Art. 2º da Lei nº 13.165/2015.

§ 2º (Vetado pelo Art. 2º da Lei nº 13.165/2015).

§ 3º (Vetado pelo Art. 2º da Lei nº 13.165/2015).

§ 4º O partido ou candidato que receber recursos provenientes de fontes vedadas ou de origem não identificada deverá proceder à devolução dos valores recebidos ou, não sendo possível a identificação da fonte, transferi-los para a conta única do Tesouro Nacional.

- § 4º acrescido pelo Art. 2º da Lei nº 13.165/2015.

Art. 24-A. (Vetado pelo Art. 2º da Lei nº 13.165/2015).

Art. 24-B. (Vetado pelo Art. 2º da Lei nº 13.165/2015).

Art. 24-C. O limite de doação previsto no § 1º do Art. 23 será apurado anualmente pelo Tribunal Superior Eleitoral e pela Secretaria da Receita Federal do Brasil.

- Art. 24-C acrescido pelo Art. 2º da Lei nº 13.165/2015.

§ 1º O Tribunal Superior Eleitoral deverá consolidar as informações sobre as doações registradas até 31 de dezembro do exercício financeiro a ser apurado, considerando:

I – as prestações de contas anuais dos partidos políticos, entregues à Justiça Eleitoral até 30 de abril do ano subsequente ao da apuração, nos termos do Art. 32 da Lei nº 9.096, de 19 de setembro de 1995;

II – as prestações de contas dos candidatos às eleições ordinárias ou suplementares que tenham ocorrido no exercício financeiro a ser apurado.

- Parágrafo 1º e incisos I e II acrescidos pelo Art. 2º da Lei nº 13.165/2015.

§ 2º O Tribunal Superior Eleitoral, após a consolidação das informações sobre os valores doados e apurados, encaminhá-las-á à Secretaria da Receita Federal do Brasil até 30 de maio do ano seguinte ao da apuração.

§ 3º A Secretaria da Receita Federal do Brasil fará o cruzamento dos valores doados com os rendimentos da pessoa física e, apurando indício de excesso, comunicará o fato, até 30 de julho do ano seguinte ao da apuração, ao Ministério Público Eleitoral, que poderá, até o final do exercício financeiro, apresentar representação com vistas à aplicação da penalidade prevista no Art. 23 e de outras sanções que julgar cabíveis.

- Parágrafos 2º e 3º acrescidos pelo Art. 2º da Lei nº 13.165/2015.

Art. 25. O partido que descumprir as normas referentes à arrecadação e aplicação de recursos fixadas nesta Lei perderá o direito ao recebimento da quota do Fundo Partidário do ano seguinte, sem prejuízo de responderem os candidatos beneficiados por abuso do poder econômico.

- LC nº 64/1990, Arts. 19 e 21: apuração das transgressões pertinentes à origem de valores pecuniários e abuso do poder econômico ou político.

Parágrafo único. A sanção de suspensão do repasse de novas quotas do Fundo Partidário, por desaprovação total ou parcial da prestação de contas do candidato, deverá ser aplicada de forma proporcional e razoável, pelo período de 1 (um) mês a 12 (doze) meses, ou por meio do desconto, do valor a ser repassado, na importância apontada como irregular, não podendo ser aplicada a sanção de suspensão, caso a prestação de contas não seja julgada, pelo juízo ou tribunal competente, após 5 (cinco) anos de sua apresentação.

- Parágrafo único acrescido pelo Art. 3º da Lei nº 12.034/2009.
- Lei nº 9.096/1995, Art. 37, § 3º: dispositivo de teor semelhante, relativo à prestação de contas de partido político.

- Ac.-TSE, de 17.9.2015, no REspe nº 588.133: Nos processos de prestação de contas de candidato, não se aplica a sanção de suspensão de quotas de Fundo Partidário se a desaprovação da conta não tem, como causa, irregularidade decorrente de ato do partido.

Art. 26. São considerados gastos eleitorais, sujeitos a registro e aos limites fixados nesta Lei:

- *Caput* com redação dada pelo Art. 1º da Lei nº 11.300/2006.

I - confecção de material impresso de qualquer natureza e tamanho, observado o disposto no § 3º do Art. 38 desta Lei;

- Inciso I com redação dada pelo Art. 3º da Lei nº 12.891/2013.
- Ac.-TSE, de 24.6.2014, na Cta nº 100.075: inaplicabilidade da Lei nº 12.891/2013 às eleições de 2014.

II – propaganda e publicidade direta ou indireta, por qualquer meio de divulgação, destinada a conquistar votos;

III – aluguel de locais para a promoção de atos de campanha eleitoral;

IV – despesas com transporte ou deslocamento de candidato e de pessoal a serviço das candidaturas;

- Inciso IV com redação dada pelo Art. 1º da Lei nº 11.300/2006.

V – correspondência e despesas postais;

VI – despesas de instalação, organização e funcionamento de comitês e serviços necessários às eleições;

VII – remuneração ou gratificação de qualquer espécie a pessoal que preste serviços às candidaturas ou aos comitês eleitorais;

- Ac.-TSE, de 11.11.2014, no REspe nº 38875: serviços advocatícios durante a campanha configuram gasto eleitoral que exige a emissão do respectivo recibo e sua contabilização na prestação de contas.

VIII – montagem e operação de carros de som, de propaganda e assemelhados;

IX – a realização de comícios ou eventos destinados à promoção de candidatura;

- Inciso IX com redação dada pelo Art. 1º da Lei nº 11.300/2006.

X – produção de programas de rádio, televisão ou vídeo, inclusive os destinados à propaganda gratuita;

XI – (Revogado pelo Art. 4º da Lei nº 11.300/2006);

XII – realização de pesquisas ou testes pré-eleitorais;

XIII – (Revogado pelo Art. 4º da Lei nº 11.300/2006);

XIV – (Revogado pelo Art. 4º da Lei nº 12.891/2013);

- Ac.-TSE, de 24.6.2014, na Cta nº 100.075: inaplicabilidade da Lei nº 12.891/2013 às eleições de 2014.

XV – custos com a criação e inclusão de sítios na Internet;

XVI – multas aplicadas aos partidos ou candidatos por infração do disposto na legislação eleitoral;

XVII – produção de jingles, vinhetas e slogans para propaganda eleitoral.

- Inciso XVII acrescido pelo Art. 1º da Lei nº 11.300/2006.

Parágrafo único. São estabelecidos os seguintes limites com relação ao total do gasto da campanha:

I - alimentação do pessoal que presta serviços às candidaturas ou aos comitês eleitorais: 10% (dez por cento);

II - aluguel de veículos automotores: 20% (vinte por cento).

- Parágrafo único e incisos I e II acrescidos pelo Art. 3º da Lei nº 12.891/2013.
- Ac.-TSE, de 24.6.2014, na Cta nº 100.075: inaplicabilidade da Lei nº 12.891/2013 às eleições de 2014.

Art. 27. Qualquer eleitor poderá realizar gastos, em apoio a candidato de sua preferência, até a quantia equivalente a um mil UFIR, não sujeitos a contabilização, desde que não reembolsados.

- V. nota ao Art. 105, § 2º, desta lei sobre a Unidade Fiscal de Referência (UFIR).
- Port. Conjunta-TSE/SRF nº 74/2006, Art. 4º, parágrafo único: a SRF informará ao TSE qualquer infração ao disposto neste artigo.

Da Prestação de Contas

- Port. Conjunta-TSE/SRF nº 74/2006: Dispõe sobre o intercâmbio de informações entre o Tribunal Superior Eleitoral e a Secretaria da Receita Federal e dá outras providências, abrangendo informações relativas à prestação de contas de candidatos e de comitês financeiros de partidos políticos (Art. 1º, *caput*) e à prestação anual de contas dos partidos políticos (Art. 1º, § 1º); prevê a possibilidade de qualquer cidadão apresentar denúncia à SRF sobre uso indevido de recursos, financeiros ou não, em campanha eleitoral ou nas atividades dos partidos políticos (Art. 2º), a verificação do cometimento de ilícitos tributários (Art. 3º) e a informação ao TSE de qualquer infração tributária detectada (Art. 4º, *caput*) e ao disposto nos Arts. 23, 27 e 81 desta lei (Art. 4º, parágrafo único).

Art. 28. A prestação de contas será feita:

- Res.-TSE nº 21.295/2002: publicidade da prestação de contas.

I – no caso dos candidatos às eleições majoritárias, na forma disciplinada pela Justiça Eleitoral;

II – no caso dos candidatos às eleições proporcionais, de acordo com os modelos constantes do Anexo desta Lei.

- Atualmente os modelos constantes do Anexo foram substituídos e podem ser obtidos no Sistema de Prestação de Contas Eleitorais (SPCE), que está em conformidade com a instrução de prestação de contas de cada eleição.

§ 1º As prestações de contas dos candidatos às eleições majoritárias serão feitas pelo próprio candidato, devendo ser acompanhadas dos extratos das contas bancárias referentes à movimentação dos recursos financeiros usados na campanha e da relação dos cheques recebidos, com a indicação dos respectivos números, valores e emitentes.

§ 2º As prestações de contas dos candidatos às eleições proporcionais serão feitas pelo próprio candidato.

- § 1º e 2º com redação dada pelo Art. 2º da Lei nº 13.165/2015.

Legislações | Direito Eleitoral

§ 3º As contribuições, doações e as receitas de que trata esta Lei serão convertidas em UFIR, pelo valor desta no mês em que ocorrerem.

- V. nota ao Art. 105, § 2º, desta lei sobre a Unidade Fiscal de Referência (UFIR).

§ 4º Os partidos políticos, as coligações e os candidatos são obrigados, durante as campanhas eleitorais, a divulgar em sítio criado pela Justiça Eleitoral para esse fim na rede mundial de computadores (internet):

- § 4º com redação dada pelo Art. 2º da Lei nº 13.165/2015.

I – os recursos em dinheiro recebidos para financiamento de sua campanha eleitoral, em até 72 (setenta e duas) horas de seu recebimento;

II – no dia 15 de setembro, relatório discriminando as transferências do Fundo Partidário, os recursos em dinheiro e os estimáveis em dinheiro recebidos, bem como os gastos realizados.

- Incisos I e II acrescidos pelo Art. 2º da Lei nº 13.165/2015.

§ 5º (Vetado pelo Art. 3º da Lei nº 12.891/2013).

- Ac.-TSE, de 24.6.2014, na Cta nº 100075: inaplicabilidade da Lei nº 12.891/2013 às eleições de 2014.

§ 6º Ficam também dispensadas de comprovação na prestação de contas:

I - a cessão de bens móveis, limitada ao valor de R$4.000,00 (quatro mil reais) por pessoa cedente;

- § 6º e inciso I acrescidos pelo Art. 3º da Lei nº 12.891/2013.

II – doações estimáveis em dinheiro entre candidatos ou partidos, decorrentes do uso comum tanto de sedes quanto de materiais de propaganda eleitoral, cujo gasto deverá ser registrado na prestação de contas do responsável pelo pagamento da despesa.

- Inciso II com redação dada pelo Art. 2º da Lei nº 13.165/2015.

§ 7º As informações sobre os recursos recebidos a que se refere o § 4º deverão ser divulgadas com a indicação dos nomes, do CPF ou CNPJ dos doadores e dos respectivos valores doados.

§ 8º Os gastos com passagens aéreas efetuados nas campanhas eleitorais serão comprovados mediante a apresentação de fatura ou duplicata emitida por agência de viagem, quando for o caso, desde que informados os beneficiários, as datas e os itinerários, vedada a exigência de apresentação de qualquer outro documento para esse fim.

§ 9º A Justiça Eleitoral adotará sistema simplificado de prestação de contas para candidatos que apresentarem movimentação financeira correspondente a, no máximo, R$ 20.000,00 (vinte mil reais), atualizados monetariamente, a cada eleição, pelo Índice Nacional de Preços ao Consumidor - INPC da Fundação Instituto Brasileiro de Geografia e Estatística - IBGE ou por índice que o substituir.

- §§ 7º ao 9º acrescidos pelo Art. 2º da Lei nº 13.165/2015.

§ 10. O sistema simplificado referido no § 9º deverá conter, pelo menos:

I – identificação das doações recebidas, com os nomes, o CPF ou CNPJ dos doadores e os respectivos valores recebidos;

II – identificação das despesas realizadas, com os nomes e o CPF ou CNPJ dos fornecedores de material e dos prestadores dos serviços realizados;

III – registro das eventuais sobras ou dívidas de campanha.

- § 10 e incisos I a III acrescidos pelo Art. 2º da Lei nº 13.165/2015.

§ 11. Nas eleições para Prefeito e Vereador de Municípios com menos de cinquenta mil eleitores, a prestação de contas será feita sempre pelo sistema simplificado a que se referem os §§ 9º e 10.

§ 12. Os valores transferidos pelos partidos políticos oriundos de doações serão registrados na prestação de contas dos candidatos como transferência dos partidos e, na prestação de contas dos partidos, como transferência aos candidatos, sem individualização dos doadores.

- §§ 11 e 12 acrescidos pelo Art. 2º da Lei nº 13.165/2015.
- Ac.-STF, de 12.11.2015, na ADI-MC nº 5.394: deferimento de cautelar para suspender a eficácia da expressão sem individualização dos doadores, constante da parte final deste parágrafo, com efeitos *ex tunc*.

Art. 29. Ao receber as prestações de contas e demais informações dos candidatos às eleições majoritárias e dos candidatos às eleições proporcionais que optarem por prestar contas por seu intermédio, os comitês deverão:

I – (Revogado pelo Art. 15 da Lei nº 13.165/2015)

II – resumir as informações contidas na prestação de contas, de forma a apresentar demonstrativo consolidado das campanhas;

- Inciso II com redação dada pelo Art. 2º da Lei nº 13.165/2015.

III – encaminhar à Justiça Eleitoral, até o trigésimo dia posterior à realização das eleições, o conjunto das prestações de contas dos candidatos e do próprio comitê, na forma do artigo anterior, ressalvada a hipótese do inciso seguinte;

IV – havendo segundo turno, encaminhar a prestação de contas, referente aos 2 (dois) turnos, até o vigésimo dia posterior à sua realização.

- Inciso IV com redação dada pelo Art. 2º da Lei nº 13.165/2015.

§ 1º (Revogado pelo Art. 15 da Lei nº 13.165/2015.)

§ 2º A inobservância do prazo para encaminhamento das prestações de contas impede a diplomação dos eleitos, enquanto perdurar.

§ 3º Eventuais débitos de campanha não quitados até a data de apresentação da prestação de contas poderão ser assumidos pelo partido político, por decisão do seu órgão nacional de direção partidária.

- Parágrafo 3º acrescido pelo Art. 3º da Lei nº 12.034/2009.
- V. notas ao *caput* do Art. 30 desta lei sobre o Ac.-TSE, de 8.2.2011, na Pet nº 2.596 e a Res.-TSE nº 22.500/2006.

- Ac.-TSE, de 8.2.2011, na Pet nº 2.597: a existência de dívida de campanha não obsta a aprovação das contas do candidato ou do comitê financeiro, caso seja assumida a obrigação pelo partido, que deverá indicar na sua prestação de contas anual as rubricas referentes às despesas de campanha não quitadas.

§ 4º No caso do disposto no § 3º, o órgão partidário da respectiva circunscrição eleitoral passará a responder por todas as dívidas solidariamente com o candidato, hipótese em que a existência do débito não poderá ser considerada como causa para a rejeição das contas.

- Parágrafo 4º acrescido pelo Art. 3º da Lei nº 12.034/2009.
- V. nota ao *caput* do Art. 30 desta lei sobre os Ac.-TSE, de 14.4.2015, na PC nº 407.275 e, de 8.2.2011, na Pet nº 2.596.

Art. 30. A Justiça Eleitoral verificará a regularidade das contas de campanha, decidindo:

- *Caput* com redação dada pelo Art. 3º da Lei nº 12.034/2009.
- Ac.-TSE, de 11.4.2006, no RMS nº 426: a disposição contida na Lei nº 9.096/1995, Art. 35, parágrafo único, que faculta aos demais partidos o exame e a impugnação da prestação de contas, não se aplica à prestação de contas de campanha eleitoral.
- Ac.-TSE, de 14.4.2015, na PC nº 407.275 e, de 8.2.2011, na Pet nº 2.596: a existência de dívida de campanha não obsta a aprovação das contas do candidato ou do comitê financeiro, caso seja assumida a obrigação pelo partido. V., contudo, o Ac.-TSE, de 6.6.2006, no Ag nº 4.523: o não pagamento de dívidas de campanha até a apresentação das contas conduz à rejeição das contas.
- Res.-TSE nº 22.500/2006: possibilidade de novação, com assunção liberatória de dívidas de campanha por partido político, desde que a documentação comprobatória da dívida seja consistente.
- Ac.-TSE, de 6.12.2011, no AgR-REspe nº 224.432: irregularidade formal não enseja a desaprovação da prestação de contas de candidato.

I – pela aprovação, quando estiverem regulares;

- Inciso I acrescido pelo Art. 3º da Lei nº 12.034/2009.

II – pela aprovação com ressalvas, quando verificadas falhas que não lhes comprometam a regularidade;

- Inciso II acrescido pelo Art. 3º da Lei nº 12.034/2009.

III – pela desaprovação, quando verificadas falhas que lhes comprometam a regularidade;

- Inciso III acrescido pelo Art. 3º da Lei nº 12.034/2009.

IV – pela não prestação, quando não apresentadas as contas após a notificação emitida pela Justiça Eleitoral, na qual constará a obrigação expressa de prestar as suas contas, no prazo de setenta e duas horas.

- Inciso IV acrescido pelo Art. 3º da Lei nº 12.034/2009.
- Ac.-TSE, de 15.5.2014, no AgR-REspe nº 11.939: A prestação de contas retificadora apresentada a destempo não acarreta, por si só, o julgamento das contas de campanha como não prestadas [...].

§ 1º A decisão que julgar as contas dos candidatos eleitos será publicada em sessão até três dias antes da diplomação.

- § 1º com redação dada pelo Art. 2º da Lei nº 13.165/2015.

§ 2º Erros formais e materiais corrigidos não autorizam a rejeição das contas e a cominação de sanção a candidato ou partido.

§ 2º-A Erros formais ou materiais irrelevantes no conjunto da prestação de contas, que não comprometam o seu resultado, não acarretarão a rejeição das contas.

- Parágrafo 2º-A acrescido pelo Art. 3º da Lei nº 12.034/2009.

§ 3º Para efetuar os exames de que trata este artigo, a Justiça Eleitoral poderá requisitar técnicos do Tribunal de Contas da União, dos Estados, do Distrito Federal ou dos Municípios, pelo tempo que for necessário.

§ 4º Havendo indício de irregularidade na prestação de contas, a Justiça Eleitoral poderá requisitar do candidato as informações adicionais necessárias, bem como determinar diligências para a complementação dos dados ou o saneamento das falhas.

- Parágrafo 4º com redação dada pelo Art. 2º da Lei nº 13.165/2015.
- Ac.-TSE, de 25.9.2014, no REspe nº 29.433: inadmissibilidade da juntada de documentos com embargos declaratórios se a parte não sanar as irregularidades no prazo concedido para tal.

§ 5º Da decisão que julgar as contas prestadas pelos candidatos caberá recurso ao órgão superior da Justiça Eleitoral, no prazo de 3 (três) dias, a contar da publicação no Diário Oficial.

- § 5º com redação dada pelo Art. 2º da Lei nº 13.165/2015.

§ 6º No mesmo prazo previsto no § 5º, caberá recurso especial para o Tribunal Superior Eleitoral, nas hipóteses previstas nos incisos I e II do § 4º do Art. 121 da Constituição Federal.

- § 6º acrescido pelo Art. 3º da Lei nº 12.034/2009.
- Ac.-TSE, de 28.10.2010, no AgR-AI nº 11.221: não aplicação retroativa deste parágrafo.

§ 7º O disposto neste artigo aplica-se aos processos judiciais pendentes.

- § 7º acrescido pelo Art. 3º da Lei nº 12.034/2009.

Art. 30-A. Qualquer partido político ou coligação poderá representar à Justiça Eleitoral, no prazo de 15 (quinze) dias da diplomação, relatando fatos e indicando provas, e pedir a abertura de investigação judicial para apurar condutas em desacordo com as normas desta Lei, relativas à arrecadação e gastos de recursos.

- *Caput* com redação dada pelo Art. 3º da Lei nº 12.034/2009.
- Ac.-TSE, de 18.8.2011, no AgR-REspe nº 34.693: a intimação para o Vice-Prefeito integrar a lide na fase recursal não afasta o defeito de citação, que deve ocorrer no prazo assinado para formalização da investigação eleitoral.
- Ac.-TSE, de 1º.2.2011, no AgR-REspe nº 28.315: a adoção do rito do Art. 22 da LC nº 64/1990 para a representação prevista neste artigo não implica o deslocamento da competência para o corregedor.
- Legitimidade ativa: Ac.-TSE, de 19.8.2014, no AgR-AI nº 69.590 (partido coligado, após a realização das eleições); Ac.-TSE, de 13.10.2011, no AgR-REspe nº 3.776.232: (coligação, mesmo após a realização das eleições); Ac.-TSE, de 12.2.2009, no RO nº 1.596: (Ministério Público Eleitoral).

Legislações | Direito Eleitoral

- Ac.-TSE, de 19.3.2009, no RO nº 1498: ilegitimidade ativa de candidato.
- Legitimidade passiva: Ac.-TSE, de 28.4.2009, no RO nº 1.540: (candidato não eleito e, a partir do registro de candidatura, dos suplentes).
- Ac.-TSE, de 1º.3.2011, no AgR-AC nº 427.889: efeito imediato da decisão que cassa diploma em representação fundada neste artigo.
- Ac.-TSE, de 21.3.2012, no RO nº 444.696: recursos arrecadados de pessoa jurídica constituída no ano da eleição não revelam gravidade suficiente para ensejar a cassação do diploma com fundamento neste artigo.
- Ac.-TSE, de 7.2.2012, no REspe nº 1.632.569: a cassação do diploma nas hipóteses de captação ou gastos ilícitos de recursos requer a demonstração da proporcionalidade da conduta praticada em favor do candidato.
- Ac.-TSE, de 29.4.2014, no AgR-AI nº 74.432: a só reprovação das contas não implica a aplicação automática das sanções deste artigo. Ac.-TSE, de 23.8.2012, no AgR-REspe nº 10.893: a desaprovação das contas não constitui óbice à quitação eleitoral, mas pode fundamentar representação cuja procedência enseja cassação do diploma e inelegibilidade por oito anos.
- Ac.-TSE, de 24.4.2014, no RO nº 1.746 e de, 7.5.2013, no RO nº 874: na representação deste artigo deve-se comprovar a existência de ilícitos que extrapolem o universo contábil e possuam relevância jurídica para comprometer a moralidade da eleição.
- Ac.-TSE, de 13.8.2013, no REspe nº 13.068: o desatendimento às regras de arrecadação e aos gastos de campanha não anula a possibilidade de os fatos serem examinados na forma dos Arts. 19 e 22 da LC nº 64/1990, quando o excesso das irregularidades e seu montante estiverem aptos a demonstrar a existência de abuso do poder econômico.
- Ac.-TSE, de 28.10.2014, no RO nº 2.295.377: o pagamento para o desempenho de funções relacionadas à campanha eleitoral em valores superiores aos praticados no mercado, por si só, não configura o ilícito previsto neste artigo.
- Ac.-TSE, de 25.6.2015, no AgR-REspe nº 23.554: inaplicação do princípio da proporcionalidade em processos de captação ou gasto ilícito de recursos em campanhas eleitorais, presente a fraude escritural, pela prática do caixa dois, consistente na omissão de valores gastos com o propósito de mascarar a realidade.
- Ac.-TSE, de 3.8.2015, no AgR-REspe nº 79.227: a omissão de despesa, inclusive a decorrente do serviço advocatício, pode, em tese, caracterizar abuso de poder econômico ou violação a este artigo.

§ 1º Na apuração de que trata este artigo, aplicar-se-á o procedimento previsto no Art. 22 da Lei Complementar nº 64, de 18 de maio de 1990, no que couber.

- Ac.-TSE, de 19.3.2009, no REspe nº 28.357: competência dos juízes auxiliares para processamento e julgamento das ações propostas com base neste dispositivo, durante o período eleitoral.
- Ac.-TSE, de 4.12.2007, no MS nº 3.567: execução imediata da decisão que impõe cassação do registro ou negação do diploma com base no Art. 30-A da Lei nº 9.504/1997, por não versar sobre inelegibilidade.

§ 2º Comprovados captação ou gastos ilícitos de recursos, para fins eleitorais, será negado diploma ao candidato, ou cassado, se já houver sido outorgado.

- Parágrafos 1º e 2º acrescidos pelo Art. 1º da Lei nº 11.300/2006.

- Ac.-TSE, de 28.4.2009, no RO nº 1.540: perda superveniente do objeto da ação após encerrado o mandato eletivo; inexigência de potencialidade da conduta, bastando prova da proporcionalidade (relevância jurídica) do ilícito praticado, para incidência da sanção de cassação do registro ou negação do diploma.
- Ac.-TSE, de 11.6.2014, no REspe nº 184; de 13.3.2014, no RO nº 711.468; e, de 1º.12.2011, no RO nº 444344: para incidência deste parágrafo é necessária a aferição da gravidade e relevância jurídica do ilícito.

§ 3º O prazo de recurso contra decisões proferidas em representações propostas com base neste artigo será de 3 (três) dias, a contar da data da publicação do julgamento no Diário Oficial.

- Parágrafo 3º acrescido pelo Art. 3º da Lei nº 12.034/2009.
- Ac.-TSE, de 13.4.2010, nos ED-AgR-RO nº 2.347: incidência do prazo de 24 (vinte e quatro) horas para os recursos interpostos antes da vigência da Lei nº 12.034/2009, não tendo o prazo deste parágrafo aplicação retroativa.
- Ac.-TSE, de 13.4.2010, nos ED-AgR-RO nº 2.347: a adoção do procedimento do Art. 22 da LC nº 64/1990 na apuração dos ilícitos previstos neste artigo não afasta a incidência do prazo recursal de 24 horas, sendo incabível a aplicação retroativa do prazo recursal trazido pela Lei nº 12.034/2009 para embargos declaratórios opostos na origem antes da vigência dessa lei.

Art. 31. Se, ao final da campanha, ocorrer sobra de recursos financeiros, esta deve ser declarada na prestação de contas e, após julgados todos os recursos, transferida ao partido, obedecendo aos seguintes critérios:

- *Caput* com redação dada pelo Art. 3º da Lei nº 12.891/2013.
- Ac.-TSE, de 24.6.2014, na Cta nº 100.075: inaplicabilidade da Lei nº 12.891/2013 às eleições de 2014.
- Lei nº 9.096/1995, Art. 34, V: saldos financeiros de campanha eleitoral.

I - no caso de candidato a Prefeito, Vice-Prefeito e Vereador, esses recursos deverão ser transferidos para o órgão diretivo municipal do partido na cidade onde ocorreu a eleição, o qual será responsável exclusivo pela identificação desses recursos, sua utilização, contabilização e respectiva prestação de contas perante o juízo eleitoral correspondente;

II - no caso de candidato a Governador, Vice-Governador, Senador, Deputado Federal e Deputado Estadual ou distrital, esses recursos deverão ser transferidos para o órgão diretivo regional do partido no estado onde ocorreu a eleição ou no Distrito Federal, se for o caso, o qual será responsável exclusivo pela identificação desses recursos, sua utilização, contabilização e respectiva prestação de contas perante o Tribunal Regional Eleitoral correspondente;

III - no caso de candidato a Presidente e Vice-Presidente da República, esses recursos deverão ser transferidos para o órgão diretivo nacional do partido, o qual será responsável exclusivo pela identificação desses recursos, sua utilização, contabilização e respectiva prestação de contas perante o Tribunal Superior Eleitoral;

Legislações | Direito Eleitoral

IV - o órgão diretivo nacional do partido não poderá ser responsabilizado nem penalizado pelo descumprimento do disposto neste artigo por parte dos órgãos diretivos municipais e regionais.

- Incisos I a IV com redação dada pelo Art. 3º da Lei nº 12.891/2013.
- Ac.-TSE, de 24.6.2014, na Cta nº 100075: inaplicabilidade da Lei nº 12.891/2013 às eleições de 2014.

Parágrafo único. As sobras de recursos financeiros de campanha serão utilizadas pelos partidos políticos, devendo tais valores ser declarados em suas prestações de contas perante a Justiça Eleitoral, com a identificação dos candidatos.

- Parágrafo único com redação dada pelo Art. 3º da Lei nº 12.034/2009.

Art. 32. Até cento e oitenta dias após a diplomação, os candidatos ou partidos conservarão a documentação concernente a suas contas.

- Ac.-TSE, de 27.3.2014, no AgR-REspe nº 54915 e, de 6.5.2010, no REspe nº 36552: o prazo para a propositura de representação fundada em doações de campanha acima dos limites legais, por pessoa física ou jurídica, é de 180 dias, a partir da diplomação dos eleitos.

Parágrafo único. Estando pendente de julgamento qualquer processo judicial relativo às contas, a documentação a elas concernente deverá ser conservada até a decisão final.

Das Pesquisas e Testes Pré-Eleitorais

Art. 33. As entidades e empresas que realizarem pesquisas de opinião pública relativas às eleições ou aos candidatos, para conhecimento público, são obrigadas, para cada pesquisa, a registrar, junto à Justiça Eleitoral, até cinco dias antes da divulgação, as seguintes informações:

- Ac.-TSE nº 4.654/2004: o registro de pesquisa eleitoral não é passível de deferimento ou indeferimento. Ac.-TSE nº 357/2004: não pode o magistrado proibir a publicação de pesquisa eleitoral mesmo sob alegação do exercício do poder de polícia.
- Res.-TSE nº 22.265/2006: possibilidade de divulgação de pesquisa eleitoral, enquetes ou sondagens, inclusive no dia das eleições, seja no horário eleitoral gratuito, seja na programação normal das emissoras de rádio e televisão; Ac.-TSE, de 16.3.2006, no REspe nº 25.321: a divulgação de enquetes e sondagens deve ser acompanhada de esclarecimento de que não se trata de pesquisa eleitoral, cuja omissão enseja sanção prevista do § 3º deste artigo; Ac.-TSE, de 4.2.2003, no REspe nº 20.664: desnecessidade de registro de enquete, por não se confundir com pesquisa eleitoral.
- Ac.-TSE, de 18.5.2010, no R-Rp nº 79.988: obrigatoriedade de registro prévio de dados essenciais no prazo de cinco dias, sob pena da multa do § 3º deste artigo.
- Ac.-TSE, de 17.8.2006, no REspe nº 26.029: incidência da penalidade no caso de divulgação de que o candidato lidera as pesquisas, sem registro; irrelevância de não se divulgar índices concretos. V., em sentido contrário, Ac.-TSE nº 3.894/2003.

I – quem contratou a pesquisa;

II – valor e origem dos recursos despendidos no trabalho;

III – metodologia e período de realização da pesquisa;

IV - plano amostral e ponderação quanto a sexo, idade, grau de instrução, nível econômico e área física de realização do trabalho a ser executado, intervalo de confiança e margem de erro;

- Inciso IV com redação dada pelo Art. 3º da Lei nº 12.891/2013.
- Ac.-TSE, de 24.6.2014, na Cta nº 100.075: inaplicabilidade da Lei nº 12.891/2013 às eleições de 2014.

V – sistema interno de controle e verificação, conferência e fiscalização da coleta de dados e do trabalho de campo;

VI – questionário completo aplicado ou a ser aplicado;

VII - nome de quem pagou pela realização do trabalho e cópia da respectiva nota fiscal.

- Inciso VII com redação dada pelo Art. 3º da Lei nº 12.891/2013.
- Ac.-TSE, de 24.6.2014, na Cta nº 100.075: inaplicabilidade da Lei nº 12.891/2013 às eleições de 2014.

§ 1º As informações relativas às pesquisas serão registradas nos órgãos da Justiça Eleitoral aos quais compete fazer o registro dos candidatos.

§ 2º A Justiça Eleitoral afixará no prazo de vinte e quatro horas, no local de costume, bem como divulgará em seu sítio na Internet, aviso comunicando o registro das informações a que se refere este artigo, colocando-as à disposição dos partidos ou coligações com candidatos ao pleito, os quais a elas terão livre acesso pelo prazo de 30 (trinta) dias.

- Parágrafo 2º com redação dada pelo Art. 3º da Lei nº 12.034/2009.

§ 3º A divulgação de pesquisa sem o prévio registro das informações de que trata este artigo sujeita os responsáveis a multa no valor de cinquenta mil a cem mil UFIR.

- Ac.-TSE, de 21.6.2011, no AgR-REspe nº 629.516: inadmissibilidade de fixação da multa em valor inferior ao mínimo legal.
- V. nota ao *caput* deste artigo sobre a Res.-TSE nº 22.265/2006 e outros.
- V. nota ao Art. 105, § 2º, desta lei sobre a Unidade Fiscal de Referência (UFIR).
- Ac.-TSE, de 15.9.2011, no REspe nº 21.227: incidência de multa aos responsáveis, ainda que a divulgação ocorra em entrevista, de forma parcial, ou tenha apenas reproduzido o que os meios de comunicação veicularam indevidamente.
- Ac.-TSE, de 18.5.2010, no R-Rp nº 79.988: incidência da multa também quando há divulgação antes do prazo do *caput* deste artigo.
- Ac.-TSE, de 16.6.2014, no AgR-REspe nº 36141; de 6.8.2013, no REspe nº 47.911 e, de 25.9.2007, no REspe nº 27.576: penalidade aplicável a quem divulga pesquisa eleitoral sem registro prévio das informações e não a quem a divulga sem as informações previstas no *caput* deste artigo.
- Ac.-TSE, de 19.8.2014, no REspe nº 35.479: o candidato, como titular de página do Facebook, é responsável por seu conteúdo, respondendo por material postado por terceiro quando demonstradas a sua ciência prévia e a concordância com a divulgação, estando sujeito à multa prevista neste parágrafo.

Legislações | Direito Eleitoral

§ 4º A divulgação de pesquisa fraudulenta constitui crime, punível com detenção de seis meses a um ano e multa no valor de cinquenta mil a cem mil UFIR.

- V. nota ao Art. 105, § 2º, desta lei sobre a Unidade Fiscal de Referência (UFIR).

§ 5º É vedada, no período de campanha eleitoral, a realização de enquetes relacionadas ao processo eleitoral.

- Parágrafo 5º acrescido pelo Art. 3º da Lei nº 12.891/2013.
- Ac.-TSE, de 24.6.2014, na Cta nº 100.075: inaplicabilidade da Lei nº 12.891/2013 às eleições de 2014.

Art. 34. (Vetado pela Mensagem nº 1.090/1997).

§ 1º Mediante requerimento à Justiça Eleitoral, os partidos poderão ter acesso ao sistema interno de controle, verificação e fiscalização da coleta de dados das entidades que divulgaram pesquisas de opinião relativas às eleições, incluídos os referentes à identificação dos entrevistadores e, por meio de escolha livre e aleatória de planilhas individuais, mapas ou equivalentes, confrontar e conferir os dados publicados, preservada a identidade dos respondentes.

- Ac.-TSE, de 19.8.2010, no AgR-Pet nº 194.822: eventual divergência entre as partes a respeito de custos de cópias dos formulários preenchidos na pesquisa eleitoral, em face de decisão que deferiu o acesso ao sistema de controle interno do instituto de pesquisa, é matéria que foge da competência da Justiça Eleitoral, devendo ser submetida à Justiça Comum.

§ 2º O não cumprimento do disposto neste artigo ou qualquer ato que vise a retardar, impedir ou dificultar a ação fiscalizadora dos partidos constitui crime, punível com detenção, de seis meses a um ano, com a alternativa de prestação de serviços à comunidade pelo mesmo prazo, e multa no valor de dez mil a vinte mil UFIR.

- V. nota ao Art. 105, § 2º, desta lei sobre a Unidade Fiscal de Referência (UFIR).

§ 3º A comprovação de irregularidade nos dados publicados sujeita os responsáveis às penas mencionadas no parágrafo anterior, sem prejuízo da obrigatoriedade da veiculação dos dados corretos no mesmo espaço, local, horário, página, caracteres e outros elementos de destaque, de acordo com o veículo usado.

Art. 35. Pelos crimes definidos nos Arts. 33, § 4º e 34, §§ 2º e 3º, podem ser responsabilizados penalmente os representantes legais da empresa ou entidade de pesquisa e do órgão veiculador.

Art. 35-A. É vedada a divulgação de pesquisas eleitorais por qualquer meio de comunicação, a partir do décimo quinto dia anterior até as 18 (dezoito) horas do dia do pleito.

- Art. 35-A acrescido pelo Art. 1º da Lei nº 11.300/2006.
- Ac.-STF, de 6.9.2006, na ADI nº 3.741: declara inconstitucional este artigo. Este dispositivo foi considerado inconstitucional também pelo TSE, conforme decisão administrativa de 23.5.2006 (ata da 57ª sessão, DJ de 30.5.2006). CE/65, Art. 255, de teor semelhante. Ac.-TSE nº 10.305/1988: incompatibilidade, com a Constituição Federal, da norma que proíbe divulgação de resultados de pesquisas eleitorais.

Da Propaganda Eleitoral em Geral

Art. 36. A propaganda eleitoral somente é permitida após o dia 15 de agosto do ano da eleição.

- *Caput* com redação dada pelo Art. 2º da Lei nº 13.165/2015.
- V. Art. 36-A desta lei.
- Ac.-TSE, de 6.4.2010, na Rp nº 1.406: a configuração de propaganda eleitoral antecipada independe da distância temporal entre o ato impugnado e a data das eleições ou das convenções partidárias de escolha dos candidatos.
- Ac.-TSE, de 11.6.2014, no AgR-Rp nº 14.392: caracteriza propaganda eleitoral antecipada a veiculação de propaganda institucional com propósito de identificar programas da instituição com programas do governo.

§ 1º Ao postulante a candidatura a cargo eletivo é permitida a realização, na quinzena anterior à escolha pelo partido, de propaganda intrapartidária com vista à indicação de seu nome, vedado o uso de rádio, televisão e outdoor.

- Ac.-TSE, de 3.5.2011, no RESPE nº 43.736: propaganda intrapartidária veiculada em período anterior ao legalmente permitido e dirigida a toda a comunidade, e não apenas a seus filiados, configura propaganda eleitoral extemporânea e acarreta a aplicação de multa.

§ 2º No segundo semestre do ano da eleição, não será veiculada a propaganda partidária gratuita prevista em lei nem permitido qualquer tipo de propaganda política paga no rádio e na televisão.

§ 3º A violação do disposto neste artigo sujeitará o responsável pela divulgação da propaganda e, quando comprovado o seu prévio conhecimento, o beneficiário à multa no valor de R$ 5.000,00 (cinco mil reais) a R$ 25.000,00 (vinte e cinco mil reais), ou ao equivalente ao custo da propaganda, se este for maior.

- Parágrafo 3º com redação dada pelo Art. 3º da Lei nº 12.034/2009.
- V. Art. 40-B e parágrafo único desta lei. Ac.-TSE, de 17.5.2007, no REspe nº 26.262: [...] a propaganda feita por meio de outdoor já sinaliza o prévio conhecimento do beneficiário.
- Ac.-TSE, de 3.5.2011, na Rp nº 113.240: configuração de propaganda eleitoral extemporânea em programa partidário pelo anúncio, ainda que sutil, de determinada candidatura, dos propósitos para obter apoio por intermédio do voto e de exclusiva promoção pessoal com finalidade eleitoral, ainda mais quando favorável a filiado de agremiação partidária diversa.
- Ac.-TSE, de 10.2.2011, nos ED-AI nº 11.491: inaplicabilidade da isenção de que trata o § 3º do Art. 367 do CE a candidatos; a alegação de ausência de recursos financeiros não é apta para ilidir a multa aplicada em representação por propaganda eleitoral irregular [...].
- Ac.-TSE, de 15.5.2012, no ERp nº 875: o custo da propaganda considerada antecipada, caso seja superior, substitui o máximo previsto neste parágrafo para efeito de cálculo do valor da multa a ser arbitrado; Ac.-TSE, de 16.12.2010, nos ED-AgR-AI nº 10135: as multas eleitorais não possuem natureza tributária.
- Ac.-TSE, de 16.10.2007, no Ag nº 7.763 e, de 15.5.2007, no Ag nº 6.204: É possível a aplicação da multa prevista no Art. 36 da Lei nº 9.504/1997, no caso da realização de propaganda antecipada veiculada em programa partidário; Ac.-TSE, de 13.2.2007, no Ag nº

Legislações | Direito Eleitoral

6.349: Não há óbice à imposição de multa por propaganda extemporânea do Art. 36, § 3º, da Lei nº 9.504/1997, nos autos de ação de investigação judicial eleitoral, uma vez que não acarreta prejuízo à defesa, tendo em vista a observância do rito ordinário mais benéfico previsto no Art. 22 da LC nº 64/1990; Ac.-TSE, de 1º.8.2006, na Rp nº 916 e, de 8.8.2006, na Rp nº 953: A reincidência – decidiu esta Corte na Representação nº 916 – deve ser levada em conta para a fixação do valor da multa. Mas não exclusivamente. Em cada caso, o julgador deve observar as circunstâncias concretas e avaliar com equilíbrio para impor a sanção legal; Ac.-TSE, de 15.3.2007, no REspe nº 26.251: não incidência da penalidade prevista neste parágrafo em caso de veiculação de informativo, no qual o parlamentar divulga suas realizações em período anterior àquele da eleição.

- Ac.-TSE, de 3.10.2006, no REspe nº 26.273: a multa prevista neste parágrafo deve ser aplicada de forma individualizada a cada um dos responsáveis.
- Ac.-TSE, de 12.5.2011, no R-Rp nº 222.623: competência dos juízes auxiliares para julgar representação eleitoral ajuizada por realização de propaganda eleitoral antecipada quando não houver cumulação objetiva com as sanções previstas para o desvirtuamento da propaganda partidária.
- Ac.-TSE, de 11.11.2014, na Rp nº 66.267 e, de 5.6.2007, na Rp nº 942: competência do Corregedor-Geral eleitoral para apreciar feito que verse sobre a utilização do espaço destinado ao programa partidário para a realização de propaganda eleitoral extemporânea, presente o cúmulo objetivo, sendo possível a dualidade de exames, sob a ótica das Leis nᵒˢ 9.096/1995 e 9.504/1997.
- Res.-TSE nº 23.086/2009: aplicação analógica deste dispositivo à propaganda intrapartidária.
- Ac.-TSE, de 13.4.2011, no R-Rp nº 320.060: Para procedência de representação por propaganda eleitoral em sítio eletrônico da Administração Pública, deve-se identificar com precisão o responsável direto pela veiculação da matéria.
- Ac.-TSE, de 15.5.2014, no R-Rp nº 69.936: não incidência da penalidade prevista neste parágrafo quando a crítica de natureza política for realizada em manifestação decorrente do exercício do direito de greve, em razão do disposto no inciso IV do Art. 5º da CF/88.

§ 4º Na propaganda dos candidatos a cargo majoritário deverão constar, também, os nomes dos candidatos a Vice ou a suplentes de Senador, de modo claro e legível, em tamanho não inferior a 30% (trinta por cento) do nome do titular.

- Parágrafo 4º com redação dada pelo Art. 2º da Lei nº 13.165/2015.

§ 5º A comprovação do cumprimento das determinações da Justiça Eleitoral relacionadas a propaganda realizada em desconformidade com o disposto nesta Lei poderá ser apresentada no Tribunal Superior Eleitoral, no caso de candidatos a Presidente e Vice-Presidente da República, nas sedes dos respectivos Tribunais Regionais Eleitorais, no caso de candidatos a Governador, Vice-Governador, Deputado Federal, Senador da República, Deputados Estadual e Distrital, e, no Juízo Eleitoral, na hipótese de candidato a Prefeito, Vice-Prefeito e Vereador.

- Parágrafo 5º acrescido pelo Art. 3º da Lei nº 12.034/2009.

Art. 36-A. Não configuram propaganda eleitoral antecipada, desde que não envolvam pedido explícito de voto, a menção à pretensa candidatura, a exaltação das qualidades pessoais dos pré-candidatos e os seguintes atos, que poderão ter cobertura dos meios de comunicação social, inclusive via internet:

- *Caput* com redação dada pelo Art. 2º da Lei nº 13.165/2015.
- Ac.-TSE, de 24.2.2015, no AgR-REspe nº 27354 e, de 5.8.2014, no REspe nº 2.949: a propaganda eleitoral antecipada por meio de manifestações dos partidos políticos ou de possíveis futuros candidatos na Internet somente resta caracterizada quando há propaganda ostensiva, com pedido de voto e referência expressa à futura candidatura.
- Ac.-TSE, de 12.9.2013, no REspe nº 7.464: não há falar em propaganda eleitoral realizada por meio do Twitter.

I - a participação de filiados a partidos políticos ou de pré-candidatos em entrevistas, programas, encontros ou debates no rádio, na televisão e na Internet, inclusive com a exposição de plataformas e projetos políticos, observado pelas emissoras de rádio e de televisão o dever de conferir tratamento isonômico;

- Inciso I com redação dada pelo Art. 3º da Lei nº 12.891/2013.
- Ac.-TSE, de 24.6.2014, na Cta nº 100075: inaplicabilidade da Lei nº 12.891/2013 às eleições de 2014.
- Ac.-TSE, de 5.8.2010, no R-Rp nº 165.552: A entrevista concedida a órgão de imprensa, com manifesto teor jornalístico, inserida num contexto de debate político, com perguntas formuladas aleatoriamente pelos ouvintes, não caracteriza a ocorrência de propaganda eleitoral extemporânea, tampouco tratamento privilegiado.
- Ac.-TSE, de 5.8.2010, no R-Rp nº 134.631: entrevista de natureza jornalística com político de realce no Estado não caracteriza propaganda eleitoral antecipada, ainda que nela existam referências aos planos para a eleição presidencial; a regra deste inciso se aplica especialmente quando a mesma emissora realiza programas semelhantes com diversos políticos, demonstrando tratamento isonômico.
- Ac.-TSE, de 16.6.2010, na Cta nº 79.636: possibilidade de realização, em qualquer época, de debate na Internet, com transmissão ao vivo, sem a condição imposta ao rádio e à televisão, de tratamento isonômico entre os candidatos.
- Ac.-TSE, de 25.3.2010, na AgR-Rp nº 20.574: discurso proferido em inauguração, que tenha sido transmitido ao vivo por meio de rede de TV pública, não se insere na exceção prevista neste inciso.
- Ac.-TSE, de 31.5.2011, no REspe nº 251.287: entrevista concedida em programa de televisão com promoção pessoal e enaltecimento de realizações pessoais em detrimento dos possíveis adversários no pleito e com expresso pedido de votos caracteriza propaganda eleitoral antecipada.
- Ac.-TSE, de 16.10.2012, no AgR-REspe nº 394274: propaganda institucional que veicule discurso de pré-candidatos sem pedido de votos não configura propaganda eleitoral antecipada.

II - a realização de encontros, seminários ou congressos, em ambiente fechado e a expensas dos partidos políticos, para tratar da organização dos processos eleitorais, discussão de políticas públicas, planos de governo ou alianças partidárias visando às eleições, podendo tais atividades ser divulgadas pelos instrumentos de comunicação intrapartidária;

- Inciso II com redação dada pelo Art. 3º da Lei nº 12.891/2013.
- Ac.-TSE, de 24.6.2014, na Cta nº 100.075: inaplicabilidade da Lei nº 12.891/2013 às eleições de 2014.
- Ac.-TSE, de 16.11.2010, no R-Rp nº 259.954: discurso realizado em encontro partidário, em ambiente fechado, no qual filiado manifesta apoio à candidatura de outro não caracteriza propa-

ganda eleitoral antecipada; a sua posterior divulgação pela Internet, contudo, extrapola os limites da exceção prevista neste inciso, respondendo pela divulgação do discurso proferido no âmbito intrapartidário o provedor de conteúdo da página da Internet.

- Ac.-TSE, de 24.4.2014, no REspe nº 1.034: realização de audiências públicas para a discussão de questões de interesse da população não configura propaganda eleitoral antecipada, caso não haja pedido de votos ou referência à eleição.

III – a realização de prévias partidárias e a respectiva distribuição de material informativo, a divulgação dos nomes dos filiados que participarão da disputa e a realização de debates entre os pré-candidatos;

- Inciso III com redação dada pelo Art. 2º da Lei nº 13.165/2015.

IV - a divulgação de atos de parlamentares e debates legislativos, desde que não se faça pedido de votos;

- Inciso IV com redação dada pelo Art. 3º da Lei nº 12.891/2013.
- Ac.-TSE, de 24.6.2014, na Cta nº 100075: inaplicabilidade da Lei nº 12.891/2013 às eleições de 2014.

V – a divulgação de posicionamento pessoal sobre questões políticas, inclusive nas redes sociais;

- Inciso V com redação dada pelo Art. 2º da Lei nº 13.165/2015.

VI – a realização, a expensas de partido político, de reuniões de iniciativa da sociedade civil, de veículo ou meio de comunicação ou do próprio partido, em qualquer localidade, para divulgar ideias, objetivos e propostas partidárias.

- Inciso VI acrescido pelo Art. 2º da Lei nº 13.165/2015.

§ 1º É vedada a transmissão ao vivo por emissoras de rádio e de televisão das prévias partidárias, sem prejuízo da cobertura dos meios de comunicação social.

- Parágrafo único renumerado como § 1º com redação dada pelo Art. 2º da Lei nº 13.165/2015.

§ 2º Nas hipóteses dos incisos I a VI do *caput*, são permitidos o pedido de apoio político e a divulgação da pré-candidatura, das ações políticas desenvolvidas e das que se pretende desenvolver.

§ 3º O disposto no § 2º não se aplica aos profissionais de comunicação social no exercício da profissão.

- §§ 2º e 3º acrescidos pelo Art. 2º da Lei nº 13.165/2015.

Art. 36-B. Será considerada propaganda eleitoral antecipada a convocação, por parte do Presidente da República, dos Presidentes da Câmara dos Deputados, do Senado Federal e do Supremo Tribunal Federal, de redes de radiodifusão para divulgação de atos que denotem propaganda política ou ataques a partidos políticos e seus filiados ou instituições.

- Art. 36-B acrescido pelo Art. 3º da Lei nº 12.891/2013.
- Ac.-TSE, de 24.6.2014, na Cta nº 100.075: inaplicabilidade da Lei nº 12.891/2013 às eleições de 2014.

Parágrafo único. Nos casos permitidos de convocação das redes de radiodifusão, é vedada a utilização de símbolos ou imagens, exceto aqueles previstos no § 1º do Art. 13 da Constituição Federal.

- Parágrafo único acrescido pelo Art. 3º da Lei nº 12.891/2013.
- Ac.-TSE, de 24.6.2014, na Cta nº 100.075: inaplicabilidade da Lei nº 12.891/2013 às eleições de 2014.

Art. 37. Nos bens cujo uso dependa de cessão ou permissão do poder público, ou que a ele pertençam, e nos bens de uso comum, inclusive postes de iluminação pública, sinalização de tráfego, viadutos, passarelas, pontes, paradas de ônibus e outros equipamentos urbanos, é vedada a veiculação de propaganda de qualquer natureza, inclusive pichação, inscrição a tinta e exposição de placas, estandartes, faixas, cavaletes, bonecos e assemelhados.

- *Caput* com redação dada pelo Art. 2º da Lei nº 13.165/2015.
- Ac.-TSE, de 28.6.2001, no AG nº 2.890: a permissão prevista neste artigo inclui a licença para o serviço de táxi.
- Ac.-TSE, de 12.8.2010, no PA nº 107.267: aplicação deste artigo aos estabelecimentos prisionais e às unidades de internação de adolescentes; nos estabelecimentos penais e em unidades de internação, permite-se o acesso à propaganda veiculada no horário eleitoral gratuito, no rádio e na televisão, bem como eventualmente àquela veiculada na imprensa escrita; Ac.-TSE, de 14.8.2007, no REspe nº 25.682: proibição de distribuição de panfletos com propaganda eleitoral em escola pública; Res.-TSE nº 22.303/2006: proibição de propaganda eleitoral de qualquer natureza em veículos automotores prestadores de serviços públicos, tais como os ônibus de transporte coletivo urbano.
- Ac.-TSE, de 12.5.2011, no AgR-REspe nº 34515; de 17.2.2011, no AgR-REspe nº 35.134 e, de 14.3.2006, no REspe nº 24.801: prevalência da lei de postura municipal sobre o Art. 37 da Lei nº 9.504/1997 em hipótese de conflito. V., ainda, Ac.-TSE, de 29.10.2010, no RMS nº 268.445: prevalência da Lei Eleitoral sobre as leis de posturas municipais, desde que a propaganda seja exercida dentro dos limites legais.

§ 1º A veiculação de propaganda em desacordo com o disposto no *caput* deste artigo sujeita o responsável, após a notificação e comprovação, à restauração do bem e, caso não cumprida no prazo, a multa no valor de R$ 2.000,00 (dois mil reais) a R$ 8.000,00 (oito mil reais).

- § 1º com redação dada pelo Art. 1º da Lei nº 11.300/2006.
- Ac.-TSE, de 28.4.2011, no REspe nº 264.105: veiculação de propaganda eleitoral por meio de outdoor ou engenho assemelhado acarreta a aplicação do § 8º do Art. 39 e não deste parágrafo.
- Ac.-TSE, de 17.9.2013, no AgR-REspe nº 11.377: inexistência de natureza penal atribuída à presente norma, sendo desnecessário aguardar o trânsito em julgado das condenações anteriores para imposição da multa em valor acima do mínimo legal com base na reincidência.
- Ac.-TSE, de 19.8.2014, no AgR-AI nº 231.417: responsabilidade solidária das coligações pela propaganda irregular de seus candidatos e possibilidade de aplicação da sanção individualmente aos responsáveis.

§ 2º Em bens particulares, independe de obtenção de licença municipal e de autorização da Justiça Eleitoral a veiculação de propaganda eleitoral, desde que seja feita em adesivo ou papel, não exceda a 0,5 m² (meio metro quadrado) e não contrarie a legislação eleitoral, sujeitando-se o infrator às penalidades previstas no § 1º.

Legislações | Direito Eleitoral

- § 2º com redação dada pelo Art. 2º da Lei nº 13.165/2015.

- Ac.-TSE, de 15.2.2011, no AgR-AI nº 369.337: mesmo após as alterações introduzidas pela Lei nº 12.034/2009, em se tratando de propaganda irregular realizada em bens particulares, a multa continua sendo devida, ainda que a publicidade seja removida após eventual notificação.

- Ac.-TSE, de 7.10.2010, na R-Rp nº 276.841: o ônus da prova é do representante.

- Ac.-TSE, de 17.10.2013, no AgR-REspe nº 769.497 e, de 23.6.2009, no AgR-REspe nº 25.643: os bens privados abertos ao público estão compreendidos entre os bens de uso comum.

§ 3º Nas dependências do Poder Legislativo, a veiculação de propaganda eleitoral fica a critério da Mesa Diretora.

§ 4º Bens de uso comum, para fins eleitorais, são os assim definidos pela Lei nº 10.406, de 10 de janeiro de 2002 – Código Civil e também aqueles a que a população em geral tem acesso, tais como cinemas, clubes, lojas, centros comerciais, templos, ginásios, estádios, ainda que de propriedade privada.

- Parágrafo 4º acrescido pelo Art. 3º da Lei nº 12.034/2009.

- Ac.-TSE, de 7.3.2006, no REspe nº 25.428 e Ac. nºs 25.263/2005, 21.891/2004, 21.241/2003: o conceito de bem de uso comum, para fins eleitorais, alcança os de propriedade privada de livre acesso ao público; Ac.-TSE, de 30.3.2006, no REspe nº 25.615: é bem de uso comum a banca de revista porque depende de autorização do poder público para funcionamento e situa-se em local privilegiado ao acesso da população (veiculação na parte externa, no caso).

- Ac.-TSE, de 11.2.2014, no AgR-REspe nº 85.130: condomínio residencial fechado não se enquadra na espécie de bem tratada neste parágrafo.

§ 5º Nas árvores e nos jardins localizados em áreas públicas, bem como em muros, cercas e tapumes divisórios, não é permitida a colocação de propaganda eleitoral de qualquer natureza, mesmo que não lhes cause dano.

- Parágrafo 5º acrescido pelo Art. 3º da Lei nº 12.034/2009.

§ 6º É permitida a colocação de mesas para distribuição de material de campanha e a utilização de bandeiras ao longo das vias públicas, desde que móveis e que não dificultem o bom andamento do trânsito de pessoas e veículos.

- § 6º com redação dada pelo Art. 3º da Lei nº 12.891/2013.

- Ac.-TSE, de 24.6.2014, na Cta nº 100.075: inaplicabilidade da Lei nº 12.891/2013 às eleições de 2014.

§ 7º A mobilidade referida no § 6º estará caracterizada com a colocação e a retirada dos meios de propaganda entre as seis horas e as vinte e duas horas.

- § 7º acrescido pelo Art. 3º da Lei nº 12.034/2009.

§ 8º A veiculação de propaganda eleitoral em bens particulares deve ser espontânea e gratuita, sendo vedado qualquer tipo de pagamento em troca de espaço para esta finalidade.

- § 8º acrescido pelo Art. 3º da Lei nº 12.034/2009.

Art. 38. Independe da obtenção de licença municipal e de autorização da Justiça Eleitoral a veiculação de propaganda eleitoral pela distribuição de folhetos, adesivos, volantes e outros impressos, os quais devem ser editados sob a responsabilidade do partido, coligação ou candidato.

- *Caput* com redação dada pelo Art. 3º da Lei nº 12.891/2013.
- Ac.-TSE, de 24.6.2014, na Cta nº 100.075: inaplicabilidade da Lei nº 12.891/2013 às eleições de 2014.

§ 1º Todo material impresso de campanha eleitoral deverá conter o número de inscrição no Cadastro Nacional da Pessoa Jurídica – CNPJ ou o número de inscrição no Cadastro de Pessoas Físicas – CPF do responsável pela confecção, bem como de quem a contratou, e a respectiva tiragem.

- § 1º acrescido pelo Art. 3º da Lei nº 12.034/2009.

§ 2º Quando o material impresso veicular propaganda conjunta de diversos candidatos, os gastos relativos a cada um deles deverão constar na respectiva prestação de contas, ou apenas naquela relativa ao que houver arcado com os custos.

- § 2º acrescido pelo Art. 3º da Lei nº 12.034/2009.

§ 3º Os adesivos de que trata o *caput* deste artigo poderão ter a dimensão máxima de 50 (cinquenta) centímetros por 40 (quarenta) centímetros.

- § 3º acrescido pelo Art. 3º da Lei nº 12.891/2013.
- Ac.-TSE, de 24.6.2014, na Cta nº 100.075: inaplicabilidade da Lei nº 12.891/2013 às eleições de 2014.

§ 4º É proibido colar propaganda eleitoral em veículos, exceto adesivos microperfurados até a extensão total do para-brisa traseiro e, em outras posições, adesivos até a dimensão máxima fixada no § 3°.

- § 4º acrescido pelo Art. 3º da Lei nº 12.891/2013.
- Ac.-TSE, de 24.6.2014, na Cta nº 100.075: inaplicabilidade da Lei nº 12.891/2013 às eleições de 2014.

Art. 39. A realização de qualquer ato de propaganda partidária ou eleitoral, em recinto aberto ou fechado, não depende de licença da polícia.

- Lei nº 1.207/1950: Dispõe sobre o direito de reunião.

§ 1º O candidato, partido ou coligação promotora do ato fará a devida comunicação à autoridade policial em, no mínimo, vinte e quatro horas antes de sua realização, a fim de que esta lhe garanta, segundo a prioridade do aviso, o direito contra quem tencione usar o local no mesmo dia e horário.

§ 2º A autoridade policial tomará as providências necessárias à garantia da realização do ato e ao funcionamento do tráfego e dos serviços públicos que o evento possa afetar.

§ 3º O funcionamento de alto-falantes ou amplificadores de som, ressalvada a hipótese contemplada no parágrafo seguinte, somente é permitido entre as oito e as vinte e duas horas, sendo vedados a instalação e o uso daqueles equipamentos em distância inferior a duzentos metros:

- Ac.-TSE, de 21.8.2012, no REspe nº 35.724: descabimento de multa pela transgressão deste parágrafo, a qual gera providência administrativa para fazer cessá-la.

I – das sedes dos Poderes Executivo e Legislativo da União, dos Estados, do Distrito Federal e dos Municípios, das sedes dos Tribunais Judiciais, e dos quartéis e outros estabelecimentos militares;

II – dos hospitais e casas de saúde;

III – das escolas, bibliotecas públicas, igrejas e teatros, quando em funcionamento.

§ 4º A realização de comícios e a utilização de aparelhagens de sonorização fixas são permitidas no horário compreendido entre as 8 (oito) e as 24 (vinte e quatro) horas, com exceção do comício de encerramento da campanha, que poderá ser prorrogado por mais 2 (duas) horas.

- Parágrafo 4º com redação dada pelo Art. 3º da Lei nº 12.891/2013.
- Ac.-TSE, de 24.6.2014, na Cta nº 100.075: inaplicabilidade da Lei nº 12.891/2013 às eleições de 2014.

§ 5º Constituem crimes, no dia da eleição, puníveis com detenção, de seis meses a um ano, com a alternativa de prestação de serviços à comunidade pelo mesmo período, e multa no valor de cinco mil a quinze mil UFIR:

- V. nota ao Art. 105, § 2º, desta lei sobre a Unidade Fiscal de Referência (UFIR).

I – o uso de alto-falantes e amplificadores de som ou a promoção de comício ou carreata;

II – a arregimentação de eleitor ou a propaganda de boca-de-urna;

- Inciso II com redação dada pelo Art. 1º da Lei nº 11.300/2006.
- V. Art. 39-A desta lei.
- Ac.-TSE, de 4.6.2009, no HC nº 604: a nova redação dada a este dispositivo pela Lei nº 11.300/2006 não revogou as condutas anteriormente descritas, tendo, na verdade, ampliado o tipo penal.

III – a divulgação de qualquer espécie de propaganda de partidos políticos ou de seus candidatos.

- Inciso III com redação dada pelo Art. 3º da Lei nº 12.034/2009.
- Ac.-TSE, de 27.5.2014, no AgR-REspe nº 8.720 e, de 26.4.2012, no REspe nº 4859.93: declaração indireta de voto, desprovida de qualquer forma de convencimento, de pressão ou de tentativa de persuasão, não constitui crime eleitoral.
- Ac.-TSE, de 3.9.2014, no AgR-AI nº 498122 e, de 3.5.2011, no RESPE nº 1.188.716: inaplicabilidade do princípio da insignificância ao crime tipificado neste inciso.
- Ac.-TSE, de 2.10.2012, no REspe nº 155.903: atipicidade da conduta de afixar cartazes e faixas com propaganda eleitoral em residências em data anterior ao dia das eleições.

§ 6º É vedada na campanha eleitoral a confecção, utilização, distribuição por comitê, candidato, ou com a sua autorização, de camisetas, chaveiros, bonés, canetas, brindes, cestas básicas ou quaisquer outros bens ou materiais que possam proporcionar vantagem ao eleitor.

- Parágrafo 6º acrescido pelo Art. 1º da Lei nº 11.300/2006.
- Res.-TSE nº 22.274/2006: não é permitida, em eventos fechados em propriedade privada, a presença de artistas ou de animadores nem a utilização de camisas e outros materiais que possam proporcionar alguma vantagem ao eleitor.
- Res.-TSE nº 22.247/2006: é permitida a confecção, a distribuição e a utilização de displays, bandeirolas e flâmulas em veículos automotores particulares, pois não proporcionam vantagem

ao eleitor; a proibição somente é aplicável para veículos automotores prestadores de serviços públicos; Res.-TSE nº 22303/2006: Independentemente da semelhança com o outdoor, é vedada a veiculação de propaganda eleitoral de qualquer natureza em veículos automotores prestadores de serviços públicos, tais como os ônibus de transporte coletivo urbano (*caput* do Art. 37 da Lei nº 11.300/2006).

- Ac.-TSE, de 28.10.2010, no RO nº 1.859: a vedação deste parágrafo não alcança o fornecimento de pequeno lanche - café da manhã e caldos - em reunião de cidadãos, visando a sensibilizá-los quanto a candidaturas.

§ 7º É proibida a realização de showmício e de evento assemelhado para promoção de candidatos, bem como a apresentação, remunerada ou não, de artistas com a finalidade de animar comício e reunião eleitoral.

- Parágrafo 7º acrescido pelo Art. 1º da Lei nº 11.300/2006.
- V. Res.-TSE nº 23.251/2010: candidato que exerce a profissão de cantor; Res.-TSE nº 22.274/2006: não é permitida, em eventos fechados em propriedade privada, a presença de artistas ou de animadores nem a utilização de camisas e outros materiais que possam proporcionar alguma vantagem ao eleitor.

§ 8º É vedada a propaganda eleitoral mediante outdoors, inclusive eletrônicos, sujeitando-se a empresa responsável, os partidos, as coligações e os candidatos à imediata retirada da propaganda irregular e ao pagamento de multa no valor de R$5.000,00 (cinco mil reais) a R$15.000,00 (quinze mil reais).

- § 8º com redação dada pelo Art. 3º da Lei nº 12.891/2013.
- Ac.-TSE, de 24.6.2014, na Cta nº 100.075: inaplicabilidade da Lei nº 12.891/2013 às eleições de 2014.
- Ac.-TSE, de 23.11.2006, no REspe nº 26404 e Res.-TSE nº 22.246/2006: Só não caracteriza outdoor a placa, afixada em propriedade particular, cujo tamanho não exceda a 4m².
- Res.-TSE nº 22.270/2006: proibição de painéis eletrônicos na propaganda eleitoral.
- Ac.-TSE, de 21.3.2013, no AgR-REspe nº 24.446 e, de 28.4.2011, no REspe nº 26.4105: veiculação de propaganda eleitoral por meio de outdoor ou engenho assemelhado acarreta a aplicação deste parágrafo, e não a do § 1º do Art. 37 desta lei, independentemente de sua retirada; Ac.-TSE, de 22.9.2015, no AgR-REspe nº 745.846: não condiciona a aplicação da multa à retirada da propaganda, embora tenha sido cumprida a notificação da Justiça Eleitoral, retirando o outdoor impugnado, a parte sujeita-se à penalidade pecuniária.
- Ac.-TSE, de 24.8.2010, no R-Rp nº 186.773: placas e engenhos, em bens particulares, que ultrapassem 4m², em que haja exploração comercial, equiparam-se a outdoor, incidindo a penalidade prevista neste parágrafo.
- Ac.-TSE, de 7.10.2010, no R-Rp nº 276.841: o ônus da prova é do representante.
- Ac.-TSE, de 22.2.2011, no AgR-AI nº 375.310: a limitação imposta pela Justiça Eleitoral deve levar em conta não apenas a dimensão, mas também o impacto visual da propaganda.

§ 9º Até as vinte e duas horas do dia que antecede a eleição, serão permitidos distribuição de material gráfico, caminhada, carreata, passeata ou carro de som que transite pela cidade divulgando jingles ou mensagens de candidatos.

- § 9º acrescido pelo Art. 3º da Lei nº 12.034/2009.

Legislações | Direito Eleitoral

§ 9º-A. Considera-se carro de som, além do previsto no § 12, qualquer veículo, motorizado ou não, ou ainda tracionado por animais, que transite divulgando jingles ou mensagens de candidatos.

- § 9º-A acrescido pelo Art. 2º da Lei nº 13.165/2015.

§ 10. Fica vedada a utilização de trios elétricos em campanhas eleitorais, exceto para a sonorização de comícios.

- § 10 acrescido pelo Art. 3º da Lei nº 12.034/2009.
- Res.-TSE nº 22.267/2006: possibilidade do uso de telão e de palco fixo nos comícios; proibição de retransmissão de shows artísticos e de utilização de trio elétrico.

§ 11 É permitida a circulação de carros de som e minitrios como meio de propaganda eleitoral, desde que observado o limite de 80 (oitenta) decibéis de nível de pressão sonora, medido a 7 (sete) metros de distância do veículo, e respeitadas as vedações previstas no § 3° deste artigo.

- § 11 acrescido pelo Art. 3º da Lei nº 12.891/2013.
- Ac.-TSE, de 24.6.2014, na Cta nº 100.075: inaplicabilidade da Lei nº 12.891/2013 às eleições de 2014.

§ 12 Para efeitos desta Lei, considera-se:

I - carro de som: veículo automotor que usa equipamento de som com potência nominal de amplificação de, no máximo, 10.000 (dez mil) watts;

II - minitrio: veículo automotor que usa equipamento de som com potência nominal de amplificação maior que 10.000 (dez mil) watts e até 20.000 (vinte mil) watts;

III - trio elétrico: veículo automotor que usa equipamento de som com potência nominal de amplificação maior que 20.000 (vinte mil) watts.

- § 12 e incisos I a III acrescidos pelo Art. 3º da Lei nº 12.891/2013.
- Ac.-TSE, de 24.6.2014, na Cta nº 100.075: inaplicabilidade da Lei nº 12.891/2013 às eleições de 2014.

Art. 39-A. É permitida, no dia das eleições, a manifestação individual e silenciosa da preferência do eleitor por partido político, coligação ou candidato, revelada exclusivamente pelo uso de bandeiras, broches, dísticos e adesivos.

§ 1º É vedada, no dia do pleito, até o término do horário de votação, a aglomeração de pessoas portando vestuário padronizado, bem como os instrumentos de propaganda referidos no *caput*, de modo a caracterizar manifestação coletiva, com ou sem utilização de veículos.

§ 2º No recinto das seções eleitorais e juntas apuradoras, é proibido aos servidores da Justiça Eleitoral, aos mesários e aos escrutinadores o uso de vestuário ou objeto que contenha qualquer propaganda de partido político, de coligação ou de candidato.

§ 3º Aos fiscais partidários, nos trabalhos de votação, só é permitido que, em seus crachás, constem o nome e a sigla do partido político ou coligação a que sirvam, vedada a padronização do vestuário.

§ 4º No dia do pleito, serão afixadas cópias deste artigo em lugares visíveis nas partes interna e externa das seções eleitorais.

- Art. 39-A e §§ 1º a 4º acrescidos pelo Art. 4º da Lei nº 12.034/2009.

Art. 40. O uso, na propaganda eleitoral, de símbolos, frases ou imagens, associadas ou semelhantes às empregadas por órgão de governo, empresa pública ou sociedade de economia mista constitui crime, punível com detenção, de seis meses a um ano, com a alternativa de prestação de serviços à comunidade pelo mesmo período, e multa no valor de dez mil a vinte mil UFIR.

- V. nota ao Art. 105, § 2º, desta lei sobre a Unidade Fiscal de Referência (UFIR).
- Res.-TSE nº 22.268/2006: não há vedação para o uso, na propaganda eleitoral, dos símbolos nacionais, estaduais e municipais (bandeira, hino, cores), sendo punível a utilização indevida nos termos da legislação de regência.
- Ac.-TSE, de 15.5.2008, no REspe nº 26.380: A utilização de determinada cor durante a campanha eleitoral não se insere no conceito de símbolo, nos termos do Art. 40 da Lei nº 9.504/1997.
- Ac.-TSE, de 30.6.2011, no HC nº 355.910: é atípica a conduta de utilizar, na propaganda eleitoral, palavra também contida em propaganda institucional.

Art. 40-A. (Vetado pelo Art. 1º da Lei nº 11.300/2006).

Art. 40-B. A representação relativa à propaganda irregular deve ser instruída com prova da autoria ou do prévio conhecimento do beneficiário, caso este não seja por ela responsável.

Parágrafo único. A responsabilidade do candidato estará demonstrada se este, intimado da existência da propaganda irregular, não providenciar, no prazo de quarenta e oito horas, sua retirada ou regularização e, ainda, se as circunstâncias e as peculiaridades do caso específico revelarem a impossibilidade de o beneficiário não ter tido conhecimento da propaganda.

- Art. 40-B e parágrafo único acrescidos pelo Art. 4º da Lei nº 12.034/2009.

Art. 41. A propaganda exercida nos termos da legislação eleitoral não poderá ser objeto de multa nem cerceada sob alegação do exercício do poder de polícia ou de violação de postura municipal, casos em que se deve proceder na forma prevista no Art. 40.

- *Caput* com redação dada pelo Art. 3º da Lei nº 12.034/2009.
- Ac.-TSE, de 12.5.2011, no AgR-REspe nº 34.515; de 17.2.2011, no AgR-REspe nº 35.134; e, de 14.3.2006, no REspe nº 24.801: prevalência da lei de postura municipal sobre o Art. 37 da Lei nº 9.504/1997 em hipótese de conflito. V., ainda, Ac.-TSE, de 29.10.2010, no RMS nº 268.445: prevalência da Lei Eleitoral sobre as leis de posturas municipais, desde que a propaganda seja exercida dentro dos limites legais.

§ 1º O poder de polícia sobre a propaganda eleitoral será exercido pelos Juízes Eleitorais e pelos juízes designados pelos Tribunais Regionais Eleitorais.

- § 1º acrescido pelo Art. 3º da Lei nº 12.034/2009.
- Ac.-TSE, de 10.4.2012, no RMS nº 154.104: ilegitimidade dos Juízes Eleitorais para instaurar portaria que comine pena por desobediência a essa lei.

Legislações | Direito Eleitoral

§ 2º O poder de polícia se restringe às providências necessárias para inibir práticas ilegais, vedada a censura prévia sobre o teor dos programas a serem exibidos na televisão, no rádio ou na Internet.

- § 2º acrescido pelo Art. 3º da Lei nº 12.034/2009.

Art. 41-A. Ressalvado o disposto no Art. 26 e seus incisos, constitui captação de sufrágio, vedada por esta Lei, o candidato doar, oferecer, prometer, ou entregar, ao eleitor, com o fim de obter-lhe o voto, bem ou vantagem pessoal de qualquer natureza, inclusive emprego ou função pública, desde o registro da candidatura até o dia da eleição, inclusive, sob pena de multa de mil a cinquenta mil UFIR, e cassação do registro ou do diploma, observado o procedimento previsto no Art. 22 da Lei Complementar nº 64, de 18 de maio de 1990.

- Artigo acrescido pelo Art. 1º da Lei nº 9.840/1999.
- Ac.-TSE, de 20.3.2014, no RO nº 717.793; de 22.6.2010, no REspe nº 30.274 e, de 27.4.2004, no REspe nº 21.264: para a configuração da captação ilícita de sufrágio praticada por terceiros, exige-se que o candidato tenha conhecimento do fato e que com ele compactue, não bastando a mera presunção desse conhecimento; Ac.-TSE, de 8.9.2015, no REspe nº 4.223.285: a infração não se configura apenas quando há intervenção pessoal e direta do candidato, pois é possível a sua caracterização quando o fato é praticado por interposta pessoa que possui ligação íntima (esposa) com o candidato.
- Ac.-TSE, de 1.3.2007, no REspe nº 26.118: incidência deste dispositivo também no caso de dádiva de dinheiro em troca de abstenção, por analogia ao disposto no CE/65, Art. 299.
- V. nota ao Art. 105, § 2º, desta lei sobre a Unidade Fiscal de Referência (UFIR).
- Ac.-STF, de 26.10.2006, na ADI nº 3.592: julga improcedente arguição de inconstitucionalidade da expressão cassação do registro ou do diploma contida neste artigo; Ac.-TSE, de 8.8.2006, no REspe nº 25790 e Ac.-TSE nºs 25227/2005, 25215/2005, 612/2004: constitucionalidade deste dispositivo por não implicar inelegibilidade.
- Ac.-TSE, de 12.11.2013, no AgR-REspe nº 25.579.768 e, de 8.5.2012, no AgR-RCEd nº 707: cumulatividade das penas e impossibilidade de prosseguimento do processo para cominar multa, quando encerrado o mandato; e Ac.-TSE, de 24.2.2011, no AgR-REspe nº 36601: quando formalizada a representação apenas contra um dos candidatos da chapa.
- Ac.-TSE, de 15.2.2011, no REspe nº 36.335: exigência de prova robusta de pelo menos uma das condutas previstas neste artigo, da finalidade de obter o voto do eleitor e da participação ou anuência do candidato beneficiado para caracterizar a captação ilícita de sufrágio.
- Ac.-TSE, de 1º.4.2014, no REspe nº 34.610 e de 16.12.2010, no AgR-AI nº 123.547: exigência de prova robusta dos atos que configuram a captação ilícita de sufrágio, não sendo bastante apresentar meras presunções.
- Ac.-TSE, de 16.12.2010, no AgR-AC nº 240.117: execução imediata das decisões proferidas em sede de representação por captação ilícita de sufrágio.
- Ac.-TSE, de 30.11.2010, no AgR-AI nº 196.558: A exposição de plano de governo e a mera promessa de campanha feita pelo candidato relativamente ao problema de moradia, a ser cumprida após as eleições, não configura a prática de captação ilícita de sufrágio.
- Ac.-TSE, de 16.6.2010, no AgR-REspe nº 35.740: legitimidade do Ministério Público Eleitoral para assumir a titularidade da representação fundada neste artigo no caso de abandono da causa pelo autor.

- Ac.-TSE, de 20.5.2010, no AgR-REspe nº 26.110: admissibilidade da comprovação da captação ilícita de sufrágio por meio, exclusivamente, da prova testemunhal, não sendo suficiente para retirar a credibilidade, nem a validade, a circunstância de cada fato alusivo à compra de voto ter sido confirmada por uma única testemunha.

- Ac.-TSE, de 18.2.2010, no RCEd nº 761: ausência de distinção entre a natureza social ou econômica dos eleitores beneficiados, ou entre a qualidade ou o valor da benesse oferecida, para os fins deste artigo.

- Ac.-TSE nº 81/2005: este artigo não alterou a disciplina do Art. 299 do Código Eleitoral e não implicou abolição do crime de corrupção eleitoral nele tipificado.

- Ac.-TSE, de 16.9.2008, no RCED nº 676 e Ac.-TSE nºs 5.498/2005, 4.422/2003: promessas genéricas, sem objetivo de satisfazer interesses individuais e privados, não atraem a incidência deste artigo.

- Res.-TSE nº 21166/2002: competência do juiz auxiliar para processamento e relatório da representação do Art. 41-A, observado o rito do Art. 22 da LC nº 64/1990; competência dos corregedores para infrações à LC nº 64/1990. Ac.-TSE nº 4.029/2003: impossibilidade de julgamento monocrático da representação pelo juiz auxiliar nas eleições estaduais e federais.

- Ac.-TSE, de 8.10.2009, no RO nº 2373; de 17.4.2008, no REspe nº 27.104 e, de 1º.3.2007, no REspe nº 26.118: para incidência da sanção prevista neste dispositivo, não se exige a aferição da potencialidade do fato para desequilibrar o pleito; Ac.-TSE, de 29.4.2014, no AgR-REspe nº 43.040 e, de 28.10.2010, no AgR-REspe nº 39.974: necessidade de verificar a potencialidade lesiva do ato ilícito, no caso de apuração da captação ilícita de sufrágio – espécie do gênero corrupção – em sede de AIME.

- Ac.-TSE, de 6.4.2010, no REspe nº 35.770: para incidência deste artigo, a promessa de vantagem pessoal deve se relacionar com o benefício a ser obtido concreta e individualmente por eleitor determinado.

§ 1º Para a caracterização da conduta ilícita, é desnecessário o pedido explícito de votos, bastando a evidência do dolo, consistente no especial fim de agir.

- § 1º acrescido pelo Art. 3º da Lei nº 12.034/2009.

§ 2º As sanções previstas no *caput* aplicam-se contra quem praticar atos de violência ou grave ameaça a pessoa, com o fim de obter-lhe o voto.

- § 2º acrescido pelo Art. 3º da Lei nº 12.034/2009.

§ 3º A representação contra as condutas vedadas no *caput* poderá ser ajuizada até a data da diplomação.

- § 3º acrescido pelo Art. 3º da Lei nº 12.034/2009.

§ 4º O prazo de recurso contra decisões proferidas com base neste artigo será de 3 (três) dias, a contar da data da publicação do julgamento no Diário Oficial.

- § 4º acrescido pelo Art. 3º da Lei nº 12.034/2009.

- Ac.-TSE, de 1º.7.2011, no AgR-REspe nº 190.670: Até o advento da Lei nº 12.034/2009, o prazo para a interposição dos recursos e embargos de declaração nos tribunais regionais, nos casos em que se apura captação ilícita de sufrágio, era de 24 horas (Art. 96, § 8º , da Lei nº 9.504/1997).

Da Propaganda Eleitoral Mediante Outdoors

Art. 42. (Revogado pelo Art. 4º da Lei nº 11.300/2006.)

Da Propaganda Eleitoral na Imprensa

- Ac.-TSE nº 1.241/2002: a diversidade de regimes constitucionais a que se submetem a imprensa escrita, e o rádio e a televisão se reflete na diferença de restrições por força da legislação eleitoral; incompetência da Justiça Eleitoral para impor restrições ou proibições à liberdade de informação e à opinião da imprensa escrita, salvo, unicamente, às relativas à publicidade paga e à garantia do direito de resposta.

Art. 43. São permitidas, até a antevéspera das eleições, a divulgação paga, na imprensa escrita, e a reprodução na Internet do jornal impresso, de até 10 (dez) anúncios de propaganda eleitoral, por veículo, em datas diversas, para cada candidato, no espaço máximo, por edição, de 1/8 (um oitavo) de página de jornal padrão e de 1/4 (um quarto) de página de revista ou tabloide.

- *Caput* com redação dada pelo Art. 3º da Lei nº 12.034/2009.
- Ac.-TSE, de 1º.3.2007, no Ag nº 6.881, proferido na vigência da redação anterior: a aplicação da multa prevista neste dispositivo só é possível quando se tratar de propaganda eleitoral paga ou produto de doação indireta.
- Res.-TSE nº 23.086/2009, editada na vigência da redação anterior: impossibilidade de veiculação de propaganda intrapartidária paga nos meios de comunicação.
- Ac.-TSE, de 15.10.2009, no REspe nº 35.977: necessidade de que os textos imputados como inverídicos sejam fruto de matéria paga para tipificação do delito previsto no Art. 323 do CE/65.
- Ac.-TSE, de 18.10.2011, na Cta nº 195.781: a circunstância de o anúncio ficar aquém do espaço máximo estabelecido não viabiliza a ultrapassagem do número previsto neste artigo.

§ 1º Deverá constar do anúncio, de forma visível, o valor pago pela inserção.

- Parágrafo 1º acrescido pelo Art. 3º da Lei nº 12.034/2009.
- Ac.-TSE, de 6.8.2013, no REspe nº 76.458: divulgação da propaganda eleitoral na imprensa escrita exige a informação, de forma visível, do valor pago pela inserção, sendo desnecessária a comprovação de dolo para a configuração da infração.

§ 2º A inobservância do disposto neste artigo sujeita os responsáveis pelos veículos de divulgação e os partidos, coligações ou candidatos beneficiados a multa no valor de R$1.000,00 (mil reais) a R$10.000,00 (dez mil reais) ou equivalente ao da divulgação da propaganda paga, se este for maior.

- Parágrafo 2º acrescido pelo Art. 3º da Lei nº 12.034/2009. Corresponde ao parágrafo único, na redação dada pela Lei nº 11.300/2006.
- Ac.-TSE, de 17.10.2013, no AgR-AI nº 2658 e, de 6.11.2012, no AgR-AI 27.205: para imposição da multa prevista neste parágrafo, não se exige que os candidatos beneficiados tenham sido responsáveis pela veiculação, na imprensa escrita, da propaganda irregular.

Da Propaganda Eleitoral no Rádio e na Televisão

Art. 44. A propaganda eleitoral no rádio e na televisão restringe-se ao horário gratuito definido nesta Lei, vedada a veiculação de propaganda paga.

- Res.-TSE nº 22.927/2008: a partir das eleições de 2010, no horário eleitoral gratuito, [...] as emissoras geradoras deverão proceder ao bloqueio da transmissão para as estações retransmissoras e repetidoras localizadas em município diverso, substituindo a transmissão do programa por uma imagem estática com os dizeres 'horário destinado à propaganda eleitoral gratuita'.
- Res.-TSE nº 23.086/2009: impossibilidade de veiculação de propaganda intrapartidária paga nos meios de comunicação.

§ 1º A propaganda eleitoral gratuita na televisão deverá utilizar a Linguagem Brasileira de Sinais – LIBRAS ou o recurso de legenda, que deverão constar obrigatoriamente do material entregue às emissoras.

- § 1º acrescido pelo Art. 3º da Lei nº 12.034/2009.

§ 2º No horário reservado para a propaganda eleitoral, não se permitirá utilização comercial ou propaganda realizada com a intenção, ainda que disfarçada ou subliminar, de promover marca ou produto.

- § 2º acrescido pelo Art. 3º da Lei nº 12.034/2009.

§ 3º Será punida, nos termos do § 1º do Art. 37, a emissora que, não autorizada a funcionar pelo poder competente, veicular propaganda eleitoral.

- § 3º acrescido pelo Art. 3º da Lei nº 12.034/2009.

Art. 45. Encerrado o prazo para a realização das convenções no ano das eleições, é vedado às emissoras de rádio e televisão, em sua programação normal e em seu noticiário:

- *Caput* com redação dada pelo Art. 2º da Lei nº 13.165/2015.

I – transmitir, ainda que sob a forma de entrevista jornalística, imagens de realização de pesquisa ou qualquer outro tipo de consulta popular de natureza eleitoral em que seja possível identificar o entrevistado ou em que haja manipulação de dados;

II – usar trucagem, montagem ou outro recurso de áudio ou vídeo que, de qualquer forma, degradem ou ridicularizem candidato, partido ou coligação, ou produzir ou veicular programa com esse efeito;

- Ac.-STF, de 2.9.2010, na ADI nº 4.451: liminar referendada que suspendeu a norma deste inciso.

III – veicular propaganda política ou difundir opinião favorável ou contrária a candidato, partido, coligação, a seus órgãos ou representantes;

- Ac.-STF, de 2.9.2010, na ADI nº 4.451: liminar referendada que suspendeu a segunda parte deste inciso.
- Ac.-TSE, de 21.2.2013, na Rp nº 412.556: transmissão ao vivo de missa na qual o sacerdote veicule ideias contrárias a certo partido não possibilita o enquadramento da emissora neste dispositivo.

IV – dar tratamento privilegiado a candidato, partido ou coligação;

- Ac.-TSE, de 11.9.2014, na R-Rp nº 103.246: esse dispositivo não garante espaço idêntico na mídia a todos os candidatos, mas tratamento proporcional à participação de cada um no cenário político.

V – veicular ou divulgar filmes, novelas, minisséries ou qualquer outro programa com alusão ou crítica a candidato ou partido político, mesmo que dissimuladamente, exceto programas jornalísticos ou debates políticos;

- V. Art. 58 desta lei: direito de resposta.

VI – divulgar nome de programa que se refira a candidato escolhido em Convenção, ainda quando preexistente, inclusive se coincidente com o nome do candidato ou com a variação nominal por ele adotada. Sendo o nome do programa o mesmo que o do candidato, fica proibida a sua divulgação, sob pena de cancelamento do respectivo registro.

§ 1º A partir de 30 de junho do ano da eleição, é vedado, ainda, às emissoras transmitir programa apresentado ou comentado por pré-candidato, sob pena, no caso de sua escolha na convenção partidária, de imposição da multa prevista no § 2º e de cancelamento do registro da candidatura do beneficiário.

- § 1º com redação dada pelo Art. 2º da Lei nº 13.165/2015.

§ 2º Sem prejuízo do disposto no parágrafo único do Art. 55, a inobservância do disposto neste artigo sujeita a emissora ao pagamento de multa no valor de vinte mil a cem mil UFIR, duplicada em caso de reincidência.

- V. nota ao Art. 105, § 2º, desta lei sobre a Unidade Fiscal de Referência (UFIR).
- Ac.-TSE, de 3.6.2008, no REspe nº 27.743: impossibilidade de imposição de multa a jornalista, pois o *caput* deste artigo refere-se expressamente apenas às emissoras de rádio e televisão.

§ 3º (Revogado pelo Art. 9º da Lei nº 12.034/2009.)

§ 4º Entende-se por trucagem todo e qualquer efeito realizado em áudio ou vídeo que degradar ou ridicularizar candidato, partido político ou coligação, ou que desvirtuar a realidade e beneficiar ou prejudicar qualquer candidato, partido político ou coligação.

- § 4º acrescido pelo Art. 3º da Lei nº 12.034/2009.
- Ac.-STF, de 2.9.2010, na ADI nº 4.451: liminar referendada que suspendeu a norma do inciso II e da segunda parte do inciso III deste artigo e, por arrastamento, deste parágrafo.

§ 5º Entende-se por montagem toda e qualquer junção de registros de áudio ou vídeo que degradar ou ridicularizar candidato, partido político ou coligação, ou que desvirtuar a realidade e beneficiar ou prejudicar qualquer candidato, partido político ou coligação.

- Parágrafo 5º acrescido pelo Art. 3º da Lei nº 12.034/2009.
- Ac.-STF, de 2.9.2010, na ADI nº 4.451: liminar referendada que suspendeu a norma do inciso II e da segunda parte do inciso III deste artigo e, por arrastamento, deste parágrafo.

§ 6º É permitido ao partido político utilizar na propaganda eleitoral de seus candidatos em âmbito regional, inclusive no horário eleitoral gratuito, a imagem e a voz de candidato ou militante de partido político que integre a sua coligação em âmbito nacional.

- Parágrafo 6º acrescido pelo Art. 3º da Lei nº 12.034/2009.

- Ac.-STF, de 29.6.2012, na ADI nº 4.430: constitucionalidade deste dispositivo.
- V. Art. 53-A e parágrafos desta lei.
- V. Art. 54, *caput* e parágrafo único, desta lei.
- Ac.-TSE, de 12.8.2010, na Cta 64.740: possibilidade de utilização, na propaganda regional, de imagem e voz de candidato ou de militante de partido político que integre coligação em âmbito nacional, sejam eles aliados ou concorrentes.
- Ac.-TSE, de 29.6.2010, na Cta nº 120.949: impossibilidade de o candidato majoritário estadual utilizar imagem e voz de candidato a Presidente da República ou de militante do mesmo partido, quando seu partido estiver coligado em âmbito regional com outro que também tenha lançado candidato a Presidente da República. Utilização que, também, resta impossibilitada quando se tratar de participação de candidato de partido diverso, ainda que os partidos regionais estejam coligados.

Art. 46. Independentemente da veiculação de propaganda eleitoral gratuita no horário definido nesta Lei, é facultada a transmissão por emissora de rádio ou televisão de debates sobre as eleições majoritária ou proporcional, sendo assegurada a participação de candidatos dos partidos com representação superior a nove Deputados, e facultada a dos demais, observado o seguinte:

- *Caput* com redação dada pelo Art. 2º da Lei nº 13.165/2015.
- Ac.-TSE, de 16.6.2010, na Cta nº 79.636: possibilidade de realização, em qualquer época, de debate na Internet, com transmissão ao vivo, sem a condição imposta ao rádio e à televisão do tratamento isonômico entre os candidatos.

I – nas eleições majoritárias, a apresentação dos debates poderá ser feita:

a) em conjunto, estando presentes todos os candidatos a um mesmo cargo eletivo;

b) em grupos, estando presentes, no mínimo, três candidatos;

II – nas eleições proporcionais, os debates deverão ser organizados de modo que assegurem a presença de número equivalente de candidatos de todos os partidos e coligações a um mesmo cargo eletivo, podendo desdobrar-se em mais de um dia;

III – os debates deverão ser parte de programação previamente estabelecida e divulgada pela emissora, fazendo-se mediante sorteio a escolha do dia e da ordem de fala de cada candidato, salvo se celebrado acordo em outro sentido entre os partidos e coligações interessados.

§ 1º Será admitida a realização de debate sem a presença de candidato de algum partido, desde que o veículo de comunicação responsável comprove havê-lo convidado com a antecedência mínima de setenta e duas horas da realização do debate.

- Ac.-TSE nº 19.433/2002: aplicação desta regra também quando são apenas dois os candidatos que disputam a eleição, salvo se a marcação do debate é feita unilateralmente ou com o propósito de favorecer um deles.

§ 2º É vedada a presença de um mesmo candidato a eleição proporcional em mais de um debate da mesma emissora.

§ 3º O descumprimento do disposto neste artigo sujeita a empresa infratora às penalidades previstas no Art. 56.

Legislações | Direito Eleitoral

§ 4º O debate será realizado segundo as regras estabelecidas em acordo celebrado entre os partidos políticos e a pessoa jurídica interessada na realização do evento, dando-se ciência à Justiça Eleitoral.

- § 4º acrescido pelo Art. 3º da Lei nº 12.034/2009.

§ 5º Para os debates que se realizarem no primeiro turno das eleições, serão consideradas aprovadas as regras, inclusive as que definam o número de participantes, que obtiverem a concordância de pelo menos 2/3 (dois terços) dos candidatos aptos, no caso de eleição majoritária, e de pelo menos 2/3 (dois terços) dos partidos ou coligações com candidatos aptos, no caso de eleição proporcional.

- § 5º com redação dada pelo Art. 2º da Lei nº 13.165/2015.
- V. Art. 16-A desta lei.

Art. 47. As emissoras de rádio e de televisão e os canais de televisão por assinatura mencionados no Art. 57 reservarão, nos trinta e cinco dias anteriores à antevéspera das eleições, horário destinado à divulgação, em rede, da propaganda eleitoral gratuita, na forma estabelecida neste artigo.

- *Caput* com redação dada pelo Art. 2º da Lei nº 13.165/2015.
- Res.-TSE nº 22.290/2006: impossibilidade de transmissão ao vivo da propaganda eleitoral gratuita em bloco.
- Ac.-TSE, de 29.9.2010, no R-Rp nº 297.892: o prazo decadencial para ajuizar representação para pedir direito de resposta no horário gratuito é contado em horas, a partir do término da exibição do programa que se pretende impugnar, não se confundindo com o término da faixa de audiência em que exibida propaganda em inserções, de que cuida o Art. 51 desta lei.

§ 1º A propaganda será feita:

I – na eleição para Presidente da República, às terças e quintas-feiras e aos sábados:

a) das sete horas às sete horas e doze minutos e trinta segundos e das doze horas às doze horas e doze minutos e trinta segundos, no rádio;

b) das treze horas às treze horas e doze minutos e trinta segundos e das vinte horas e trinta minutos às vinte horas e quarenta e dois minutos e trinta segundos, na televisão;

- Alíneas a e b com redação dada pelo Art. 2º da Lei nº 13.165/2015.

II – nas eleições para Deputado Federal, às terças e quintas-feiras e aos sábados:

a) das sete horas e doze minutos e trinta segundos às sete horas e vinte e cinco minutos e das doze horas e doze minutos e trinta segundos às doze horas e vinte e cinco minutos, no rádio;

b) das treze horas e doze minutos e trinta segundos às treze horas e vinte e cinco minutos e das vinte horas e quarenta e dois minutos e trinta segundos às vinte horas e cinquenta e cinco minutos, na televisão;

- Alíneas a e b com redação dada pelo Art. 2º da Lei nº 13.165/2015.

III – nas eleições para Senador, às segundas, quartas e sextas-feiras:

a) das sete horas às sete horas e cinco minutos e das doze horas às doze horas e cinco minutos, no rádio, nos anos em que a renovação do Senado Federal se der por um terço;

b) das treze horas às treze horas e cinco minutos e das vinte horas e trinta minutos às vinte horas e trinta e cinco minutos, na televisão, nos anos em que a renovação do Senado Federal se der por um terço;

c) das sete horas às sete horas e sete minutos e das doze horas às doze horas e sete minutos, no rádio, nos anos em que a renovação do Senado Federal se der por dois terços;

d) das treze horas às treze horas e sete minutos e das vinte horas e trinta minutos às vinte horas e trinta e sete minutos, na televisão, nos anos em que a renovação do Senado Federal se der por dois terços;

- Inciso III e alíneas a a d com redação dada pelo Art. 2º da Lei nº 13.165/2015.

IV – nas eleições para Deputado Estadual e Deputado Distrital, às segundas, quartas e sextas-feiras:

a) das sete horas e cinco minutos às sete horas e quinze minutos e das doze horas e cinco minutos às doze horas e quinze minutos, no rádio, nos anos em que a renovação do Senado Federal se der por um terço;

b) das treze horas e cinco minutos às treze horas e quinze minutos e das vinte horas e trinta e cinco minutos às vinte horas e quarenta e cinco minutos, na televisão, nos anos em que a renovação do Senado Federal se der por um terço;

c) das sete horas e sete minutos às sete horas e dezesseis minutos e das doze horas e sete minutos às doze horas e dezesseis minutos, no rádio, nos anos em que a renovação do Senado Federal se der por dois terços;

d) das treze horas e sete minutos às treze horas e dezesseis minutos e das vinte horas e trinta e sete minutos às vinte horas e quarenta e seis minutos, na televisão, nos anos em que a renovação do Senado Federal se der por dois terços;

- Alíneas a a d com redação dada pelo Art. 2º da Lei nº 13.165/2015.

V – na eleição para Governador de Estado e do Distrito Federal, às segundas, quartas e sextas-feiras:

a) das sete horas e quinze minutos às sete horas e vinte e cinco minutos e das doze horas e quinze minutos às doze horas e vinte e cinco minutos, no rádio, nos anos em que a renovação do Senado Federal se der por um terço;

b) das treze horas e quinze minutos às treze horas e vinte e cinco minutos e das vinte horas e quarenta e cinco minutos às vinte horas e cinquenta e cinco minutos, na televisão, nos anos em que a renovação do Senado Federal se der por um terço;

c) das sete horas e dezesseis minutos às sete horas e vinte e cinco minutos e das doze horas e dezesseis minutos às doze horas e vinte e cinco minutos, no rádio, nos anos em que a renovação do Senado Federal se der por dois terços;

d) das treze horas e dezesseis minutos às treze horas e vinte e cinco minutos e das vinte horas e quarenta e seis minutos às vinte horas e cinquenta e cinco minutos, na televisão, nos anos em que a renovação do Senado Federal se der por dois terços;

- Inciso V e alíneas a a d com redação dada pelo Art. 2º da Lei nº 13.165/2015.

VI – nas eleições para Prefeito, de segunda a sábado:

a) das sete horas às sete horas e dez minutos e das doze horas às doze horas e dez minutos, no rádio;

b) das treze horas às treze horas e dez minutos e das vinte horas e trinta minutos às vinte horas e quarenta minutos, na televisão;

- Inciso VI e alíneas a e b com redação dada pelo Art. 2º da Lei nº 13.165/2015.

VII – ainda nas eleições para Prefeito, e também nas de Vereador, mediante inserções de trinta e sessenta segundos, no rádio e na televisão, totalizando setenta minutos diários, de segunda-feira a domingo, distribuídas ao longo da programação veiculada entre as cinco e as vinte e quatro horas, na proporção de 60% (sessenta por cento) para Prefeito e 40% (quarenta por cento) para Vereador.

- Inciso VII com redação dada pelo Art. 2º da Lei nº 13.165/2015.

§ 1º-A Somente serão exibidas as inserções de televisão a que se refere o inciso VII do § 1º nos Municípios em que houver estação geradora de serviços de radiodifusão de sons e imagens.

- Parágrafo 1º-A acrescido pelo Art. 2º da Lei nº 13.165/2015.

§ 2º Os horários reservados à propaganda de cada eleição, nos termos do § 1º, serão distribuídos entre todos os partidos e coligações que tenham candidato, observados os seguintes critérios:

- Parágrafo 2º com redação dada pelo Art. 2º da Lei nº 12.875/2013.
- Ac.-STF, de 1º.10.2015, na ADI nº 5.105: declara a inconstitucionalidade do Art. 2º da Lei nº 12.875/2013.

I – 90% (noventa por cento) distribuídos proporcionalmente ao número de representantes na Câmara dos Deputados, considerados, no caso de coligação para eleições majoritárias, o resultado da soma do número de representantes dos seis maiores partidos que a integrem e, nos casos de coligações para eleições proporcionais, o resultado da soma do número de representantes de todos os partidos que a integrem;

- Inciso I com redação dada pelo Art. 2º da Lei nº 13.165/2015.

II – 10% (dez por cento) distribuídos igualitariamente.

- Inciso II com redação dada pelo Art. 2º da Lei nº 13.165/2015.

§ 3º Para efeito do disposto neste artigo, a representação de cada partido na Câmara dos Deputados é a resultante da eleição.

- Parágrafo 3º com redação dada pelo Art. 1º da Lei nº 11.300/2006.
- Res.-TSE nº 21.541/2003: a filiação de Deputado Federal a novo partido não transfere para este a fração de tempo adquirida por seu antigo partido.

§ 4º O número de representantes de partido que tenha resultado de fusão ou a que se tenha incorporado outro corresponderá à soma dos representantes que os partidos de origem possuíam na data mencionada no parágrafo anterior.

§ 5º Se o candidato a Presidente ou a Governador deixar de concorrer, em qualquer etapa do pleito, e não havendo a substituição prevista no Art. 13 desta Lei, far-se-á nova distribuição do tempo entre os candidatos remanescentes.

§ 6º Aos partidos e coligações que, após a aplicação dos critérios de distribuição referidos no *caput*, obtiverem direito a parcela do horário eleitoral inferior a trinta segundos, será assegurado o direito de acumulá-lo para uso em tempo equivalente.

§ 7º Para efeito do disposto no § 2º, serão desconsideradas as mudanças de filiação partidária em quaisquer hipóteses.

- Parágrafo 7º com redação dada pelo Art. 3º da Lei nº 13.107/2015.

§ 8º As mídias com as gravações da propaganda eleitoral no rádio e na televisão serão entregues às emissoras, inclusive nos sábados, domingos e feriados, com a antecedência mínima:

I - de 6 (seis) horas do horário previsto para o início da transmissão, no caso dos programas em rede;

II -de 12 (doze) horas do horário previsto para o início da transmissão, no caso das inserções.

- Parágrafo 8º e incisos I e II acrescidos pelo Art. 3º da Lei nº 12.891/2013.
- Ac.-TSE, de 24.6.2014, na Cta nº 100.075: inaplicabilidade da Lei nº 12.891/2013 às eleições de 2014.

§ 9º As emissoras de rádio sob responsabilidade do Senado Federal e da Câmara dos Deputados instaladas em localidades fora do Distrito Federal são dispensadas da veiculação da propaganda eleitoral gratuita dos pleitos referidos nos incisos II a VI do § 1º.

- § 9º acrescido pelo Art. 2º da Lei nº 13.165/2015.

Art. 48. Nas eleições para Prefeitos e Vereadores, nos municípios em que não haja emissora de rádio e televisão, a Justiça Eleitoral garantirá aos partidos políticos participantes do pleito a veiculação de propaganda eleitoral gratuita nas localidades aptas à realização de segundo turno de eleições e nas quais seja operacionalmente viável realizar a retransmissão.

- *Caput* com redação dada pelo Art. 3º da Lei nº 12.034/2009.
- Ac.-TSE, de 2.10.2012, na Rp nº 85.298: a propaganda eleitoral gratuita em televisão, prevista neste artigo, pressupõe não só a viabilidade técnica da transmissão como também que os municípios tenham mais de 200 mil eleitores.

§ 1º (Revogado pelo Art. 15 da Lei nº 13.165/2015.)

§ 2º (Revogado pelo Art. 15 da Lei nº 13.165/2015.)

Art. 49. Se houver segundo turno, as emissoras de rádio e televisão reservarão, a partir de quarenta e oito horas da proclamação dos resultados do primeiro turno e até a antevéspera da eleição, horário destinado à divulgação da propaganda eleitoral gratuita, dividido em dois períodos diários de vinte minutos para cada eleição, iniciando-se às sete e às doze horas, no rádio, e às treze e às vinte horas e trinta minutos, na televisão.

Legislações | Direito Eleitoral

§ 1º Em circunscrição onde houver segundo turno para Presidente e Governador, o horário reservado à propaganda deste iniciar-se-á imediatamente após o término do horário reservado ao primeiro.

§ 2º O tempo de cada período diário será dividido igualitariamente entre os candidatos.

Art. 50. A Justiça Eleitoral efetuará sorteio para a escolha da ordem de veiculação da propaganda de cada partido ou coligação no primeiro dia do horário eleitoral gratuito; a cada dia que se seguir, a propaganda veiculada por último, na véspera, será a primeira, apresentando-se as demais na ordem do sorteio.

Art. 51. Durante os períodos previstos nos Arts. 47 e 49, as emissoras de rádio e televisão e os canais por assinatura mencionados no Art. 57 reservarão, ainda, setenta minutos diários para a propaganda eleitoral gratuita, a serem usados em inserções de trinta e sessenta segundos, a critério do respectivo partido ou coligação, assinadas obrigatoriamente pelo partido ou coligação, e distribuídas, ao longo da programação veiculada entre as cinco e as vinte quatro horas, nos termos do § 2º do Art. 47, obedecido o seguinte:

- *Caput* com redação dada pelo Art. 2º da Lei nº 13.165/2015.
- Ac.-TSE, de 29.9.2010, no R-Rp nº 297.892: o prazo decadencial para ajuizar representação para pedir direito de resposta no horário gratuito é contado em horas, a partir do término da exibição do programa que se pretende impugnar, não se confundindo com o término da faixa de audiência em que é exibida propaganda em inserções, de que cuida o Art. 51 desta lei.

I – o tempo será dividido em partes iguais para a utilização nas campanhas dos candidatos às eleições majoritárias e proporcionais, bem como de suas legendas partidárias ou das que componham a coligação, quando for o caso;

II – (Revogado pelo Art. 15 da Lei nº 13.165/2015.)

III – a distribuição levará em conta os blocos de audiência entre as cinco e as onze horas, as onze e as dezoito horas, e as dezoito e as vinte e quatro horas;

- Inciso III com redação dada pelo Art. 2º da Lei nº 13.165/2015.

IV - na veiculação das inserções, é vedada a divulgação de mensagens que possam degradar ou ridicularizar candidato, partido ou coligação, aplicando-se-lhes, ainda, todas as demais regras aplicadas ao horário de propaganda eleitoral, previstas no Art. 47.

- Inciso IV com redação dada pelo Art. 3º da Lei nº 12.891/2013.
- Ac.-TSE, de 24.6.2014, na Cta nº 100.075: inaplicabilidade da Lei nº 12.891/2013 às eleições de 2014.
- Ac.-TSE, de 21.10.2010, na Rp nº 352.535: A crítica política, ainda que ácida, não deve ser realizada em linguagem grosseira.

Parágrafo único. É vedada a veiculação de inserções idênticas no mesmo intervalo de programação, exceto se o número de inserções de que dispuser o partido exceder os intervalos disponíveis, sendo vedada a transmissão em sequência para o mesmo partido político.

- Parágrafo único acrescido pelo Art. 3º da Lei nº 12.891/2013.
- Ac.-TSE, de 24.6.2014, na Cta nº 100.075: inaplicabilidade da Lei nº 12.891/2013 às eleições de 2014.

Art. 52. A partir do dia 15 de agosto do ano da eleição, a Justiça Eleitoral convocará os partidos e a representação das emissoras de televisão para elaborarem plano de mídia, nos termos do Art. 51, para o uso da parcela do horário eleitoral gratuito a que tenham direito, garantida a todos participação nos horários de maior e menor audiência.

- Art. 52 com redação dada pelo Art. 2º da Lei nº 13.165/2015.

Art. 53. Não serão admitidos cortes instantâneos ou qualquer tipo de censura prévia nos programas eleitorais gratuitos.

§ 1º É vedada a veiculação de propaganda que possa degradar ou ridicularizar candidatos, sujeitando-se o partido ou coligação infratores à perda do direito à veiculação de propaganda no horário eleitoral gratuito do dia seguinte.

- Ac.-TSE, de 25.8.2010, na Rp nº 240.991: Não se podem considerar referências interpretativas como degradante e infamante. Não ultrapassado o limite de preservação da dignidade da pessoa, é de se ter essa margem de liberdade como atitude normal na campanha política.
- Ac.-TSE, de 23.10.2006, na Rp nº 1.288: Deferido o direito de resposta nos termos do Art. 58, não cabe deferir a penalidade prevista no § 1º do Art. 53 da Lei das Eleições.

§ 2º Sem prejuízo do disposto no parágrafo anterior, a requerimento de partido, coligação ou candidato, a Justiça Eleitoral impedirá a reapresentação de propaganda ofensiva à honra de candidato, à moral e aos bons costumes.

- Ac.-TSE nº 1.241/2002: inadmissibilidade de aplicação analógica deste dispositivo aos veículos impressos de comunicação.
- Ac.-TSE nº 21.992/2005: cada reiteração ocasiona duplicação da suspensão de forma cumulativa.

Art. 53-A. É vedado aos partidos políticos e às coligações incluir no horário destinado aos candidatos às eleições proporcionais propaganda das candidaturas a eleições majoritárias ou vice-versa, ressalvada a utilização, durante a exibição do programa, de legendas com referência aos candidatos majoritários ou, ao fundo, de cartazes ou fotografias desses candidatos, ficando autorizada a menção ao nome e ao número de qualquer candidato do partido ou da coligação.

- Art. 53-A com redação dada pelo Art. 3º da Lei nº 12.891/2013.
- Ac.-TSE, de 24.6.2014, na Cta nº 100.075: inaplicabilidade da Lei nº 12.891/2013 às eleições de 2014.
- Ac.-TSE, de 16.9.2010, no REspe nº 113.623: possibilidade de participação dos candidatos nacionais na propaganda estadual das eleições majoritárias; necessidade de abstenção de interferência nos espaços das candidaturas proporcionais, senão para prestar apoio.
- Ac.-TSE, de 30.9.2014, no R-Rp nº 116843 e, de 31.8.2010, na Rp nº 254.673: a regra deste artigo não contempla a invasão de candidatos majoritários em espaço de propaganda majoritária.
- Ac.-TSE, de 2.9.2010, na Rp nº 243.589: Configura invasão de horário tipificada neste artigo a veiculação de propaganda eleitoral negativa a adversário político em eleições majoritárias, devidamente identificado, no espaço destinado a candidatos a eleições proporcionais.

§ 1º É facultada a inserção de depoimento de candidatos a eleições proporcionais no horário da propaganda das candidaturas majoritárias e vice-versa, registrados sob o mesmo partido ou coligação, desde que o depoimento consista exclusivamente em pedido de voto ao candidato que cedeu o tempo.

§ 2º Fica vedada a utilização da propaganda de candidaturas proporcionais como propaganda de candidaturas majoritárias e vice-versa.

§ 3º O partido político ou a coligação que não observar a regra contida neste artigo perderá, em seu horário de propaganda gratuita, tempo equivalente no horário reservado à propaganda da eleição disputada pelo candidato beneficiado.

- Art. 53-A e parágrafos 1º a 3º acrescidos pelo Art. 4º da Lei nº 12.034/2009.
- Ac.-TSE, de 2.9.2010, na Rp nº 243.589: em se tratando de inserções, leva-se em conta o número delas a que o partido ou a coligação teria direito de veicular em determinado bloco de audiência, no Estado em que ocorrida a invasão de horário.
- V. Art. 45, § 6º, desta lei.
- V. Art. 54, *caput* e parágrafo único, desta lei.

Art. 54. Nos programas e inserções de rádio e televisão destinados à propaganda eleitoral gratuita de cada partido ou coligação só poderão aparecer, em gravações internas e externas, observado o disposto no § 2º, candidatos, caracteres com propostas, fotos, jingles, clipes com música ou vinhetas, inclusive de passagem, com indicação do número do candidato ou do partido, bem como seus apoiadores, inclusive os candidatos de que trata o § 1º do Art. 53-A, que poderão dispor de até 25% (vinte e cinco por cento) do tempo de cada programa ou inserção, sendo vedadas montagens, trucagens, computação gráfica, desenhos animados e efeitos especiais.

- *Caput* com redação dada pelo Art. 2º da Lei nº 13.165/2015.
- V. Art. 45, § 6º, desta lei.

§ 1º No segundo turno das eleições não será permitida, nos programas de que trata este artigo, a participação de filiados a partidos que tenham formalizado o apoio a outros candidatos.

- Parágrafo único renumerado como § 1º pelo Art. 2º da Lei nº 13.165/2015.

§ 2º Será permitida a veiculação de entrevistas com o candidato e de cenas externas nas quais ele, pessoalmente, exponha:

I – realizações de governo ou da Administração Pública;

II – falhas administrativas e deficiências verificadas em obras e serviços públicos em geral;

III – atos parlamentares e debates legislativos.

- § 2º e incisos I a III acrescidos pelo Art. 2º da Lei nº 13.165/2015.

Art. 55. Na propaganda eleitoral no horário gratuito, são aplicáveis ao partido, coligação ou candidato as vedações indicadas nos incisos I e II do Art. 45.

- Ac.-STF, de 2.9.2010, na ADI nº 4.451: liminar referendada para suspender a norma deste inciso.

Parágrafo único. A inobservância do disposto neste artigo sujeita o partido ou coligação à perda de tempo equivalente ao dobro do usado na prática do ilícito, no período do horário gratuito subsequente, dobrada a cada reincidência, devendo o tempo correspondente ser veiculado após o programa dos demais candidatos com a informação de que a não veiculação do programa resulta de infração da lei eleitoral.

- Parágrafo único com redação dada pelo Art. 3º da Lei nº 12.891/2013.
- Ac.-TSE, de 24.6.2014, na Cta nº 100.075: inaplicabilidade da Lei nº 12.891/2013 às eleições de 2014.

Art. 56. A requerimento de partido, coligação ou candidato, a Justiça Eleitoral poderá determinar a suspensão, por vinte e quatro horas, da programação normal de emissora que deixar de cumprir as disposições desta Lei sobre propaganda.

§ 1° No período de suspensão a que se refere este artigo, a Justiça Eleitoral veiculará mensagem de orientação ao eleitor, intercalada, a cada 15 (quinze) minutos.

- § 1º com redação dada pelo Art. 3º da Lei nº 12.891/2013.
- Ac.-TSE, de 24.6.2014, na Cta nº 100.075: inaplicabilidade da Lei nº 12.891/2013 às eleições de 2014.

§ 2º Em cada reiteração de conduta, o período de suspensão será duplicado.

Art. 57. As disposições desta Lei aplicam-se às emissoras de televisão que operam em VHF e UHF e os canais de televisão por assinatura sob a responsabilidade do Senado Federal, da Câmara dos Deputados, das Assembleias Legislativas, da Câmara Legislativa do Distrito Federal ou das Câmaras Municipais.

Art. 57-A. É permitida a propaganda eleitoral na internet, nos termos desta Lei, após o dia 15 de agosto do ano da eleição.

- Art. 57-A com redação dada pelo Art. 2º da Lei nº 13.165/2015.
- Ac.-TSE, de 12.9.2013, no REspe nº 7.464: Não há falar em propaganda eleitoral realizada por meio do Twitter, uma vez que essa rede social não leva ao conhecimento geral as manifestações nela divulgadas.
- Ac.-TSE, de 24.2.2015, no AgR-REspe nº 27.354 e, de 5.8.2014, no REspe nº 2.949: a propaganda eleitoral antecipada por meio de manifestações dos partidos políticos ou de possíveis futuros candidatos na Internet somente resta caracterizada quando há propaganda ostensiva, com pedido de voto e referência expressa à futura candidatura.
- Ac.-TSE, de 26.8.2014, no AgR-REspe nº 34.694: a comunicação restrita entre dois interlocutores, realizada pelo Facebook, não caracteriza divulgação de pesquisa eleitoral sem o prévio registro.

Art. 57-B. A propaganda eleitoral na internet poderá ser realizada nas seguintes formas:

- Ac.-TSE, de 5.8.2014, no REspe nº 2.949: A utilização dos meios de divulgação de informação disponíveis na Internet é passível de ser analisada pela Justiça Eleitoral para efeito da apuração de irregularidades eleitorais [...].

I – em sítio do candidato, com endereço eletrônico comunicado à Justiça Eleitoral e hospedado, direta ou indiretamente, em provedor de serviço de internet estabelecido no País;

II – em sítio do partido ou da coligação, com endereço eletrônico comunicado à Justiça Eleitoral e hospedado, direta ou indiretamente, em provedor de serviço de internet estabelecido no País;

III – por meio de mensagem eletrônica para endereços cadastrados gratuitamente pelo candidato, partido ou coligação;

IV – por meio de blogs, redes sociais, sítios de mensagens instantâneas e assemelhados, cujo conteúdo seja gerado ou editado por candidatos, partidos ou coligações ou de iniciativa de qualquer pessoa natural.

- Art. 57-B e incisos I a IV acrescidos pelo Art. 4º da Lei nº 12.034/2009.
- Ac.-TSE, de 29.10.2010, na Rp nº 361.895: cabimento de direito de resposta em razão de mensagem postada no Twitter.
- V. nota ao Art. 57-D desta lei sobre o Ac.-TSE, de 29.6.2010, no AgR-AC nº 138.443.
- V. nota ao Art. 57-A desta lei sobre o Ac.-TSE, de 12.9.2013, no REspe nº 7.464.
- Ac.-TSE, de 17.3.2011, no R-Rp nº 203.745: a dependência da vontade de acesso do internauta a eventual mensagem contida em sítio da Internet não afasta a possibilidade de caracterização da propaganda eleitoral extemporânea.

Art. 57-C. Na internet, é vedada a veiculação de qualquer tipo de propaganda eleitoral paga.

- Ac.-TSE, de 14.10.2014, na Rp nº 94.675: a ferramenta denominada página patrocinada do Facebook – na modalidade de propaganda eleitoral paga – desatende ao disposto neste artigo, sendo proibida a sua utilização para divulgação de mensagens que contenham conotação eleitoral.

§ 1º É vedada, ainda que gratuitamente, a veiculação de propaganda eleitoral na internet, em sítios:

I – de pessoas jurídicas, com ou sem fins lucrativos;

- Ac.-TSE, de 16.11.2010, no R-Rp nº 347.776: inexistência de irregularidade quando sítios da Internet, ainda que de pessoas jurídicas, divulgam – com propósito informativo e jornalístico – peças de propaganda eleitoral dos candidatos.
- Ac.-TSE, de 17.3.2011, no R-Rp nº 380.081: [...] a liberdade de expressão deve prevalecer quando a opinião for manifesta por particular devidamente identificado.
- V. Arts. 5º, IV, e 220, § 1º, da CF/88.
- Ac.-TSE, de 19.8.2014, na Rp nº 84.975: não caracteriza propaganda eleitoral irregular a divulgação de análises financeiras, projeções econômicas e perspectivas envolvendo possíveis cenários políticos.
- Ac.-TSE, de 23.4.2015, na Rp nº 128.704: divulgação de propaganda eleitoral em site de domínio da empresa de propaganda e marketing enquadra-se na proibição deste dispositivo.

II – oficiais ou hospedados por órgãos ou entidades da Administração Pública direta ou indireta da União, dos Estados, do Distrito Federal e dos Municípios.

- Ac.-TSE, de 21.6.2011, no AgR-REspe nº 838.119: link remetendo a site pessoal do candidato não afasta o caráter ilícito da conduta.

§ 2º A violação do disposto neste artigo sujeita o responsável pela divulgação da propaganda e, quando comprovado seu prévio conhecimento, o beneficiário à multa no valor de R$ 5.000,00 (cinco mil reais) a R$ 30.000,00 (trinta mil reais).

- Art. 57-C e §§ 1º e 2º acrescidos pelo Art. 4º da Lei nº 12.034/2009.
- Ac.-TSE, de 13.4.2011, no R-Rp nº 320.060: Para procedência de representação por propaganda eleitoral em sítio eletrônico da Administração Pública, deve-se identificar com precisão o responsável direto pela veiculação da matéria.

Art. 57-D. É livre a manifestação do pensamento, vedado o anonimato durante a campanha eleitoral, por meio da rede mundial de computadores – Internet, assegurado o direito de resposta, nos termos das alíneas a, b e c do inciso IV do § 3º do Art. 58 e do 58-A, e por outros meios de comunicação interpessoal mediante mensagem eletrônica.

- V. nota ao inciso III do § 1º do Art. 58 desta lei sobre o Ac.-TSE, de 2.8.2010, no R-Rp nº 187.987.
- Ac.-TSE, de 29.6.2010, no AgR-AC nº 138.443: insuficiência da alegação de que o material é anônimo para suspender a propaganda pela Justiça Eleitoral, devendo-se identificar a frase ou o artigo que caracterize a propaganda irregular para que ocorra a suspensão da mesma, resguardando-se, ao máximo possível, o pensamento livremente expressado.
- Ac.-TSE, de 6.10.2015, no REspe nº 186.819: impossibilidade de se invocar a garantia constitucional relativa à livre manifestação do pensamento ao eleitor que cria página anônima no Facebook para fomentar críticas à administração municipal e aos candidatos da situação, em razão do anonimato empreendido. O direito de crítica não é absoluto e, portanto, não impede a caracterização dos crimes contra a honra quando o agente parte para a ofensa pessoal.

§ 1º (Vetado pelo Art. 4º da Lei nº 12.034/2009).

§ 2º A violação do disposto neste artigo sujeitará o responsável pela divulgação da propaganda e, quando comprovado seu prévio conhecimento, o beneficiário à multa no valor de R$ 5.000,00 (cinco mil reais) a R$30.000,00 (trinta mil reais).

- Art. 57-D e §§ 1º e 2º acrescidos pelo Art. 4º da Lei nº 12.034/2009.

§ 3º Sem prejuízo das sanções civis e criminais aplicáveis ao responsável, a Justiça Eleitoral poderá determinar, por solicitação do ofendido, a retirada de publicações que contenham agressões ou ataques a candidatos em sítios da Internet, inclusive redes sociais.

- Parágrafo 3º acrescido pelo Art. 3º da Lei nº 12.891/2013.
- Ac.-TSE, de 24.6.2014, na Cta nº 100.075: inaplicabilidade da Lei nº 12.891/2013 às eleições de 2014.

Art. 57-E. São vedadas às pessoas relacionadas no Art. 24 a utilização, doação ou cessão de cadastro eletrônico de seus clientes, em favor de candidatos, partidos ou coligações.

- Ac.-TSE, de 3.10.2014, no R-Rp nº 115.714: Conselho Regional de Medicina que utiliza seu cadastro de associados para manifestar opinião política contrária a candidato viola o disposto neste artigo, c.c. o Art. 24, VI.

§ 1º É proibida a venda de cadastro de endereços eletrônicos.

§ 2º A violação do disposto neste artigo sujeita o responsável pela divulgação da propaganda e, quando comprovado seu prévio conhecimento, o beneficiário à multa no valor de R$5.000,00 (cinco mil reais) a R$30.000,00 (trinta mil reais).

- Art. 57-E e parágrafos acrescidos pelo Art. 4º da Lei nº 12.034/2009.

Art. 57-F. Aplicam-se ao provedor de conteúdo e de serviços multimídia que hospeda a divulgação da propaganda eleitoral de candidato, de partido ou de coligação as penalidades previstas nesta Lei, se, no prazo determinado pela Justiça Eleitoral, contado a partir da notificação de decisão sobre a existência de propaganda irregular, não tomar providências para a cessação dessa divulgação.

Parágrafo único. O provedor de conteúdo ou de serviços multimídia só será considerado responsável pela divulgação da propaganda se a publicação do material for comprovadamente de seu prévio conhecimento.

- Art. 57-F e parágrafo único acrescidos pelo Art. 4º da Lei nº 12.034/2009.

Art. 57-G. As mensagens eletrônicas enviadas por candidato, partido ou coligação, por qualquer meio, deverão dispor de mecanismo que permita seu descadastramento pelo destinatário, obrigado o remetente a providenciá-lo no prazo de quarenta e oito horas.

Parágrafo único. Mensagens eletrônicas enviadas após o término do prazo previsto no *caput* sujeitam os responsáveis ao pagamento de multa no valor de R$ 100,00 (cem reais), por mensagem.

- Art. 57-G e parágrafo único acrescidos pelo Art. 4º da Lei nº 12.034/2009.

Art. 57-H. Sem prejuízo das demais sanções legais cabíveis, será punido, com multa de R$ 5.000,00 (cinco mil reais) a R$ 30.000,00 (trinta mil reais), quem realizar propaganda eleitoral na internet, atribuindo indevidamente sua autoria a terceiro, inclusive a candidato, partido ou coligação.

- Art. 57-H, *caput*, acrescido pelo Art. 4º da Lei nº 12.034/2009.

§ 1º Constitui crime a contratação direta ou indireta de grupo de pessoas com a finalidade específica de emitir mensagens ou comentários na Internet para ofender a honra ou denegrir a imagem de candidato, partido ou coligação, punível com detenção de 2 (dois) a 4 (quatro) anos e multa de R$15.000,00 (quinze mil reais) a R$50.000,00 (cinquenta mil reais).

- Parágrafo 1º acrescido pelo Art. 3º da Lei nº 12.891/2013.
- Ac.-TSE, de 24.6.2014, na Cta nº 100.075: inaplicabilidade da Lei nº 12.891/2013 às eleições de 2014.

§ 2º Igualmente incorrem em crime, punível com detenção de 6 (seis) meses a 1 (um) ano, com alternativa de prestação de serviços à comunidade pelo mesmo período, e multa de R$5.000,00 (cinco mil reais) a R$30.000,00 (trinta mil reais), as pessoas contratadas na forma do § 1º.

- Parágrafo 2º acrescido pelo Art. 3º da Lei nº 12.891/2013.
- Ac.-TSE, de 24.6.2014, na Cta nº 100.075: inaplicabilidade da Lei nº 12.891/2013 às eleições de 2014.

Art. 57-I. A requerimento de candidato, partido ou coligação, observado o rito previsto no Art. 96, a Justiça Eleitoral poderá determinar a suspensão, por vinte e quatro horas, do acesso a todo conteúdo informativo dos sítios da internet que deixarem de cumprir as disposições desta Lei.

§ 1º A cada reiteração de conduta, será duplicado o período de suspensão.

§ 2º No período de suspensão a que se refere este artigo, a empresa informará, a todos os usuários que tentarem acessar seus serviços, que se encontra temporariamente inoperante por desobediência à legislação eleitoral.

- Art. 57-I e §§ 1º e 2º acrescidos pelo Art. 4º da Lei nº 12.034/2009.

Do Direito de Resposta

Art. 58. A partir da escolha de candidatos em Convenção, é assegurado o direito de resposta a candidato, partido ou coligação atingidos, ainda que de forma indireta, por conceito, imagem ou afirmação caluniosa, difamatória, injuriosa ou sabidamente inverídica, difundidos por qualquer veículo de comunicação social.

- Ac.-TSE, de 29.10.2010, na Rp nº 361.895: cabimento de direito de resposta em razão de mensagem postada no Twitter.
- Ac.-STF, de 30.4.2009, na ADPF nº 130: declaração de não recepção da Lei nº 5.250/1967 (Lei de Imprensa) pela CF/88.
- Ac.-TSE, de 29.9.2010, no R-Rp 287.840: a afirmação feita durante propaganda eleitoral gratuita, ainda que com maior ênfase no tocante ao período de comparação entre governos, atribuindo a candidato responsabilidade pelo reajuste de tarifa de energia, consubstancia mera crítica política, não se enquadrando nas hipóteses deste artigo.
- Ac.-TSE, de 8.9.2010, na Rp 274.413: afastada aplicação concomitante do disposto neste artigo, para assegurar o direito de resposta, e do Art. 55, parágrafo único, desta lei, para decretar a perda do tempo pela exibição de propaganda que se considera irregular.
- Ac.-TSE, de 16.10.2014, na Rp nº 165.865: nos programas eleitorais gratuitos, as campanhas devem ser programáticas e propositivas, não se permitindo seu uso para a veiculação de ofensas ou de acusações a adversários, decorrentes de manifestações de terceiros ou de matérias divulgadas pela imprensa; Ac.-TSE, de 1º.9.2010, na Rp nº 254.151: não incidência do disposto neste artigo, se a propaganda tiver foco em matéria jornalística, apenas noticiando conhecido episódio.
- Res.-TSE nº 20.675/2000: compete à Justiça Eleitoral examinar somente os pedidos de direito de resposta formulados por terceiros em relação à ofensa no horário gratuito, aplicando-se o Art. 58 da Lei nº 9.504/1997.
- V. CE/1965, Art. 243, § 3º.
- Ac.-TSE, de 19.9.2006, na Rp nº 1080: inexistência do direito de resposta se o fato mencionado for verdadeiro, ainda que prevaleça a presunção de inocência.
- Ac.-TSE, de 2.10.2006, na Rp nº 1201: jornal não tem legitimidade passiva na ação de direito de resposta, que deve envolver tão somente os atores da cena eleitoral, quais sejam, candidato, partido político e coligações.
- Ac.-TSE, de 17.5.2011, no RHC nº 761.681: o deferimento do direito de resposta e a interrupção da divulgação da ofensa não excluem a ocorrência dos crimes de difamação e de divulgação de fatos inverídicos na propaganda eleitoral.

- Ac.-TSE, de 9.9.2014, no R-Rp nº 108.357: não enseja direito de resposta o fato de o conteúdo da informação ser passível de dúvida, controvérsia ou discussão na esfera política.
- Ac.-TSE, de 2.10.2014, na Rp nº 139.448 e, de 23.9.2014, na Rp nº 120.133: para fins de direito de resposta, o fato sabidamente inverídico é aquele que não demanda investigação, sendo perceptível de plano.
- Ac.-TSE, de 23.9.2014, na Rp nº 119.271: não enseja direito de resposta à crítica genérica, inespecífica, despida de alusão clara a determinado governo, candidato, partido ou coligação.
- Ac.-TSE, de 19.10.2010, no REspe nº 542.856: perda superveniente do interesse recursal em função do encerramento do período de propaganda eleitoral gratuita relativa ao primeiro turno das eleições.

§ 1º O ofendido, ou seu representante legal, poderá pedir o exercício do direito de resposta à Justiça Eleitoral nos seguintes prazos, contados a partir da veiculação da ofensa:

I – vinte e quatro horas, quando se tratar do horário eleitoral gratuito;

- Ac.-TSE, de 29.9.2010, no R-Rp nº 297.892: o prazo decadencial para ajuizar representação para pedir direito de resposta no horário gratuito é contado em horas, a partir do término da exibição do programa que se pretende impugnar, não se confundindo com o término da faixa de audiência em que é exibida propaganda em inserções, de que cuida o Art. 51 desta lei.
- Ac.-TSE, de 2.9.2010, no R-Rp nº 259.602: impossibilidade de emenda à petição inicial em processo de representação com pedido de direito de resposta em propaganda eleitoral, quando ultrapassado o prazo para ajuizamento da demanda.

II – quarenta e oito horas, quando se tratar da programação normal das emissoras de rádio e televisão;

III – setenta e duas horas, quando se tratar de órgão da imprensa escrita;

- Ac.-TSE, de 2.8.2010, no R-Rp nº 187.987: possibilidade de o interessado requerer o direito de resposta, enquanto o material tido como ofensivo permanecer sendo divulgado na Internet (ausência de previsão legal de decadência para essa hipótese); ocorrendo a retirada espontânea da ofensa, o direito de resposta, por analogia a este inciso, deve ser requerido no prazo de 3 (três) dias; a coligação tem legitimidade para requerer direito de resposta quando um dos partidos que a compõe tiver sido ofendido e, por ser partido coligado, não puder se dirigir à Justiça Eleitoral de forma isolada; o direito de resposta na Internet deve ser veiculado em prazo não inferior ao dobro do utilizado para veiculação da ofensa.

IV – a qualquer tempo, quando se tratar de conteúdo que esteja sendo divulgado na internet, ou em 72 (setenta e duas) horas, após a sua retirada.

- Inciso IV acrescido pelo Art. 2º da Lei nº 13.165/2015.

§ 2º Recebido o pedido, a Justiça Eleitoral notificará imediatamente o ofensor para que se defenda em vinte e quatro horas, devendo a decisão ser prolatada no prazo máximo de setenta e duas horas da data da formulação do pedido.

- Ac.-TSE nº 385/2002: é facultado ao juiz ou relator ouvir o Ministério Público Eleitoral nas representações a que se refere este artigo, desde que não exceda o prazo máximo para decisão.
- Ac.-TSE nº 195/2002: possibilidade de redução do prazo de defesa para 12 horas em pedido de direito de resposta na imprensa escrita, formulado na véspera da eleição.

§ 3º Observar-se-ão, ainda, as seguintes regras no caso de pedido de resposta relativo à ofensa veiculada:

I – em órgão da imprensa escrita:

a) o pedido deverá ser instruído com um exemplar da publicação e o texto para resposta;

- Ac.-TSE nos 1.395/2004 e 24.387/2004: o texto da resposta deve dirigir-se aos fatos supostamente ofensivos.

b) deferido o pedido, a divulgação da resposta dar-se-á no mesmo veículo, espaço, local, página, tamanho, caracteres e outros elementos de realce usados na ofensa, em até quarenta e oito horas após a decisão ou, tratando-se de veículo com periodicidade de circulação maior que quarenta e oito horas, na primeira vez em que circular;

c) por solicitação do ofendido, a divulgação da resposta será feita no mesmo dia da semana em que a ofensa foi divulgada, ainda que fora do prazo de quarenta e oito horas;

d) se a ofensa for produzida em dia e hora que inviabilizem sua reparação dentro dos prazos estabelecidos nas alíneas anteriores, a Justiça Eleitoral determinará a imediata divulgação da resposta;

e) o ofensor deverá comprovar nos autos o cumprimento da decisão, mediante dados sobre a regular distribuição dos exemplares, a quantidade impressa e o raio de abrangência na distribuição;

II – em programação normal das emissoras de rádio e de televisão:

a) a Justiça Eleitoral, à vista do pedido, deverá notificar imediatamente o responsável pela emissora que realizou o programa para que entregue em vinte e quatro horas, sob as penas do Art. 347 da Lei nº 4.737, de 15 de julho de 1965 – Código Eleitoral, cópia da fita da transmissão, que será devolvida após a decisão;

b) o responsável pela emissora, ao ser notificado pela Justiça Eleitoral ou informado pelo reclamante ou representante, por cópia protocolada do pedido de resposta, preservará a gravação até a decisão final do processo;

c) deferido o pedido, a resposta será dada em até quarenta e oito horas após a decisão, em tempo igual ao da ofensa, porém nunca inferior a um minuto;

III – no horário eleitoral gratuito:

a) o ofendido usará, para a resposta, tempo igual ao da ofensa, nunca inferior, porém, a um minuto;

b) a resposta será veiculada no horário destinado ao partido ou coligação responsável pela ofensa, devendo necessariamente dirigir-se aos fatos nela veiculados;

c) se o tempo reservado ao partido ou coligação responsável pela ofensa for inferior a um minuto, a resposta será levada ao ar tantas vezes quantas sejam necessárias para a sua complementação;

d) deferido o pedido para resposta, a emissora geradora e o partido ou coligação atingidos deverão ser notificados imediatamente da decisão, na qual deverão estar indicados quais os períodos, diurno ou noturno, para a veiculação da resposta, que deverá ter lugar no início do programa do partido ou coligação;

Legislações | Direito Eleitoral

e) o meio magnético com a resposta deverá ser entregue à emissora geradora, até trinta e seis horas após a ciência da decisão, para veiculação no programa subsequente do partido ou coligação em cujo horário se praticou a ofensa;

- Ac.-TSE nº 461/2002: o termo inicial do prazo a que se refere este dispositivo é contado do término do prazo para agravo, se não interposto; se interposto agravo, conta-se a partir da ciência da decisão do Tribunal, que pode ser em Plenário.

f) se o ofendido for candidato, partido ou coligação que tenha usado o tempo concedido sem responder aos fatos veiculados na ofensa, terá subtraído tempo idêntico do respectivo programa eleitoral; tratando-se de terceiros, ficarão sujeitos à suspensão de igual tempo em eventuais novos pedidos de resposta e à multa no valor de duas mil a cinco mil UFIR.

- V. nota ao Art. 105, § 2º, desta lei sobre a Unidade Fiscal de Referência (UFIR).

IV – em propaganda eleitoral na internet:

- V. nota ao Art. 57-D desta lei sobre o Ac.-TSE, de 29.6.2010, no AgR-AC nº 138443.

a) deferido o pedido, a divulgação da resposta dar-se-á no mesmo veículo, espaço, local, horário, página eletrônica, tamanho, caracteres e outros elementos de realce usados na ofensa, em até quarenta e oito horas após a entrega da mídia física com a resposta do ofendido;

b) a resposta ficará disponível para acesso pelos usuários do serviço de internet por tempo não inferior ao dobro em que esteve disponível a mensagem considerada ofensiva;

c) os custos de veiculação da resposta correrão por conta do responsável pela propaganda original.

- Inciso IV e alíneas a a c acrescidos pelo Art. 3º da Lei nº 12.034/2009.

§ 4º Se a ofensa ocorrer em dia e hora que inviabilizem sua reparação dentro dos prazos estabelecidos nos parágrafos anteriores, a resposta será divulgada nos horários que a Justiça Eleitoral determinar, ainda que nas quarenta e oito horas anteriores ao pleito, em termos e forma previamente aprovados, de modo a não ensejar tréplica.

§ 5º Da decisão sobre o exercício do direito de resposta cabe recurso às instâncias superiores, em vinte e quatro horas da data de sua publicação em cartório ou sessão, assegurado ao recorrido oferecer contrarrazões em igual prazo, a contar da sua notificação.

- Ac.-TSE, de 6.3.2007, no REspe nº 27.839: incidência do prazo de 24 horas para recurso contra decisão de juiz auxiliar, recurso especial e embargos de declaração contra acórdão de Tribunal Regional Eleitoral nas representações sobre direito de resposta em propaganda eleitoral, não se aplicando o Art. 258 do Código Eleitoral.

§ 6º A Justiça Eleitoral deve proferir suas decisões no prazo máximo de vinte e quatro horas, observando-se o disposto nas alíneas d e e do inciso III do § 3º para a restituição do tempo em caso de provimento de recurso.

§ 7º A inobservância do prazo previsto no parágrafo anterior sujeita a autoridade judiciária às penas previstas no Art. 345 da Lei nº 4.737, de 15 de julho de 1965 – Código Eleitoral.

§ 8º O não cumprimento integral ou em parte da decisão que conceder a resposta sujeitará o infrator ao pagamento de multa no valor de cinco mil a quinze mil UFIR, duplicada em caso de reiteração de conduta, sem prejuízo do disposto no Art. 347 da Lei nº 4.737, de 15 de julho de 1965 – Código Eleitoral.

- V. nota ao Art. 105, § 2º, desta lei sobre a Unidade Fiscal de Referência (UFIR).

§ 9º Caso a decisão de que trata o § 2º não seja prolatada em 72 (setenta e duas) horas da data da formulação do pedido, a Justiça Eleitoral, de ofício, providenciará a alocação de juiz auxiliar.

- § 9º acrescido pelo Art. 3º da Lei nº 12.891/2013.
- Ac.-TSE, de 24.6.2014, na Cta nº 100.075: inaplicabilidade da Lei nº 12.891/2013 às eleições de 2014.

Art. 58-A. Os pedidos de direito de resposta e as representações por propaganda eleitoral irregular em rádio, televisão e internet tramitarão preferencialmente em relação aos demais processos em curso na Justiça Eleitoral.

- Art. 58-A acrescido pelo Art. 4º da Lei nº 12.034/2009.

Do Sistema Eletrônico de Votação e da Totalização dos Votos

Art. 59. A votação e a totalização dos votos serão feitas por sistema eletrônico, podendo o Tribunal Superior Eleitoral autorizar, em caráter excepcional, a aplicação das regras fixadas nos Arts. 83 a 89.

- Dec. nº 5.296/2004, Art. 21, parágrafo único: No caso do exercício do direito de voto, as urnas das seções eleitorais devem ser adequadas ao uso com autonomia pelas pessoas portadoras de deficiência ou com mobilidade reduzida e estarem instaladas em local de votação plenamente acessível e com estacionamento próximo.

§ 1º A votação eletrônica será feita no número do candidato ou da legenda partidária, devendo o nome e fotografia do candidato e o nome do partido ou a legenda partidária aparecer no painel da urna eletrônica, com a expressão designadora do cargo disputado no masculino ou feminino, conforme o caso.

- Ac.-TSE, de 19.10.2010, no PA nº 348.383: impossibilidade da substituição dos dados de candidatos entre o 1º e o 2º turnos.

§ 2º Na votação para as eleições proporcionais, serão computados para a legenda partidária os votos em que não seja possível a identificação do candidato, desde que o número identificador do partido seja digitado de forma correta.

§ 3º A urna eletrônica exibirá para o eleitor os painéis na seguinte ordem:

I - para as eleições de que trata o inciso I do parágrafo único do Art. 1º, Deputado Federal, Deputado Estadual ou Distrital, Senador, Governador e Vice-Governador de Estado ou do Distrito Federal, Presidente e Vice-Presidente da República;

II - para as eleições de que trata o inciso II do parágrafo único do Art. 1º, Vereador, Prefeito e Vice-Prefeito.

- Parágrafo 3º com redação dada e incisos I e II acrescidos pelo Art. 1º da Lei nº 12.976/2014.

Legislações | Direito Eleitoral

- Ac.-TSE, de 29.5.2014, na Cta nº 96263: inaplicabilidade da Lei nº 12.976/2014 às eleições de 2014.

§ 4º A urna eletrônica disporá de recursos que, mediante assinatura digital, permitam o registro digital de cada voto e a identificação da urna em que foi registrado, resguardado o anonimato do eleitor.

§ 5º Caberá à Justiça Eleitoral definir a chave de segurança e a identificação da urna eletrônica de que trata o § 4º .

§ 6º Ao final da eleição, a urna eletrônica procederá à assinatura digital do arquivo de votos, com aplicação do registro de horário e do arquivo do boletim de urna, de maneira a impedir a substituição de votos e a alteração dos registros dos termos de início e término da votação.

§ 7º O Tribunal Superior Eleitoral colocará à disposição dos eleitores urnas eletrônicas destinadas a treinamento.

- §§ 4º ao 7º com redação dada pelo Art. 1º da Lei nº 10.740/2003.

§ 8º (Suprimido pela Lei nº 10.740/2003.)

Art. 59-A. No processo de votação eletrônica, a urna imprimirá o registro de cada voto, que será depositado, de forma automática e sem contato manual do eleitor, em local previamente lacrado.

Parágrafo único. O processo de votação não será concluído até que o eleitor confirme a correspondência entre o teor de seu voto e o registro impresso e exibido pela urna eletrônica.

- *Caput* e parágrafo único acrescidos pelo Art. 2º da Lei nº 13.165/2015.
- V. Art. 12 da Lei nº 13.165/2015: prazo para implantação do processo de votação eletrônica com impressão do registro do voto.

Art. 60. No sistema eletrônico de votação considerar-se-á voto de legenda quando o eleitor assinalar o número do partido no momento de votar para determinado cargo e somente para este será computado.

Art. 61. A urna eletrônica contabilizará cada voto, assegurando-lhe o sigilo e inviolabilidade, garantida aos partidos políticos, coligações e candidatos ampla fiscalização.

- Ac.-TSE, de 2.9.2010, no PA nº 108906: cômputo, na urna eletrônica, de um único voto, ainda que isso implique, em tese, o afastamento do sigilo.

Art. 61-A. (Revogado pelo Art. 2º da Lei nº 10.740/2003)

Art. 62. Nas Seções em que for adotada a urna eletrônica, somente poderão votar eleitores cujos nomes estiverem nas respectivas folhas de votação, não se aplicando a ressalva a que se refere o Art. 148, § 1º, da Lei nº 4.737, de 15 de julho de 1965 – Código Eleitoral.

Parágrafo único. O Tribunal Superior Eleitoral disciplinará a hipótese de falha na urna eletrônica que prejudique o regular processo de votação.

Das Mesas Receptoras

Art. 63. Qualquer partido pode reclamar ao Juiz Eleitoral, no prazo de cinco dias, da nomeação da Mesa Receptora, devendo a decisão ser proferida em 48 horas.

§ 1º Da decisão do Juiz Eleitoral caberá recurso para o Tribunal Regional, interposto dentro de três dias, devendo ser resolvido em igual prazo.

§ 2º Não podem ser nomeados Presidentes e mesários os menores de dezoito anos.

Art. 64. É vedada a participação de parentes em qualquer grau ou de servidores da mesma repartição pública ou empresa privada na mesma Mesa, Turma ou Junta Eleitoral.

Da Fiscalização das Eleições

Art. 65. A escolha de Fiscais e Delegados, pelos partidos ou coligações, não poderá recair em menor de dezoito anos ou em quem, por nomeação do Juiz Eleitoral, já faça parte de Mesa Receptora.

§ 1º O Fiscal poderá ser nomeado para fiscalizar mais de uma Seção Eleitoral, no mesmo local de votação.

§ 2º As credenciais de Fiscais e Delegados serão expedidas, exclusivamente, pelos partidos ou coligações.

§ 3º Para efeito do disposto no parágrafo anterior, o Presidente do partido ou o representante da coligação deverá registrar na Justiça Eleitoral o nome das pessoas autorizadas a expedir as credenciais dos Fiscais e Delegados.

§ 4º Para o acompanhamento dos trabalhos de votação, só será permitido o credenciamento de, no máximo, 2 (dois) fiscais de cada partido ou coligação por seção eleitoral.

- § 4º acrescido pelo Art. 3º da Lei nº 12.891/2013.
- Ac.-TSE, de 24.6.2014, na Cta nº 100.075: inaplicabilidade da Lei nº 12.891/2013 às eleições de 2014.

Art. 66. Os partidos e coligações poderão fiscalizar todas as fases do processo de votação e apuração das eleições e o processamento eletrônico da totalização dos resultados.

- *Caput* com redação dada pelo Art. 3º da Lei nº 10.408/2002.

§ 1º Todos os programas de computador de propriedade do Tribunal Superior Eleitoral, desenvolvidos por ele ou sob sua encomenda, utilizados nas urnas eletrônicas para os processos de votação, apuração e totalização, poderão ter suas fases de especificação e de desenvolvimento acompanhadas por técnicos indicados pelos partidos políticos, Ordem dos Advogados do Brasil e Ministério Público, até seis meses antes das eleições.

§ 2º Uma vez concluídos os programas a que se refere o § 1º, serão eles apresentados, para análise, aos representantes credenciados dos partidos políticos e coligações, até vinte dias antes das eleições, nas dependências do Tribunal Superior Eleitoral, na forma de programas-fonte e de programas executáveis, inclusive os sistemas aplicativo e

Legislações | Direito Eleitoral

de segurança e as bibliotecas especiais, sendo que as chaves eletrônicas privadas e senhas eletrônicas de acesso manter-se-ão no sigilo da Justiça Eleitoral. Após a apresentação e conferência, serão lacradas cópias dos programas-fonte e dos programas compilados.

§ 3º No prazo de cinco dias a contar da data da apresentação referida no § 2º, o partido político e a coligação poderão apresentar impugnação fundamentada à Justiça Eleitoral.

§ 4º Havendo a necessidade de qualquer alteração nos programas, após a apresentação de que trata o § 3º, dar-se-á conhecimento do fato aos representantes dos partidos políticos e das coligações, para que sejam novamente analisados e lacrados.

- Parágrafos 1º ao 4º com redação dada pelo Art. 1º da Lei nº 10.740/2003.

§ 5º A carga ou preparação das urnas eletrônicas será feita em sessão pública, com prévia convocação dos fiscais dos partidos e coligações para a assistirem e procederem aos atos de fiscalização, inclusive para verificarem se os programas carregados nas urnas são idênticos aos que foram lacrados na sessão referida no § 2º deste artigo, após o que as urnas serão lacradas.

§ 6º No dia da eleição, será realizada, por amostragem, auditoria de verificação do funcionamento das urnas eletrônicas, através de votação paralela, na presença dos fiscais dos partidos e coligações, nos moldes fixados em resolução do Tribunal Superior Eleitoral.

§ 7º Os partidos concorrentes ao pleito poderão constituir sistema próprio de fiscalização, apuração e totalização dos resultados contratando, inclusive, empresas de auditoria de sistemas, que, credenciadas junto à Justiça Eleitoral, receberão, previamente, os programas de computador e os mesmos dados alimentadores do sistema oficial de apuração e totalização.

- Parágrafos 5º ao 7º com redação dada pelo Art. 3º da Lei nº 10.408/2002.

Art. 67. Os órgãos encarregados do processamento eletrônico de dados são obrigados a fornecer aos partidos ou coligações, no momento da entrega ao Juiz encarregado, cópias dos dados do processamento parcial de cada dia, contidos em meio magnético.

Art. 68. O boletim de urna, segundo modelo aprovado pelo Tribunal Superior Eleitoral, conterá os nomes e os números dos candidatos nela votados.

§ 1º O Presidente da Mesa Receptora é obrigado a entregar cópia do boletim de urna aos partidos e coligações concorrentes ao pleito cujos representantes o requeiram até uma hora após a expedição.

§ 2º O descumprimento do disposto no parágrafo anterior constitui crime, punível com detenção, de um a três meses, com a alternativa de prestação de serviço à comunidade pelo mesmo período, e multa no valor de um mil a cinco mil UFIR.

- V. nota ao Art. 105, § 2º, desta lei sobre a Unidade Fiscal de Referência (UFIR).

Art. 69. A impugnação não recebida pela Junta Eleitoral pode ser apresentada diretamente ao Tribunal Regional Eleitoral, em quarenta e oito horas, acompanhada de declaração de duas testemunhas.

Parágrafo único. O Tribunal decidirá sobre o recebimento em quarenta e oito horas, publicando o acórdão na própria sessão de julgamento e transmitindo imediatamente à Junta, via telex, fax ou qualquer outro meio eletrônico, o inteiro teor da decisão e da impugnação.

Art. 70. O Presidente de Junta Eleitoral que deixar de receber ou de mencionar em ata os protestos recebidos, ou ainda, impedir o exercício de fiscalização, pelos partidos ou coligações, deverá ser imediatamente afastado, além de responder pelos crimes previstos na Lei nº 4.737, de 15 de julho de 1965 – Código Eleitoral.

Art. 71. Cumpre aos partidos e coligações, por seus Fiscais e Delegados devidamente credenciados, e aos candidatos, proceder à instrução dos recursos interpostos contra a apuração, juntando, para tanto, cópia do boletim relativo à urna impugnada.

Parágrafo único. Na hipótese de surgirem obstáculos à obtenção do boletim, caberá ao recorrente requerer, mediante a indicação dos dados necessários, que o órgão da Justiça Eleitoral perante o qual foi interposto o recurso o instrua, anexando o respectivo boletim de urna.

Art. 72. Constituem crimes, puníveis com reclusão, de cinco a dez anos:

- Lei nº 6.996/1982, Art. 15: Incorrerá nas penas do Art. 315 do Código Eleitoral quem, no processamento eletrônico das cédulas, alterar resultados, qualquer que seja o método utilizado.

I – obter acesso a sistema de tratamento automático de dados usado pelo serviço eleitoral, a fim de alterar a apuração ou a contagem de votos;

II – desenvolver ou introduzir comando, instrução, ou programa de computador capaz de destruir, apagar, eliminar, alterar, gravar ou transmitir dado, instrução ou programa ou provocar qualquer outro resultado diverso do esperado em sistema de tratamento automático de dados usados pelo serviço eleitoral;

III – causar, propositadamente, dano físico ao equipamento usado na votação ou na totalização de votos ou a suas partes.

Das Condutas Vedadas aos Agentes Públicos em Campanhas Eleitorais

Art. 73. São proibidas aos agentes públicos, servidores ou não, as seguintes condutas tendentes a afetar a igualdade de oportunidades entre candidatos nos pleitos eleitorais:

- Ac.-TSE, de 1º.10.2014, no AgR-REspe nº 43.580: com base na compreensão da reserva legal proporcional, compete ao magistrado exercer um juízo de proporcionalidade entre a conduta praticada e a sanção a ser imposta; Ac.-TSE, de 21.10.2010, na Rp nº 295.986: o exame das condutas vedadas previstas neste artigo deve ocorrer em dois momentos – ao verificar se o fato se enquadra nas hipóteses previstas, descabendo indagar sobre a potencialidade dos fatos, e, se afirmativo, ao determinar a sanção a ser aplicada.

- Ac.-TSE, de 6.3.2007, no REspe nº 25.770: o ressarcimento das despesas não descaracteriza as condutas vedadas por este artigo. V., ainda, o Art. 76 desta lei.

- Ac.-TSE, de 20.3.2014, no AgR-RO nº 488.846; de 27.2.2014, no AgR-RO nº 505.126 e, de 29.11.2011, no RO nº 169677: o agente público responsável pela prática da conduta vedada é litisconsorte passivo necessário em representação proposta contra eventuais beneficiários.

I – ceder ou usar, em benefício de candidato, partido político ou coligação, bens móveis ou imóveis pertencentes à administração direta ou indireta da União, dos Estados, do Distrito Federal, dos Territórios e dos Municípios, ressalvada a realização de Convenção partidária;

- Ac.-TSE, de 1º.9.2011, no RO nº 481.883: possibilidade de a utilização de informações de banco de dados de acesso restrito da Administração Pública configurar, em tese, a conduta vedada deste inciso.
- Ac.-TSE, de 1º.8.2006, no REspe nº 25.377 e Ac.-TSE nos 4.246/2005 e 24.865/2004: a vedação não abrange bem público de uso comum.
- Ac.-TSE, de 4.8.2011, no AgR-REspe nº 401727: o discurso de agente público que manifeste preferência por certa candidatura, durante inauguração de obra pública, não caracteriza uso ou cessão do imóvel público em benefício do candidato.
- Ac.-TSE, de 7.8.2014, na Rp nº 14562 e, de 17.12.2013, no REspe nº 98.924: para incidência deste inciso, a conduta deve ter sido praticada no período eleitoral, quando se pode falar de candidato.

II – usar materiais ou serviços, custeados pelos Governos ou Casas Legislativas, que excedam as prerrogativas consignadas nos regimentos e normas dos órgãos que integram;

- Ac.-TSE, de 6.9.2011, no AgR-REspe nº 35.546: a incidência deste dispositivo e do inciso III independe de as condutas terem ocorrido nos três meses antecedentes ao pleito.

III – ceder servidor público ou empregado da administração direta ou indireta federal, estadual ou municipal do Poder Executivo, ou usar de seus serviços, para comitês de campanha eleitoral de candidato, partido político ou coligação, durante o horário de expediente normal, salvo se o servidor ou empregado estiver licenciado;

- Ac.-TSE, de 1º.8.2014, na Rp nº 59.080 e, de 15.12.2005, no REspe nº 25.220: para a caracterização da conduta vedada prevista neste inciso, não se pode presumir a responsabilidade do agente público.
- Res.-TSE nº 21854/2004: ressalva estendida ao servidor público que esteja no gozo de férias remuneradas.

IV – fazer ou permitir uso promocional em favor de candidato, partido político ou coligação, de distribuição gratuita de bens e serviços de caráter social custeados ou subvencionados pelo Poder Público;

- V. Art. 73, §§ 10 e 11, desta lei.
- Ac.-TSE nº 5.283/2004: A Lei Eleitoral não proíbe a prestação de serviço social custeado ou subvencionado pelo poder público nos três meses que antecedem à eleição, mas sim o seu uso para fins promocionais de candidato, partido ou coligação.
- Ac.-TSE nº 24.795/2004: bem de natureza cultural, posto à disposição de toda a coletividade, não se enquadra neste dispositivo.
- Ac.-TSE, de 20.5.2014, no REspe nº 34.994: a conduta vedada prevista neste inciso não incide quando há contraprestação por parte do beneficiado.
- Ac.-TSE, de 25.8.2015, no REspe nº 71.923 e, de 13.3.2014, no REspe nº 36.045: a configuração da conduta vedada prevista neste inciso, não está submetida a limite temporal fixo ou a existência de candidaturas registradas perante a Justiça Eleitoral.

V – nomear, contratar ou de qualquer forma admitir, demitir sem justa causa, suprimir ou readaptar vantagens ou por outros meios dificultar ou impedir o exercício funcional e, ainda, *ex officio*, remover, transferir ou exonerar servidor público, na circunscrição do pleito, nos três meses que o antecedem e até a posse dos eleitos, sob pena de nulidade de pleno direito, ressalvados:

- Res.-TSE nº 21.806/2004: não proíbe a realização de concurso público.
- Ac.-TSE, de 25.11.2010, no AgR-AI nº 31.488: exame do requisito da potencialidade apenas quando se cogita da cassação do registro ou do diploma.
- Ac.-TSE nº 405/2002: a redistribuição não está proibida por este dispositivo. V., em sentido contrário, Ac.-STJ, de 27.10.2004, no MS nº 8.930.

a) a nomeação ou exoneração de cargos em comissão e designação ou dispensa de funções de confiança;

- Lei nº 6.091/1974, Art. 13, *caput*: movimentação de pessoal proibida no período entre os 90 dias anteriores à data das eleições parlamentares e o término, respectivamente, do mandato de Governador do estado.

b) a nomeação para cargos do Poder Judiciário, do Ministério Público, dos Tribunais ou Conselhos de Contas e dos órgãos da Presidência da República;

- Ac.-TSE, de 20.5.2010, na Cta nº 69.851: a Defensoria Pública não está compreendida nesta ressalva legal.

c) a nomeação dos aprovados em concursos públicos homologados até o início daquele prazo;

d) a nomeação ou contratação necessária à instalação ou ao funcionamento inadiável de serviços públicos essenciais, com prévia e expressa autorização do Chefe do Poder Executivo;

- Ac.-TSE, de 12.12.2006, no REspe nº 27.563: A ressalva da alínea d do inciso V do Art. 73 da Lei nº 9.504/1997 só pode ser coerentemente entendida a partir de uma visão estrita da essencialidade do serviço público. Do contrário, restaria inócua a finalidade da Lei Eleitoral ao vedar certas condutas aos agentes públicos, tendentes a afetar a igualdade de competição no pleito. Daqui resulta não ser a educação um serviço público essencial. Sua eventual descontinuidade, em dado momento, embora acarrete evidentes prejuízos à sociedade, é de ser oportunamente recomposta. Isso por inexistência de dano irreparável à 'sobrevivência, saúde ou segurança da população'. Considera-se serviço público essencial, para fins deste dispositivo, aquele vinculado à sobrevivência, saúde ou segurança da população.

e) a transferência ou remoção *ex officio* de militares, policiais civis e de agentes penitenciários;

VI – nos três meses que antecedem o pleito:

a) realizar transferência voluntária de recursos da União aos Estados e Municípios, e dos Estados aos Municípios, sob pena de nulidade de pleno direito, ressalvados os recursos destinados a cumprir obrigação formal preexistente para execução de obra ou serviço em andamento e com cronograma prefixado, e os destinados a atender situações de emergência e de calamidade pública;

- Res.-TSE nº 21.878/2004 e Ac.-TSE nº 25.324/2006: obra ou serviço já iniciados fisicamente.

Legislações | Direito Eleitoral

- Ac.-TSE nos 266/2004 e 16.040/1999: descabimento de interpretação extensiva deste dispositivo e inaplicabilidade à transferência de recursos a associações de direito privado.

- LC nº 101/2000 (Lei de Responsabilidade Fiscal), Art. 25, *caput*: Para efeito desta Lei Complementar, entende-se por transferência voluntária a entrega de recursos correntes ou de capital a outro ente da Federação, a título de cooperação, auxílio ou assistência financeira, que não decorra de determinação constitucional, legal ou os destinados ao Sistema Único de Saúde.

- Ac.-TSE, de 4.12.2012, no REspe nº 104.015: a norma desta alínea trata do efetivo repasse de recursos, sendo irrelevante que o convênio tenha sido assinado em data anterior ao período crítico previsto.

b) com exceção da propaganda de produtos e serviços que tenham concorrência no mercado, autorizar publicidade institucional dos atos, programas, obras, serviços e campanhas dos órgãos públicos federais, estaduais ou municipais, ou das respectivas entidades da administração indireta, salvo em caso de grave e urgente necessidade pública, assim reconhecida pela Justiça Eleitoral;

- Ac.-TSE, de 1º.10.2014, na Rp nº 81.770; de 15.9.2009, no REspe nº 35.240 e, de 9.8.2005, no REspe nº 25096: vedada a veiculação, independentemente da data da autorização.

- Ac.-TSE, de 1º.10.2010, no AgR-RO nº 303.704: imposição de multa por propaganda eleitoral antecipada, reconhecida em publicidade institucional, não implica a inelegibilidade do Art. 1º, I, h da LC nº 64/1990.

- Ac.-TSE, de 31.3.2011, no AgR-REspe nº 999.897.881: dispensabilidade da divulgação do nome e da imagem do beneficiário na propaganda institucional para a configuração da conduta vedada.

- Ac.-TSE, de 7.10.2010, na Rp nº 234.314: entrevista inserida dentro dos limites da informação jornalística não configura propaganda institucional irregular.

- Ac.-TSE, de 14.4.2009, no REspe nº 26.448 e Ac.-TSE nos 24.722/2004, 19323/2001, 19326/2001: admite-se a permanência de placas de obras públicas, desde que não contenham expressões que possam identificar autoridades, servidores ou administrações cujos dirigentes estejam em campanha eleitoral.

- Ac.-TSE, de 7.11.2006, no REspe nº 25.748: A publicação de atos oficiais, tais como leis e decretos, não caracteriza publicidade institucional.

- Ac.-TSE, de 7.12.2011, no AgR-REspe nº 149.260 e, de 16.11.2006, nos REspe nos 26.875 e 26905: a divulgação de feitos de Deputado Estadual em sítio da Internet de Assembleia Legislativa não caracteriza a conduta vedada nesta alínea.

- Ac.-TSE, de 1º.8.2006, no REspe nº 25.786: constitucionalidade deste dispositivo.

- Ac.-TSE, de 1º.12.2011, no AgR-AI nº 12.046: publicidade institucional veiculada dentro dos três meses antecedentes ao pleito caracteriza ofensa a esta alínea.

- Ac.-TSE, de 1º.10.2014, no REspe nº 49.805: para caracterização da conduta prevista nesta alínea, é imprescindível a comprovação da responsabilidade ou o prévio conhecimento do beneficiário.

- Ac.-TSE, de 11.9.2014, na Rp nº 82.802 e, de 3.9.2014, na Rp nº 77.873: caracteriza infração a esta alínea a realização, em período crítico, de publicidade de produto não determinado, sem que se permita a clara compreensão sobre sua concorrência em mercado.

- Ac.-TSE, de 1º.10.2014, na Rp nº 81.770 e, de 4.9.2014, no AgR-REspe nº 44.786: a configuração de conduta vedada independe da potencialidade lesiva e do caráter eleitoreiro da mensagem, bastando sua prática nos três meses anteriores ao pleito.

c) fazer pronunciamento em cadeia de rádio e televisão, fora do horário eleitoral gratuito, salvo quando, a critério da Justiça Eleitoral, tratar-se de matéria urgente, relevante e característica das funções de governo;

VII – realizar, no primeiro semestre do ano de eleição, despesas com publicidade dos órgãos públicos federais, estaduais ou municipais, ou das respectivas entidades da administração indireta, que excedam a média dos gastos no primeiro semestre dos três últimos anos que antecedem o pleito;

- Inciso VII com redação dada pelo Art. 2º da Lei nº 13.165/2015.
- Ac.-TSE, de 26.5.2011, no AgR-REspe nº 176.114: impossibilidade de se utilizar essa expressão no sentido dado pelo direito financeiro.
- Dec. s/nº, de 29.6.2006, na Pet nº 1.880: informações sobre gastos com publicidade institucional da Administração Pública federal: competência da Justiça Eleitoral para requisitá-las, legitimidade dos partidos políticos para pleitear sua requisição e responsabilidade do Presidente da República para prestá-las.
- Ac.-TSE, de 24.10.2013, no REspe nº 67.994: para aferição das despesas com publicidade, para fins eleitorais, considera-se o momento da liquidação com o reconhecimento oficial de que o serviço foi prestado.
- Ac.-TSE, de 3.2.2014, nos ED-REspe nº 30.204: impossibilidade de utilização da média mensal para o cálculo da despesa de que trata este inciso.

VIII – fazer, na circunscrição do pleito, revisão geral da remuneração dos servidores públicos que exceda a recomposição da perda de seu poder aquisitivo ao longo do ano da eleição, a partir do início do prazo estabelecido no Art. 7º desta Lei e até a posse dos eleitos.

- Res.-TSE nº 22.252/2006: o termo inicial do prazo é o que consta no Art. 7º, § 1º, desta lei, qual seja, 180 dias antes da eleição; o termo final é a posse dos eleitos.
- Ac.-TSE, de 8.8.2006, no REspe nº 26.054: a concessão de benefícios a servidores públicos estaduais nas proximidades das eleições municipais pode caracterizar abuso do poder político, desde que evidenciada a possibilidade de haver reflexos na circunscrição do pleito municipal, diante da coincidência de eleitores.

§ 1º Reputa-se agente público, para os efeitos deste artigo, quem exerce, ainda que transitoriamente ou sem remuneração, por eleição, nomeação, designação, contratação ou qualquer outra forma de investidura ou vínculo, mandato, cargo, emprego ou função nos órgãos ou entidades da Administração Pública direta, indireta, ou fundacional.

§ 2º A vedação do inciso I do *caput* não se aplica ao uso, em campanha, de transporte oficial pelo Presidente da República, obedecido o disposto no Art. 76, nem ao uso, em campanha, pelos candidatos a reeleição de Presidente e Vice-Presidente da República, Governador e Vice-Governador de Estado e do Distrito Federal, Prefeito e Vice-Prefeito, de suas residências oficiais para realização de contatos, encontros e reuniões pertinentes à própria campanha, desde que não tenham caráter de ato público.

- Ac.-TSE, de 27.9.2007, na Rp nº 1.252: A audiência concedida pelo titular do mandato, candidato à reeleição, em sua residência oficial não configura ato público para os efeitos do Art. 73 da Lei nº 9.504/1997, não relevando que seja amplamente noticiada, o que acontece em virtude da própria natureza do cargo que exerce.

§ 3º As vedações do inciso VI do *caput*, alíneas b e c, aplicam-se apenas aos agentes públicos das esferas administrativas cujos cargos estejam em disputa na eleição.

§ 4º O descumprimento do disposto neste artigo acarretará a suspensão imediata da conduta vedada, quando for o caso, e sujeitará os responsáveis a multa no valor de cinco a cem mil UFIR.

- V. nota ao Art. 105, § 2º, desta lei sobre a Unidade Fiscal de Referência (UFIR).
- Res.-TSE nº 21.975/2004, Art. 2º, *caput*: prazo para o juízo ou Tribunal Eleitoral comunicar à Secretaria de Administração do TSE o valor e a data da multa recolhida e o nome do partido beneficiado pela conduta vedada.
- Ac.-TSE, de 31.3.2011, no AgR-REspe nº 36.026: desnecessidade de demonstrar caráter eleitoreiro ou promoção pessoal do agente público, bastando a prática do ato ilícito.
- Ac.-TSE, de 21.10.2010, na Rp nº 295.986: dosagem da multa de acordo com a capacidade econômica do infrator, a gravidade da conduta e a repercussão que o fato tenha atingido.
- Ac.-TSE, de 26.8.2010, no REspe nº 35.739: lesividade de ínfima extensão não afeta a igualdade de oportunidades dos concorrentes, sendo suficiente a multa para reprimir a conduta vedada e desproporcional a cassação do registro ou do diploma.
- Ac.-TSE, de 25.6.2014, no AgR-REspe nº 122594; de 21.10.2010, na Rp nº 295.986 e, de 6.6.2006, no AREspe nº 25.358: a incidência das sanções de multa e cassação do diploma previstas neste parágrafo e no § 5º deste artigo deve obedecer aos princípios da proporcionalidade e da razoabilidade.

§ 5º Nos casos de descumprimento do disposto nos incisos do *caput* e no § 10, sem prejuízo do disposto no § 4º, o candidato beneficiado, agente público ou não, ficará sujeito à cassação do registro ou do diploma.

- § 5º com redação dada pelo Art. 3º da Lei nº 12.034/2009.
- V. nota ao parágrafo anterior sobre o Ac.-TSE, de 31.3.2011, no AgR-REspe nº 36026.
- Ac.-TSE, de 26.8.2010, no REspe nº 35.739: necessidade de análise individualizada para a aplicação da cassação do registro de acordo com relevância jurídica da conduta.
- Ac.-TSE, de 31.5.2007, no REspe nº 25.745 e Ac.-TSE nos 25.117/2005 e 24.739/2004: constitucionalidade deste dispositivo, por não implicar inelegibilidade, nos termos da redação anterior.
- Ac.-TSE, de 24.3.2011, no AgR-AI nº 11.359: possibilidade de aplicação da pena de cassação do diploma durante todo o curso do mandato.

§ 6º As multas de que trata este artigo serão duplicadas a cada reincidência.

§ 7º As condutas enumeradas no *caput* caracterizam, ainda, atos de improbidade administrativa, a que se refere o Art. 11, inciso I, da Lei nº 8.429, de 2 de junho de 1992, e sujeitam-se às disposições daquele diploma legal, em especial às cominações do Art. 12, inciso III.

§ 8º Aplicam-se as sanções do § 4º aos agentes públicos responsáveis pelas condutas vedadas e aos partidos, coligações e candidatos que delas se beneficiarem.

§ 9º Na distribuição dos recursos do Fundo Partidário (Lei nº 9.096, de 19 de setembro de 1995) oriundos da aplicação do disposto no § 4º, deverão ser excluídos os partidos beneficiados pelos atos que originaram as multas.

- Res.-TSE nº 21.975/2004, Art. 2º, parágrafo único: prazo para cumprimento do disposto neste parágrafo pela Secretaria de Administração do TSE. Port.-TSE nº 288/2005, Art. 10, § 2º, II.
- Res.-TSE nº 22.090/2005: a importância será decotada do diretório nacional e, sucessivamente, dos órgãos inferiores, de modo a atingir o órgão partidário efetivamente responsável.

§ 10. No ano em que se realizar eleição, fica proibida a distribuição gratuita de bens, valores ou benefícios por parte da Administração Pública, exceto nos casos de calamidade pública, de estado de emergência ou de programas sociais autorizados em lei e já em execução orçamentária no exercício anterior, casos em que o Ministério Público poderá promover o acompanhamento de sua execução financeira e administrativa.

- Parágrafo 10 acrescido pelo Art. 1º da Lei nº 11.300/2006.
- Ac.-TSE, de 2.6.2015, na Cta nº 5.639: possibilidade, em ano eleitoral, de realizar doação de pescados ou de produtos perecíveis quando justificada nas situações de calamidade pública ou estado de emergência ou, ainda, se destinada a programas sociais com autorização específica em lei e com execução orçamentária já no ano anterior ao pleito.
- Ac.-TSE, de 20.9.2011, na Cta nº 153.169: proibição de implemento de benefício fiscal referente à dívida ativa do município, bem como de encaminhamento de projeto de lei à Câmara de Vereadores, objetivando a previsão normativa voltada a favorecer inadimplentes.
- Ac.-TSE, de 4.8.2015, no REspe nº 55.547: os gastos com a manutenção dos serviços públicos não se enquadram na vedação deste parágrafo; Ac.-TSE, de 24.4.2012, no RO nº 1.717.231: assinatura de convênios e repasse de recursos financeiros a entidades privadas para a realização de projetos na área da cultura, do esporte e do turismo não se amoldam ao conceito de distribuição gratuita.
- Ac.-TSE, de 13.12.2011, no RO nº 149.655: programa de empréstimo de animais, para fins de utilização e reprodução, em ano eleitoral, caracteriza a conduta vedada deste parágrafo.
- Ac.-TSE, de 30.6.2011, no AgR-AI nº 11.6967: programas sociais não autorizados por lei, ainda que previstos em lei orçamentária, não atendem à ressalva deste parágrafo.
- Ac.-TSE, de 16.10.2014, no REspe nº 36.579: obras de terraplanagem em propriedades particulares, previstas na lei orgânica do município, atraem a ressalva deste parágrafo.

§ 11. Nos anos eleitorais, os programas sociais de que trata o § 10 não poderão ser executados por entidade nominalmente vinculada a candidato ou por esse mantida.

- § 11 acrescido pelo Art. 3º da Lei nº 12.034/2009.
- Ac.-TSE, de 4.8.2015, no REspe nº 39.792: a vedação deste parágrafo tem caráter absoluto e proíbe, no ano da eleição, a execução, por entidade vinculada nominalmente a candidato ou por ele mantida, de qualquer programa social da Administração, incluindo os autorizados em lei e já em execução orçamentária no exercício anterior.

§ 12. A representação contra a não observância do disposto neste artigo observará o rito do Art. 22 da Lei Complementar nº 64, de 18 de maio de 1990, e poderá ser ajuizada até a data da diplomação.

- § 12 acrescido pelo Art. 3º da Lei nº 12.034/2009.

Legislações | Direito Eleitoral

§ 13. O prazo de recurso contra decisões proferidas com base neste artigo será de 3 (três) dias, a contar da data da publicação do julgamento no Diário Oficial.

- § 13 acrescido pelo Art. 3º da Lei nº 12.034/2009.

Art. 74. Configura abuso de autoridade, para os fins do disposto no Art. 22 da Lei Complementar nº 64, de 18 de maio de 1990, a infringência do disposto no § 1º do Art. 37 da Constituição Federal, ficando o responsável, se candidato, sujeito ao cancelamento do registro ou do diploma.

- Art. 74 com redação dada pelo Art. 3º da Lei nº 12.034/2009.
- Ac.-TSE, de 10.8.2006, na Rp nº 752: o TSE é competente para julgar questão relativa à ofensa ao Art. 37, § 1º, da Constituição Federal, fora do período eleitoral.

Art. 75. Nos três meses que antecederem as eleições, na realização de inaugurações é vedada a contratação de shows artísticos pagos com recursos públicos.

Parágrafo único. Nos casos de descumprimento do disposto neste artigo, sem prejuízo da suspensão imediata da conduta, o candidato beneficiado, agente público ou não, ficará sujeito à cassação do registro ou do diploma.

- Parágrafo único acrescido pelo Art. 3º da Lei nº 12.034/2009.

Art. 76. O ressarcimento das despesas com o uso de transporte oficial pelo Presidente da República e sua comitiva em campanha eleitoral será de responsabilidade do partido político ou coligação a que esteja vinculado.

§ 1º O ressarcimento de que trata este artigo terá por base o tipo de transporte usado e a respectiva tarifa de mercado cobrada no trecho correspondente, ressalvado o uso do avião presidencial, cujo ressarcimento corresponderá ao aluguel de uma aeronave de propulsão a jato do tipo táxi aéreo.

§ 2º No prazo de dez dias úteis da realização do pleito, em primeiro turno, ou segundo, se houver, o órgão competente de controle interno procederá *ex officio* à cobrança dos valores devidos nos termos dos parágrafos anteriores.

§ 3º A falta do ressarcimento, no prazo estipulado, implicará a comunicação do fato ao Ministério Público Eleitoral, pelo órgão de controle interno.

§ 4º Recebida a denúncia do Ministério Público, a Justiça Eleitoral apreciará o feito no prazo de trinta dias, aplicando aos infratores pena de multa correspondente ao dobro das despesas, duplicada a cada reiteração de conduta.

Art. 77. É proibido a qualquer candidato comparecer, nos 3 (três) meses que precedem o pleito, a inaugurações de obras públicas.

- *Caput* com redação dada pelo Art. 3º da Lei nº 12.034/2009.
- Ac.-TSE, de 14.6.2012, no AgR-RO nº 890.235: desproporcionalidade da cassação de candidato que tenha comparecido a uma única inauguração, em determinado município, na qual não tenha havido a presença de quantidade significativa de eleitores e onde a participação do candidato também não tenha sido expressiva.

Parágrafo único. A inobservância do disposto neste artigo sujeita o infrator à cassação do registro ou do diploma.

- Parágrafo único com redação dada pelo Art. 3º da Lei nº 12.034/2009.
- Ac.-TSE nᵒˢ 22059/2004 e 5.134/2004: não incidência deste dispositivo se ainda não existia pedido de registro de candidatura na época do comparecimento à inauguração da obra pública.

Art. 78. A aplicação das sanções cominadas no Art. 73, §§ 4º e 5º, dar-se-á sem prejuízo de outras de caráter constitucional, administrativo ou disciplinar fixadas pelas demais leis vigentes.

Disposições Transitórias

Art. 79. O financiamento das campanhas eleitorais com recursos públicos será disciplinada em lei específica.

Art. 80. Nas eleições a serem realizadas no ano de 1998, cada partido ou coligação deverá reservar, para candidatos de cada sexo, no mínimo, vinte e cinco por cento e, no máximo, setenta e cinco por cento do número de candidaturas que puder registrar.

Art. 81. (Revogado pelo Art. 15 da Lei nº 13.165/2015)

§ 1º (Revogado pelo Art. 15 da Lei nº 13.165/2015)

§ 2º (Revogado pelo Art. 15 da Lei nº 13.165/2015)

§ 3º (Revogado pelo Art. 15 da Lei nº 13.165/2015)

§ 4º (Revogado pelo Art. 15 da Lei nº 13.165/2015)

Art. 82. Nas Seções Eleitorais em que não for usado o sistema eletrônico de votação e totalização de votos, serão aplicadas as regras definidas nos Arts. 83 a 89 desta lei e as pertinentes da Lei nº 4.737, de 15 de julho de 1965 – Código Eleitoral.

Art. 83. As cédulas oficiais serão confeccionadas pela Justiça Eleitoral, que as imprimirá com exclusividade para distribuição às Mesas Receptoras, sendo sua impressão feita em papel opaco, com tinta preta e em tipos uniformes de letras e números, identificando o gênero na denominação dos cargos em disputa.

§ 1º Haverá duas cédulas distintas, uma para as eleições majoritárias e outra para as proporcionais, a serem confeccionadas segundo modelos determinados pela Justiça Eleitoral.

§ 2º Os candidatos à eleição majoritária serão identificados pelo nome indicado no pedido de registro e pela sigla adotada pelo partido a que pertencem e deverão figurar na ordem determinada por sorteio.

§ 3º Para as eleições realizadas pelo sistema proporcional, a cédula terá espaços para que o eleitor escreva o nome ou o número do candidato escolhido, ou a sigla ou o número do partido de sua preferência.

§ 4º No prazo de quinze dias após a realização do sorteio a que se refere o § 2º, os Tribunais Regionais Eleitorais divulgarão o modelo da cédula completa com os nomes dos candidatos majoritários na ordem já definida.

§ 5º Às eleições em segundo turno aplica-se o disposto no § 2º, devendo o sorteio verificar-se até quarenta e oito horas após a proclamação do resultado do primeiro turno e a divulgação do modelo da cédula nas vinte e quatro horas seguintes.

Art. 84. No momento da votação, o eleitor dirigir-se-á à cabina duas vezes, sendo a primeira para o preenchimento da cédula destinada às eleições proporcionais, de cor branca, e a segunda para o preenchimento da cédula destinada às eleições majoritárias, de cor amarela.

Parágrafo único. A Justiça Eleitoral fixará o tempo de votação e o número de eleitores por Seção, para garantir o pleno exercício do direito de voto.

- CE/65, Art. 117.
- Lei nº 6.996/1982, Art. 11, *caput*: fixação, pelo TSE, do número de eleitores por seção eleitoral de acordo com o número de cabinas; parágrafo único do Art. 11: Cada seção eleitoral terá, no mínimo, duas cabinas. Res.-TSE nº 14.250/1988: [...] Fixação do número de 250 eleitores por cabina, nas seções das capitais, e de 200 nas seções do interior, de acordo com o Art. 11, da Lei nº 6.996/1982.

Art. 85. Em caso de dúvida na apuração de votos dados a homônimos, prevalecerá o número sobre o nome do candidato.

Art. 86. No sistema de votação convencional considerar-se-á voto de legenda quando o eleitor assinalar o número do partido no local exato reservado para o cargo respectivo e somente para este será computado.

Art. 87. Na apuração, será garantido aos Fiscais e Delegados dos partidos e coligações o direito de observar diretamente, à distância não superior a um metro da mesa, a abertura da urna, a abertura e a contagem das cédulas e o preenchimento do boletim.

§ 1º O não atendimento ao disposto no *caput* enseja a impugnação do resultado da urna, desde que apresentada antes da divulgação do boletim.

§ 2º Ao final da transcrição dos resultados apurados no boletim, o Presidente da Junta Eleitoral é obrigado a entregar cópia deste aos partidos e coligações concorrentes ao pleito cujos representantes o requeiram até uma hora após sua expedição.

§ 3º Para os fins do disposto no parágrafo anterior, cada partido ou coligação poderá credenciar até três Fiscais perante a Junta Eleitoral, funcionando um de cada vez.

§ 4º O descumprimento de qualquer das disposições deste artigo constitui crime, punível com detenção de um a três meses, com a alternativa de prestação de serviços à comunidade pelo mesmo período e multa, no valor de um mil a cinco mil UFIR.

- V. nota ao Art. 105, § 2º, desta lei sobre a Unidade Fiscal de Referência (UFIR).

§ 5º O rascunho ou qualquer outro tipo de anotação fora dos boletins de urna, usados no momento da apuração dos votos, não poderão servir de prova posterior perante a Junta apuradora ou totalizadora.

§ 6º O boletim mencionado no § 2º deverá conter o nome e o número dos candidatos nas primeiras colunas, que precederão aquelas onde serão designados os votos e o partido ou coligação.

Art. 88. O Juiz Presidente da Junta Eleitoral é obrigado a recontar a urna, quando:

I – o boletim apresentar resultado não coincidente com o número de votantes ou discrepante dos dados obtidos no momento da apuração;

II – ficar evidenciada a atribuição de votos a candidatos inexistentes, o não fechamento da contabilidade da urna ou a apresentação de totais de votos nulos, brancos ou válidos destoantes da média geral das demais Seções do mesmo Município, Zona Eleitoral.

- Ac.-TSE, de 6.3.2007, no REspe nº 25.142: inaplicabilidade desta regra no caso de registro digital do voto implantado pela Lei nº 10.740/2003.

Art. 89. Será permitido o uso de instrumentos que auxiliem o eleitor analfabeto a votar, não sendo a Justiça Eleitoral obrigada a fornecê-los.

Disposições Finais

Art. 90. Aos crimes definidos nesta Lei, aplica-se o disposto nos Arts. 287 e 355 a 364 da Lei nº 4.737, de 15 de julho de 1965 – Código Eleitoral.

- Ac.-TSE, de 28.6.2012, no REspe nº 29.803: observância do rito previsto no CE, afastando-se o da Lei nº 9.099/1995, no processo-crime eleitoral, quando recusada a proposta de transação.

§ 1º Para os efeitos desta Lei, respondem penalmente pelos partidos e coligações os seus representantes legais.

§ 2º Nos casos de reincidência, as penas pecuniárias previstas nesta Lei aplicam-se em dobro.

Art. 90-A. (Vetado pelo Art. 1º da Lei nº 11.300/2006).

Art. 91. Nenhum requerimento de inscrição eleitoral ou de transferência será recebido dentro dos cento e cinquenta dias anteriores à data da eleição.

- Ac.-TSE, de 26.8.2010, no AgR-MS nº 180.970: observância do prazo para o fechamento do cadastro eleitoral previsto neste artigo, no caso de realização de novas eleições, tomando como base a data do novo pleito.

Parágrafo único. A retenção de título eleitoral ou do comprovante de alistamento eleitoral constitui crime, punível com detenção, de um a três meses, com a alternativa de prestação de serviços à comunidade por igual período, e multa no valor de cinco mil a dez mil UFIR.

- V. nota ao Art. 105, § 2º, desta lei sobre a Unidade Fiscal de Referência (UFIR).
- CE/65, Art. 295: crime de retenção de título eleitoral.

Art. 91-A. No momento da votação, além da exibição do respectivo título, o eleitor deverá apresentar documento de identificação com fotografia.

- Documentos aceitáveis para a identificação de eleitor no dia da votação: Ac.-TSE, de 12.6.2012, na Cta nº 92082 (carteira de categoria profissional reconhecida por lei, desde que contenha a fotografia do eleitor); Ac.-TSE, de 6.12.2011, no PA nº 180681 (congênere administrativo expedido pela Funai para os indígenas que não disponham do documento de registro civil de nascimento); e Ac.-TSE, de 2.9.2010, no PA nº 245835 (passaporte).

Parágrafo único. Fica vedado portar aparelho de telefonia celular, máquinas fotográficas e filmadoras, dentro da cabina de votação.

- Art. 91-A e parágrafo único acrescidos pelo Art. 4º da Lei nº 12.034/2009.
- Ac.-STF, de 30.9.2010, na ADI nº 4.467: liminar concedida para, mediante interpretação conforme, reconhecer que somente a ausência de documento oficial de identidade com fotografia trará obstáculo ao exercício do direito de voto.

Art. 92. O Tribunal Superior Eleitoral, ao conduzir o processamento dos títulos eleitorais, determinará de ofício a revisão ou correição das Zonas Eleitorais sempre que:

- Res.-TSE nº 21.538/2003, Arts. 58 a 76: normas sobre revisão do eleitorado. Res.-TSE nº 21.372/2003: correições ordinárias pelo menos uma vez a cada ano. Res.-TSE nºs 20.472/1999, 21.490/2003, 22.021/2005 e 22.586/2007, entre outras: necessidade de preenchimento cumulativo dos três requisitos.

I – o total de transferências de eleitores ocorridas no ano em curso seja dez por cento superior ao do ano anterior;

II – o eleitorado for superior ao dobro da população entre dez e quinze anos, somada à de idade superior a setenta anos do território daquele Município;

III – o eleitorado for superior a sessenta e cinco por cento da população projetada para aquele ano pelo Instituto Brasileiro de Geografia e Estatística (IBGE).

- Res.-TSE nºs 21.490/2003 e 20.472/1999: revisão quando o eleitorado for superior a 80% da população. Res.-TSE nº 21.490/2003: nos municípios em que a relação eleitorado/população for superior a 65% e menor ou igual a 80%, o cumprimento do disposto neste artigo se dá por meio da correição ordinária anual prevista na Res.-TSE nº 21372/2003.
- Res.-TSE nº 21.538/2003, Art. 58, § 2º: Não será realizada revisão de eleitorado em ano eleitoral, salvo em situações excepcionais, quando autorizada pelo Tribunal Superior Eleitoral.

Art. 93. O Tribunal Superior Eleitoral poderá, nos anos eleitorais, requisitar das emissoras de rádio e televisão, no período de um mês antes do início da propaganda eleitoral a que se refere o Art. 36 e nos três dias anteriores à data do pleito, até dez minutos diários, contínuos ou não, que poderão ser somados e usados em dias espaçados, para a divulgação de comunicados, boletins e instruções ao eleitorado.

- Art. 93 com redação dada pelo Art. 2º da Lei nº 13.165/2015.
- Dec. nº 7.791/2012: Regulamenta a compensação fiscal na apuração do Imposto sobre a Renda da Pessoa Jurídica (IRPJ) pela divulgação gratuita da propaganda partidária e eleitoral, de plebiscitos e referendos.
- Res.-TSE nº 22.917/2008: competência da Justiça Federal para apreciar pedido de extensão da prerrogativa de compensação fiscal a empresa autorizada pelo poder público para exploração dos serviços de rede de transporte de comunicações. Prejudicado, ainda, pedido alter-

nativo de formalização de contrato com o TSE para transmissão do sinal gerado às emissoras de televisão e rádio na propaganda partidária e eleitoral gratuita.

Art. 93-A. O Tribunal Superior Eleitoral, no período compreendido entre 1º de abril e 30 de julho dos anos eleitorais, promoverá, em até cinco minutos diários, contínuos ou não, requisitados às emissoras de rádio e televisão, propaganda institucional, em rádio e televisão, destinada a incentivar a participação feminina na política, bem como a esclarecer os cidadãos sobre as regras e o funcionamento do sistema eleitoral brasileiro.

- Art. 93-A com redação dada pelo Art. 2º da Lei nº 13.165/2015.

Art. 94. Os feitos eleitorais, no período entre o registro das candidaturas até cinco dias após a realização do segundo turno das eleições, terão prioridade para a participação do Ministério Público e dos Juízes de todas as Justiças e instâncias, ressalvados os processos de *habeas corpus* e mandado de segurança.

- V. Arts. 16, 2º e 58-A, desta lei e, ainda, Lei nº 4.410/1964: Institui prioridade para os feitos eleitorais, e dá outras providências.

§ 1º É defeso às autoridades mencionadas neste artigo deixar de cumprir qualquer prazo desta Lei, em razão do exercício das funções regulares.

- V. Arts. 16, § 2º e 97 desta lei.

§ 2º O descumprimento do disposto neste artigo constitui crime de responsabilidade e será objeto de anotação funcional para efeito de promoção na carreira.

§ 3º Além das polícias judiciárias, os órgãos da receita federal, estadual e municipal, os Tribunais e órgãos de contas auxiliarão a Justiça Eleitoral na apuração dos delitos eleitorais, com prioridade sobre suas atribuições regulares.

§ 4º Os advogados dos candidatos ou dos partidos e coligações serão notificados para os feitos de que trata esta Lei com antecedência mínima de vinte e quatro horas, ainda que por fax, telex ou telegrama.

§ 5º Nos Tribunais Eleitorais, os advogados dos candidatos ou dos partidos e coligações serão intimados para os feitos que não versem sobre a cassação do registro ou do diploma de que trata esta Lei por meio da publicação de edital eletrônico publicado na página do respectivo Tribunal na internet, iniciando-se a contagem do prazo no dia seguinte ao da divulgação.

- Parágrafo 5º acrescido pelo Art. 2º da Lei nº 13.165/2015.

Art. 94-A. Os órgãos e entidades da Administração Pública direta e indireta poderão, quando solicitados, em casos específicos e de forma motivada, pelos Tribunais Eleitorais:

I – fornecer informações na área de sua competência;

- Dec. nº 4.199/2002: Dispõe sobre a prestação de informações institucionais relativas à Administração Pública federal a partidos políticos, coligações e candidatos à presidência da República até a data da divulgação oficial do resultado final das eleições.

II – ceder funcionários no período de 3 (três) meses antes a 3 (três) meses depois de cada eleição.

Legislações | Direito Eleitoral

- Art. 94-A e incisos acrescidos pelo Art. 1º da Lei nº 11.300/2006.
- Lei nº 6.999/1982 e Res.-TSE nº 23.255/2010: dispõem sobre a requisição de servidores públicos pela Justiça Eleitoral.

Art. 94-B. (Vetado pelo Art. 1º da Lei nº 11.300/2006).

Art. 95. Ao Juiz Eleitoral que seja parte em ações judiciais que envolvam determinado candidato é defeso exercer suas funções em processo eleitoral no qual o mesmo candidato seja interessado.

- CE/65, Arts. 20 e 28, § 2º.
- Ac.-STJ, de 25.10.2005, no RMS nº 14.990: aplicação deste dispositivo também ao membro do Ministério Público. Súm.-STJ nº 234/2000: A participação de membro do Ministério Público na fase investigatória criminal não acarreta o seu impedimento ou suspeição para o oferecimento da denúncia.
- Ac.-TSE, de 21.3.2006, no REspe nº 25.287: não incidência deste dispositivo em se tratando de representação de natureza administrativa contra Juiz Eleitoral.

Art. 96. Salvo disposições específicas em contrário desta Lei, as reclamações ou representações relativas ao seu descumprimento podem ser feitas por qualquer partido político, coligação ou candidato, e devem dirigir-se:

- Súm.-TSE nº 18/2000: Conquanto investido de poder de polícia, não tem legitimidade o Juiz Eleitoral para, de ofício, instaurar procedimento com a finalidade de impor multa pela veiculação de propaganda eleitoral em desacordo com a Lei nº 9.504/1997.
- Ac.-TSE, de 1º.8.2014, no AgR-REspe nº 28947 e, de 17.5.2011, no AgR-AI nº 25.4928: há litisconsórcio passivo necessário entre o titular e o Vice nas ações eleitorais em que se cogita a cassação de registro, diploma ou mandato.
- Ac.-TSE nos 5.856/2005, 19.890/2002, 2.744/2001 e 15.805/1999: legitimidade do Ministério Público para representação sobre propaganda eleitoral; Ac.-TSE nº 4.654/2004: legitimidade do Ministério Público para representação sobre pesquisa eleitoral; Ac.-TSE, de 6.3.2007, no REspe nº 25.770: É parte legítima para propor representação fundada na Lei nº 9.504/1997, a coligação que participa de eleição majoritária, ainda que a representação se refira a pleito proporcional; Ac.-TSE, de 25.11.2008, no RO nº 1.537: Interpretando o Art. 96,*caput*, da Lei nº 9.504/1997 e Art. 22, *caput*, da LC nº 64/1990 a jurisprudência do e. TSE entende que para ajuizar ações eleitorais, basta que o candidato pertença à circunscrição do réu, tenha sido registrado para o pleito e os fatos motivadores da pretensão se relacionem à mesma eleição, sendo desnecessária a repercussão direta na esfera política do autor.
- Ac.-TSE, de 15.5.2007, no Ag nº 6.204; de 5.9.2006, na Rp nº 1037 e Ac.-TSE nos 21.599/2004 e 443/2002: prazo de 48 horas para representação por invasão de horário da propaganda eleitoral de outro candidato e por veiculação de propaganda irregular no horário normal das emissoras.
- Prazo para propositura de representação, até a data das eleições, no caso de propaganda eleitoral irregular: Ac.-TSE, de 19.6.2007, no REspe nº 27993; de 1º.3.2007, na Rp nº 1.356 e, de 22.2.2007, na Rp nº 1357 (propaganda em *outdoor*); Ac.-TSE, de 10.4.2007, na Rp nº 1247 e, de 30.11.2006, na Rp nº 1346 (propaganda antecipada); Ac.-TSE, de 18.12.2007, no REspe nº 27288 (propaganda antecipada veiculada em programa partidário); Ac.-TSE, de 2.10.2007, no REspe nº 28372; de 18.9.2007, no REspe nº 28.014; de 2.8.2007, no REspe nº 28227 e, de 30.11.2006, na Rp nº 1341 (propaganda em bens públicos).

- Prazos para propositura de representação, sob o rito do Art. 22 da LC nº 64/1990, contidos em dispositivos específicos desta lei: 15 dias da diplomação, no caso do Art. 30-A (*caput*); até a data da diplomação, nos caso de captação ilícita de sufrágio (Art. 41-A, § 3º) e de conduta vedada a agentes públicos em campanha (Art. 73, § 12); Ac.-TSE, de 24.3.2011, no Ag nº 8.225: até a data das eleições, no caso de divulgação de pesquisa eleitoral sem o prévio registro, sob pena de perda do interesse de agir.
- Res.-TSE nº 21.078/2002 e Ac.-TSE nº 678/2004: legitimidade do titular de direito autoral para representar à Justiça Eleitoral, visando coibir prática ilegal em horário gratuito de propaganda partidária ou eleitoral. No mesmo sentido quanto à competência da Justiça Eleitoral, Ac.-TSE nº 586/2002. V., contudo, Res.-TSE nº 21.978/2005: competência do Juiz Eleitoral para fazer cessar irregularidades na propaganda eleitoral; competência da Justiça Comum para examinar dano ao direito autoral.
- Ac.-TSE, de 5.5.2009, no REspe nº 27.988 e, de 22.2.2007, na Rp nº 1.357: transcorrida a data da proclamação do resultado das eleições, deve ser reconhecida a falta de interesse processual no tocante às representações ajuizadas em virtude de propaganda eleitoral irregular.
- Ac.-TSE, de 13.10.2011, no AgR-REspe nº 3.776.232: legitimidade ativa da coligação, mesmo após a realização das eleições.

I – aos Juízes Eleitorais, nas eleições municipais;

II – aos Tribunais Regionais Eleitorais, nas eleições federais, estaduais e distritais;

III – ao Tribunal Superior Eleitoral, na eleição presidencial.

- Ac.-TSE nº 434/2002: foro especial ao candidato a Presidente da República na condição de autor ou de réu.

§ 1º As reclamações e representações devem relatar fatos, indicando provas, indícios e circunstâncias.

- Ac.-TSE nº 490/2002: o verbo indicar refere-se àquelas provas que, dada sua natureza, não se compatibilizam com sua imediata apresentação; autor e réu devem produzir as provas com a petição inicial e a contestação.
- Ac.-TSE, de 8.5.2008, no REspe nº 27.141: A narração da ocorrência dos fatos reputados como ilegais, incluindo a respectiva prova material do alegado são suficientes para afastar qualquer declaração de nulidade quanto ao aspecto formal da respectiva peça vestibular.

§ 2º Nas eleições municipais, quando a circunscrição abranger mais de uma Zona Eleitoral, o Tribunal Regional designará um Juiz para apreciar as reclamações ou representações.

§ 3º Os Tribunais Eleitorais designarão três Juízes auxiliares para a apreciação das reclamações ou representações que lhes forem dirigidas.

- Ac.-TSE, de 12.5.2011, no PA nº 59.896: embora não haja óbice à nomeação de juízes federais para atuarem como juízes auxiliares, o balizamento constitucional e legal sobre os critérios de designação não autoriza o TSE a definir a classe de origem dos ocupantes dessas funções eleitorais.
- Ac.-TSE nº 19890/2004: a competência dos juízes auxiliares na representação com base no Art. 36, § 3º, desta lei é absoluta e não se prorroga perante a conexão.
- Ac.-TSE, de 18.12.2007, na Rp nº 997 e, de 30.10.2007, na Rp nº 944: Competência do Corregedor-Geral para apreciar feito que verse sobre a utilização do espaço destinado ao programa partidário para a realização de propaganda eleitoral extemporânea, presente o cúmulo objetivo, sendo possível a dualidade de exames, sob a ótica das Leis nos 9.096/1995 e 9.504/1997.

Legislações | Direito Eleitoral

§ 4º Os recursos contra as decisões dos Juízes auxiliares serão julgados pelo Plenário do Tribunal.

- Ac.-TSE, de 25.3.2010, na Rp nº 20.574: as decisões proferidas por juiz auxiliar devem ser atacadas pelo recurso inominado, no prazo de 24 (vinte e quatro) horas, admitida a sustentação oral, sendo descabida a interposição de agravo regimental ou de agravo interno.

§ 5º Recebida a reclamação ou representação, a Justiça Eleitoral notificará imediatamente o reclamado ou representado para, querendo, apresentar defesa em quarenta e oito horas.

§ 6º (Revogado pelo Art. 5º da Lei nº 9.840/1999.)

§ 7º Transcorrido o prazo previsto no § 5º, apresentada ou não a defesa, o órgão competente da Justiça Eleitoral decidirá e fará publicar a decisão em vinte e quatro horas.

- Ac.-TSE, de 14.8.2007, no REspe nº 28.215: A sentença publicada após o prazo de 24 (vinte e quatro) horas, previsto no Art. 96, § 5º e 7º, da Lei nº 9.504/1997, tem como termo inicial para recurso a intimação do representado. Aplicação subsidiária do Código de Processo Civil.

§ 8º Quando cabível recurso contra a decisão, este deverá ser apresentado no prazo de vinte e quatro horas da publicação da decisão em cartório ou sessão, assegurado ao recorrido o oferecimento de contrarrazões, em igual prazo, a contar da sua notificação.

- Prazo de 24 horas para interposição de recurso: Ac.-TSE, de 29.5.2014, no AgR-Rp nº 24.347 (recurso inominado contra decisões proferidas pelos juízes auxiliares da propaganda eleitoral); Ac.-TSE, de 20.11.2007, no REspe nº 26.281 (embargos de declaração contra acórdão de TRE em representação por propaganda extemporânea); Ac.-TSE, de 19.6.2007, no REspe nº 28209 (embargos de declaração contra acórdão de TRE em representação por propaganda irregular); Ac.-TSE, de 20.3.2007, na Rp nº 1.350 e, de 10.8.2006, na Rp nº 884 (agravo regimental contra decisão monocrática de ministro do TSE em representação por propaganda extemporânea). Ac.-TSE, de 6.3.2007, no REspe nº 27.839 (decisão de juiz auxiliar de TRE em pedido de direito de resposta); Ac.-TSE, de 10.2.2005, no ARESPE nº 24.600 e, de 20.6.2002, no ARESPE nº 16.425 (recurso eleitoral contra decisão de Juiz Eleitoral em representação por propaganda irregular); Ac.-TSE, de 21.9.1999, no Ag nº 2008 (decisão de juiz auxiliar de TRE em representação por prática de propaganda extemporânea).

- Ac.-TSE, de 17.4.2008, no REspe nº 27104: Aos feitos eleitorais não se aplica a contagem de prazo em dobro, prevista no CPC (Lei nº 5.869/1973), Art. 191, para os casos de litisconsortes com diferentes procuradores.

- Ac.-TSE, de 22.2.2011, no AgR-REspe nº 3901470 e, de 18.5.2010, no AI nº 11.755: possibilidade de ser convertido em dia o prazo fixado em 24 (vinte e quatro) horas; Ac.-TSE, de 15.3.2007, no REspe nº 26.214, de 27.11.2007, no REspe nº 26.904 e Ac.-TSE nº 789/2005: Fixado o prazo em horas passíveis de, sob o ângulo exato, transformar-se em dia ou dias, impõe-se o fenômeno, como ocorre se previsto o de 24 horas a representar 1 dia. A regra somente é afastável quando expressamente a lei prevê termo inicial incompatível com a prática; Ac.-TSE, de 3.8.2010, no AgR-REspe nº 36.694: Considera-se encerrado o prazo na última hora do expediente do dia útil seguinte. V., em sentido contrário, Ac.-TSE nº 369/2002: O prazo em horas conta-se minuto a minuto.

- Ac.-TSE, de 20.11.2007, no REspe nº 26.281: A menção feita pelo § 8º à 'publicação da decisão em sessão' refere-se à simples leitura do resultado do julgamento proferido pelos magistrados auxiliares, e não à apreciação do recurso inominado dirigido aos TREs.

§ 9º Os Tribunais julgarão o recurso no prazo de quarenta e oito horas.

§ 10. Não sendo o feito julgado nos prazos fixados, o pedido pode ser dirigido ao órgão superior, devendo a decisão ocorrer de acordo com o rito definido neste artigo.

§ 11. As sanções aplicadas a candidato em razão do descumprimento de disposições desta Lei não se estendem ao respectivo partido, mesmo na hipótese de esse ter se beneficiado da conduta, salvo quando comprovada a sua participação.

- Parágrafo 11 acrescido pelo Art. 2º da Lei nº 13.165/2015.

Art. 96-A. Durante o período eleitoral, as intimações via fac-símile encaminhadas pela Justiça Eleitoral a candidato deverão ser exclusivamente realizadas na linha telefônica por ele previamente cadastrada, por ocasião do preenchimento do requerimento de registro de candidatura.

Parágrafo único. O prazo de cumprimento da determinação prevista no *caput* é de quarenta e oito horas, a contar do recebimento do fac-símile.

- Art. 96-A e parágrafo único acrescidos pelo Art. 4º da Lei nº 12.034/2009.

Art. 96-B. Serão reunidas para julgamento comum as ações eleitorais propostas por partes diversas sobre o mesmo fato, sendo competente para apreciá-las o juiz ou relator que tiver recebido a primeira.

§ 1º O ajuizamento de ação eleitoral por candidato ou partido político não impede ação do Ministério Público no mesmo sentido.

§ 2º Se proposta ação sobre o mesmo fato apreciado em outra cuja decisão ainda não transitou em julgado, será ela apensada ao processo anterior na instância em que ele se encontrar, figurando a parte como litisconsorte no feito principal.

§ 3º Se proposta ação sobre o mesmo fato apreciado em outra cuja decisão já tenha transitado em julgado, não será ela conhecida pelo juiz, ressalvada a apresentação de outras ou novas provas.

- *Caput* e §§ 1º a 3º acrescidos pelo Art. 2º da Lei nº 13.165/2015.

Art. 97. Poderá o candidato, partido ou coligação representar ao Tribunal Regional Eleitoral contra o Juiz Eleitoral que descumprir as disposições desta Lei ou der causa ao seu descumprimento, inclusive quanto aos prazos processuais; neste caso, ouvido o representado em vinte e quatro horas, o Tribunal ordenará a observância do procedimento que explicitar, sob pena de incorrer o Juiz em desobediência.

- Ac.-TSE nº 3.677/2005: inaplicabilidade do disposto no Art. 54 da Loman (sigilo) à representação prevista neste artigo.

§ 1º É obrigatório, para os membros dos Tribunais Eleitorais e do Ministério Público, fiscalizar o cumprimento desta Lei pelos juízes e promotores eleitorais das instâncias inferiores, determinando, quando for o caso, a abertura de procedimento disciplinar para apuração de eventuais irregularidades que verificarem.

- Parágrafo 1º acrescido pelo Art. 3º da Lei nº 12.034/2009.

§ 2º No caso de descumprimento das disposições desta Lei por Tribunal Regional Eleitoral, a representação poderá ser feita ao Tribunal Superior Eleitoral, observado o disposto neste artigo.

- Parágrafo 2º acrescido pelo Art. 3º da Lei nº 12.034/2009. Corresponde ao parágrafo único da redação original.
- Ac.-TSE, de 8.3.2007, na Rp nº 1.332: impossibilidade de propositura de representação quando o dispositivo apontado como descumprido por Tribunal Regional Eleitoral não se encontra na Lei nº 9.504/1997, mas em resolução do Tribunal Superior Eleitoral.

Art. 97-A. Nos termos do inciso LXXVIII do Art. 5º da Constituição Federal, considera-se duração razoável do processo que possa resultar em perda de mandato eletivo o período máximo de 1 (um) ano, contado da sua apresentação à Justiça Eleitoral.

§ 1º A duração do processo de que trata o *caput* abrange a tramitação em todas as instâncias da Justiça Eleitoral.

§ 2º Vencido o prazo de que trata o *caput*, será aplicável o disposto no Art. 97, sem prejuízo de representação ao Conselho Nacional de Justiça.

- Art. 97-A e §§ 1º e 2º acrescidos pelo Art. 4º da Lei nº 12.034/2009.

Art. 98. Os eleitores nomeados para compor as Mesas Receptoras ou Juntas Eleitorais e os requisitados para auxiliar seus trabalhos serão dispensados do serviço, mediante declaração expedida pela Justiça Eleitoral, sem prejuízo do salário, vencimento ou qualquer outra vantagem, pelo dobro dos dias de convocação.

- Res.-TSE nº 22.747/2008: instruções para aplicação das disposições deste artigo.

Art. 99. As emissoras de rádio e televisão terão direito a compensação fiscal pela cedência do horário gratuito previsto nesta Lei.

- Dec. nº 7.791/2012: Regulamenta a compensação fiscal na apuração do Imposto sobre a Renda da Pessoa Jurídica (IRPJ) pela divulgação gratuita da propaganda partidária e eleitoral, de plebiscitos e referendos.
- Res.-TSE nº 22.917/2008: competência da Justiça Federal para apreciar pedido de extensão da prerrogativa de compensação fiscal a empresa autorizada pelo poder público para exploração dos serviços de rede de transporte de comunicações. Prejudicado, ainda, pedido alternativo de formalização de contrato com o TSE para transmissão do sinal gerado às emissoras de televisão e rádio na propaganda partidária e eleitoral gratuita.

§ 1º O direito à compensação fiscal das emissoras de rádio e televisão previsto no parágrafo único do Art. 52 da Lei nº 9.096, de 19 de setembro de 1995, e neste artigo, pela cedência do horário gratuito destinado à divulgação das propagandas partidárias e eleitoral, estende-se à veiculação de propaganda gratuita de plebiscitos e referendos de que dispõe o Art. 8º da Lei nº 9.709, de 18 de novembro de 1998, mantido também, a esse efeito, o entendimento de que:

- Parágrafo 1º acrescido pelo Art. 3º da Lei nº 12.034/2009.

I –(Vetado pelo Art. 3º da Lei nº 12.034/2009).

II – a compensação fiscal consiste na apuração do valor correspondente a 0,8 (oito décimos) do resultado da multiplicação de 100% (cem por cento) ou de 25% (vinte e cinco por cento) do tempo, respectivamente, das inserções e das transmissões em bloco, pelo preço do espaço comercializável comprovadamente vigente, assim considerado aquele divulgado pelas emissoras de rádio e televisão por intermédio de tabela pública de preços de veiculação de publicidade, atendidas as disposições regulamentares e as condições de que trata o § 2º -A;

- Inciso II com redação dada pelo Art. 58 da Lei nº 12.350/2010.

III – o valor apurado na forma do inciso II poderá ser deduzido do lucro líquido para efeito de determinação do lucro real, na apuração do Imposto sobre a Renda da Pessoa Jurídica (IRPJ), inclusive da base de cálculo dos recolhimentos mensais previstos na legislação fiscal (Art. 2º da Lei nº 9.430, de 27 de dezembro de 1996), bem como da base de cálculo do lucro presumido.

- Inciso III acrescido pelo Art. 58 da Lei nº 12.350/2010.

§ 2º (Vetado pelo Art. 3º da Lei nº 12.034/2009).

§ 2º-A. A aplicação das tabelas públicas de preços de veiculação de publicidade, para fins de compensação fiscal, deverá atender ao seguinte:

I – deverá ser apurada mensalmente a variação percentual entre a soma dos preços efetivamente praticados, assim considerados os valores devidos às emissoras de rádio e televisão pelas veiculações comerciais locais, e o correspondente a 0,8 (oito décimos) da soma dos respectivos preços constantes da tabela pública de veiculação de publicidade;

II – a variação percentual apurada no inciso I deverá ser deduzida dos preços constantes da tabela pública a que se refere o inciso II do § 1º.

- Parágrafo 2º-A acrescido pelo Art. 58 da Lei nº 12.350/2010.

§ 3º No caso de microempresas e empresas de pequeno porte optantes pelo Regime Especial Unificado de Arrecadação de Tributos e Contribuições (Simples Nacional), o valor integral da compensação fiscal apurado na forma do inciso II do § 1º será deduzido da base de cálculo de imposto e contribuições federais devidos pela emissora, seguindo os critérios definidos pelo Comitê Gestor do Simples Nacional (CGSN).

- Parágrafo 3º com redação dada pelo Art. 58 da Lei nº 12.350/2010.

Art. 100. A contratação de pessoal para prestação de serviços nas campanhas eleitorais não gera vínculo empregatício com o candidato ou partido contratantes, aplicando-se à pessoa física contratada o disposto na alínea h do inciso V do Art. 12 da Lei nº 8.212, de 24 de julho de 1991.

- *Caput* com redação dada pelo Art. 2º da Lei nº 13.165/2015.

Parágrafo único. Não se aplica aos partidos políticos, para fins da contratação de que trata o *caput*, o disposto no parágrafo único do Art. 15 da Lei nº 8.212, de 24 de julho de 1991.

- Parágrafo único acrescido pelo Art. 2º da Lei nº 13.165/2015

Art. 100-A. A contratação direta ou terceirizada de pessoal para prestação de serviços referentes a atividades de militância e mobilização de rua nas campanhas eleitorais observará os seguintes limites, impostos a cada candidato:

I - em municípios com até 30.000 (trinta mil) eleitores, não excederá a 1% (um por cento) do eleitorado;

II - nos demais municípios e no Distrito Federal, corresponderá ao número máximo apurado no inciso I, acrescido de 1 (uma) contratação para cada 1.000 (mil) eleitores que exceder o número de 30.000 (trinta mil).

- *Caput* e incisos I e II acrescidos pelo Art. 3º da Lei nº 12.891/2013.
- Ac.-TSE, de 24.6.2014, na Cta nº 100075: inaplicabilidade da Lei nº 12.891/2013 às eleições de 2014.

§ 1º As contratações observarão ainda os seguintes limites nas candidaturas aos cargos a:

I - Presidente da República e Senador: em cada estado, o número estabelecido para o município com o maior número de eleitores;

II - Governador de Estado e do Distrito Federal: no estado, o dobro do limite estabelecido para o município com o maior número de eleitores, e, no Distrito Federal, o dobro do número alcançado no inciso II do *caput*;

III - Deputado Federal: na circunscrição, 70% (setenta por cento) do limite estabelecido para o município com o maior número de eleitores, e, no Distrito Federal, esse mesmo percentual aplicado sobre o limite calculado na forma do inciso II do *caput*, considerado o eleitorado da maior região administrativa;

IV - Deputado Estadual ou Distrital: na circunscrição, 50% (cinquenta por cento) do limite estabelecido para Deputados Federais;

V - Prefeito: nos limites previstos nos incisos I e II do *caput*;

VI - Vereador: 50% (cinquenta por cento) dos limites previstos nos incisos I e II do *caput*, até o máximo de 80% (oitenta por cento) do limite estabelecido para Deputados Estaduais.

- Parágrafo 1º e incisos I a VI acrescidos pelo Art. 3º da Lei nº 12.891/2013.
- Ac.-TSE, de 24.6.2014, na Cta nº 100075: inaplicabilidade da Lei nº 12.891/2013 às eleições de 2014.

§ 2º Nos cálculos previstos nos incisos I e II do *caput* e no § 1°, a fração será desprezada, se inferior a 0,5 (meio), e igualada a 1 (um), se igual ou superior.

- Parágrafo 2º acrescido pelo Art. 3º da Lei nº 12.891/2013.
- Ac.-TSE, de 24.6.2014, na Cta nº 100.075: inaplicabilidade da Lei nº 12.891/2013 às eleições de 2014.

§ 3º A contratação de pessoal por candidatos a Vice-Presidente, Vice-Governador, suplente de Senador e Vice-Prefeito é, para todos os efeitos, contabilizada como contratação pelo titular, e a contratação por partidos fica vinculada aos limites impostos aos seus candidatos.

- Parágrafo 3º acrescido pelo Art. 3º da Lei nº 12.891/2013.
- Ac.-TSE, de 24.6.2014, na Cta nº 100.075: inaplicabilidade da Lei nº 12.891/2013 às eleições de 2014.

§ 4º (Revogado pelo Art. 15 da Lei nº 13.165/2015.)

§ 5º O descumprimento dos limites previstos nesta Lei sujeitará o candidato às penas previstas no Art. 299 da Lei n° 4.737, de 15 de julho de 1965.

- Parágrafo 5º acrescido pelo Art. 3º da Lei nº 12.891/2013.
- Ac.-TSE, de 24.6.2014, na Cta nº 100.075: inaplicabilidade da Lei nº 12.891/2013 às eleições de 2014.

§ 6º São excluídos dos limites fixados por esta Lei a militância não remunerada, pessoal contratado para apoio administrativo e operacional, fiscais e delegados credenciados para trabalhar nas eleições e os advogados dos candidatos ou dos partidos e coligações.

- Parágrafo 6º acrescido pelo Art. 3º da Lei nº 12.891/2013.
- Ac.-TSE, de 24.6.2014, na Cta nº 100.075: inaplicabilidade da Lei nº 12.891/2013 às eleições de 2014.

Art. 101. (Vetado pela Mensagem nº 1.090/1997).

Art. 102. O parágrafo único do Art. 145 da Lei nº 4.737, de 15 de julho de 1965 – Código Eleitoral passa a vigorar acrescido do seguinte inciso IX:

Art. 145. [...]

Parágrafo único. [...]

IX – os policiais militares em serviço.

Art. 103. O Art. 19, *caput*, da Lei nº 9.096, de 19 de setembro de 1995 – Lei dos Partidos, passa a vigorar com a seguinte redação:

Art. 19. Na segunda semana dos meses de abril e outubro de cada ano, o partido, por seus órgãos de direção municipais, regionais ou nacional, deverá remeter, aos Juízes Eleitorais, para arquivamento, publicação e cumprimento dos prazos de filiação partidária para efeito de candidatura a cargos eletivos, a relação dos nomes de todos os seus filiados, da qual constará a data de filiação, o número dos títulos eleitorais e das Seções em que estão inscritos.

Art. 104. O Art. 44 da Lei nº 9.096, de 19 de setembro de 1995, passa a vigorar acrescido do seguinte § 3º :

Art. 44. [...]

§ 3º Os recursos de que trata este artigo não estão sujeitos ao regime da Lei nº 8.666, de 21 de junho de 1993.

Art. 105. Até o dia 5 de março do ano da eleição, o Tribunal Superior Eleitoral, atendendo ao caráter regulamentar e sem restringir direitos ou estabelecer sanções distintas das previstas nesta Lei, poderá expedir todas as instruções necessárias para sua fiel execução, ouvidos, previamente, em audiência pública, os delegados ou representantes dos partidos políticos.

- *Caput* com redação dada pelo Art. 3º da Lei nº 12.034/2009.
- Ac.-TSE, de 9.9.2014, no REspe nº 64.770: a competência para regulamentar disposições da legislação eleitoral é exclusiva do Tribunal Superior Eleitoral.

§ 1º O Tribunal Superior Eleitoral publicará o código orçamentário para o recolhimento das multas eleitorais ao Fundo Partidário, mediante documento de arrecadação correspondente.

§ 2º Havendo substituição da UFIR por outro índice oficial, o Tribunal Superior Eleitoral procederá à alteração dos valores estabelecidos nesta Lei pelo novo índice.

Legislações | Direito Eleitoral

- A Unidade Fiscal de Referência (UFIR), instituída pela Lei nº 8.383/1991, foi extinta pela MP nº 1.973-67/2000, tendo sido sua última reedição (MP nº 2.176-79/2001) convertida na Lei nº 10.522/2002, e seu último valor é R$1,0641; Ac.-TSE nº 4.491/2005: possibilidade de conversão, em moeda corrente, dos valores fixados em UFIR.

§ 3º Serão aplicáveis ao pleito eleitoral imediatamente seguinte apenas as resoluções publicadas até a data referida no *caput*.

- Parágrafo 3º acrescido pelo Art. 3º da Lei nº 12.034/2009.

Art. 105-A. Em matéria eleitoral, não são aplicáveis os procedimentos previstos na Lei nº 7.347, de 24 de julho de 1985.

- Art. 105-A acrescido pelo Art. 4º da Lei nº 12.034/2009.

- Lei nº 7.347/1985: Disciplina a ação civil pública de responsabilidade por danos causados ao meio-ambiente, ao consumidor, a bens e direitos de valor artístico, estético, histórico, turístico e paisagístico e dá outras providências.

- Ac.-TSE, de 8.9.2015, no REspe nº 54.588: a declaração de ilicitude somente porque obtidas as provas em inquérito civil significa blindar da apreciação da Justiça Eleitoral condutas em desacordo com a legislação de regência e impossibilitar o Ministério Público de exercer o seu munus constitucional; o inquérito civil não se restringe à ação civil pública, tratando-se de procedimento administrativo por excelência do Parquet e que pode embasar outras ações judiciais.

Art. 106. Esta Lei entra em vigor na data de sua publicação.

- Art. 107. Revogam-se os Arts. 92, 246, 247, 250, 322, 328, 329, 333 e o p. único do Art. 106 da Lei nº 4.737, de 15 de julho de 1965 – Código Eleitoral; o § 4º do Art. 39 da Lei nº 9.096, de 19 de setembro de 1995; o § 2º do Art. 50 e o § 1º do Art. 64 da Lei nº 9.100, de 29 de setembro de 1995; e o § 2º do Art. 7º do Decreto-Lei nº 201, de 27 de fevereiro de 1967.

Brasília, 30 de setembro de 1997; 176º da Independência e 109º da República.

Marco Antonio de Oliveira Maciel

Iris Rezende

Publicada no DOU de 1º .10.1997.

ANEXO

- Atualmente os modelos constantes do Anexo foram substituídos e podem ser obtidos no Sistema de Prestação de Contas Eleitorais (SPCE), que está em conformidade com a instrução de prestação de contas de cada eleição.

- No caso de as convenções para a escolha de candidatos não indicarem o número máximo de candidatos previsto no *caput*, os órgãos de direção dos partidos respectivos poderão preencher as vagas remanescentes até trinta dias antes do pleito.

Lei nº 6.091, de 15 de Agosto de 1974

Dispõe sobre o fornecimento gratuito de transporte, em dias de eleição, a eleitores residentes nas zonas rurais e dá outras providências.

O PRESIDENTE DA REPÚBLICA Faço saber que o CONGRESSO NACIONAL decreta e eu sanciono a seguinte Lei:

Art. 1º Os veículos e embarcações, devidamente abastecidos e tripulados, pertencentes à União, Estados, Territórios e Municípios e suas respectivas autarquias e sociedades de economia mista, excluídos os de uso militar, ficarão à disposição da Justiça Eleitoral para o transporte gratuito de eleitores em zonas rurais, em dias de eleição.

§ 1º Excetuam-se do disposto neste artigo os veículos e embarcações em número justificadamente indispensável ao funcionamento de serviço público insusceptível de interrupção.

§ 2º Até quinze dias antes das eleições, a Justiça Eleitoral requisitará dos órgãos da administração direta ou indireta da União, dos Estados, Territórios, Distrito Federal e Municípios os funcionários e as instalações de que necessitar para possibilitar a execução dos serviços de transporte e alimentação de eleitores previstos nesta Lei.

Art. 2º Se a utilização de veículos pertencentes às entidades previstas no Art. 1º não for suficiente para atender ao disposto nesta Lei, a Justiça Eleitoral requisitará veículos e embarcações a particulares, de preferência de aluguel.

Parágrafo único. Os serviços requisitados serão pagos, até trinta dias depois do pleito, a preços que correspondam aos critérios da localidade. A despesa correrá por conta do Fundo Partidário.

- V. Lei nº 9.096/1995, Art. 44: hipóteses de aplicação dos recursos do Fundo Partidário.

Art. 3º Até cinquenta dias antes da data do pleito, os responsáveis por todas as repartições, órgãos e unidades do serviço público federal, estadual e municipal oficiarão à Justiça Eleitoral, informando o número, a espécie e lotação dos veículos e embarcações de sua propriedade, e justificando, se for o caso, a ocorrência da exceção prevista no § 1º do Art. 1º desta Lei.

§ 1º Os veículos e embarcações à disposição da Justiça Eleitoral deverão, mediante comunicação expressa de seus proprietários, estar em condições de ser utilizados, pelo menos, vinte e quatro horas antes das eleições e circularão exibindo, de modo bem visível, dístico em letras garrafais, com a frase: A serviço da Justiça Eleitoral.

§ 2º A Justiça Eleitoral, à vista das informações recebidas, planejará a execução do serviço de transporte de eleitores e requisitará aos responsáveis pelas repartições, órgãos ou unidades, até trinta dias antes do pleito, os veículos e embarcações necessários.

Art. 4º Quinze dias antes do pleito, a Justiça Eleitoral divulgará, pelo órgão competente, o quadro geral de percursos e horários programados para o transporte de eleitores, dele fornecendo cópias aos partidos políticos.

Legislações | Direito Eleitoral

§ 1º O transporte de eleitores somente será feito dentro dos limites territoriais do respectivo Município e quando das zonas rurais para as Mesas Receptoras distar pelo menos dois quilômetros.

§ 2º Os partidos políticos, os candidatos, ou eleitores em número de vinte, pelo menos, poderão oferecer reclamações em três dias contados da divulgação do quadro.

§ 3º As reclamações serão apreciadas nos três dias subsequentes, delas cabendo recurso sem efeito suspensivo.

§ 4º Decididas as reclamações, a Justiça Eleitoral divulgará, pelos meios disponíveis, o quadro definitivo.

Art. 5º Nenhum veículo ou embarcação poderá fazer transporte de eleitores desde o dia anterior até o posterior à eleição, salvo:

- V. nota ao Art. 11, III, desta lei sobre o Ac.-TSE, de 7.8.2008, no REspe nº 28517.

I – a serviço da Justiça Eleitoral;

II – coletivos de linhas regulares e não fretados;

III – de uso individual do proprietário, para o exercício do próprio voto e dos membros da sua família;

IV – o serviço normal, sem finalidade eleitoral, de veículos de aluguel não atingidos pela requisição de que trata o Art. 2º.

Art. 6º A indisponibilidade ou as deficiências do transporte de que trata esta Lei não eximem o eleitor do dever de votar.

Parágrafo único. Verificada a inexistência ou deficiência de embarcações e veículos, poderão os órgãos partidários ou os candidatos indicar à Justiça Eleitoral onde há disponibilidade para que seja feita a competente requisição.

Art. 7º O eleitor que deixar de votar e não se justificar perante o Juiz Eleitoral até sessenta dias após a realização da eleição incorrerá na multa de três a dez por cento sobre o salário mínimo da região, imposta pelo Juiz Eleitoral e cobrada na forma prevista no Art. 367, da Lei nº 4.737, de 15 de julho de 1965.

- V. CF/88, Art. 7º, IV: vedação da vinculação do salário mínimo para qualquer fim; Res-TSE nº 21.538/2003, Art. 85: fixação do valor de 33,02 Ufirs para base de cálculo das multas previstas pelo Código Eleitoral e leis conexas. O § 4º do Art. 80 estabelece o percentual mínimo de 3% e o máximo de 10% desse valor para arbitramento da multa pelo não exercício do voto. A UFIR, instituída pela Lei nº 8.383/1991, foi extinta pela MP nº 1.973-67/2000, tendo sido sua última reedição (MP nº 2.176-79/2001) convertida na Lei nº 10.522/2002, e seu último valor é R$ 1,0641.
- Res.-TSE nº 21.920/2004, Art. 1º, parágrafo único: Não estará sujeita a sanção a pessoa portadora de deficiência que torne impossível ou demasiadamente oneroso o cumprimento das obrigações eleitorais, relativas ao alistamento e ao exercício do voto.

Art. 8º Somente a Justiça Eleitoral poderá, quando imprescindível, em face da absoluta carência de recursos de eleitores da zona rural, fornecer-lhes refeições, correndo, nesta hipótese, as despesas por conta do Fundo Partidário.

- Lei nº 9.096/1995, Art. 44: define as hipóteses de aplicação dos recursos do Fundo Partidário, sem alusão ao custeio de refeição a eleitores da zona rural. Res.-TSE nº 22.008/2005: o disposto neste artigo estaria, por essa razão, revogado tacitamente.

Art. 9º É facultado aos partidos exercer fiscalização nos locais onde houver transporte e fornecimento de refeições a eleitores.

Art. 10. É vedado aos candidatos ou órgãos partidários, ou a qualquer pessoa, o fornecimento de transporte ou refeições aos eleitores da zona urbana.

- V. nota ao Art. 11, III, desta lei sobre o Ac.-TSE, de 7.8.2008, no REspe nº 28517.

Art. 11. Constitui crime eleitoral:

I – descumprir, o responsável por órgão, repartição ou unidade do serviço público, o dever imposto no Art. 3º, ou prestar informação inexata que vise a elidir, total ou parcialmente, a contribuição de que ele trata:

Pena – detenção de quinze dias a seis meses e pagamento de 60 a 100 dias-multa;

II – desatender à requisição de que trata o Art. 2º:

Pena – pagamento de 200 a 300 dias-multa, além da apreensão do veículo para o fim previsto;

III – descumprir a proibição dos artigos 5º, 8º e 10:

Pena – reclusão de quatro a seis anos e pagamento de 200 a 300 dias-multa (Art. 302 do Código Eleitoral);

- Ac.-TSE, de 7.8.2008, no REspe nº 28517: O delito tipificado no Art. 11, III, da Lei nº 6.091/1974, de mera conduta, exige, para sua configuração, o dolo específico, que é, no caso, a intenção de obter vantagem eleitoral, pois o que pretende a lei impedir é o transporte de eleitores com fins de aliciamento.
- Ac.-TSE nº 402/2002: o tipo deste inciso é misto alternativo, bastando a violação de qualquer uma das proibições legais a que remete.
- Ac.-TSE nºs 21401/2004 e 4.723/2004: este inciso revogou a parte final do Art. 302 do CE: inclusive o fornecimento gratuito de alimento e transporte coletivo.

IV – obstar, por qualquer forma, a prestação dos serviços previstos nos Arts. 4º e 8º desta Lei, atribuídos à Justiça Eleitoral:

Pena – reclusão de 2 (dois) a 4 (quatro) anos;

V – utilizar em campanha eleitoral, no decurso dos 90 (noventa) dias que antecedem o pleito, veículos e embarcações pertencentes à União, Estados, Territórios, Municípios e respectivas autarquias e sociedades de economia mista:

Pena – cancelamento do registro do candidato ou de seu diploma, se já houver sido proclamado eleito.

Parágrafo único. O responsável, pela guarda do veículo ou da embarcação, será punido com a pena de detenção, de 15 (quinze) dias a 6 (seis) meses, e pagamento de 60 (sessenta) a 100 (cem) dias-multa.

Art. 12. A propaganda eleitoral, no rádio e na televisão, circunscrever-se-á, única e exclusivamente, ao horário gratuito disciplinado pela Justiça Eleitoral, com a expressa proibição de qualquer propaganda paga.

- Lei nº 9.504/1997, Arts. 36, § 2º, e 44.

Parágrafo único. Será permitida apenas a divulgação paga, pela imprensa escrita, do curriculum vitae do candidato e do número do seu registro na Justiça Eleitoral, bem como do partido a que pertence.

- Lei nº 9.504/97, Art. 43, *caput*: limitação apenas do tamanho do espaço utilizado no jornal impresso (e sua reprodução respectiva na Internet), revista ou tabloide.

Art. 13. São vedados e considerados nulos de pleno direito, não gerando obrigação de espécie alguma para a pessoa jurídica interessada, nem qualquer direito para o beneficiário, os atos que, no período compreendido entre os noventa dias anteriores à data das eleições parlamentares e o término, respectivamente, do mandato do Governador do Estado importem em nomear, contratar, designar, readaptar ou proceder a quaisquer outras formas de provimento de funcionário ou servidor na administração direta e nas autarquias, empresas públicas e sociedades de economia mista dos Estados e Municípios, salvo os cargos em comissão, e da Magistratura, do Ministério Público e, com aprovação do respectivo órgão legislativo, dos Tribunais de Contas e os aprovados em concursos públicos homologados até a data da publicação desta Lei.

- Res.-TSE nº 20.005/97: Movimentação de servidores nos períodos pré e pós-eleitoral. Matéria que se encontra disciplinada na Lei nº 9.504/1997, Art. 73, inciso V, alíneas a e e.

§ 1º Excetuam-se do disposto no artigo:

I – nomeação ou contratação necessárias à instalação inadiável de serviços públicos essenciais, com prévia e expressa autorização do Governador ou Prefeito;

II – nomeação ou contratação de técnico indispensável ao funcionamento do serviço público essencial.

§ 2º O ato com a devida fundamentação será publicado no respectivo órgão oficial.

Art. 14. A Justiça Eleitoral instalará trinta dias antes do pleito, na sede de cada Município, Comissão Especial de Transporte e Alimentação, composta de pessoas indicadas pelos Diretórios dos partidos políticos nacionais com a finalidade de colaborar na execução desta Lei.

§ 1º Para compor a Comissão, cada partido indicará três pessoas que não disputem cargo eletivo.

§ 2º É facultado a candidato, em Município de sua notória influência política, indicar ao Diretório do seu partido pessoa de sua confiança para integrar a Comissão.

Art. 15. Os Diretórios Regionais, até quarenta dias antes do pleito, farão as indicações de que trata o artigo 14 desta Lei.

Art. 16. O eleitor que deixar de votar por se encontrar ausente de seu domicílio eleitoral deverá justificar a falta, no prazo de 60 (sessenta) dias, por meio de requerimento dirigido ao Juiz Eleitoral de sua Zona de inscrição, que mandará anotar o fato na respectiva folha individual de votação.

- Lei nº 6.996/1982, Art. 12: substituição da folha individual de votação por listas de eleitores emitidas por computador no processamento eletrônico de dados.

§ 1º O requerimento, em duas vias, será levado em sobrecarta aberta à agência postal, que, depois de dar andamento à 1ª via, aplicará carimbo de recepção na 2ª, devolvendo-a ao interessado, valendo esta como prova para todos os efeitos legais.

§ 2º Estando no Exterior no dia em que se realizarem eleições, o eleitor terá o prazo de 30 (trinta) dias, a contar de sua volta ao País, para a justificação.

- Arts. 17 a 25. (Revogados pela Lei nº 7.493/1986.)

Art. 26. O Poder Executivo é autorizado a abrir o crédito especial de Cr$20.000.000,00 (vinte milhões de cruzeiros) destinado ao Fundo Partidário, para atender às despesas decorrentes da aplicação desta Lei na eleição de 15 de novembro de 1974.

Parágrafo único. A abertura do crédito autorizado neste artigo será compensada mediante a anulação de dotações constantes no Orçamento para o corrente exercício, de que trata a Lei nº 5.964, de 10 de novembro de 1973.

- Corresponde à redação original publicada no DOU. A lei citada é de dezembro.

Art. 27. Sem prejuízo do disposto no inciso XVII do artigo 30 do Código Eleitoral (Lei nº 4.737, de 15 de julho de 1965), o Tribunal Superior Eleitoral expedirá, dentro de 15 dias da data da publicação desta Lei, as instruções necessárias à sua execução.

- Res.-TSE nº 9.641/1974: Instruções sobre o fornecimento gratuito de transporte e alimentação, em dias de eleição, a eleitores residentes nas zonas rurais.

Art. 28. Esta Lei entra em vigor na data de sua publicação, revogadas as disposições em contrário.

Brasília, 15 de agosto de 1974; 153º da Independência e 86º da República.

Ernesto Geisel

Armando Falcão

Mário Henrique Simonsen

João Paulo dos Reis Velloso

Publicada no DOU de 15.8.1974.

Súmulas do TSE

Súmula-TSE nº 1 (Cancelada)

Proposta a ação para desconstituir a decisão que rejeitou as contas, anteriormente à impugnação, fica suspensa a inelegibilidade (Lei Complementar nº 64/90, Art. 1º, I, g).

Súmula-TSE nº 2

Assinada e recebida a ficha de filiação partidária até o termo final do prazo fixado em lei, considera-se satisfeita a correspondente condição de elegibilidade, ainda que não tenha fluído, até a mesma data, o tríduo legal de impugnação.

Súmula-TSE nº 3

No processo de registro de candidatos, não tendo o juiz aberto prazo para o suprimento de defeito da instrução do pedido, pode o documento, cuja falta houver motivado o indeferimento, ser juntado com o recurso ordinário.

Súmula-TSE nº 4

Não havendo preferência entre candidatos que pretendam o registro da mesma variação nominal, defere-se o do que primeiro o tenha requerido.

Súmula-TSE nº 5

Serventuário de cartório, celetista, não se inclui na exigência do Art. 1º, II, l, da LC nº 64/90.

Súmula-TSE nº 6

São inelegíveis para o cargo de Chefe do Executivo o cônjuge e os parentes, indicados no § 7º do Art. 14 da Constituição Federal, do titular do mandato, salvo se este, reelegível, tenha falecido, renunciado ou se afastado definitivamente do cargo até seis meses antes do pleito.

Súmula-TSE nº 7 (Cancelada)

É inelegível para o cargo de Prefeito a irmã da concubina do atual titular do mandato.

Súmula-TSE nº 8 (Cancelada)

O Vice-Prefeito é inelegível para o mesmo cargo.

Súmula-TSE nº 9

A suspensão de direitos políticos decorrente de condenação criminal transitada em julgado cessa com o cumprimento ou a extinção da pena, independendo de reabilitação ou de prova de reparação dos danos.

Súmula-TSE nº 10

No processo de registro de candidatos, quando a sentença for entregue em cartório antes de três dias contados da conclusão ao juiz, o prazo para o recurso ordinário, salvo intimação pessoal anterior, só se conta do termo final daquele tríduo.

Súmula-TSE nº 11

No processo de registro de candidatos, o partido que não o impugnou não tem legitimidade para recorrer da sentença que o deferiu, salvo se se cuidar de matéria constitucional.

Súmula-TSE nº 12

São inelegíveis, no município desmembrado, e ainda não instalado, o cônjuge e os parentes consanguíneos ou afins, até o segundo grau ou por adoção, do Prefeito do município-mãe, ou de quem o tenha substituído, dentro dos seis meses anteriores ao pleito, salvo se já titular de mandato eletivo.

Súmula-TSE nº 13

Não é autoaplicável o § 9º do Art. 14 da Constituição, com a redação da Emenda Constitucional de Revisão n° 4/94.

Súmula-TSE nº 14 (Cancelada)

A duplicidade de que cuida o parágrafo único do artigo 22 da Lei n° 9.096/95 somente fica caracterizada caso a nova filiação houver ocorrido após a remessa das listas previstas no parágrafo único do artigo 58 da referida lei.

Súmula-TSE nº 15

O exercício de mandato eletivo não é circunstância capaz, por si só, de comprovar a condição de alfabetizado do candidato.

Súmula-TSE nº 16 (Cancelada)

A falta de abertura de conta bancária específica não é fundamento suficiente para a rejeição de contas de campanha eleitoral, desde que, por outros meios, se possa demonstrar sua regularidade.

Súmula-TSE nº 17 (Cancelada)

Não é admissível a presunção de que o candidato, por ser beneficiário de propaganda eleitoral irregular, tenha prévio conhecimento de sua veiculação.

Súmula-TSE nº 18

Conquanto investido de poder de polícia, não tem legitimidade o Juiz Eleitoral para, de ofício, instaurar procedimento com a finalidade de impor multa pela veiculação de propaganda eleitoral em desacordo com a Lei nº 9.504/97.

Súmula-TSE nº 19

O prazo de inelegibilidade decorrente da condenação por abuso do poder econômico ou político tem início no dia da eleição em que este se verificou e finda no dia de igual número no oitavo ano seguinte (Art. 22, XIV, da LC nº 64/90).

Súmula-TSE nº 20

A prova de filiação partidária daquele cujo nome não constou da lista de filiados de que trata o Art. 19 da Lei nº 9.096/95, pode ser realizada por outros elementos de convicção, salvo quando se tratar de documentos produzidos unilateralmente, destituídos de fé pública.

Súmula-TSE nº 21 (Cancelada)

O prazo para ajuizamento da representação contra doação de campanha acima do limite legal é de 180 dias, contados da data da diplomação.

Súmula-TSE nº 22

Não cabe mandado de segurança contra decisão judicial recorrível, salvo situações de teratologia ou manifestamente ilegais.

Súmula-TSE nº 23

Não cabe mandado de segurança contra decisão judicial transitada em julgado.

Súmula-TSE nº 24

Não cabe recurso especial eleitoral para simples reexame do conjunto fático-probatório.

Súmula-TSE nº 25

É indispensável o esgotamento das instâncias ordinárias para a interposição de recurso especial eleitoral.

Súmula-TSE nº 26

É inadmissível o recurso que deixa de impugnar especificamente fundamento da decisão recorrida que é, por si só, suficiente para a manutenção desta.

Súmula-TSE nº 27

É inadmissível recurso cuja deficiência de fundamentação impossibilite a compreensão da controvérsia.

Súmula-TSE nº 28

A divergência jurisprudencial que fundamenta o recurso especial interposto com base na alínea b do inciso I do Art. 276 do Código Eleitoral somente estará demonstrada mediante a realização de cotejo analítico e a existência de similitude fática entre os acórdãos paradigma e o aresto recorrido.

Súmula-TSE nº 29

A divergência entre julgados do mesmo Tribunal não se presta a configurar dissídio jurisprudencial apto a fundamentar recurso especial eleitoral.

Súmula-TSE nº 30

Não se conhece de recurso especial eleitoral por dissídio jurisprudencial, quando a decisão recorrida estiver em conformidade com a jurisprudência do Tribunal Superior Eleitoral.

Súmula-TSE nº 31

Não cabe recurso especial eleitoral contra acórdão que decide sobre pedido de medida liminar.

Súmula-TSE nº 32

É inadmissível recurso especial eleitoral por violação à legislação municipal ou estadual, ao Regimento Interno dos Tribunais Eleitorais ou às normas partidárias.

Súmula-TSE nº 33

Somente é cabível ação rescisória de decisões do Tribunal Superior Eleitoral que versem sobre a incidência de causa de inelegibilidade.

Súmula-TSE nº 34

Não compete ao Tribunal Superior Eleitoral processar e julgar mandado de segurança contra ato de membro de Tribunal Regional Eleitoral.

Súmula-TSE nº 35

Não é cabível reclamação para arguir o descumprimento de resposta a consulta ou de ato normativo do Tribunal Superior Eleitoral.

Súmula-TSE nº 36

Cabe recurso ordinário de acórdão de Tribunal Regional Eleitoral que decida sobre inelegibilidade, expedição ou anulação de diploma ou perda de mandato eletivo nas eleições federais ou estaduais (Art. 121, § 4º, incisos III e IV, da Constituição Federal).

Súmula-TSE nº 37

Compete originariamente ao Tribunal Superior Eleitoral processar e julgar recurso contra expedição de diploma envolvendo eleições federais ou estaduais.

Súmula-TSE nº 38

Nas ações que visem à cassação de registro, diploma ou mandato, há litisconsórcio passivo necessário entre o titular e o respectivo Vice da chapa majoritária.

Súmula-TSE nº 39

Não há formação de litisconsórcio necessário em processos de registro de candidatura.

Súmula-TSE nº 40

O partido político não é litisconsorte passivo necessário em ações que visem à cassação de diploma.

Súmula-TSE nº 41

Não cabe à Justiça Eleitoral decidir sobre o acerto ou desacerto das decisões proferidas por outros Órgãos do Judiciário ou dos Tribunais de Contas que configurem causa de inelegibilidade.

Súmula-TSE nº 42

A decisão que julga não prestadas as contas de campanha impede o candidato de obter a certidão de quitação eleitoral durante o curso do mandato ao qual concorreu, persistindo esses efeitos, após esse período, até a efetiva apresentação das contas.

Súmula-TSE nº 43

As alterações fáticas ou jurídicas supervenientes ao registro que beneficiem o candidato, nos termos da parte final do Art. 11, § 10, da Lei nº 9.504/97, também devem ser admitidas para as condições de elegibilidade.

Súmula-TSE nº 44

O disposto no Art. 26-C da LC nº 64/90 não afasta o poder geral de cautela conferido ao magistrado pelo Código de Processo Civil.

Súmula-TSE nº 45

Nos processos de registro de candidatura, o Juiz Eleitoral pode conhecer de ofício da existência de causas de inelegibilidade ou da ausência de condição de elegibilidade, desde que resguardados o contraditório e a ampla defesa.

Súmula-TSE nº 46

É ilícita a prova colhida por meio da quebra do sigilo fiscal sem prévia e fundamentada autorização judicial, podendo o Ministério Público Eleitoral acessar diretamente apenas a relação dos doadores que excederam os limites legais, para os fins da representação cabível, em que poderá requerer, judicialmente e de forma individualizada, o acesso aos dados relativos aos rendimentos do doador.

Súmula-TSE nº 47

A inelegibilidade superveniente que autoriza a interposição de recurso contra expedição de diploma, fundado no Art. 262 do Código Eleitoral, é aquela de índole constitucional ou, se infraconstitucional, superveniente ao registro de candidatura, e que surge até a data do pleito.

Súmula-TSE nº 48

A retirada da propaganda irregular, quando realizada em bem particular, não é capaz de elidir a multa prevista no Art. 37, § 1º, da Lei nº 9.504/97.

Súmula-TSE nº 49

O prazo de cinco dias, previsto no Art. 3º da LC nº 64/90, para o Ministério Público impugnar o registro inicia-se com a publicação do edital, caso em que é excepcionada a regra que determina a sua intimação pessoal.

Súmula-TSE nº 50

O pagamento da multa eleitoral pelo candidato ou a comprovação do cumprimento regular de seu parcelamento após o pedido de registro, mas antes do julgamento respectivo, afasta a ausência de quitação eleitoral.

Súmula-TSE nº 51

O processo de registro de candidatura não é o meio adequado para se afastarem os eventuais vícios apurados no processo de prestação de contas de campanha ou partidárias.

Súmula-TSE nº 52

Em registro de candidatura, não cabe examinar o acerto ou desacerto da decisão que examinou, em processo específico, a filiação partidária do eleitor.

Súmula-TSE nº 53

O filiado a partido político, ainda que não seja candidato, possui legitimidade e interesse para impugnar pedido de registro de coligação partidária da qual é integrante, em razão de eventuais irregularidades havidas em convenção.

Súmula-TSE nº 54

A desincompatibilização de servidor público que possui cargo em comissão é de três meses antes do pleito e pressupõe a exoneração do cargo comissionado, e não apenas seu afastamento de fato.

Súmula-TSE nº 55

A Carteira Nacional de Habilitação gera a presunção da escolaridade necessária ao deferimento do registro de candidatura.

Súmula-TSE nº 56

A multa eleitoral constitui dívida ativa de natureza não tributária, submetendo-se ao prazo prescricional de 10 (dez) anos, nos moldes do Art. 205 do Código Civil.

Súmula-TSE nº 57

A apresentação das contas de campanha é suficiente para a obtenção da quitação eleitoral, nos termos da nova redação conferida ao Art. 11, § 7º, da Lei nº 9.504/97, pela Lei nº 12.034/2009.

Súmula-TSE nº 58

Não compete à Justiça Eleitoral, em processo de registro de candidatura, verificar a prescrição da pretensão punitiva ou executória do candidato e declarar a extinção da pena imposta pela Justiça Comum.

Súmula-TSE nº 59

O reconhecimento da prescrição da pretensão executória pela Justiça Comum não afasta a inelegibilidade prevista no Art. 1º, I, e, da LC nº 64/90, porquanto não extingue os efeitos secundários da condenação.

Súmula-TSE nº 60

O prazo da causa de inelegibilidade prevista no Art. 1º, I, e, da LC nº 64/90 deve ser contado a partir da data em que ocorrida a prescrição da pretensão executória e não do momento da sua declaração judicial.

Súmula-TSE nº 61

O prazo concernente à hipótese de inelegibilidade prevista no Art. 1º, I, e, da LC nº 64/90 projeta-se por oito anos após o cumprimento da pena, seja ela privativa de liberdade, restritiva de direito ou multa.

Súmula-TSE nº 62

Os limites do pedido são demarcados pelos fatos imputados na inicial, dos quais a parte se defende, e não pela capitulação legal atribuída pelo autor.

Súmula-TSE nº 63

A execução fiscal de multa eleitoral só pode atingir os sócios se preenchidos os requisitos para a desconsideração da personalidade jurídica previstos no Art. 50 do Código Civil, tendo em vista a natureza não tributária da dívida, observados, ainda, o contraditório e a ampla defesa.

Súmula-TSE nº 64

Contra acórdão que discute, simultaneamente, condições de elegibilidade e de inelegibilidade, é cabível o recurso ordinário.

Súmula-TSE nº 65

Considera-se tempestivo o recurso interposto antes da publicação da decisão recorrida.

Súmula-TSE nº 66

A incidência do § 2º do Art. 26-C da LC nº 64/90 não acarreta o imediato indeferimento do registro ou o cancelamento do diploma, sendo necessário o exame da presença de todos os requisitos essenciais à configuração da inelegibilidade, observados os princípios do contraditório e da ampla defesa.

Súmula-TSE nº 67

A perda do mandato em razão da desfiliação partidária não se aplica aos candidatos eleitos pelo sistema majoritário.

Súmula-TSE nº 68

A União é parte legítima para requerer a execução de astreintes, fixada por descumprimento de ordem judicial no âmbito da Justiça Eleitoral.

Súmula-TSE nº 69

Os prazos de inelegibilidade previstos nas alíneas j e h do inciso I do Art. 1º da LC nº 64/90 têm termo inicial no dia do primeiro turno da eleição e termo final no dia de igual número no oitavo ano seguinte.

Súmula-TSE nº 70

O encerramento do prazo de inelegibilidade antes do dia da eleição constitui fato superveniente que afasta a inelegibilidade, nos termos do Art. 11, § 10, da Lei nº 9.504/97.

Súmula-TSE nº 71

Na hipótese de negativa de seguimento ao recurso especial e da consequente interposição de agravo, a parte deverá apresentar contrarrazões tanto ao agravo quanto ao recurso especial, dentro do mesmo tríduo legal.

QUESTÕES

Questões | Comentadas

1. **(Cespe – 2016)** No que se refere às competências originária e privativa para processar e julgar ações junto aos Tribunais Eleitorais e à competência dos Juízes Eleitorais e das Juntas Eleitorais, assinale a opção correta.

    a) Compete aos Juízes Eleitorais a expedição do diploma de candidatos eleitos para ocupar cargos municipais.

    b) Caberá ao Presidente do Tribunal Regional Eleitoral, em razão de sua competência privativa, encaminhar à Assembleia Legislativa Estadual proposição de aumento do número de seus Juízes Eleitorais.

    c) A competência originária para processar e julgar ação de cancelamento do registro de candidatos a cargos eletivos será do TSE.

    d) Em se tratando de disputa de competência para o julgamento de crime eleitoral praticado na divisa de dois municípios, o conflito de jurisdição será processado e julgado originariamente pelo TSE.

    e) As competências das Juntas Eleitorais incluem a nomeação, em audiência pública, nos respectivos prazos legais, dos membros das mesas receptoras.

    A: incorreta. Lei nº 4.737/1965 (Código Eleitoral): Art. 40. Compete à Junta Eleitoral; [...] IV - expedir diploma aos eleitos para cargos municipais. **B:** incorreta. Lei nº 4.737/1965: Art. 23 - Compete, ainda, privativamente, ao Tribunal Superior, [...] VI - propor ao Poder Legislativo o aumento do número dos juízes de qualquer Tribunal Eleitoral, indicando a forma desse aumento. **C:** incorreta. O TSE será competente apenas nas ações de cancelamento de registro de candidatos para os cargos de Presidente da República e Vice-Presidente. Lei nº 4.737/1965: Art. 22. Compete ao Tribunal Superior: I - Processar e julgar originariamente: a) o registro e a cassação de registro de partidos políticos, dos seus diretórios nacionais e de candidatos à Presidência e Vice-Presidência da República. **D:** correta. Foi apontada como correta pela banca, mas está incorreta. O conflito de jurisdição entre municípios deve ser analisado da seguinte forma: 1 - Se envolverem municípios do mesmo Estado sob Zonas Eleitorais diferentes, a competência será do TRE. 2- Se envolverem municípios de Estados diferentes, a competência será do TSE. Portanto, a generalização trazida pela banca torna a alternativa D incorreta. **E:** incorreta. Lei nº 4.737/1965: Art. 35. Compete aos juízes: [...] XIV - nomear, 60 (sessenta) dias antes da eleição, em audiência pública anunciada com pelo menos 5 (cinco) dias de antecedência, os membros das mesas receptoras.

2. **(Cespe – 2016)** Com relação ao alistamento eleitoral, assinale a opção correta à luz do Código Eleitoral.

    a) Em razão do princípio da competência privativa dos Juízes Eleitorais e do princípio da vinculação do processo eleitoral, no caso de perda ou extravio do título de eleitor, a sua segunda via deverá ser requerida junto ao juiz da Zona Eleitoral em que o eleitor estiver inscrito.

350

b) Caso o eleitor mude de domicílio, ele poderá requerer a transferência de seu título, desde que observado o tempo mínimo de residência no novo domicílio e o cumprimento da exigência de ter votado em, pelo menos, uma eleição, no caso de inscrição primitiva.

c) O Código Eleitoral elenca as causas de cancelamento da inscrição eleitoral; a ocorrência de uma dessas causas gerará a exclusão do eleitor, que poderá votar de forma válida até que se processe a sua exclusão.

d) No alistamento eleitoral, será considerado o domicílio eleitoral do cidadão qualificado e inscrito o lugar onde sua residência tiver sido estabelecida com ânimo definitivo.

e) O eleitor ficará vinculado permanentemente à seção eleitoral indicada no seu título.

A: incorreta. Resolução TSE n° 21.538/2003: Art. 19. No caso de perda ou extravio do título, bem assim de sua inutilização ou dilaceração, o eleitor deverá requerer pessoalmente ao juiz de seu domicílio eleitoral que lhe expeça segunda via. Lei n° 4.737/1965: Art. 53. Se o eleitor estiver fora do seu domicílio eleitoral poderá requerer a segunda via ao juiz da Zona em que se encontrar, esclarecendo se vai recebê-la na sua Zona ou na em que requereu. **B:** incorreta. Dentre os requisitos, não se inclui a exigência de ter votado, ao menos, uma vez. Resolução TSE n° 21.538/2003: Art. 18. A transferência do eleitor só será admitida se satisfeitas as seguintes exigências: I – recebimento do pedido no Cartório Eleitoral do novo domicílio no prazo estabelecido pela legislação vigente; II – transcurso de, pelo menos, um ano do alistamento ou da última transferência; III – residência mínima de três meses no novo domicílio, declarada, sob as penas da lei, pelo próprio eleitor (Lei n° 6.996/82, Art. 8°); IV – prova de quitação com a Justiça Eleitoral. **C:** correta. Lei n° 4.737/1965: Art. 71. São causas de cancelamento: I - a infração dos artigos. 5° e 42; II - a suspensão ou perda dos direitos políticos; III - a pluralidade de inscrição; IV - o falecimento do eleitor; V - deixar de votar em 3 (três) eleições consecutivas. Art. 72. Durante o processo e até a exclusão pode o eleitor votar validamente. **D:** incorreta. Lei n° 4.737/1965: Art. 42, parágrafo único. Para o efeito da inscrição, é domicílio eleitoral o lugar de residência ou moradia do requerente, e, verificado ter o alistando mais de uma, considerar-se-á domicílio qualquer delas. **E:** incorreta. Lei n° 4.737/1965: Art. 46, § 3°. O eleitor ficará vinculado permanentemente à seção eleitoral indicada no seu título, salvo: I - se se transferir de Zona ou Município hipótese em que deverá requerer transferência.

3. **(Cespe – 2016)** Por meio de convenção estadual, um partido político escolheu os seus candidatos aos cargos majoritário e proporcional e, no prazo legal, solicitou seus pedidos de registros junto ao Tribunal Regional Eleitoral competente. Ao analisar a solicitação, o Procurador Regional Eleitoral impugnou o pedido de registro de candidatura de um candidato ao cargo de Deputado Federal.

    Considerando essa situação hipotética, assinale a opção correta.

Questões | Comentadas

a) Caso a impugnação tenha se fundamentado em não quitação de multa eleitoral do candidato, o partido poderá efetuar o pagamento ou requerer o parcelamento devido, para fins de regularizar a situação do candidato.

b) Como a legislação eleitoral não estipula prazo legal para o julgamento dos pedidos de impugnação, o candidato impugnado poderá participar do pleito eleitoral até o julgamento final do processo.

c) Caso o candidato impugnado concorra *sub judice*, os votos obtidos em sua candidatura somente serão computados ao partido após o deferimento do seu registro.

d) O candidato impugnado somente poderá utilizar o horário de rádio e televisão após o deferimento do seu registro.

e) O partido político poderá requerer a substituição do candidato impugnado até a véspera da eleição, ocasião em que o Tribunal Regional Eleitoral deverá expedir comunicados aos cartórios eleitorais, para que os eleitores sejam informados, no dia da votação, sobre a substituição ocorrida.

A: incorreta. Eleições 2012. [...]. Registro de candidatura. Vereador. Ausência de quitação eleitoral. Parcelamento de multa eleitoral após a apresentação do requerimento de registro. Impossibilidade. Alteração fática. Inaplicabilidade. [...]. 1. O parcelamento da multa eleitoral após o pedido de registro não tem o condão de afastar a ausência de quitação eleitoral. 2. A ressalva final do § 10 do artigo 11 da Lei das Eleições não comporta ampliação, ou seja, tão somente se aplica às causas de inelegibilidade, conforme expressamente estabelece a norma, não incidindo em relação às condições de elegibilidade. [...] Ac. de 14.5.2013 no REspe nº 28.087, rel. Min. Marco Aurélio, red. designado Min. Laurita Vaz. **B:** incorreta. Lei Complementar nº 64/1990 (Lei da Inelegibilidade): Art. 8°. Nos pedidos de registro de candidatos a eleições municipais, o Juiz Eleitoral apresentará a sentença em cartório 3 (três) dias após a conclusão dos autos, passando a correr deste momento o prazo de 3 (três) dias para a interposição de recurso para o Tribunal Regional Eleitoral. **C:** correta. [...] II - A concessão de liminar que determinou a inclusão do nome de candidato na urna, pelo fundamento de que seu pedido de registro ainda estava sub judice, não implica deferimento desse registro. Uma vez indeferido definitivamente o pedido de registro de candidatura, são inválidos os votos obtidos. [...] Ac. de 13.10.2009 no AgR-RMS nº 682, rel. Min. Ricardo Lewandowski. **D:** incorreta. Lei 9.504/1997 (Lei das Eleições): Art. 16-A. O candidato cujo registro esteja sub judice poderá efetuar todos os atos relativos à campanha eleitoral, inclusive utilizar o horário eleitoral gratuito no rádio e na televisão e ter seu nome mantido na urna eletrônica enquanto estiver sob essa condição, ficando a validade dos votos a ele atribuídos condicionada ao deferimento de seu registro por instância superior. Candidatura - Indeferimento - Consequência. A teor do disposto no artigo 16-A da Lei nº 9.504/1997, o candidato com registro pendente de decisão judicial pode praticar todos os atos relativos à campanha, utilizando inclusive o horário eleitoral gratuito no rádio e na televisão, assegurada a inserção do nome na urna eletrônica, independentemente de liminar afastando os efeitos da glosa verificada. Ac. de 9.10.2012 na Rp nº 89280, rel. Min. Marco Aurélio. **E:** incorreta. Lei 9.504 (Lei das Eleições), Art. 13, § 3º Tanto nas eleições majoritárias como nas proporcionais, a substituição só se efetivará se o novo pedido for apresentado até 20 (vinte) dias antes do pleito, exceto em caso de falecimento de candidato, quando a substituição poderá ser efetivada após esse prazo.

4. (Cespe – 2016) De acordo com a Lei das Eleições — Lei n.º 9.504/1997 —, assinale a opção correta.

    a) As coligações terão denominações próprias, que não poderão coincidir com nome de candidatos, e, na propaganda para o pleito proporcional, cada partido usará apenas a sua legenda sob o nome da coligação.

    b) Nas eleições para cargos do Legislativo, somente serão computados ao partido os votos dados a candidato que não participe de legenda partidária.

    c) Em razão da sua responsabilidade subsidiária, o partido político somente será acionado para o pagamento de multas em face de propaganda eleitoral extemporânea de seus candidatos, caso esses candidatos não realizem o pagamento devido no tempo legal.

    d) Nas eleições majoritárias para os pleitos estadual e federal, serão considerados eleitos os candidatos que obtiverem a maioria simples dos votos, excluindo-se os votos brancos e nulos.

    e) Em município com mais de duzentos mil habitantes, deve ocorrer segundo turno nas eleições para Prefeito.

    A: correta. Lei nº 9.504/1997, (Lei das Eleições), Art. 6º,§ 1º A coligação terá denominação própria, que poderá ser a junção de todas as siglas dos partidos que a integram. § 1º-A. A denominação da coligação não poderá coincidir, incluir ou fazer referência a nome ou número de candidato, nem conter pedido de voto para partido político. § 2º Na propaganda para eleição majoritária, a coligação usará, obrigatoriamente, sob sua denominação, as legendas de todos os partidos que a integram; na propaganda para eleição proporcional, cada partido usará apenas sua legenda sob o nome da coligação. **B:** incorreta. Observação importante é que as eleições para cargos do Legislativo são para Senadores, Deputados e Vereadores. Os Senadores são eleitos pelo sistema majoritário e os Deputados e Vereadores são eleitos pelo sistema proporcional. Assim, as regras não são as mesmas para as eleições de todos os cargos do Legislativo. **C:** incorreta. Lei nº 9.504/1997, (Lei das Eleições), Art. 6º, § 5º. A responsabilidade pelo pagamento de multas decorrentes de propaganda eleitoral é solidária entre os candidatos e os respectivos partidos, não alcançando outros partidos mesmo quando integrantes de uma mesma coligação. **D:** incorreta. Lei nº 9.504/1997, (Lei das Eleições), Art. 2º Será considerado eleito o candidato a Presidente ou a Governador que obtiver a maioria absoluta de votos, não computados os em branco e os nulos.

Questões | Comentadas

E: incorreta. Para que haja segundo turno das eleições para Prefeito é necessário que haja 200.000 eleitores cadastrados no município.

5. **(Cespe – 2016)** De acordo com as disposições preliminares da Lei dos Partidos Políticos — Lei n.º 9.096/1995 —, assinale a opção correta.

   a) Para que determinado partido político de caráter nacional obtenha registro de seu estatuto junto ao TSE, serão necessários, entre outros requisitos, o apoio de eleitores não filiados a partidos políticos.

   b) O partido político, adquire personalidade jurídica após o registro de seu estatuto junto ao TSE.

   c) O partido político poderá subordinar-se a entidades estrangeiras.

   d) O pedido de registro de seu estatuto junto ao TSE, assegura aos partidos políticos a exclusividade da sua denominação, da sua sigla e dos seus símbolos.

   e) O STF considera os partidos políticos como pessoas jurídicas de direito público, devido ao fato de eles receberem recursos do fundo partidário e de terem acesso gratuito ao rádio e à televisão.

A: correta. Lei nº 9.096/1995 (Lei dos Partidos Políticos), Art. 7º , § 1º Só é admitido o registro do estatuto de partido político que tenha caráter nacional, considerando-se como tal aquele que comprove, no período de dois anos, o apoiamento de eleitores não filiados a partido político, correspondente a, pelo menos, 0,5% (cinco décimos por cento) dos votos dados na última eleição geral para a Câmara dos Deputados, não computados os votos em branco e os nulos, distribuídos por um terço, ou mais, dos Estados, com um mínimo de 0,1% (um décimo por cento) do eleitorado que haja votado em cada um deles. **B:** incorreta. A personalidade do partido é adquirida com o registro dos documentos constitutivos do partido no Registro Civil das Pessoas Jurídicas. Lei 9. 096/1995 (Lei dos Partidos Políticos), Art. 7º O partido político, após adquirir personalidade jurídica na forma da lei civil, registra seu estatuto no Tribunal Superior Eleitoral. **C:** incorreta. Lei nº 9. 096/1995 (Lei dos Partidos Políticos), Art. 28. O Tribunal Superior Eleitoral, após trânsito em julgado de decisão, determina o cancelamento do registro civil e do estatuto do partido contra o qual fique provado: I - ter recebido ou estar recebendo recursos financeiros de procedência estrangeira; II - estar subordinado a entidade ou governo estrangeiros. **D:** incorreta. o pedido de registro não assegura esses direitos, mas apenas o deferimento do registro pelo TSE. Lei nº 9. 096/1995 (Lei dos Partidos Políticos), Art. 7º, § 3º Somente o registro do estatuto do partido no Tribunal Superior Eleitoral assegura a exclusividade da sua denominação, sigla e símbolos, vedada a utilização, por outros partidos, de variações que venham a induzir a erro ou confusão. **E:** incorreta. Lei nº 9. 096/1995 (Lei dos Partidos Políticos), Art. 1º O partido político, pessoa jurídica de direito privado, destina-se a assegurar, no interesse do regime democrático, a autenticidade do sistema representativo e a defender os direitos fundamentais definidos na Constituição Federal.

6. (Cespe – 2016) Cada uma das próximas opções apresenta uma situação hipotética, seguida de uma assertiva a ser julgada, de acordo com as normas de filiação partidária e à luz da Lei dos Partidos Políticos — Lei n.º 9.096/1995. Assinale a opção que apresenta a assertiva correta.

a) Um Vereador eleito por determinado partido político ao qual estava filiado requereu a sua desfiliação, no período de trinta dias que antecede o prazo de filiação exigido pela legislação, para concorrer à reeleição por outro partido político. O partido original indeferiu o seu pedido de desfiliação e o ameaçou com a perda do mandato. Nessa situação, a atitude do partido foi indevida, já que o Vereador agiu em conformidade com as hipóteses de justa causa previstas na legislação.

b) Determinado partido político pretende estabelecer, no ano eleitoral, prazo de filiação partidária superior ao prazo previsto na legislação, com o propósito de orientar as inscrições de seus futuros candidatos a cargos eletivos. Nessa situação, para executar a referida ação, é suficiente que o partido altere seu estatuto, na forma da lei.

c) José, que jamais exerceu cargo eletivo, pretende, após ter sido filiado muitos anos a determinado partido político, desfiliar-se do partido em questão. Nessa situação, é suficiente que José requeira sua desfiliação junto ao órgão de direção municipal do partido.

d) O estatuto de determinado partido político elencou várias possibilidades de cancelamento da filiação partidária, além das previstas na legislação. Nessa situação, há erro insanável no estatuto do partido, que deveria ter previsto apenas as situações elencadas na legislação.

e) Um cidadão, filiado ao partido político X há mais de vinte anos, resolveu se filiar ao partido político Y, sem, contudo, se desfiliar do partido X. Nessa situação, como ficou caracterizada a dupla filiação partidária, ambas as filiações serão consideradas nulas, para todos os efeitos legais.

A: correta. Em regra, perderá o mandato o detentor de cargo eletivo que se desfiliar, sem justa causa, do partido pelo qual foi eleito. Isso vem estabelecido no Art. 22-A da Lei nº 9.096/1995. Contudo, no parágrafo único nós temos algumas exceções. Entre elas, o inc. III – acrescentado pela Lei nº 13.165/2015 – estabelece: Parágrafo único. Consideram-se justa causa para a desfiliação partidária somente as seguintes hipóteses: (...) III - mudança de partido efetuada durante o período de trinta dias que antecede o prazo de filiação exigido em lei para concorrer à eleição, majoritária ou proporcional, ao término do mandato vigente. Portanto, correta a alternativa ao afirmar que a atitude do partido político foi indevida. **B:** incorreta. Embora o Art. 20, da Lei 9.096/1995 permita que o estatuto fixe prazo superior a um ano de filiação partidária por intermédio de alteração no estatuto, não poderá fazer tal alteração em ano eleitoral, como disciplina o parágrafo único. Confira: Art. 20. É facultado ao partido político estabelecer, em seu estatuto, prazos de filiação

Questões | Comentadas

partidária superiores aos previstos nesta Lei, com vistas a candidatura a cargos eletivos. Parágrafo único. Os prazos de filiação partidária, fixados no estatuto do partido, com vistas a candidatura a cargos eletivos, não podem ser alterados no ano da eleição. **C:** incorreta. Erra ao afirmar que para a desfiliação basta a comunicação ao órgão municipal. De acordo com a legislação eleitoral são necessários dois atos: Requerimento de desfiliação dirigido ao Juiz Eleitoral; e Cópia do pedido de desfiliação protocolada junto ao órgão municipal do partido político. **D:** incorreta. O estatuto tem aval no Art. 22, IV, da Lei nº 9.096/1995 para criar outras hipóteses de cancelamento da filiação partidária. Art. 22. O cancelamento imediato da filiação partidária verifica-se nos casos de: (...) IV - outras formas previstas no estatuto, com comunicação obrigatória ao atingido no prazo de quarenta e oito horas da decisão. **E:** incorreta. Lei nº 9.096/1995 (Lei dos Partidos Políticos), Art. 22. Parágrafo único. Havendo coexistência de filiações partidárias, prevalecerá a mais recente, devendo a Justiça Eleitoral determinar o cancelamento das demais.

7. (Cespe – 2016) Com relação às convenções partidárias para a escolha de candidatos, assinale a opção correta.

a) O prazo para que os partidos políticos deliberem com relação a seus candidatos e com relação às possíveis coligações é de, no mínimo, seis meses antes da data da eleição.

b) Para que possa concorrer em uma eleição, o candidato a Vereador deverá ter domicílio eleitoral na Circunscrição e estar com a filiação deferida pelo partido político, no mínimo, seis meses antes da data da eleição.

c) O estatuto de cada partido político regerá as normas para a escolha e a substituição de candidatos; em caso de omissão do referido estatuto, caberá ao órgão de direção nacional do partido, ou ao estadual, ou ao municipal, de acordo com o respectivo pleito eleitoral, estabelecer tais regramentos.

d) Caberá aos diretórios partidários estadual e municipal deliberarem sobre as coligações em seus respectivos pleitos eleitorais; a legislação veda a interferência do diretório nacional em tais decisões, ainda que haja posições divergentes, decorrentes da autonomia das decisões desses diretórios.

e) As candidaturas natas, às quais Deputados e Vereadores em exercício de seus mandatos eletivos assegurariam o registro de suas candidaturas para o mesmo cargo, não encontram respaldo no ordenamento jurídico brasileiro.

A: incorreta. Lei nº 9.504/1997 (Lei das Eleições), Art. 8º A escolha dos candidatos pelos partidos e a deliberação sobre coligações deverão ser feitas no período de 20 de julho a 5 de agosto do ano em que se realizarem as eleições, lavrando-se a respectiva ata em livro aberto, rubricado pela Justiça Eleitoral, publicada em vinte e quatro horas em qualquer meio de comunicação. **B:** incorreta. Nesse sentido, a Lei nº 9.504/1997 (Lei das Eleições), Art. 9º Para concorrer às eleições, o candidato deverá possuir domicílio eleitoral na respectiva Circunscrição pelo prazo de, pelo menos, um ano antes do pleito, e estar com a filiação deferida pelo partido no mínimo seis meses antes da data da eleição.**C:** incorreta. A Lei nº 9.504/1997 (Lei das Eleições), Art. 7º As normas para a escolha e substituição dos candidatos e para a formação de coligações serão estabelecidas no estatuto do partido, observadas as disposições desta Lei. § 1º Em caso de omissão do estatuto, caberá ao órgão de direção nacional do partido estabelecer as normas a que se refere este artigo, publicando-as no Diário Oficial da União até cento e oitenta dias antes das eleições. **D:** incorreta. Lei nº 9.504/1997 (Lei das Eleições), Art. 7º, § 2º Se a convenção partidária de nível inferior se opuser, na deliberação sobre coligações, às diretrizes legitimamente estabelecidas pelo órgão de direção nacional, nos termos do respectivo estatuto, poderá esse órgão anular a deliberação e os atos dela decorrentes. **E:** correta. Consulta. Prefeito. Pretensão. Reeleição. Candidatura avulsa. Impossibilidade. Partido político. Indicação. Necessidade. Art. 87 do Código Eleitoral. Não existe, no sistema eleitoral brasileiro, a chamada candidatura avulsa, daí porque, somente os candidatos indicados por partidos ou coligações podem concorrer às eleições. Consulta a que se responde negativamente. Res. nº 22.557, de 19.6.2007, rel. Min. Caputo Bastos.

8. **(Cespe – 2016)** eleitoral, à segunda via da inscrição e ao título eleitoral, assinale a opção correta à luz da Resolução n.º 21.538/2003 do TSE.

    a) Caso o título de eleitor seja inutilizado ou dilacerado, o eleitor poderá, pessoalmente ou por meio de procurador nomeado, requerer junto ao Cartório Eleitoral competente a expedição de segunda via.

    b) Requerimento de inscrição eleitoral ou de transferência não será recebido no prazo de cento e cinquenta dias que antecedem a data da eleição.

    c) Nas hipóteses de transferência, de revisão ou de emissão de segunda via do título eleitoral, a data de emissão do título será a data de inscrição originária do alistamento do eleitor junto ao Cartório Eleitoral competente.

    d) A pena de multa será aplicada a não alistado maior de dezoito anos que tenha requerido sua inscrição eleitoral após completar a referida idade.

    e) Caso o Juiz Eleitoral defira o pedido de transferência de domicílio eleitoral de determinado eleitor, o MP Eleitoral terá competência exclusiva para recorrer junto ao Tribunal Regional Eleitoral, no prazo legal, após a sua intimação.

    A: incorreta. Resolução TSE nº 21.538/2003, Art. 19. No caso de perda ou extravio do título, bem assim de sua inutilização ou dilaceração, o eleitor deverá requerer pessoalmente ao juiz de seu domicílio eleitoral que lhe expeça segunda via. **B:** correta. Lei nº 9.504/1997, Art. 91. Nenhum requerimento de inscrição eleitoral ou de transferência será recebido dentro dos cento e cinquenta dias anteriores à data da eleição. **C:** incorreta. Resolução TSE nº 21.538, Art. 23. § 2º Nas hipóteses de alistamento, transferência, revisão e segunda via, a data da emissão do título será a de preenchimento do requerimento. **D:** incorreta. Resolução TSE nº

Questões | Comentadas

21.538/2003, Art. 15. O brasileiro nato que não se alistar até os 19 anos ou o naturalizado que não se alistar até um ano depois de adquirida a nacionalidade brasileira incorrerá em multa imposta pelo Juiz Eleitoral e cobrada no ato da inscrição.
Parágrafo único. Não se aplicará a pena ao não alistado que requerer sua inscrição
eleitoral até o centésimo quinquagésimo primeiro dia anterior à eleição subsequente à data em que completar 19 anos (Código Eleitoral, Art. 8º c/c. a Lei nº 9.504/97,
Art. 91). **E:** incorreta. A competência para recorrer no caso de deferimento da transferência é do delegado de partido político. Resolução TSE nº 21.538/2003, Art. 18,
§ 5º, Do despacho que indeferir o requerimento de transferência, caberá recurso
interposto pelo eleitor no prazo de cinco dias e, do que o deferir, poderá recorrer
qualquer delegado de partido político no prazo de dez dias, contados da colocação
da respectiva listagem à disposição dos partidos, o que deverá ocorrer nos dias 1º
e 15 de cada mês, ou no primeiro dia útil seguinte, ainda que tenham sido exibidas
ao requerente antes dessas datas e mesmo que os partidos não as consultem (Lei
nº 6.996/82, Art. 8º).

9. **(Cespe – 2016)** Com relação a acesso às informações constantes de cadastro,
    restrição de direitos políticos, revisão do eleitorado e justificação do não
    comparecimento à eleição, assinale a opção correta à luz da Resolução n.º
    21.538/2003 do TSE.

    a) No caso de perda dos direitos políticos, serão considerados documentos
    hábeis para comprovar a reaquisição ou o restabelecimento de direitos
    políticos o decreto ou a portaria.

    b) Informações de caráter personalizado constantes do cadastro eleitoral po-
    derão ser fornecidas a qualquer cidadão, em razão do princípio eleitoral
    da publicidade das inscrições dos eleitores.

    c) No caso de fraude no alistamento dos eleitores de determinada Zona Elei-
    toral de um município, caberá ao juiz Presidente da Junta Eleitoral da co-
    marca, em razão da sua competência, a realização de correição e revisão
    do eleitorado.

    d) O Juiz Eleitoral deverá, em regra, realizar a revisão do eleitorado do mu-
    nicípio ou da Zona de sua competência, no ano de realização do processo
    eleitoral, para garantir maior segurança jurídica ao pleito.

    e) O eleitor que deixar de votar devido ao fato de estar residindo, no dia do
    pleito, no exterior deverá justificar a sua ausência, dentro do prazo legal,
    perante a embaixada do Brasil estabelecida no país onde se encontrar, sob
    pena de incidência de multa eleitoral.

    A: correta. Resolução TSE nº 21.538/2003, Art. 53. São considerados documentos
    comprobatórios de reaquisição ou restabelecimento de direitos políticos: I – Nos
    casos de perda: a) decreto ou portaria. **B:** incorreta. Resolução TSE nº 21.538/2003,
    Art. 29. § 1º Em resguardo da privacidade do cidadão, não se fornecerão infor-

mações de caráter personalizado constantes do cadastro eleitoral. **C:** incorreta. Resolução TSE nº 21.538/2003, Art. 58. Quando houver denúncia fundamentada de fraude no alistamento de uma Zona ou Município, o Tribunal Regional Eleitoral poderá determinar a realização de correição (não será o juiz) e, provada a fraude em proporção comprometedora, ordenará, comunicando a decisão ao Tribunal Superior Eleitoral, a revisão do eleitorado, obedecidas as instruções contidas nesta resolução e as recomendações que subsidiariamente baixar, com o cancelamento de ofício das inscrições correspondentes aos títulos que não forem apresentados à revisão (Código Eleitoral, Art. 71, § 4º). **D:** incorreta. Não há revisão de eleitorado em ano eleitoral, exceto em hipóteses especiais previstas sem lei. Desse modo, não é possível dizer que a revisão eleitoral em ano de eleição é a regra. **E:** incorreta. O eleitor que estiver no exterior na data do pleito deverá justificar sua ausência no prazo de 30 dias a contar da data em que retornar ao país. Resolução TSE nº 21.538/2003, Art. 80. O eleitor que deixar de votar e não se justificar perante o Juiz Eleitoral até 60 dias após a realização da eleição incorrerá em multa imposta pelo Juiz Eleitoral e cobrada na forma prevista nos arts. 7º e 367 do Código Eleitoral, no que couber, e 85 desta resolução.

§ 1º Para eleitor que se encontrar no exterior na data do pleito, o prazo de que trata o caput será de 30 dias, contados do seu retorno ao país.

10. (Consulplan – 2016) De acordo com a Lei nº 4.737/1965, Código Eleitoral, verificada a infração penal, o Ministério Público oferecerá a denúncia dentro do prazo de

a) 5 (cinco) dias.

b) 10 (dez) dias.

c) 15 (quinze) dias.

d) 30 (trinta) dias.

Texto da lei no Código Eleitoral. Art. 357. Verificada a infração penal, o Ministério Público oferecerá a denúncia dentro do prazo de 10 (dez) dias.

11. (MPE/GO - 2016) Em relação aos direitos políticos, aponte a assertiva incorreta:

a) A jurisprudência do TSE vem se firmando no sentido de que membro do Ministério Público que ingressou na instituição depois da Constituição Federal de 1988, porém antes da Emenda Constitucional n. 45/2004 (que estendeu ao parquet as mesmas regras de inelegibilidade destinadas aos magistrados), possui direito adquirido à candidatura.

b) Para aqueles que ingressaram na carreira do Ministério Público antes do advento da Constituição Federal de 1988, é permitida a candidatura a cargos eletivos, desde que tenham optado pelo regime anterior, sempre respeitados os prazos de desincompatibilização. A referida opção, quanto aos membros do Ministério Público dos Estados, pode ser feita a qualquer tempo.

c) A suspensão dos direitos políticos decorrente de condenação criminal transitada em julgado continua válida mesmo que a pena privativa de liberdade seja substituída por uma pena restritiva de direitos, visto que não é o recolhimento ao cárcere o motivo dessa mesma suspensão, mas sim o juízo de reprovabilidade estampado na condenação.

d) O término da suspensão dos direitos políticos decorrente de condenação criminal transitada em julgado independe de reabilitação, ou seja, para cessar essa causa de suspensão, basta o cumprimento ou a extinção da pena.

A: incorreta. Só podem se candidatar os membros do MP que ingressaram antes da CF, respeitados os prazos de desincompatibilização. O membro que ingressou após a CF deverá abandonar definitivamente o cargo. (Ac. de 13.10.2011 na Cta nº 150889, rel. Min. Gilson Dipp; no mesmo sentido o Ac. de 21.9.2006 no RO nº 993, rel. Min. Cesar Asfor Rocha). **B:** correta. A escolha pelo regime anterior, no caso no MP estadual, é formalizável a qualquer tempo (Ac. de 12.12.2006 no ARO nº 1.070). **C:** correta. A pena restritiva de direito e a prestação de serviços à comunidade não afastam a incidência do Art. 15, III, da Constituição Federal, enquanto durarem os efeitos da condenação (AgR-REspe nº 29.939/SC, PSESS em 13.10.2008, rel. Min. Joaquim Barbosa); no mesmo sentido: RE nº 601.182. **D:** correta. TSE, 9: A suspensão de direitos políticos decorrente de condenação criminal transitada em julgado cessa com o cumprimento ou a extinção da pena, independendo de reabilitação ou de prova de reparação de danos.

12. **(FAURGS – 2016)** Tendo em vista as condutas vedadas do artigo 73 da Lei nº 9.504/1997, assinale a alternativa correta.

a) No ano em que se realizar eleição, é proibido aos agentes públicos das esferas administrativas cujos cargos estejam em disputa na eleição fazer pronunciamento em cadeia de rádio e televisão, fora do horário eleitoral gratuito.

b) No primeiro semestre do ano de eleição, é proibido remover, transferir ou exonerar servidor público, na Circunscrição do pleito.

c) No ano em que se realizar eleição, é proibida toda e qualquer distribuição gratuita de bens, valores ou benefícios por parte da Administração Pública.

d) No primeiro semestre do ano de eleição, é proibido realizar transferência voluntária de recursos da União aos Estados e Municípios, e dos Estados aos Municípios.

e) No primeiro semestre do ano de eleição, é proibido realizar despesas com publicidade dos órgãos públicos que excedam a média dos gastos do primeiro semestre dos três últimos anos que antecedem o pleito.

A: incorreta. Nos três meses que antecedem o pleito, é proibido aos agentes públicos das esferas administrativas cujos cargos estejam em disputa na eleição fazer pronunciamento em cadeia de rádio e televisão, fora do horário eleitoral gratuito. **B:** incorreta. Nos três meses que o antecedem e até a posse dos eleitos, é proibido remover, transferir ou exonerar servidor público, na Circunscrição do pleito. **C:** incorreta. No ano em que se realizar eleição, fica proibida a distribuição gratuita de bens, valores ou benefícios por parte da Administração Pública, exceto nos casos de calamidade pública, de Estado de emergência ou de programas sociais autorizados em lei e já em execução orçamentária no exercício anterior, casos em que o Ministério Público poderá promover o acompanhamento de sua execução financeira e administrativa. **D:** incorreta. Nos três meses que antecedem o pleito , é proibido realizar transferência voluntária de recursos da União aos Estados e Municípios, e dos Estados aos Municípios. **E:** correta. No primeiro semestre do ano de eleição, é proibido realizar despesas com publicidade dos órgãos públicos que excedam a média dos gastos do primeiro semestre dos três últimos anos que antecedem o pleito.

13. **(FAURGS – 2016)** Conforme a Lei Complementar nº 64/1990, com as alterações introduzidas pela Lei Complementar nº 135/2010 (Lei da Ficha Limpa), é considerado inelegível o candidato que

a) for condenado, com decisão proferida por órgão judicial colegiado, pelo crime de peculato na modalidade culposa.

b) for condenado à suspensão dos direitos políticos, com decisão por órgão judicial colegiado, pela prática de improbidade administrativa dolosa, mesmo que não haja enriquecimento ilícito ou lesão ao erário.

c) tiver suas contas relativas ao exercício de cargos ou funções públicas rejeitadas, com decisão proferida por órgão colegiado de Tribunal de Contas, por irregularidade sanável que configure ato culposo de improbidade administrativa.

d) for condenado, com decisão proferida por órgão judicial colegiado, em razão de ter desfeito ou simulado desfazer vínculo conjugal ou de união estável para evitar caracterização de inelegibilidade.

e) for condenado, com decisão proferida por órgão judicial colegiado, em razão da prática de crime eleitoral a que a lei comine exclusivamente pena de multa.

A: incorreta. e) os que forem condenados, em decisão transitada em julgado ou proferida por órgão judicial colegiado, desde a condenação até o transcurso do prazo de 8 (oito) anos após o cumprimento da pena, pelos crimes: 1. contra a economia popular, a fé pública, a Administração Pública e o patrimônio público; § 4º. A inelegibilidade prevista na alínea e do inciso I deste artigo não se aplica aos crimes culposos e àqueles definidos em lei como de menor potencial ofensivo, nem aos crimes de ação penal privada. **B:** incorreta. l) os que forem condenados à suspensão dos direitos políticos, em decisão transitada em julgado ou proferida por órgão

Questões | Comentadas

judicial colegiado, por ato doloso de improbidade administrativa que importe lesão ao patrimônio público e enriquecimento ilícito, desde a condenação ou o trânsito em julgado até o transcurso do prazo de 8 (oito) anos após o cumprimento da pena. **C:** incorreta. g) os que tiverem suas contas relativas ao exercício de cargos ou funções públicas rejeitadas por irregularidade insanável que configure ato doloso de improbidade administrativa, e por decisão irrecorrível do órgão competente, salvo se esta houver sido suspensa ou anulada pelo Poder Judiciário, para as eleições que se realizarem nos 8 (oito) anos seguintes, contados a partir da data da decisão, aplicando-se o disposto no inciso II do Art. 71 da Constituição Federal, a todos os ordenadores de despesa, sem exclusão de mandatários que houverem agido nessa condição. **D:** correta. n) os que forem condenados, em decisão transitada em julgado ou proferida por órgão judicial colegiado, em razão de terem desfeito ou simulado desfazer vínculo conjugal ou de união estável para evitar caracterização de inelegibilidade, pelo prazo de 8 (oito) anos após a decisão que reconhecer a fraude. **E:** incorreta. e) os que forem condenados, em decisão transitada em julgado ou proferida por órgão judicial colegiado, desde a condenação até o transcurso do prazo de 8 (oito) anos após o cumprimento da pena, pelos crimes: 4. eleitorais, para os quais a lei comine pena privativa de liberdade.

14. (Vunesp – 2016) Assinale a alternativa correta no que se refere aos direitos políticos.

a) O analfabeto não pode alistar-se eleitor e, por via de consequência, não pode votar.

b) O eleitor que não provar ter votado na última eleição, ou mesmo deixar de provar a justificativa pela ausência do voto ou o respectivo pagamento da multa terá cancelado o passaporte emitido em seu favor, ainda que dentro do prazo de sua validade.

c) Uma das condições de elegibilidade para candidato a Vereador é ter idade mínima de 21 anos.

d) A soberania popular será exercida pelo sufrágio universal e pelo voto direto e secreto e, nos termos da lei, pelo plebiscito, iniciativa popular e referendo.

e) A lei que alterar o processo eleitoral entrará em vigor na data de sua publicação, mas só será aplicada à eleição que ocorra até seis meses da data de sua vigência.

A: incorreta. CF/88, Art. 14, § 1º O alistamento eleitoral e o voto são: I - obrigatórios para os maiores de dezoito anos; II - facultativos para: a) os analfabetos. **B:** incorreta. Código Eleitoral, Art. 7º, § 1º Sem a prova de que votou na última eleição, pagou a respectiva multa ou de que se justificou devidamente, não poderá o eleitor: [...] V - obter passaporte ou carteira de identidade. **C:** incorreta. CF/88, Art. 14, § 3º, VI, "d" Uma das condições de elegibilidade para candidato a Vereador é ter idade mínima de 18 anos. **D:** correta. CF/88, Art. 14. A soberania popular será exercida pelo sufrágio universal e pelo voto direto e secreto, com valor igual para todos, e, nos termos da lei, mediante: I - plebiscito; II - referendo; III - iniciativa popular. **E:** incorreta. CF/88, Art. 16. A lei que alterar o processo eleitoral entrará em vigor na data de sua publicação, não se aplicando à eleição que ocorra até um ano da data de sua vigência.

15. **(Vunesp – 2016)** Com relação aos partidos políticos, é correto afirmar que

a) a fusão ou incorporação de partidos políticos é admitida àqueles que obtiveram o registro provisório perante o Tribunal Superior Eleitoral há pelo menos dois anos.

b) a desaprovação da prestação de contas do partido ensejará no impedimento de participação do pleito eleitoral naquele período respectivo à eleição próxima a ser realizada.

c) é vedado ao partido receber, direta ou indiretamente, sob qualquer forma ou pretexto, contribuição ou auxílio pecuniário ou estimável em dinheiro, inclusive através de publicidade de qualquer espécie, procedente de entidade de classe ou sindical.

d) o Tribunal Superior Eleitoral dará prioridade ao partido político que possuir registro mais antigo de sua criação, na hipótese de coincidência de data de formação de cadeia de transmissão de propaganda partidária.

e) a propaganda partidária gratuita no rádio e na televisão é assegurada aos partidos políticos apenas nos blocos de transmissão regulados pelo Tribunal Superior Eleitoral, ficando as inserções às expensas da referida agremiação partidária.

A: incorreta. Lei nº 9.096/1995 (Lei dos Partidos Políticos), Art. 29, § 9º Somente será admitida a fusão ou incorporação de partidos políticos que hajam obtido o registro definitivo do Tribunal Superior Eleitoral há, pelo menos, 5 (cinco) anos. **B:** incorreta. Lei nº 9.096/1995 (Lei dos Partidos Políticos), Art. 32, § 5º A desaprovação da prestação de contas do partido não ensejará sanção alguma que o impeça de participar do pleito eleitoral. **C:** correta. Lei 9.096/1995 (Lei dos Partidos Políticos), Art. 31. É vedado ao partido receber, direta ou indiretamente, sob qualquer forma ou pretexto, contribuição ou auxílio pecuniário ou estimável em dinheiro, inclusive através de publicidade de qualquer espécie, procedente de: [...] IV - entidade de classe ou sindical. **D:** incorreta. Lei nº 9.096/1995 (Lei dos Partidos Políticos), Art. 46, § 4º O Tribunal Superior Eleitoral, independentemente do âmbito nacional ou estadual da transmissão, havendo coincidência de data, dará prioridade ao partido que apresentou o requerimento em primeiro lugar. **E:** incorreta. Lei nº 9.096/1995 (Lei dos Partidos Políticos), Art. 46, § 1º As transmissões serão em bloco, em cadeia nacional ou estadual, e em inserções de trinta segundos e um minuto, no intervalo da programação normal das emissoras.

Questões | Comentadas

16. (Vunesp – 2016) Com relação ao controle da legalidade das eleições, é correto afirmar que

a) para concorrer às eleições, o candidato deverá possuir domicílio eleitoral na respectiva Circunscrição eleitoral e estar com a filiação deferida pelo partido com no mínimo um ano antes da data da eleição.

b) nos Municípios de até cem mil eleitores, cada coligação poderá registrar candidatos para Câmara Legislativa no total de até 200% (duzentos por cento) do número de lugares a preencher.

c) os partidos e coligações solicitarão à Justiça Eleitoral o registro de seus candidatos até as dezenove horas do dia 05 de julho do ano em que se realizarem as eleições.

d) os candidatos ou partidos conservarão a documentação concernente à sua conta até cento e vinte dias após a diplomação, exceto se pendente de julgamento de processo judicial relativo às contas, quando, então, a documentação deverá ser conservada até decisão final.

e) é permitida a veiculação de propaganda eleitoral por intermédio de cavaletes e bonecos infláveis, desde que obedecida a mobilidade desses materiais e mantidos em locais de uso comum.

A: incorreta. Lei nº 9.504/1995 (Lei das Eleições), Art. 9° Para concorrer às eleições, o candidato deverá possuir domicílio eleitoral na respectiva Circunscrição pelo prazo de, pelo menos, um ano antes do pleito, e estar com a filiação deferida pelo partido no mínimo seis meses antes da data da eleição. **B:** correta. Lei nº 9.504/1995 (Lei das Eleições), Art. 10, II - nos Municípios de até cem mil eleitores, nos quais cada coligação poderá registrar candidatos no total de até 200% (duzentos por cento) do número de lugares a preencher. **C:** incorreta. Lei nº 9.504/1995 (Lei das Eleições), Art. 11. Os partidos e coligações solicitarão à Justiça Eleitoral o registro de seus candidatos até as dezenove horas do dia 15 de agosto do ano em que se realizarem as eleições. **D:** incorreta. Lei nº 9.504/1995 (Lei das Eleições), Art. 32. Até cento e oitenta dias após a diplomação, os candidatos ou partidos conservarão a documentação concernente a suas contas. **E:** incorreta. Lei nº 9.504/1995 (Lei das Eleições), Art. 37. Nos bens cujo uso dependa de cessão ou permissão do poder público, ou que a ele pertençam, e nos bens de uso comum, inclusive postes de iluminação pública, sinalização de tráfego, viadutos, passarelas, pontes, paradas de ônibus e outros equipamentos urbanos, é vedada a veiculação de propaganda de qualquer natureza, inclusive pichação, inscrição a tinta e exposição de placas, estandartes, faixas, cavaletes, bonecos e assemelhados.

17. (Vunesp – 2016) Assinale a alternativa correta quanto às condutas vedadas aos agentes públicos em campanhas eleitorais.

a) É proibida ao agente público a cessão de servidor público ou empregado da Administração direta ou indireta federal, estadual ou municipal do Poder Executivo para comitês de campanha eleitoral de candidato, partido político ou coligação, durante o horário de expediente normal, salvo se o servidor ou empregado estiver licenciado.

b) É proibido a qualquer candidato comparecer, nos 6 (seis) meses que precedem o pleito, a inaugurações de obras públicas.

c) O ressarcimento das despesas com o uso de transporte oficial pelo Prefeito e Presidente da Câmara Municipal em campanha eleitoral será de responsabilidade do partido político ou coligação a que estejam vinculados.

d) Os agentes públicos que sofrerem sanções decorrentes de condutas vedadas em campanhas eleitorais, nos termos do Art. 73 e seguintes da Lei nº 9.504/97, não poderão ser responsabilizados, também, por improbidade administrativa, uma vez que estaria ocorrendo a punição bis in idem.

e) A contratação de shows artísticos durante o processo eleitoral é permitida apenas na hipótese de realização de inauguração a ser paga com recurso público e em até dois meses antes do pleito eleitoral.

A: correta. Lei nº 9.504/1995 (Lei das Eleições) Art. 73. São proibidas aos agentes públicos, servidores ou não, as seguintes condutas tendentes a afetar a igualdade de oportunidades entre candidatos nos pleitos eleitorais: [...] III - ceder servidor público ou empregado da administração direta ou indireta federal, estadual ou municipal do Poder Executivo, ou usar de seus serviços, para comitês de campanha eleitoral de candidato, partido político ou coligação, durante o horário de expediente normal, salvo se o servidor ou empregado estiver licenciado. **B:** incorreta. Lei nº 9.504/1995 (Lei das Eleições), Art. 77. É proibido a qualquer candidato comparecer, nos 3 (três) meses que precedem o pleito, a inaugurações de obras públicas. **C:** incorreta. Lei nº 9.504/1995 (Lei das Eleições), Art. 76. O ressarcimento das despesas com o uso de transporte oficial pelo Presidente da República e sua comitiva em campanha eleitoral será de responsabilidade do partido político ou coligação a que esteja vinculado. **D:** incorreta. Lei nº 9.504/1995 (Lei das Eleições) Art. 73, § 7º As condutas enumeradas no caput caracterizam, ainda, atos de improbidade administrativa, a que se refere o Art. 11, inciso I, da Lei nº 8.429, de 2 de junho de 1992, e sujeitam-se às disposições daquele diploma legal, em especial às cominações do Art. 12, inciso III. **E:** incorreta. Lei nº 9.504/1995 (Lei das Eleições), Art. 75. Nos três meses que antecederem as eleições, na realização de inaugurações é vedada a contratação de shows artísticos pagos com recursos públicos.

18. **(UFMT – 2016)** Podem ser nomeados membros das Juntas Eleitorais:

a) os candidatos e seus parentes até o segundo grau.

b) os cônjuges dos candidatos à eleição.

c) os juízes de direito e pertencentes ao serviço eleitoral.

d) os cidadãos de notória idoneidade.

Questões | Comentadas

Lei nº 4.737/1965 (Código Eleitoral): Art. 36. Compor-se-ão as Juntas Eleitorais de um Juiz de Direito, que será o Presidente, e de 2 (dois) ou 4 (quatro) cidadãos de notória idoneidade. § 1º Os membros das Juntas Eleitorais serão nomeados 60 (sessenta) dia antes da eleição, depois de aprovação do Tribunal Regional, pelo Presidente deste, a quem cumpre também designar-lhes a sede. § 2º Até 10 (dez) dias antes da nomeação os nomes das pessoas indicadas para compor as juntas serão publicados no órgão oficial do Estado, podendo qualquer partido, no prazo de 3 (três) dias, em petição fundamentada, impugnar as indicações. § 3º Não podem ser nomeados membros das Juntas, escrutinadores ou auxiliares: I - os candidatos e seus parentes, ainda que por afinidade, até o segundo grau, inclusive, e bem assim o cônjuge; II - os membros de diretorias de partidos políticos devidamente registrados e cujos nomes tenham sido oficialmente publicados; III - as autoridades e agentes policiais, bem como os funcionários no desempenho de cargos de confiança do Executivo; IV - os que pertencerem ao serviço eleitoral.

19. **(UFMT – 2016)** A respeito das nulidades da votação, assinale a afirmativa INCORRETA.

a) A votação é anulável quando viciada por falsidade ou coação.

b) A votação é nula quando houver o extravio de documento reputado como essencial.

c) A votação é nula quando feita perante mesa não nomeada por Juiz Eleitoral.

d) A votação é anulável quando há propaganda ou captação de sufrágios vedada por lei.

Art. 220. É nula a votação: I - quando feita perante mesa não nomeada pelo Juiz Eleitoral, ou constituída com ofensa à letra da lei; II - quando efetuada em folhas de votação falsas; III - quando realizada em dia, hora, ou local diferentes do designado ou encerrada antes das 17 horas; IV - quando preterida formalidade essencial do sigilo dos sufrágios. V - quando a seção eleitoral tiver sido localizada com infração do disposto nos §§ 4º e 5º do Art. 135. (Incluído pela Lei nº 4.961, de 4.5.1966) Art. 135. § 4º É expressamente vedado uso de propriedade pertencente a candidato, membro do diretório de partido, delegado de partido ou autoridade policial, bem como dos respectivos cônjuges e parentes, consanguíneos ou afins, até o 2º grau, inclusive. § 5º Não poderão ser localizadas Seções Eleitorais em fazenda sítio ou qualquer propriedade rural privada, mesmo existindo no local prédio público, incorrendo o juiz nas penas do Art. 312, em caso de infringência. (Redação dada pela Lei nº 4.961, de 4.5.1966) Parágrafo único. A nulidade será pronunciada quando o órgão apurador conhecer do ato ou dos seus efeitos e o encontrar provada, não lhe sendo lícito supri-la, ainda que haja consenso das partes.

20. **(Cespe – 2016)** Assinale a opção correta acerca dos impedimentos eleitorais previstos na legislação vigente.

366

a) O pré-candidato que for sobrinho de Governador de Estado em exercício não poderá se candidatar a Governador do mesmo Estado no próximo pleito.

b) Não poderá se candidatar a Governador pré-candidato condenado em primeira instância por crime contra o patrimônio público e que o recurso por ele interposto não tenha sido apreciado judicialmente até a data da convenção.

c) Pré-candidato a Deputado Federal filiado ao partido há apenas cinco meses antes da convenção não poderá se candidatar, ainda que tenha domicílio eleitoral no Estado há mais de um ano.

d) Não poderá se candidatar a Deputado Federal pré-candidato que possuir domicílio eleitoral no Estado há menos de um ano, ainda que seja filiado ao partido há mais de um ano.

e) Pré-candidato a Deputado Federal que não tiver completado vinte e um anos de idade até a data da convenção realizada pelo seu partido não poderá se candidatar: ele não atingiu a idade mínima exigida pela CF.

A: incorreta. O pré-candidato que for sobrinho de Governador de Estado em exercício PODERÁ se candidatar a Governador do mesmo Estado no próximo pleito. CF, Art. 14, [...] § 7º São inelegíveis, no território de jurisdição do titular, o cônjuge e os parentes consanguíneos ou afins, até o segundo grau ou por adoção, do Presidente da República, de Governador de Estado ou Território, do Distrito Federal, de Prefeito ou de quem os haja substituído dentro dos seis meses anteriores ao pleito, salvo se já titular de mandato eletivo e candidato à reeleição. **B:** incorreta. PODERÁ se candidatar a Governador pré-candidato condenado em primeira instância por crime contra o patrimônio público e que o recurso por ele interposto não tenha sido apreciado judicialmente até a data da convenção. LC nº 64/1990: Art. 1º São inelegíveis: I - para qualquer cargo: [...] e) os que forem condenados, em decisão transitada em julgado OU proferida por órgão judicial colegiado, desde a condenação até o transcurso do prazo de 8 (oito) anos após o cumprimento da pena, pelos crimes: 1. contra a economia popular, a fé pública, a Administração Pública e o patrimônio público. **C:** incorreta. Pré-candidato a Deputado Federal filiado ao partido há apenas cinco meses antes da convenção PODERÁ se candidatar, ainda que tenha domicílio eleitoral no Estado há mais de um ano. Lei nº 9.504/1997: Art. 9º Para concorrer às eleições, o candidato deverá possuir domicílio eleitoral na respectiva Circunscrição pelo prazo de, pelo menos, um ano antes do pleito, e estar com a filiação deferida pelo partido no mínimo seis meses antes da data da eleição. As convenções ocorrem no período de 20 de julho a 5 de agosto do ano em que se realizarem as eleições (Art. 8º). Logo, a filiação há pelo menos 5 meses antes das convenções obviamente resultará em período maior do que 6 meses antes das eleições. **D:** correta. Não poderá se candidatar a Deputado Federal pré-candidato que possuir domicílio eleitoral no Estado há menos de um ano, ainda que seja filiado ao partido

Questões | Comentadas

há mais de um ano. **E:** incorreta. Pré-candidato a Deputado Federal que não tiver completado vinte e um anos de idade até a data da convenção realizada pelo seu partido não poderá se candidatar: ele não atingiu a idade mínima exigida pela CF. CF: Art. 14, [...] § 3º São condições de elegibilidade, na forma da lei: [...] VI - a idade mínima de: [...] c) vinte e um anos para Deputado Federal, Deputado Estadual ou Distrital, Prefeito, Vice-Prefeito e Juiz de Paz. Lei nº 9.504/1997: Art. 11, [...]§ 2º A idade mínima constitucionalmente estabelecida como condição de elegibilidade é verificada tendo por referência a data da posse, salvo quando fixada em dezoito anos, hipótese em que será aferida na data-limite para o pedido de registro.

21.   (Cespe – 2016) De acordo com as normas que regulam o funcionamento dos partidos políticos no Brasil,

a)   não há restrições à fusão ou incorporação de partidos políticos que tenham obtido o registro definitivo do TSE.

b)   as mudanças de filiação partidária não são consideradas para efeito da distribuição dos recursos do fundo partidário entre os partidos políticos.

c)   o desvio reiterado do programa partidário, a grave discriminação política pessoal e a filiação a novo partido são considerados justas causas de desfiliação de detentores de mandato eletivo.

d)   o apoiamento de eleitores filiados a determinado partido político pode ser computado para fins de registro do estatuto de um novo partido político.

e)   o tempo de propaganda partidária gratuita no rádio e na televisão é distribuído entre os partidos proporcionalmente aos votos obtidos na eleição mais recente para Deputado Federal.

A: incorreta. Art. 29, §9º Lei 9.096/1995: Somente será admitida a fusão ou incorporação de partidos políticos que hajam obtido o registro definitivo do Tribunal Superior Eleitoral há, pelo menos, 5 (cinco) anos. (Incluído pela Lei nº 13.107, de 2015) **B:** correta. Art. 41-A: Lei nº 9.096/1995: Do total do Fundo Partidário: II - 95% (noventa e cinco por cento) serão distribuídos aos partidos na proporção dos votos obtidos na última eleição geral para a Câmara dos Deputados. Parágrafo Único: Para efeito do disposto no inciso II, serão desconsideradas as mudanças de filiação partidária em quaisquer hipóteses. (Redação dada pela Lei nº 13.107, de 2015) **C:** incorreta. Conforme apontamento de Guilherme Cirqueira, a "filiação a novo partido", conforme ditames da Lei nº 13.165/2015, não é mais considerada como justa causa para a desfiliação. Art. 22-A, Parágrafo Único Lei 13.165/2015: Consideram-se justa causa para a desfiliação partidária somente as seguintes hipóteses: I - mudança substancial ou desvio reiterado do programa partidário; II - grave discriminação política pessoal; e III - mudança de partido efetuada durante o período de trinta dias que antecede o prazo de filiação exigido em lei para concorrer à eleição, majoritária ou proporcional, ao término do mandato vigente. **D:** incorreta. Art. 7º, § 1º, Lei nº 9.096/1995: Só é admitido o registro do estatuto de partido político que tenha caráter nacional, considerando-se como tal aquele que comprove, no período de dois anos, o apoiamento de eleitores não filiados a partido político, (...). (Redação dada pela Lei nº 13.165, de 2015) **E:** incorreta. Com o advento da Lei 13.165/15, o tempo não será dividido proporcionalmente ao número de eleitos na Câmara, mas sim se atingirem o patamar estipulado pelo Art. 49 da Lei nº 9.096/95. Art. 49 Lei nº 9.096/95: Os partidos com pelo menos um representante em qualquer das Casas do Congresso Nacional têm assegurados os seguintes direitos relacionados à propaganda partidária: (Redação dada pela Lei nº 13.165, de 2015) I - a realização de um programa a cada semestre, em cadeia nacional, com duração de: (Redação dada pela Lei nº 13.165, de 2015) a) cinco minutos cada, para os partidos que tenham eleito até quatro Deputados Federais; (Incluído pela Lei nº 13.165, de 2015) b) dez minutos cada, para os partidos que tenham eleito cinco ou mais Deputados Federais; (Incluído pela Lei nº 13.165, de 2015) II - a utilização, por semestre, para inserções de trinta segundos ou um minuto, nas redes nacionais, e de igual tempo nas emissoras estaduais, do tempo total de: (Redação dada pela Lei nº 13.165, de 2015) a) dez minutos, para os partidos que tenham eleito até nove Deputados Federais; (Incluído pela Lei nº 13.165, de 2015) b) vinte minutos, para os partidos que tenham eleito dez ou mais Deputados Federais. (Incluído pela Lei nº 13.165, de 2015).

22. (Cespe – 2016) Considerando que, em um Estado da Federação com direito a eleger vinte Deputados Federais, um partido político regularmente inscrito participará das eleições sem estar coligado a nenhum outro, assinale a opção que apresenta uma quantidade correta de candidatos que poderão concorrer ao cargo de Deputado(a) Federal pelo referido partido.

a) vinte homens – vinte mulheres

b) nove homens – vinte e uma mulheres

c) vinte homens – duas mulheres

d) vinte e dois homens – oito mulheres

e) trinta homens – dez mulheres

Art. 10 Lei nº 9.504/1997: Cada partido ou coligação poderá registrar candidatos para a Câmara dos Deputados, a Câmara Legislativa, as Assembleias Legislativas e as Câmaras Municipais no total de até 150% (cento e cinquenta por cento) do número de lugares a preencher, salvo: (Redação dada pela Lei nº 13.165, de 2015) I - nas unidades da Federação em que o número de lugares a preencher para a Câmara dos Deputados não exceder a doze, nas quais cada partido ou coligação poderá registrar candidatos a Deputado Federal e a Deputado Estadual ou Distrital no total de até 200% (duzentos por cento) das respectivas vagas; (Incluído pela Lei nº 13.165, de 2015) §3º Do número de vagas resultantes das regras previstas neste artigo, cada partido ou coligação preencherá o mínimo de 30% (trinta por cento) e o máximo de 70% (setenta por cento) para candidaturas de cada sexo. Na presente questão, como o referido Estado possui 20 vagas, a coligação poderá registrar

Questões | Comentadas

candidatos até 150% dos lugares a preencher (aplica-se a regra do caput e não do inciso I, porque são mais de 12 vagas), então teremos: 150% de 20 vagas - 30 vagas. Dessas 30 Vagas serão divididas em 30% e 70% para cada sexo, então teremos: 30% - 9 vagas para homens/mulheres. 70% - 21 vagas para homens/mulheres. Nove homens – vinte e uma mulheres

23. **(Vunesp – 2016)** Assinale a alternativa que corretamente discorre sobre aspectos da propaganda eleitoral.

a) Entende-se como ato de propaganda eleitoral aquele que leva ao conhecimento geral, ainda que de forma dissimulada, a candidatura, mesmo que apenas postulada, a ação política que se pretende desenvolver ou razões que induzam a concluir que o beneficiário é o mais apto ao exercício de função pública.

b) A exaltação das realizações pessoais de determinada pessoa que já foi candidata a mandato eletivo, que se confunde com a ação política a ser desenvolvida e que traduz a ideia de que seja ela a pessoa mais apta para o exercício da função pública, é circunstância que não configura a prática de propaganda eleitoral, nem desvirtuamento do instituto.

c) A realização de prévias partidárias e sua transmissão ao vivo por emissoras de rádio e de televisão, a divulgação dos nomes dos filiados que participarão da disputa e a realização de debates entre os pré-candidatos, não configuram propaganda eleitoral antecipada.

d) A participação de filiados a partidos políticos ou de pré-candidatos em entrevistas, programas, encontros ou debates no rádio, na televisão e na internet, inclusive com a exposição de plataformas e projetos políticos, ainda que sem pedido explícito de voto, caracteriza propaganda eleitoral antecipada vedada.

e) O candidato que exerce a profissão de cantor não pode permanecer exercendo-a em período eleitoral, mesmo que essa atividade não tenha como finalidade a animação de comício ou reunião eleitoral e que não haja nenhuma alusão à candidatura ou à campanha eleitoral, ainda que em caráter subliminar.

A: correta. [...]. Entende-se como ato de propaganda eleitoral aquele que leva ao conhecimento geral, ainda que de forma dissimulada, a candidatura, mesmo que apenas postulada, a ação política que se pretende desenvolver ou razões que induzam a concluir que o beneficiário é o mais apto ao exercício de função pública. Sem tais características, poderá haver mera promoção pessoal, apta, em determinadas circunstâncias a configurar abuso de poder econômico, mas não propaganda eleitoral. [...]. (Ac. nº 16.183, de 17.2.2000, rel. Min. Eduardo Alckmin; no mesmo sentido Ac. de 27.2.2007 no ARESPE nº 26.202, rel. Min. Gerardo Grossi; o Ac. de 28.11.2006 no ARESPE nº 26.196, rel. Min. Gerardo Grossi; o Ac. nº 15.732, de 15.4.99, rel. Min. Eduardo Alckmin; e o Ac. nº 16.426, de 28.11.2000, rel. Min.

Fernando Neves). **B:** incorreta. [...] Eleições 2010. Desvirtuamento da propaganda partidária. Causa de pedir. Realização de propaganda eleitoral extemporânea. Pedido. Multa. Condenação. [...] 4. Na espécie, tem-se que a exaltação das realizações pessoais da recorrente se confunde com a ação política a ser desenvolvida, o que traduz a ideia de que seja ela a pessoa mais apta para o exercício da função pública, circunstância que configura a prática de propaganda eleitoral. Precedentes. [...] (Ac. de 12.5.2011 no R-Rp nº 222623, rel. Min. Nancy Andrighi). **C:** incorreta. Lei 9.504/1997: Art. 36-A. Não configuram propaganda eleitoral antecipada, desde que não envolvam pedido explícito de voto, a menção à pretensa candidatura, a exaltação das qualidades pessoais dos pré-candidatos e os seguintes atos, que poderão ter cobertura dos meios de comunicação social, inclusive via internet: III - a realização de prévias partidárias e a respectiva distribuição de material informativo, a divulgação dos nomes dos filiados que participarão da disputa e a realização de debates entre os pré-candidatos; § 1° É vedada a transmissão ao vivo por emissoras de rádio e de televisão das prévias partidárias, sem prejuízo da cobertura dos meios de comunicação social.(Incluído pela Lei nº 13.165, de 2015). **D:** incorreta. [...]. Propaganda eleitoral antecipada. O TSE já firmou entendimento no sentido de que, nos termos do Art. 36-A da Lei das Eleições, não caracteriza propaganda eleitoral extemporânea a participação de filiados a partidos políticos em entrevistas ou programas de rádio, inclusive com a exposição de plataformas e projetos políticos, desde que não haja pedido de votos, devendo a emissora conferir-lhes tratamento isonômico. Precedentes: R-Rp nº 1679-80, rel. Min. Joelson Dias, DJE de 17.2.2011; R-Rp nº 1655-52, relª. Minª. Nancy Andrighi, PSESS em 5.8.2010. [...](Ac. de 21.11.2013 no AgR-REspe nº 6083, rel. Min. Henrique Neves da Silva). **E:** incorreta. Consulta. Candidato. Cantor. Exercício da profissão em período eleitoral. 1. O candidato que exerce a profissão de cantor pode permanecer exercendo-a em período eleitoral, desde que não tenha como finalidade a animação de comício ou reunião eleitoral e que não haja nenhuma alusão à candidatura ou à campanha eleitoral, ainda que em caráter subliminar. 2. Eventuais excessos podem ensejar a configuração de abuso do poder econômico, punível na forma do Art. 22, da Lei Complementar nº 64/90, ou mesmo outras sanções cabíveis. [...].(Res. nº 23.251, de 15.4.2010, rel. Min. Arnaldo Versiani[1].)

24. (Vunesp – 2016) Assinale a alternativa que corretamente discorre sobre o sistema eleitoral e/ou o registro dos candidatos.

a) O quociente eleitoral é instrumento do sistema proporcional, sendo determinado dividindo-se o número de votos válidos apurados pelo de lugares a preencher em cada Circunscrição eleitoral, desprezada a fração se igual ou inferior a meio, equivalente a um, se superior.

b) No sistema majoritário, a distribuição de cadeiras entre as legendas é feita em função da votação que obtiverem, pois nesse sistema impõe-se que cada partido com representação na Casa Legislativa receba certo número mínimo de votos para que seus candidatos sejam eleitos.

---

1 Fonte: http://temasselecionados.tse.jus.br/temas-selecionados/

Questões | Comentadas

c) Os membros da aliança somente podem coligar-se entre si, porquanto não lhes é facultado unirem-se a agremiações estranhas à coligação majoritária. Assim, é necessário que o consórcio formado para a eleição proporcional seja composto pelos mesmos partidos da majoritária.

d) Qualquer cidadão no gozo de seus direitos políticos é parte legítima para dar notícia de inelegibilidade ao Juiz Eleitoral, mediante petição fundamentada, no prazo de 5 dias contados da publicação do edital relativo ao pedido de registro, conferindo ao eleitor legitimidade para impugnar pedido de registro de candidatura.

e) Ao Juízo ou Tribunal Eleitoral não é dado conhecer *ex officio* de todas as questões nele envolvidas, nomeadamente as pertinentes à ausência de condição de elegibilidade, às causas de inelegibilidade e ao atendimento de determinados pressupostos formais atinentes ao pedido de registro.

A: correta. Letra da Lei, Código Eleitoral: Art. 106. Determina-se o quociente eleitoral dividindo-se o número de votos válidos apurados pelo de lugares a preencher em cada Circunscrição eleitoral, desprezada a fração se igual ou inferior a meio, equivalente a um, se superior. **B:** incorreta. A questão descreveu o sistema proporcional. O sistema majoritário privilegia a quantidade de votos obtida pelo candidato, o mandato pertence ao candidato eleito, em detrimento da legenda ou do partido. **C:** incorreta. Conforme o Art. 6º da Lei das Eleições: É facultado aos partidos políticos, dentro da mesma Circunscrição, celebrar coligações para eleição majoritária, proporcional ou para ambas, podendo, neste último caso, formar-se mais de uma coligação para a eleição proporcional dentre os partidos que integram a coligação para o pleito majoritário. **D:** incorreta. Conforme Art. 97 do Código Eleitoral o prazo é de 02 dias. **E:** incorreta. Entendemos como incorreta: ELEIÇÕES 2012. REGISTRO DE CANDIDATURA. EMBARGOS DE DECLARAÇÃO. INCIDÊNCIA DA SÚMULA 11/TSE. PRELIMINAR REJEITADA. INOVAÇÃO EM ÂMBITO DE EMBARGOS DE DECLARAÇÃO. INCIDÊNCIA DA SÚMULA 211 DO STJ. ARGUIÇÕES AFASTADAS. MATÉRIA DE DIREITO ELEITORAL. QUESTÃO DE ORDEM PÚBLICA. CAUSA DE PEDIR. ALTERAÇÃO EM ÂMBITO DE RECURSO ESPECIAL. IMPOSSIBILIDADE. PRECEDENTES. RECONHECIMENTO, DE OFÍCIO, PELO TRIBUNAL E EM GRAU DE RECURSO, DE CAUSA DE INELEGIBILIDADE. IMPOSSIBILIDADE. PRECEDENTES. PRETENSÃO DE REDISCUTIR MATÉRIA SUFICIENTEMENTE DECIDIDA. DESCABIMENTO. EMBARGOS REJEITADOS. 1. A matéria veiculada nos embargos de declaração opostos pelo Parquet decorre diretamente da Carta Magna, porquanto o pretenso não preenchimento do requisito do prequestionamento é questão de índole constitucional. Não incidência da Súmula 11/TSE. 2. As matérias de ordem pública, nas instâncias ordinárias, podem ser suscitadas a qualquer tempo, ainda que apenas em âmbito de embargos de declaração. Não incidência da Súmula 211 do STJ. 3. A questão relativa a Direito Eleitoral - inelegibilidade - é matéria de ordem pública. 4. Não se coaduna com o bom direito a alteração da causa de pedir em seara especial. 5. A possibilidade de reconhecimento de causa de inelegibilidade, de ofício, está restrita ao órgão do Poder Judiciário que julga a questão originariamente, porque a este, ao contrário daquele cujo mister se dá apenas na seara recursal, é facultado indeferir o registro até mesmo nas hipóteses em que deixou de ser ajuizada qualquer impugnação. 6. Os embargos de declaração destinam-se a suprir omissão, afastar obscuridade ou eliminar contradição existentes no julgado, sendo certo que não se coadunam com a pretensão de revisão do conteúdo da decisão do recurso especial. 7. Embargos de declaração rejeitados. (ED-REspe nº 1062/BA, Rel. Min. Laurita Vaz, DJe de 19/2/2014).

25. **(Vunesp – 2016)** Considere a seguinte situação hipotética. Candidato João obteve o segundo lugar na eleição para Prefeito no Município de Cantagalo e ajuizou Ação de Investigação Judicial Eleitoral em face dos vencedores do pleito, o candidato José, e Maria, que com ele compunha a chapa. Na ação, João alegou que os eleitos ofereceram empregos nas empresas de propriedade de terceiro, Antônio, irmão de Maria, eleita Vice-Prefeita, em troca de votos. A instrução processual comprovou os fatos, com robustas provas de que houve efetivamente a promessa de emprego em troca de votos. Diante desse caso, é correto afirmar que a Ação de Investigação Judicial Eleitoral

a) deve ser julgada improcedente, pois a oferta de emprego não pode ser considerada abuso de poder econômico, já que o pagamento eventualmente efetuado será uma contraprestação do trabalho, e, para caracterizar o abuso de poder econômico, é necessário que o valor ofertado esteja nas contas a serem prestadas pelo candidato.

b) deve ser julgada improcedente, pois embora tenha sido comprovada a oferta de empregos em troca de votos, como a empresa pertence a Antônio, terceiro estranho ao pleito, que não é candidato, não se caracteriza abuso de poder econômico.

c) pode ser julgada procedente, com a sanção de inelegibilidade para as eleições a se realizar nos 8 (oito) anos subsequentes à eleição em que se verificaram os fatos, não havendo, todavia, cassação dos diplomas de José e Maria, se já estiverem no exercício do mandato.

d) deve ser julgada procedente, pois restou comprovada a promessa de emprego em troca de voto, o que caracteriza abuso de poder econômico na eleição municipal, com a consequente cassação do diploma do Prefeito José e da Vice-Prefeita Maria.

e) deve ser extinta sem resolução de mérito, pois o candidato que foi eleito em segundo lugar não possui legitimidade para propor essa ação, que pode ser proposta somente por partido político, coligação, ou pelo Ministério Público Eleitoral.

A: incorreta. O abuso de poder econômico se configura quando ocorre doação de bens ou de vantagens a eleitores de forma que essa ação possa desequilibrar a disputa eleitoral e influenciar no resultado das eleições, afetando a legitimidade e normalidade das eleições. Para o TSE, o abuso do poder econômico é a utilização, em benefício eleitoral de candidato, de recursos patrimoniais em excesso. **B:** incorreta. O abuso de poder também fica configurado no caso de terceiro estranho ao pleito, mesmo não sendo candidato, se restar comprovada sua participação no esquema em benefício do candidato. **C:** incorreta. Qualquer partido político, coligação, candidato ou Ministério Público Eleitoral poderá representar à Justiça Eleitoral, diretamente ao Corregedor-Geral ou Regional, relatando fatos e indicando provas, indícios e circunstâncias e pedir abertura de investigação judicial para apurar uso indevido, desvio ou abuso do poder econômico ou do poder de autoridade, ou utilização indevida de veículos ou meios de comunicação social, em benefício de candidato ou de partido político, obedecido o seguinte rito: Julgada procedente a representação, ainda que após a proclamação dos eleitos, o Tribunal declarará a inelegibilidade do representado e de quantos hajam contribuído para a prática do ato, cominando-lhes sanção de inelegibilidade para as eleições a se realizarem nos 8 (oito) anos subsequentes à eleição em que se verificou, além da cassação do registro ou diploma do candidato diretamente beneficiado pela interferência do poder econômico ou pelo desvio ou abuso do poder de autoridade ou dos meios de comunicação (...), Art. 22, XIV - Lei Complementar nº 64/1990. **E:** incorreta. Qualquer partido político, coligação, candidato ou Ministério Público Eleitoral poderá representar à Justiça Eleitoral, diretamente ao Corregedor-Geral ou Regional, relatando fatos e indicando provas, indícios e circunstâncias e pedir abertura de investigação judicial para apurar uso indevido, desvio ou abuso do poder econômico ou do poder de autoridade, ou utilização indevida de veículos ou meios de comunicação social, em benefício de candidato ou de partido político. Art. 22, Lei Complementar nº 64/1990.

26. (Cespe – 2016) Com base no disposto na Lei n.º 4.737/1965, assinale a opção correta.

a) A guarda da urna eleitoral é da competência exclusiva, pessoal, intransferível e indelegável do Presidente da Junta Eleitoral.

b) Havendo uma única Junta Eleitoral no município, esta será responsável pela expedição dos diplomas dos Vereadores.

c) Compete às Juntas Eleitorais a apuração das eleições, que deve ser processada até o primeiro dia útil posterior à realização do pleito eleitoral.

d) Cabe ao TRE a expedição dos diplomas aos eleitos no pleito de chefe do Poder Executivo municipal.

e) As Juntas Eleitorais compõem-se por um Juiz de Direito e por quantos cidadãos de notória idoneidade o juiz desejar convocar para a sua formação.

A: incorreta. Art. 155, § 2º, Código Eleitoral: A urna ficará permanentemente à vista dos interessados e sob a guarda de pessoa designada pelo Presidente da Junta Eleitoral. **B:** correta. Art. 40, Código Eleitoral: Compete à Junta Eleitoral; IV - expedir diploma aos eleitos para cargos municipais. Parágrafo único: Nos municípios onde houver mais de uma Junta Eleitoral a expedição dos diplomas será feita pelo que for presidida pelo Juiz Eleitoral mais antigo, à qual as demais enviarão os documentos da eleição. **C:** incorreta. Art. 40, Código Eleitoral: Compete à Junta Eleitoral; I - apurar, no prazo de 10 (dez) dias, as eleições realizadas nas Zonas Eleitorais sob a sua jurisdição. **D:** incorreta. Art. 40, Código Eleitoral: Compete à Junta Eleitoral; IV - expedir diploma aos eleitos para cargos municipais. **E:** incorreta. Art. 36, Código Eleitoral: Compor-se-ão as Juntas Eleitorais de um Juiz de Direito, que será o Presidente, e de 2 (dois) ou 4 (quatro) cidadãos de notória idoneidade.

27. (Cespe – 2016) No que se refere ao voto, ao alistamento eleitoral, aos órgãos da Justiça Eleitoral, bem como à composição desses órgãos, assinale a opção correta.

    a) O voto para a escolha dos indicados pelo Supremo Tribunal Federal para compor o Tribunal Superior Eleitoral é direto e aberto, dado o princípio da publicidade eleitoral, que veda a adoção de medidas sigilosas.

    b) O Tribunal Superior Eleitoral é composto por seis magistrados de notório saber jurídico indicados pelo Supremo Tribunal Federal.

    c) Os Juízes Eleitorais são considerados órgãos da Justiça Eleitoral.

    d) O eleitor que, por qualquer motivo, extraviar a via do seu título eleitoral poderá requerer às Juntas Eleitorais a expedição de novo documento, desde que o faça até quarenta e oito horas antes do pleito.

    e) É obrigatório o alistamento eleitoral dos analfabetos, visto que todos são iguais perante a lei, conforme a Constituição Federal de 1988.

    A: incorreta. Art. 119 CF/1988: O Tribunal Superior Eleitoral compor-se-á, no mínimo, de sete membros, escolhidos: I - mediante eleição, pelo voto secreto: a) três juízes dentre os Ministros do Supremo Tribunal Federal. **B:** incorreta. Art. 119 CF/1988: O Tribunal Superior Eleitoral compor-se-á, no mínimo, de sete membros, escolhidos: I - mediante eleição, pelo voto secreto: a) três juízes dentre os Ministros do Supremo Tribunal Federal; b) dois juízes dentre os Ministros do Superior Tribunal de Justiça; II - por nomeação do Presidente da República, dois juízes dentre seis advogados de notável saber jurídico e idoneidade moral, indicados pelo Supremo Tribunal Federal. **C:** correta. Art. 118 CF/1988: São órgãos da Justiça Eleitoral: I - o Tribunal Superior Eleitoral; II - os Tribunais Regionais Eleitorais; III - os Juízes Eleitorais; IV - as Juntas Eleitorais. **D:** incorreta. Art. 19, Resolução TSE nº21.538/2003: No caso de perda ou extravio do título, bem assim de sua inutilização ou dilaceração, o eleitor deverá requerer pessoalmente ao juiz de seu domicílio eleitoral que lhe expeça segunda via. **E:** incorreta. Art. 14, § 1º CF/1988: O alistamento eleitoral e o voto são: II - facultativos para: a) os analfabetos.

28. (Cespe – 2016) Considerando as disposições preliminares da Lei n.º 9.096/1995, assinale a opção correta.

a) Para desligar-se de seu partido político, o filiado deve comunicar expressamente sua intenção ao órgão partidário e ao juiz competentes.

b) O partido político pode aceitar como filiado qualquer pessoa natural, independentemente do estado em que ela se encontre, já que todos têm iguais direitos e deveres perante a lei.

c) Os prazos de filiação partidária não podem ser objeto do estatuto dos partidos políticos.

d) A personalidade jurídica de um partido político é constituída mediante cadastro do seu estatuto em cartório de registro civil de pessoas jurídicas de direito público.

e) Registrado o partido político, cabe ao Tribunal Superior Eleitoral determinar sua estrutura interna e sua organização administrativa, uma vez que as verbas do fundo partidário são oriundas da União.

A: correta. Art. 21, Lei 9.096/1995: Para desligar-se do partido, o filiado faz comunicação escrita ao órgão de direção municipal e ao Juiz Eleitoral da Zona em que for inscrito. **B:** incorreta. Art. 16, Lei 9.096/1995: Só pode filiar-se a partido o eleitor que estiver no pleno gozo de seus direitos políticos. **C:** incorreta. Art. 20, Lei 9.096/1995: É facultado ao partido político estabelecer, em seu estatuto, prazos de filiação partidária superiores aos previstos nesta Lei, com vistas a candidatura a cargos eletivos. **D:** incorreta. Art. 8º Lei 9.096/1995: O requerimento do registro de partido político, dirigido ao cartório competente do Registro Civil das Pessoas Jurídicas, da Capital Federal, deve ser subscrito pelos seus fundadores, em número nunca inferior a cento e um, com domicílio eleitoral em, no mínimo, um terço dos Estados, (...). **E:** incorreta. Art. 14, Lei 9.096/1995: Observadas as disposições constitucionais e as desta Lei, o partido é livre para fixar, em seu programa, seus objetivos políticos e para estabelecer, em seu estatuto, a sua estrutura interna, organização e funcionamento.

29. **(Cespe – 2016)** Com base no disposto na Resolução n.º 21.538/2003, assinale a opção correta.

a) Em caso de perda ou extravio de título eleitoral, o eleitor deve registrar ocorrência policial para que a autoridade policial comunique o fato à respectiva Junta Eleitoral, a qual, automaticamente, enviará nova via do documento ao endereço cadastrado pelo eleitor no sistema eletrônico.

b) O alistamento eleitoral por meio do sistema eletrônico de dados restringe-se às capitais brasileiras.

c) Eleitor facultativo, com mais de oitenta e cinco anos de idade, que tenha permanecido regularmente inscrito perante a Justiça Eleitoral, durante o prazo legal, poderá exercer o seu direito ao sufrágio universal.

d) No momento do pedido de alistamento, caberá à Justiça Eleitoral definir, por meio do sistema eletrônico de processamento de dados, o local definitivo de votação do eleitor.

e) É autorizada a transferência informatizada do número de inscrição eleitoral de qualquer pessoa natural interessada.

A: incorreta. Art. 19, Resolução TSE nº 21.538/2003: No caso de perda ou extravio do título, bem assim de sua inutilização ou dilaceração, o eleitor deverá requerer pessoalmente ao juiz de seu domicílio eleitoral que lhe expeça segunda via. **B:** incorreta. Art. 1º Resolução TSE nº 21.538/2003: O alistamento eleitoral, mediante processamento eletrônico de dados, implantado nos termos da Lei nº 7.444/85, será efetuado, em todo o território nacional, na conformidade do referido diploma legal e desta resolução. **C:** correta. Neste caso, o eleitor não possui impedimento algum para o regular exercício do voto. **D:** incorreta. Art. 9º, Resolução TSE nº 21.538/2003: No Cartório Eleitoral ou no posto de alistamento, o servidor da Justiça Eleitoral preencherá o RAE ou digitará as informações no sistema de acordo com os dados constantes do documento apresentado pelo eleitor, complementados com suas informações pessoais, de conformidade com as exigências do processamento de dados, destas instruções e das orientações específicas. § 2º, No momento da formalização do pedido, o requerente manifestará sua preferência sobre local de votação, entre os estabelecidos para a Zona Eleitoral. **E:** incorreta. Art. 5º Resolução TSE nº 21.538/2003: Deve ser consignada OPERAÇÃO 3 – TRANSFERÊNCIA sempre que o eleitor desejar alterar seu domicílio e for encontrado em seu nome número de inscrição em qualquer Município ou Zona, unidade da Federação ou país, em conjunto ou não com eventual retificação de dados. § 1º, Na hipótese do caput, o eleitor permanecerá com o número originário da inscrição e deverá ser, obrigatoriamente, consignada no campo próprio a sigla da UF anterior.

30. (Cespe – 2016) Considerando a Lei n.º 13.165/2015, que promoveu alterações na legislação eleitoral, assinale a opção correta.

a) A lei em questão alterou o prazo para os partidos políticos e as suas coligações solicitarem à Justiça Eleitoral o registro de seus candidatos.

b) A referida lei veda a individualização, pelos partidos e pelos candidatos, da contabilização dos gastos de campanha.

c) Com a nova lei, o candidato passou a ter o direito de utilizar, de forma ilimitada, suas próprias verbas para a promoção da campanha a que se lançar candidato.

d) A referida lei alterou a data para a escolha dos candidatos, mas manteve o prazo para a deliberação a respeito das coligações.

e) Relativamente à filiação partidária do candidato, o novo texto legal alterou a condição de prazo para concorrer às eleições para, no mínimo, dois anos antes do pleito.

A: correta. Art. 11: Os partidos e coligações solicitarão à Justiça Eleitoral o registro de seus candidatos até as dezenove horas do dia 15 de agosto do ano em que se realizarem as eleições. OBS.: de acordo com a lei antiga, esse prazo era até

Questões | Comentadas

5 de julho, também às 19 horas. **B:** incorreta. Art. 18-A: Serão contabilizadas nos limites de gastos de cada campanha as despesas efetuadas pelos candidatos e as efetuadas pelos partidos que puderem ser individualizadas. **C:** incorreta. Art. 22-A, §1°-A: O candidato poderá usar recursos próprios em sua campanha até o limite de gastos estabelecido nesta Lei para o cargo ao qual concorre. **D:** incorreta. Art. 8°: A escolha dos candidatos pelos partidos e a deliberação sobre coligações deverão ser feitas no período de 20 de julho a 5 de agosto do ano em que se realizarem as eleições, lavrando-se a respectiva ata em livro aberto, rubricado pela Justiça Eleitoral, publicada em vinte e quatro horas em qualquer meio de comunicação. OBS.: de acordo com a lei antiga, a escolha de candidatos e a deliberação sobre coligações eram de 12 a 30 de junho. **E:** incorreta. Art. 9°: Para concorrer às eleições, o candidato deverá possuir domicílio eleitoral na respectiva Circunscrição pelo prazo de, pelo menos, um ano antes do pleito, e estar com a filiação deferida pelo partido no mínimo seis meses antes da data da eleição.

31. (Cespe – 2016) Com relação às doações e às prestações de contas em campanhas eleitorais, assinale a opção correta.

a) Quaisquer erros encontrados na prestação de contas, mesmo os materiais ou formais posteriormente corrigidos, podem resultar em sanção ao candidato e ao partido, bem como ensejar a reprovação das contas pela Justiça Eleitoral.

b) A prestação de contas, no caso das eleições proporcionais, deve ser efetivada pelo próprio candidato.

c) Em decorrência do direito constitucional ao sigilo bancário, não se pode exigir que candidatos às eleições majoritárias apresentem extratos e cheques relativos à movimentação financeira dos gastos efetivados em prol de sua campanha.

d) Dispensa-se a prestação de contas das cessões de bens móveis de cada cedente até o limite de R$ 40.000.

e) As pessoas naturais ou jurídicas podem fazer doações pecuniárias anônimas a partidos políticos até o valor de R$ 25.000.

A: incorreta. Quaisquer erros encontrados na prestação de contas, mesmo os materiais ou formais posteriormente corrigidos, podem resultar em sanção ao candidato e ao partido, bem como ensejar a reprovação das contas pela Justiça Eleitoral. Lei nº 9.096/1995: Art. 37, § 12. Erros formais ou materiais que no conjunto da prestação de contas não comprometam o conhecimento da origem das receitas e a destinação das despesas não acarretarão a desaprovação das contas. **B:** correta. A prestação de contas, no caso das eleições proporcionais, deve ser efetivada pelo próprio candidato. Lei nº 9.504/1997: Art. 28, § 2° As prestações de contas dos candidatos às eleições proporcionais serão feitas pelo próprio candidato. **C:** incorreta. Em decorrência do direito constitucional ao sigilo bancário, não se pode exigir que candidatos às eleições majoritárias apresentem extratos e cheques relativos à movimentação financeira dos gastos efetivados em prol de sua campanha. Lei nº 9.504/1997: Art. 28, § 1°As prestações de contas dos candidatos às eleições majoritárias serão feitas pelo próprio candidato, devendo ser acompanhadas dos extratos das contas bancárias referentes à movimentação dos recursos financeiros usados na campanha e da relação dos cheques recebidos, com a indicação dos respectivos números, valores e emitentes. **D:** incorreta. Dispensa-se a prestação de contas das cessões de bens móveis de cada cedente até o limite de R$ 40.000. Lei nº 9.504/1997: Art. 28, § 6°Ficam também dispensadas de comprovação na prestação de contas - I - a cessão de bens móveis, limitada ao valor de R$ 4.000,00 (quatro mil reais) por pessoa cedente. **E:** incorreta. As pessoas naturais ou jurídicas podem fazer doações pecuniárias anônimas a partidos políticos até o valor de R$ 25.000. A nova redação do Art. 28, §12, permitia a doação oculta (§ 12. Os valores transferidos pelos partidos políticos oriundos de doações serão registrados na prestação de contas dos candidatos como transferência dos partidos e, na prestação de contas dos partidos, como transferência aos candidatos, sem individualização dos doadores). Entretanto, o STF, por meio da ADI 5.394, suspendeu a eficácia do dispositivo, não permitindo a referida doação[2].

32. (Cespe – 2016) No que se refere ao registro de candidatos, assinale a opção correta.

   a) A apresentação da declaração de bens assinada pelo requerente é facultativa para o candidato servidor público militar.

   b) Para fins de registro de candidato a cargo do Poder Legislativo municipal, é indispensável a apresentação, no momento do requerimento de registro, de proposta e plano de aperfeiçoamento da legislação pelo candidato.

   c) A não concessão de registro de candidatura por inércia do candidato possibilita que o partido ou a coligação faça a sua devida inscrição em até trinta dias antes do pleito.

   d) Os partidos e as coligações devem obedecer à data e hora limites, determinadas pela legislação, para requerer o registro de seus candidatos.

   e) Não há limitação quantitativa para o registro de candidatos, por partido político, para a disputa de pleito eleitoral a cargos do Poder Legislativo.

   A: incorreta. Art. 11, § 1º Lei nº 9.504/1997: O pedido de registro deve ser instruído com os seguintes documentos: IV - declaração de bens, assinada pelo candidato. **B:** incorreta. Art. 11, § 1º Lei nº 9.504/1997: O pedido de registro deve ser instruído com os seguintes documentos: IX - propostas defendidas pelo candidato a Prefeito, a Governador de Estado e a Presidente da República. **C:** incorreta. Art. 13, Lei 9.504/1997: É facultado ao partido ou coligação substituir candidato que for considerado inelegível, renunciar ou falecer após o termo final do prazo do registro ou, ainda, tiver seu registro indeferido ou cancelado. § 1º, A escolha do substituto far-

---

2 (http://agenciabrasil.ebc.com.br/politica/noticia/2015-11/stf-suspende-norma-que-permitia-doacoes-anonimas-candidatos).

Questões | Comentadas

se-á na forma estabelecida no estatuto do partido a que pertencer o substituído, e o registro deverá ser requerido até 10 (dez) dias contados do fato ou da notificação do partido da decisão judicial que deu origem à substituição. §3° Tanto nas eleições majoritárias como nas proporcionais, a substituição só se efetivará se o novo pedido for apresentado até 20 (vinte) dias antes do pleito, exceto em caso de falecimento de candidato, quando a substituição poderá ser efetivada após esse prazo. **D:** correta. Art. 11, Lei n° 9.504/1997: Os partidos e coligações solicitarão à Justiça Eleitoral o registro de seus candidatos até as dezenove horas do dia 15 de agosto do ano em que se realizarem as eleições. (Redação dada pela Lei n° 13.165, de 2015). **E:** incorreta. Art. 10, Lei n° 9.504/1997: Cada partido ou coligação poderá registrar candidatos para a Câmara dos Deputados, a Câmara Legislativa, as Assembleias Legislativas e as Câmaras Municipais no total de até 150% (cento e cinquenta por cento) do número de lugares a preencher, salvo: (Redação dada pela Lei n° 13.165, de 2015)I - nas unidades da Federação em que o número de lugares a preencher para a Câmara dos Deputados não exceder a doze, nas quais cada partido ou coligação poderá registrar candidatos a Deputado Federal e a Deputado Estadual ou Distrital no total de até 200% (duzentos por cento) das respectivas vagas; (Incluído pela Lei n° 13.165, de 2015) II - nos Municípios de até cem mil eleitores, nos quais cada coligação poderá registrar candidatos no total de até 200% (duzentos por cento) do número de lugares a preencher. (Incluído pela Lei n° 13.165, de 2015).

33. **(Cespe – 2016)** Acerca das normas que regem as coligações, assinale a opção correta.

a) A coligação proporcional vincula os partidos da coligação majoritária, quando estas forem efetivadas nas duas formas, dentro da mesma Circunscrição, podendo os coligados proporcionalmente celebrar novas coligações com partidos distintos dos da formação majoritária.

b) A coligação deverá ter denominação própria, que não poderá resultar da junção de todas as siglas dos partidos que a integrem.

c) Os partidos formadores de determinada coligação responderão perante a Justiça Eleitoral subsidiariamente ao partido da coligação que possuir maior representatividade no Congresso Nacional.

d) No caso de aplicação de multas pela Justiça Eleitoral em decorrência de ilegalidades relativas às propagandas de campanha, respondem subsidiariamente, na seguinte ordem, as coligações, o partido político e o candidato.

e) Poderão ser firmadas coligações entre partidos dentro da mesma Circunscrição, tanto para pleitos majoritários quanto para pleitos proporcionais.

A: incorreta. Art. 6° Lei n° 9.504/1997: É facultado aos partidos políticos, dentro da mesma Circunscrição, celebrar coligações para eleição majoritária, proporcional, ou para ambas, podendo, neste último caso, formar-se mais de uma coligação para a eleição proporcional dentre os partidos que integram a coligação para o pleito majoritário. **B:** incorreta. Art. 6°, §1° Lei n° 9.504/1997: A coligação terá denominação própria, que poderá ser a junção de todas as siglas dos partidos que a integram, sendo a ela atribuídas as prerrogativas e obrigações de partido político no que se refere ao processo eleitoral, e devendo funcionar como um só partido no relacionamento com a Justiça Eleitoral e no trato dos interesses interpartidários. **C:** incorreta. Art. 6°, §5° Lei n° 9.504/1997: A responsabilidade pelo pagamento de multas decorrentes de propaganda eleitoral é solidária entre os candidatos e os respectivos partidos, não alcançando outros partidos mesmo quando integrantes de uma mesma coligação. **D:** incorreta. Art. 6°, §5° Lei n° 9.504/1997: A responsabilidade pelo pagamento de multas decorrentes de propaganda eleitoral é solidária entre os candidatos e os respectivos partidos, não alcançando outros partidos mesmo quando integrantes de uma mesma coligação. **E:** correta. Art. 6° Lei n° 9.504/1997: É facultado aos partidos políticos, dentro da mesma Circunscrição, celebrar coligações para eleição majoritária, proporcional, ou para ambas, podendo, neste último caso, formar-se mais de uma coligação para a eleição proporcional dentre os partidos que integram a coligação para o pleito majoritário.

34. (Cespe – 2016) Considerando as normas que regem o processo eleitoral, assinale a opção correta.

a) Por ocasião do alistamento, é indispensável a definição do domicílio do eleitor, faculdade pertencente à Justiça Eleitoral quando o cidadão informar mais de um endereço residencial. Nesse caso, a Justiça Eleitoral atribuirá ao eleitor o domicílio eleitoral cujo imóvel represente maior valor venal.

b) O alistamento eleitoral não pode ser objeto de indeferimento, devendo o técnico Judiciário, a quem compete expedi-lo, requerer ao analista Judiciário ou à autoridade superior da Justiça Eleitoral a utilização do instituto da diligência em casos de dúvidas materiais.

c) Embora o alistamento eleitoral seja facultativo para os menores de dezoito anos de idade e maiores de dezesseis anos de idade, no caso dos menores emancipados em razão do exercício de atividade empresarial ou de casamento civil, a faculdade transmuta-se em obrigação perante a Justiça Eleitoral.

d) Constitui causa para o cancelamento do título eleitoral de cidadãos maiores de dezoito anos de idade e menores de setenta anos de idade a situação de irregularidade perante a Justiça Eleitoral, decorrente de inadimplência relativa a pagamento de multa por não terem votado nem justificado a ausência em três eleições consecutivas.

e) Cancelado o título eleitoral, o cidadão deve aguardar o prazo mínimo de cinco anos para requerer nova inscrição à Justiça Eleitoral, ainda que cessadas as causas que geraram o respectivo cancelamento.

A: incorreta. Art. 9°, § 2°, Resolução TSE n° 21.538/2003: No momento da formalização do pedido, o requerente manifestará sua preferência sobre local de votação, entre

Questões | Comentadas

os estabelecidos para a Zona Eleitoral. Ac.-TSE, de 18.2.2014, no REspe nº 37.481 e, de 5.2.2013, no AgR-AI nº 7.286: o conceito de domicílio eleitoral é mais elástico do que o do Direito Civil, satisfazendo-se com vínculos de natureza política, econômica, social e familiar. **B:** incorreta. Art. 17, § 1º, Resolução TSE nº 21.538/03: Do despacho que indeferir o requerimento de inscrição, caberá recurso interposto pelo alistando no prazo de cinco dias e, do que o deferir, poderá recorrer qualquer delegado de partido político no prazo de dez dias, contados da colocação da respectiva listagem à disposição dos partidos, o que deverá ocorrer nos dias 1º e 15 de cada mês, ou no primeiro dia útil seguinte, ainda que tenham sido exibidas ao alistando antes dessas datas e mesmo que os partidos não as consultem (Lei nº 6.996/1982, Art. 7º). **C:** incorreta. Art. 14, § 1º CF/1988: O alistamento eleitoral e o voto são: I - obrigatórios para os maiores de dezoito anos; II - facultativos para: a) os analfabetos; b) os maiores de setenta anos; c) os maiores de dezesseis e menores de dezoito anos. **D:** correta. Art. 7º, § 3º, Código Eleitoral: Realizado o alistamento eleitoral pelo processo eletrônico de dados, será cancelada a inscrição do eleitor que não votar em 3 (três) eleições consecutivas, não pagar a multa ou não se justificar no prazo de 6 (seis) meses, a contar da data da última eleição a que deveria ter comparecido. **E:** incorreta. Art. 4º, Resolução TSE nº 21.538/03: Deve ser consignada OPERAÇÃO 1 – ALISTAMENTO quando o alistando requerer inscrição e quando em seu nome não for identificada inscrição em nenhuma Zona Eleitoral do país ou exterior, ou a única inscrição localizada estiver cancelada por determinação de autoridade judiciária (FASE 450).

35. **(Cespe – 2016)** Com base no disposto na Lei n.º 9.504/1997, assinale a opção correta.

    a) Nas eleições proporcionais, são computados como válidos todos os votos registrados pelas mesas receptoras.

    b) As eleições para Governador, Vice-Governador, Prefeito, Vice-Prefeito e Vereador realizam-se simultaneamente, no primeiro domingo de outubro do ano de eleições estaduais.

    c) Nas eleições proporcionais, consideram-se válidos os votos dados a candidatos regularmente inscritos e às legendas partidárias.

    d) Será considerado eleito o candidato a Governador que obtiver a maioria absoluta de votos, computados os votos brancos e nulos.

    e) Caso candidato a Prefeito desista de concorrer à eleição municipal antes do segundo turno, deverá o Juiz Eleitoral cancelar imediatamente o pleito, devendo convocar novas eleições para o ano seguinte.

A: incorreta. Art. 5º Lei nº 9.504/1997: Nas eleições proporcionais, contam-se como válidos apenas os votos dados a candidatos regularmente inscritos e às legendas partidárias. Art. 59, § 2º, Lei nº 9.504/1997: Na votação para as eleições proporcionais, serão computados para a legenda partidária os votos em que não seja possível a identificação do candidato, desde que o número identificador do partido seja digitado de forma correta. **B:** incorreta. Art. 1°, Parágrafo Único Lei n° 9.504/1997: Serão realizadas simultaneamente as eleições: I - para Presidente e Vice-Presidente da República, Governador e Vice-Governador de Estado e do Distrito Federal, Senador, Deputado Federal, Deputado Estadual e Deputado Distrital; II - para Prefeito, Vice-Prefeito e Vereador. **C:** correta. Art. 5° Lei n° 9.504/1997: Nas eleições proporcionais, contam-se como válidos apenas os votos dados a candidatos regularmente inscritos e às legendas partidárias. **D:** incorreta. Art. 2° Lei n° 9.504/1997: Será considerado eleito o candidato a Presidente ou a Governador que obtiver a maioria absoluta de votos, não computados os em branco e os nulos. **E:** incorreta. Art. 2°, § 2° Lei n° 9.504/1997: Se, antes de realizado o segundo turno, ocorrer morte, desistência ou impedimento legal de candidato, convocar-se-á, dentre os remanescentes, o de maior votação.

36. (Cespe – 2016) Com base no que dispõe o Código Eleitoral (CE), assinale a opção correta.

a) As Juntas Eleitorais serão compostas por seis membros: um Juiz de Direito, um promotor de justiça, dois advogados, dois cidadãos de notória idoneidade.

b) Agentes policiais e funcionários no desempenho de cargos de confiança do Executivo podem ser nomeados membros das juntas, escrutinadores ou auxiliares.

c) O partido político pode indicar um membro de seu diretório para servir como escrivão eleitoral nas Zonas Eleitorais.

d) Ocorrendo falta ou impedimento do escrivão eleitoral, o juiz, de ofício, determinará sua substituição pelo diretor da Junta Eleitoral.

e) Cabe ao Presidente do Tribunal Regional Eleitoral aprovar e nomear, no prazo de sessenta dias antes das eleições, os membros das Juntas Eleitorais.

A: incorreta. Art. 36 Código Eleitoral: Compor-se-ão as Juntas Eleitorais de um Juiz de Direito, que será o Presidente, e de 2 (dois) ou 4 (quatro) cidadãos de notória idoneidade. **B:** incorreta. Art. 36, § 3° Código Eleitoral: Não podem ser nomeados membros das Juntas, escrutinadores ou auxiliares: III - as autoridades e agentes policiais, bem como os funcionários no desempenho de cargos de confiança do Executivo. **C:** incorreta. Art. 33, § 1° Código Eleitoral: Não poderá servir como escrivão eleitoral, sob pena de demissão, o membro de diretório de partido político, nem o candidato a cargo eletivo, seu cônjuge e parente consanguíneo ou afim até o segundo grau. **D:** incorreta. Art. 33, § 2° Código Eleitoral: O escrivão eleitoral, em suas faltas e impedimentos, será substituído na forma prevista pela lei de organização judiciária local. **E:** correta. Art. 36 Código Eleitoral: Compor-se-ão as Juntas Eleitorais de um Juiz de Direito, que será o presidente, e de 2 (dois) ou 4 (quatro) cidadãos de notória idoneidade. § 1°, Os membros das Juntas Eleitorais serão nomeados 60 (sessenta) dia antes da eleição, depois de aprovação do Tribunal Regional, pelo presidente deste, a quem cumpre também designar-lhes a sede.

Questões | Comentadas

37. **(Cespe – 2016)** À luz do disposto no CE, assinale a opção correta a respeito do registro de candidatos.

a) Qualquer candidato pode solicitar o cancelamento do registro de seu nome, bastando comunicar verbalmente sua decisão na Junta Eleitoral.

b) A escolha de candidatos deve ser concluída um ano antes das eleições e aprovada nas convenções partidárias a serem realizadas no mesmo período.

c) É permitido o registro de um mesmo candidato para mais de um cargo na mesma Circunscrição.

d) O registro de candidatos a Governador, Vice-Governador, Prefeito, Vice-Prefeito, Vereadores e Juiz de Paz é feito no Tribunal Regional Eleitoral.

e) Para se candidatar a cargo eletivo, o militar que tiver menos de cinco anos de serviço deverá ser excluído do serviço ativo.

A: incorreta. Art. 101 Código Eleitoral: Pode qualquer candidato requerer, em petição com firma reconhecida, o cancelamento do registro do seu nome. **B:** incorreta. Art. 93, § 2º, Código Eleitoral: As convenções partidárias para a escolha dos candidatos serão realizadas, no máximo, até 5 de agosto do ano em que se realizarem as eleições. (Redação dada pela Lei nº 13.165, de 2015). **C:** incorreta. Art. 88 Código Eleitoral: Não é permitido registro de candidato embora para cargos diferentes, por mais de uma Circunscrição ou para mais de um cargo na mesma Circunscrição. **D:** incorreta. Art. 89 Código Eleitoral: Serão registrados: II - nos Tribunais Regionais Eleitorais os candidatos a Senador, Deputado Federal, Governador e Vice-Governador e Deputado Estadual; III - nos Juízos Eleitorais os candidatos a Vereador, Prefeito e Vice-Prefeito e Juiz de Paz. **E:** correta. Art. 98 Código Eleitoral: Os militares alistáveis são elegíveis, atendidas as seguintes condições: I - o militar que tiver menos de 5 (cinco) anos de serviço, será, ao se candidatar a cargo eletivo, excluído do serviço ativo.

38. **(Cespe – 2016)** Com base nas disposições do CE, assinale a opção correta.

a) Os diplomados em escolas superiores, professores e serventuários da justiça não podem ser nomeados mesários na própria seção eleitoral.

b) Cabe ao Presidente do Tribunal Regional Eleitoral ou da Junta Eleitoral entregar a cada candidato eleito o diploma assinado, assim como um diploma para cada suplente.

c) Será considerada nula a votação de eleitor que comparecer a Zona Eleitoral portando identidade falsa e votar em lugar do eleitor chamado.

d) O processo eleitoral realizado no estrangeiro subordina-se direta e exclusivamente ao Tribunal Superior Eleitoral.

e) As Seções Eleitorais das capitais podem ter no máximo quinhentos eleitores, organizados pelos pedidos de inscrição.

A: incorreta. Diplomados em escolas superiores, professores e serventuários da Justiça não se encontram no rol dos impedidos dada pelo Art. 120, § 1º, do Código Eleitoral, pelo contrário, eles serão escolhidos preferencialmente como mesários, conforme o § 2º, do referido artigo. Art. 120, § 1º, Código Eleitoral: Não podem ser nomeados Presidentes e mesários: I - os candidatos e seus parentes ainda que por afinidade, até o segundo grau, inclusive, e bem assim o cônjuge; II - os membros de diretórios de partidos desde que exerça função executiva; III - as autoridades e agentes policiais, bem como os funcionários no desempenho de cargos de confiança do Executivo; IV - os que pertencerem ao serviço eleitoral. § 2º Os mesários serão nomeados, de preferência entre os eleitores da própria seção, e, dentre estes, os diplomados em escola superior, os professores e os serventuários da Justiça. **B:** correta. Art. 215, Código Eleitoral: Art. 215. Os candidatos eleitos, assim como os suplentes, receberão diploma assinado pelo Presidente do Tribunal Regional ou da Junta Eleitoral, conforme o caso. **C:** incorreta. Art. 221, III Código Eleitoral: É anulável a votação: c) alguém com falsa identidade em lugar do eleitor chamado. **D:** incorreta. Art. 232 Código Eleitoral: Todo o processo eleitoral realizado no estrangeiro fica diretamente subordinado ao Tribunal Regional do Distrito Federal. **E:** incorreta. Art. 117 Código Eleitoral: As Seções Eleitorais, organizadas à medida em que forem sendo deferidos os pedidos de inscrição, não terão mais de 400 (quatrocentos) eleitores nas capitais e de 300 (trezentos) nas demais localidades, nem menos de 50 (cinquenta) eleitores.

39. (Cespe – 2016) Assinale a opção correta de acordo com o disposto no CE.

a) O recurso deverá ser interposto no quinto dia da publicação do ato, da resolução ou do despacho.

b) Os embargos de declaração devem ser interpostos no prazo de três dias da data de publicação do acórdão, quando este gerar dúvida ou contradição.

c) O eleitor que desejar impetrar o recurso contra expedição de diploma deverá estar ciente de que o único argumento aceito será o de falta de condição de elegibilidade.

d) A propaganda eleitoral é de responsabilidade dos partidos e candidatos e por eles paga, sendo os excessos cometidos pelos candidatos de responsabilidade exclusiva dos partidos políticos, independentemente da legenda partidária.

e) Os recursos eleitorais têm efeito suspensivo, podendo a execução de um acórdão ser feita imediatamente, mediante comunicação por escrito, em qualquer meio, a critério do Presidente do Tribunal Regional Eleitoral.

A: incorreta. Art. 258 Código Eleitoral: Sempre que a lei não fixar prazo especial, o recurso deverá ser interposto em três dias da publicação do ato, resolução ou despacho. **B:** correta. Art. 275 Código Eleitoral: São admissíveis embargos de declaração: (Vide Lei nº 13.105, de 2015) I - quando há no acórdão obscuridade, dúvida ou contradição; II - quando for omitido ponto sobre que devia pronunciar-se o Tribunal. § 1º Os embargos serão opostos dentro em 3 (três) dias da data da publicação do acórdão, em petição dirigida ao relator, na qual será indicado o ponto obscuro, duvidoso, contraditório ou omisso. **C:** incorreta. Art. 262 Código Eleitoral: O recurso contra expedição de diploma caberá somente nos casos de inelegibilidade superveniente ou de natureza constitucional e de falta de condição de elegibilidade. **D:** incorreta. Art. 241 Código Eleitoral: Toda propaganda eleitoral será realizada sob a responsabilidade dos partidos e por eles paga, imputando-lhes solidariedade nos excessos praticados pelos seus candidatos e adeptos. **E:** incorreta. Art. 257 Código Eleitoral: Os recursos eleitorais não terão efeito suspensivo. § 1º A execução de qualquer acórdão será feita imediatamente, através de comunicação por ofício, telegrama, ou, em casos especiais, a critério do Presidente do Tribunal, através de cópia do acórdão. (Redação dada pela Lei nº 13.165, de 2015).

40. **(Cespe – 2016)** Com base no que dispõe o Código Eleitoral, assinale a opção correta.

a) A segunda via do título de eleitor pode ser requerida a juiz de Zona Eleitoral diversa daquela onde o eleitor esteja alistado.

b) O cancelamento da inscrição eleitoral ocorre quando esta deixa de existir, como, por exemplo, na hipótese de pluralidade de inscrições ou na de transferência do eleitor para outra Zona ou Circunscrição.

c) O domicílio eleitoral confunde-se com o domicílio civil do eleitor.

d) O empregado tem o direito de ausentar-se do serviço, sem prejuízo de sua remuneração, para alistar-se eleitor ou requerer transferência, bastando, para justificar a falta, a apresentação ao seu empregador do atestado de comparecimento fornecido pela Justiça Eleitoral.

e) No sistema eleitoral brasileiro, admite-se que o alistamento eleitoral seja realizado a qualquer tempo, exceto no período compreendido entre os cem dias anteriores à eleição e o dia da finalização da apuração dos votos.

Justificativa da banca Cespe para anulação: Além da opção apontada preliminarmente como gabarito, a opção que afirma que 'a segunda via do título de eleitor pode ser requerida a juiz de Zona Eleitoral diversa daquela onde o eleitor esteja alistado' também está correta[3]. **A:** correta. Art. 53 Código Eleitoral: Se o eleitor estiver fora do seu domicílio eleitoral poderá requerer a segunda via ao juiz da Zona em que se encontrar, esclarecendo se vai recebê-la na sua Zona ou na em que requereu. **B:** correta. Art. 71 Código Eleitoral: São causas de cancelamento: III - a pluralidade de inscrição; Art. 59 Código Eleitoral: Na Zona de origem, recebida do juiz do novo domicílio a comunicação de transferência, o juiz tomará as seguintes providências: I - determinará o cancelamento da inscrição do transferido e a remessa dentro de três dias, da folha individual de votação ao juiz requisitante. **C:** incorreta. Art. 42, Parágrafo Único Código Eleitoral: Para o efeito da inscrição, é

3 http://www.Cespe.unb.br/concursos/tre_pi_15/arquivos/TRE_PI_15_JUSTIFICATIVAS_DE_ALTERA____0_ DE_GABARITOPDF.

domicílio eleitoral o lugar de residência ou moradia do requerente, e, verificado ter o alistando mais de uma, considerar-se-á domicílio qualquer delas. Art. 70 Código Civil: O domicílio da pessoa natural é o lugar onde ela estabelece a sua residência com ânimo definitivo. **D:** incorreta. Art. 48 Código Eleitoral: O empregado mediante comunicação com 48 (quarenta e oito) horas de antecedência, poderá deixar de comparecer ao serviço, sem prejuízo do salário e por tempo não excedente a 2 (dois) dias, para o fim de se alistar eleitor ou requerer transferência. **E:** incorreta. Art. 67 Código Eleitoral: Nenhum requerimento de inscrição eleitoral ou de transferência será recebido dentro dos 100 (cem) dias anteriores à data da eleição. OBS.: o prazo estipulado pelo Código Eleitoral já não é mais aplicado, atualmente, o prazo em vigor é dado pela Lei nº 9.504/1997 em seu Art. 91: Nenhum requerimento de inscrição eleitoral ou de transferência será recebido dentro dos cento e cinquenta dias anteriores à data da eleição.

41. (Cespe – 2016) Em relação ao alistamento eleitoral e seus requisitos e à restrição de direitos políticos, assinale a opção correta.

a) A suspensão dos direitos políticos decorrente de condenação criminal transitada em julgado é consequência natural e inafastável da sentença condenatória.

b) A restrição dos direitos políticos decorrente da declaração de inelegibilidade não fundada em improbidade impede a filiação partidária, segundo entendimento do Tribunal Superior Eleitoral (TSE).

c) Será cancelada a inscrição do eleitor que se abstiver de votar em três eleições consecutivas, salvo se ele cumprir simultaneamente os seguintes critérios: não for obrigado ao exercício do voto e tiver mais de oitenta anos de idade.

d) À agremiação partidária é franqueado o acesso ao cadastro eleitoral para a obtenção de dados de seus filiados.

e) A perda da nacionalidade brasileira, como ocorre, por exemplo, no caso de naturalização voluntária, não acarreta a perda dos direitos políticos.

A: correta. Todos os sentenciados que sofrerem condenação criminal com trânsito em julgado estarão com seus direitos políticos suspensos até que ocorra a extinção da punibilidade, como consequência automática e inafastável da sentença condenatória.[4] Súmula 9º, TSE: A suspensão de direitos políticos decorrente de condenação criminal transitada em julgado cessa com o cumprimento ou a extinção da pena, independendo de reabilitação ou de prova de reparação dos danos. **B:** incorreta. Não impede a filiação partidária a restrição dos direitos políticos decorrente da declaração de inelegibilidade não fundada em improbidade. (Ac. de 23.9.2004 no REspe

---

4 Disponível em: http://www.mpgo.mp.br/portal/system/resources/W1siZiIsIjIwMTMvMDQvMTkvMTRfMzNfM-jRfNTcyX0NvbmRlbmFcdTAwZTdcdTAwZTNvX0NyaW1pbmFsX2VfU3VzcGVuc1x1MDBIM29fZG9zX0RpcmVp-dG9zX1BvbFx1MDBIZHRpY29zLnBkZiJdQ/Condena%C3%A7%C3%A3º%20Criminal%20e%20Suspens%-C3%A3º%20dos%20Direitos%20Pol%C3%ADticos.pdf.

Questões | Comentadas

nº 23.351, rel. Min. Peçanha Martins, red. designado Humberto Gomes de Barros; no mesmo sentido o Ac. de 30.9.2004 nos EDclREspe nº 23.351, rel. Min. Humberto Gomes de Barros). **C:** incorreta. Art. 7º, § 3º, Código Eleitoral: § 3º Realizado o alistamento eleitoral pelo processo eletrônico de dados, será cancelada a inscrição do eleitor que não votar em 3 (três) eleições consecutivas, não pagar a multa ou não se justificar no prazo de 6 (seis) meses, a contar da data da última eleição a que deveria ter comparecido. **D:** incorreta. Art. 19, § 3º, Lei nº 9.096/1995: Os órgãos de direção nacional dos partidos políticos terão pleno acesso às informações de seus filiados constantes do cadastro eleitoral. OBS.: Franquear: facultar o uso de; permitir a entrada em[5]. **E:** incorreta. Art. 12, § 4º, CF/1988: Será declarada a perda da nacionalidade do brasileiro que: II - adquirir outra nacionalidade, salvo nos casos: a) de reconhecimento de nacionalidade originária pela lei estrangeira; b) de imposição de naturalização, pela norma estrangeira, ao brasileiro residente em Estado estrangeiro, como condição para permanência em seu território ou para o exercício de direitos civis. OBS.: é o entendimento firmado pelo Ministro Teori Albino Zavascki: Em casos de aquisição, por cidadão brasileiro, de outra nacionalidade, por naturalização voluntária, a perda dos direitos políticos decorrerá, ipso iure, do ato que declarar a perda da nacionalidade (Art. 12, § 4º, da Constituição Federal), independentemente de qualquer outro ato administrativo ou sentença. É que a nacionalidade é pressuposto essencial da cidadania: sem aquela, impossível esta. [6]

42. (Cespe – 2016) Assinale a opção correta a respeito dos partidos políticos.

a) A perda do mandato em razão de mudança de partido não se aplica aos candidatos eleitos pelo sistema majoritário, sob pena de violação da soberania popular e das escolhas feitas pelo eleitor.

b) Constitui afronta ao princípio da autonomia partidária e da legalidade a exigência de que a agremiação partidária proceda à abertura de conta bancária se não houver qualquer arrecadação de recurso financeiro do fundo partidário.

c) O TSE nº não possui competência para cancelar o registro civil do partido político, mas apenas para cancelar o registro do estatuto partidário.

d) O partido político pode utilizar os recursos do fundo partidário para efetuar o pagamento de multas eleitorais.

e) Devido a sua autonomia, as agremiações podem deixar de promover e difundir a participação política feminina em sua propaganda partidária.

A: correta. Ação Direta De Inconstitucionalidade 5.081: Inaplicabilidade Da Regra De Perda Do Mandato Por Infidelidade Partidária Ao Sistema Eleitoral Majoritário. Em síntese, os principais fundamentos da decisão foram os seguintes: (iv) a infidelidade como atitude de desrespeito do candidato não apenas em face do seu partido político,

---

5 Fonte: http://www.dicionarioinformal.com.br/franquear/
6 Fonte: https://www.tre-sc.jus.br/site/resenha-eleitoral/edicoes-impressas/integra/2012/06/direitos-politicos-perda-suspensao-e-controle-jurisdicional/indexca87.html?no_cache-1&cHash-64927044af4ea2b08f90beecf3619f5f

mas, sobretudo, da soberania popular, sendo responsável por distorcer a lógica do sistema eleitoral proporcional. **B:** incorreta. Art. 22, Lei nº 9.504/1997: É obrigatório para o partido e para os candidatos abrir conta bancária específica para registrar todo o movimento financeiro da campanha. **C:** incorreta. Art. 28 Lei nº 9.096/1995: O Tribunal Superior Eleitoral, após trânsito em julgado de decisão, determina o cancelamento do registro civil e do estatuto do partido contra o qual fique provado (...). **D:** incorreta. Pagamento de multas eleitorais não está contido nas hipóteses previstas pelo Art. 44 da Lei nº 9.096/1995: Os recursos oriundos do Fundo Partidário serão aplicados: I - na manutenção das sedes e serviços do partido, permitido o pagamento de pessoal, a qualquer título, observado, do total recebido, os seguintes limites: (Redação dada pela Lei nº 13.165, de 2015) II - na propaganda doutrinária e política; III - no alistamento e campanhas eleitorais; IV - na criação e manutenção de instituto ou fundação de pesquisa e de doutrinação e educação política, sendo esta aplicação de, no mínimo, vinte por cento do total recebido. V - na criação e manutenção de programas de promoção e difusão da participação política das mulheres, criados e mantidos pela secretaria da mulher do respectivo partido político ou, inexistindo a secretaria, pelo instituto ou fundação de pesquisa e de doutrinação e educação política de que trata o inciso IV, conforme percentual que será fixado pelo órgão nacional de direção partidária, observado o mínimo de 5% (cinco por cento) do total; (Redação dada pela Lei nº 13.165, de 2015) VI - no pagamento de mensalidades, anuidades e congêneres devidos a organismos partidários internacionais que se destinem ao apoio à pesquisa, ao estudo e à doutrinação política, aos quais seja o partido político regularmente filiado; (Incluído pela Lei nº 13.165, de 2015) VII - no pagamento de despesas com alimentação, incluindo restaurantes e lanchonetes. (Incluído pela Lei nº 13.165, de 2015). **E:** incorreta. Art. 45 Lei nº 9.096/1995: A propaganda partidária gratuita, gravada ou ao vivo, efetuada mediante transmissão por rádio e televisão será realizada entre as dezenove horas e trinta minutos e as vinte e duas horas para, com exclusividade: IV - promover e difundir a participação política feminina, dedicando às mulheres o tempo que será fixado pelo órgão nacional de direção partidária, observado o mínimo de 10% (dez por cento) do programa e das inserções a que se refere o Art. 49. (Redação dada pela Lei nº 13.165, de 2015).

43. (Cespe – 2016) Acerca das eleições, assinale a opção correta.

a) Conforme entendimento do TSE, ainda que ausentes pedido de voto e menção a candidatura, pode determinada ação caracterizar propaganda eleitoral extemporânea, conforme as particularidades do caso concreto.

b) É lícita a propaganda eleitoral veiculada em outdoors.

c) É assegurado ao candidato realizar propaganda eleitoral em estabelecimento prisional, de forma ampla.

d) Agente policial pode ser nomeado para compor mesa receptora.

Questões | Comentadas

e) Segundo entendimento do TSE, a Constituição Federal de 1988 (CF) não recepcionou a norma do Código Eleitoral que dispõe que apenas os partidos ou coligações que atingiram o quociente eleitoral poderão participar da distribuição dos lugares não preenchidos.

A: correta. É firme a jurisprudência do TSE nº no sentido de ser possível, ante as peculiaridades do caso, considerar caracterizada a propaganda eleitoral extemporânea, ainda que ausentes o pedido de voto, a menção à candidatura e a ciência prévia pelo beneficiário da propaganda. Precedentes. (Ac. de 19.8.2014 no AgR-REspe nº 569, rel. Min. Gilmar Mendes). **B:** incorreta. Art. 39, §8º Lei nº 9.504/1997: É vedada a propaganda eleitoral mediante outdoors, inclusive eletrônicos, sujeitando-se a empresa responsável, os partidos, as coligações e os candidatos à imediata retirada da propaganda irregular e ao pagamento de multa no valor de R$ 5.000,00 (cinco mil reais) a R$ 15.000,00 (quinze mil reais). **C:** incorreta. TSE nº - Processo Administrativo: PA 107267 PI Propaganda eleitoral. Estabelecimentos prisionais e unidades de internação. 1. A regra do Art. 37 da Lei nº 9.504/97 - que veda a realização de propaganda eleitoral de qualquer natureza em bem pertencente ao Poder Público - aplica-se aos estabelecimentos prisionais e unidades de internação de adolescentes. 2. Em que pese alguns candidatos postularem ser amplamente assegurado o direito ao exercício de propaganda nesses estabelecimentos, não há como afastar a proibição contida no Art. 37 da Lei das Eleições. 3. Nos estabelecimentos penais e em unidades de internação, será permitido, todavia, o acesso à propaganda veiculada no horário eleitoral gratuito, no rádio e na televisão, bem como eventualmente aquela veiculada na imprensa escrita. **D:** incorreta. Art. 120, § 1º, Código Eleitoral: Não podem ser nomeados presidentes e mesários: III - as autoridades e agentes policiais, bem como os funcionários no desempenho de cargos de confiança do Executivo. **E:** incorreta. A regra do § 2º do Art. 109 do Código Eleitoral não confronta com a do Art. 45 da Constituição Federal. Liminar prejudicada. Ordem denegada. (Acórdão nº 3.121, de 17.12.2002. Mandado de Segurança mº 3.121/Sc. Relator: Ministro Luiz Carlos Madeira. Mandado de segurança. Quociente eleitoral. Cálculo da sobra).

44. (Cespe – 2016) Ainda acerca de eleições, assinale a opção correta.

a) As mesas receptoras no exterior, nas eleições para Presidente e Vice-Presidente da República, serão organizadas pelo Tribunal Regional Eleitoral do Distrito Federal mediante proposta dos chefes de missão e cônsules-gerais, devendo-se designar Juiz Eleitoral específico para acompanhar e dirimir qualquer questão surgida durante a votação.

b) Compete ao TSE nº requisitar a força policial para garantir a normalidade das eleições, desde que ouvido o MP.

c) Tratando-se de eleições majoritárias, a substituição de candidatos poderá ser requerida até dez dias antes do pleito, desde que haja ampla divulgação perante o eleitorado.

d) O encerramento da votação antes das dezessete horas não acarreta a nulidade da votação.

e) A perda do mandato, em sentença transitada em julgado, de candidato eleito em pleito majoritário acarreta a realização de novas eleições, independentemente do número de votos anulados, as quais correrão às expensas da Justiça Eleitoral e serão indiretas, se a vacância ocorrer a menos de seis meses do final do mandato, e direta, em todos os demais casos.

A: incorreta. Art. 227, Código Eleitoral: As mesas receptoras serão organizadas pelo Tribunal Regional do Distrito Federal mediante proposta dos chefes de Missão e cônsules gerais, que ficarão investidos, no que for aplicável, da funções administrativas de Juiz Eleitoral. **B:** incorreta. O erro está ao afirmar: desde que ouvido o MP. Art. 23, Código Eleitoral: Compete, ainda, privativamente, ao Tribunal Superior, XIV. requisitar a força federal necessária ao cumprimento da lei, de suas próprias decisões ou das decisões dos Tribunais Regionais que o solicitarem, e para garantir a votação e a apuração. **C:** incorreta. Art. 13, § 3º, Lei nº 9.504/1997: Tanto nas eleições majoritárias como nas proporcionais, a substituição só se efetivará se o novo pedido for apresentado até 20 (vinte) dias antes do pleito, exceto em caso de falecimento de candidato, quando a substituição poderá ser efetivada após esse prazo. **D:** incorreta. Art. 144, Código Eleitoral: O recebimento dos votos começará às 8 (oito) e terminará, salvo o disposto no Art. 153, às 17 (dezessete) horas. Art. 201, Código Eleitoral: De posse do relatório referido no artigo anterior, reunir-se-á o Tribunal, no dia seguinte, para o conhecimento do total dos votos apurados, e, em seguida, se verificar que os votos das seções anuladas e daquelas cujos eleitores foram impedidos de votar, poderão alterar a representação de candidato eleito pelo princípio majoritário, ordenará a realização de novas eleições. III - nos casos de coação que haja impedido o comparecimento dos eleitores às urnas, no de encerramento da votação antes da hora legal, e quando a votação tiver sido realizada em dia, hora e lugar diferentes dos designados, poderão votar todos os eleitores da seção e somente estes. **E:** correta. Art. 224, § 3º, Código Eleitoral: A decisão da Justiça Eleitoral que importe o indeferimento do registro, a cassação do diploma ou a perda do mandato de candidato eleito em pleito majoritário acarreta, após o trânsito em julgado, a realização de novas eleições, independentemente do número de votos anulados.

45. **(Cespe – 2016)** Acerca de inelegibilidade, assinale a opção correta.

a) Ausente qualquer causa de inelegibilidade, o Governador de Estado não está obrigado à desincompatibilização, pela renúncia ao cargo, para concorrer à vaga de Presidente da República.

b) A rejeição, por irregularidade insanável, das contas prestadas por quem exerceu função pública acarreta a inelegibilidade para as eleições que se realizarem nos três anos subsequentes à decisão proferida pelo tribunal de contas competente.

Questões | Comentadas

c) A inelegibilidade consiste na ausência de capacidade eleitoral passiva, e sua finalidade é proteger a normalidade e a legitimidade das eleições contra a influência do poder econômico ou do abuso do exercício de função, cargo ou emprego na Administração Pública.

d) Os casos de inelegibilidade previstos na CF, não tendo eficácia plena e aplicabilidade imediata, foram regulamentados por lei complementar.

e) Lei complementar pode estabelecer hipóteses de inelegibilidade absoluta, ampliando o rol originalmente previsto no texto constitucional.

A: incorreta. Art. 1º, II, LC nº 64/1990: para Presidente e Vice-Presidente da República: a) até 6 (seis) meses depois de afastados definitivamente de seus cargos e funções: 10. os Governadores de Estado, do Distrito Federal e de Territórios. **B:** incorreta. Art. 1º, I, "g" LC nº 64/1990: os que tiverem suas contas relativas ao exercício de cargos ou funções públicas rejeitadas por irregularidade insanável que configure ato doloso de improbidade administrativa, e por decisão irrecorrível do órgão competente, salvo se esta houver sido suspensa ou anulada pelo Poder Judiciário, para as eleições que se realizarem nos 8 (oito) anos seguintes, contados a partir da data da decisão, aplicando-se o disposto no inciso II do Art. 71 da Constituição Federal, a todos os ordenadores de despesa, sem exclusão de mandatários que houverem agido nessa condição. **C:** correta. Art. 14, §9º, CF/1988: Lei complementar estabelecerá outros casos de inelegibilidade e os prazos de sua cessação, a fim de proteger a probidade administrativa, a moralidade para exercício de mandato considerada vida pregressa do candidato, e a normalidade e legitimidade das eleições contra a influência do poder econômico ou o abuso do exercício de função, cargo ou emprego na administração direta ou indireta. **D:** incorreta. As inelegibilidades estão previstas tanto na CF (Art. 14, §§ 4º a 8º), normas essas que independem de regulamentação infraconstitucional, já que de eficácia plena e aplicabilidade imediata, como em lei complementar, que poderá estabelecer outros casos de inelegibilidade e os prazos de sua cessação. **E:** incorreta. As inelegibilidades podem ser absolutas (impedimento eleitoral para qualquer cargo eletivo, taxativamente previstas na CF/88) ou relativas (impedimento eleitoral para algum cargo eletivo ou mandato, em função de situações em que se encontre o cidadão candidato, previstas na CF/88- Art. 14, §§ 5º a 8º - ou em lei complementar- Art. 14, § 9º). [7]

46. **(Vunesp – 2016)** A Justiça Eleitoral exerce a fiscalização sobre a prestação de contas do partido, exigindo a observação da

a) obrigatoriedade de constituição de comitês e designação de dirigentes partidários específicos, para movimentar recursos financeiros nas campanhas eleitorais.

b) caracterização da responsabilidade dos dirigentes do partido e comitês, inclusive do tesoureiro, que responderão, civil e criminalmente, por quaisquer irregularidades.

---

7 LENZA, Pedro. Direito Constitucional Esquematizado, 2015, p. 1348

c) obrigatoriedade de ser conservada pelo partido, por prazo não inferior a cinco anos, a documentação comprobatória de suas prestações de contas.

d) escrituração contábil, com documentação que comprove a entrada e saída de dinheiro ou de bens recebidos e aplicados.

e) obrigatoriedade de prestação de contas, pelo partido político, seus comitês e candidatos, no encerramento da campanha eleitoral.

Lei nº 9.096/1995: Art. 34. A Justiça Eleitoral exerce a fiscalização sobre a prestação de contas do partido e das despesas de campanha eleitoral, devendo atestar se elas refletem adequadamente a real movimentação financeira, os dispêndios e os recursos aplicados nas campanhas eleitorais, exigindo a observação das seguintes normas: (...) IV - obrigatoriedade de ser conservada pelo partido, por prazo não inferior a cinco anos, a documentação comprobatória de suas prestações de contas.

47. **(Vunesp – 2016)** Sobre o alistamento eleitoral, é correto afirmar que

a) podem alistar-se os eleitores que estejam privados temporariamente dos direitos políticos, os analfabetos, os maiores de setenta anos e os maiores de dezesseis e menores de dezoito anos.

b) para efeito da inscrição do eleitor considera-se domicílio eleitoral o lugar de residência ou moradia do requerente e verificando-se ter o alistando mais de uma, considera-se como domicílio somente uma delas.

c) não podem alistar-se como eleitores os estrangeiros podendo, entretanto, os conscritos durante o período do serviço militar obrigatório.

d) os partidos políticos, por seus delegados, podem promover a exclusão de qualquer eleitor inscrito ilegalmente, vedada a defesa do eleitor cuja exclusão esteja sendo promovida.

e) a suspensão ou perda dos direitos políticos e a pluralidade de inscrição acarretaram a exclusão do eleitor e podem ser promovidas *ex officio*, a requerimento de delegado de partido ou de qualquer eleitor.

A: incorreta. Os analfabetos, os maiores de setenta anos e os maiores de dezesseis e menores de dezoito anos são alistáveis facultativamente. Conforme Art. 14,§ 1º, II, alíneas 'a', 'b' e 'c' da CF: Art. 14, § 1º O alistamento eleitoral e o voto são: II - facultativos para: a) os analfabetos; b) os maiores de setenta anos; c) os maiores de dezesseis e menores de dezoito anos. **B:** incorreta. O Art. 42, parágrafo único, do Código Eleitoral (Lei nº 4.737/1965) dispõe: Art. 42. O alistamento se faz mediante a qualificação e inscrição do eleitor. Parágrafo único. Para o efeito da inscrição, é domicílio eleitoral o lugar de residência ou moradia do requerente, e, verificado ter o alistando mais de uma, considerar-se-á domicílio qualquer delas. Ademais, vale ressaltar que o conceito de domicílio eleitoral é muito mais amplo que o de domicílio civil. Ac.-TSE, de 18.2.2014, no REspe nº 37.481 e, de 5.2.2013, no AgR-AI nº 7.286: o conceito de domicílio eleitoral é mais elástico do que o do Direito Civil, satisfa-

Questões | Comentadas

zendo-se com vínculos de natureza política, econômica, social e familiar. Estando qualquer um destes verificados, será possível a consideração como domicílio eleitoral. **C:** incorreta. Conforme Art. 14, § 2º, da CF: Não podem alistar-se como eleitores os estrangeiros e, durante o período do serviço militar obrigatório, os conscritos. **D:** incorreta. É atribuição dos delegados de partidos políticos promover a exclusão de eleitores inscritos ilegalmente. Todavia, é garantida a defesa do eleitor cuja exclusão esteja sendo promovida, em respeito ao princípio do devido processo legal, contraditório e ampla defesa: Conforme Art. 27, II da Resolução nº 21.538 do TSE: Art. 27. Os partidos políticos, por seus delegados, poderão: II – requerer a exclusão de qualquer eleitor inscrito ilegalmente e assumir a defesa do eleitor cuja exclusão esteja sendo promovida. Conforme disposto no Art. 71, II do Código Eleitoral, a suspensão ou perda dos direitos políticos e a pluralidade de inscrição são causas para exclusão da inscrição eleitoral. Art. 71. São causas de cancelamento: I - a infração dos artigos. 5º e 42; II - a suspensão ou perda dos direitos políticos; III - a pluralidade de inscrição; IV - o falecimento do eleitor; V - deixar de votar durante o período de 6 (seis) anos ou em 3 (três) eleições seguidas. V - deixar de votar em 3 (três) eleições consecutivas. § 1º A ocorrência de qualquer das causas enumeradas neste artigo acarretará a exclusão do eleitor, que poderá ser promovida ex officio , a requerimento de delegado de partido ou de qualquer eleitor.

48. (Cespe – 2015) A respeito do sistema eleitoral brasileiro, assinale a opção correta.

a) O princípio da moralidade eleitoral exige dos candidatos a prestação de contas uniforme, sem previsão de prestação simplificada, independentemente do valor movimentado em seu processo eleitoral.

b) O voto e o alistamento eleitoral são obrigatórios a todo cidadão brasileiro alfabetizado, em pleno gozo de saúde física e mental, que se encontre em seu domicílio eleitoral.

c) As eleições presidenciais fundamentam-se no princípio da isonomia da concorrência, não diferenciando o peso dos votos dos eleitores brasileiros.

d) Adotam-se no Brasil o caráter sigiloso (secreto) do voto, o pluripartidarismo e o sufrágio restrito e diferenciado.

e) O partido político detém autonomia para definir em que município será instalada sua sede, sua estrutura interna, sua organização, seu funcionamento e demais cláusulas.

A: incorreta. Art. 28, §9º, Lei nº 9.504/1997: A Justiça Eleitoral adotará sistema simplificado de prestação de contas para candidatos que apresentarem movimentação financeira correspondente a, no máximo, R$ 20.000,00 (vinte mil reais), atualizados monetariamente, a cada eleição, pelo Índice Nacional de Preços ao Consumidor - INPC da Fundação Instituto Brasileiro de Geografia e Estatística - IBGE ou por índice que o substituir. (Incluído pela Lei nº 13.165, de 2015) **B:** incorreta. Art. 14, § 1º, CF/1988: O alistamento eleitoral e o voto são: I - obrigatórios para os maiores de dezoito anos; II - facultativos para: a) os analfabetos; b) os maiores de setenta anos; c) os maiores de dezesseis e menores de dezoito anos. **C:** correta. Art. 14, CF/1988: Art. 14. A soberania popular será exercida pelo sufrágio universal e pelo voto direto e secreto, com valor igual para todos, e, nos termos da lei, (...). **D:** incorreta. Art. 14, CF/1988: Art. 14. A soberania popular será exercida pelo sufrágio universal e pelo voto direto e secreto, com valor igual para todos, e, nos termos da lei, (...). **E:** incorreta. Art. 15, I, Lei nº 9.096/1995: O Estatuto do partido deve conter, entre outras, normas sobre: I - nome, denominação abreviada e o estabelecimento da sede na Capital Federal.

49. (Cespe – 2015) Ainda a respeito do processo brasileiro de eleição, assinale a opção correta. Nesse sentido, considere que a sigla TSE, sempre que utilizada, se refere ao Tribunal Superior Eleitoral.

a) Os partidos políticos e os candidatos devem abrir conta bancária específica para demonstrar toda a movimentação financeira dos procedimentos adotados durante a campanha, estando as entidades bancárias obrigadas a acatar, em determinado prazo, pedido de abertura de conta, podendo fixar limite de depósito inicial.

b) É condicionante aos candidatos, no tocante à percepção de recursos financeiros para fazer face às despesas destinadas à sua campanha eleitoral, a inscrição no Cadastro Nacional de Pessoa Jurídica fornecida pela Justiça Eleitoral.

c) Se for indeferido o recurso especial interposto contra sentença do TSE, o recorrente poderá, no prazo de cinco dias, impetrar agravo de instrumento ao próprio TSE, a contar da juntada da intimação das partes nos autos, podendo o relator indeferi-lo, em decisão monocrática, se ele for proposto fora do prazo legal.

d) É competência dos tribunais regionais julgar recursos contra quaisquer demandas de suas circunscrições, sendo suas decisões terminativas, salvo no caso de eleições presidenciais, em que se pode recorrer ao TSE.

e) É livre a criação de partidos políticos, os quais se constituem de personalidade jurídica de direito privado, podendo, inclusive, fazer constar de seu estatuto a possibilidade de expulsão sumária de seus filiados.

A: incorreta. Art. 22, § 1º, Lei nº 9.504/1997: Os bancos são obrigados a: I - acatar, em até três dias, o pedido de abertura de conta de qualquer candidato escolhido em convenção, sendo-lhes vedado condicioná-la a depósito mínimo e à cobrança de taxas ou de outras despesas de manutenção; (Redação dada pela Lei nº 13.165, de 2015). **B:** correta. Art. 22-A, § 1º, I, Lei nº 9.504/1997: Os candidatos estão obrigados à inscrição no Cadastro Nacional da Pessoa Jurídica - CNPJ. (Redação dada pela Lei nº 13.165, de 2015) § 1º Após o recebimento do pedido de registro da candidatura, a Justiça Eleitoral deverá fornecer em até 3 (três) dias úteis, o número de registro de CNPJ. **C:** incorreta. Art. 282 Código Eleitoral: Denegado recurso, o recorrente poderá

Questões | Comentadas

interpor, dentro de 3 (três) dias, agravo de instrumento, observado o disposto no Art. 279 e seus parágrafos, aplicada a multa a que se refere o § 6º pelo Supremo Tribunal Federal. **D:** incorreta. Art. 120, § 4º CF/1988: Das decisões dos Tribunais Regionais Eleitorais somente caberá recurso quando: I - forem proferidas contra disposição expressa desta Constituição ou de lei; II - ocorrer divergência na interpretação de lei entre dois ou mais Tribunais Eleitorais; III - versarem sobre inelegibilidade ou expedição de diplomas nas eleições federais ou estaduais; IV - anularem diplomas ou decretarem a perda de mandatos eletivos federais ou estaduais; V - denegarem habeas corpus, mandado de segurança, habeas data ou mandado de injunção. **E:** incorreta. Art. 15, Lei nº 9.096/1995: O Estatuto do partido deve conter, entre outras, normas sobre: V - fidelidade e disciplina partidárias, processo para apuração das infrações e aplicação das penalidades, assegurado amplo direito de defesa.

50. (Cespe – 2015) Quando se trata de direito, os primeiros desafios que enfrentam os seus operadores e estudiosos são as questões relacionadas às fontes e aos princípios utilizados para que o juiz tenha condições de decidir sobre quaisquer matérias que lhe forem propostas. Em se tratando de matéria relacionada mais especificamente a Direito Eleitoral, também não é pequeno o esforço que se faz para deixar claro à sociedade as funções precípuas que exerce a Justiça Eleitoral. Com relação a esse assunto, assinale a opção correta.

a) a) As resoluções do TSE, por tratarem de legislação mais específica, devem prevalecer sobre quaisquer das demais fontes do Direito Eleitoral, em se tratando de matérias relacionadas às eleições.

b) O princípio da anterioridade tem como escopo proteger o processo eleitoral, garantindo que qualquer lei que altere esse processo somente entrará em vigor na data de sua publicação, não se aplicando à eleição seguinte à data de sua vigência.

c) Os Juízes Eleitorais são órgãos da Justiça Eleitoral, juntamente com as Juntas Eleitorais, os Tribunais Regionais Eleitorais e o TSE.

d) A transferência de domicílio do eleitor, a adoção de medidas para coibir a prática de propaganda eleitoral irregular e a emissão de segunda via do título eleitoral são exemplos de funções judiciárias da Justiça Eleitoral que devem ser apreciadas por Juiz Eleitoral e, na ausência deste, por um juiz da respectiva seccional.

e) As fontes do Direito Eleitoral têm como objetivo principal assegurar que não haja mudanças no ordenamento jurídico, mantendo-o estático, como deveria ser desde o princípio, pois se exige, cada vez mais, um ambiente legislativo seguro e simplificado.

A: incorreta. Resoluções do TSE: embora a doutrina reconheça que possuem força de lei ordinária, formalmente, tratam-se de poder regulamentar, ou seja, possuem natureza secundária. Na ADI 1.805/DF, o STF deixou de conhecer uma ADI na parte na qual se questionava a constitucionalidade de uma Resolução do TSE, por entender que ela não possui a natureza de ato normativo, nem caráter vinculativo. **B:** incorreta. Pelo Princípio da Anualidade Eleitoral, as leis que alterem o sistema eleitoral entrarão em vigor na data de sua aplicação, mas só terão eficácia para as eleições que ocorram após um ano da sua vigência. Art. 16, CF/1988. **C:** correta. Art. 118 da CF/1988. **D:** incorreta. Art. 32. Cabe a jurisdição de cada uma das Zonas Eleitorais a um Juiz de Direito em efetivo exercício e, na falta deste, ao seu substituto legal que goze das prerrogativas do Art. 95 da Constituição. Refere-se à CF/46; corresponde, entretanto, ao mesmo artigo da CF/88. Ac.-TSE nº 19.260/2001: O Juiz de Direito substituto pode exercer as funções de Juiz Eleitoral, mesmo antes de adquirir a vitaliciedade, por força do que disposto no Art. 22, § 2º, da Loman. **E:** incorreta. A Justiça Eleitoral foi criada para garantir maior seriedade e lisura no processo eletivo.[8]

51. (Cespe – 2015) As eleições para Prefeitos, Vice-Prefeitos e Vereadores aproximam-se. Em determinado município, de acordo com a última pesquisa do Instituto Brasileiro de Geografia e Estatística (IBGE), na data das eleições, haverá pouco menos de vinte e seis mil eleitores alistados. Considerando que a presente situação hipotética se concretize, assinale a opção correta.

a) Os partidos de candidatos a Vereadores têm a prerrogativa de coligarem-se para o registro de candidatos comuns, desde que pelo menos três partidos queiram fazê-lo.

b) As eleições para Prefeitos e Vice-Prefeitos têm de ser obrigatoriamente realizadas na mesma data. Entretanto, não estão vinculadas ao sufrágio simultâneo para a escolha dos Vereadores.

c) Ao final da apuração, serão considerados vencedores das eleições aqueles candidatos a Prefeito e Vice-Prefeito que auferirem a maioria dos votos válidos, desconsiderando-se os brancos e nulos, desde que ao menos 50% mais um dos eleitores alistados exerçam efetivamente o ato de votar.

d) Nas eleições para Prefeito e Vice-Prefeito do referido município, o número de eleitores alistados em nada interfere no procedimento eleitoral, sendo que, se o Prefeito obtiver a maioria dos votos entre seus concorrentes, representará, de modo irretratável, sua eleição e a do Vice-Prefeito com ele registrado.

e) Para concorrer às eleições, os Vereadores deverão possuir domicílio eleitoral e filiação partidária deferida na respectiva Circunscrição há pelo menos seis meses antes das eleições.

A: incorreta. Art. 6º, § 1º, Lei nº 9.504/1997: É facultado aos partidos políticos, dentro da mesma Circunscrição, celebrar coligações para eleição majoritária, proporcional, ou para ambas, podendo, neste último caso, formar-se mais de uma coligação para a eleição proporcional dentre os partidos que integram a coligação para o pleito majoritário. § 1º A coligação terá denominação própria, que poderá

---

8 Fonte: CERQUEIRA, Thales Tácito. e CERQUEIRA, Camila Albuquerque. Direito Eleitoral Esquematizado. 4 ed., São Paulo: Saraiva, 2014.

ser a junção de todas as siglas dos partidos que a integram, sendo a ela atribuídas as prerrogativas e obrigações de partido político no que se refere ao processo eleitoral, e devendo funcionar como um só partido no relacionamento com a Justiça Eleitoral e no trato dos interesses interpartidários. **B:** incorreta. Art. 29, II, CF/1988: Eleição do Prefeito, do Vice-Prefeito e dos Vereadores, para mandato de quatro anos, mediante pleito direto e simultâneo realizado em todo o País. **C:** incorreta. Art. 3º, Lei nº 9.504/1997: Será considerado eleito Prefeito o candidato que obtiver a maioria dos votos, não computados os em branco e os nulos. § 2º Nos Municípios com mais de duzentos mil eleitores, aplicar-se-ão as regras estabelecidas nos §§ 1º a 3º do artigo anterior. (O município em questão possui 26 mil eleitores, portanto não há que se cogitar 2º turno). **D:** correta. Art. 3º, Lei nº 9.504/1997:Será considerado eleito Prefeito o candidato que obtiver a maioria dos votos, não computados os em branco e os nulos. **E:** incorreta. Art. 9º, Lei nº 9.504/1997: Para concorrer às eleições, o candidato deverá possuir domicílio eleitoral na respectiva Circunscrição pelo prazo de, pelo menos, um ano antes do pleito, e estar com a filiação deferida pelo partido no mínimo seis meses antes da data da eleição.

52. **(Cespe – 2015)** Tendo em vista que a prática de nepotismo, o favorecimento de particulares em contratações públicas, o abuso de poder e o desrespeito à legislação, de modo geral, afetam a estabilidade do processo eleitoral em qualquer Circunscrição e podem vir, inclusive, a alterar o resultado das eleições, assinale a opção correta.

a) Podem ser nomeados presidentes ou mesários das mesas receptoras autoridades e agentes policiais, bem como aqueles que compõem o quadro de terceirizados, entendidos como tais os que prestam serviços à Administração Pública como empregados de pessoa jurídica de direito privado detentora de contrato oriundo de certame licitatório.

b) Quando da escolha dos locais para a votação, não havendo imóveis públicos em condições adequadas, pode o Juiz Eleitoral designar que as mesas receptoras funcionem em propriedade particular, a qual será obrigatoriamente cedida para esse fim, sem ônus financeiro para a administração.

c) A força armada designada para assumir o trabalho de polícia eleitoral poderá transitar livremente nas Seções Eleitorais e nos lugares de votação, independentemente de autorização, já que é sua responsabilidade manter a ordem e a paz no ambiente destinado às eleições.

d) Para exercer o ato de votar, é indispensável que o eleitor apresente o seu título eleitoral acompanhado de documento de identificação pessoal com foto.

e) O TSE nº não pode contratar cidadãos que mantenham entre si relação de parentesco, ainda que por afinidade, até o quinto grau, devendo, em casos de vínculo legítimo entre dois contratados, optar pela dispensa de um deles.

Resolução 23.399/2014 TSE: Art. 15. Os locais designados para o funcionamento das Mesas Receptoras, assim como a sua composição, serão publicados, até 6 de agosto de 2014, no Diário da Justiça Eletrônico, nas capitais, e no Cartório Eleitoral, nas demais localidades (Código Eleitoral, artigos 120, § 3º, e 135). § 1º A publicação deverá conter a seção, inclusive as agregadas, com a numeração ordinal e o local em que deverá funcionar, com a indicação da rua, número e qualquer outro elemento que facilite a sua localização pelo eleitor, bem como os nomes dos mesários nomeados para atuarem nas Mesas Receptoras e dos eleitores para atuarem como apoio logístico nos locais de votação (Código Eleitoral, artigos 120, § 3º, e 135, § 1º). § 2º Será dada preferência aos edifícios públicos, recorrendo-se aos particulares se faltarem aqueles em número e condições adequadas (Código Eleitoral, artigo 135, § 2º). § 3º A propriedade particular será obrigatória e gratuitamente cedida para esse fim (Código Eleitoral, artigo 135, § 3º).

53. **(Cespe – 2015)** A Constituição Federal de 1988 (CF) prevê, em seu Art. 127, que "O Ministério Público é instituição permanente, essencial à função jurisdicional do Estado, incumbindo-lhe a defesa da ordem jurídica, do regime democrático e dos interesses sociais e individuais indisponíveis". Entretanto, no Art. seguinte (Art. 128, CF), ao se verificar a sua abrangência, nota-se que ele é formado pelo: Ministério Público da União, que compreende o Ministério Público Federal (MPF), o Ministério Público do Trabalho, o Ministério Público Militar e o Ministério Público do Distrito Federal e Territórios; e pelos Ministérios Públicos dos Estados. Não há, portanto, no texto constitucional, previsão expressa do Ministério Público Eleitoral (MPE). Com referência a essas informações e à atuação do MPE, assinale a opção correta.

a) As infrações penais resultantes de crimes verificados durante o processo eleitoral são de ação pública e podem ser propostas pelo MPE.

b) O processo eleitoral, por tratar questões relacionadas apenas a atos administrativos solucionados pela Justiça Eleitoral, não demanda uma instituição exclusiva para atuação em relação a causas eleitorais; por isso, o MPE foi dele dispensado pela CF.

c) O MPE compõe a estrutura do MPF e sua atuação está adstrita a feitos judiciais que exijam capacidade postulatória.

d) O MPE compõe a estrutura do MPF e sua atuação está adstrita ao âmbito administrativo, atuando no alistamento eleitoral, em requerimentos de transferências e em cancelamentos de inscrições.

e) O TSE nº tem reforçado a tese de que a atuação do parquet perante a Justiça Eleitoral é dispensável, pois a legitimidade recursal das suas decisões é deferida aos primeiros interessados, que são os partidos ou os candidatos adversários.

Questões | Comentadas

Sobre o MPE: Como defensor do regime democrático, o Ministério Público tem legitimidade para intervir no processo eleitoral, atuando em todas as fases: inscrição dos eleitores, convenções partidárias, registro de candidaturas, campanhas, propaganda eleitoral, votação, diplomação dos eleitos. A intervenção do MP também ocorre em todas as instâncias do Judiciário, em qualquer época (havendo ou não eleição), e pode ser como parte (propondo ações) ou fiscal da lei (oferecendo parecer). O Ministério Público Eleitoral não tem estrutura própria: é composto por membros do Ministério Público Federal e do Ministério Público Estadual. O procurador-geral da República exerce a função de procurador-geral Eleitoral perante o Tribunal Superior Eleitoral (TSE) e indica membros para também atuarem no TSE nº (subprocuradores) e nos Tribunais Regionais Eleitorais (procuradores regionais eleitorais, que chefiam o Ministério Público Eleitoral nos Estados). Os promotores eleitorais são promotores de Justiça (membros do Ministério Público Estadual) que exercem as funções por delegação do MPF.[9]

54. (Cespe – 2015) Pelo menos um em cada quatro Deputados Federais no Brasil, entre 1986 e 2002, abandonou o partido responsável por sua eleição para a Câmara dos Deputados. A proporção de Deputados que mudam de legenda, alguns várias vezes na mesma legislatura, tem contribuído para o reforço de uma imagem negativa do Poder Legislativo brasileiro, relacionada à fragilidade dos partidos, ao governismo e ao predomínio de ambições particulares.

MARENCO, André. Migração partidária. In: L. Avritzer e F. Anastasia. Reforma política no Brasil. Belo Horizonte: Editora UFMG, 2007 (com adaptações). Tendo em vista que, desde a publicação do texto apresentado, em 2007, diversas proposições com a finalidade de regular e coibir a mudança de partido pelos parlamentares converteram-se em lei, assinale a opção correta à luz do disposto nas Leis nº 9.096/1995 e nº 13.165/2015.

a) A lei veda a mudança de partido em qualquer hipótese, pois, nas eleições proporcionais, a eleição do candidato depende dos votos recebidos por seu partido.

b) Devido ao fato de o partido ser o único prejudicado com a desfiliação de parlamentares, por diminuição de sua bancada, a mudança de partido dependerá de anuência expressa de sua direção.

c) A mudança de partido, exceto nos casos previstos em lei, resulta em perda do mandato do detentor de cargo eletivo no Poder Legislativo.

d) A lei prevê a perda do mandato do detentor de cargo eletivo no Poder Legislativo, em caso de filiação a novo partido, ainda que esse partido seja novo ou resultante da fusão de dois partidos já existentes.

e) O parlamentar é dono de seu mandato, por receber pessoal e nominalmente os votos a ele conferidos pelo eleitor, razão por que não há restrições legais à mudança de partido.

---

9 Fonte: http://eleitoral.mpf.mp.br/institucional

A: incorreta. A lei autoriza a mudança de partido político, desde que se tenha uma justa causa. Vide Art. 22-A da Lei nº 9.096/1995. **B:** incorreta. Vide justificativa da alternativa A. **C:** correta. Vide Art. 22-A da Lei nº 9.096/1995. **D:** incorreta. Vide Art. 22-A da Lei nº 9.096/1995. **E:** incorreta. Vide justificativas das alternativas A e B.

55. (Cespe – 2015) Em eleição para Vereadores de um município brasileiro, foram apurados 90.000 votos válidos para as cinco cadeiras em jogo. Na distribuição dos votos, o partido A obteve 60.000 votos, sendo 55.000 para o candidato A1, 3.000 votos para o candidato A2, 800 votos para o candidato A3, 700 votos para o candidato A4 e 500 votos para o candidato A5. O partido B obteve 21.000 votos, sendo 11.000 para o candidato B1, 6.000 votos para o candidato B2 e 4.000 votos para o candidato B3. O partido C lançou apenas um candidato, C1, que obteve 9.000 votos. Nessa situação hipotética,

    a) uma vez que a exigência de votação mínima dos candidatos foi declarada inconstitucional, o quociente partidário assegura ao partido A três cadeiras, ao partido B, uma cadeira, e restará uma cadeira a ser destinada com base nas regras previstas no Código Eleitoral.

    b) o quociente partidário, combinado com a exigência de votação mínima dos candidatos, assegura ao partido A duas cadeiras, ao partido B, uma cadeira, e restarão duas cadeiras a ser destinadas com base nas regras previstas no Código Eleitoral.

    c) o quociente eleitoral é de 9.000 votos.

    d) o candidato C1 está eleito, pois foi o segundo mais votado em uma disputa em que havia cinco vagas em jogo.

    e) o quociente partidário assegura ao partido B duas cadeiras.

    A: correta. Vide Arts. 105 a 113 do CE. **B:** incorreta. O quociente partidário, combinado com a exigência de votação mínima dos candidatos, assegura ao partido A uma cadeira. **C:** incorreta. O quociente eleitoral é de 15.000 votos. Obtém-se esse resultado pela fórmula do Art. 106 do CE. **D:** incorreta. O candidato mais votado foi o candidato A1 e não C1. **E:** incorreta. O QP assegura ao partido 1 cadeira. 21.000/15.000 =- 1,4. Vide Art. 107 do Código Eleitoral.

56. (Cespe – 2015) Eleito Deputado Federal em 2014, e já preocupado em planejar sua campanha à reeleição para as eleições de 2018, Jorge sondou os possíveis doadores de recursos para sua campanha e elaborou seu planejamento. No entanto, em razão das alterações havidas na lei a respeito da matéria, ele solicitou parecer sobre a legalidade das possíveis fontes de financiamento de sua futura campanha.

    Acerca dessa situação hipotética, assinale a opção que relaciona apenas fontes de recursos de campanha em conformidade com a legislação ora vigente.

    a) entidades de utilidade pública e recursos próprios sem limitação

    b) entidades esportivas e pessoas físicas até o limite de R$ 20.000 por doador

Questões | Comentadas

c) empresas até o limite de R$ 20.000 por doador e entidades beneficentes e religiosas

d) pessoas físicas até o limite de 10% dos rendimentos brutos do doador no ano de 2017 e empresas até o limite de 2% do faturamento bruto de 2017

e) pessoas físicas até o limite de 10% dos rendimentos brutos do doador no ano de 2017 e recursos próprios até o limite de gastos estabelecidos na lei para o cargo pretendido

Fidedigno à Lei nº 9.504/97 - Normas Para Eleições: Art. 23. Pessoas físicas poderão fazer doações em dinheiro ou estimáveis em dinheiro para campanhas eleitorais, obedecido o disposto nesta Lei. § 1º As doações e contribuições de que trata este artigo ficam limitadas a 10% (dez por cento) dos rendimentos brutos auferidos pelo doador no ano anterior à eleição.

57. (Cespe – 2015) Ao final do ano, a direção do partido X reuniu-se para planejar a utilização dos recursos do Fundo Partidário para o ano vindouro. A situação financeira desse partido encontrava-se bastante complicada, pois suas receitas eram insuficientes para honrar seus débitos. Para equilibrar a situação, diversas propostas foram apresentadas e discutidas na reunião.

A propósito dessa situação hipotética, assinale a opção que apresenta uma correta proposta de solução, também hipotética, para o problema em questão, à luz da legislação vigente.

a) Deslocar os 5% dos recursos do Fundo Partidário que a lei reserva para o estímulo e a promoção da participação política das mulheres para destinações mais urgentes, e aumentar esse percentual depois que a situação financeira do partido for estável.

b) Solicitar à fundação de pesquisa do partido que se encarregue, com os recursos provenientes dos 20% do Fundo Partidário que o partido a ela repassa, de um projeto de capacitação política voltado para filiados e não filiados, previsto inicialmente para ser feito com recursos do partido.

c) Destinar, para pagamento dos funcionários da direção nacional do partido, mais do que os 50% dos recursos do Fundo Partidário que a lei estipula como limite, apresentando justificação minuciosa por ocasião da prestação de contas.

d) Repassar para a fundação de pesquisa do partido as despesas anuais com salários e aluguéis, com a promessa de reembolso posterior.

e) Aumentar a previsão de receita, uma vez que está acordado o ingresso de alguns Deputados no partido e, com o aumento da bancada, a receita do Fundo Partidário deve crescer.

Lei 13.165/2015: Art. 10. Nas duas eleições que se seguirem à publicação desta Lei, o tempo mínimo referido no inciso IV do Art. 45 da Lei nº 9.096, de 19 de setembro de 1995, será de 20% (vinte por cento) do programa e das inserções.

58. (Cespe – 2015) Para que os governos se sucedam pacificamente, deve ser racionalmente estruturada uma técnica que assegure a normal apuração da vontade popular, com rigorosa probidade. Três sistemas se apresentam para realizar essa operação: o da verificação de poderes, a cargo dos órgãos legislativos; o sistema eclético de um tribunal misto, com composição dúplice — política e jurisdicional; e o do controle por um Tribunal Eleitoral, tipicamente Judiciário.

RIBEIRO, Fávila. *Direito eleitoral.* Rio de Janeiro: Forense, 1997.

A partir dessas informações, é correto afirmar que, no caso brasileiro,

a) vigora o sistema eclético de um tribunal misto, com composição dúplice, política e jurisdicional.

b) é facultada aos Tribunais Eleitorais a subdivisão em Câmaras ou Turmas, para deliberação de caráter administrativo, normativo ou jurisdicional.

c) para o bom cumprimento de suas finalidades, é competência da Justiça Eleitoral impugnar o registro de candidatos.

d) são competências da Justiça Eleitoral, entre outras: o registro e a cassação dos partidos, bem como a fiscalização de suas atividades financeiras; a organização do processo eleitoral; e o fornecimento de transporte e alimentação para eleitores das áreas rurais.

e) a Justiça Eleitoral dispõe de um quadro misto de magistrados: uma parte integra um quadro próprio permanente, enquanto a outra é originada, periodicamente, de outros órgãos judiciários.

A: incorreta. Nesse sentido, pode-se dizer que a Justiça Eleitoral desempenha várias funções, notadamente as seguintes: administrativa, jurisdicional, normativa e consultiva[10]. **B:** incorreta. Não há no ordenamento jurídico tal possibilidade. Essa possibilidade se estende apenas aos: Tribunais Regionais Federais (Art. 107, § 3º, CF/88), Tribunais Regionais do Trabalho (Art. 115, § 2º, CF/88) e Tribunais de Justiça (Art. 125, § 6º, CF/88). **C:** incorreta. Art. 3º, LC nº 64/1990: Caberá a qualquer candidato, a partido político, coligação ou ao Ministério Público, no prazo de 5 (cinco) dias, contados da publicação do pedido de registro do candidato, impugná-lo em petição fundamentada. **D:** correta. Art. 22, Código Eleitoral: Compete ao Tribunal Superior: I - Processar e julgar originariamente: a) o registro e a cassação de registro de partidos políticos, dos seus diretórios nacionais e de candidatos à Presidência e Vice-Presidência da República. Art. 123 Código Eleitoral: Os mesários substituirão o presidente, de modo que haja sempre quem responda pessoalmente pela ordem e regularidade do processo eleitoral, e assinarão a ata da eleição. Art. 1º Lei 6.091/1974: Os veículos e embarcações, devidamente abastecidos e tripulados, pertencentes à União, Estados, Territórios e Municípios e suas respectivas autarquias e sociedades de economia mista, excluídos os de uso militar, ficarão à

---

10 José Jairo Gomes, Direito Eleitoral, 2015. p. 69.

Questões | Comentadas

disposição da Justiça Eleitoral para o transporte gratuito de eleitores em zonas rurais, em dias de eleição. Art. 8º, Lei 6.091/1974: Somente a Justiça Eleitoral poderá, quando imprescindível, em face da absoluta carência de recursos de eleitores da zona rural, fornecer-lhes refeições, correndo, nesta hipótese, as despesas por conta do Fundo Partidário. **E:** incorreta. Ao contrário dos demais órgãos que compõem o Poder Judiciário, a Justiça Eleitoral não apresenta corpo próprio e independente de juízes. Nela atuam magistrados oriundos de diversos tribunais, a saber: Supremo Tribunal Federal, Superior Tribunal de Justiça, Justiça Comum Estadual, Justiça Comum Federal e da Ordem dos Advogados do Brasil[11].

59. (Cespe – 2015) O Direito Eleitoral, precisamente, dedica-se ao estudo das normas e procedimentos que organizam e disciplinam o exercício do poder de sufrágio popular, de modo a que se estabeleça a precisa equação entre a vontade do povo e a atividade governamental. Para melhor ordenação lógica (das fontes), há que se partir da Constituição Federal de 1988 (CF), que é a fonte suprema de onde promana a ordem jurídica estatal.

Idem, ibidem (com adaptações).

Com relação a esse tema, assinale a opção correta.

a) Incorporou-se no texto da CF a capacidade eleitoral ativa e passiva dos analfabetos.

b) A exemplo de alguns países europeus e americanos, a CF admite, em determinadas circunstâncias, o registro de candidatos estrangeiros.

c) Conforme a CF, a soberania popular é exercida pelo sufrágio e pelo voto direto e secreto, com valor igual para todos, e, nos termos da lei, mediante plebiscito, referendo e iniciativa popular.

d) Não estando prevista na CF a eleição dos Deputados por meio do sistema proporcional, a eventual mudança do sistema pode ser realizada mediante apresentação de projeto de lei.

e) A CF autoriza, em determinadas circunstâncias, a eleição de cidadãos sem filiação partidária.

A: incorreta. Art. 14, § 4º São inelegíveis os inalistáveis e os analfabetos. **B:** incorreta. Não há possibilidade de estrangeiros se candidatarem. **C:** correta. Art. 14. A soberania popular será exercida pelo sufrágio universal e pelo voto direto e secreto, com valor igual para todos, e, nos termos da lei, mediante: (...). **D:** incorreta. Art. 45. A Câmara dos Deputados compõe-se de representantes do povo, eleitos, pelo sistema proporcional, em cada Estado, em cada Território e no Distrito Federal. **E:** incorreta. Art. 14, § 3º São condições de elegibilidade, na forma da lei: V - a filiação partidária.

60. (Cespe – 2015) O percentual médio de mulheres que ocupam cargos legislativos (Câmaras baixas e Senados) no mundo é de 20,3%. Nas Câmaras baixas, elas representam 20,7% dos legisladores e nos Senados, 18,1%. No Brasil, embora 16% dos membros do Senado Federal sejam mulheres, na Câmara dos Depu-

---

11 GOMES, José Jairo. Direito Eleitoral. 2015. p. 67

tados elas ocupam apenas 8,6% das vagas, o que coloca o país entre os dois países com índices mais baixos de representação política feminina nestas posições da América Latina. A situação nas Assembleias Legislativas Estaduais e Câmaras Municipais não difere tanto desse quadro: atualmente, elas ocupam 12,8% e 12,5%, respectivamente, das posições destas Casas.

SACCHET, Teresa. *Democracia pela metade: candidaturas e desempenho eleitoral das mulheres.*

Tendo esse fragmento de texto como referência inicial, assinale a opção que apresenta os percentuais mínimo e máximo de reserva previstos para cada um dos sexos nas Leis n.º 9.504/1997 e n.º 13.165/2015.

a) a) 30% e 70% do número de candidaturas que o partido ou a coligação tem o direito de apresentar, independentemente do número de vagas efetivamente preenchidas.

b) 30% e 70% do número de vagas efetivamente preenchidas pelo partido ou pela coligação.

c) 35% e 65% das cadeiras em disputa.

d) 35% e 65% do número das vagas efetivamente preenchidas pelo partido ou pela coligação.

e) 30% e 70% das cadeiras em disputa.

Lei nº 9.504/1997: Art. 10, § 3º Do número de vagas resultante das regras previstas neste artigo, cada partido ou coligação preencherá o mínimo de 30% (trinta por cento) e o máximo de 70% (setenta por cento) para candidaturas de cada sexo.

61. (Cespe – 2015) Eleito Deputado Federal em 2014, e já preocupado em planejar sua campanha à reeleição para as eleições de 2018, Jorge sondou os possíveis doadores de recursos para sua campanha e elaborou seu planejamento. No entanto, em razão das alterações havidas na lei a respeito da matéria, ele solicitou parecer sobre a legalidade das possíveis fontes de financiamento de sua futura campanha.

Acerca dessa situação hipotética, assinale a opção que relaciona apenas fontes de recursos de campanha em conformidade com a legislação ora vigente.

a) entidades de utilidade pública e recursos próprios sem limitação

b) entidades esportivas e pessoas físicas até o limite de R$ 20.000 por doador

c) empresas até o limite de R$ 20.000 por doador e entidades beneficentes e religiosas

d) pessoas físicas até o limite de 10% dos rendimentos brutos do doador no ano de 2017 e empresas até o limite de 2% do faturamento bruto de 2017

e) pessoas físicas até o limite de 10% dos rendimentos brutos do doador no ano de 2017 e recursos próprios até o limite de gastos estabelecidos na lei para o cargo pretendido

Questões | Comentadas

A: incorreta. Art. 24, V, Lei nº 9.504/1997: É vedado a partido e candidato, receber direta ou indiretamente doação em dinheiro ou estimável em dinheiro, inclusive por meio de publicidade de qualquer espécie, procedente de: (...) V - entidade de utilidade pública. Art. 23, § 1º-**A:** O candidato poderá usar recursos próprios em sua campanha até o limite de gastos estabelecido nesta Lei para o cargo ao qual concorre. **B:** incorreta. Art. 24, IX, Lei nº 9.504/1997: É vedado a partido e candidato, receber direta ou indiretamente doação em dinheiro ou estimável em dinheiro, inclusive por meio de publicidade de qualquer espécie, procedente de: (...) IX - entidades esportivas. Art. 23, caput e § 1º: Pessoas físicas poderão fazer doações em dinheiro ou estimáveis em dinheiro para campanhas eleitorais, obedecido o disposto nesta Lei. § 1º - As doações e contribuições de que trata este artigo ficam limitadas a 10% (dez por cento) dos rendimentos brutos auferidos pelo doador no ano anterior à eleição. **C:** incorreta. O Supremo Tribunal Federal, em sessão nesta quinta-feira (17), por maioria e nos termos do voto do Ministro relator, Luiz Fux, 'julgou procedente em parte o pedido formulado na Ação Direta de Inconstitucionalidade (ADI) 4.650 para declarar a inconstitucionalidade dos dispositivos legais que autorizavam as contribuições de pessoas jurídicas às campanhas eleitorais, vencidos, em menor extensão, os ministros Teori Zavascki, Celso de Mello e Gilmar Mendes, que davam interpretação conforme, nos termos do voto ora reajustado do Ministro Teori Zavascki'. O Tribunal rejeitou a modulação dos efeitos da declaração de inconstitucionalidade por não ter alcançado o número de votos exigidos pelo artigo 27 da Lei nº 9.868/99, e, consequentemente, a decisão aplica-se às eleições de 2016 e seguintes, a partir da sessão de julgamento, independentemente da publicação do acórdão. Com relação às pessoas físicas, as contribuições ficam reguladas pela lei em vigor[12]. Art. 24, VIII, Lei nº 9.504/1997: É vedado a partido e candidato, receber direta ou indiretamente doação em dinheiro ou estimável em dinheiro, inclusive por meio de publicidade de qualquer espécie, procedente de: (...) VIII - entidades beneficentes e religiosas. **D:** incorreta. Art. 23, caput e § 1º, da Lei nº 9.504/1997 e ADIN 4.056 (ambos já citados). **E:** correta. Art. 23, caput e § 1º, da Lei nº 9.504/1997 (já citado).

62. (Cespe – 2015) Com relação ao mandado de segurança e à execução de multa eleitoral, assinale a opção correta.

a) A competência para processar ação relativa a imposição de multa eleitoral fixada pela Justiça Eleitoral é do juízo de primeiro grau da Justiça Comum Estadual.

b) A competência para processar e julgar mandado de segurança, em que a autoridade coatora for um delegado da Receita Federal em Porto Alegre – RS, será da Justiça Estadual de primeiro grau da comarca de Porto Alegre.

c) A Procuradoria da Fazenda Nacional possui legitimidade ativa para propor ação relativa à imposição de multa eleitoral fixada pelo TRE.

---

12 Notícias do STF - 17/09/2015

d) Contra os acórdãos dos Tribunais de Justiças que concedam ou neguem a segurança cabe, em tese, recurso especial ou extraordinário.

e) Contra decisão do juízo de primeira instância que indefira petição inicial em mandado de segurança cabe recurso de agravo de instrumento; contra sentença do mesmo juízo que conceda ou negue segurança cabe apelação.

A: incorreta. Art. 367, IV, Código Eleitoral: A cobrança judicial da dívida será feita por ação executiva na forma prevista para a cobrança da dívida ativa da Fazenda Pública, correndo a ação perante os juízos eleitorais. **B:** incorreta. Art. 109, CF/1988: Aos juízes federais compete processar e julgar: VIII - os mandados de segurança e os habeas data contra ato de autoridade federal, excetuados os casos de competência dos tribunais federais. **C:** correta. Execução fiscal. Multa eleitoral. Competência. 1. Nos termos do Art. 3º, § 2º, da Res.-TSE nº 21.975/2004, 'para fins de inscrição de multas eleitorais na Dívida Ativa da União, os Tribunais Eleitorais reportar-se-ão diretamente às procuradorias da Fazenda Nacional'. 2. O fato de o Art. 367, III, do Código Eleitoral prever a inscrição da dívida em livro do Cartório Eleitoral não afasta a competência da Procuradoria da Fazenda Nacional para inscrever a dívida eleitoral ou expedir a certidão de dívida ativa. [...] (Ac. de 7.12.2011 no AgR-AI nº 11227, rel. Min. Arnaldo Versiani.). **D:** incorreta. Art. 105, CF/1988: Compete ao Superior Tribunal de Justiça: II - julgar, em recurso ordinário: b) os mandados de segurança decididos em única instância pelos Tribunais Regionais Federais ou pelos tribunais dos Estados, do Distrito Federal e Territórios, quando denegatória a decisão. **E:** incorreta. Art. 10, § 1º, Lei nº 12.016/09: Do indeferimento da inicial pelo juiz de primeiro grau caberá apelação e, quando a competência para o julgamento do mandado de segurança couber originariamente a um dos tribunais, do ato do relator caberá agravo para o órgão competente do tribunal que integre.

63. (FCC – 2015) NÃO é vedado designar como local de votação

a) estabelecimentos penais.

b) imóvel pertencente a candidato, ainda que em área rural.

c) propriedade pertencente a cônjuge de delegado de partido.

d) propriedade particular, desde que seja efetuado o pagamento de justa e prévia indenização pelo seu uso.

e) propriedade pertencente à autoridade policial.

A: correta. Art. 1º Resolução TSE nº 23.219/2010: Os Juízes Eleitorais, sob a coordenação dos Tribunais Regionais Eleitorais, criarão Seções Eleitorais especiais em estabelecimentos penais e em unidades de internação de adolescentes, a fim de que os presos provisórios e os adolescentes internados tenham assegurado o direito de voto, observadas as normas eleitorais e as normas específicas constantes desta resolução. **B:** incorreta. Art. 135, § 5º, Código Eleitoral: Não poderão ser localizadas Seções Eleitorais em fazenda sítio ou qualquer propriedade rural

Questões | Comentadas

privada, mesmo existindo no local prédio público, incorrendo o juiz nas penas do Art. 312, em caso de infringência. **C:** incorreta. Art. 135, § 4º, Código Eleitoral: É expressamente vedado uso de propriedade pertencente a candidato, membro do diretório de partido, delegado de partido ou autoridade policial, bem como dos respectivos cônjuges e parentes, consanguíneos ou afins, até o 2º grau, inclusive. **D:** incorreta. Art. 135, § 3º, Código Eleitoral: A propriedade particular será obrigatória e gratuitamente cedida para esse fim. **E:** incorreta. Art. 135, § 4º, Código Eleitoral: É expressamente vedado uso de propriedade pertencente a candidato, membro do diretório de partido, delegado de partido ou autoridade policial, bem como dos respectivos cônjuges e parentes, consanguíneos ou afins, até o 2º grau, inclusive.

64. (FCC – 2015) A transferência de domicílio eleitoral

   a) cabe ser objeto de recurso por qualquer Delegado de partido, caso deferida pelo Juiz Eleitoral.

   b) deve ser requerida ao Cartório Eleitoral do novo domicílio, para ser admitida, até cento e vinte dias antes da data da eleição.

   c) não cabe ser indeferida ou denegada caso o eleitor não esteja quite com a Justiça Eleitoral.

   d) tem como requisito para ser deferida a comprovação de residência mínima de seis meses no novo domicílio, inclusive nos casos de transferência de título eleitoral de servidor público civil, militar, autárquico, ou de membro de sua família, por motivo de remoção ou transferência.

   e) tem como requisito para ser deferida a comprovação de residência mínima de seis meses no novo domicílio, exceto nos casos de transferência de título eleitoral de servidor público civil, militar, autárquico, ou de membro de sua família, por motivo de remoção ou transferência.

A: correta. Art. 18, § 5º, Resolução TSE nº 21.538/03: Do despacho que indeferir o requerimento de transferência, caberá recurso interposto pelo eleitor no prazo de cinco dias e, do que o deferir, poderá recorrer qualquer delegado de partido político no prazo de dez dias, contados da colocação da respectiva listagem à disposição dos partidos, o que deverá ocorrer nos dias 1º e 15 de cada mês, ou no primeiro dia útil seguinte, ainda que tenham sido exibidas ao requerente antes dessas datas e mesmo que os partidos não as consultem. **B:** incorreta. Art. 91, Lei nº 9.504/1997: Nenhum requerimento de inscrição eleitoral ou de transferência será recebido dentro dos cento e cinquenta dias anteriores à data da eleição. Art. 18, Inciso I, Resolução TSE nº 21.538/2003: recebimento do pedido no Cartório Eleitoral do novo domicílio no prazo estabelecido pela legislação vigente. **C:** incorreta. Art. 18, Resolução TSE nº 21.538/2003: A transferência do eleitor só será admitida se satisfeitas as seguintes exigências: IV - prova de quitação com a Justiça Eleitoral. **D** e **E:** Incorretas. Art. 18, Resolução TSE nº 21.538/03: A transferência do eleitor só será admitida se satisfeitas as seguintes exigências: I – recebimento do pedido no Cartório Eleitoral do novo domicílio no prazo estabelecido pela legislação vigente; II – transcurso de, pelo menos, um ano do alistamento ou da última transferência; III – residência mínima de três meses no novo domicílio, declarada, sob as penas da lei, pelo próprio eleitor (Lei nº 6.996/1982, Art. 8º); IV – prova de quitação com a Justiça Eleitoral. § 1º O disposto nos incisos II e III não se aplica à transferência de título eleitoral de servidor público civil, militar, autárquico, ou de membro de sua família, por motivo de remoção ou transferência (Lei nº 6.996/1982, Art. 8º, parágrafo único).

65. (FCC – 2015) Acerca dos recursos eleitorais, é correto afirmar:

a) Caberá recurso imediato das decisões das Juntas para o Tribunal Regional, os quais poderão ser interpostos verbalmente ou por escrito, fundamentadamente, no prazo máximo de vinte e quatro horas.

b) Em todos os casos, poderá ser interposto recurso em cinco dias, contados da data da publicação do ato, resolução ou despacho, suspendendo-se os efeitos da decisão impugnada.

c) Se reformada decisão interposta de junta ou juízo eleitoral, poderá o recorrido requerer suba o recurso como se por ele interposto, por simples pedido, no prazo de cinco dias.

d) Realizada a diplomação, caberá recurso contra a expedição de diploma somente nos casos de inelegibilidade, superveniente ou de natureza constitucional, e de falha de condição de elegibilidade.

e) Sendo recurso que discute matéria constitucional, caberá ao recorrente apresentar impugnação em prazo de quinze dias, diretamente perante o STF.

Lei nº 4.737/1965 (Código Eleitoral), Art. 262. O recurso contra expedição de diploma caberá somente nos casos de inelegibilidade superveniente ou de natureza constitucional e de falta de condição de elegibilidade.

66. (Cespe – 2015) Cada uma das próximas opções apresenta uma situação hipotética, seguida de uma assertiva a ser julgada. Assinale a opção em que a assertiva esteja correta, de acordo com o entendimento do TSE.

a) Situação hipotética: No dia seguinte à conclusão ao Juiz Eleitoral, foi entregue e publicada em cartório a sentença que indeferia o pedido de registro de um candidato. ASSERTIVA: Nessa situação, o prazo legal para interposição de recurso ordinário perante o TRE será contado a partir da publicação da sentença em cartório.

b) Situação hipotética: Os direitos políticos de determinado cidadão foram suspensos em decorrência de condenação criminal transitada em julgado. ASSERTIVA: Nessa situação, a cessação da suspensão dos direitos políticos dependerá de declaração judicial de reabilitação.

Questões | Comentadas

c) Situação hipotética: Os membros de um partido político pretendem ajuizar representação junto à Justiça Eleitoral contra determinado candidato de partido contrário que recebeu doação de campanha acima do limite legal. ASSERTIVA: Nessa situação, o prazo para o ajuizamento dessa representação deve ser contado a partir da ocorrência do ato ilícito.

d) Situação hipotética: Janine, juíza eleitoral, observou, durante campanha para eleições municipais, o descumprimento da lei das eleições no tocante à veiculação irregular de propaganda eleitoral. ASSERTIVA: Nessa situação, a medida correta a ser tomada por Janine, devido ao poder de polícia de que está investida, seria instaurar, de ofício, procedimento para imposição de multa pela veiculação de propaganda eleitoral.

e) Situação hipotética: O registro da candidatura de Mauro, membro do partido X, às eleições estaduais, foi impugnado exclusiva e tempestivamente pelo MPE por ter sido feito, supostamente, em infração a normas constitucionais. Ao final, o registro foi mantido por ter sido o pedido do MPE julgado improcedente. ASSERTIVA: Nessa situação, qualquer partido político interessado na impugnação da candidatura de Mauro tem legitimidade para recorrer da sentença.

A: incorreta. Súmula nº 10 do TSE: No processo de registro de candidatos, quando a sentença for entregue em cartório antes de três dias contados da conclusão ao juiz, o prazo para o recurso ordinário, salvo intimação pessoal anterior, só se conta do termo final daquele tríduo. **B:** incorreta. Súmula nº 9 do TSE: A suspensão de direitos políticos decorrente de condenação criminal transitada em julgado cessa com o cumprimento ou a extinção da pena, independendo de reabilitação ou de prova de reparação dos danos. **C:** incorreta. Súmula nº 21 do TSE: O prazo para ajuizamento da representação contra doação de campanha acima do limite legal é de 180 dias, contados da data da diplomação. **D:** incorreta. Súmula nº 18 do TSE: Conquanto investido de poder de polícia, não tem legitimidade o Juiz Eleitoral para, de ofício, instaurar procedimento com a finalidade de impor multa pela veiculação de propaganda eleitoral em desacordo com a Lei nº 9.504/97. **E:** correta. Súmula nº 21 do TSE: No processo de registro de candidatos, o partido que não o impugnou não tem legitimidade para recorrer da sentença que o deferiu, salvo se se cuidar de matéria constitucional.

67. (Cespe – 2015) Cada uma das próximas opções apresenta uma situação hipotética seguida de uma assertiva a ser julgada com base nas disposições constitucionais relativas aos direitos políticos e aos partidos políticos. Assinale a opção em que a assertiva está correta.

a) Situação hipotética: Um Prefeito e sua esposa, Vereadora, ambos da mesma Circunscrição municipal e no último ano de seus mandatos, estão considerando a possibilidade de concorrerem a outros cargos eletivos no próximo pleito eleitoral. ASSERTIVA: Nessa situação, caso o Prefeito resolva concorrer à reeleição, sua esposa ficará inelegível.

b) Situação hipotética: O partido político Y, com base na alegação de existência de indícios de abuso de poder econômico, propôs, no prazo legal, ação de impugnação de mandato eletivo em desfavor de um Prefeito. ASSERTIVA: Nessa situação, a ação proposta deve tramitar em segredo de justiça, e o partido Y pode ser responsabilizado caso fique comprovado ser a lide temerária.

c) Situação hipotética: Em ano de eleições para Governador e Presidente da República, os partidos políticos se uniram em diferentes coligações, e cada uma lançou a candidatura de um político específico à Presidência. ASSERTIVA: Nessa situação, as coligações formadas em nível nacional devem se repetir nos Estados, no que se refere às eleições a Governador, em razão do princípio da verticalização.

d) Situação hipotética: Jair, analfabeto, assim que completou dezoito anos de idade, foi a um Cartório Eleitoral para saber como poderia se registrar como eleitor. Lá, foi atendido por uma servidora, Lúcia. ASSERTIVA: Nessa situação, Lúcia deverá informar a Jair que, como ele já tem dezoito anos de idade, seu alistamento eleitoral será obrigatório.

e) Situação hipotética: Jairo, Governador de Estado, no último ano de seu primeiro mandato, está avaliando a possibilidade de se candidatar ou à reeleição ou ao cargo de Senador. ASSERTIVA: Nessa situação, as duas opções que Jairo está considerando exigem sua renúncia ao seu cargo atual pelo menos seis meses antes do pleito.

CF/1988, Art. 14, § 11. A ação de impugnação de mandato tramitará em segredo de justiça, respondendo o autor, na forma da lei, se temerária ou de manifesta má-fé.

68. (Cespe – 2015) De acordo com a legislação referente ao alistamento eleitoral, ao voto e aos delegados dos partidos políticos, assinale a opção correta.

a) Na revisão do eleitorado, em cada Zona Eleitoral, que deve ocorrer no momento da migração para o alistamento eleitoral mediante processamento eletrônico de dados, devem ser anistiados eventuais débitos dos eleitores por falta com a Justiça Eleitoral.

b) No ano em que se realizarem eleições, deve ocorrer o alistamento facultativo dos menores que completarem dezesseis anos de idade até o primeiro dia do ano eleitoral.

c) O eleitor no exterior que não tiver votado na última eleição nem efetuado o pagamento da multa devida fica impedido de renovar o passaporte até que realize o pagamento dessa multa.

d) Os delegados nomeados por cada partido têm as atribuições de acompanhar os processos de alistamento eleitoral e de instruir os membros das mesas receptoras sobre as suas funções.

e) No processo de alistamento eleitoral, se seu pedido de inscrição for indeferido, o alistando pode interpor recurso e, se este for deferido, qualquer eleitor que houver comprovadamente observado irregularidades no ato de inscrição tem legitimidade para recorrer do deferimento.

A: correta. Art. 3º, § 3º, Lei nº 7.444/1985: Ao proceder-se à revisão, ficam anistiados os débitos dos eleitores inscritos na Zona, em falta para com a Justiça Eleitoral. **B:** incorreta. Art. 14, Resolução TSE nº 21.538/2003: É facultado o alistamento, no ano em que se realizarem eleições, do menor que completar 16 anos até a data do pleito, inclusive. **C:** incorreta. Art. 7º, V, Código Eleitoral: O eleitor que deixar de votar e não se justificar perante o Juiz Eleitoral até 30 (trinta) dias após a realização da eleição, incorrerá na multa de 3 (três) a 10 (dez) por cento sobre o salário-mínimo da região, imposta pelo Juiz Eleitoral e cobrada na forma prevista no Art. 367: V - obter passaporte ou carteira de identidade. **D:** incorreta. Art. 27, Inciso I, Resolução TSE nº 21.538/2003: Os partidos políticos, por seus delegados, poderão: I – acompanhar os pedidos de alistamento, transferência, revisão, segunda via e quaisquer outros, até mesmo emissão e entrega de títulos eleitorais, previstos nesta resolução. Art. 35, XV, Código Eleitoral: Compete aos juízes: XV - instruir os membros das mesas receptoras sobre as suas funções. **E:** incorreta. Art. 17, § 1º, Resolução TSE nº 21.538/2003: Do despacho que indeferir o requerimento de inscrição, caberá recurso interposto pelo alistando no prazo de cinco dias e, do que o deferir, poderá recorrer qualquer delegado de partido político no prazo de dez dias, contados da colocação da respectiva listagem à disposição dos partidos, o que deverá ocorrer nos dias 1º e 15 de cada mês, ou no primeiro dia útil seguinte, ainda que tenham sido exibidas ao alistando antes dessas datas e mesmo que os partidos não as consultem (Lei nº 6.996/1982, Art. 7º).

69. (Cespe – 2015) Assinale a opção correta de acordo com a legislação que rege os partidos políticos.

a) As prestações de contas do partido e as despesas de campanha eleitoral devem ser fiscalizadas pela Justiça Eleitoral, que promoverá a análise das atividades político-partidárias e exigirá obrigatoriedade de constituição de comitês eleitorais e a caracterização de responsabilidade dos dirigentes do partido e dos comitês.

b) Se um cidadão se eleger a um cargo eletivo e quiser sair do partido que o elegeu para se filiar a outro, deverá demonstrar justa causa para a sua saída, sendo causas válidas a criação de novos partidos e a incorporação e fusão de partidos políticos.

c) É facultada aos órgãos partidários municipais a prestação de contas caso não tenham movimentado recursos financeiros no exercício anterior; contudo, caso o partido tenha movimentado recursos e não tenha prestado contas à Justiça Eleitoral, ficará impedido de concorrer às eleições seguintes.

d) Caso as contas do diretório nacional de um partido político sejam reprovadas, o TSE nº deverá multar solidariamente os demais órgãos de direção, para tornar inadimplentes os seus responsáveis partidários.

e) Os recursos do Fundo Partidário devem ser aplicados, por exemplo, nas campanhas eleitorais e no pagamento de mensalidades, anuidades e congêneres devidos a organismos partidários internacionais que se destinem ao apoio à pesquisa, ao estudo e à doutrinação política, aos quais seja o partido político regularmente filiado.

A: incorreta. As prestações de contas do partido e as despesas de campanha eleitoral devem ser fiscalizadas pela Justiça Eleitoral, que promoverá a análise das atividades político-partidárias (certo, vide Art. 34, Lei nº 9.096/1995) e exigirá obrigatoriedade de constituição de comitês eleitorais e a caracterização de responsabilidade dos dirigentes do partido e dos comitês (errado, A Lei 13.165/2015 revogou a obrigatoriedade da constituição de comitês financeiros). **B:** incorreta. Art. 22-A, Lei nº 9.096/1995: Perderá o mandato o detentor de cargo eletivo que se desfiliar, sem justa causa, do partido pelo qual foi eleito. Parágrafo único. Consideram-se justa causa para a desfiliação partidária somente as seguintes hipóteses: I - mudança substancial ou desvio reiterado do programa partidário; II - grave discriminação política pessoal; e III - mudança de partido efetuada durante o período de trinta dias que antecede o prazo de filiação exigido em lei para concorrer à eleição, majoritária ou proporcional, ao término do mandato vigente. **C:** incorreta. É facultada aos órgãos partidários municipais a prestação de contas caso não tenham movimentado recursos financeiros no exercício anterior (certo, vide Art. 32, § 4º, Lei nº 9.096/1995); contudo, caso o partido tenha movimentado recursos e não tenha prestado contas à Justiça Eleitoral, ficará impedido de concorrer às eleições seguintes (errado, vide Art. 32, § 5º, Lei nº 9.096/1995: A desaprovação da prestação de contas do partido não ensejará sanção alguma que o impeça de participar do pleito eleitoral). **D:** incorreta. Art. 37, § 2º, Lei nº 9.096/1995: A sanção a que se refere o caput será aplicada exclusivamente à esfera partidária responsável pela irregularidade, não suspendendo o registro ou a anotação de seus órgãos de direção partidária nem tornando devedores ou inadimplentes os respectivos responsáveis partidários. **E:** correta. Art. 44, VI, Lei nº 9.096/1995: no pagamento de mensalidades, anuidades e congêneres devidos a organismos partidários internacionais que se destinem ao apoio à pesquisa, ao estudo e à doutrinação política, aos quais seja o partido político regularmente filiado.

70. (Cespe – 2015) Assinale a opção correta, com base no disposto na legislação acerca das eleições.

a) A exaltação das qualidades pessoais dos pré-candidatos, mediante divulgação de posicionamento pessoal sobre questões políticas, é considerada pela lei um tipo de propaganda eleitoral extemporânea.

b) Durante o processo eleitoral, podem ser feitas propagandas em bens particulares por fixação de faixas, placas metálicas, cartazes ou inscrições, desde que haja autorização da Justiça Eleitoral e não se exceda o limite legal estipulado na legislação.

Questões | Comentadas

c) Caso um pré-candidato a mandato eletivo seja apresentador de uma emissora de rádio, a emissora deve deixar de transmitir seus programas se ele for escolhido como candidato na convenção do partido.

d) d) No caso de feitos que não se relacionem a cassação de registro ou de diploma, a intimação de advogados de candidatos, partidos políticos e coligações por um Tribunal Eleitoral deve ser feita em edital eletrônico publicado na página do respectivo tribunal.

e) O candidato a cargo eletivo pode indicar alguém para realizar a administração financeira da campanha, a quem caberá demonstrar os gastos feitos com recursos dos comitês de campanha, do fundo partidário e das doações de pessoas físicas e jurídicas.

A: incorreta. Segundo Art. 36-A da Lei nº 9.504/1997: Não configuram propaganda eleitoral antecipada, desde que não envolvam pedido explícito de voto, a menção à pretensa candidatura, a exaltação das qualidades pessoais dos pré-candidatos e os seguintes atos, que poderão ter cobertura dos meios de comunicação social, inclusive via internet: **B:** incorreta. Conforme Art. 37, § 2º: Em bens particulares, independe de obtenção de licença municipal e de autorização da Justiça Eleitoral a veiculação de propaganda eleitoral, desde que seja feita em adesivo ou papel, não exceda a 0,5 m² (meio metro quadrado) e não contrarie a legislação eleitoral, sujeitando-se o infrator às penalidades previstas no § 1º. **C:** incorreta. Art. 45, § 1º. A partir de 30 de junho do ano da eleição, é vedado, ainda, às emissoras transmitir programa apresentado ou comentado por pré-candidato, sob pena, no caso de sua escolha na convenção partidária, de imposição da multa prevista no § 2º e de cancelamento do registro da candidatura do beneficiário. Após alteração da Lei 13.165/2015 os apresentadores e comentaristas devem sair dos programas em 30 de junho, isto é, antes das convenções partidárias, que agora são realizadas no período de 20 de julho a 5 de agosto. **D:** correta. Lei nº 9.504/1997, Art. 94, § 5º. Nos Tribunais Eleitorais, os advogados dos candidatos ou dos partidos e coligações serão intimados para os feitos que não versem sobre a cassação do registro ou do diploma de que trata esta Lei por meio da publicação de edital eletrônico publicado na página do respectivo Tribunal na internet, iniciando-se a contagem do prazo no dia seguinte ao da divulgação. (Incluído pela Lei nº 13.165, de 2015). **E:** incorreta. Art. 20, da Lei nº 9.504/1997: O candidato a cargo eletivo fará, diretamente ou por intermédio de pessoa por ele designada, a administração financeira de sua campanha usando recursos repassados pelo partido, inclusive os relativos à cota do Fundo Partidário, recursos próprios ou doações de pessoas físicas, na forma estabelecida nesta Lei. (Redação dada pela Lei nº 13.165, de 2015).

71. (Cespe – 2015) No que se refere ao alistamento eleitoral, assinale a opção correta.

a) A competência exclusiva para requerer o cancelamento do título eleitoral de um cidadão e a consequente exclusão desse eleitor é do delegado de partido que verificar a ocorrência de uma das causas legais de cancelamento do título ou que for dela informado por qualquer interessado.

b) Se houver indícios de fraude no alistamento de uma Zona Eleitoral, caberá ao TSE, em razão da sua competência exclusiva, realizar a correição, e, caso sejam constatadas irregularidades, determinar a imediata revisão do eleitorado.

c) A seção eleitoral indicada no título vincula permanentemente o eleitor, salvo se houver transferência de Zona ou de Município ou se, até o prazo legal antes da eleição, o eleitor provar ao Juiz Eleitoral que mudou de residência dentro do mesmo município, de um distrito para outro ou para outro lugar muito distante da seção em que estava inscrito.

d) Caso o Juiz Eleitoral competente, em despacho fundamentado, indefira o requerimento de alistamento, o alistado e o delegado de partido poderão interpor recurso junto ao TRE do Estado com o fim de obter a reforma da decisão.

e) Um eleitor que estiver fora de seu domicílio eleitoral deve ir ao município de sua Zona Eleitoral para requerer a segunda via do seu título eleitoral e poder exercer seu direito de voto.

A: incorreta. CE, Art. 71. São causas de cancelamento: I - a infração dos artigos 5º e 42; II - a suspensão ou perda dos direitos políticos; III - a pluralidade de inscrição; IV - o falecimento do eleitor; V - deixar de votar em 3 (três) eleições consecutivas. § 1º, A ocorrência de qualquer das causas enumeradas neste artigo acarretará a exclusão do eleitor, que poderá ser promovida ex officio , a requerimento de delegado de partido ou de qualquer eleitor. **B:** incorreta. O Corregedor Regional Eleitoral realizará correição do eleitorado, a fim de verificar se existem irregularidades no processo de alistamento eleitoral que comprometam a normalidade e a legitimidade das eleições. Caso, na correição, seja comprovada irregularidade comprometedora, será realizada a revisão do eleitorado. O procedimento de revisão eleitoral poderá ser provocado mediante denúncia fundamentada de fraude comprometedora, TRE determina revisão, comunicando ao TSE. Vale destacar, ainda, que o TSE determinará, de ofício, a revisão sempre que: I - total transferências do ano em curso for 10% superior à do ano anterior; II - eleitorado for superior ao dobro da população entre 10 e 15 anos, somada à idade superior a 70 anos do território daquele município; III - eleitorado for superior a 65% da população projetada para aquele ano pelo IBGE[13]. **C:** correta. Lei nº 4.737/1965, Art. 46, § 3º. O eleitor ficará vinculado permanentemente à seção eleitoral indicada no seu título, salvo: I - se se transferir de Zona ou Município hipótese em que deverá requerer transferência. II - se, até 100 (cem) dias antes da eleição, provar, perante o Juiz Eleitoral, que mudou de residência dentro do mesmo Município, de um distrito para outro ou para lugar muito distante da seção em que se acha inscrito, caso em que serão feitas na folha de votação e no título eleitoral, para esse fim exibido as alterações correspondentes, devidamente autenticadas pela autoridade judiciária. **D:** incorreta. CE, Art. 45, § 7º. Do despacho que indeferir o requerimento de inscrição caberá recurso

---

13 Direito Eleitoral - Jaime Barreiros e Rafael Barreto. pg 85

Questões | Comentadas

interposto pelo alistando, e do que o deferir poderá recorrer qualquer delegado de partido. **E:** incorreta. CE, Art. 53. Se o eleitor estiver fora do seu domicílio eleitoral poderá requerer a segunda via ao juiz da Zona em que se encontrar, esclarecendo se vai recebê-la na sua Zona ou na em que requereu. Art. 55. Em caso de mudança de domicílio, cabe ao eleitor requerer ao juiz do novo domicílio sua transferência, juntando o título anterior.

72. (Cespe – 2015) Com relação às condições de elegibilidade e aos partidos políticos, assinale a opção correta.

a) O pleno exercício dos direitos políticos do cidadão corresponde à sua capacidade eleitoral ativa e passiva, e esses direitos podem ser suspensos se esse eleitor for condenado por decisão criminal transitada em julgado, suspensão essa que se manterá enquanto durarem os efeitos da condenação.

b) O cidadão que deseje se candidatar a cargo político eletivo deve ter domicílio eleitoral na Circunscrição da candidatura, sendo que, no caso de eleição para Prefeito e Governador, essa Circunscrição corresponde ao Estado em que ocorre o pleito.

c) Para que possa concorrer em um pleito eleitoral, a cidadã deve estar filiada a um partido político no mínimo seis meses antes da data da eleição, sendo vedada a fixação, nos estatutos dos partidos, de prazos superiores de filiação partidária.

d) O partido político adquirirá a sua personalidade jurídica na forma da lei civil, após o registro de seu estatuto no TSE.

e) Tanto os brasileiros natos quanto os naturalizados têm capacidade eleitoral passiva para concorrer aos cargos de Deputado Federal, Senador e Presidente da República.

A condenação criminal transitada em julgado dá ensejo à suspensão dos direitos políticos, enquanto durarem seus efeitos. Segundo a Súmula nº 9º do TSE, a suspensão de direitos políticos é decorrente de condenação criminal transitada em julgado e cessa com o cumprimento ou a extinção da pena, independendo de reabilitação ou prova de reparação dos danos.

73. (Cespe – 2015) De acordo com a legislação que rege os partidos políticos, assinale a opção correta.

a) Aos partidos políticos registrados no TSE, mesmo aos que não contam com representantes no Congresso Nacional, é assegurada a realização de pelo menos um programa de propaganda partidária a cada semestre.

b) O TSE nº determinará, após decisão transitada em julgado, o cancelamento do registro civil e do estatuto de um partido se não lhe forem prestadas contas pelo órgão nacional desse partido.

c) Seria admissível, em termos legais, a fusão, em 2015, de um partido político criado em 2014 com outros partidos se os órgãos de direção dos partidos envolvidos deliberassem sobre o processo de fusão por votação em reunião individual e elaborassem projeto comum de estatuto e programa.

d) Caso o diretório estadual de um partido político pratique atos que resultem na violação dos direitos de um cidadão e lhe causem danos, o diretório nacional responderá solidariamente em eventual ação para apuração de responsabilidade civil.

e) Seria ilegal uma determinação feita por um partido político, em seu estatuto, que obrigasse um de seus membros, ocupante de cargo eletivo, a subordinar suas ações às diretrizes estabelecidas pelos órgãos de direção do partido.

A: incorreta. Art. 49, Lei nº 9.096/1995: Os partidos com pelo menos um representante em qualquer das Casas do Congresso Nacional têm assegurados os seguintes direitos relacionados à propaganda partidária. **B:** correta. Art. 28, Lei nº 9.096/1995: O Tribunal Superior Eleitoral, após trânsito em julgado de decisão, determina o cancelamento do registro civil e do estatuto do partido contra o qual fique provado: III - não ter prestado, nos termos desta Lei, as devidas contas à Justiça Eleitoral; § 6º O disposto no inciso III do caput refere-se apenas aos órgãos nacionais dos partidos políticos que deixarem de prestar contas ao Tribunal Superior Eleitoral, não ocorrendo o cancelamento do registro civil e do estatuto do partido quando a omissão for dos órgãos partidários regionais ou municipais. **C:** incorreta. Art. 29, II, Lei nº 9.096/1995: os órgãos nacionais de deliberação dos partidos em processo de fusão votarão em reunião conjunta, por maioria absoluta, os projetos, e elegerão o órgão de direção nacional que promoverá o registro do novo partido. **D:** incorreta. Art. 15-A, Lei nº 9.096/1995: A responsabilidade, inclusive civil e trabalhista, cabe exclusivamente ao órgão partidário municipal, estadual ou nacional que tiver dado causa ao não cumprimento da obrigação, à violação de direito, a dano a outrem ou a qualquer ato ilícito, excluída a solidariedade de outros órgãos de direção partidária. **E:** incorreta. Art. 24, Lei nº 9.096/1995: Na Casa Legislativa, o integrante da bancada de partido deve subordinar sua ação parlamentar aos princípios doutrinários e programáticos e às diretrizes estabelecidas pelos órgãos de direção partidários, na forma do estatuto.

74. (Cespe – 2015) Assinale a opção correta no que se refere a propaganda eleitoral, votação, apuração, nulidades da votação e garantias eleitorais.

a) Os mesários e secretários, quando for composta a mesa receptora e durante o exercício de suas funções, só poderão ser presos ou detidos em caso de flagrante delito, não se estendendo essa norma aos fiscais de partido.

b) As emissoras de rádio e televisão ficam proibidas de difundir, em sua programação normal e em seus noticiários, opinião favorável ou contrária a partido político a partir do prazo final para o registro de candidaturas junto à Justiça Eleitoral.

Questões | Comentadas

c) Ao Juiz Eleitoral cabe, com exclusividade, intervir no funcionamento das mesas receptoras e exercer o poder de polícia durante os trabalhos eleitorais.

d) É anulável, por sentença de Juiz Eleitoral, uma votação em que não se obedeçam as formalidades essenciais ao sigilo do sufrágio, de acordo com as regras eleitorais.

e) Cabem ao TRE, na apuração, tanto a resolução de dúvidas não decididas sobre eleições federais e estaduais, quanto a apuração parcial das eleições para Presidente e Vice-Presidente da República.

A: incorreta. CE, Art. 236, § 1°, Os membros das mesas receptoras e os fiscais de partido, durante o exercício de suas funções, não poderão ser detidos ou presos, salvo o caso de flagrante delito; da mesma garantia gozarão os candidatos desde 15 (quinze) dias antes da eleição. **B:** incorreta. LE, Art. 45. Encerrado o prazo para a realização das convenções no ano das eleições, é vedado às emissoras de rádio e televisão, em sua programação normal e em seu noticiário: (Redação dada pela Lei n° 13.165, de 2015). III - veicular propaganda política ou difundir opinião favorável ou contrária a candidato, partido, coligação, a seus órgãos ou representantes. **C:** incorreta. CE, Art. 139. Ao presidente da mesa receptora e ao Juiz Eleitoral cabe a polícia dos trabalhos eleitorais. **D:** incorreta. CE, Art. 220. É nula a votação: IV - quando preterida formalidade essencial do sigilo dos sufrágios. **E:** correta. CE, Art. 30. Compete, ainda, privativamente, aos Tribunais Regionais: VII - apurar com os resultados parciais enviados pelas Juntas Eleitorais, os resultados finais das eleições de Governador e Vice-Governador de membros do Congresso Nacional e expedir os respectivos diplomas, remetendo dentro do prazo de 10 (dez) dias após a diplomação, ao Tribunal Super or, cópia das atas de seus trabalhos; VIII - responder, sobre matéria eleitoral, às consultas que lhe forem feitas, em tese, por autoridade pública ou partido político.

75. (Cespe – 2015) Conforme o disposto no Código Eleitoral (CE) e na Resolução do Tribunal Superior Eleitoral (TSE) n.º 21.538/2003, a exclusão do eleitor do cadastro eleitoral poderá ser promovida em decorrência de

a) processo judicial de execução fiscal.

b) ausência do eleitor na última votação.

c) decisão de juiz, promovida de ofício ou mediante requerimento de delegado de um partido político ou de qualquer eleitor.

d) pedido de cidadão, maior de dezoito anos de idade que apresente a inscrição em partido político com representação no Congresso Nacional.

e) ausência de defesa apresentada por fiscal da mesa receptora.

Art. 71. São causas de cancelamento:

I - a infração dos artigos. 5° e 42;

Art. 5° Inalistáveis / Art. 42. Qualificação para efeitos de inscrição.

II - a suspensão ou perda dos direitos políticos.

CF/1988. Art. 15. É vedada a cassação de direitos políticos, cuja perda ou suspensão só se dará nos casos de:

I - cancelamento da naturalização por sentença transitada em julgado - PERDA;

II - incapacidade civil absoluta - SUSPENSÃO;

III - condenação criminal transitada em julgado, enquanto durarem seus efeitos - SUSPENSÃO;

IV - recusa de cumprir obrigação a todos imposta ou prestação alternativa, nos termos do Art. 5º, VIII - PERDA (há divergência entre a lei a doutrina, para doutrina é hipótese de perda, enquanto a lei trata como suspensão);

V - improbidade administrativa, nos termos do Art. 37, § 4º - SUSPENSÃO.

III - a pluralidade de inscrição;

IV - o falecimento do eleitor;

V - deixar de votar em 3 (três) eleições consecutivas.

§ 1º, A ocorrência de qualquer das causas enumeradas neste artigo acarretará a exclusão do eleitor, que poderá ser promovida ex officio , a requerimento de delegado de partido ou de qualquer eleitor. (Partido Político não é parte legítima para propor a exclusão do eleitor).

76. (Cespe – 2015) Considerando os aspectos normativos e doutrinários que regem a matéria eleitoral, assinale a opção correta.

a) A doutrina mais aceita quanto à classificação das infrações previstas no CE os classifica com base nas várias fases do processo eletivo, como a do alistamento eleitoral e partidário, a da propaganda eleitoral, a da votação, a do funcionamento do serviço eleitoral e a da apuração de votos.

b) Conforme o CE, cada partido poderá nomear, perante o juízo eleitoral, de um a cinco delegados em cada Zona Eleitoral e, perante os preparadores, até dois delegados, que assinam e fiscalizam os seus atos.

c) Serão recebidos requerimentos de inscrição ou de transferência eleitoral nos trinta dias anteriores à data de eleição.

d) O número de candidatos que serão diplomados é determinado pela legislação eleitoral; no caso de pleitos proporcionais, por exemplo, diploma-se o titular e dez suplentes.

e) Conforme disposição constitucional, o TRE compõe-se, no máximo, por sete membros, escolhidos mediante eleição, pelo voto secreto, sendo três ministros do STF e três juízes entre os ministros do STJ.

B: incorreta. CE, Art. 66, § 1º, Perante o juízo eleitoral (Leia-se ZONA ELEITORAL), cada partido poderá nomear 3 (três) delegados. § 2º, Perante os preparadores, cada partido poderá nomear até 2 (dois) delegados, que assistam e fiscalizem os seus atos. **C:** incorreta. CE, Art. 67. Nenhum requerimento de inscrição eleitoral

Questões | Comentadas

ou de transferência será recebido dentro dos 100 (cem) dias anteriores à data da eleição. **D:** incorreta. CE, Art. 215. Os candidatos eleitos, assim como os suplentes (todos), receberão diploma assinado pelo Presidente do Tribunal Regional ou da Junta Eleitoral, conforme o caso. **E:** incorreta. CF/1988, Art. 120, § 1º, Os Tribunais Regionais Eleitorais compor-se-ão: I - mediante eleição, pelo voto secreto: a) de dois juízes dentre os desembargadores do Tribunal de Justiça; b) de dois juízes, dentre juízes de direito, escolhidos pelo Tribunal de Justiça; II - de um juiz do Tribunal Regional Federal com sede na Capital do Estado ou no Distrito Federal, ou, não havendo, de juiz federal, escolhido, em qualquer caso, pelo Tribunal Regional Federal respectivo; III - por nomeação, pelo Presidente da República, de dois juízes dentre seis advogados de notável saber jurídico e idoneidade moral, indicados pelo Tribunal de Justiça.

77. (Instituto Cidades – 2015) Nos termos do Art. 73, da Lei nº 9.504/97, acerca das condutas vedadas, analise as proposições abaixo:

I) É conduta vedada fazer ou permitir uso promocional em favor de candidato, partido político ou coligação, de distribuição gratuita de bens e serviços de caráter social custeados ou subvencionados pelo Poder Público.

II) É conduta vedada apenas no último mês que antecede o pleito realizar transferência voluntária de recursos da União aos Estados e Municípios, e dos Estados aos Municípios, sob pena de nulidade de pleno direito, ressalvados os recursos destinados a cumprir obrigação formal preexistente para execução de obra ou serviço em andamento e com cronograma prefixado, e os destinados a atender situações de emergência e de calamidade pública.

III) Reputa-se agente público, para os efeitos deste artigo, quem exerce, ainda que transitoriamente ou sem remuneração, por eleição, nomeação, designação, contratação ou qualquer outra forma de investidura ou vínculo, mandato, cargo, emprego ou função nos órgãos ou entidades da Administração Pública direta, indireta, ou fundacional.

IV) É proibido ao agente público realizar, nos três meses que antecedem às eleições, despesas com publicidade dos órgãos públicos federais, estaduais ou municipais, ou das respectivas entidades da administração indireta, que excedam a média dos gastos no primeiro semestre dos três últimos anos que antecedem o pleito.

Agora assinale a opção que contém o número proposições FALSAS:

a) 1.

b) 2.

c) 3.

d) 4.

I: verdadeira. I - É conduta vedada fazer ou permitir uso promocional em favor de candidato, partido político ou coligação, de distribuição gratuita de bens e serviços de caráter social custeados ou subvencionados pelo Poder Público. Art. 73, IV - fazer ou permitir uso promocional em favor de candidato, partido político ou coligação, de distribuição gratuita de bens e serviços de caráter social custeados ou subvencionados pelo Poder Público. II: falsa. É conduta vedada apenas no último mês que antecede o pleito realizar transferência voluntária de recursos da União aos Estados e Municípios, e dos Estados aos Municípios, sob pena de nulidade de pleno direito, ressalvados os recursos destinados a cumprir obrigação formal preexistente para execução de obra ou serviço em andamento e com cronograma prefixado, e os destinados a atender situações de emergência e de calamidade pública. Art. 73, VI - nos três meses que antecedem o pleito: a) realizar transferência voluntária de recursos da União aos Estados e Municípios, e dos Estados aos Municípios, sob pena de nulidade de pleno direito, ressalvados os recursos destinados a cumprir obrigação formal preexistente para execução de obra ou serviço em andamento e com cronograma prefixado, e os destinados a atender situações de emergência e de calamidade pública. III: verdadeira. Reputa-se agente público, para os efeitos deste artigo, quem exerce, ainda que transitoriamente ou sem remuneração, por eleição, nomeação, designação, contratação ou qualquer outra forma de investidura ou vínculo, mandato, cargo, emprego ou função nos órgãos ou entidades da Administração Pública direta, indireta, ou fundacional. Art. 73, § 1º, Reputa-se agente público, para os efeitos deste artigo, quem exerce, ainda que transitoriamente ou sem remuneração, por eleição, nomeação, designação, contratação ou qualquer outra forma de investidura ou vínculo, mandato, cargo, emprego ou função nos órgãos ou entidades da Administração Pública direta, indireta, ou fundacional. IV: falsa. É proibido ao agente público realizar, nos três meses que antecedem às eleições, despesas com publicidade dos órgãos públicos federais, estaduais ou municipais, ou das respectivas entidades da administração indireta, que excedam a média dos gastos no primeiro semestre dos três últimos anos que antecedem o pleito. Art. 73, VII - realizar, no primeiro semestre do ano de eleição, despesas com publicidade dos órgãos públicos federais, estaduais ou municipais, ou das respectivas entidades da administração indireta, que excedam a média dos gastos no primeiro semestre dos três últimos anos que antecedem o pleito; (Redação dada pela Lei nº 13.165, de 2015).

78. **(Instituto Cidades – 2015)** São inelegíveis para Prefeito e Vice-Prefeito, em obediência aos ditames da Lei Complementar nº 64/90:

a) No que lhes for aplicável, por identidade de situações, os inelegíveis para os cargos de Presidente e Vice-Presidente da República, Governador e Vice-Governador de Estado e do Distrito Federal, observado o prazo de 6 (seis) meses para a desincompatibilização.

b) Os membros do Ministério Público e Defensoria Pública em exercício na Comarca, nos 3 (meses) meses anteriores ao pleito, sem prejuízo dos vencimentos integrais.

c) As autoridades policiais, civis ou militares, com exercício no Município, nos 4 (quatro) meses anteriores ao pleito.

d) Todas as alternativas anteriores estão incorretas.

LC nº 64/1990: Art. 1º, São inelegíveis:

IV - para Prefeito e Vice-Prefeito:

No que lhes for aplicável, por identidade de situações, os inelegíveis para os cargos de Presidente e Vice-Presidente da República, Governador e Vice-Governador de Estado e do Distrito Federal, observado o prazo de 4 (quatro) meses para a desin- compatibilização.

79. **(CS-UFG – 2015)** Em sentido amplo, os direitos políticos podem ser conceituados como o conjunto dos direitos atribuídos ao cidadão, que lhe permite, através do voto, do exercício de cargos públicos ou da utilização de outros instrumentos constitucionais e legais, ter efetiva participação e influência nas atividades de governo. Segundo as disposições normativas que tratam dos direitos políticos,

a) a capacidade eleitoral passiva refere-se ao direito de ser eleito para mandato eletivo, desde que ausentes causas de inelegibilidade.

b) os direitos políticos se readquirem, em relação à suspensão, pela reaquisição da nacionalidade.

c) a inelegibilidade prevista na alínea e do inc. I do Art. 1º da LC nº 64/1990 não se aplica aos crimes culposos e àqueles definidos em lei como de menor potencial ofensivo nem aos crimes de ação penal privada.

d) a desaprovação das contas da campanha eleitoral impede a quitação eleitoral do candidato, faltando-lhe condição de elegibilidade.

A: incorreta. Além da ausência das causas de inelegibilidade, se exige a presença das condições de elegibilidade. O STF adotou a teoria clássica segundo a qual as inelegibilidades são requisitos negativos (se presentes, impedem a candidatura) e as condições de elegibilidade são positivas (devem estar presentes sob pena de impedirem a candidatura). Assim não basta, por exemplo, a ausência de qualquer das inelegibilidades, é preciso reunir todas as condições de elegibilidade, como, por exemplo, o domicílio eleitoral na Circunscrição pelo menos 1 ano antes do pleito e ser filiado ao partido há pelo menos 6 meses antes também da eleição. **B:** incorreta. A perda da nacionalidade é a única hipótese de perda dos direitos políticos. Note que perda é diferente de suspensão dos direitos políticos. A suspensão tem diversas causas e é temporária com duração definida, como condenação em improbidade administrativa e criminal, enquanto durarem os efeitos da condenação. Já a perda dos direitos políticos não tem duração definida, se o brasileiro naturalizado tiver cancelada sua naturalização, perderá os direitos políticos, e só poderá readquiri-los se conseguir se naturalizar novamente. **C:** correta. Os crimes descritos na LC nº 64/90, a inelegibilidade prevista na alínea e do inciso I do

Art. 1°, da referida lei cabe apenas para os crimes dolosos. **D:** incorreta. A simples apresentação de contas (mesmo que venham a ser rejeitadas) autoriza a certidão de quitação eleitoral. Apesar de muito polêmico, o artigo 11, § 7°, foi interpretado literalmente pelo TSE, ou seja, basta apresentar contas, ainda que sejam posteriormente rejeitadas.

80. (Fepese – 2015) Assinale a alternativa que indica corretamente o princípio eleitoral em que a lei que alterar o processo eleitoral entrará em vigor na data de sua publicação, não se aplicando à eleição que ocorra até um ano da data de sua vigência.

    a) Princípio da legalidade eleitoral.

    b) Princípio da celeridade eleitoral.

    c) Princípio da anualidade eleitoral.

    d) Princípio da democracia representativa.

    e) Princípio da irrecorribilidade das decisões eleitorais.

Conforme a CF:

Art. 16. A lei que alterar o processo eleitoral entrará em vigor na data de sua publicação, não se aplicando à eleição que ocorra até um ano da data de sua vigência.

Segundo Nathalia Masson[14]:

8. PRINCÍPIO DA ANTERIORIDADE (OU ANUALIDADE) ELEITORAL

No intuito de preservar um valor que nos é muito caro no ordenamento, o da segurança jurídica, o Art. 16, da CF/1988 consagra o princípio da anterioridade eleitoral. Este preceitua que qualquer lei que alterar o processo eleitoral, apesar de entrar em vigor já na data de sua publicação, somente poderá ser aplicada às eleições que ocorram após um ano da data de sua vigência.

Isso significa que as regras do jogo eleitoral podem até ser modificadas, mas não se tolerará alterações casuísticas, feitas no curso do processo eleitoral. As mudanças na legislação eleitoral, portanto, adquirem vigência na data da publicação, no entanto, a eficácia de referidas modificações dependerá da passagem do tempo: conta-se um ano de vigência da norma, para então, ela gozar de eficácia (poder ser aplicada).

81. (Fepese – 2015) É correto afirmar sobre a inelegibilidade.

    a) É absoluta a inelegibilidade do militar.

    b) O analfabeto não possuiu capacidade eleitoral ativa e passiva.

    c) É vedada a aplicação da pena de inelegibilidade ao brasileiro nato.

    d) É reflexa a inelegibilidade por motivo de casamento, parentesco ou afinidade.

    e) A condição de inelegibilidade é afastada pelo alistamento eleitoral dos jovens entre 16 e 18 anos de idade.

---

14 Manual de Direito Constitucional; 3ª ed.; 2015.

Questões | Comentadas

A: incorreta. CF.88, Art. 14, § 4º, São inelegíveis os inalistáveis e os analfabetos. § 8º, O militar alistável é elegível, atendidas as seguintes condições (...).**B:** incorreta. O analfabeto possui capacidade eleitoral ativa (pode votar), mas não detém a capacidade eleitoral passiva, ou seja, não pode ser eleito (ser votado).**C:** incorreta. Cabe a inelegibilidade tanto para o nato como para o naturalizado. **D:** incorreta. Como o próprio texto constitucional expressamente prevê, a inelegibilidade reflexa incide sobre os cônjuges, parentes e afins dos detentores de mandatos eletivos executivos, e não sobre seus auxiliares. **E:** incorreta. É facultativo.

82. (FCC – 2015) O Tribunal Regional Eleitoral de um Estado da Federação foi assim constituído: dois Desembargadores do Tribunal de Justiça do Estado e dois Juízes de Direito escolhidos pelo Tribunal de Justiça, mediante eleição e pelo voto secreto; um Juiz do Tribunal Regional Federal com sede na Capital do Estado; e três advogados de notável saber jurídico e idoneidade moral. A composição desse tribunal está em desacordo com as normas legais pertinentes porque:

   a) do referido Tribunal não faz parte nenhum Juiz Federal.

   b) os Desembargadores do Tribunal de Justiça são em número de três.

   c) apenas um Juiz de Direito pode ter assento no referido Tribunal.

   d) são apenas dois os advogados que integram a Corte.

   e) faz parte obrigatória da composição do Tribunal um membro do Ministério Público Eleitoral.

   CF/1988, Art. 120. Haverá um Tribunal Regional Eleitoral na Capital de cada Estado e no Distrito Federal.

   § 1º, - Os Tribunais Regionais Eleitorais compor-se-ão:

   I - mediante eleição, pelo voto secreto:

   a) de dois juízes dentre os desembargadores do Tribunal de Justiça;

   b) de dois juízes, dentre juízes de direito, escolhidos pelo Tribunal de Justiça;

   II - de um juiz do Tribunal Regional Federal com sede na Capital do Estado ou no Distrito Federal, ou, não havendo, de juiz federal, escolhido, em qualquer caso, pelo Tribunal Regional Federal respectivo;

   III - por nomeação, pelo Presidente da República, de dois juízes dentre seis advogados de notável saber jurídico e idoneidade moral, indicados pelo Tribunal de Justiça.

   § 2º, - O Tribunal Regional Eleitoral elegerá seu Presidente e o Vice-Presidente-dentre os desembargadores.

83. (FCC – 2015) José contratou com o Jornal, de circulação diária de sua cidade, a publicação paga de anúncio da sua candidatura a Vereador com o tamanho de 1/7 de página de jornal padrão, desde o dia 1º, de setembro até o dia da eleição, todos os dias, sem mencionar o valor pago pela inserção. Essa publicação está:

a) irregular, porque excede o número de 10 anúncios e não menciona o valor pago pela inserção.

b) irregular, porque excede o número de 10 anúncios, sendo desnecessária a menção do valor pago pela inserção.

c) irregular, porque não menciona o valor pago pela inserção, sendo irrelevante o número de anúncios a serem publicados.

d) regular, posto que atende a todas as exigências legais.

e) irregular, porque é vedada por lei a propaganda paga.

Lei nº 9.504/1997 (Lei das Eleições), Art. 43. São permitidas, até a antevéspera das eleições, a divulgação paga, na imprensa escrita, e a reprodução na internet do jornal impresso, de até 10 (dez) anúncios de propaganda eleitoral, por veículo, em datas diversas, para cada candidato, no espaço máximo, por edição, de 1/8 (um oitavo) de página de jornal padrão e de 1/4 (um quarto) de página de revista ou tabloide. § 1º Deverá constar do anúncio, de forma visível, o valor pago pela inserção.

84. (FCC – 2015) A emissora que deixar de cumprir as disposições da Lei nº 9.504/1997 sobre a propaganda eleitoral,

a) terá a sua programação normal suspensa por quarenta e oito horas pela Justiça Eleitoral, independentemente de requerimento de partido, coligação ou candidato.

b) estará sujeita à imposição de multa pela Justiça Eleitoral de R$ 10.000,00 a R$ 1.000.000,00, aplicada em dobro em caso de reincidência.

c) poderá, a requerimento de partido, coligação ou candidato, ter a sua programação normal suspensa por vinte e quatro horas pela Justiça Eleitoral, sendo que a cada reiteração o tempo será duplicado.

d) ficará fora do ar por prazo indeterminado, a critério da Justiça Eleitoral, tendo em conta o tipo de infração cometida.

e) não sofrerá qualquer punição, mas os seus responsáveis serão processados criminalmente por crime eleitoral.

Lei nº 9.504/1997, Art. 56. A requerimento de partido, coligação ou candidato, a Justiça Eleitoral poderá determinar a suspensão, por vinte e quatro horas, da programação normal de emissora que deixar de cumprir as disposições desta Lei sobre propaganda.

§ 2º, Em cada reiteração de conduta, o período de suspensão será duplicado.

85. (FCC – 2015) Peter é Diretor-Geral do Departamento de Polícia Federal; Paulus é Secretário de Estado e Brutos é Prefeito Municipal de uma cidade do interior do Estado. Para se candidatarem ao cargo de Governador do Estado, devem afastar-se de seus cargos e funções até:

a) 4 meses antes da eleição.

b) 6 meses antes da eleição.

c) 6 meses, 6 meses e 4 meses antes da eleição, respectivamente.

d) 6 meses, 4 meses e 3 meses antes da eleição, respectivamente.

e) 4 meses, 4 meses e 6 meses antes da eleição, respectivamente.

Lei Complementar nº 64, de 18 de Maio de 1990

Art. 1º, II

a) até 6 (seis) meses depois de afastados definitivamente de seus cargos e funções:

1. os Ministros de Estado:

2. os chefes dos órgãos de assessoramento direto, civil e militar, da Presidência da República;

3. o chefe do órgão de assessoramento de informações da Presidência da República;

4. o chefe do Estado-Maior das Forças Armadas;

5. o Advogado-Geral da União e o Consultor-Geral da República;

6. os chefes do Estado-Maior da Marinha, do Exército e da Aeronáutica;

7. os Comandantes do Exército, Marinha e Aeronáutica;

8. os Magistrados;

9. os Presidentes, Diretores e Superintendentes de autarquias, empresas públicas, sociedades de economia mista e fundações públicas e as mantidas pelo poder público;

10. os Governadores de Estado, do Distrito Federal e de Territórios;

11. os Interventores Federais;

12, os Secretários de Estado;

13. os Prefeitos Municipais;

14. os membros do Tribunal de Contas da União, dos Estados e do Distrito Federal;

15. o Diretor-Geral do Departamento de Polícia Federal;

16. os Secretários-Gerais, os Secretários-Executivos, os Secretários Nacionais, os Secretários Federais dos Ministérios e as pessoas que ocupem cargos equivalentes;

III - para Governador e Vice-Governador de Estado e do Distrito Federal;

os inelegíveis para os cargos de Presidente e Vice-Presidente da República especificados na alínea a do inciso II deste artigo e, no tocante às demais alíneas, quando se tratar de repartição pública, associação ou empresas que operem no território do Estado ou do Distrito Federal, observados os mesmos prazos.

Obs.: o legislador prescreveu que TODAS as hipóteses de inelegibilidade relativas "exclusivas" dos cargos de Governador e de Vice-Governador SÃO DE SEIS MESES.

86. (FCC – 2015) No tocante às Disposições Penais previstas no Código Eleitoral, considere:

I) Para os efeitos penais são considerados membros e funcionários da Justiça Eleitoral os cidadãos que temporariamente integram órgãos da Justiça Eleitoral.

II) Divulgar, na propaganda, fatos que sabe inverídicos, em relação a partidos ou candidatos, e capazes de exercerem influência perante o eleitorado, é conduta tipificada no Código Eleitoral como crime eleitoral, sujeito seu infrator a pena de detenção de 2 meses a 1 ano, ou pagamento de 120 a 150 dias-multa.

III) Quando a lei determina a agravação ou atenuação da pena sem mencionar o quantum, deve o juiz fixá-lo entre 1/5 e 1/3, guardados os limites da pena cominada ao crime.

Está correto o que se afirma em:

a) I e II, apenas.

b) I e III, apenas.

c) II, apenas.

d) III, apenas.

e) I, II e III.

I: correto. Código Eleitoral, Art. 283. Para os efeitos penais são considerados membros e funcionários da Justiça Eleitoral: II- Os cidadãos que temporariamente integram órgãos da Justiça Eleitoral. **II:** correto. Código Eleitoral, Art. 323. Divulgar, na propaganda, fatos que sabe inverídicos, em relação a partidos ou candidatos e capazes de exercerem influência perante o eleitorado: Pena: detenção de dois meses a um ano, ou pagamento de 120 a 150 dias multa. **III:** correto. Código Eleitoral, Art. 285. Quando a lei determina a agravação ou atenuação da pena sem mencionar o quantum, deve o juiz fixá-lo entre um quinto e um terço, guardados os limites da pena cominada ao crime.

87. **(FCC – 2015)** A respeito das representações da Lei nº 9.504/1997, considere:

I) Salvo disposições específicas em contrário da Lei nº 9.504/1997, as representações relativas ao descumprimento das suas normas, podem ser feitas por qualquer partido político, coligação e candidato.

II) Nas eleições municipais, as representações devem dirigir-se ao Tribunal Regional Eleitoral.

III) Recebida a representação, a Justiça Eleitoral notificará imediatamente o representado para, querendo, apresentar defesa no prazo de 5 dias.

IV) Contra a decisão que julgar procedente a representação, o representado poderá recorrer no prazo de três dias.

Está correto o que se afirma APENAS em:

a) II, III e IV.

b) I, II e III.

c) I.

d) I, III e IV.

e) II.

Questões | Comentadas

I: correto. Art. 96. Salvo disposições específicas em contrário desta Lei, as reclamações ou representações relativas ao seu descumprimento podem ser feitas por qualquer partido político, coligação ou candidato. **II:** incorreto. Art. 96, I : aos Juízes Eleitorais, nas eleições municipais. **III:** incorreto. Art. 96, § 5º. Recebida a reclamação ou representação, a Justiça Eleitoral notificará imediatamente o reclamado ou representado para, querendo, apresentar defesa em quarenta e oito horas. IV: incorreto. Art. 96, § 8º, Quando cabível recurso contra a decisão, este deverá ser apresentado no prazo de vinte e quatro horas da publicação da decisão em cartório ou sessão, assegurado ao recorrido o oferecimento de contrarrazões, em igual prazo, a contar da sua notificação.

88. (FCC – 2015) O Tribunal Superior Eleitoral foi assim constituído: três juízes dentre os Ministros do Supremo Tribunal Federal, escolhidos mediante eleição e pelo voto secreto; dois juízes dentre os Ministros do Superior Tribunal de Justiça, escolhidos mediante eleição e pelo voto secreto; dois juízes dentre seis advogados de notável saber jurídico e idoneidade moral, indicados pelo Supremo Tribunal Federal e nomeados pelo Presidente da República. Essa composição está

a) incorreta, porque são dois os Ministros do Supremo Tribunal Federal que podem integrar o Tribunal.

b) incorreta, porque apenas um juiz oriundo da classe dos advogados pode integrar o Tribunal.

c) correta, porque atende às normas legais pertinentes constantes da Constituição Federal brasileira.

d) incorreta, porque os juízes oriundos da classe dos advogados não dependem de nomeação e são eleitos pelo Supremo Tribunal Federal.

e) incorreta, porque dois juízes oriundos do Ministério Público Eleitoral devem integrar o Tribunal.

Composição do TSE:

Art. 119. O Tribunal Superior Eleitoral compor-se-á, no mínimo, de sete membros, escolhidos:

I - mediante eleição, pelo voto secreto:

a) três juízes dentre os Ministros do Supremo Tribunal Federal;

b) dois juízes dentre os Ministros do Superior Tribunal de Justiça;

II - por nomeação do Presidente da República, dois juízes dentre seis advogados de notável saber jurídico e idoneidade moral, indicados pelo Supremo Tribunal Federal.

89. (FCC – 2015) As infrações penais descritas no Código Eleitoral

a) são de ação pública.

b) são sempre punidas com pena de reclusão e multa.

c) podem ser punidas pelo Juiz Eleitoral, independentemente de denúncia do Ministério Público Eleitoral.

d) são de ação pública somente quando se tratar de direito disponível.

e) só podem ser punidas se houver representação do candidato ou do partido prejudicado.

CE, Art. 355. As infrações penais definidas neste Código são de ação pública.

90. (FCC – 2015) A respeito da propaganda eleitoral em geral, considere:

I) Colocar faixa com o nome de candidato em cinema de propriedade particular.

II) Fixar cartaz com foto de candidato em centro comercial.

III) Fazer propaganda eleitoral de partido político por meio de placa fixada em loja de artesanato.

É vedada pela Lei nº 9.504/1997 a propaganda eleitoral indicada em

a) I, apenas.

b) II, apenas.

c) I e III, apenas.

d) II e III, apenas.

e) I, II e III.

Lei nº 9.504/1997, Art. 37. Nos bens cujo uso dependa de cessão ou permissão do poder público, ou que a ele pertençam, e nos bens de uso comum, inclusive postes de iluminação pública, sinalização de tráfego, viadutos, passarelas, pontes, paradas de ônibus e outros equipamentos urbanos, é vedada a veiculação de propaganda de qualquer natureza, inclusive pichação, inscrição a tinta e exposição de placas, estandartes, faixas, cavaletes, bonecos e assemelhados.

§ 4º Bens de uso comum, para fins eleitorais, são os assim definidos pela Lei nº 10.406, de 10 de janeiro de 2002 - Código Civil e também aqueles a que a população em geral tem acesso, tais como cinemas, clubes, lojas, centros comerciais, templos, ginásios, estádios, ainda que de propriedade privada.

91. (FCC – 2015) De acordo com a Lei nº 9.504/1997, que concerne à propaganda eleitoral em geral, é correto afirmar que:

a) é vedada, em qualquer hipótese, a veiculação de propaganda eleitoral nas dependências do Poder Legislativo.

b) da propaganda de candidatos a Senador não deverão constar os nomes dos respectivos suplentes.

c) é vedada a transmissão ao vivo por emissoras de rádio e de televisão das prévias partidárias.

d) a propaganda de boca de urna é permitida até a porta do local de votação.

e) é vedada, no dia das eleições, a manifestação silenciosa da preferência do eleitor por candidato por meio do uso de adesivos.

A: incorreta. Lei nº 9.504/1997, Art. 37, § 3º. Nas dependências do Poder Legislativo, a veiculação de propaganda eleitoral fica a critério da Mesa Diretora. **B:** incorreta. Lei nº 9.504/1997, Art 36, § 4º.Na propaganda dos candidatos a cargo majoritário deverão constar, também, os nomes dos candidatos a vice ou a suplentes de Senador, de modo claro e legível, em tamanho não inferior a 30% (trinta por cento) do nome do titular. **C:** correta. Lei nº 9.504/1997, Art. 36-A, § 1º É vedada a transmissão ao vivo por emissoras de rádio e de televisão das prévias partidárias, sem prejuízo da cobertura dos meios de comunicação social. **D:** incorreta. Lei nº 9.504/1997, Art. 39, § 5º, Constituem crimes, no dia da eleição, puníveis com detenção, de seis meses a um ano, com a alternativa de prestação de serviços à comunidade pelo mesmo período, e multa no valor de cinco mil a quinze mil UFIR: II - a arregimentação de eleitor ou a propaganda de boca de urna. **E:** incorreta. Lei nº 9.504/1997, Art. 39-A. É permitida, no dia das eleições, a manifestação individual e silenciosa da preferência do eleitor por partido político, coligação ou candidato, revelada exclusivamente pelo uso de bandeiras, broches, dísticos e adesivos.

92. (FCC – 2015) A emissora de televisão Azul convidou o candidato a Vereador João para um debate com um grupo de outros três candidatos. Quinze dias depois, realizou outro debate com mais quatro candidatos e também com João, por ser o líder das pesquisas. A realização do segundo debate foi

a) irregular, porque, nas eleições proporcionais, a lei exige a presença de, no mínimo, quatro candidatos por grupo.

b) regular, pois a lei permite a divisão dos candidatos em grupos, desde que presentes pelo menos três candidatos.

c) irregular, porque, na eleição proporcional, a lei exige a presença de todos os candidatos em cada debate.

d) irregular, porque é vedada, na eleição proporcional, a presença do mesmo candidato em mais de um debate na mesma emissora.

e) irregular, porque o intervalo entre um debate e outro, na mesma emissora, não pode ser inferior a trinta dias.

Lei nº 9.504/1997 (Lei das Eleições), Art. 46, § 2º, É vedada a presença de um mesmo candidato a eleição proporcional em mais de um debate da mesma emissora.

93. (FCC – 2015) Paulo, candidato escolhido em convenção para candidatar-se a Governador do Estado pelo partido Alpha, foi acusado, na programação normal de emissora de televisão, de remeter valores desviados dos cofres públicos para o exterior quando era Prefeito municipal de uma cidade do interior. Paulo poderá pedir o exercício do direito de resposta à Justiça Eleitoral, no prazo, contado da veiculação da ofensa, de

a) quinze dias.

b) quarenta e oito horas.

c) setenta e duas horas.

d) cinco dias.

e) dez dias.

Lei nº 9.504/1997 (Lei das Eleições) Art. 58, § 1º, O ofendido, ou seu representante legal, poderá pedir o exercício do direito de resposta à Justiça Eleitoral nos seguintes prazos, contados a partir da veiculação da ofensa:

I - vinte e quatro horas, quando se tratar do horário eleitoral gratuito;

II - quarenta e oito horas, quando se tratar da programação normal das emissoras de rádio e televisão;

III - setenta e duas horas, quando se tratar de órgão da imprensa escrita.

IV - a qualquer tempo, quando se tratar de conteúdo que esteja sendo divulgado na internet, ou em 72 (setenta e duas) horas, após a sua retirada.

94. **(FCC – 2015)** Tício foi credenciado delegado pelo órgão de direção nacional do partido Alpha perante o Tribunal Superior Eleitoral. Em decorrência de tal credenciamento, Tício poderá representar o partido perante

a) os Juízes Eleitorais, apenas.

b) o Tribunal Superior Eleitoral, apenas.

c) os Tribunais Regionais Eleitorais, apenas.

d) quaisquer Tribunais ou Juízes Eleitorais.

e) os Tribunais Regionais Eleitorais e os Juízes Eleitorais, apenas.

Lei nº 9.096/1995 Art. 11. O partido com registro no Tribunal Superior Eleitoral pode credenciar, respectivamente:

I - delegados perante o Juiz Eleitoral;

II - delegados perante o Tribunal Regional Eleitoral;

III - delegados perante o Tribunal Superior Eleitoral.

Parágrafo único. Os delegados credenciados pelo órgão de direção nacional representam o partido perante quaisquer Tribunais ou Juízes Eleitorais; os credenciados pelos órgãos estaduais, somente perante o Tribunal Regional Eleitoral e os Juízes Eleitorais do respectivo Estado, do Distrito Federal ou Território Federal; e os credenciados pelo órgão municipal, perante o Juiz Eleitoral da respectiva jurisdição.

Questões | Comentadas

95. (FCC – 2015) No que concerne à fusão, incorporação e extinção dos partidos políticos, é correto afirmar:

a) Os órgãos nacionais de deliberação dos partidos em processo de fusão votarão em reunião conjunta, por maioria absoluta, os projetos, e elegerão o órgão de direção nacional que promoverá o registro do novo partido.

b) Na hipótese de fusão, a existência legal do novo partido tem início com o registro do estatuto e do programa do Tribunal Superior Eleitoral.

c) No caso de incorporação, o partido incorporando deverá, independentemente de qualquer deliberação a respeito de seu órgão nacional, adotar o estatuto e o programa do partido incorporador.

d) Havendo fusão ou incorporação de partidos, os votos por eles obtidos na última eleição geral para a Câmara dos Deputados serão desconsiderados para efeito do acesso gratuito ao rádio e à televisão.

e) No caso de incorporação, o novo estatuto ou instrumento de incorporação não precisa ser levado a registro do Ofício Civil competente, bastando o registro do Tribunal Superior Eleitoral.

A: incorreta. Lei nº 9.096/1995 (Lei dos Partidos Políticos), Art. 29, § 1º, II - os órgãos nacionais de deliberação dos partidos em processo de fusão votarão em reunião conjunta, por maioria absoluta, os projetos, e elegerão o órgão de direção nacional que promoverá o registro do novo partido. **B:** correta. Lei nº 9.096/1995 (Lei dos Partidos Políticos), Art. 29, § 4º, Na hipótese de fusão, a existência legal do novo partido tem início com o registro, no Ofício Civil competente da Capital Federal, do estatuto e do programa, cujo requerimento deve ser acompanhado das atas das decisões dos órgãos competentes. **C:** incorreta. Lei nº 9.096/1995 (Lei dos Partidos Políticos), Art. 29, § 2º, No caso de incorporação, observada a lei civil, caberá ao partido incorporando deliberar por maioria absoluta de votos, em seu órgão nacional de deliberação, sobre a adoção do estatuto e do programa de outra agremiação. **D:** incorreta. Lei nº 9.096/1995 (Lei dos Partidos Políticos), Art. 29, § 7º, Havendo fusão ou incorporação, devem ser somados exclusivamente os votos dos partidos fundidos ou incorporados obtidos na última eleição geral para a Câmara dos Deputados, para efeito da distribuição dos recursos do Fundo Partidário e do acesso gratuito ao rádio e à televisão. **E:** incorreta. Lei nº 9.096/1995 (Lei dos Partidos Políticos), Art. 29, § 6º, No caso de incorporação, o instrumento respectivo deve ser levado ao Ofício Civil competente, que deve, então, cancelar o registro do partido incorporado a outro.

96. (FCC – 2015) Segundo o Art. 349 do Código Eleitoral: Falsificar, no todo ou em parte, documento particular ou alterar documento particular verdadeiro, para fins eleitorais. Pena – reclusão até 5 anos e pagamento de 3 a 10 dias-multa.

Como o tipo legal não especifica, o mínimo da pena de reclusão que poderá ser imposta será de

a) 6 meses.

b) 1 mês.

c) 1 dia.

d) 15 dias.

e) 1 ano.

Art. 349. Falsificar, no todo ou em parte, documento particular ou alterar documento particular verdadeiro, para fins eleitorais:

Pena – reclusão até cinco anos e pagamento de 3 a 10 dias-multa.

CE, Art. 284. Sempre que este Código não indicar o grau mínimo, entende-se que será ele de quinze dias para a pena de detenção e de um ano para a de reclusão.

97. (FCC – 2015) João reside em um bairro da zona rural, distante dez quilômetros da cidade e possui um caminhão, com o qual transporta produtos agrícolas. Vários eleitores moradores no referido bairro solicitaram que os transportasse até os locais de votação na cidade no dia da eleição e os trouxesse de volta. Nesse caso, João

a) só poderá realizar o transporte de volta para zona rural após os eleitores terem exercido livremente o direito de voto.

b) não poderá realizar o transporte dos eleitores, tanto de ida como de volta, sob pena de cometer crime eleitoral.

c) só poderá realizar o transporte para a cidade, até os locais de votação, tanto de ida como de volta, se não for filiado a nenhum partido político.

d) poderá realizar o transporte de ida e de volta para a cidade, mas não poderá levar os eleitores até os locais de votação.

e) poderá realizar o transporte de ida para a cidade, desde que possua autorização por escrito do Prefeito Municipal.

Lei nº 6.091/1974, Art. 5º, Nenhum veículo ou embarcação poderá fazer transporte de eleitores desde o dia anterior até o posterior à eleição, salvo:

I - a serviço da Justiça Eleitoral;

II - coletivos de linhas regulares e não fretados;

III - de uso individual do proprietário, para o exercício do próprio voto e dos membros da sua família;

IV - o serviço normal, sem finalidade eleitoral, de veículos de aluguel não atingidos pela requisição de que trata o Art. 2º.

98. (FCC – 2015) A respeito dos Órgãos da Justiça Eleitoral, considere:

I) O registro do diretório estadual de partido compete ao Tribunal Superior Eleitoral, tendo em vista o caráter nacional dos partidos políticos.

II) Os Tribunais Regionais Eleitorais deliberam por maioria de votos, em sessão pública, com a presença da maioria de seus membros.

Questões | Comentadas

III) Compete ao Tribunal Superior Eleitoral aprovar a divisão dos Estados em Zonas Eleitorais ou a criação de novas Zonas.

Está correto o que se afirma APENAS em

a) II.

b) I e II.

c) I e III.

d) I.

e) II e III.

I: incorreta. Código Eleitoral: Art. 29. Compete aos Tribunais Regionais: I - processar e julgar originariamente: a) o registro e o cancelamento do registro dos diretórios estaduais e municipais de partidos políticos, bem como de candidatos a Governador, Vice-Governadores, e membro do Congresso Nacional e das Assembleias Legislativas. **II:** correta. Art. 28. Os Tribunais Regionais deliberam por maioria de votos, em sessão pública, com a presença da maioria de seus membros. **III:** correta. Art. 23. Compete, ainda, privativamente, ao Tribunal Superior: VIII - aprovar a divisão dos Estados em Zonas Eleitorais ou a criação de novas Zonas.

99. (FCC – 2015) Adotar-se-á o princípio majoritário na eleição para

a) Presidente e Vice-Presidente da República, Governador e Vice-Governador de Estado, Senado Federal, Prefeito e Vice-Prefeito.

b) Governador e Vice-Governador de Estado, Senado Federal, Câmara dos Deputados, Prefeito e Vice-Prefeito.

c) Senado Federal, Câmara dos Deputados, Assembleias Legislativas e Câmaras Municipais.

d) Presidente e Vice-Presidente da República, Governador e Vice-Governador de Estado, Senado Federal e Câmara dos Deputados.

e) Senado Federal, Câmara dos Deputados, Assembleias Legislativas, Prefeito e Vice-Prefeito.

CE, Art. 83. Na eleição direta para o Senado Federal, para Prefeito e Vice-Prefeito, adotar-se-á o princípio majoritário.

O Sistema Eleitoral Majoritário é o adotado nas eleições para Senador da República, Presidente da República, Governadores da República e Prefeitos. Este sistema leva em conta o número de votos válidos ofertados ao candidato registrado por partido político. Dá-se importância ao candidato, e não ao partido político no qual ele é registrado.

100. (FCC – 2015) Considere:

I) Oferecimento de denúncia pelo Ministério Público.

II) Oferecimento de alegações escritas e apresentação de rol de testemunhas pelo réu ou seu defensor.

III) Interposição de recurso para o Tribunal Regional competente da decisão final de condenação ou absolvição proferida pelo Juiz Eleitoral.

IV) Oferecimento de alegações finais para cada uma das partes – acusação e defesa.

No processo das infrações penais eleitorais, é de 10 dias o prazo para a prática dos atos processuais indicados APENAS em

a) I, III e IV.

b) II e III.

c) I e IV.

d) I, II e III.

e) II e IV.

Todos os Prazos do Processo das Infrações: Art. 357. Verificada a infração penal, o Ministério Público oferecerá a denúncia dentro do prazo de 10 (dez) dias.

101. (FCC-2015) Peter é diretor de escola da rede estadual de ensino e pretende candidatar-se a Deputado Estadual. Para tanto, deverá afastar-se de suas funções até

a) três meses anteriores ao pleito, sem direito à percepção de vencimentos.

b) seis meses anteriores ao pleito, sem direito à percepção de vencimentos.

c) três meses anteriores ao pleito, garantido o direito à percepção dos seus vencimentos integrais.

d) seis meses anteriores ao pleito, garantido o direito à percepção de metade dos seus vencimentos.

e) quatro meses anteriores ao pleito, sem direito à percepção de vencimentos.

Lei nº 64/1990, Art. 1, II, I) os que, servidores públicos, estatutários ou não, dos órgãos ou entidades da Administração direta ou indireta da União, dos Estados, do Distrito Federal, dos Municípios e dos Territórios, inclusive das fundações mantidas pelo Poder Público, não se afastarem até 3 (três) meses anteriores ao pleito, garantido o direito à percepção dos seus vencimentos integrais.

Os únicos prazos de DESINCOMPATIBILIZAÇÃO que não são de 6 meses:

4 meses : Entidades de classe mantidas ,ainda que parcialmente , pelo poder público ou previdência social.

4 meses : Prefeito e Vice-Prefeito.

3 meses : Servidores públicos, estatutários ou não.

102. (FCC – 2015) Brutus completou dezoito anos de idade e formalizou requerimento de inscrição eleitoral, que foi deferido pelo Juiz Eleitoral. Dessa decisão

a) cabe recurso de qualquer delegado de partido político.

b) não cabe recurso.

Questões | Comentadas

c) cabe recurso de qualquer eleitor.

d) cabe recurso de qualquer candidato.

e) cabe recurso de qualquer ocupante de cargo eletivo.

Art. 17, da Resolução nº 21.538/2003:

Art. 17, § 1º. Do despacho que indeferir o requerimento de inscrição, caberá recurso interposto pelo alistando no prazo de cinco dias e, do que o deferir, poderá recorrer qualquer delegado de partido político no prazo de dez dias, contados da colocação da respectiva listagem à disposição dos partidos, o que deverá ocorrer nos dias 1º, e 15 de cada mês, ou no primeiro dia útil seguinte, ainda que tenham sido exibidas ao alistando antes dessas datas e mesmo que os partidos não as consultem.

103. **(FCC – 2015)** Ao Procurador-Geral eleitoral, como chefe do Ministério Público Eleitoral, no âmbito do Tribunal Superior Eleitoral, compete

a) substituir os Ministros do Tribunal em suas ausências ocasionais.

b) assistir as sessões do Tribunal, sem tomar parte nas discussões.

c) oficiar em todos os recursos encaminhados ao Tribunal.

d) exercer a ação penal pública, exceto nos feitos de competência originária do Tribunal.

e) expedir instruções aos Juízes Eleitorais dos Tribunais Regionais Eleitorais.

A: incorreta. Na composição dos Tribunais Eleitorais não há membros do MP, desta feita, jamais o Procurador-Geral Eleitoral poderá substituir algum membro do TSE, que é formado apenas por Ministros do STF e do STJ, além de advogados. Art. 119, CF/1988: O Tribunal Superior Eleitoral compor-se-á, no mínimo, de sete membros, escolhidos: I - mediante eleição, pelo voto secreto: a) três juízes dentre os Ministros do Supremo Tribunal Federal; b) dois juízes dentre os Ministros do Superior Tribunal de Justiça; II - por nomeação do Presidente da República, dois juízes dentre seis advogados de notável saber jurídico e idoneidade moral, indicados pelo Supremo Tribunal Federal. Art. 15, Código Eleitoral: Os substitutos dos membros efetivos dos Tribunais Eleitorais serão escolhidos, na mesma ocasião e pelo mesmo processo, em número igual para cada categoria. **B:** incorreta. Art. 24, Código Eleitoral: Compete ao Procurador-Geral, como Chefe do Ministério Público Eleitoral; I - assistir às sessões do Tribunal Superior e tomar parte nas discussões. **C:** correta. Art. 24, Código Eleitoral: Compete ao Procurador-Geral, como Chefe do Ministério Público Eleitoral; III - oficiar em todos os recursos encaminhados ao Tribunal. **D:** incorreta. Art. 24, Código Eleitoral: Compete ao Procurador-Geral, como Chefe do Ministério Público Eleitoral; II - exercer a ação pública e promovê-la até final, em todos os feitos de competência originária do Tribunal. **E:** incorreta. Art. 24, Código Eleitoral: Compete ao Procurador-Geral, como Chefe do Ministério Público Eleitoral; VIII - expedir instruções aos órgãos do Ministério Público junto aos Tribunais Regionais. Art. 21, Código Eleitoral: Os Tribunais e juízes inferiores devem dar imediato cumprimento às decisões, mandados, instruções e outros atos emanados do Tribunal Superior Eleitoral.

104. (FCC – 2015) A respeito da propaganda eleitoral, é correto afirmar que:

a) é absolutamente vedada a veiculação de propaganda eleitoral nas dependências do Poder Legislativo.

b) a propaganda eleitoral mediante outdoors só é permitida após a realização de sorteio dos locais pela Justiça Eleitoral.

c) para fins de propaganda eleitoral na internet, é vedada a venda de cadastro de endereços eletrônicos.

d) é permitida, no dia da eleição, a aglomeração silenciosa de pessoas portando vestuário padronizado, de modo a caracterizar manifestação coletiva.

e) a propaganda paga na imprensa escrita e a reprodução na internet do jornal impresso são permitidas até o dia das eleições.

A: incorreta. Art. 37, § 3º, Lei nº 9.504/1997: Nas dependências do Poder Legislativo, a veiculação de propaganda eleitoral fica a critério da Mesa Diretora. **B:** incorreta. Art. 39, § 8º, Lei nº 9.504/1997: É vedada a propaganda eleitoral mediante outdoors, inclusive eletrônicos, sujeitando-se a empresa responsável, os partidos, as coligações e os candidatos à imediata retirada da propaganda irregular e ao pagamento de multa no valor de R$ 5.000,00 (cinco mil reais) a R$ 15.000,00 (quinze mil reais). **C:** correta. Art. 57-C, Lei nº 9.504/1997: Na internet, é vedada a veiculação de qualquer tipo de propaganda eleitoral paga. **D:** incorreta. Art. 39-A Lei nº 9.504/1997: É permitida, no dia das eleições, a manifestação individual e silenciosa da preferência do eleitor por partido político, coligação ou candidato, revelada exclusivamente pelo uso de bandeiras, broches, dísticos e adesivos. § 1º É vedada, no dia do pleito, até o término do horário de votação, a aglomeração de pessoas portando vestuário padronizado, bem como os instrumentos de propaganda referidos no caput, de modo a caracterizar manifestação coletiva, com ou sem utilização de veículos. **E:** incorreta. Art. 43 Lei nº 9.504/1997: São permitidas, até a antevéspera das eleições, a divulgação paga, na imprensa escrita, e a reprodução na internet do jornal impresso, de até 10 (dez) anúncios de propaganda eleitoral, por veículo, em datas diversas, para cada candidato, no espaço máximo, por edição, de 1/8 (um oitavo) de página de jornal padrão e de 1/4 (um quarto) de página de revista ou tabloide.

105. (FCC – 2015) A impugnação de pedido de registro de candidatura NÃO pode ser feita,

a) por qualquer eleitor.

b) por partido político.

c) por coligação.

d) pelo Ministério Público.

e) por candidato.

Questões | Comentadas

LC nº 64/1990: Art. 3º. Caberá a qualquer candidato, a partido político, coligação ou ao Ministério Público, no prazo de 5 (cinco) dias, contados da publicação do pedido de registro do candidato, impugná-lo em petição fundamentada. Portanto, não tem legitimidade qualquer eleitor.

106. **(Vunesp – 2015)** Assinale a alternativa correta sobre a ação de investigação judicial eleitoral, que visa a combater os abusos do poder econômico e/ou político, praticados por candidatos, partido político, coligação, autoridades ou qualquer pessoa que "haja contribuído para o ato".

a) A competência para seu julgamento é do Juiz Eleitoral nas eleições de Governador, Vice-Governador, Prefeito e Vice-Prefeito.

b) O Tribunal não declarará a inelegibilidade do representado e de quantos hajam contribuído para a prática do ato se julgada procedente a ação após a proclamação dos eleitos.

c) Para a configuração do ato abusivo, será considerada a potencialidade de o fato alterar o resultado da eleição, além da gravidade das circunstâncias que o caracterizam.

d) Julgada procedente em decisão transitada em julgado ou proferida por órgão colegiado, tornam inelegíveis os sujeitos passivos para a eleição na qual concorrem ou tenham sido diplomados.

e) Deduzida de forma temerária ou de manifesta má-fé não implica em crime eleitoral, razão por que seu ajuizamento não prescinde de prova pré-constituída.

As respostas estão na LC nº 64/1990.

A: incorreta. De acordo com os Arts. 22, caput, e 24, a competência caberá ao Corregedor-Geral nas eleições presidenciais; ao Corregedor Regional eleitoral nas eleições federais e estaduais; e ao Juiz Eleitoral nas eleições municipais. **B:** incorreta. Art. 22, XIV: julgada procedente a representação, ainda que após a proclamação dos eleitos, o Tribunal declarará a inelegibilidade do representado e de quantos hajam contribuído para a prática do ato, cominando- lhes sanção de inelegibilidade para as eleições a se realizarem nos 8 (oito) anos subsequentes à eleição em que se verificou, além da cassação do registro ou diploma do candidato diretamente beneficiado pela interferência do poder econômico ou pelo desvio ou abuso do poder de autoridade ou dos meios de comunicação, determinando a remessa dos autos ao Ministério Público Eleitoral, para instauração de processo disciplinar, se for o caso, e de ação penal, ordenando quaisquer outras providências que a espécie comportar; (Redação dada pela Lei Complementar nº 135, de 2010) **C:** incorreta. Art. 22, XVI: para a configuração do ato abusivo, não será considerada a potencialidade de o fato alterar o resultado da eleição, mas apenas a gravidade das circunstâncias que o caracterizam. (Incluído pela Lei Complementar nº 135, de 2010). **D:** correta. Art. 22, XIV. **E:** incorreta. Art. 25. Constitui crime eleitoral a arguição de inelegibilidade, ou a impugnação de registro de candidato feito por interferência do poder econômico, desvio ou abuso do poder de autoridade, deduzida de forma temerária ou de manifesta má-fé: Pena: detenção de 6 (seis) meses a 2 (dois) anos, e multa de 20 (vinte) a 50 (cinquenta) vezes o valor do Bônus do Tesouro Nacional (BTN) e, no caso de sua extinção, de título público que o substitua.

107. (MPE-SC – 2016)Primando pelo respeito à cidadania, enquanto valor que a principiou, a Lei de Inelegibilidade conferiu a qualquer cidadão o poder de representar à Justiça Eleitoral, diretamente ao Corregedor-Geral ou Regional, relatando fatos e indicando provas, indícios e circunstâncias e pedir abertura de investigação judicial para apurar uso indevido, desvio ou abuso do poder econômico ou do poder de autoridade, ou utilização indevida de veículos ou meios de comunicação social, em benefício de candidato ou de partido político.

Lei Complementar nº 64/1990:

Art. 22. Qualquer partido político, coligação, candidato ou Ministério Público Eleitoral poderá representar à Justiça Eleitoral, diretamente ao Corregedor-Geral ou Regional, relatando fatos e indicando provas, indícios e circunstâncias e pedir abertura de investigação judicial para apurar uso indevido, desvio ou abuso do poder econômico ou do poder de autoridade, ou utilização indevida de veículos ou meios de comunicação social, em benefício de candidato ou de partido político.

108. (MPE/SC – 2016) Reza a Lei nº 9.504/97 (Lei das Eleições) que a regularidade das contas de campanha será verificada pela Justiça Eleitoral, que poderá decidir: pela aprovação, quando estiverem regulares; pela aprovação com ressalvas, no caso de falhas que não comprometam a sua regularidade; e, pela desaprovação, nas hipóteses de verificação de falhas graves ou de ausência de sua apresentação, quando precedida de notificação emitida pela Justiça Eleitoral contendo a obrigação expressa de prestar contas no prazo de setenta e duas horas.

Lei nº 9.504, de 30 de Setembro de 1997.

Art. 30. A Justiça Eleitoral verificará a regularidade das contas de campanha, decidindo:(Redação dada pela Lei nº 12.034, de 2009)

I - pela aprovação, quando estiverem regulares;

II - pela aprovação com ressalvas, quando verificadas falhas que não lhes comprometam a regularidade;

III - pela desaprovação, quando verificadas falhas que lhes comprometam a regularidade;

IV - pela não prestação, quando não apresentadas as contas após a notificação emitida pela Justiça Eleitoral, na qual constará a obrigação expressa de prestar as suas contas, no prazo de setenta e duas horas.

109. (MPE-SC – 2016) Para o exame acerca da regularidade das contas de campanha a Justiça Eleitoral poderá requisitar o auxílio de técnicos do Tribunal de Contas da União, dos Estados, do Distrito Federal ou dos Municípios. O Ministério Público Eleitoral, todavia, não está vinculado às conclusões dos referidos técnicos, possuindo amplo e irrestrito poder de se posicionar de maneira diversa.

Questões | Comentadas

Lei nº 9.504/1997;

Art. 30. A Justiça Eleitoral verificará a regularidade das contas de campanha, decidindo:(Redação dada pela Lei nº 12.034, de 2009)

§ 3º, Para efetuar os exames de que trata este artigo, a Justiça Eleitoral poderá requisitar técnicos do Tribunal de Contas da União, dos Estados, do Distrito Federal ou dos Municípios, pelo tempo que for necessário.

110. (MPE/SC – 2016) Segundo a Lei nº 9.504/97 (Lei das Eleições), no ano em que se realizar eleição fica proibida a distribuição gratuita de bens, valores ou benefícios por parte da Administração Pública, exceto nos casos de calamidade pública, de estado de emergência ou de programas sociais autorizados em lei e já em execução orçamentária no exercício anterior, casos em que o Ministério Público poderá promover o acompanhamento de sua execução financeira e administrativa.

Conforme Art. 73, § 10, da Lei nº 9.504/1997: No ano em que se realizar eleição, fica proibida a distribuição gratuita de bens, valores ou benefícios por parte da Administração Pública, exceto nos casos de calamidade pública, de estado de emergência ou de programas sociais autorizados em lei e já em execução orçamentária no exercício anterior, casos em que o Ministério Público poderá promover o acompanhamento de sua execução financeira e administrativa.

A questão foi a literalidade da supramencionada lei.

111. (MPE/SC - 2016) No período entre o registro das candidaturas até cinco dias após a realização do segundo turno das eleições, os feitos eleitorais terão prioridade para a participação do Ministério Público e dos Juízes de todas as Justiças e instâncias, excetuando-se os processos judiciais com o prazo legal vencido e que tenham por objeto assunto de extrema relevância, a ser reconhecida por decisão judicial devidamente fundamentada.

Lei nº 9.504/1997:

Art. 94. Os feitos eleitorais, no período entre o registro das candidaturas até cinco dias após a realização do segundo turno das eleições, terão prioridade para a participação do Ministério Público e dos Juízes de todas as Justiças e instâncias, ressalvados os processos de habeas corpus e mandado de segurança.

112. (MPE/SC – 2016) Segundo o Código Eleitoral, nenhuma autoridade policial poderá, desde 5 (cinco) dias antes e até 48 (quarenta e oito) horas depois do encerramento da eleição, prender ou deter qualquer eleitor, salvo por determinação judicial, após a necessária manifestação do Ministério Público Eleitoral.

Código Eleitoral: Art. 236. Nenhuma autoridade poderá, desde 5 (cinco) dias antes e até 48 (quarenta e oito) horas depois do encerramento da eleição, prender ou deter qualquer eleitor, salvo em flagrante delito ou em virtude de sentença criminal condenatória por crime inafiançável, ou, ainda, por desrespeito a salvo-conduto.

113. **(MPE/SC – 2016)** O Código Eleitoral prevê como crime a conduta de caluniar alguém, na propaganda eleitoral, ou visando fins de propaganda, imputando-lhe falsamente fato definido como crime. A exceção da verdade, nestes casos, somente se admite se o ofendido é funcionário público e o fato imputado é relativo ao exercício de suas funções.

A exceção da verdade, como elemento de defesa, nos processos por crimes eleitorais, vem prevista nos Arts. 324 e 325 do Código Eleitoral, que tipificam, respectivamente, a calúnia e a difamação. Em relação ao crime de calúnia (Art. 324), admite-se a prova da verdade como excludente de crime, como regra geral. Não é admitida, porém, se o ofendido foi absolvido do crime a ele imputado; se o ofendido é o Presidente da República ou chefe de governo estrangeiro; ou se o crime é de ação privada e o ofendido não foi condenado por sentença irrecorrível. No crime de difamação (Art. 325 do Código Eleitoral), a exceção da verdade se restringe aos casos em que o ofendido é funcionário público, e a ofensa tem a ver com suas funções.

114. **(MPE/SC – 2016)** Os partidos políticos serão os responsáveis pela realização da propaganda eleitoral, sendo solidários nos excessos praticados pelos seus candidatos e adeptos. Tal solidariedade, porém, é restrita aos candidatos e aos respectivos partidos, não alcançando outros partidos integrantes de uma mesma coligação.

Lei nº 9.504/1997: Art. 6º. É facultado aos partidos políticos, dentro da mesma Circunscrição, celebrar coligações para eleição majoritária, proporcional, ou para ambas, podendo, neste último caso, formar-se mais de uma coligação para a eleição proporcional dentre os partidos que integram a coligação para o pleito majoritário.§ 5º.A responsabilidade pelo pagamento de multas decorrentes de propaganda eleitoral é solidária entre os candidatos e os respectivos partidos, não alcançando outros partidos mesmo quando integrantes de uma mesma coligação.

115. **(MPE/SC – 2016)** Segundo a Lei dos Partidos Políticos, com redação acrescida pela Lei nº 13.165/15, nos casos de ausência de movimentação de recursos financeiros ou de arrecadação de bens estimáveis em dinheiro, os órgãos partidários municipais ficam desobrigados de prestar contas à Justiça Eleitoral quanto ao respectivo exercício, exigindo-se do responsável partidário, todavia, a apresentação de declaração da ausência de movimentação de recursos nesse período.

Conforme a Lei nº 9.096/1995 (Lei dos Partidos Políticos): Art. 32. O partido está obrigado a enviar, anualmente, à Justiça Eleitoral, o balanço contábil do exercício findo, até o dia 30 de abril do ano seguinte. § 4º. Os órgãos partidários municipais

Questões | Comentadas

que não hajam movimentado recursos financeiros ou arrecadado bens estimáveis em dinheiro ficam desobrigados de prestar contas à Justiça Eleitoral, exigindo-se do responsável partidário, no prazo estipulado no caput, a apresentação de declaração da ausência de movimentação de recursos nesse período.

116. **(MPE/SC – 2016)** Está sumulado pelo Tribunal Superior Eleitoral que é de cento e oitenta dias o prazo para o ajuizamento da representação contra doação de campanha acima do limite legal, contados a partir da diplomação.

Súmula- TSE nº 21: O prazo para ajuizamento da representação contra doação de campanha acima do limite legal é de 180 dias, contados da data da diplomação. Atualizando: A Súmula nº 21, publicada no DJE de 8, 9 e 10.2.2012, foi cancelada pelo Ac.-TSE, de 10.5.2016, no PA nº 32.345, publicado no DJE de 24, 27 e 28.6.2016. Assim determinava: O prazo para ajuizamento da representação contra doação de campanha acima do limite legal é de 180 dias, contados da data da diplomação[15].

117. **(Cespe – 2015)** A respeito do sistema eleitoral brasileiro, assinale a opção correta.

a) O princípio da moralidade eleitoral exige dos candidatos a prestação de contas uniforme, sem previsão de prestação simplificada, independentemente do valor movimentado em seu processo eleitoral.

b) O voto e o alistamento eleitoral são obrigatórios a todo cidadão brasileiro alfabetizado, em pleno gozo de saúde física e mental, que se encontre em seu domicílio eleitoral.

c) As eleições presidenciais fundamentam-se no princípio da isonomia da concorrência, não diferenciando o peso dos votos dos eleitores brasileiros.

d) Adotam-se no Brasil o caráter sigiloso (secreto) do voto, o pluripartidarismo e o sufrágio restrito e diferenciado.

e) O partido político detém autonomia para definir em que município será instalada sua sede, sua estrutura interna, sua organização, seu funcionamento e demais cláusulas.

A: incorreta. Art. 28, § 9º, Lei nº 9.504/1997: A Justiça Eleitoral adotará sistema simplificado de prestação de contas para candidatos que apresentarem movimentação financeira correspondente a, no máximo, R$ 20.000,00 (vinte mil reais), atualizados monetariamente, a cada eleição, pelo Índice Nacional de Preços ao Consumidor - INPC da Fundação Instituto Brasileiro de Geografia e Estatística - IBGE ou por índice que o substituir. (Incluído pela Lei nº 13.165, de 2015). **B:** incorreta. Art. 14, § 1º, CF/1988: O alistamento eleitoral e o voto são: I - obrigatórios para os maiores de dezoito anos; II - facultativos para: a) os analfabetos; b) os maiores de setenta anos; c) os maiores de dezesseis e menores de dezoito anos. **C:** correta. Art. 14, CF/1988: Art. 14. A soberania popular será exercida pelo sufrágio universal

---

15 http://www.tse.jus.br/legislacao/codigo-eleitoral/sumulas/sumulas-do-tse/sumula-no-21

e pelo voto direto e secreto, com valor igual para todos, e, nos termos da lei, (...). **D:** incorreta. Art. 14, CF/1988: Art. 14. A soberania popular será exercida pelo sufrágio universal e pelo voto direto e secreto, com valor igual para todos, e, nos termos da lei, (...). **E:** incorreta. Art. 15, I Lei nº 9.096/1995: O Estatuto do partido deve conter, entre outras, normas sobre: I - nome, denominação abreviada e o estabelecimento da sede na Capital Federal.

118. (Cespe – 2015) Ainda a respeito do processo brasileiro de eleição, assinale a opção correta. Nesse sentido, considere que a sigla TSE, sempre que utilizada, se refere ao Tribunal Superior Eleitoral.

a) Os partidos políticos e os candidatos devem abrir conta bancária específica para demonstrar toda a movimentação financeira dos procedimentos adotados durante a campanha, estando as entidades bancárias obrigadas a acatar, em determinado prazo, pedido de abertura de conta, podendo fixar limite de depósito inicial.

b) É condicionante aos candidatos, no tocante à percepção de recursos financeiros para fazer face às despesas destinadas à sua campanha eleitoral, a inscrição no Cadastro Nacional de Pessoa Jurídica fornecida pela Justiça Eleitoral.

c) Se for indeferido o recurso especial interposto contra sentença do TSE, o recorrente poderá, no prazo de cinco dias, impetrar agravo de instrumento ao próprio TSE, a contar da juntada da intimação das partes nos autos, podendo o relator indeferi-lo, em decisão monocrática, se ele for proposto fora do prazo legal.

d) É competência dos tribunais regionais julgar recursos contra quaisquer demandas de suas circunscrições, sendo suas decisões terminativas, salvo no caso de eleições presidenciais, em que se pode recorrer ao TSE.

e) É livre a criação de partidos políticos, os quais se constituem de personalidade jurídica de direito privado, podendo, inclusive, fazer constar de seu estatuto a possibilidade de expulsão sumária de seus filiados.

A: incorreta. É vedado aos bancos exigir depósito inicial. Vide Art. 22, § 1º, I, da Lei nº 9.504/1997. **B:** correta. Vide Art. 22-A da Lei nº 9.504/1997. **C:** incorreta. Prazo 3 (três) dias. Vide Art. 282, CE. **D:** incorreta. Vide Art. 276, CE. **E:** incorreta. É necessário garantir o direito de defesa. Vide Art. 15, V, da Lei nº 9.096/1995.

119. (Cespe – 2015) As eleições para Prefeitos, Vice-Prefeitos e Vereadores aproximam-se. Em determinado município, de acordo com a última pesquisa do Instituto Brasileiro de Geografia e Estatística (IBGE), na data das eleições, haverá pouco menos de vinte e seis mil eleitores alistados. Considerando que a presente situação hipotética se concretize, assinale a opção correta.

Questões | Comentadas

a) Os partidos de candidatos a Vereadores têm a prerrogativa de coligarem-se para o registro de candidatos comuns, desde que pelo menos três partidos queiram fazê-lo.

b) As eleições para Prefeitos e Vice-Prefeitos têm de ser obrigatoriamente realizadas na mesma data. Entretanto, não estão vinculadas ao sufrágio simultâneo para a escolha dos Vereadores.

c) Ao final da apuração, serão considerados vencedores das eleições aqueles candidatos a Prefeito e Vice-Prefeito que auferirem a maioria dos votos válidos, desconsiderando-se os brancos e nulos, desde que ao menos 50% mais um dos eleitores alistados exerçam efetivamente o ato de votar.

d) Nas eleições para Prefeito e Vice-Prefeito do referido município, o número de eleitores alistados em nada interfere no procedimento eleitoral, sendo que, se o Prefeito obtiver a maioria dos votos entre seus concorrentes, representará, de modo irretratável, sua eleição e a do Vice-Prefeito com ele registrado.

e) Para concorrer às eleições, os Vereadores deverão possuir domicílio eleitoral e filiação partidária deferida na respectiva Circunscrição há pelo menos seis meses antes das eleições.

A: incorreta. Art. 6º, § 1º, Lei nº 9.504/1997: É facultado aos partidos políticos, dentro da mesma Circunscrição, celebrar coligações para eleição majoritária, proporcional, ou para ambas, podendo, neste último caso, formar-se mais de uma coligação para a eleição proporcional dentre os partidos que integram a coligação para o pleito majoritário. § 1º, A coligação terá denominação própria, que poderá ser a junção de todas as siglas dos partidos que a integram, sendo a ela atribuídas as prerrogativas e obrigações de partido político no que se refere ao processo eleitoral, e devendo funcionar como um só partido no relacionamento com a Justiça Eleitoral e no trato dos interesses interpartidários. **B:** incorreta. Art. 29, II, CF/1988: Eleição do Prefeito, do Vice-Prefeito e dos Vereadores, para mandato de quatro anos, mediante pleito direto e simultâneo realizado em todo o País. **C:** incorreta. Art. 3º, Lei nº 9.504/1997: Será considerado eleito Prefeito o candidato que obtiver a maioria dos votos, não computados os em branco e os nulos. § 2º, Nos Municípios com mais de duzentos mil eleitores, aplicar-se-ão as regras estabelecidas nos §§ 1º, a 3º, do artigo anterior. (O município em questão possui 26 mil eleitores, portanto não há que se cogitar 2º, turno). **D:** correta. Art. 3º, Lei nº 9.504/1997: Será considerado eleito Prefeito o candidato que obtiver a maioria dos votos, não computados os em branco e os nulos. **E:** incorreta. Art. 9º, Lei nº 9.504/1997: Para concorrer às eleições, o candidato deverá possuir domicílio eleitoral na respectiva Circunscrição pelo prazo de, pelo menos, um ano antes do pleito, e estar com a filiação deferida pelo partido no mínimo seis meses antes da data da eleição.

120. (Cespe – 2015) Tendo em vista que a prática de nepotismo, o favorecimento de particulares em contratações públicas, o abuso de poder e o desrespeito à legislação, de modo geral, afetam a estabilidade do processo eleitoral em qualquer Circunscrição e podem vir, inclusive, a alterar o resultado das eleições, assinale a opção correta.

a) Podem ser nomeados presidentes ou mesários das mesas receptoras autoridades e agentes policiais, bem como aqueles que compõem o quadro de terceirizados, entendidos como tais os que prestam serviços à Administração Pública como empregados de pessoa jurídica de direito privado detentora de contrato oriundo de certame licitatório.

b) Quando da escolha dos locais para a votação, não havendo imóveis públicos em condições adequadas, pode o Juiz Eleitoral designar que as mesas receptoras funcionem em propriedade particular, a qual será obrigatoriamente cedida para esse fim, sem ônus financeiro para a administração.

c) A força armada designada para assumir o trabalho de polícia eleitoral poderá transitar livremente nas Seções Eleitorais e nos lugares de votação, independentemente de autorização, já que é sua responsabilidade manter a ordem e a paz no ambiente destinado às eleições.

d) Para exercer o ato de votar, é indispensável que o eleitor apresente o seu título eleitoral acompanhado de documento de identificação pessoal com foto.

e) O TSE nº não pode contratar cidadãos que mantenham entre si relação de parentesco, ainda que por afinidade, até o quinto grau, devendo, em casos de vínculo legítimo entre dois contratados, optar pela dispensa de um deles.

Resolução nº 23.399, TSE/2014: 15. Os locais designados para o funcionamento das Mesas Receptoras, assim como a sua composição, serão publicados, até 6 de agosto de 2014, no Diário da Justiça Eletrônico, nas capitais, e no Cartório Eleitoral, nas demais localidades (Código Eleitoral, artigos 120, § 3º, e 135). § 1º, A publicação deverá conter a seção, inclusive as agregadas, com a numeração ordinal e o local em que deverá funcionar, com a indicação da rua, número e qualquer outro elemento que facilite a sua localização pelo eleitor, bem como os nomes dos mesários nomeados para atuarem nas Mesas Receptoras e dos eleitores para atuarem como apoio logístico nos locais de votação (Código Eleitoral, artigos 120, § 3º, e 135, § 1º). § 2º, Será dada preferência aos edifícios públicos, recorrendo-se aos particulares se faltarem aqueles em número e condições adequadas (Código Eleitoral, artigo 135, § 2º). § 3º, A propriedade particular será obrigatória e gratuitamente cedida para esse fim (Código Eleitoral, artigo 135, § 3º).

121. (Cespe – 2015) O percentual médio de mulheres que ocupam cargos legislativos (Câmaras baixas e Senados) no mundo é de 20,3%. Nas Câmaras baixas, elas representam 20,7% dos legisladores e nos Senados, 18,1%. No Brasil, embora 16% dos membros do Senado Federal sejam mulheres, na Câmara dos Deputados elas ocupam apenas 8,6% das vagas, o que coloca o país entre os dois países com índices mais baixos de representação política feminina nestas posições da América Latina. A situação nas Assembleias Legislativas Estaduais e Câmaras Municipais não difere tanto desse quadro: atualmente, elas ocupam 12,8% e 12,5%, respectivamente, das posições destas Casas.

SACCHET, *Teresa*. Democracia pela metade: candidaturas e desempenho eleitoral das mulheres.

Questões | Comentadas

Tendo esse fragmento de texto como referência inicial, assinale a opção que apresenta os percentuais mínimo e máximo de reserva previstos para cada um dos sexos nas Leis n.º 9.504/1997 e n.º 13.165/2015.

a) 30% e 70% do número de vagas efetivamente preenchidas pelo partido ou pela coligação.

b) 35% e 65% das cadeiras em disputa.

c) 35% e 65% do número das vagas efetivamente preenchidas pelo partido ou pela coligação.

d) 30% e 70% das cadeiras em disputa.

e) 30% e 70% do número de candidaturas que o partido ou a coligação tem o direito de apresentar, independentemente do número de vagas efetivamente preenchidas.

Lei nº 9.504/1997 - Normas Para Eleições: Art. 10. § 3º. Do número de vagas resultante das regras previstas neste artigo, cada partido ou coligação preencherá o mínimo de 30% (trinta por cento) e o máximo de 70% (setenta por cento) para candidaturas de cada sexo. (Redação dada pela Lei nº 12.034, de 2009)[16].

122. (Cespe – 2015) Interessado em concorrer às eleições para Deputado Federal em 2014, um pré-candidato, após consultar seu círculo de relações, organizações da sociedade civil de interesse público (OSCIPs), movimentos sociais, empresários e a direção do seu partido, elaborou um plano estratégico para financiar a sua campanha. No plano, separou algumas das possíveis fontes de recursos. Interessado em fazer uma campanha dentro dos limites da lei, solicitou um parecer a respeito da legalidade das diferentes fontes relacionadas.

A respeito dessa situação hipotética, e considerando que as eleições ocorreram em 2014, assinale a opção que relaciona apenas fontes legítimas de recursos de campanha conforme a legislação então vigente.

a) empresas até o limite de 2% do faturamento de 2013, recursos próprios e entidades esportivas.

b) pessoas físicas até o limite de 10% dos rendimentos brutos do doador no ano de 2013, entidades de utilidade pública e recursos do partido.

c) recursos próprios, entidades beneficentes e religiosas e recursos do partido.

d) OSCIPs, pessoas físicas até o limite de 10% dos rendimentos brutos do doador em 2013 e recursos próprios.

e) pessoas físicas até o limite de 10% dos rendimentos brutos do doador no ano de 2013, empresas até o limite de 2% do faturamento bruto de 2013 e recursos do partido.

Lei 9.504/1997 - Normas Para Eleições: Art. 23. Pessoas físicas poderão fazer doações em dinheiro ou estimáveis em dinheiro para campanhas eleitorais, obedecido

---

16 FONTE: http://www.planalto.gov.br/ccivil_03/LEIS/lei9504.htm. Acesso em 06 de janeiro de 2016.

o disposto nesta Lei. § 1º As doações e contribuições de que trata este artigo ficam limitadas a 10% (dez por cento) dos rendimentos brutos auferidos pelo doador no ano anterior à eleição.

123. **(UFMT – 2012)** Segundo o Art. 238 do Código Eleitoral, é proibida a presença de uma categoria de pessoas dentro dos edifícios onde é realizada a votação. A qual categoria se refere esse artigo?

a) Fiscais dos partidos.

b) Policiais militares.

c) Candidatos.

d) Cabos eleitorais dos candidatos.

Art. 238. É proibida, durante o ato eleitoral, a presença de força pública no edifício em que funcionar mesa receptora, ou nas imediações, observado o disposto no Art. 141.

Art. 141. A força armada conservar-se-á a cem metros da seção eleitoral e não poderá aproximar-se do lugar da votação, ou dele penetrar, sem ordem do Presidente da mesa.

124. **(FUJB – 2012)** No tocante às condições de elegibilidade e às causas de inelegibilidade, analise as seguintes proposições:

I) Enquanto as condições de elegibilidade podem estar previstas na Constituição Federal e em leis ordinárias, as causas de inelegibilidade devem estar contempladas na Constituição Federal e em leis complementares.

II) Nos termos da Constituição Federal, são sempre inelegíveis os inalistáveis e os analfabetos.

III) O alistamento eleitoral é pressuposto para o exercício do direito de votar, não sendo exigido, contudo, para que o cidadão possa se eleger, bastando para esta última hipótese sua prévia filiação partidária.

IV) Nos termos da legislação vigente, são inelegíveis para qualquer cargo aqueles que forem condenados por crimes eleitorais para os quais a lei comine pena privativa de liberdade, desde a condenação até o transcurso do prazo de 08(oito) anos após o cumprimento da pena, impondo-se, todavia, prévio trânsito em julgado da condenação criminal para configuração da inexigibilidade, em respeito ao princípio constitucional do estado de inocência.

V) Constitui crime eleitoral a arguição de inelegibilidade deduzida de forma temerária ou de manifesta má-fé.

Estão corretas somente as proposições:

a) I, II e III.

b) I, II e V.

c) II, III e IV.

d) II, IV e V.

e) III, IV e V.

Questões | Comentadas

I: correta. Enquanto as condições de elegibilidade podem estar previstas na Constituição Federal e em leis ordinárias, as causas de inelegibilidade devem estar contempladas na Constituição Federal e em leis complementares. Art. 14, § 9º, CF: Lei complementar estabelecerá outros casos de inelegibilidade (...). Não há qualquer exigência que as condições de elegibilidade estejam previstas em lei complementar, sendo possível, portanto, lei ordinária. **II: correta.** Nos termos da Constituição Federal, são sempre inelegíveis os inalistáveis e os analfabetos. Art. 14, § 4º, CF, São inelegíveis os inalistáveis e os analfabetos. **III: incorreta.** O alistamento eleitoral é pressuposto para o exercício do direito de votar, não sendo exigido, contudo, para que o cidadão possa se eleger, bastando para esta última hipótese sua prévia filiação partidária. Art. 14, § 3º, CF: São condições de elegibilidade na forma da lei: III - o alistamento eleitoral. **IV: incorreta.** Nos termos da legislação vigente, são inelegíveis para qualquer cargo aqueles que forem condenados por crimes eleitorais para os quais a lei comine pena privativa de liberdade, desde a condenação até o transcurso do prazo de 08 (oito) anos após o cumprimento da pena, impondo-se, todavia, prévio trânsito em julgado da condenação criminal para configuração da inexigibilidade, em respeito ao princípio constitucional do Estado de inocência. Art. 1º, I, e, LC nº 64/1990: são inelegíveis: os que forem condenados, em decisão transitada em julgado ou proferida por órgão judicial colegiado, desde a condenação até o transcurso do prazo de 8 anos, após o cumprimento da pena, pelos crimes (...) Portanto, não é necessário o prévio trânsito em julgado da condenação criminal, bastando que a decisão seja proferida por órgãos judicial colegiado. **V: correta.** Constitui crime eleitoral a arguição de inelegibilidade deduzida de forma temerária ou de manifesta má-fé. Art. 25, LC nº 64/1990: Constitui crime eleitoral a arguição de inelegibilidade ou a impugnação de registro de candidato feito por interferência do poder econômico, desvio ou abuso do poder de autoridade, deduzida de forma temerária ou de manifesta má-fé.

125. **(MPE–PR – 2012)** Sobre crimes eleitorais, assinale a alternativa incorreta:

a) Os crimes previstos na Lei 4.737/65 (Código Eleitoral) e na Lei nº 9.504/97 (Lei das Eleições) não admitem ação penal privada subsidiária da pública.

b) A Lei nº 9.504/97 (Lei das Eleições) contempla alguns tipos penais cuja pena privativa de liberdade, abstratamente cominada, pode admitir, em tese, fixação de regime inicial fechado a seu cumprimento.

c) A Lei 4.737/65 (Código Eleitoral) contempla alguns tipos penais praticáveis mediante omissão de ação dolosa.

d) A Lei 4.737/65 (Código Eleitoral) contempla alguns tipos penais cuja pena privativa de liberdade, abstratamente cominada, não prevê patamar mínimo.

e) A Lei nº 9.504/97 (Lei das Eleições) contempla alguns tipos penais que admitem, em tese, proposta de transação penal ou de suspensão condicional do processo (Lei 9.099/95, Art. 76 e 89, respectivamente).

Constituição Federal Anotada/TSE: Art. 5º, LIX: será admitida ação privada nos crimes de ação pública, se esta não for intentada no prazo legal; Ac.-TSE, de 24.2.2011, no ED-AI nº 181917: a queixa-crime em ação penal privada subsidiária somente pode ser aceita caso o representante do Ministério Público não tenha oferecido denúncia, requerido diligências ou solicitado o arquivamento de inquérito policial, no prazo legal. Ac.-TSE nº 21.295/2003: cabimento de ação penal privada subsidiária no âmbito da Justiça Eleitoral, por tratar-se de garantia constitucional, prevista neste inciso[17].

126. (MPE-PR – 2012) Sobre normas a serem observadas em período eleitoral, assinale a alternativa correta:

a) A propaganda eleitoral em geral é permitida a partir dos três meses que antecedem o período de registro de candidaturas.

b) A propaganda eleitoral no rádio e na televisão é restrita ao horário eleitoral gratuito, mas na internet, não há restrições à veiculação de propaganda eleitoral paga.

c) É vedado aos agentes públicos, nos três meses que antecedem o pleito eleitoral e até a posse dos eleitos, a nomeação ou exoneração de cargos em comissão.

d) No dia da eleição, a denominada propaganda de boca de urna e a utilização de alto-falantes e amplificadores de som, constituem crimes, puníveis com detenção e multa.

e) Nos 3 (três) meses que antecedem o pleito, o comparecimento a inaugurações de obras públicas é vedado somente a candidatos detentores de cargos públicos.

Art. 39, § 5º, incisos I e II, da Lei nº 9.504/1997: Constituem crimes, no dia da eleição, puníveis com detenção, de seis meses a um ano, com a alternativa de prestação de serviços à comunidade pelo mesmo período, e multa no valor de cinco mil a quinze mil UFIR: I - o uso de alto-falantes e amplificadores de som ou a promoção de comício ou carreata; II - a arregimentação de eleitor ou a propaganda de boca de urna.

127. (MPE-PR – 2012) Sobre elegibilidade, inelegibilidade e ações judiciais eleitorais, assinale a alternativa correta:

a) São inelegíveis a qualquer cargo os que forem condenados por prática, dentre outros, de crimes de ação penal privada, em decisão transitada em julgado ou proferida por órgão judicial colegiado, desde a condenação até o transcurso do prazo de 8 (oito) anos após o cumprimento da pena.

b) De acordo com a Lei Complementar 135/10 (Lei da Ficha Limpa), os que forem condenados, em decisão transitada em julgado ou proferida por órgão judicial colegiado, por prática de crimes contra a saúde pública, não sofrem restrições à elegibilidade.

---

17 Link: http://www.tse.jus.br/legislacao/codigo-eleitoral/constituicao-federal/constituicao-da-republica-federativa-do-brasil.

Questões | Comentadas

c) A arguição de inelegibilidade de candidatos ao cargo de Deputado Estadual deverá ser feita perante o Tribunal Regional Eleitoral, e de candidatos ao cargo de Deputado Federal, deverá ser feita perante o Tribunal Superior Eleitoral.

d) A ação de investigação judicial eleitoral poderá ser utilizada para apurar condutas vedadas a agentes públicos em campanha eleitoral, mas não poderá ser manejada para apurar captação ilícita de sufrágio, prevista no Art. 41-A da Lei nº 9.504/97 (Lei das Eleições).

e) A ação de impugnação de mandato eletivo possui previsão na Constituição Federal, o recurso contra a diplomação possui previsão na Lei 4.737/65 (Código Eleitoral) e a ação de investigação judicial eleitoral possui previsão na Lei Complementar 064/90 (Lei das Inelegibilidades).

A: incorreta. A inelegibilidade prevista na alínea e do inciso I deste artigobnão se aplica aos crimes culposos e àqueles definidos em lei como de menor potencial ofensivo, nem aos crimes de ação penal privada. (Art. 1ª, § 4º, LC nº 64/90). São inelegíveis para qualquer cargo os que forem condenados, em decisão transitada em julgado ou proferida por órgão judicial colegiado, desde a condenação até o transcurso do prazo de 8 (oito) anos após o cumprimento da pena, pelos crimes (...). Art. 1º, Inc. I, Alínea "e" LC nº 64/1990. **B:** incorreta. São inelegíveis para qualquer cargo os que forem condenados, em decisão transitada em julgado ou proferida por órgão judicial colegiado, desde a condenação até o transcurso do prazo de 8 (oito) anos após o cumprimento da pena, pelos crimes - 3. contra o meio ambiente e a saúde pública;(Incluído pela Lei Complementar nº 135, de 2010). **C:** incorreta. A arguição de inelegibilidade será feita perante: II - os Tribunais Regionais Eleitorais, quando se tratar de candidato a Senador, Governador e Vice-Governador de Estado e do Distrito Federal, Deputado Federal, Deputado Estadual e Deputado Distrital. (Art. 2º, Parágrafo único, LC nº 64/1990). **D:** incorreta. Qualquer partido político, coligação, candidato ou Ministério Público Eleitoral poderá representar à Justiça Eleitoral, diretamente ao Corregedor-Geral ou Regional, relatando fatos e indicando provas, indícios e circunstâncias e pedir abertura de investigação judicial para apurar uso indevido, desvio ou abuso do poder econômico ou do poder de autoridade, ou utilização indevida de veículos ou meios de comunicação social, em benefício de candidato ou de partido político, obedecido o seguinte rito (...). (Art. 22, LC nº 64/1990). **E:** correta. O mandato eletivo poderá ser impugnado ante a Justiça Eleitoral no prazo de quinze dias contados da diplomação, instruída a ação com provas de abuso do poder econômico, corrupção ou fraude. (CF/1988 Art. 14, § 10). As transgressões a que se refere o Art. 19, desta lei complementar serão apuradas mediante procedimento sumaríssimo de investigação judicial, realizada pelo Corregedor-Geral e Corregedores Regionais Eleitorais, nos termos das Leis nos 1.579, de 18 de março de 1952, 4.410, de 24 de setembro de 1964, com as modificações desta lei complementar. (LC nº 64/1990 Art. 21). Qualquer partido político, coligação, candidato ou Ministério Público Eleitoral poderá representar à Justiça

Eleitoral, diretamente ao Corregedor-Geral ou Regional, relatando fatos e indicando provas, indícios e circunstâncias e pedir abertura de investigação judicial para apurar uso indevido, desvio ou abuso do poder econômico ou do poder de autoridade, ou utilização indevida de veículos ou meios de comunicação social, em benefício de candidato ou de partido político, obedecido o seguinte rito. (Art. 22, LC nº 64/1990).

128. **(TJ/DFT – 2012)** No regime da Lei Complementar nº 64/90, com as alterações determinadas pela Lei Complementar nº 135/10, doutrinariamente denominada "Lei da Ficha Limpa", são inelegíveis

a) Os que forem condenados, em decisão transitada em julgado ou proferida por órgão colegiado, desde a condenação até o transcurso do prazo de 8 (oito) anos após o cumprimento da pena, pelo crime de homicídio culposo.

b) Os que forem demitidos do serviço público em decorrência de processo administrativo ou judicial, pelo prazo de 8 (oito) anos, contado da decisão, salvo se o ato houver sido suspenso ou anulado pelo Poder Judiciário.

c) Pelo prazo de 8 (oito) anos a contar da eleição, os que forem condenados, em decisão transitada em julgado ou proferida por órgão colegiado da Justiça Eleitoral, por corrupção eleitoral, por captação ilícita de sufrágio, por doação, captação ou gastos ilícitos de recursos de campanha ou por conduta vedada aos agentes públicos em campanhas eleitorais mesmo que não impliquem cassação do registro ou do diploma.

d) Os que tiverem suas contas relativas ao exercício de cargos ou funções públicas rejeitadas por irregularidade insanável que configure ato culposo de improbidade administrativa, e por decisão irrecorrível do órgão competente, salvo se esta houver sido suspensa ou anulada pelo Poder Judiciário, para as eleições que se realizarem nos 8 (oito) anos seguintes, contados a partir da data da decisão.

Art.2º, LC nº 135/2010: o) os que forem demitidos do serviço público em decorrência de processo administrativo ou judicial, pelo prazo de 8 (oito) anos, contado da decisão, salvo se o ato houver sido suspenso ou anulado pelo Poder Judiciário.

129. **(TJ-DFT – 2012)** De acordo com a Lei nº 9.504/97 (Lei das Eleições), com as alterações promovidas pelas Leis nos 11.300/06 e 12.034/09, é correto afirmar:

a) As condições de elegibilidade e as causas de inelegibilidade devem ser aferidas no momento da formalização do pedido de registro da candidatura, ressalvadas as alterações, fáticas ou jurídicas, supervenientes ao registro que afastem a inelegibilidade.

b) Nas eleições majoritárias, a substituição de candidato que for declarado inelegível, renunciar ou falecer após o termo final do prazo do registro ou, ainda, tiver seu registro indeferido ou cancelado, deverá ser implementada no prazo de até 60 (sessenta) dias antes do pleito.

Questões | Comentadas

c) Qualquer cidadão pode representar, com esteio no Art. 30-A, à Justiça Eleitoral, no prazo de 15 (quinze) dias da diplomação, relatando fatos e indicando provas, e pedir a abertura de investigação judicial para apurar condutas em desacordo com as normas relativas à arrecadação e gastos de recursos.

d) A representação relativa às condutas descritas no Art. 41-A só podem ser ajuizadas no lapso temporal compreendido entre o registro da candidatura e o dia da eleição.

> As condições de elegibilidade e as causas de inelegibilidade devem ser aferidas no momento da formalização do pedido de registro da candidatura, ressalvadas as alterações, fáticas ou jurídicas, supervenientes ao registro que afastem a inelegibilidade. Literalidade do § 10 do Art. 11, da Lei nº 9.504/1997.

130. (Fepese – 2012) Quanto à personalidade jurídica dos partidos políticos, conforme o previsto pela Constituição Federal de 1988, é correto afirmar que são:

a) Pessoas jurídicas de direito misto.

b) Pessoas jurídicas de direito social.

c) Pessoas jurídicas de direito público.

d) Pessoas jurídicas de direito político.

e) Pessoas jurídicas de direito privado.

> Código Civil, Disposições Gerais, Art.44. São pessoas jurídicas de Direito Privado: As associações; As sociedades; As fundações; As organizações religiosas; OS PARTIDOS POLÍTICOS e as empresas individuais de responsabilidade limitada.

131. (Fepese – 2012) Quanto ao sistema eleitoral majoritário previsto pela ordem constitucional brasileira em vigor, é correto afirmar:

a) É utilizado na escolha de representantes para o Senado Federal.

b) Distribui as cadeiras na proporção dos votos obtidos pelos partidos políticos ou coligações.

c) Utiliza o quociente eleitoral como um mecanismo de cláusula de barreira.

d) Utiliza o critério das sobras eleitorais para distribuir cadeiras de acordo com a maior média do quociente eleitoral.

e) Adota o procedimento de escolha dos representantes através de listas mistas.

> O Sistema Eleitoral Majoritário é o adotado nas eleições para Senador da República, Presidente da República, Governadores da República e Prefeitos. Este sistema leva em conta o número de votos válidos ofertados ao candidato registrado por partido político. Dá-se importância ao candidato e não ao partido político no qual ele é registrado.

132. (FCC – 2012) A respeito das inelegibilidades e das impugnações ao registro de candidaturas, é correto afirmar:

a) Inclui-se dentre as condições de inelegibilidade previstas na Constituição Federal brasileira a idade mínima de vinte e um anos para Governador e Vice-Governador de Estado e do Distrito Federal.

b) O conhecimento e a decisão das arguições de inelegibilidade do Presidente e do Vice-Presidente da República inserem-se na competência originária do Supremo Tribunal Federal.

c) O prazo para impugnação ao registro de candidatura é de cinco dias para qualquer candidato, partido político ou coligação e de dez dias para o Ministério Público, contados da publicação do pedido.

d) O Vice-Presidente, o Vice-Governador e o Vice-Prefeito poderão candidatar-se a outros cargos, preservando os seus mandatos respectivos, mesmo que, nos últimos seis meses anteriores ao pleito, tenham sucedido ou substituído o titular.

e) São inelegíveis para o Senado Federal, até seis meses depois de afastados definitivamente de seus cargos e funções, os Secretários de Estado.

A: incorreta. Fundamento: o Art. 14, § 2º, "b", da CF, traz a idade mínima de 30 anos para Governador e Vice-Governador de Estado e do DF. Além disso, fala em condição de elegibilidade, e não de "condição de inelegibilidade" como diz a questão. **B:** incorreta. Fundamento: Art. 2º, I, da LC nº 64/1990, ao dizer que a arguição de inelegibilidade será feita perante o TSE, quando se tratar de candidato a Presidente ou Vice-Presidente da República. **C:** incorreta. Fundamento: Art. 3º, da LC nº 64/1990, ao dispor: caberá a qualquer candidato, a Partido político, coligação ou ao Ministério Público, no prazo de cinco dias, contados da publicação do pedido de registro de candidato, impugná-lo em decisão fundamentada. Ou seja, o prazo é de 5 dias, inclusive para o MP. **D:** incorreta. Fundamento: Art. 1º, § 2º, da LC nº 64/1990, que diz: O Vice-Presidente, o Vice-Governador e o Vice-Prefeito poderão candidantar-se a outros cargos, preservando os seus mandatos respectivos, desde que, nos últimos seis meses anteriores ao pleito, não tenham sucedido ou substituído o titular. **E:** correta. Fundamento: Art. 1º, V, "a", da LC nº 64/1990.

133. (FCC – 2012) De acordo com as normas legais que regulamentam a propaganda eleitoral no rádio e na televisão,

a) dos programas de rádio e televisão destinados à propaganda eleitoral gratuita de cada partido ou coligação poderá participar, em apoio aos candidatos desta ou daquele, qualquer cidadão, sendo que, se houver remuneração, o respectivo valor deverá constar da respectiva prestação de contas.

b) se o candidato a Presidente ou a Governador deixar de concorrer, em qualquer etapa do pleito, e não houver substituição na forma da lei, o respectivo tempo na propaganda eleitoral gratuita será devolvido à programação normal da emissora de rádio ou televisão.

c) se houver segundo turno, o horário destinando à propaganda eleitoral gratuita no rádio e na televisão será dividido pela Justiça Eleitoral entre os candidatos que o disputarem, considerando a proporção dos votos obtidos no primeiro turno, desprezando-se os votos em branco, nulos e os atribuídos a outros candidatos.

d) para os debates que se realizarem no primeiro turno das eleições, serão consideradas aprovadas as regras que obtiverem a concordância de, pelo menos, a metade dos candidatos aptos no caso de eleição majoritária.

e) é facultada a inserção de depoimento de candidato a eleições proporcionais no horário da propaganda das candidaturas majoritárias e vice-versa, registrados sob o mesmo partido ou coligação, desde que o depoimento consista exclusivamente em pedido de voto ao candidato que cedeu o tempo.

A: incorreta. Fundamento: Art. 54 da Lei nº 9.504/1997, ao dizer que: Dos programas de rádio e televisão destinados à propaganda eleitoral gratuita de cada partido ou coligação poderá participar, em apoio aos candidatos desta ou daquele, qualquer cidadão não filiado a outra agremiação partidária ou a partido integrante de outra coligação, sendo vedada a participação de qualquer pessoa mediante remuneração. **B:** incorreta. Fundamento: Art. 47, § 5º, da Lei nº 9.504/1997. Far-se-á nova do tempo entre os candidatos remanescentes. **C:** incorreta. Fundamento: Art. 49, § 2º, da Lei nº 9.504/1997. No segundo turno o horário destinado à divulgação da propaganda eleitoral gratuita, dividido em dois períodos diários de vinte minutos para cada eleição. O tempo de cada período diário será dividido igualmente entre os candidatos. **D:** incorreta. Fundamento: Art. 46, § 5º, da Lei nº 9.504/1997: Para os debates que se realizem no primeiro turno das eleições, serão consideradas aprovadas as regras que obtiverem a concordância de pelo menos 2/3 (dois terços) dos candidatos aptos, no caso de eleição majoritária, e de pelo menos 2/3 (dois terços) dos partidos ou coligações com candidatos aptos, no caso de eleições proporcionais. **E:** correta. Fundamento: Art. 53-A, § 1º, da Lei n. 9504/1997.

134. (FCC – 2012) A ação de impugnação de mandato eletivo

a) no caso de serem diplomados Senadores e Deputados Federais insere-se na competência originária do Tribunal Superior Eleitoral.

b) tem a sua propositura condicionada ao prévio ajuizamento de investigação judicial eleitoral.

c) exige a diplomação como pré-requisito e pressuposto processual para o seu ajuizamento.

d) está sujeita a preparo, exceto quando for ajuizada pelo Ministério Público.

e) não está sujeita a prazo de decadência e pode ser proposta a qualquer tempo, enquanto durar o mandato eletivo.

Art. 14, da CF/1988: § 10, O mandato eletivo poderá ser impugnado ante a Justiça Eleitoral no prazo de quinze dias contados da diplomação, instruída a ação com provas de abuso do poder econômico, corrupção ou fraude.

135. (FCC – 2012) A respeito da propaganda eleitoral em geral, considere:

I) Apresentação não remunerada de artistas com a finalidade de animar comícios.

II) Distribuição de bonés e brindes com a autorização de candidato.

III) Caminhada até as vinte e duas horas do dia que antecede a eleição.

IV) Colocação de outdoors com a fotografia de candidato.

De acordo com a Lei nº 9.504/97, são PROIBIDAS as propagandas eleitorais indicadas APENAS em:

a) II, III e IV.

b) I, II e IV.

c) I, II e III.

d) I e IV.

e) III e IV

> Lei 9.504/1997: Art. 39 § 7º É proibida a realização de showmício e de evento assemelhado para promoção de candidatos, bem como a apresentação, remunerada ou não, de artistas com a finalidade de animar comício e reunião eleitoral. **I:** proibida. Art. 39, § 6º É vedada na campanha eleitoral a confecção, utilização, distribuição por comitê, candidato, ou com a sua autorização, de camisetas, chaveiros, bonés, canetas, brindes, cestas básicas ou quaisquer outros bens ou materiais que possam proporcionar vantagem ao eleitor. **II:** proibida. Art. 39, § 9.º Até as vinte e duas horas do dia que antecede a eleição, serão permitidos distribuição de material gráfico, caminhada, carreata, passeata ou carro de som que transite pela cidade divulgando jingles ou mensagens de candidatos. **III:** permitida. Art.39, § 8º É vedada a propaganda eleitoral mediante outdoors, sujeitando-se a empresa responsável, os partidos, coligações e candidatos à imediata retirada da propaganda irregular e ao pagamento de multa no valor de 5.000 (cinco mil) a 15.000 (quinze mil) UFIRs. **IV:** proibida.

136. (Officium - 2012) Considere as assertivas abaixo.

I) Com base no teor da Lei Complementar nº 64/1990, as investigações judiciais que apurarem transgressões pertinentes à origem de valores pecuniários, abuso de poder econômico ou político serão realizadas, nas eleições nacionais e municipais, pelo Corregedor-Geral e pelos Corregedores Regionais Eleitorais.

II) As inelegibilidades eleitorais estão previstas na Constituição Federal bem como na Lei Complementar no 64/1990.

III) Na investigação judicial prevista na Lei nº 9.504/1997 (Lei das Eleições) para apurar eventuais irregularidades na arrecadação e nos gastos de recursos, o procedimento adotado é o da Lei Complementar no 64/1990.

Quais são corretas?

Questões | Comentadas

a) Apenas I

b) Apenas II

c) Apenas III

d) Apenas II e III

e) I, II e III

I: incorreta. Lei Complementar 64/1994: Art. 19. As transgressões pertinentes à origem de valores pecuniários, abuso do poder econômico ou político, em detrimento da liberdade de voto, serão apuradas mediante investigações jurisdicionais realizadas pelo Corregedor-Geral e Corregedores Regionais Eleitorais. II: correta. Art. 14, da CF, § 9º, Lei complementar estabelecerá outros casos de inelegibilidade e os prazos de sua cessação, a fim de proteger a probidade administrativa, a moralidade para exercício de mandato considerada vida pregressa do candidato, e a normalidade e legitimidade das eleições contra a influência do poder econômico ou o abuso do exercício de função, cargo ou emprego na administração direta ou indireta.(Redação dada pela Emenda Constitucional de Revisão nº 4, de 1994). III: correta. Lei nº 9.504/1997, Art. 30-A. Qualquer partido político ou coligação poderá representar à Justiça Eleitoral, no prazo de 15 (quinze) dias da diplomação, relatando fatos e indicando provas, e pedir a abertura de investigação judicial para apurar condutas em desacordo com as normas desta Lei, relativas à arrecadação e gastos de recursos. (Redação dada pela Lei nº 12.034, de 2009). § 1º Na apuração de que trata este artigo, aplicar-se-á o procedimento previsto no Art. 22, da Lei Complementar nº 64, de 18 de maio de 1990, no que couber. (Incluído pela Lei nº 11.300, de 2006).

137. **(MPE/SP – 2012)** Nos termos da Constituição Federal de 1988, são órgãos da Justiça Eleitoral:

a) O Tribunal Superior Eleitoral, os Tribunais Regionais Eleitorais, os Juízes e Promotores Eleitorais e as Seções Eleitorais.

b) O Tribunal Superior Eleitoral, os Tribunais Regionais Eleitorais, os Juízes Eleitorais, os Cartórios Eleitorais e as Seções Eleitorais.

c) O Supremo Tribunal Federal, o Tribunal Superior Eleitoral, os Tribunais Regionais Eleitorais, as Zonas Eleitorais e as Juntas Eleitorais.

d) O Tribunal Superior Eleitoral, os Tribunais Regionais Eleitorais, as Zonas Eleitorais e as Juntas Eleitorais.

e) O Tribunal Superior Eleitoral, os Tribunais Regionais Eleitorais, os Juízes Eleitorais e as Juntas Eleitorais.

Art. 118. São órgãos da Justiça Eleitoral: I - o Tribunal Superior Eleitoral; II - os Tribunais Regionais Eleitorais; III - os Juízes Eleitorais; IV - as Juntas Eleitorais.

138. **(MPE/SP – 2012)** Em relação ao Ministério Público Eleitoral, é correto afirmar:

a) Se o órgão do Ministério Público, ao invés de apresentar a denúncia, requerer o arquivamento da investigação de infração penal eleitoral, o juiz, no caso de considerar improcedentes as razões invocadas, fará remessa do pedido ao Procurador-Geral de Justiça.

b) Ouvidas as testemunhas da acusação e da defesa e praticadas as diligências requeridas pelo Ministério Público, o Juiz Eleitoral encerrará a instrução e abrirá vista ao Promotor Eleitoral para que, no prazo de 48 (quarenta e oito) horas, apresente as alegações finais.

c) Verificada a infração penal eleitoral, o Ministério Público oferecerá a denúncia dentro de 10 (dez) dias.

d) As funções de Procurador-Geral Eleitoral, perante o Tribunal Superior Eleitoral, serão exercidas pelo Procurador-Geral da República e, perante os Tribunais Regionais Eleitorais dos Estados, pelos Procuradores-Gerais de Justiça.

e) O Promotor Eleitoral será o membro do Ministério Público Federal que oficie junto ao Juízo incumbido do serviço eleitoral de cada Zona.

Art. 357. Verificada a infração penal, o Ministério Público oferecerá a denúncia dentro do prazo de 10 (dez) dias.

139. **(MPE/SP – 2012)** A legislação estabelece que é vedada a veiculação de propaganda eleitoral, de qualquer natureza, nos bens cujo uso dependa de cessão ou permissão do Poder Público, ou que a ele pertençam e nos de uso comum. Para fins eleitorais, são bens de uso comum:

a) Aqueles a que a população em geral tem acesso, excluindo-se a propriedade privada que é garantida pela Constituição Federal de 1988.

b) Os assim definidos no Código Civil e também aqueles a que a população em geral tem acesso, tais como cinemas, clubes, lojas, centros comerciais, templos, ginásios, estádios, ainda que de propriedade privada.

c) As árvores e os jardins localizados em áreas públicas, bem como os muros, cercas e tapumes divisórios de propriedades privadas.

d) Os de uso comum do povo e os de uso especial, tais como rios, mares, estradas, ruas, jardins, praças, escolas e demais logradouros previstos no Estatuto da Cidade (Lei Federal nº 10.257/2001).

e) Os assim definidos pela Lei Federal nº 10.406/2002.

Art. 37,§ 4º, da Lei nº 9.504/1997: Bens de uso comum, para fins eleitorais, são os assim definidos pela Lei nº 10.406, de 10 de janeiro de 2002 - Código Civil e também aqueles a que a população em geral tem acesso, tais como cinemas, clubes, lojas, centros comerciais, templos, ginásios, estádios, ainda que de propriedade privada.

Questões | Comentadas

140. (Vunesp – 2012) Em relação à propaganda eleitoral, assinale a alternativa correta.

a) É permitido ao candidato utilizar os cadastros eletrônicos cedidos gratuitamente por entidade de classe, desde que haja mecanismo que permita seu descadastramento pelo destinatário da mensagem (associado).

b) O candidato cujo registro esteja *sub judice* pode efetuar todos os atos relativos à sua campanha eleitoral, inclusive na Internet, na imprensa, e no horário eleitoral gratuito no rádio e na televisão, independentemente da obtenção de provimento jurisdicional antecipatório ou liminar.

c) É permitida em estádio de futebol pertencente à pessoa jurídica de direito privado e cujo acesso ao público em geral se dá mediante o pagamento de ingresso, desde que respeitado o tamanho máximo de quatro metros quadrados das faixas, placas, cartazes, pinturas ou inscrições.

d) O prazo para ajuizamento da representação que visa ao direito de resposta é de 24 horas, independentemente da mídia em que foi perpetrada a ofensa, contado a partir do conhecimento do ofendido.

Art. 16-A. O candidato cujo registro esteja sub judice poderá efetuar todos os atos relativos à campanha eleitoral, inclusive utilizar o horário eleitoral gratuito no rádio e na televisão e ter seu nome mantido na urna eletrônica enquanto estiver sob essa condição, ficando a validade dos votos a ele atribuídos condicionada ao deferimento de seu registro por instância superior.

141. (Vunesp – 2012) Sobre os crimes eleitorais, assinale a alternativa correta.

a) Se o Juiz Eleitoral considerar improcedentes as razões invocadas pelo Promotor Eleitoral para promoção de arquivamento de investigação criminal eleitoral, fará remessa dos autos ao Procurador-Geral de Justiça, por analogia à regra do artigo 28 do Código de Processo Penal.

b) A ação penal por crime de injúria eleitoral é de iniciativa pública incondicionada.

c) Em virtude da imunidade penal eleitoral, nenhuma prisão a qualquer eleitor poderá ser feita no período entre 5 (cinco) dias antes e 48 (quarenta e oito) horas depois do encerramento do pleito.

d) Nos crimes em que não há cominação de pena mínima, o Juiz Eleitoral, respeitado o balizamento máximo, poderá arbitrá-la livremente, segundo critérios de razoabilidade e proporcionalidade.

A: incorreta. Art. 357. Verificada a infração penal, o Ministério Público oferecerá a denúncia dentro do prazo de 10 (dez) dias. § 1º, Se o órgão do Ministério Público, ao invés de apresentar a denúncia, requerer o arquivamento da comunicação, o juiz, no caso de considerar improcedentes as razões invocadas, fará remessa da comunicação ao Procurador Regional, e este oferecerá a denúncia, designará outro Promotor para oferecê-la, ou insistirá no pedido de arquivamento, ao qual só então

458

estará o juiz obrigado a atender. **C:** incorreta. Art. 236. Nenhuma autoridade poderá, desde 5 (cinco) dias antes e até 48 (quarenta e oito) horas depois do encerramento da eleição, prender ou deter qualquer eleitor, salvo em flagrante delito ou em virtude de sentença criminal condenatória por crime inafiançável, ou, ainda, por desrespeito a salvo-conduto.

142. **(Vunesp – 2012)** Assinale a alternativa correta.

a) A inobservância do dever de fidelidade partidária não tem aptidão para perda do mandato.

b) Na hipótese de procedência da ação por captação ilícita de sufrágio, em eleição majoritária vencida pelo réu, haverá anulação dos votos conferidos ao infrator e marcada nova eleição, independentemente do percentual de votos atingidos pela invalidade.

c) Os presos provisórios estão impedidos de votar porque são inalistáveis.

d) A quota eleitoral de gênero estabelece que nas eleições proporcionais cada partido ou coligação deverá preencher o mínimo de 30% e o máximo de 70% para candidaturas de cada sexo.

Art. 10, § 3º, Do número de vagas resultantes das regras previstas neste artigo, cada partido ou coligação preencherá o mínimo de 30% (trinta por cento) e o máximo de 70% (setenta por cento) para candidaturas de cada sexo.

143. **(Cespe – 2012)** A respeito da disciplina constitucional e legal das coligações partidárias, assinale a opção correta.

a) Partidos coligados nas eleições proporcionais podem apoiar formalmente candidatos diferentes para a chefia do Poder Executivo.

b) Nas eleições gerais, uma coligação partidária para a eleição do Presidente da República impõe coerência nas coligações para a eleição de Governador de Estado.

c) São vedadas coligações diferenciadas para Prefeito e para Vereador.

d) Partido que lança candidato a Prefeito deve repetir a mesma coligação para Vereador.

e) Um partido que lança candidato a Prefeito não pode coligar-se, para a eleição de Vereador, com outro partido que tenha candidato majoritário nessa eleição.

Art. 6º. É facultado aos partidos políticos, dentro da mesma Circunscrição, celebrar coligações para eleição majoritária, proporcional, ou para ambas, podendo, neste último caso, formar-se mais de uma coligação para a eleição proporcional dentre os partidos que integram a coligação para o pleito majoritário.

Questões | Comentadas

144. (Cespe – 2012) Considerando a disciplina constitucional e complementar de elegibilidade e inelegibilidades, assinale a opção correta.

a) O condenado por calúnia e difamação permanece inelegível pelo prazo de oito anos.

b) Advogado excluído, pela OAB, do exercício da profissão, por infração ético-profissional, é inelegível pelo prazo de oito anos.

c) A Lei da Ficha Limpa admite a candidatura de pessoa condenada por crime contra a Administração Pública, desde que o acórdão respectivo penda de recurso.

d) É elegível o militar conscrito, desde que ele se afaste da atividade.

e) Ocupante do cargo de Prefeito pode ser candidato a Deputado Estadual sem se afastar do exercício do cargo.

A: incorreta. não consta nenhum artigo que alegando essa afirmação. B: correta. LC nº 64/1990 com alterações da LC nº 135/2010. Art. 1º) os que forem excluídos do exercício da profissão, por decisão sancionatória do órgão profissional competente, em decorrência de infração ético-profissional, pelo prazo de 8 (oito) anos, salvo se o ato houver sido anulado ou suspenso pelo Poder Judiciário. C: incorreta. LC nº 64/1990 com alterações da LC nº 135/2010. Art. 1º,São inelegíveis: I - Para qualquer cargo e) os que forem condenados, em decisão transitada em julgado ou proferida por órgão judicial colegiado, desde a condenação até o transcurso do prazo de 8 (oito) anos após o cumprimento da pena, pelos crimes: 1. contra a economia popular, a fé pública, a Administração Pública e o patrimônio público. D: incorreta. CF/1988, Art. 14, § 2º. não podem alistar-se como eleitores os estrangeiros e, durante o período do serviço militar obrigatório, os conscritos. E: incorreta. CF/1988 Art 14, § 6, Para concorrerem as outros cargos (...) os Prefeitos devem renunciar aos respectivos mandatos até seis meses antes do pleito.

145. (Cespe – 2012) Constitui conduta vedada aos agentes públicos durante campanhas eleitorais

a) ceder imóvel público para a realização de convenção partidária.

b) ceder servidor público para comitê de campanha eleitoral.

c) exonerar ocupante de cargo de livre provimento.

d) nomear assessor de órgãos da Presidência da República.

e) fazer pronunciamento em cadeia de rádio e televisão, ainda que em caso de necessidade pública.

Lei nº 9.504/1997: Art. 73. São proibidas aos agentes públicos, servidores ou não, as seguintes condutas tendentes a afetar a igualdade de oportunidades entre candidatos nos pleitos eleitorais: V - nomear, contratar ou de qualquer forma admitir, demitir sem justa causa, suprimir ou readaptar vantagens ou por outros meios dificultar ou impedir o exercício funcional e, ainda, ex officio, remover, transferir ou exonerar servidor público, na Circunscrição do pleito, nos três meses que o antecedem e até a posse dos eleitos, sob pena de nulidade de pleno direito, RESSALVADOS: a) a nomeação ou exoneração de cargos em comissão e designação ou dispensa de funções de confiança; b) a nomeação para cargos do Poder Judiciário, do Ministério Público, dos Tribunais ou Conselhos de Contas e dos órgãos da Presidência da República; c) a nomeação dos aprovados em concursos públicos homologados até o início daquele prazo; d) a nomeação ou contratação necessária à instalação ou ao funcionamento inadiável de serviços públicos essenciais, com prévia e expressa autorização do Chefe do Poder Executivo; e) a transferência ou remoção ex officio de militares, policiais civis e de agentes penitenciários.

146. (Cespe – 2012) Assinale a opção correta com base na disciplina legal do direito de resposta durante o processo eleitoral.

a) O direito de resposta vincula-se a eventuais ofensas proferidas no horário eleitoral gratuito.

b) Em caso de ofensa veiculada por trinta segundos, em rádio ou TV, a resposta terá de durar um minuto, no mínimo.

c) Em caso de ofensa à honra de partido ou coligação, o prazo para peticionar direito de resposta é de cinco dias.

d) O tempo usado para o exercício do direito de resposta será acrescido ao tempo geral da propaganda.

e) O direito de resposta restringe-se ao caso de a afirmação caluniosa ser veiculada por adversário eleitoral.

Lei nº 9.504/1997: Art. 58, II - em programação normal das emissoras de rádio e de televisão.

147. (Cespe – 2012) À luz da legislação de regência, assinale a opção correta acerca do MP Eleitoral.

a) A não observância por membro do MP da prioridade dos feitos eleitorais no período compreendido entre o registro das candidaturas e cinco dias após a realização do segundo turno, ressalvados os processos de *habeas corpus* e mandado de segurança, e o não cumprimento de qualquer prazo fixado pela norma geral das eleições constituem crime de responsabilidade.

b) A não apresentação de denúncia no prazo legal ou a não promoção da execução de sentença condenatória pelo órgão do MP constituem crime, cuja prática é punida exclusivamente com multa.

c) O prazo concedido ao MP para impugnar registro de candidato é quatro vezes maior que o prazo concedido a partidos, coligações e candidatos, para a mesma finalidade.

d) No caso de as contas de candidato serem rejeitadas em decorrência de os gastos eleitorais terem sido pagos com recursos não provenientes de conta específica para tal fim, ou no caso de restar comprovado abuso de poder econômico, a Justiça Eleitoral remeterá cópia de todo o processo ao MP Eleitoral, para interposição de recurso contra a diplomação do candidato.

e) Vence no dia da eleição o prazo legal para que o MP ofereça representação contra a execução, em ano eleitoral, de programas sociais por entidade nominalmente vinculada a candidato ou por este mantida.

A: correta. Art. 94, § 2º, da Lei das Eleições. **B:** incorreta. A não apresentação de denúncia no prazo legal ou a não promoção da execução de sentença condenatória pelo órgão do MP constituem crime, cuja prática é punida com multa e/ou detenção. **C:** incorreta. O prazo concedido ao MP para impugnar registro de candidato é o mesmo prazo concedido a partidos, coligações e candidatos. **D:** incorreta. No caso de as contas de candidato serem rejeitadas em decorrência de os gastos eleitorais terem sido pagos com recursos não provenientes de conta específica para tal fim, ou no caso de restar comprovado abuso de poder econômico, a Justiça Eleitoral cancelará, de ofício, a diplomação do candidato, não sendo necessário o envio do processo ao MP para que este promova a responsabilização. **E:** incorreta. O MP pode oferecer representação contra a execução, em ano eleitoral, de programas sociais por entidade nominalmente vinculada a candidato ou por este mantida até a data da diplomação do candidato, e não até a data da eleição, como afirmou a questão.

148. **(FCC – 2012)** No que concerne ao direito de resposta em razão de imagem ou afirmação caluniosa, difamatória, injuriosa ou sabidamente inverídica, difundidos em qualquer veículo de comunicação social, é correto afirmar:

a) Em programa eleitoral na internet, a resposta ficará disponível para acesso pelos usuários por tempo não superior ao tempo em que esteve disponível a mensagem considerada ofensiva.

b) No horário eleitoral gratuito, a resposta será veiculada imediatamente após o tempo destinado ao candidato atingido, com duração de até o dobro do tempo utilizado pelo responsável pela ofensa.

c) Quando se tratar da programação normal das emissoras de rádio e televisão, o direito de resposta poderá ser requerido à Justiça Eleitoral, pelo ofendido ou seu representante legal, no prazo de quarenta e oito horas, contado a partir da veiculação da ofensa.

d) A resposta não poderá ser veiculada, em nenhuma hipótese, nas quarenta e oito horas que antecedem o pleito, situação em que a pessoa atingida deve procurar a reparação na Justiça Comum.

e) O direito de resposta é privativo de candidato ou outra pessoa física atingida, não podendo ser exercido por partido político, por ser pessoa jurídica, nem por coligação de partidos.

Ratificando as referências: **A:** incorreta. Lei nº 9.504/1997, Art. 58, IV, b. **B:** incorreta. Lei nº 9.504/1997, Art. 58, III, b. **C:** correta. Lei nº 9.504/1997, Art. 58, § 1º, II. **D:** incorreta. Lei nº 9.504/1997, Art. 58, § 4º,. **E:** incorreta. Lei nº 9.504/1997, Art. 58, *caput.*

149. (FCC – 2012) A revisão do eleitorado

   a) não poderá ser presidida pelo Juiz Eleitoral da Zona submetida à revisão, devendo ser designado pelo Tribunal Regional Eleitoral outro juiz para exercer essas funções.

   b) poderá ser ordenada de ofício pelo Tribunal Superior Eleitoral quando o total de transferências de eleitores ocorridas no ano em curso seja dez por cento superior ao do ano anterior.

   c) poderá ser ordenada de ofício pelo Tribunal Regional Eleitoral quando o eleitorado for superior a sessenta e cinco por cento da população projetada para aquele ano pelo Instituto Brasileiro de Geografia e Estatística - IBGE.

   d) poderá ser realizada em ano eleitoral, independentemente de autorização do Tribunal Superior Eleitoral, quando houver representação nesse sentido do Corregedor Regional Eleitoral.

   e) poderá ser ordenada de ofício pelo Tribunal Regional Eleitoral quando o eleitorado for superior ao dobro da população entre dez e quinze anos, somada à de idade superior a setenta anos no território daquele município.

A: incorreta. Resolução nº 21.538/2003, Art. 62. A revisão do eleitorado deverá ser SEMPRE presidida pelo Juiz Eleitoral da Zona submetida à revisão. **B:** correta. Resolução nº 21.538/2003, Art. 58, § 1º, O TSE nº determinará, de ofício, a revisão ou correição das Zonas Eleitorais sempre que: I – o total de transferências de eleitores ocorridas no ano em curso seja 10% superior ao do ano anterior; II – o eleitorado for superior ao dobro da população entre 10 e 15 anos, somada à de idade superior a 70 anos do território daquele município; III – o eleitorado for superior a 65% da população projetada para aquele ano pelo IBGE. Obs.: ressalta-se que tal determinação deve ser observada se tais requisitos acontecerem cumulativamente. **C:** incorreta. Resolução nº 21.538/2003, Art. 58. Quando houver DENÚNCIA FUNDAMENTADA de fraude no alistamento de uma Zona ou Município, o TRE poderá determinar a realização de CORREIÇÃO e, provada a fraude em proporção comprometedora, ORDENARÁ, comunicando a decisão ao Tribunal Superior Eleitoral, a REVISÃO DO ELEITORADO (...) Nessa hipótese, é o TRE que determinará a revisão do eleitorado, mas só após realiza correição e se comprovar a fraude em proporção comprometedora. A hipótese mencionada pela questão é uma das que o TSE nº deve observar e, segunda a resolução, é de 65% e não de 75%. **D:** incorreta. Resolução nº 21.538/2003, Art. 58, § 2º, Não será realizada revisão de eleitorado em ano eleitoral, SALVO em situações excepcionais, quando AUTORIZADA pelo Tribunal Superior Eleitoral. **E:** incorreta. Novamente expõe um dos requisitos que o TSE nº deve observar para determinar a Revisão do Eleitorado, conforme Art. 58, § 1º, da Resolução nº 21.538/2003.

Questões | Comentadas

150. (FCC – 2012) Sobre plebiscito, referendo e iniciativa popular é correto afirmar que

a) cabe ao Congresso Nacional, com a sanção do Presidente da República, autorizar referendo e convocar plebiscito.

b) os Estados podem incorporar-se entre si, subdividir-se ou desmembrar-se para se anexarem a outros, ou formarem novos Estados ou Territórios Federais, mediante aprovação da população diretamente interessada, através de plebiscito, e do Congresso Nacional, por lei ordinária.

c) a criação, a incorporação, a fusão e o desmembramento de Municípios, far-se-ão por lei estadual, dentro do período determinado por Lei Ordinária Federal, e dependerão de consulta prévia, mediante plebiscito, às populações dos Municípios envolvidos, após divulgação dos Estudos de Viabilidade Municipal, apresentados e publicados na forma da lei.

d) a lei orgânica municipal deve atender aos princípios estabelecidos na Constituição da República, na Constituição do respectivo Estado e certos preceitos, entre os quais, a iniciativa popular de projetos de lei de interesse específico do Município, da cidade ou de bairros, através de manifestação de, pelo menos, cinco por cento do eleitorado.

e) a Constituição da República expressamente prevê que ela própria poderá ser emendada mediante proposta de iniciativa popular.

A: incorreta. Art 49, CF/1988: É da competência exclusiva do Congresso Nacional: XV - autorizar o referendo e convocar o plebiscito. A Constituição não diz que compete ao Presidente da República sancionar o referendo e o plebiscito. **B:** incorreta. Art 18, § 3º, Os Estados podem incorporar-se entre si, subdividir-se ou desmembrar-se para se anexarem a outros, ou formarem novos Estados ou Territórios Federais, mediante aprovação da população diretamente interessada, através de plebiscito, e do Congresso Nacional, por lei complementar. É Lei Complementar e não Lei Ordinária. **C:** incorreta. Art 18, § 4º, A criação, a incorporação, a fusão e o desmembramento de Municípios, far-se-ão por lei estadual, dentro do período determinado por Lei Complementar Federal, e dependerão de consulta prévia, mediante plebiscito, às populações dos Municípios envolvidos, após divulgação dos Estudos de Viabilidade Municipal, apresentados e publicados na forma da lei. O erro está também na Lei que deve ser Complementar Federal e não Ordinária Federal. **D:** correta. Art. 29. O Município reger-se-á por lei orgânica, votada em dois turnos, com o interstício mínimo de dez dias, e aprovada por dois terços dos membros da Câmara Municipal, que a promulgará, atendidos os princípios estabelecidos nesta Constituição, na Constituição do respectivo Estado e os seguintes preceitos: XIII - iniciativa popular de projetos de lei de interesse específico do Município, da cidade ou de bairros, através de manifestação de, pelo menos, cinco por cento do eleitorado. **E:** incorreta. Não há essa previsão expressa na Constituição.

151. (FCC – 2012) São inelegíveis para qualquer cargo

a) os membros do Congresso Nacional, das Assembleias Legislativas, da Câmara Legislativa e das Câmaras Municipais, que hajam perdido os respectivos mandatos por quebra do decoro parlamentar, para as eleições que se realizarem durante o período remanescente do mandato para o qual foram eleitos e nos dez anos subsequentes ao término da legislatura.

464

b) o Governador e o Vice-Governador de Estado e do Distrito Federal e o Prefeito e o Vice-Prefeito que perderem seus cargos eletivos por infringência a dispositivo da Constituição Estadual, da Lei Orgânica do Distrito Federal ou da Lei Orgânica do Município, para as eleições que se realizarem durante o período remanescente e nos dez anos subsequentes ao término do mandato para o qual tenham sido eleitos.

c) os que, em estabelecimentos de crédito, financiamento ou seguro, tenham sido ou estejam sendo objeto de processo de liquidação judicial ou extrajudicial, hajam exercido, nos doze meses anteriores à respectiva decretação, cargo ou função de direção, administração ou representação, enquanto não forem exonerados de qualquer responsabilidade.

d) os que forem condenados, em decisão transitada em julgado ou proferida por órgão judicial colegiado, desde a condenação até o transcurso do prazo de oito anos após o cumprimento da pena, pelos crimes de tráfico e uso de entorpecentes e drogas afins, racismo, tortura, terrorismo e hediondos.

e) os que tenham contra sua pessoa representação julgada procedente pela Justiça Eleitoral, em decisão transitada em julgado ou proferida por órgão colegiado, em processo de apuração de abuso do poder econômico ou político, para a eleição na qual concorrem ou tenham sido diplomados, bem como para as que se realizarem nos dez anos seguintes.

A: incorreta. Art. 1º, I, Alínea "b" LC nº 64/1990: os membros do Congresso Nacional, das Assembleias Legislativas, da Câmara Legislativa e das Câmaras Municipais, que hajam perdido os respectivos mandatos por infringência do disposto nos incisos I e II do Art. 55 da Constituição Federal, dos dispositivos equivalentes sobre perda de mandato das Constituições Estaduais e Leis Orgânicas dos Municípios e do Distrito Federal, para as eleições que se realizarem durante o período remanescente do mandato para o qual foram eleitos e nos oito anos subsequentes ao término da legislatura. **B:** incorreta. Art. 1º, I, Alínea "c" LC nº 64/1990: o Governador e o Vice-Governador de Estado e do Distrito Federal e o Prefeito e o Vice-Prefeito que perderem seus cargos eletivos por infringência a dispositivo da Constituição Estadual, da Lei Orgânica do Distrito Federal ou da Lei Orgânica do Município, para as eleições que se realizarem durante o período remanescente e nos 8 (oito) anos subsequentes ao término do mandato para o qual tenham sido eleitos. **C:** correta. Art. 1º, I, Alínea "i" LC nº 64/1990: os que, em estabelecimentos de crédito, financiamento ou seguro, que tenham sido ou estejam sendo objeto de processo de liquidação judicial ou extrajudicial, hajam exercido, nos 12 (doze) meses anteriores à respectiva decretação, cargo ou função de direção, administração ou representação, enquanto não forem exonerados de qualquer responsabilidade. **D:** incorreta. Apenas o tráfico de drogas é criminalizado pela legislação brasileira, o que já não ocorre com o uso. Art. 1º, I, Alínea "e" LC nº 64/1990: os que forem condenados, em decisão transitada em julgado ou proferida por órgão judicial colegiado, desde a condenação até o transcurso do prazo de 8 (oito) anos após o cumprimento da

Questões | Comentadas

pena, pelos crimes: 7. de tráfico de entorpecentes e drogas afins, racismo, tortura, terrorismo e hediondos. **E:** incorreta. Art. 1º, I, Alínea "d" LC nº 64/1990: os que tenham contra sua pessoa representação julgada procedente pela Justiça Eleitoral, em decisão transitada em julgado ou proferida por órgão colegiado, em processo de apuração de abuso do poder econômico ou político, para a eleição na qual concorrem ou tenham sido diplomados, bem como para as que se realizarem nos 8 (oito) anos seguintes.

152. (FCC – 2012) Relativamente ao alistamento eleitoral, é ERRADO afirmar que

a) o alistamento se faz mediante a qualificação e inscrição do eleitor.

b) para o efeito da inscrição, é domicílio eleitoral o lugar de residência ou moradia do requerente, e, verificado ter o alistando mais de uma, considerar-se-á domicílio aquela que coincida com o seu local de trabalho.

c) o alistando apresentará em cartório ou local previamente designado, requerimento em fórmula que obedecerá ao modelo aprovado pelo Tribunal Superior.

d) poderá o juiz se tiver dúvida quanto a identidade do requerente ou sobre qualquer outro requisito para o alistamento, converter o julgamento em diligência para que o alistando esclareça ou complete a prova ou, se for necessário, compareça pessoalmente à sua presença.

e) os cegos alfabetizados pelo sistema "Braille", que reunirem as demais condições de alistamento, podem qualificar-se mediante o preenchimento da fórmula impressa e a aposição do nome com as letras do referido alfabeto.

A: certa. O alistamento se faz mediante a qualificação e inscrição do eleitor. Art. 42. O alistamento se faz mediante a qualificação e inscrição do eleitor. **B:** errada. Para o efeito da inscrição, é domicílio eleitoral o lugar de residência ou moradia do requerente, e, verificado ter o alistando mais de uma, considerar-se-á domicílio aquela que coincida com o seu local de trabalho. Art. 42. Parágrafo único. Para o efeito da inscrição, é domicílio eleitoral o lugar de residência ou moradia do requerente, e, verificado ter o alistando mais de uma, considerar-se-á domicílio qualquer delas. **C:** certa. o alistando apresentará em cartório ou local previamente designado, requerimento em fórmula que obedecerá ao modelo aprovado pelo Tribunal Superior. Art. 43. O alistando apresentará em cartório ou local previamente designado, requerimento em fórmula que obedecerá ao modelo aprovado pelo Tribunal Superior. **D:** certa. Poderá o juiz se tiver dúvida quanto a identidade do requerente ou sobre qualquer outro requisito para o alistamento, converter o julgamento em diligência para que o alistando esclareça ou complete a prova ou, se for necessário, compareça pessoalmente à sua presença. Art. 45, § 2º, Poderá o juiz se tiver dúvida quanto a identidade do requerente ou sobre qualquer outro requisito para o alistamento, converter o julgamento em diligência para que o alistando esclareça ou complete a prova ou, se for necessário, compareça pessoalmente à sua presença. **E:** certa.

Os cegos alfabetizados pelo sistema "Braille", que reunirem as demais condições de alistamento, podem qualificar-se mediante o preenchimento da fórmula impressa e a aposição do nome com as letras do referido alfabeto. Art. 49. Os cegos alfabetizados pelo sistema "Braille", que reunirem as demais condições de alistamento, podem qualificar-se mediante o preenchimento da fórmula impressa e a aposição do nome com as letras do referido alfabeto.

153. (FCC – 2012) Haverá um Tribunal Regional Eleitoral na Capital de cada Estado e no Distrito Federal, cujas composições deverão incluir

a) mediante eleição, pelo voto secreto, dois juízes dentre os desembargadores do Tribunal de Justiça do respectivo Estado.

b) mediante eleição, pelo voto secreto, dois juízes, dentre juízes de direito, escolhidos pelo Tribunal Regional Eleitoral.

c) mediante eleição, pelo voto secreto, um juiz dentre os membros do Ministério Público do respectivo Estado.

d) um juiz de Tribunal Regional Federal, escolhido pelo Tribunal Regional Federal com jurisdição sob a respectiva Região.

e) por nomeação, pelo Governador do Estado, dois juízes dentre seis advogados de notável saber jurídico e idoneidade moral, indicados pelo Tribunal de Justiça.

CE, Art 25. Os Tribunais Regionais Eleitorais compor-se-ão: I- Mediante eleição, pelo voto secreto: a) de dois juízes, dentre os desembargadores do Tribunal de Justiça.

154. (FCC – 2012) No sistema eletrônico de votação, adotado pela legislação eleitoral brasileira,

a) a votação eletrônica será feita sempre no número do candidato, devendo o nome e fotografia do candidato aparecer no painel da urna eletrônica, com a expressão designadora do cargo disputado no masculino ou feminino, conforme o caso.

b) a urna eletrônica exibirá para o eleitor, primeiramente, os painéis referentes às eleições majoritárias e, em seguida, os referentes às eleições proporcionais.

c) caberá ao Supremo Tribunal Federal definir a chave de segurança e a identificação da urna eletrônica.

d) a urna eletrônica contabilizará cada voto, assegurando-lhe o sigilo e inviolabilidade, garantida aos partidos políticos, coligações e candidatos ampla fiscalização.

e) os Tribunais Regionais Eleitorais disciplinarão a hipótese de falha na urna eletrônica que prejudique o regular processo de votação.

A: incorreta. Lei nº 9.504/1997, Art. 59, § 1º A votação eletrônica será feita no número do candidato ou da legenda partidária, devendo o nome e fotografia do candidato e o nome do partido ou a legenda partidária aparecer no painel da urna eletrônica, com a expressão designadora do cargo disputado no masculino ou feminino, conforme o caso. **B:** incorreta. § 3º A urna eletrônica exibirá para o eleitor os painéis na seguinte ordem: Proporcionais – Majoritárias. **C:** incorreta. Lei nº 9.504/1997, Art. 59, II, § 5º Caberá a Justiça Eleitoral definir a chave de segurança e a identificação da urna eletrônica. **D:** correta. Lei nº 9.504/1997, Art. 61. A urna eletrônica contabilizará cada voto, assegurando-lhe o sigilo e inviolabilidade, garantida aos partidos políticos, coligações e candidatos ampla fiscalização. **E:** incorreta. Lei nº 9.504/1997, Art. 62, Parágrafo único. O Tribunal Superior Eleitoral disciplinará a hipótese de falha na urna eletrônica que prejudique o regular processo de votação.

155. (Cespe – 2012) Assinale a opção correta no que se refere a alistamento eleitoral, segunda via, transferência, delegados partidários perante o alistamento, cancelamento e exclusão de eleitor, revisão e correição eleitorais.

a) A suspensão de direitos políticos não acarreta cancelamento da inscrição de eleitor, enquanto a perda de tais direitos gera o cancelamento de sua inscrição.

b) A revisão do eleitorado é ordenada por Tribunal Regional Eleitoral quando, realizada correição em determinada Zona ou Município por ele determinada, fica provada a fraude em proporção comprometedora.

c) Em caso de transferência de domicílio eleitoral para unidade da Federação diversa da originária, o número de inscrição do eleitor será alterado.

d) Nenhum requerimento de inscrição eleitoral, transferência ou segunda via deve ser recebido dentro do prazo de cento e cinquenta dias anteriores à data da eleição.

e) Os partidos têm legitimidade para requerer, por seus delegados, a exclusão de qualquer eleitor, não detendo legitimidade, entretanto, para assumir a defesa de eleitor cuja exclusão esteja sendo promovida.

Art. 71, § 4º, Quando houver denúncia fundamentada de fraude no alistamento de uma Zona ou Município, o Tribunal Regional poderá determinar a realização de correição e, provada a fraude em proporção comprometedora, ordenará a revisão do eleitorado obedecidas as Instruções do Tribunal Superior e as recomendações que, subsidiariamente, baixar, com o cancelamento de ofício das inscrições correspondentes aos títulos que não forem apresentados à revisão.

156. (Cespe – 2012) Com relação ao registro de candidatura e sua impugnação, assinale a opção correta.

a) Qualquer cidadão no gozo de seus direitos políticos poderá impugnar registro de candidatura.

b) Em caso de oferecimento anterior de impugnação de registro de candidatura por parte de coligação partidária, cabe ao MP, se tiver interesse em também impugnar o registro, ingressar no feito como assistente.

c) Tratando-se de processo de impugnação de registro de candidatura, as alegações finais devem ser oferecidas primeiramente pelo impugnante e, na sequência, pelo impugnado.

d) O registro de candidatura de competência originária de Tribunal Regional Eleitoral é julgado desde que observada a devida publicação em pauta.

e) A partir da data em que é protocolizada a petição de recurso relativo a decisão sobre pedido de registro de candidatura, passa a correr o prazo para apresentação de contrarrazões recursais, notificado o recorrido em cartório.

A: incorreta. O cidadão não tem legitimidade ativa para ingressar com AIRC. Obs.: com relação ao "candidato" previsto no *caput* do Art. 37, a doutrina entende que, na verdade, trata-se do pré-candidato escolhido em convenção partidária[18]. Resolução nº 23.221/2010: Art. 37. Caberá a qualquer candidato, a partido político, a coligação ou ao Ministério Público, no prazo de 5 dias, contados da publicação do edital relativo ao pedido de registro, impugná-lo em petição fundamentada (LC nº 64/1990, Art. 3º, caput). § 2º, Não poderá impugnar o registro de candidato o representante do Ministério Público que, nos 2 anos anteriores, tenha disputado cargo eletivo, integrado diretório de partido político ou exercido atividade político-partidária. (LC nº 64/1990, Art. 3º, § 2º; LC nº 75/1993, Art. 80). **B:** incorreta. O MP não atua como assistente, porque ele continua tendo legitimidade ativa para propor ação no mesmo sentido. Resolução 23.221/2010: Art. 37, § 1º, A impugnação por parte do candidato, do partido político ou da coligação não impede a ação do Ministério Público no mesmo sentido (LC nº 64/1990, Art. 3º, § 1º). **C:** incorreta. O prazo é comum, e não sucessivo. Resolução nº 23.221/2010: Art. 41. Encerrado o prazo da dilação probatória, as partes, inclusive o Ministério Público, poderão apresentar alegações no prazo comum de 5 dias, sendo os autos conclusos ao relator, no dia imediato, para julgamento pelo Tribunal (LC nº 64/1990, arts. 6º, e 7º, caput). **D:** incorreta. o julgamento independe da publicação em pauta. Resolução nº 23.221/2010: Art. 47. O pedido de registro, com ou sem impugnação, será julgado no prazo de 3 dias após a conclusão dos autos ao relator, independentemente de publicação de pauta (LC nº 64/1990, Art. 13, caput). **E:** correta. Somente após a notificação do recorrido, o prazo começará a correr. Resolução nº 23.221/2010: Art. 49. Caberão os seguintes recursos para o Tribunal Superior Eleitoral, que serão interpostos, no prazo de 3 dias, em petição fundamentada (LC nº 64/1990, Art. 11, § 2º): I – recurso ordinário quando versar sobre inelegibilidade (CF, Art. 121, § 4º, III); II – recurso especial quando versar sobre condições de elegibilidade (CF, Art. 121, § 4º, I e II). § 1º, O recorrido será notificado por fac-símile, para apresentar contrarrazões, no prazo de 3 dias (LC nº 64/1990, Art. 12, caput).

---

18 Jaime Barreiro Neto, Direito Eleitoral; coleção sinopses para concursos, 2ª ed., 2012, p. 329

Questões | Comentadas

157. (Cespe – 2012) Com relação à propaganda eleitoral e às pesquisas e testes pré-eleitorais, assinale a opção correta.

a) Não é permitida a veiculação de propaganda prevista na lei orgânica dos partidos políticos, tampouco permitido qualquer tipo de propaganda política paga, no rádio e na televisão, no segundo semestre de ano eleitoral.

b) O registro de pesquisa eleitoral somente pode ser realizado no horário de funcionamento do Cartório Eleitoral.

c) Não se consideram propaganda eleitoral antecipada a realização de prévias partidárias e a respectiva divulgação, através dos partidos, pelos meios de comunicação.

d) É vedada, desde quarenta e oito horas antes até vinte e quatro horas depois da eleição, qualquer propaganda política veiculada gratuitamente na Internet, em sítio eleitoral, blog, sítio interativo ou social.

e) Na hipótese de uma pesquisa eleitoral abranger municípios vizinhos, pode ser feito somente um registro das informações pertinentes perante a Justiça Eleitoral.

Art. 36, § 2º, No segundo semestre do ano da eleição, não será veiculada a propaganda partidária gratuita prevista em lei nem permitido qualquer tipo de propaganda política paga no rádio e na televisão.

158. (Cespe – 2012) A respeito do fornecimento gratuito de transporte e refeições, em dias de eleição, a eleitores residentes nas zonas rurais, assinale a opção correta.

a) A indisponibilidade, em dia de eleição, do transporte de eleitores, a cargo da Justiça Eleitoral, exime o eleitor de zona rural do dever de votar.

b) A Justiça Eleitoral pode, em alguns casos, fornecer refeições a eleitores de zonas rurais, correndo as despesas, nessa hipótese, por conta do fundo partidário.

c) Os veículos e embarcações de uso militar ficam à disposição da Justiça Eleitoral, em dias de eleição, para o transporte gratuito de eleitores das zonas rurais.

d) Se a utilização de veículos pertencentes à União, Estados e municípios não for suficiente, cabe à Justiça Eleitoral custear, com seus próprios recursos, os serviços requisitados de particulares.

e) O transporte de eleitores em dia de eleição, a cargo da Justiça Eleitoral, pode ser feito entre municípios vizinhos de uma mesma unidade da Federação.

Art. 8º. Somente a Justiça Eleitoral poderá, quando imprescindível, em face da absoluta carência de recursos de eleitores da zona rural, fornecer-lhes refeições, correndo, nesta hipótese, as despesas por conta do Fundo Partidário.

159. (Cespe – 2012) A respeito da fidelidade partidária, assinale a opção correta.

a) O mandato Legislativo pertence ao partido político, diferentemente dos relacionados aos cargos do Poder Executivo, cujos detentores não se sujeitam à fidelidade partidária.

b) Dada a polêmica gerada, no âmbito do TSE, a respeito da natureza jurídica do vínculo entre o mandatário e o seu mandato, a matéria encontra-se *sub judice*.

c) O mandato do parlamentar pertence ao próprio detentor do cargo caso os votos a ele conferidos sejam suficientes para alcançar o quociente eleitoral, independentemente dos votos de seus companheiros de legenda.

d) Embora o mandato legislativo pertença ao partido político, não perderá o mandato o parlamentar que justificar sua saída do partido para fundar um novo.

e) Os eleitores, aos quais pertence o mandato do parlamentar, podem cassá-lo mediante procedimento denominado recall.

A justificativa para a alternativa D pode ser encontrada na Resolução nº 22.610 do TSE: Art. 1º. O partido político interessado pode pedir, perante a Justiça Eleitoral, a decretação da perda de cargo eletivo em decorrência de desfiliação partidária sem justa causa. § 1º, - Considera-se justa causa: I) incorporação ou fusão do partido; II) criação de novo partido; III) mudança substancial ou desvio reiterado do programa partidário; IV) grave discriminação pessoal.

160. (Cespe – 2012) Acerca da estrutura e composição da Justiça Eleitoral, assinale a opção correta com base no que dispõem a CF e a legislação específica.

a) É legítima a indicação de Vereador para Ministro do TSE nº na vaga reservada à categoria, desde que, além de deter reputação ilibada e notório saber, esse Vereador não seja filiado a partido político.

b) O Ministro-Corregedor do TSE nº deve ser sempre oriundo do STJ.

c) Não há impedimento legal à indicação para o cargo de Ministro do TSE nº de servidor comissionado que atue como assessor de Ministro do STF, desde que o servidor seja advogado com notório saber e reputação ilibada.

d) É vedada a acumulação do cargo de Ministro do TSE nº com o de Ministro do STF, em razão do princípio da especialização.

e) Um dos integrantes do TSE nº é indicado pelo MPU, em respeito ao princípio do quinto constitucional.

CF/1988: Art. 119. O Tribunal Superior Eleitoral compor-se-á, no mínimo, de sete membros, escolhidos: I - mediante eleição, pelo voto secreto: a) três juízes dentre os Ministros do Supremo Tribunal Federal; b) dois juízes dentre os Ministros do Superior Tribunal de Justiça; II - por nomeação do Presidente da República, dois ju-

Questões | Comentadas

ízes dentre seis advogados de notável saber jurídico e idoneidade moral, indicados pelo Supremo Tribunal Federal. Parágrafo único. O Tribunal Superior Eleitoral elegerá seu Presidente e o Vice-Presidente dentre os Ministros do Supremo Tribunal Federal, e o Corregedor Eleitoral dentre os Ministros do Superior Tribunal de Justiça.

161. **(MPE/MG – 2012)** O Ministério Público Eleitoral exerce suas funções perante os órgãos da Justiça Eleitoral, incumbindo-lhe atuar nas causas de sua competência, velar pela fiel observância da legislação eleitoral e partidária e promover a ação penal nos casos de crimes eleitorais. Assim, assinale a alternativa INCORRETA:

a) O Promotor de Justiça, no exercício de suas funções eleitorais, atua na primeira instância e perante o Tribunal Regional Eleitoral e poderá, ainda, ser designado pelo Procurador-Geral Eleitoral, por necessidade de serviço, para oficiar, sob sua coordenação, perante o Tribunal Superior Eleitoral.

b) O Promotor de Justiça, no exercício de suas funções eleitorais, tem atribuição para propor ação de investigação judicial eleitoral (AIJE), a qual poderá ser ajuizada até a data da diplomação dos eleitos e intervirá como autor ou custos legis nas representações por propaganda eleitoral ilícita.

c) O Promotor de Justiça, no exercício de suas funções eleitorais, tem atribuição para propor, no prazo de quinze dias contados da diplomação, a ação de impugnação ao mandato eletivo, que tramitará em segredo de justiça e será instruída com provas do abuso do poder econômico, corrupção ou fraude.

d) O Promotor de Justiça, no exercício de suas funções eleitorais, tem atribuição para propor ação de impugnação de registro de candidatura no prazo de cinco dias, contados da publicação do pedido do registro.

A: incorreta. Como cediço, o Promotor de Justiça Eleitoral atua, ordinariamente, perante os Juízes Eleitorais e as Juntas Eleitorais (primeira instância); os Procuradores Regionais Eleitorais, perante o TRE (segunda instância); e o Procurador-Geral Eleitoral (PGE), junto ao TSE nº (Tribunal Superior). É digno de registro informar que o PGE poderá designar, por necessidade de serviço, outros membros do Ministério Público Federal para oficiar, sob a coordenação do Procurador Regional, perante os Tribunais Regionais Eleitorais (LC nº 75/1993, Art. 77, parágrafo único). **B:** correta. O Promotor de Justiça, no exercício de suas funções eleitorais, tem atribuição para propor AIJE, nas eleições municipais, a qual poderá ser ajuizada até a data da diplomação dos eleitos (LC nº 64/1990, Art. 22). Observe-se, contudo, que aludida ação pode ser proposta, no prazo de 15 dias após a diplomação, para apurar condutas em desacordo com as normas da Lei das Eleições, relativas à arrecadação e gastos de recursos em campanha eleitoral (Lei nº 9.504/1997, Art. 30-A, acrescentado pela Lei nº 12.034/2009). Na propaganda eleitoral ilícita, bem como nas ações eleitorais em geral, o Ministério Público atuará como parte ou custos legis (fiscal da lei). **C:** correta. O Promotor de Justiça, nas eleições municipais, tem legitimidade para ajuizar, no prazo de quinze dias contados da diplomação, a ação de impugnação ao mandato eletivo. A AIME deverá tramitar em segredo de justiça e será instruída com provas do abuso do poder econômico, corrupção ou fraude (CF, Art. 14, §§ 10 e 11). **D:** correta. O Promotor de Justiça, nas eleições municipais, tem atribuição para propor ação de impugnação de registro de candidatura (AIRC), no prazo de cinco dias, contados da publicação do pedido do registro (LC nº 64/1990, Art. 3.º, *caput*).

162. (MPE/MG – 2012) Analise as seguintes assertivas em relação aos crimes eleitorais, previstos no Código Eleitoral, e assinale a alternativa CORRETA:

a) Os crimes eleitorais são de ação penal pública condicionada à representação do ofendido.

b) Os crimes eleitorais praticados por Governadores de Estado e do Distrito Federal são de competência do Tribunal Superior Eleitoral c)Os crimes eleitorais praticados por Prefeitos municipais são processados e julgados pelo Tribunal Regional Federal.

c) Os crimes eleitorais praticados por juízes eleitorais são processados e julgados pelo Tribunal Regional Eleitoral.

A: incorreta. os crimes eleitorais são de ação penal pública incondicionada (Art. 355 do Código Eleitoral). **B:** incorreta. Compete ao STJ, e não ao TSE, julgar Governadores de Estado e do Distrito Federal por crimes eleitorais (Art. 105, I, "a", da CF; e TSE, Recurso Especial Eleitoral nº 15.584, Dje. 09/05/2000). **C:** incorreta. pois os crimes eleitorais praticados por Prefeitos municipais são processados e julgados no TRE, e não no TRF (Súmula 702 do STF e, também, STF, HC 69.503, Dj. 16/04/93). **D:** correta. Art. 96, III, da CF).

163. (Cespe – 2012) Assinale a opção correta a respeito da impugnação de registro de candidatura.

a) Qualquer candidato, partido político ou coligação, bem como o MP possuem legitimidade ativa para impugnar solicitação de registro de candidatura, até cinco dias depois da publicação do pedido.

b) É do Juiz Eleitoral a competência originária para o julgamento da arguição de inelegibilidade de candidatos aos cargos de Prefeito, Vice-Prefeito, Vereador, conselheiro tutelar e Juiz de Paz.

c) Decorrido o prazo para a contestação, as testemunhas, independentemente de notificação judicial, devem comparecer para inquirição, por iniciativa das partes que as tiverem arrolado.

d) O prazo para que partido político ou coligação ofereça contestação é de quatro dias, contados a partir do primeiro dia após a impugnação da candidatura.

e) É do Tribunal Regional Eleitoral a competência originária para o julgamento da arguição de inelegibilidade de candidatos aos cargos de Presidente da República, Senador da República, Governador de Estado e do DF, Deputado Federal, Deputado Estadual e Deputado Distrital.

A: correta. O Art. 3°, da Lei n° n° 64/1990 disciplina que caberá a qualquer candidato, a partido político, coligação ou ao Ministério Público, no prazo de 5 (cinco) dias, contados da publicação do pedido de registro do candidato, impugná-lo em petição fundamentada. **B:** incorreta. O Art. 8°, da LC n° 64/1990 dispõe ser de competência originária do Juiz Eleitoral para o julgamento da arguição de inelegibilidade para as eleições municipais. **C:** incorreta. O Art. 22, V da LC n° 64/1990 dispõe que findo o prazo da notificação, com ou sem defesa, abrir-se-á prazo de 5 (cinco) dias para inquirição, em uma só assentada, de testemunhas arroladas pelo representante e pelo representado, até o máximo de 6 (seis) para cada um, as quais comparecerão independentemente de intimação. **D:** incorreta. O prazo será de 5 dias, conforme se depreende da leitura do Art. 22. I, "a" da LC n° 64/1990. **E:** incorreta. A competência será do TSE, como disciplina o Art. 2°, parágrafo único, I, da LC n° 64/1990.

164. (Cespe – 2012) No que se refere aos partidos políticos, assinale a opção correta.

a) O direito ao funcionamento parlamentar é vinculado à obtenção do apoio de, no mínimo, 3% dos votos apurados para a Câmara dos Deputados, não computados os brancos e os nulos, distribuídos em, pelo menos, um terço dos Estados, com um mínimo de 1% do total dos votos de cada um deles.

b) Observado o disposto na CF e na legislação de regência, o partido é livre para fixar, em seu programa, seus objetivos políticos e para estabelecer, em seu estatuto, sua estrutura interna, organização e funcionamento.

c) O partido político funciona, nas Casas Legislativas, por intermédio de diretoria, que deve indicar suas lideranças de acordo com o estatuto do partido, as disposições regimentais das respectivas Casas e as normas da legislação pertinente.

d) O requerimento do registro dirigido ao cartório competente do registro civil das pessoas jurídicas, da capital federal, deve ser subscrito pelos fundadores do partido político, em número nunca inferior a 81, os quais devem ter domicílio eleitoral em, no mínimo, um terço dos Estados federados.

e) A responsabilidade civil cabe ao órgão partidário municipal, estadual ou nacional que tiver dado causa a qualquer ato ilícito, havendo solidariedade dos órgãos de direção partidária estadual e nacional, em relação, respectivamente, ao órgão municipal e ao estadual.

Do Programa e do Estatuto: Art. 14, Lei n° 9.096/1995. Observadas as disposições constitucionais e as desta Lei, o partido é livre para fixar, em seu programa, seus objetivos políticos e para estabelecer, em seu estatuto, a sua estrutura interna, organização e funcionamento.

165. (Cespe – 2012) Assinale a opção correta em relação às eleições.

a) A substituição de candidato que seja considerado inelegível, renuncie ou faleça após o término do prazo do registro ou, ainda, do candidato cujo registro seja indeferido ou cancelado deverá ser requerida em até 15 dias após o fato ou após a notificação do partido da decisão judicial que tenha dado origem à substituição.

b) O candidato cujo registro esteja *sub judice* não pode utilizar o horário eleitoral gratuito no rádio ou na televisão, mas seu nome pode ser mantido na urna eletrônica, estando a validade dos votos eventualmente a ele atribuídos condicionada ao deferimento de seu registro por instância superior.

c) Nas eleições de 2010, aos então detentores de mandato de Deputado Federal, Estadual ou Distrital, bem como aos que exerciam esses cargos em qualquer período da legislatura em curso, foi assegurado o registro de candidatura para o mesmo cargo, pelo partido a que estavam filiados.

d) As condições de elegibilidade e as causas de inelegibilidade devem ser aferidas no momento da formalização do pedido de registro da candidatura, ressalvadas as alterações fáticas ou jurídicas supervenientes ao registro que afastem a inelegibilidade.

e) O Juiz Eleitoral deve indeferir pedido de variação de nome de candidato a Vereador coincidente com nome de candidato a eleição a Prefeito, ainda que o candidato esteja exercendo mandato eletivo ou que, nos quatro anos anteriores ao pleito, tenha concorrido em eleição com o nome coincidente.

Ação de Impugnação de Registro de Candidatura (AIRC): O objetivo desta demanda é impedir que determinado requerimento de registro de candidatura seja deferido por estar ausente condição de elegibilidade ou pela incidência de causa de inelegibilidade ou por não ter o pedido de registro cumprido a sua formalidade legal. A Ação de Impugnação de Registro de Candidatura encontra fundamento nos artigos 3º, e seguintes da Lei Complementar nº 64 de 1990. O Tribunal Superior Eleitoral edita, a cada eleição, resolução que regulamenta os procedimentos de registro de candidatura. Os artigos 10 a 16 da Lei nº 9.504 de 1997 e os artigos 82 a 102 da Lei nº 4.737 de 1965, Código Eleitoral, também tratam da matéria. No tocante à legitimidade ativa, conforme previsão do artigo 3º, da Complementar nº 64 de 1990, podem propor a ação candidato ou pré-candidato, ainda que esteja sub judice, partido político ou coligação que concorra ao pleito na Circunscrição eleitoral e o Ministério Público, exceto o representante ministerial que, nos quatro anos anteriores, tenha disputado cargo eletivo, integrado diretório de partido ou exercido atividade político-partidária. A legitimidade é concorrente. Os legitimados passivos são os pré-candidatos e candidatos, isto é, aqueles escolhidos em convenção partidária e que tenham requerido o registro de candidatura, em que pese este ainda não tenha sido deferido. O prazo para propositura desta ação, previsto nos artigos 3º, e 16 da Complementar nº 64 de 1990, é de cinco dias, contados da publicação do pedido de registro de candidatura na imprensa, seja oficial ou não, ou da publicação do edital por afixação na sede da Zona Eleitoral ou Tribunal Regional Eleitoral. A competência para julgamento, prevista no artigo 2º, da Lei Complementar nº 64 de 1990, é sempre do órgão da Justiça Eleitoral em que o requerimento de registro foi protocolado, dependendo do cargo concorrido.[19]

19 Corrêa, Vanderlei Antônio. Ações eleitorais: breves considerações sobre as principais demandas do processo eleitoral. In: Âmbito Jurídico, Rio Grande, XIV, n. 93, out 2011. Disponível em: < http://www.ambitojuridico.com.

Questões | Comentadas

166. (Cespe – 2012) Com relação à arrecadação e à aplicação de recursos nas campanhas eleitorais, às vedações inerentes e às sanções, bem como à propaganda eleitoral em geral, assinale a opção correta.

a) É proibida a colocação de cavaletes, bonecos, cartazes, mesas para distribuição de material de campanha e bandeiras ao longo das vias públicas, ainda que móveis e não dificultem ou impeçam o trânsito de pessoas e veículos.

b) O candidato a cargo eletivo deve, diretamente ou por intermédio de pessoa por ele designada, administrar a parte financeira de sua campanha, sendo ele, entretanto, o único responsável pela veracidade das informações financeiras e contábeis relativas à campanha.

c) É vedado a partido e a candidato receber, direta ou indiretamente, doação de dinheiro procedente de cooperativas, ainda que os cooperados não sejam concessionários ou permissionários de serviços públicos ou as cooperativas não sejam beneficiadas com recursos públicos.

d) No caso de descumprimento das normas referentes à arrecadação e aplicação de recursos fixadas na legislação, o partido perderá o direito ao recebimento da quota do fundo partidário do ano seguinte, e, se for o caso, os candidatos beneficiados responderão por abuso do poder econômico.

e) É permitida a fixação de placas, estandartes, faixas e assemelhados, utilizados para a veiculação de propaganda eleitoral, em árvores e jardins localizados em áreas públicas, bem como em muros, cercas e tapumes divisórios, desde que não lhes cause dano.

A: incorreta. Art. 37, § 6º É permitida a colocação de cavaletes, bonecos, cartazes, mesas para distribuição de material de campanha e bandeiras ao longo das vias públicas, desde que móveis e que não dificultem o bom andamento do trânsito de pessoas e veículos. (Incluído pela Lei nº 12.034, de 2009) - Lei nº 9.504/1997. **B:** incorreta. Art. 20. O candidato a cargo eletivo fará, diretamente ou por intermédio de pessoa por ele designada, a administração financeira de sua campanha, usando recursos repassados pelo comitê, inclusive os relativos à cota do Fundo Partidário, recursos próprios ou doações de pessoas físicas ou jurídicas, na forma estabelecida nesta Lei, Art. 21. O candidato é solidariamente responsável com a pessoa indicada na forma do Art. 20, desta Lei pela veracidade das informações financeiras e contábeis de sua campanha, devendo ambos assinar a respectiva prestação de contas. (Redação dada pela Lei nº 11.300, de 2006) Lei nº 9.504/1997. **C:** incorreta. Art. 24. É vedado, a partido e candidato, receber direta ou indiretamente doação em dinheiro ou estimável em dinheiro, inclusive por meio de publicidade de qualquer espécie, procedente de: Parágrafo único. Não se incluem nas vedações de que trata este artigo as cooperativas cujos cooperados não sejam concessionários ou permissionários de serviços públicos, desde que não estejam sendo beneficiadas com recursos públicos, observado o disposto no Art. 81. (Incluído pela Lei nº 12.034, de 2009) - Lei nº 9.504/1997. **D:** correta. Art. 25. O partido que descumprir as normas referentes à arrecadação e aplicação de recursos fixadas nesta Lei perderá

br/site/?n_link-revista_artigos_leitura&artigo_id-10543&revista_caderno-28>. Acesso em dez 2013

o direito ao recebimento da quota do Fundo Partidário do ano seguinte, sem prejuízo de responderem os candidatos beneficiados por abuso do poder econômico. Lei nº 9.504/1997. **E:** incorreta. Art. 37, § 5º Nas árvores e nos jardins localizados em áreas públicas, bem como em muros, cercas e tapumes divisórios, não é permitida a colocação de propaganda eleitoral de qualquer natureza, mesmo que não lhes cause dano. (Incluído pela Lei nº 12.034, de 2009) - Lei nº 9.504/1997.

167. (Cespe – 2012) No que concerne à representação por captação ilícita de sufrágio, aos crimes eleitorais e ao processo penal eleitoral, assinale a opção correta.

a) As infrações penais definidas no Código Eleitoral são, em regra, de ação pública, com exceção dos denominados crimes eleitorais contra a honra de candidatos, partidos ou coligações, aos quais se aplica subsidiariamente o Código Penal.

b) Admite-se, para o crime consistente na difamação de alguém durante a propaganda eleitoral, por meio da imputação de fato ofensivo à reputação da pessoa, exceção da verdade, se o ofendido for funcionário público e a ofensa não for relativa ao exercício de suas funções.

c) Tratando-se do crime de escrever, assinalar ou fazer pinturas em muros, fachadas ou qualquer bem de uso comum do povo, para fins de propaganda eleitoral, empregando-se qualquer tipo de tinta, piche, cal ou produto semelhante, o juiz poderá reduzir a pena do agente que repare o dano antes da sentença final.

d) Se o juiz se convencer de que o diretório local de determinado partido tenha concorrido para a prática do crime de inutilizar, alterar ou perturbar meio de propaganda devidamente empregado, ou que o partido tenha se beneficiado conscientemente da referida propaganda, ao diretório será imposta pena de multa.

e) Em decorrência da liberdade de escolha do eleitor, na representação pela captação ilícita de sufrágio prevista na Lei n.º 9.504/1997, não se afere a potencialidade lesiva da conduta, bastando a prova da captação, ainda que envolva apenas um eleitor.

[...]. 3. É incabível aferir a potencialidade lesiva em se tratando da prática de captação ilícita de sufrágio. [...]. (Ac. de 1º.3.2007 no REspe nº 26.118, rel. Min. Gerardo Grossi.)

168. (Cespe – 2012) Assinale a opção correta acerca dos crimes eleitorais previstos no Código Eleitoral, na Lei Complementar n.º 64/1990, na Lei n.º 9.504/1997 e na Lei n.º 12.034/2009.

a) Causar, propositadamente, dano físico ao equipamento utilizado na votação ou na totalização de votos ou a suas partes constitui crime punível com detenção.

b) Constitui crime eleitoral punível com reclusão a arguição de inelegibilidade de candidato feita por interferência do poder econômico, deduzida de forma temerária ou de manifesta má-fé.

Questões | Comentadas

c) A não observância da ordem em que os eleitores devem ser chamados a votar configura crime eleitoral punível com multa.

d) A não expedição, imediatamente após o encerramento da votação, do boletim de urna pelo juiz de Junta Eleitoral configura crime, salvo se constatado defeito da urna ou se dispensada a expedição pelos fiscais, delegados e candidatos presentes.

e) De acordo com a Lei n.º 12.034/2009, constitui crime a divulgação, no dia da eleição, de qualquer espécie de propaganda de candidato, bem como a manifestação individual e silenciosa do eleitor, mediante o uso de bandeiras, broches ou adesivos, a favor de candidato ou partido político.

Lei nº 4.737/1965: Art. 306. Não observar a ordem em que os eleitores devem ser chamados a votar: Pena – pagamento de 15 a 30 dias-multa.

169. (Cespe – 2012) Assinale a opção correta acerca da propaganda eleitoral.

a) A comprovação do cumprimento das determinações da Justiça Eleitoral relacionadas a propaganda de candidato a Prefeito realizada em desconformidade com o disposto na norma geral das eleições somente pode ser apresentada à comissão designada pelo TRE da respectiva Circunscrição.

b) Quando o material impresso veicular propaganda conjunta de diversos candidatos, os gastos relativos a cada um deles deverão constar na respectiva prestação de contas, ou apenas naquela do candidato que houver arcado com os custos.

c) A realização de comícios e a utilização de aparelhagem de sonorização fixa somente são permitidas no horário compreendido entre as oito e as vinte e duas horas.

d) A veiculação da propaganda partidária gratuita prevista em lei somente é permitida após o dia cinco de julho do ano da eleição.

e) É facultativa a inserção dos dados dos candidatos a Vice nas propagandas dos candidatos a cargo majoritário.

Houve alteração: Com a nova lei, a propaganda eleitoral somente será permitida após o dia 15 de agosto do ano da eleição.

170. (Cespe – 2012) No que se refere a registro de candidatura e sua impugnação, assinale a opção correta.

a) O Juiz Eleitoral deve apresentar em cartório, em até dez dias após a conclusão dos autos, a sentença relativa a pedidos de registro de candidatos a eleições municipais.

b) O pedido de registro do candidato e sua impugnação são processados nos próprios autos dos processos dos candidatos e são julgados em uma só decisão.

478

c) O candidato cujo registro esteja *sub judice* poderá efetuar todos os atos relativos à campanha eleitoral, e seu nome será mantido na urna eletrônica enquanto ele estiver sob essa condição, desde que seu recurso seja recebido no efeito suspensivo.

d) As impugnações do pedido de registro de candidatura e as questões referentes a homonímias e notícias de inelegibilidade devem ser processadas em autos apartados.

e) Encerrado o prazo da dilação probatória para a impugnação de registro de candidatura, as partes, inclusive o MP, poderão apresentar alegações em prazo sucessivo, a começar pelo impugnante.

A alternativa C vai de encontro ao que determina a Lei nº 9.504/1997: Art. 16-A. O candidato cujo registro esteja sub judice poderá efetuar todos os atos relativos à campanha eleitoral, inclusive utilizar o horário eleitoral gratuito no rádio e na televisão e ter seu nome mantido na urna eletrônica enquanto estiver sob essa condição, ficando a validade dos votos a ele atribuídos condicionada ao deferimento de seu registro por instância superior.

171. (Cespe – 2012) Assinale a opção correta acerca da fidelidade partidária.

a) Incumbe às partes acionadas o ônus da prova de fato extintivo, impeditivo ou modificativo da eficácia do pedido.

b) Inexiste litisconsórcio passivo necessário no procedimento de perda de cargo eletivo por infidelidade partidária.

c) A mudança ou o desvio reiterado do estatuto do partido configuram situações de justa causa para desfiliação partidária.

d) O Juiz Eleitoral é competente para processar e julgar pedido relativo a mandato de Vereador.

e) Até cinco testemunhas podem ser arroladas por cada parte no procedimento de perda de cargo eletivo por infidelidade partidária.

A: correta. Resolução nº TSE nº 22.610/2007: Art. 8º. Incumbe aos requeridos o ônus da prova de fato extintivo, impeditivo ou modificativo da eficácia do pedido. **B:** incorreta. Decido. PRELIMINAR DE AUSÊNCIA DE PRESSUPOSTO DE VALIDADE PROCESSUAL NA AÇÃO DE DECRETAÇÃO DE PERDA DE CARGO ELETIVO POR DESFILIAÇÃO PARTIDÁRIA SEM JUSTA CAUSA (PET. N.º 836-26.2011.6.20.0000). O Ministério Público Eleitoral suscitou preliminar de ausência de pressuposto processual de validade, ao argumento de que nos autos supramencionados os peticionantes não promoveram a citação do PTB, partido ao qual se filiaram os peticionados desde o ajuizamento da ação, ou seja, em 10 de outubro de 2011, o que levaria à extinção do feito sem resolução de mérito. A relação existente entre os peticionados e o PTB é de litisconsórcio passivo necessário, em razão da expressa disposição do Art. 4º, parágrafo único da Resolução nº 22.610/2007 do TSE. O Colendo

Tribunal Superior Eleitoral já consolidou entendimento segundo o qual a inclusão de litisconsorte necessário no polo passivo de ação de decretação de perda do cargo eletivo por infidelidade partidária, somente pode ser promovida até o fim do prazo para o ajuizamento da demanda, estabelecido no Art. 1º, § 2º, da resolução de regência.[20] **C:** incorreta. Art. 1º. O partido político interessado pode pedir, perante a Justiça Eleitoral, a decretação da perda de cargo eletivo em decorrência de desfiliação partidária sem justa causa. § 1º, - Considera-se justa causa: I) incorporação ou fusão do partido; II) criação de novo partido; III) mudança substancial ou desvio reiterado do programa partidário; IV) grave discriminação pessoal. **D:** incorreta. Resolução TSE nº 22.610/2007: Art. 2º. O Tribunal Superior Eleitoral é competente para processar e julgar pedido relativo a mandato federal; nos demais casos, é competente o tribunal eleitoral do respectivo Estado. **E:** incorreta. Resolução TSE nº 22.610/2007: Art. 3º. Na inicial, expondo o fundamento do pedido, o requerente juntará prova documental da desfiliação, podendo arrolar testemunhas, até o máximo de 3 (três), e requerer, justificadamente, outras provas, inclusive requisição de documentos em poder de terceiros ou de repartições públicas. Art. 5º. Na resposta, o requerido juntará prova documental, podendo arrolar testemunhas, até o máximo de 3 (três), e requerer, justificadamente, outras provas, inclusive requisição de documentos em poder de terceiros ou de repartições públicas.

172. (Cespe – 2012) Assinale a opção correta a respeito do Ministério Público Eleitoral.

a) Incumbe ao Procurador-Geral Eleitoral dirimir conflitos de atribuições.

b) O Vice-Procurador-Geral Eleitoral é designado pelo Colégio de Procuradores da República.

c) Compete privativamente ao Procurador Regional Eleitoral designar, por necessidade de serviço, outros membros do Ministério Público Federal para oficiar, sob sua coordenação, perante os TREs.

d) O promotor eleitoral incumbido do serviço eleitoral de cada Zona deve ser membro do MP local indicado pelo Procurador Regional Eleitoral.

e) Compete ao Colégio de Procuradores da República aprovar a destituição do Procurador Regional Eleitoral.

A: correta. Art. 75, inciso III da LC nº 75/1993, incumbe ao Procurador-Geral Eleitoral dirimir conflitos de atribuições. **B:** incorreta. Na realidade compete ao Procurador-Geral Eleitoral (Procurador-Geral da República) designar, dentre os Subprocuradores-Gerais da República, o Vice-Procurador-Geral Eleitoral, e não ao Colégio de Procuradores da República (Art. 73 da LC nº 75/1993). **C:** incorreta.Segundo o Art. 77, parágrafo único da LC nº 75/1993, o Procurador-Geral Eleitoral - não o Procurador Regional Eleitoral - é quem poderá designar membro do Ministério Público Federal por necessidade de serviço para oficiar sob a coordenação, aí sim do Procurador-Regional Eleitoral, perante os Tribunais Regionais Eleitorais. **D:** incorreta. O Promotor Eleitoral será membro do Ministério Público local que oficie junto ao

20 Fonte: http://www.jusbrasil.com.br/diarios/36735684/tre-rn-08-05-2012-pg-25.

Juízo incumbido do serviço eleitoral de cada Zona; é indicado pelo Chefe do Ministério Público local (Procurador-Geral de Justiça) ao Procurador-Regional Eleitoral, ou seja, não é indicado por este, Art. 79 da LC nº 75/1993. **E:** incorreta. Compete ao Conselho Superior do Ministério Público aprovar a destituição do Procurador Regional Eleitoral, por maioria absoluta e iniciativa do Procurador-Geral Eleitoral, não sendo de competência do Colégio de Procuradores da República como induz a alternativa, Art. 76, § 2º, da LC nº 75/1993.

173. (Cespe – 2012) Assinale a opção correta a respeito da organização e das competências da Justiça Eleitoral.

a) Não podem ser nomeados membros das Juntas Eleitorais os que pertencerem ao serviço eleitoral.

b) Cabe ao Juiz Eleitoral resolver as impugnações e os demais incidentes verificados durante os trabalhos de contagem e apuração de votos.

c) Compete aos TREs a divisão de Zona em Seções Eleitorais.

d) A designação dos locais das seções é de competência dos TREs.

e) Compete ao Juiz Eleitoral nomear cidadãos de notória idoneidade para comporem a Junta Eleitoral por ele presidida.

A: correta. Art. 36 do CE: § 3º, Não podem ser nomeados membros das Juntas, escrutinadores ou auxiliares: IV - os que pertencerem ao serviço eleitoral. **B:** incorreta. Art. 40 do CE. Compete à Junta Eleitoral; II - resolver as impugnações e demais incidentes verificados durante os trabalhos da contagem e da apuração. **C:** incorreta. Art. 35 do CE: Compete aos juízes: X - dividir a Zona em Seções Eleitorais. **D:** incorreta. Art. 35 do CE: Compete aos juízes: XIII - designar, até 60 (sessenta) dias antes das eleições os locais das seções. **E:** incorreta. Art. 36 do CE: Art. 36. Compor-se-ão as Juntas Eleitorais de um Juiz de Direito, que será o Presidente, e de 2 (dois) ou 4 (quatro) cidadãos de notória idoneidade. § 1º, Os membros das Juntas Eleitorais serão nomeados 60 (sessenta) dia antes da eleição, depois de aprovação do Tribunal Regional, pelo Presidente deste, a quem cumpre também designar-lhes a sede.

174. (FCC – 2012) A respeito da propaganda eleitoral em geral, considere:

I) No dia das eleições, um grupo de cerca de cem pessoas, portando bandeiras, broches, dísticos e adesivos indicativos de preferência por determinado candidato, realizou uma passeata pelas principais avenidas da cidade.

II) No dia que antecede as eleições, o partido Alpha manteve carro de som, transitando pelas ruas da cidade até as vinte e duas horas, divulgando mensagem de seus candidatos.

III) Dois dias antes das eleições, o comitê do candidato do partido Beta realizou distribuição de canetas, camisetas e chaveiros com gravação de mensagem deste.

IV) No dia que antecede as eleições, durante o período da tarde, o partido Gama realizou carreata de encerramento da campanha pelas ruas da cidade.

São vedadas as condutas indicadas SOMENTE em:

a) I e IV.

b) I e III.

c) II e IV.

d) II e III.

e) II, III e IV.

I: vedada. Lei nº 9.504/1997: Art.39-A. É permitida, no dia da eleição, a manifestação INDIVIDUAL e silenciosa da preferência do eleitor por partido político, coligação ou candidato, revelada exclusivamente pelo uso de bandeiras, broches, dísticos e adesivos. II: permitida. Lei nº 9.504/1997: Art. 39 § 9º, Até as 22:00 horas do dia que antecede a eleição, serão permitidos distribuição de material gráfico, caminhada, carreata, passeata ou carro de som que transite pela cidade divulgando jingles ou mensagens de candidatos. III: vedada. Lei nº 9.504/1997: Art. 39, § 6º É vedada na campanha eleitoral a confecção, utilização, distribuição por comitê, candidato, ou com a sua autorização, de camisetas, chaveiros, bonés, canetas, brindes, cestas básicas ou quaisquer outros bens ou materiais que possam proporcionar vantagem ao eleitor. IV: permitida. Lei nº 9.504/1997: Art. 39. § 9º, Até as 22:00 horas do dia que antecede a eleição, serão permitidos distribuição de material gráfico, caminhada, carreata, passeata ou carro de som que transite pela cidade divulgando jingles ou mensagens de candidatos.

175. (FCC – 2012) O delegado de um partido político, no exercício da fiscalização, constatou a existência de processo de exclusão injustificada de um eleitor e a inscrição ilegal de outro. Nesse caso, o partido

a) não pode requerer a exclusão do eleitor inscrito ilegalmente, nem assumir a defesa do eleitor cuja exclusão esteja sendo promovida, podendo somente comunicar os fatos ao Ministério Público Eleitoral.

b) pode requerer a exclusão do eleitor inscrito ilegalmente, mas não pode assumir a defesa do eleitor cuja exclusão esteja sendo promovida.

c) pode assumir a defesa do eleitor cuja exclusão esteja sendo promovida, mas não pode requerer a exclusão do eleitor inscrito ilegalmente.

d) pode requerer a exclusão do eleitor inscrito ilegalmente, bem como assumir a defesa do eleitor cuja exclusão esteja sendo promovida.

e) só pode requerer a exclusão do eleitor inscrito ilegalmente, bem como assumir a defesa do eleitor cuja exclusão esteja sendo promovida, se ambos tiverem sido candidatos a cargos eletivos por sua legenda.

Art. 66. É lícito aos partidos políticos, por seus delegados: I - acompanhar os processos de inscrição; II - promover a exclusão de qualquer eleitor inscrito ilegalmente e assumir a defesa do eleitor cuja exclusão esteja sendo promovida.

176. (FCC – 2012) Num determinado município, a convenção partidária realizada no último dia do prazo legal deliberou a respeito da formação de coligação, deliberação esta contrária às diretrizes legitimamente estabelecidas pelo órgão de direção nacional, que, por isso, anulou a deliberação e todos os atos dela decorrentes. Em vista disso, houve necessidade de escolha de candidatos. Nesse caso, observadas as demais exigências legais,

a) deverá ser realizada nova convenção partidária para esse fim nos quinze dias posteriores à anulação.

b) deverá ser realizada nova convenção partidária para esse fim nos trinta dias posteriores à anulação da deliberação.

c) o partido ficará sem candidatos para esse pleito eleitoral, por já ter esgotado o prazo legal para realização das convenções.

d) o pedido de registro de novos candidatos deverá ser apresentado à Justiça Eleitoral nos dez dias seguintes à deliberação relativa à anulação.

e) o pedido de registro de candidatos só poderá ser feito por estes pessoalmente, diretamente à Justiça Eleitoral, nos quinze dias seguintes ao ato de anulação.

Art. 7 ,§ 4º Se, da anulação, decorrer a necessidade de escolha de novos candidatos, o pedido de registro deverá ser apresentado à Justiça Eleitoral nos 10 (dez) dias seguintes à deliberação, observado o disposto no Art. 13. Art. 13. É facultado ao partido ou coligação substituir candidato que for considerado inelegível, renunciar ou falecer após o termo final do prazo do registro ou, ainda, tiver seu registro indeferido ou cancelado.

177. (FCC – 2012) Antes do dia 5 de julho do ano da eleição, os Deputados Federais abaixo indicados praticaram as seguintes condutas

I) Paulus participou de congressos, em ambiente fechado e às expensas dos partidos políticos, para tratar da organização dos processos eleitorais.

II) Petrus divulgou debates legislativos, sem mencionar possível candidatura e sem formular pedido de votos ou de apoio eleitoral.

III) Cicerus divulgou atos parlamentares, mencionando possível candidatura e formulando pedido de apoio eleitoral.

IV) Lucius participou de entrevista realizada pela Rádio da Cidade, com exposição de plataforma eleitoral e projetos políticos, formulando pedido de votos.

Serão consideradas propaganda eleitoral antecipada SOMENTE as condutas de

a) Cicerus e Lucius.

b) Paulus e Petrus.

c) Paulus e Lucius.

d) Petrus e Cicerus.

e) Paulus e Cicerus.

Fundamentação: Lei nº 9.504/1997: I: incorreta. Não é considerada propaganda antecipada. Art. 36-A. Não será considerada propaganda eleitoral antecipada: II - a realização de encontros, seminários ou congressos, em ambiente fechado e a expensas dos partidos políticos, para tratar da organização dos processos eleitorais, planos de governos ou alianças partidárias visando às eleições. II: incorreta. Não é considerada propaganda antecipada. Art. 36-A. Não será considerada propaganda eleitoral antecipada: IV - a divulgação de atos de parlamentares e debates legislativos, desde que não se mencione a possível candidatura, ou se faça pedido de votos ou de apoio eleitoral. III: correta. É propaganda antecipada. Art. 36-A. Não será considerada propaganda eleitoral antecipada: IV - a divulgação de atos de parlamentares e debates legislativos, desde que não se mencione a possível candidatura, ou se faça pedido de votos ou de apoio eleitoral. IV: correta. É propaganda antecipada. Art. 36-A. Não será considerada propaganda eleitoral antecipada: I - a participação de filiados a partidos políticos ou de pré-candidatos em entrevistas, programas, encontros ou debates no rádio, na televisão e na internet, inclusive com a exposição de plataformas e projetos políticos, desde que não haja pedido de votos, observado pelas emissoras de rádio e de televisão o dever de conferir tratamento isonômico.

178. (FCC – 2012) Os dados pessoais do eleitor José da Silva (filiação, data de nascimento, profissão, estado civil, escolaridade, telefone e endereço) poderão ser fornecidos

a) a qualquer pessoa que justifique adequadamente o pedido.

b) ao seu credor, desde que justifique o pedido com demonstração da dívida e a inércia do devedor.

c) a entidades autorizadas pelo Tribunal Superior Eleitoral, desde que exista reciprocidade de interesses.

d) aos jornalistas em geral, desde que desenvolvam matéria relacionada à sua profissão.

e) aos parentes do eleitor, quando estiverem buscando o seu paradeiro.

Fundamentação: Resolução nº 21.538/2003. Art. 29. As informações constantes do cadastro eleitoral serão acessíveis às instituições públicas e privadas e às pessoas físicas, nos termos desta resolução. § 1º, Em resguardo da privacidade do cidadão, não se fornecerão informações de caráter personalizado constantes do cadastro eleitoral. § 3º, Excluem-se da proibição de que cuida o § 1º, os pedidos relativos a procedimento previsto na legislação eleitoral e os formulados: a) pelo eleitor sobre seus dados pessoais; b) por autoridade judicial e pelo Ministério Público, vinculada a utilização das informações obtidas, exclusivamente, às respectivas atividades funcionais; c) por entidades autorizadas pelo Tribunal Superior Eleitoral, desde que exista reciprocidade de interesses.

179. (FCC – 2012) O eleitor Pedro encaminhou à Justiça Eleitoral documento comprobatório de que determinado partido político está recebendo recursos financeiros de procedência estrangeira. Nesse caso, o processo de cancelamento do registro e do estatuto do partido

a) dependerá de representação fundamentada do Ministério de Relações Exteriores.

b) poderá ser determinado de ofício, sem qualquer defesa do partido.

c) dependerá de representação formulada por outro partido político.

d) dependerá de representação formulada pelo Ministério Público Eleitoral.

e) poderá ser iniciado pelo Tribunal Superior Eleitoral com base na denúncia formulada por Pedro.

Fundamentação: Lei nº 9.096/1995. **A:** incorreta. Art. 28, [...], § 2º, O processo de cancelamento é iniciado pelo Tribunal à vista de denúncia de qualquer eleitor, de representante de partido, ou de representação do Procurador-Geral Eleitoral. **B:** incorreta. A defesa do partido é imprescindível para a legitimidade do processo de cancelamento. Art. 28, [...], § 1º, A decisão judicial a que se refere este artigo (decisão de cancelamento do registro do partido) deve ser precedida de processo regular, que assegure ampla defesa. **C:** incorreta. A representação deve ser feita por REPRESENTANTE de partido político, eleitor ou do Procurador-Geral Eleitoral. Art. 28, [...], § 2º, O processo de cancelamento é iniciado pelo Tribunal à vista de denúncia de qualquer eleitor, de representante de partido, ou de representação do Procurador-Geral Eleitoral. **D:** incorreta. A representação deve ser elaborada pelo Procurador-Geral Eleitoral, não pelo MPE. Art. 28, [...], § 2º, O processo de cancelamento é iniciado pelo Tribunal à vista de denúncia de qualquer eleitor, de representante de partido, ou de representação do Procurador-Geral Eleitoral. **E:** correta. Art. 28. O Tribunal Superior Eleitoral, após trânsito em julgado de decisão, determina o cancelamento do registro civil e do estatuto do partido contra o qual fique provado: I - ter recebido ou estar recebendo recursos financeiros de procedência estrangeira; II - estar subordinado a entidade ou governo estrangeiros; III - não ter prestado, nos termos desta Lei, as devidas contas à Justiça Eleitoral; IV - que mantém organização paramilitar. § 2º, O processo de cancelamento é iniciado pelo Tribunal à vista de denúncia de qualquer eleitor, de representante de partido, ou de representação do Procurador-Geral Eleitoral.

180. (FCC – 2012) Paulo é proprietário de uma van de aluguel com a qual faz transporte de alunos para uma escola particular. No dia da eleição, transportou todos os onze membros de sua família, da zona rural para os locais de votação. A conduta de Paulo

a) foi ilícita, por se tratar de veículo de aluguel.

b) foi ilícita, por se tratar de transporte de eleitores da zona rural.

c) foi lícita, porque se limitou a transportar os membros de sua família.

d) foi ilícita, por se tratar de utilitário e não de automóvel de passeio.

e) só poderá ser considerada lícita se tiver obtido prévia autorização da Justiça Eleitoral.

Art. 5º. Nenhum veículo ou embarcação poderá fazer transporte de eleitores desde o dia anterior até o posterior à eleição, salvo: I - a serviço da Justiça Eleitoral; II - coletivos de linhas regulares e não fretados; III - de uso individual do proprietário, para o exercício do próprio voto e dos membros da sua família; IV - o serviço normal, sem finalidade eleitoral, de veículos de aluguel não atingidos pela requisição de que trata o Art. 2º.

181. (FCC – 2012) Um partido político pretende pedir a instauração de investigação judicial para apurar uso indevido do poder econômico em benefício de candidato a Vereador. A representação nesse sentido deverá ser dirigida ao

a) Corregedor Regional Eleitoral.

b) Tribunal Regional Eleitoral.

c) Tribunal Superior Eleitoral.

d) Corregedor-Geral Eleitoral.

e) Juiz Eleitoral.

A resposta segue a lógica e pode ser fundamentada pela interpretação do Art. 22, combinado com o Art. 24, da LC nº 64/1990. O Art. 22, vai estabelecer a competência dos Partidos, coligações ou candidatos para representar perante a Justiça Eleitoral, diretamente ao CORREGEDOR, situações, por exemplo, de uso indevido do poder econômico, e o Art. 24, vai dizer que nesses casos, quando se tratarem de eleições municipais, o Juiz Eleitoral vai atuar como corregedor, daí a competência para receber o pedido de investigação ser do Juiz Eleitoral. Observemos: Art. 22. Qualquer partido político, coligação, candidato ou Ministério Público Eleitoral poderá representar à Justiça Eleitoral, diretamente ao Corregedor-Geral ou Regional, relatando fatos e indicando provas, indícios e circunstâncias e pedir abertura de investigação judicial para apurar uso indevido, desvio ou abuso do poder econômico ou do poder de autoridade, ou utilização indevida de veículos ou meios de comunicação social, em benefício de candidato ou de partido político, obedecido o seguinte rito: Art. 24. Nas eleições municipais, o Juiz Eleitoral será competente para conhecer e processar a representação prevista nesta lei complementar, exercendo todas as funções atribuídas ao Corregedor-Geral ou Regional, constantes dos incisos I a XV do Art. 22, desta lei complementar, cabendo ao representante do Ministério Público Eleitoral em função da Zona Eleitoral as atribuições deferidas ao Procurador-Geral e Regional Eleitoral, observadas as normas do procedimento previstas nesta lei complementar.

182. (FCC – 2012) Sete partidos políticos decidiram, por seus órgãos nacionais de deliberação, fundir-se em um só. Essa fusão

a) é ilegal porque viola o princípio do pluripartidarismo.

b) não depende de prévia autorização da Justiça Eleitoral.

c) depende de prévia autorização do Tribunal Superior Eleitoral.

d) deve, previamente, ser submetida ao Ministério Público Eleitoral.

e) só pode ser efetivada se houver prévia aprovação da Câmara dos Deputados.

Art. 2º. É livre a criação, fusão, incorporação e extinção de partidos políticos cujos programas respeitem a soberania nacional, o regime democrático, o pluripartidarismo e os direitos fundamentais da pessoa humana.

183. (FCC – 2012) Dois candidatos a Vereador indicaram, no pedido de registro, além do nome completo, as variações nominais com que desejavam ser registrados, mencionando em primeiro lugar na ordem de preferência, o mesmo apelido. Verificou-se que ambos eram conhecidos com esse apelido em sua vida social e profissional sendo que, anteriormente, nunca foram candidatos a nenhum cargo eletivo. Foram notificados para chegar a um acordo em dois dias, o que não ocorreu. Em vista disso, a Justiça Eleitoral

a) registrará cada candidato com o nome e o sobrenome constantes do pedido de registro, observada a ordem de preferência ali definida.

b) realizará sorteio entre os dois candidatos, em local público, com a presença destes e de representantes dos respectivos partidos.

c) registrará os dois candidatos com o apelido indicado, acrescido dos algarismos 1 e 2.

d) indeferirá o registro dos dois candidatos, porque a identidade de nomes poderá confundir o eleitor.

e) deferirá o registro do apelido ao candidato cujo partido político tiver maior número de filiados.

Lei nº 9.504/1997: Art. 12. O candidato às eleições proporcionais indicará, no pedido de registro, além de seu nome completo, as variações nominais com que deseja ser registrado, até o máximo de três opções, que poderão ser o prenome, sobrenome, cognome, nome abreviado, apelido ou nome pelo qual é mais conhecido, desde que não se estabeleça dúvida quanto à sua identidade, não atente contra o pudor e não seja ridículo ou irreverente, mencionando em que ordem de preferência deseja registrar-se. IV - tratando-se de candidatos cuja homonímia não se resolva pelas regras dos dois incisos anteriores, a Justiça Eleitoral deverá notificá-los para que, em dois dias, cheguem a acordo sobre os respectivos nomes a serem usados; V - não havendo acordo no caso do inciso anterior, a Justiça Eleitoral registrará cada candidato com o nome e sobrenome constantes do pedido de registro, observada a ordem de preferência ali definida.

184. (FCC – 2012) Para a transmissão de debates de candidatos a Governador do Estado por emissora de televisão, no primeiro turno das eleições, não foi obtido consenso quanto às regras a serem observadas. Nesse caso,

a) as regras serão estabelecidas pelo Ministério Público Eleitoral.

b) os debates não poderão ser realizados, nem transmitidos pela emissora de televisão.

Questões | Comentadas

c) as regras serão estabelecidas pela direção da emissora de televisão, com prévia comunicação ao Tribunal Superior Eleitoral.

d) as regras serão estabelecidas pelo Tribunal Regional Eleitoral.

e) serão consideradas aprovadas as regras que obtiverem a concordância de pelo menos dois terços dos candidatos aptos ao referido pleito eleitoral.

A: incorreta. As regras serão estabelecidas pelo Ministério Público Eleitoral. (Lei nº 9.504/1997, Art. 46, § 4º,). **B:** incorreta. Os debates não poderão ser realizados, nem transmitidos pela emissora de televisão. (Lei nº 9.504/1997, Art. 46). **C:** incorreta. As regras serão estabelecidas pela direção da emissora de televisão, com prévia comunicação ao Tribunal Superior Eleitoral. (Lei nº 9.504/1997, Art. 46, § 4º,). **D:** incorreta. As regras serão estabelecidas pelo Tribunal Regional Eleitoral. (Lei nº 9.504/1997, Art. 46, § 4º,). **E:** correta. Serão consideradas aprovadas as regras que obtiverem a concordância de pelo menos dois terços dos candidatos aptos ao referido pleito eleitoral. (Lei nº 9.504/1997, Art. 46, § 5º,).

185. **(Conculplan – 2012)** Com base na Resolução TSE nº 21.538 de 2003, analise.

I) A transferência do eleitor só será admitida após, pelo menos, um ano do alistamento ou da última transferência.

II) A transferência só será admitida ao eleitor com residência mínima de três meses no novo domicílio, declarada, sob as penas da lei, pelo próprio eleitor.

III) O disposto nas afirmativas I e II não se aplica à transferência de título eleitoral de servidor público civil, militar, autárquico, ou de membro de sua família, por motivo de remoção ou transferência.

Assinale:

a) se apenas as afirmativas I e II estiverem corretas.

b) se todas as afirmativas estiverem corretas.

c) se apenas as afirmativas I e III estiverem corretas.

d) se apenas as afirmativas II e III estiverem corretas.

Art. 18. A transferência do eleitor só será admitida se satisfeitas as seguintes exigências: I - recebimento do pedido no Cartório Eleitoral do novo domicílio no prazo estabelecido pela legislação vigente; II - transcurso de, pelo menos, um ano do alistamento ou da última transferência; III - residência mínima de três meses no novo domicílio, declarada, sob as penas da lei, pelo próprio eleitor (Lei nº 6.996/1982, Art. 8º); IV - prova de quitação com a Justiça Eleitoral. § 1º, O disposto nos incisos II e III não se aplica à transferência de título eleitoral de servidor público civil, militar, autárquico, ou de membro de sua família, por motivo de remoção ou transferência.

186. **(Conculplan – 2012)** Em relação ao acesso às informações constantes do cadastro do eleitor, com base na Resolução TSE nº 21.538 de 2003, é INCORRETO afirmar que

a) as informações constantes do cadastro eleitoral serão acessíveis às instituições públicas e privadas e às pessoas físicas.

b) em resguardo da privacidade do cidadão, não se fornecerão informações de caráter personalizado constantes do cadastro eleitoral.

c) o uso dos dados de natureza estatística do eleitorado ou de pleito eleitoral obriga a quem os tenha adquirido a citar a fonte e a assumir responsabilidade pela manipulação inadequada ou extrapolada das informações obtidas.

d) os Tribunais e Juízes Eleitorais poderão autorizar o fornecimento a interessados, em qualquer hipótese, dos dados relativos ao eleitorado ou ao resultado de pleito eleitoral.

É certo que os Tribunais e Juízes podem fornecer tais dados, mas não em qualquer hipótese. No caso de ser atribuído caráter reservado não é possível o fornecimento.

187. (Conculplan – 2012) Em relação aos órgãos da Justiça Eleitoral, com base na Lei nº 4.737/65 e suas atualizações, é correto afirmar que

a) os juízes dos Tribunais Eleitorais, salvo motivo justificado, servirão obrigatoriamente por dois anos, e nunca por mais de um biênio consecutivo.

b) da homologação da respectiva convenção partidária até o registro definitivo da candidatura, não poderão servir como juízes nos Tribunais Eleitorais, ou como Juiz Eleitoral, o cônjuge, parente consanguíneo legítimo ou ilegítimo, ou afim, até o segundo grau, de candidato a cargo eletivo registrado na Circunscrição.

c) os substitutos dos membros efetivos dos Tribunais Eleitorais serão escolhidos, na mesma ocasião e pelo mesmo processo, em número igual para cada categoria.

d) o número de juízes dos Tribunais Regionais não será reduzido, mas poderá ser elevado até doze, mediante proposta do Tribunal Superior, e na forma por ele sugerida.

A: incorreta. Máximo de 2 biênios. **B:** incorreta. Até a apuração final da eleição. **D:** incorreta. Até 9.

188. (Conculplan – 2012) A respeito dos Tribunais e Juízes Eleitorais, é correto afirmar que

a) os órgãos da Justiça Eleitoral são o Tribunal Superior Eleitoral, os Tribunais Regionais Eleitorais, os Juízes Eleitorais e as Juntas Eleitorais.

b) o Presidente do Tribunal Superior Eleitoral é escolhido dentre os membros mais votados dos Tribunais Regionais Eleitorais.

c) como órgão máximo da justiça eleitoral, o Tribunal Superior Eleitoral não admite recurso para as suas decisões, sequer para as denegatórias de *habeas corpus*.

d) no caso dos Tribunais Regionais Eleitorais, os recursos contra suas decisões não são admitidos quando eles versam sobre divergência de interpretação de lei entre dois ou mais Tribunais Eleitorais.

Questões | Comentadas

CF/1988: Art. 118. São órgãos da Justiça Eleitoral: I - o Tribunal Superior Eleitoral; II - os Tribunais Regionais Eleitorais; III - os Juízes Eleitorais; IV - as Juntas Eleitorais.

189. (Consulplan – 2012) João, 28 anos de idade, brasileiro nato, em dia com suas obrigações eleitorais e preenchendo todos os requisitos de elegibilidade; decide se candidatar a cargo político. Neste caso, João pode se candidatar aos seguintes cargos:

a) Presidente e Vice-Presidente da República, Senador, Deputado Federal, Estadual ou Distrital, Prefeito, Vice- Prefeito e Vereador.

b) Deputado Federal, Estadual ou Distrital, Prefeito, Vice- Prefeito e Vereador.

c) Governador e Vice-Governador de Estado, Deputado Federal, Estadual ou Distrital, Prefeito, Vice-Prefeito e Vereador.

d) Senador, Deputado Federal, Estadual ou Distrital, Prefeito, Vice-Prefeito e Vereador.

CF/1988, Art. 14: VI - a idade mínima de: a) trinta e cinco anos para Presidente e Vice--Presidente da República e Senador; b) trinta anos para Governador e Vice-Governador de Estado e do Distrito Federal; c) vinte e um anos para Deputado Federal, Deputado Estadual ou Distrital, Prefeito, Vice-Prefeito e Juiz de Paz; d) dezoito anos para Vereador.

190. (Consulplan – 2012) Nos termos da Constituição de 1988, a perda ou suspensão dos direitos políticos pode ocorrer devido à (ao)

a) condenação criminal, mesmo que sem trânsito em julgado da sentença.

b) incapacidade civil, em qualquer de suas manifestações.

c) improbidade administrativa, na forma e gradação previstas em lei.

d) cancelamento da naturalização, por decisão irrecorrível do TRE.

CF/1988: Art. 15. É vedada a cassação de direitos políticos, cuja perda ou suspensão só se dará nos casos de: I - cancelamento da naturalização por sentença transitada em julgado; II - incapacidade civil absoluta; III - condenação criminal transitada em julgado, enquanto durarem seus efeitos; IV - recusa de cumprir obrigação a todos imposta ou prestação alternativa, nos termos do Art. 5º, VIII; V - improbidade administrativa, nos termos do Art. 37, § 4º.

191. (Consulplan – 2012) Na Convenção do partido político "X", o Deputado Justo Veríssimo, infeliz por seu assessor parlamentar não ter sido escolhido como principal candidato a Vereador para as próximas eleições, imbuído com o dolo de causar desordem aos trabalhos eleitorais que estavam sendo realizados, começa a gritar e tumultuar a votação partidária, causando efetivo transtorno ao desenvolvimento das atividades ali realizadas. Nessa hipótese, é correto afirmar que o Deputado Justo Veríssimo

a) cometeu o crime de impedir ou embaraçar o exercício do sufrágio, previsto no artigo 297 do Código Eleitoral.

b) cometeu o delito previsto no artigo 296 do Código Eleitoral, que prevê a conduta de promoção de desordem nos trabalhos eleitorais.

c) cometeu o crime descrito no artigo 301 do Código Eleitoral, pois usou de violência ou grave ameaça para coagir alguém a votar, ou não votar, em determinado candidato ou partido, ainda que os fins visados não sejam conseguidos.

d) não cometeu crime eleitoral.

A: incorreta. Convém notar que, nos termos da questão, não estava havendo pleito eleitoral, mas apenas convenção partidária, o que não caracteriza exercício do sufrágio e, portanto, gera atipicidade da conduta quanto a este delito. **B:** incorreta. Novamente, não se trata aqui de "trabalhos eleitorais", mas apenas de convenção partidária, o que novamente caracteriza fato atípico, por não se amoldar com perfeição à norma legal o fato ocorrido. **C:** incorreta. Esta assertiva apresenta um contrassenso. O Deputado causou tumulto em uma convenção partidária, mas mesmo no seio da convenção, não chegou a ameaçar alguém mediante violência ou grave ameaça, o que descaracteriza completamente o delito. **D:** correta. Conduta atípica do sujeito. Tumultuar convenção partidária pode até se configurar infração ao estatuto do partido, mas não configura crime eleitoral.

192. (Consulplan – 2012) O crime de corrupção eleitoral está previsto no artigo 299 do Código Eleitoral, com a seguinte redação: "Dar, oferecer, prometer, solicitar ou receber, para si ou para outrem, dinheiro, dádiva, ou qualquer outra vantagem, para obter ou dar voto e para conseguir ou prometer abstenção, ainda que a oferta não seja aceita." Acerca do crime supramencionado é correto afirmar que

a) trata-se de crime material, em que se exige a ocorrência do resultado para a consumação do delito.

b) para a caracterização do crime de corrupção eleitoral há a necessidade de o agente ter o dolo específico (consciência e vontade) de obter ou dar voto e/ou de conseguir ou prometer abstenção.

c) para a configuração do delito de corrupção eleitoral não se exige que o benefício seja concreto, individualizado, direcionado a uma ou mais pessoas determinadas.

d) o artigo 41-A da Lei nº 9.504/97, que prevê a conduta de captação de sufrágio, alterou a disciplina penal pertinente ao crime de corrupção eleitoral.

Ac- TSE nº 81/2005: o Art. 41-A da Lei nº 9.504/1997 não alterou a disciplina deste artigo e não implicou abolição do crime de corrupção eleitoral aqui tipificado. Ac - TSE, de 27.11.2007, no Ag nº 6.553: A absolvição na representação por captação ilícita de sufrágio, na esfera cível-eleitoral, ainda que acobertada pelo manto da coisa julgada, não obsta a persecutio criminis pela prática do tipo penal descrito no Art. 299, do Código Eleitoral. Ac- TSE, de 15.03.2007, no Ag nº 6.014, e de 8.3.2007, no REsp nº 25.388: essa corte tem entendido que, para a configuração do crime descrito no Art. 299 do CE, é necessário o dolo específico que exige o tipo penal, qual seja, a finalidade de obter ou dar voto, ou prometer abstenção.

Questões | Comentadas

193. (Consulplan – 2012) Marco Túlio da Silva, Vice-Prefeito da cidade de Campo das Flores, que até hoje sempre se manteve nesta função, pretende se candidatar a Vereador nas próximas eleições. Para garantir plenas condições para participar do pleito, é correto afirmar que Marco Túlio da Silva

a) deverá renunciar ao cargo até seis meses antes da disputa eleitoral.

b) mesmo se tiver substituído o titular nos últimos seis meses antes do pleito, poderá se candidatar.

c) se não tiver substituído o titular nos últimos seis meses antes do pleito, não necessitará renunciar.

d) tiver substituído o titular nos últimos seis meses antes do pleito, deverá se licenciar 30 dias antes do pleito.

Art. 1º, § 2º, O Vice-Presidente, o Vice-Governador e o Vice-Prefeito poderão candidatar-se a outros cargos, preservando os seus mandatos respectivos, desde que, nos últimos 6 (seis) meses anteriores ao pleito, não tenham sucedido ou substituído o titular.

194. (Consulplan – 2012) José foi empossado como Juiz da Justiça Eleitoral do Estado "Y". Durante seu mandato, José se envolveu em uma discussão de trânsito que culminou na agressão ao cidadão João. Da agressão advieram lesões corporais de natureza grave à vítima. Nessa situação, o órgão competente para julgamento de José será

a) Justiça de 1º, grau.

b) Tribunal – 2º, grau.

c) Tribunal Regional Eleitoral.

d) Conselho Nacional de Justiça.

O Juiz Eleitoral cometeu um crime comum. Logo, será julgado pelo Tribunal de Justiça do Estado onde exerce suas atividades jurisdicionais. Se o juiz tivesse cometido um crime eleitoral ou um comum conexo com um eleitoral, aí sim ele seria julgado pelo TRE do Estado respectivo.

195. (Consulplan - 2012) O conceito de domicílio eleitoral é

a) igual ao conceito de domicílio do direito civil.

b) idêntico ao conceito de residência do direito civil.

c) o local onde o eleitor exerce sua profissão.

d) o lugar onde o eleitor possui moradia ou residência.

Art. 42. O alistamento se faz mediante a qualificação e inscrição do eleitor. Parágrafo único. Para o efeito da inscrição, é domicílio eleitoral o lugar de residência ou moradia do requerente, e, verificado ter o alistando mais de uma, considerar-se-á domicílio qualquer delas.

196. (Consulplan - 2012) Fulgêncio Baptista fez doação à campanha eleitoral de Ernesto Insurgente mediante transferência bancária, via Internet, sem assinar recibo. Neste caso,

a) haverá vício insanável, eis que a lei obriga a assinatura do recibo.

b) Fulgêncio poderá regularizar a situação, assinando o recibo.

c) em qualquer hipótese, a transferência eletrônica de recursos dispensa o recibo.

d) a transferência eletrônica, identificado o doador, dispensa a assinatura do recibo.

Lei nº 9.504/1997: Art. 23. Pessoas físicas poderão fazer doações em dinheiro ou estimáveis em dinheiro para campanhas eleitorais, obedecido o disposto nesta Lei. (Redação dada pela Lei nº 12.034, de 2009) § 1º, As doações e contribuições de que trata este artigo ficam limitadas: I - no caso de pessoa física, a dez por cento dos rendimentos brutos auferidos no ano anterior à eleição; II - no caso em que o candidato utilize recursos próprios, ao valor máximo de gastos estabelecido pelo seu partido, na forma desta Lei. § 2º Toda doação a candidato específico ou a partido deverá ser feita mediante recibo, em formulário impresso ou em formulário eletrônico, no caso de doação via internet, em que constem os dados do modelo constante do Anexo, dispensada a assinatura do doador. (Redação dada pela Lei nº 12.034, de 2009).

197. (Consulplan – 2012) O eleitor José, que já havia votado em sua seção, compareceu em outra seção para tentar votar novamente. José não conseguiu votar, pois foi impedido pelo mesário João, que verificou que ele não constava na lista de eleitores daquela Zona Eleitoral. Nessa situação, é correto afirmar que José

a) não cometeu crime.

b) cometeu o crime de votar em seção eleitoral onde não está inscrito ou autorizado a votar – artigo 311 do Código Eleitoral.

c) cometeu o crime de votação múltipla ou realizada em lugar de outrem – artigo 309 do Código Eleitoral.

d) cometeu o crime de práticas irregulares que determinem a anulação da votação – artigo 310 do Código Eleitoral.

Lei nº 4.737/1965: Art. 309. Votar ou tentar votar mais de uma vez, ou em lugar de outrem: Pena - reclusão até três anos.

198. (Consulplan – 2012) Dos crimes eleitorais relacionados, identifique aquele que NÃO pode ser classificado como crime próprio:

a) Artigo 68 da Lei nº 9.504/97 – omissão de entrega de boletim de urna.

b) Artigo 313 do Código Eleitoral – omissão na expedição do boletim de apuração.

c) Artigo 310 do Código Eleitoral – práticas irregulares que determinem a anulação da votação.

d) Artigo 309 do Código Eleitoral – votação múltipla ou realizada em lugar de outrem.

Art. 309. Votar ou tentar votar mais de uma vez, ou em lugar de outrem. O crime é comum em sua parte final "Votar em lugar de outrem", já que qualquer pessoa, até mesmo alguém que não seja eleitor, pode tentar votar no lugar de outrem.

199. **(Consulplan – 2002)** No desenrolar do processo eleitoral para a Prefeitura de Arvoredo, o candidato a Prefeito teve o registro indeferido, tendo sido deferido o registro do candidato a Vice-Prefeito. O partido Delta, do qual fazem parte, quer que o candidato a Vice-Prefeito assuma a candidatura para Prefeito. Neste caso,

a) é possível que tal ocorra, desde que o candidato a Vice- Prefeito renuncie expressamente à sua candidatura a Vice.

b) é impossível admitir esta hipótese, visto que Prefeito e Vice compõem a mesma chapa.

c) é impossível que isto ocorra, uma vez que o registro para Vice-Prefeito já foi analisado pelo Tribunal Eleitoral.

d) é possível admitir esta substituição, desde que realizada outra convenção partidária.

Se a pessoa é considerada elegível para Vice-Prefeito, também o é para Prefeito. No caso sob disceptação, tendo sido indeferida a candidatura do Prefeito, o partido Delta poderá indicar a pessoa do Vice-Prefeito para substituí-lo e, com a renúncia expressa deste, haverá de ser indicado outro filiado para a Vice-Prefeitura. Com efeito, é facultado ao partido ou coligação substituir candidato que for considerado inelegível, renunciar ou falecer após o termo final do prazo do registro ou, ainda, tiver seu registro indeferido ou cancelado (Lei nº 9.504/1997, Art. 13, *caput*).

200. **(Consulplan – 2012)** Representam formas de exercício da soberania popular, conforme a Constituição da República Federativa do Brasil de 1988,

I) o referendo e a iniciativa popular.

II) o referendo e o voto aberto.

III) o plebiscito e o referendo.

IV) o sufrágio e o voto indireto.

Estão corretas apenas as alternativas

a) I, III.

b) II, III.

c) I, IV.

d) III, IV.

Art. 14. A soberania popular será exercida pelo sufrágio universal e pelo voto direto e secreto, com valor igual para todos, e, nos termos da lei, mediante: I - plebiscito; II - referendo; III - iniciativa popular.

201. (Consulplan – 2012) De acordo com o Código Eleitoral, os Tribunais Regionais Eleitorais são compostos por eleição e nomeação. Entre os eleitos, há

a) dois advogados de notório saber.

b) três desembargadores do Tribunal de Justiça.

c) um membro do Ministério Público.

d) dois juízes de Direito.

O TRE é composto mediante eleição e pelo voto secreto: a) de 2 juízes, dentre desembargadores de justiça; b) de dois juízes de direito, escolhidos pelo TJ.

202. (Consulplan – 2012) Com base no Código Eleitoral e suas atualizações, NÃO compete ao Juiz Eleitoral

a) decidir *habeas corpus* e mandado de segurança, em matéria eleitoral, desde que essa competência não esteja atribuída privativamente a instância superior.

b) representar sobre a necessidade de nomeação dos preparadores para auxiliarem o alistamento eleitoral, indicando os nomes dos cidadãos que devem ser nomeados.

c) tomar conhecimento das reclamações que lhe forem feitas verbalmente ou por escrito, reduzindo-as a termo, e determinando as providências que cada caso exigir.

d) fornecer aos que não votaram por motivo justificado e aos não alistados, por dispensados do alistamento, um certificado que os isente das sanções legais.

Trata-se de um inciso do Art. 35 do CE que foi revogado pela Lei nº 8.868/1994, portanto inaplicável. A questão acaba tornando-se muito difícil, pois aborda um inciso que foi revogado há quase 20 anos. Trata-se de uma questão capciosa. Se o candidato não conseguir eliminar as demais opções, o erro é iminente.

203. (Consulplan – 2012) Com base na Resolução TSE nº 21.538, analise as afirmativas a seguir:

I) É facultado o alistamento, no ano em que se realizarem eleições, do menor que completar 16 anos até a data do pleito, inclusive.

II) O brasileiro nato que não se alistar até os 19 anos ou o naturalizado que não se alistar até um ano depois de adquirida a nacionalidade brasileira incorrerá em multa imposta pelo Juiz Eleitoral e cobrada no ato da inscrição.

III) Não se aplicará a pena ao não alistado que requerer sua inscrição eleitoral até o quinquagésimo dia anterior à eleição subsequente à data em que completar 19 anos.

Questões | Comentadas

Assinale

a) se apenas as afirmativas I e II estiverem corretas.

b) se todas as afirmativas estiverem corretas.

c) se apenas as afirmativas II e III estiverem corretas.

d) se apenas as afirmativas I e III estiverem corretas.

Afirmativas I e II estão corretas; a afirmativa III está incorreta em relação ao prazo, não é até o quinquagésimo, e sim até o centésimo quinquagésimo primeiro dia. Fundamento: (Resolução nº 21.538/2003): Art. 14. É facultado o alistamento, no ano em que se realizarem eleições, do menor que completar 16anos até a data do pleito, inclusive. Art. 15. O brasileiro nato que não se alistar até os 19 anos ou o naturalizado que não se alistar até um ano depois de adquirida a nacionalidade brasileira incorrerá em multa imposta pelo Juiz Eleitoral e cobrada no ato da inscrição. Parágrafo único. Não se aplicará a pena ao não alistado que requerer sua inscrição eleitoral até o centésimo quinquagésimo primeiro dia anterior à eleição subsequente à data em que completar 19 anos.

204. (**Consulplan – 2012**) O Tribunal Superior Eleitoral denegou a segurança em ação mandamental impetrada por F.S., Prefeito eleito de Rio das Flores, que buscava impugnar a decisão do Tribunal Regional Eleitoral e que determinou a cassação do mandato eletivo do político, em razão de condutas caracterizadoras de abuso de poder econômico. Em face da decisão proferida pelo TSE nº

a) cabe recurso ordinário a ser apresentado perante o STF (Supremo Tribunal Federal).

b) cabe recurso especial a ser apresentado perante o STJ (Superior Tribunal de Justiça).

c) não cabe recurso, esgotada a última instância da Justiça Especializada.

d) cabe embargo de divergência a ser apresentado perante o STF (Supremo Tribunal Federal).

Código Eleitoral, Art. 281. São irrecorríveis as decisões do Tribunal Superior, salvo as que declararem a invalidade de lei ou ato contrário à Constituição Federal e as denegatórias de habeas corpus ou mandado de segurança, das quais caberá recurso ordinário para o Supremo Tribunal Federal, interposto no prazo de 3 (três) dias.

205. (**Consulplan – 2012**) Acerca da legislação sobre a propaganda eleitoral no dia da eleição (artigo 39 e seguintes da Lei nº 9.504/97), é INCORRETO afirmar que

a) constitui crime, no dia de eleição, o uso de alto-falantes e amplificadores de som ou a promoção de comício ou carreata, bem como a arregimentação de eleitor ou a propaganda de boca de urna.

b) é vedada na campanha eleitoral a confecção, utilização, distribuição por comitê, candidato, ou com a sua autorização, de camisetas, chaveiros, bonés, canetas, brindes, cestas básicas ou quaisquer outros bens ou materiais que possam proporcionar vantagem ao eleitor.

c) é permitida, no dia das eleições, a manifestação individual e silenciosa da preferência do eleitor por partido político, coligação ou candidato, sendo vedado o uso de bandeiras, broches, dísticos e adesivos.

d) é vedada, no dia do pleito, até o término do horário de votação, a aglomeração de pessoas portando vestuário padronizado, bem como os instrumentos de propaganda, de modo a caracterizar manifestação coletiva, com ou sem utilização de veículos.

Art. 39-A. É permitida, no dia das eleições, a manifestação individual e silenciosa da preferência do eleitor por partido político, coligação ou candidato, revelada exclusivamente pelo uso de bandeiras, broches, dísticos e adesivos.

206. (Consulplan – 2012) Cleópatra, atual esposa de Marco Túlio, em segundas núpcias deste, pretende se candidatar à Prefeita de Rio Bonito. Marco Túlio é o atual Prefeito e se encontra em seu segundo mandato. Neste caso,

a) Cleópatra é elegível, visto que é casada com Marco Túlio em segunda núpcias deste.

b) Cleópatra é elegível, se não tiver dependência financeira de Marco Túlio.

c) Cleópatra é inelegível, visto que Marco Túlio não se afastou do cargo.

d) Cleópatra é inelegível, sendo hipótese de inelegibilidade reflexa.

Art. 14, § 7º. São inelegíveis, no território de jurisdição do titular, o cônjuge e os parentes consanguíneos ou afins, até o segundo grau ou por adoção, do Presidente da República, de Governador de Estado ou Território, do Distrito Federal, de Prefeito ou de quem os haja substituído dentro dos seis meses anteriores ao pleito, salvo se já titular de mandato eletivo e candidato à reeleição.

207. (Consulplan – 2012) É vedada a cassação de direitos políticos, cuja perda ou suspensão só se dará nos casos de)

I) cancelamento da naturalização por sentença transitada em julgado.

II) incapacidade civil relativa.

III) condenação criminal transitada em julgado, enquanto durarem seus efeitos. Assinale

a) se apenas as afirmativas I e II estiverem corretas.

b) se apenas as afirmativas I, III estiverem corretas.

c) se apenas as afirmativas II e III estiverem corretas.

d) se todas as afirmativas estiverem corretas.

CF/1988: Art. 15. É vedada a cassação de direitos políticos, cuja perda ou suspensão só se dará nos casos de: I - cancelamento da naturalização por sentença transitada em julgado; II - incapacidade civil absoluta; III - condenação criminal transitada em julgado, enquanto durarem seus efeitos; IV - recusa de cumprir obrigação a todos imposta ou prestação alternativa, nos termos do Art. 5º, VIII; V - improbidade administrativa, nos termos do Art. 37, § 4º.

Questões | Comentadas

208. (Cespe – 2012) Assinale a opção correta a respeito da organização, da composição e das competências da Justiça Eleitoral.

a) É vedado ao Corregedor-Geral eleitoral praticar, em correição em Zona Eleitoral, atos atribuídos pelas instruções pertinentes aos corregedores regionais.

b) É competência dos TREs a divisão das Zonas em Seções Eleitorais.

c) Compõem o TSE nº dois juízes nomeados pelo Presidente da República, escolhidos entre seis advogados de notável saber jurídico e idoneidade moral indicados pelo próprio tribunal.

d) Compõem o TRE/PI dois juízes nomeados pelo Presidente da República, escolhidos entre seis advogados de notável saber jurídico e idoneidade moral indicados pelo próprio tribunal.

e) As decisões a respeito de recurso que importe a perda de diploma só podem ser tomadas pelo TSE nº com a presença de todos os membros; caso ocorra impedimento de algum, deverá ser convocado o substituto ou o respectivo suplente.

A: incorreta. Resolução nº 7.651/1965 Art. 3º: Compete, ainda ao Corregedor-Geral : V – praticar, quando em correição em Zona Eleitoral, todos os atos que as presentes instruções atribuem à competência do Corregedor Regional. Portanto, uso incorreto do termo VEDADO. **B:** incorreta. Segundo o CE (Art.35), compete aos juízes: Dividir a Zona em Seções Eleitorais. **C:** incorreta. A indicação de advogados para o TSE nº é feita pelo STF. O plenário organizará a lista sêxtupla dos advogados, de modo como dispuser seu regimento interno (veja o RISTF, arts. 7º,II, e 143 a 146), depois, remeterá tal lista ao Presidente da República, que escolherá e nomeará dois advogados. OBS.: Não se aplica o quinto constitucional. **D:** incorreta. A indicação dos advogados para o TRE é feita pelo TJ. Comete EXCLUSIVAMENTE ao Tribunal de Justiça do Estado a indicação de advogados para o TRE, nos termos do Art. 120, § 1º. III, da CF/1988; **E:** correta. Art. 19, parágrafo único do CE: O Tribunal Superior delibera por maioria de votos, em sessão pública, com a presença da maioria de seus membros. Parágrafo único: As decisões do Tribunal Superior, assim na interpretação do Código Eleitoral em face da Constituição e cassação de registro de partidos políticos, como sobre quaisquer recursos que importem anulação geral de eleições ou perda de diplomas, só poderão ser tomadas com a presença de todos os seus membros. Se ocorrer impedimento de algum juiz, será convocado o substituto ou o respectivo suplente. Resolução 21.538/2003: Art. 4º, Deve ser consignada OPERAÇÃO 1 – ALISTAMENTO quando o alistando requerer inscrição e quando em seu nome não for identificada inscrição em nenhuma Zona Eleitoral do país ou exterior, ou a única inscrição localizada estiver cancelada por determinação de autoridade judiciária (FASE 450).

209. (Cespe – 2012) Com relação às inelegibilidades, assinale a opção correta.

a) O candidato condenado, em decisão transitada em julgado ou proferida por órgão colegiado da Justiça Eleitoral, por conduta vedada a agente público em campanha eleitoral somente será considerado inelegível se a conduta implicar a cassação do registro ou do diploma.

b) O Prefeito que perder o mandato por infringência a dispositivo da lei orgânica municipal ficará inelegível, para qualquer cargo, nas eleições a serem realizadas no período remanescente do mandato para o qual tenha sido eleito e nos três anos subsequentes ao término do mandato, reavendo a sua elegibilidade imediatamente após esse período.

c) O prazo da inelegibilidade do indivíduo condenado por crime contra o meio ambiente por decisão transitada em julgado ou proferida por órgão judicial colegiado perdura enquanto durarem os efeitos da condenação.

d) A inelegibilidade não se aplica a membro de assembleia legislativa que renunciar ao mandato após o oferecimento de representação capaz de autorizar a abertura de processo por infringência a dispositivo da Constituição Estadual.

e) O indivíduo excluído do exercício da profissão por decisão sancionatória do órgão profissional competente em decorrência de infração ético-profissional ficará inelegível, para qualquer cargo, pelo prazo de quatro anos, salvo se o ato houver sido anulado ou suspenso pelo Poder Judiciário.

LC nº 64/1990, Art. 1º, São inelegíveis: I - para qualquer cargo: (...) e) os que forem condenados, em decisão transitada em julgado ou proferida por órgão judicial colegiado, desde a condenação até o transcurso do prazo de 8 (oito) anos após o cumprimento da pena, pelos crimes: 3. contra o meio ambiente e a saúde pública.

210. (Cespe – 2012) A respeito dos partidos políticos, assinale a opção correta.

a) Os órgãos de direção nacional dos partidos políticos têm pleno acesso às informações que, constantes do cadastro eleitoral, digam respeito a seus afiliados.

b) Terá direito a funcionamento parlamentar, em todas as Casas Legislativas para as quais tenha elegido representante, o partido que, em cada eleição para a Câmara dos Deputados, obtiver o apoio de, no mínimo, 5% dos votos apurados, não computados os brancos e os nulos, distribuídos em, pelo menos, um terço dos Estados, com um mínimo de 2% do total de cada um deles.

c) De acordo com a lei que dispõe sobre partidos políticos, a responsabilidade civil e trabalhista é solidária entre o órgão partidário municipal, o estadual e o nacional, ante o caráter nacional das agremiações partidárias.

Questões | Comentadas

d) Resolução do TSE nº considera justa causa, para efeito de desfiliação partidária, afastamento e decretação da perda de cargo eletivo, a mudança substancial ou o desvio do estatuto partidário.

e) Somente o registro do estatuto do partido político no registro civil das pessoas jurídicas da capital federal assegura a exclusividade da denominação, da sigla e dos símbolos da agremiação, sendo vedada a utilização, por outros partidos, de variações que possam suscitar erro ou confusão.

Art. 19, § 3º, da Lei nº 9.096/1995: § 3º Os órgãos de direção nacional dos partidos políticos terão pleno acesso às informações de seus filiados constantes do cadastro eleitoral.

211. (Cespe – 2012) Relativamente à arrecadação e à aplicação de recursos nas campanhas eleitorais, assinale a opção correta.

a) As taxas cobradas pelas credenciadoras de cartão de crédito, embora devam ser lançadas na prestação de contas de candidatos, de partidos políticos e de comitês financeiros, não são consideradas despesas de campanha eleitoral.

b) Registrado na Justiça Eleitoral, o limite de gastos dos candidatos não poderá ser alterado.

c) Salvo os recursos próprios aplicados em campanha, todas as demais doações a candidato, a comitê financeiro ou a partido político devem ser realizadas mediante recibo eleitoral.

d) Os candidatos a Vice e a suplentes não podem ser responsabilizados no caso de extrapolação do limite máximo de gastos fixados para os respectivos titulares.

e) Doações mediante cartão de crédito somente podem ser realizadas por pessoa física, vedados o parcelamento e o uso de cartões emitidos no exterior, corporativos ou empresariais.

Resolução nº 23.216/TSE. Art. 2º. As doações mediante cartão de crédito somente poderão ser realizadas por pessoa física, vedado o seu parcelamento (Lei nº 9.504/1997, Art. 23, III). Art. 3º. São vedadas doações por meio dos seguintes tipos de cartão de crédito (Lei nº 9.504/1997, arts. 23 e 24): I - emitido no exterior; II - corporativo ou empresarial.

212. (Cespe – 2012) No que se refere a recursos eleitorais, assinale a opção correta.

a) Recurso contra a expedição de diploma pendente de análise pelo TSE nº não tem efeito suspensivo.

b) É vedada a juntada de novos documentos a recurso interposto contra decisão de Juiz Eleitoral.

c) Das decisões das juntas sobre impugnações na apuração dos votos cabe recurso imediato, interposto verbalmente ou por escrito, que deve ser fundamentado no prazo de quarenta e oito horas para que tenha seguimento.

d) O prazo recursal contra decisões sobre reclamações ou representações relativas a descumprimento da lei geral das eleições é de três dias.

e) Em regra, os recursos eleitorais têm efeito suspensivo.

Art. 169. À medida que os votos forem sendo apurados, poderão os fiscais e delegados de partido, assim como os candidatos, apresentar impugnações que serão decididas de plano pela Junta. § 1º, As Juntas decidirão por maioria de votos as impugnações. § 2º, De suas decisões cabe recurso imediato, interposto verbalmente ou por escrito, que deverá ser fundamentado no prazo de 48 (quarenta e oito) horas para que tenha seguimento.

213. (FCC – 2012) Processar e julgar originariamente o registro e a cassação de registro de candidato a Senador, Deputado Federal e Deputado Estadual compete

a) aos Tribunais Regionais Eleitorais.

b) ao Tribunal Superior Eleitoral, ao Tribunal Superior Eleitoral e aos Tribunais Regionais Eleitorais, respectivamente.

c) ao Tribunal Superior Eleitoral, aos Tribunais Regionais Eleitorais e ao Tribunal Superior Eleitoral, respectivamente.

d) ao Tribunal Superior Eleitoral.

e) aos Tribunais Regionais Eleitorais, ao Tribunal Superior Eleitoral e aos Tribunais Regionais Eleitorais, respectivamente.

Conforme a Lei nº 4.737/1965 (Art. 22, I, a), compete ao TSE nº processar e julgar originariamente, ou seja, em primeira e única instância, o registro e a cassação de registro de partidos políticos, dos seus diretórios nacionais e de candidatos à Presidência e Vice-Presidência da República. No seu artigo 29, I, a, preceitua que compete aos TREs processar e julgar originariamente o registro e o cancelamento do registro dos diretórios estaduais e municipais de partidos políticos, bem como de candidatos a Governador, Vice-Governadores, e membros do Congresso Nacional (Senadores e Deputados Federais) e das Assembleias Legislativas (Deputados Estaduais). Vale ressaltar, no entanto, que o registro e o cancelamento de registro dos diretórios estaduais e municipais de partidos políticos não são mais feitos pelos TREs, pois assim está disposto: Lei nº 9.096/1995, Art. 10, parágrafo único: O partido comunica à Justiça Eleitoral a constituição de seus órgãos de direção e os nomes dos respectivos integrantes, bem como as alterações que forem promovidas, para anotação [...]. Ac.-TSE nº 13.060/1996: A finalidade dessa comunicação, entretanto, não é a de fazer existir o órgão de direção ou permitir que participe do processo eleitoral [...]. A razão de ser, pois, é a publicidade, ensejando, ainda, aos Tribunais, verificar quem representa os partidos.

214. (FCC – 2012) O órgão de direção Estadual do Partido Político Beta tem fundadas dúvidas a respeito de matéria eleitoral. Nesse caso, poderá formular consulta, em tese, que será respondida

Questões | Comentadas

a) pelo Juiz Eleitoral da Zona Eleitoral em que estiver localizado o órgão de direção do Partido.

b) pelo Tribunal Regional Eleitoral do respectivo Estado ou pelo Tribunal Superior Eleitoral.

c) pelo Tribunal Superior Eleitoral.

d) pelo Tribunal Regional Eleitoral do respectivo Estado.

e) por qualquer Juiz Eleitoral em exercício no respectivo Estado.

Art. 30. VIII - responder, sobre matéria eleitoral, às consultas que lhe forem feitas, em tese, por autoridade pública ou partido político;

215. (FCC – 2012) A respeito dos órgãos da Justiça Eleitoral, é correto afirmar que

a) o Supremo Tribunal Federal é um dos órgãos da Justiça Eleitoral.

b) integram os Tribunais Regionais Eleitorais dois advogados de notável saber jurídico e idoneidade moral escolhidos pelo Presidente da Ordem dos Advogados do Brasil.

c) os Juízes dos Tribunais Eleitorais, salvo motivo justificado, servirão por dois anos no mínimo.

d) os Ministros do Superior Tribunal de Justiça que integram o Tribunal Superior Eleitoral são escolhidos pelo Presidente da República.

e) o Corregedor-Geral Eleitoral será escolhido pelo Presidente da República dentre os membros do Ministério Público Federal.

Art. 14. Os juízes dos Tribunais Eleitorais, salvo motivo justificado, servirão obrigatoriamente por dois anos, e nunca por mais de dois biênios consecutivos.

216. (FCC – 2012) Compete às Juntas Eleitorais

a) dirigir os processos eleitorais e determinar a inscrição e a exclusão de eleitores.

b) resolver as impugnações e demais incidentes verificados durante os trabalhos da contagem e da apuração.

c) providenciar a solução para as ocorrências que se verificarem nas Mesas Receptoras.

d) dividir a Zona em Seções Eleitorais, expedir títulos eleitorais e conceder transferência de eleitores.

e) fornecer aos que não votaram por motivo justificado um certificado que os isente das sanções legais.

Código Eleitoral Lei 4.737/1965: Art.40. Compete à Junta Eleitoral: I - Apurar no prazo de 10 dias, as eleições realizadas nas Zonas Eleitorais sob sua jurisdição; (infelizmente o Código Eleitoral ainda não foi atualizado, sabemos que hoje se dá por sistema eletrônico. Lei nº9.504/1997 Art. 59 e seguintes). II - Resolver as impugnações e demais incidentes verificados durante os trabalhos da contagem e da apuração; III - Expedir boletins de apuração mencionados no Art.179; IV - Expedir diploma aos eleitos para cargos Municipais. Demais alternativas compete ao Juiz Eleitoral. Art.35. VIII, X, XVI, XVIII.

217. **(FCC – 2012)** Considere:

I) Conflitos de jurisdição entre Juízes Eleitorais de um mesmo Estado.

II) Conflitos de jurisdição entre Tribunais Regionais Eleitorais.

III) Conflitos de jurisdição entre Juízes Eleitorais de Estados diferentes.

Compete ao Tribunal Superior Eleitoral processar e julgar originariamente os conflitos de jurisdição indicados APENAS em

a) I.

b) II.

c) I e II.

d) I e III.

e) II e III.

Art. 22. Compete ao Tribunal Superior: I - Processar e julgar originariamente: a) o registro e a cassação de registro de partidos políticos, dos seus diretórios nacionais e de candidatos à Presidência e Vice-presidência da República; b) os conflitos de jurisdição entre Tribunais Regionais e Juízes Eleitorais de Estados diferentes.

218. **(FCC – 2012)** Compete ao Tribunal Superior Eleitoral

a) julgar os recursos interpostos das decisões dos Juízes Eleitorais que concederem ou negarem *habeas corpus*.

b) elaborar o regimento interno dos Tribunais Regionais Eleitorais.

c) expedir instruções aos órgãos do Ministério Público junto aos Tribunais Regionais Eleitorais.

d) processar e julgar originariamente a suspeição ou impedimento aos seus próprios membros.

e) constituir as Juntas Eleitorais bem como designar a respectiva sede e jurisdição.

Art. 22. Compete ao Tribunal Superior: I - Processar e julgar originariamente: a) o registro e a cassação de registro de partidos políticos, dos seus diretórios nacionais e de candidatos à Presidência e Vice-presidência da República; b) os conflitos de jurisdição entre Tribunais Regionais e Juízes Eleitorais de Estados diferentes; c) a suspeição ou impedimento aos seus membros, ao Procurador-Geral e aos funcionários da sua Secretaria.

Questões | Comentadas

219. (FCC – 2012) Paulo é membro do Ministério Público Estadual. Em razão do seu cargo,

a) não poderá vir a integrar o Tribunal Superior Eleitoral, nem o Tribunal Regional Eleitoral do respectivo Estado.

b) poderá ser nomeado pelo Presidente da República para integrar o Tribunal Superior Eleitoral.

c) poderá ser escolhido, mediante eleição e pelo voto secreto, pelo Superior Tribunal de Justiça para integrar o Tribunal Superior Eleitoral.

d) poderá ser nomeado pelo Presidente da República para integrar o Tribunal Regional Eleitoral do respectivo Estado.

e) poderá ser escolhido, mediante eleição e pelo voto secreto, pelo Tribunal de Justiça para integrar o Tribunal Regional Eleitoral do respectivo Estado.

CF/1988: Art. 119. O Tribunal Superior Eleitoral compor-se-á, no mínimo, de sete membros, escolhidos: I - mediante eleição, pelo voto secreto:a) três juízes dentre os Ministros do Supremo Tribunal Federal; b) dois juízes dentre os Ministros do Superior Tribunal de Justiça; II - por nomeação do Presidente da República, dois juízes dentre seis advogados de notável saber jurídico e idoneidade moral, indicados pelo Supremo Tribunal Federal. Parágrafo único. O Tribunal Superior Eleitoral elegerá seu Presidente e o Vice-Presidente dentre os Ministros do Supremo Tribunal Federal, e o Corregedor Eleitoral dentre os Ministros do Superior Tribunal de Justiça. § 1º, - Os Tribunais Regionais Eleitorais compor-se-ão: I - mediante eleição, pelo voto secreto: a) de dois juízes dentre os desembargadores do Tribunal de Justiça; b) de dois juízes, dentre juízes de direito, escolhidos pelo Tribunal de Justiça; II - de um juiz do Tribunal Regional Federal com sede na Capital do Estado ou no Distrito Federal, ou, não havendo, de juiz federal, escolhido, em qualquer caso, pelo Tribunal Regional Federal respectivo; III - por nomeação, pelo Presidente da República, de dois juízes dentre seis advogados de notável saber jurídico e idoneidade moral, indicados pelo Tribunal de Justiça. § 2º, - O Tribunal Regional Eleitoral elegerá seu Presidente e o Vice-Presidente - dentre os desembargadores.

220. (FCC – 2012) Presentes os demais requisitos legais, podem ser nomeados membros das Juntas Eleitorais

a) funcionários no desempenho de cargos de confiança do Executivo.

b) parentes em segundo grau de candidato.

c) advogados de notável saber jurídico.

d) os que pertencem ao serviço eleitoral.

e) os agentes policiais.

Art. 36 , § 3º, Não podem ser nomeados membros das Juntas, escrutinadores ou auxiliares: I - os candidatos e seus parentes, ainda que por afinidade, até o segundo grau, inclusive, e bem assim o cônjuge; II - os membros de diretorias de partidos políticos devidamente registrados e cujos nomes tenham sido oficialmente publicados; III - as autoridades e agentes policiais, bem como os funcionários no desempenho de cargos de confiança do Executivo; IV - os que pertencerem ao serviço eleitoral.

221. **(FCC – 2012)** Tício foi eleito Prefeito de Município com mais de uma Junta Eleitoral. O respectivo diploma será expedido

a) pelo representante do Ministério Público Eleitoral com atribuições no Município.

b) pelo Tribunal Regional Eleitoral do respectivo Estado da Federação.

c) pelo Corregedor-Regional Eleitoral do respectivo Estado da Federação.

d) pela Junta Eleitoral que for presidida pelo Juiz Eleitoral mais antigo.

e) pelo Presidente do Tribunal Regional Eleitoral do respectivo Estado da Federação.

Art. 40. Compete à Junta Eleitoral; I - apurar, no prazo de 10 (dez) dias, as eleições realizadas nas Zonas Eleitorais sob a sua jurisdição. II - resolver as impugnações e demais incidentes verificados durante os trabalhos da contagem e da apuração; III - expedir os boletins de apuração mencionados no Art. 178; IV - expedir diploma aos eleitos para cargos municipais. Parágrafo único. Nos municípios onde houver mais de uma Junta Eleitoral a expedição dos diplomas será feita pelo que for presidida pelo Juiz Eleitoral mais antigo, à qual as demais enviarão os documentos da eleição.

222. **(FCC – 2012)** A competência para processar e julgar originariamente os crimes eleitorais e os comuns que lhes forem conexos cometidos pelos juízes do Tribunal Superior Eleitoral é

a) dos Tribunais Regionais Eleitorais.

b) do Tribunal Superior Eleitoral.

c) do Tribunal Superior Eleitoral e dos Tribunais Regionais Eleitorais, respectivamente.

d) dos Tribunais Regionais Eleitorais e do Tribunal Superior Eleitoral, respectivamente.

e) do Supremo Tribunal Federal.

Lei nº 4.737/1965: Art. 22. Compete ao Tribunal Superior: I - Processar e julgar originariamente: d) os crimes eleitorais e os comuns que lhes forem conexos cometidos pelos seus próprios juízes e pelos juízes dos Tribunais Regionais.

223. **(FCC – 2012)** Integram os Tribunais Regionais Eleitorais, dentre outros, dois Juízes de Direito

a) escolhidos pelo Presidente do Tribunal Superior Eleitoral em lista tríplice enviada pelo Tribunal de Justiça do respectivo Estado.

Questões | Comentadas

b) indicados pelo Tribunal de Justiça do respectivo Estado e nomeados pelo Presidente da República.

c) designados pelo Presidente do Tribunal de Justiça do respectivo Estado dentre os que manifestarem interesse na designação.

d) nomeados pelo Presidente da República em lista tríplice enviada pelo próprio Tribunal Regional Eleitoral.

e) mediante eleição e pelo voto secreto, pelo Tribunal de Justiça do respectivo Estado.

Lei nº 4.737/1965: Art. 25. Os Tribunais Regionais Eleitorais compor-se-ão: I - mediante eleição, pelo voto secreto:a) de dois juízes, dentre os desembargadores do Tribunal de Justiça; b) de dois juízes de direito, escolhidos pelo Tribunal de Justiça; II - do juiz federal e, havendo mais de um, do que for escolhido pelo Tribunal Federal de Recursos; e III - por nomeação do Presidente da República de dois dentre seis cidadãos de notável saber jurídico e idoneidade moral, indicados pelo Tribunal de Justiça.

224. **(Vunesp – 2012)** Analise as proposições a seguir classificando-as em V (verdadeira) ou F (falsa).

I) ( ) Constitui apenas infração administrativa inscrever-se o eleitor, simultaneamente, em 2 (dois) ou mais partidos.

II) ( ) Os efeitos da condenação em crimes falimentares não são automáticos, devendo ser declarados na sentença, e perdurarão até 5 (cinco) anos após a extinção da punibilidade, podendo, contudo, cessar antes pela reabilitação.

III) ( ) O agente que não possuir Carteira de Habilitação ou Permissão para Dirigir terá a sua pena aumentada de um terço (1/3) à metade (1/2) no caso da prática de homicídio culposo na direção de veículo automotor.

IV) ( ) O baixo grau de instrução ou escolaridade do agente não é considerado circunstância atenuante nos delitos previstos na Lei Ambiental (Lei n. º 9.605/98).

Assinale a alternativa que apresenta a classificação correta das proposições.

a) I-F; II-V; III-V; IV-F.

b) I-F; II-V; III-F; IV-V.

c) I-V; II-F; III-V; IV-V.

d) I-V; II-V; III-F; IV-F.

I: incorreta. Não trata-se de infração administrativa. II: correta. Art. 181. São efeitos da condenação por crime previsto nesta Lei: I – a inabilitação para o exercício de atividade empresarial; II – o impedimento para o exercício de cargo ou função em conselho de administração, diretoria ou gerência das sociedades sujeitas a esta Lei; III – a impossibilidade de gerir empresa por mandato ou por gestão de negócio. § 1º Os efeitos de que trata este artigo não são automáticos, devendo ser motivadamente declarados na sentença, e perdurarão até 5 (cinco) anos após a extinção da punibilidade, podendo, contudo, cessar antes pela reabilitação penal. III: correta. Art. 302. Praticar homicídio culposo na direção de veículo automotor: Penas - detenção, de dois a quatro anos, e suspensão ou proibição de se obter a permissão ou a habilitação para dirigir veículo automotor. Parágrafo único. No homicídio culposo cometido na direção de veículo automotor, a pena é aumentada de um terço à metade, se o agente: I - não possuir Permissão para Dirigir ou Carteira de Habilitação. **IV:** incorreta. Art. 14. São circunstâncias que atenuam a pena: I - baixo grau de instrução ou escolaridade do agente.

225. (Vunesp–2012) É correto afirmar que o candidato com pedido de registro *sub judice*

a) poderá prosseguir a campanha eleitoral.

b) poderá prosseguir a campanha eleitoral, exceto a participação na propaganda pelo rádio e TV (horário gratuito), conforme recente interpretação jurisprudencial do Tribunal Superior Eleitoral.

c) poderá prosseguir a campanha eleitoral, exceto a divulgação da propaganda pela internet, conforme recente interpretação jurisprudencial do Tribunal Superior Eleitoral.

d) não poderá prosseguir a campanha eleitoral.

O candidato que estiver com o pedido de registro sob exame (sub judice) da Justiça Eleitoral pode realizar todos os atos de campanha. Pode, inclusive, utilizar o horário eleitoral gratuito, no rádio e na televisão, para fazer a sua propaganda.

226. (Vunesp – 2012) É correto afirmar que a prestação de contas de campanha integra o conceito de "quitação eleitoral", para fins de registro de candidatura, nas seguintes condições, à luz da mais recente jurisprudência do Tribunal Superior Eleitoral (p. ex., Agravo Regimental em Recurso Especial Eleitoral n.º 339.082):

a) não basta que o candidato tenha apresentado a prestação de contas de campanha eleitoral anterior, sendo exigida a sua aprovação pela Justiça Eleitoral.

b) nem mesmo a aprovação das contas pela Justiça Eleitoral, com ressalvas, permite a obtenção do registro da candidatura.

c) basta que o candidato tenha apresentado a prestação de contas de campanha eleitoral anterior, independentemente de sua aprovação pela Justiça Eleitoral.

d) não basta que o candidato tenha apresentado a prestação de contas de campanha eleitoral anterior, sendo exigida a sua aprovação pela Justiça Eleitoral, mas o indeferimento fica condicionado à impugnação ao pedido do registro, a ser formulada por quem de direito.

AgR-REspe - Agravo Regimental em Recurso Especial Eleitoral nº 339.082 - salvador/BA: Ementa: Eleições 2010. Agravo regimental em recurso especial eleitoral. A apresentação das contas de campanha relativas ao pleito de 2006 antes da formalização do requerimento de registro de candidatura nas eleições de 2010 é suficiente para a obtenção da certidão de quitação eleitoral. Nova orientação jurisprudencial do Tribu-

Questões | Comentadas

nal Superior Eleitoral. O Art. 10, § 5º, da Lei nº 9.504/97 autoriza os partidos políticos a preencherem as vagas remanescentes. O reexame de fatos e provas não é possível no recurso especial (Súmulas 7 do Superior Tribunal de Justiça e 279 do Supremo Tribunal Federal). Agravo regimental ao qual se nega provimento.

227. **(FCC – 2012)** Quanto ao sistema eletrônico de votação e totalização dos votos, é correto afirmar:

a) Nas seções em que for adotada urna eletrônica não poderão votar eleitores cujos nomes não estejam nas respectivas folhas de votação.

b) A Justiça Eleitoral, em razão do risco de fraude, não poderá disponibilizar aos eleitores urnas eletrônicas para treinamento.

c) As urnas eletrônicas deverão registrar, mediante assinatura digital, o nome de cada eleitor e o respectivo voto.

d) A votação e a totalização dos votos será feita exclusivamente por sistema eletrônico, não podendo a Justiça Eleitoral, nem em caráter excepcional, substituir por cédulas oficiais.

e) Os painéis para as eleições presidenciais serão sempre exibidos em primeiro lugar pelos painéis das urnas eletrônicas.

Lei nº 9.504/1997: Art. 62. Nas Seções em que for adotada a urna eletrônica, somente poderão votar eleitores cujos nomes estiverem nas respectivas folhas de votação, não se aplicando a ressalva a que se refere o Art. 148, § 1º, da Lei nº 4.737, de 15 de julho de 1965 - Código Eleitoral.

228. **(FCC – 2012)** A respeito do cancelamento e da exclusão de eleitores, considere:

I) A suspensão dos direitos políticos não acarreta o cancelamento nem a exclusão do eleitor, posto que se trata de decisão provisória que pode ou não resultar em perda.

II) A instauração do processo não impedirá, até a exclusão, o eleitor de votar validamente.

III) O processo de exclusão não poderá ser instaurado *ex officio* pelo Juiz Eleitoral que tiver conhecimento de alguma das causas do cancelamento, dependendo de requerimento de partido político.

Está correto o que se afirma APENAS em

a) I.

b) I e II.

c) II.

d) I e III.

e) II e III.

508

Lei nº 4.737/1965 Do Cancelamento e da Exclusão: Art. 71. São causas de cancelamento: I - a infração dos artigos. 5º, e 42; II - a suspensão ou perda dos direitos políticos; III - a pluralidade de inscrição; IV - o falecimento do eleitor; V - deixar de votar em 3 (três) eleições consecutivas. (Redação dada pela Lei nº 7.663, de 27.5.1988) § 1º, A ocorrência de qualquer das causas enumeradas neste artigo acarretará a exclusão do eleitor, que poderá ser promovida ex officio , a requerimento de delegado de partido ou de qualquer eleitor.

229. (FCC – 2012) Paulo é servidor público federal e foi removido para cidade de outro Estado da Federação. A transferência do domicílio eleitoral no prazo estabelecido pela legislação vigente só será admitida se Paulo

a) demonstrar o transcurso de, pelo menos, seis meses do alistamento ou da última transferência.

b) estiver quite com a Justiça Eleitoral.

c) declarar, sob as penas da lei, residência mínima de três meses no novo domicílio.

d) demonstrar o transcurso de, pelo menos, um ano do alistamento ou da última transferência.

e) provar residência mínima de seis meses no novo domicílio.

Art. 18, da Resolução nº 21.538/2003: A transferência do eleitor só será admitida se satisfeitas as seguintes exigências: IV - prova de quitação com a Justiça Eleitoral.As alternativas C e D não se aplicam ao servidor público em virtude do § 1º, do Art. 18: O disposto nos incisos II e III não se aplica à transferência de título eleitoral de servidor público civil, militar, autárquico, ou de membro de sua família, por motivo de remoção ou transferência (Lei nº 6.996/82, Art. 8º, parágrafo único).

230. (FCC – 2012) Determina-se o quociente eleitoral dividindo-se o número de

a) eleitores pelo de lugares a preencher em cada Circunscrição eleitoral, desprezada a fração se igual ou inferior a meio, equivalente a um, se superior.

b) votos válidos dados sob a mesma legenda ou coligação de legendas pelo número de candidatos pelas mesmas registrados.

c) votos válidos apurados pelo de lugares a preencher em cada Circunscrição eleitoral, desprezada a fração se igual ou inferior a meio, equivalente a um, se superior.

d) votos válidos atribuídos a cada partido ou coligação de partidos pelo número de lugares a preencher, desprezada a fração se igual ou inferior a meio, equivalente a um, se superior.

e) eleitores pelo número de votos válidos em cada Circunscrição eleitoral, desprezada a fração se igual ou inferior a meio, equivalente a um, se superior.

Art. 106. Determina-se o quociente eleitoral dividindo-se o número de votos válidos apurados pelo de lugares a preencher em cada Circunscrição eleitoral, desprezada a fração se igual ou inferior a meio, equivalente a um, se superior.

Questões | Comentadas

231. (FCC – 2012) Maria é advogada. Ana é professora. Luiz é investigador de polícia. Pedro pertence ao serviço eleitoral. No que concerne às Mesas Receptoras, somente poderão ser nomeados mesários

a) Maria e Ana.

b) Luiz e Pedro.

c) Maria e Pedro.

d) Ana e Pedro.

e) Maria e Luiz.

Art. 120, 1º, Não podem ser nomeados presidentes e mesários: I - os candidatos e seus parentes ainda que por afinidade, até o segundo grau, inclusive, e bem assim o cônjuge; II - os membros de diretórios de partidos desde que exerça função executiva; III - as autoridades e agentes policiais, bem como os funcionários no desempenho de cargos de confiança do Executivo; IV - os que pertencerem ao serviço eleitoral.

232. (FCC – 2012) Em exame da prestação de contas anual do partido Gama, foi constatado o recebimento de recursos de origem não esclarecida. Nesse caso,

a) o partido será punido com multa igual ao valor dos recursos e terá suas atividades suspensas até que o esclarecimento seja feito.

b) o partido será punido com multa igual ao dobro do valor dos recursos de origem não esclarecida.

c) ficará suspenso o recebimento pelo partido das quotas do Fundo Partidário por um ano.

d) ficará suspenso o recebimento pelo partido das quotas do Fundo Partidário até que o esclarecimento seja aceito pela Justiça Eleitoral.

e) ficará suspenso o recebimento das quotas do Fundo Partidário por dois anos e o partido será punido com multa de dez salários mínimos.

Art. 36. Constatada a violação de normas legais ou estatutárias, ficará o partido sujeito às seguintes sanções: I - no caso de recursos de origem não mencionada ou esclarecida, fica suspenso o recebimento das quotas do fundo partidário até que o esclarecimento seja aceito pela Justiça Eleitoral; II - no caso de recebimento de recursos mencionados no Art. 31, fica suspensa a participação no fundo partidário por um ano; III - no caso de recebimento de doações cujo valor ultrapasse os limites previstos no Art. 39, § 4º, fica suspensa por dois anos a participação no fundo partidário e será aplicada ao partido multa correspondente ao valor que exceder aos limites fixados.

233. (FCC – 2012) João é esportista e candidatou-se por seu partido ao cargo de Deputado Estadual. Dois meses antes das eleições, foi convidado para a inauguração de obra pública relevante para a sua atividade profissional. Consultou o advogado de seu partido que lhe respondeu que o comparecimento à inauguração de obras públicas nos três meses que antecedem as eleições é vedado

a) somente a candidatos a eleições municipais.

b) apenas a candidatos a cargos do Poder Executivo.

c) somente a candidatos a cargos do Poder Legislativo.

d) apenas a agentes públicos em campanha eleitoral para qualquer cargo eletivo.

e) a qualquer candidato.

Art. 77. É proibido a qualquer candidato comparecer, nos 3 (três) meses que precedem o pleito, a inaugurações de obras públicas.

234. **(PGR – 2012)** Quanto aos Partidos Políticos, é correto afirmar que:

a) apenas tem direito a cotas do fundo partidário e à propaganda partidária gratuita no rádio e na televisão o partido que, em cada eleição para a Câmara dos Deputados, obtenha o apoio de, no mínimo, cinco por cento dos votos apurados, não computados os brancos e os nulos, distribuídos em, pelo menos, um terço dos Estados, com um mínimo de dois por cento do total de cada um deles.

b) não sendo os partidos pessoas jurídicas de direito público, não cabe mandado de segurança contra os atos de seus representantes ou de seus órgãos.

c) na propaganda partidária gratuita no rádio e na televisão os partidos poderão difundir seus programas partidários, divulgar a sua posição em relação a temas político-comunitários, bem como divulgar a propaganda de seus candidatos a cargos eletivos.

d) poderão estabelecer em seus estatutos, com vista à candidatura a cargos eletivos, prazos de filiação partidária superiores aos previstos na lei.

A: incorreta. Lei nº 9.906/1995 Art. 41-A. 5% (cinco por cento) do total do Fundo Partidário serão destacados para entrega, em partes iguais, a todos os partidos que tenham seus estatutos registrados no Tribunal Superior Eleitoral e 95% (noventa e cinco por cento) do total do Fundo Partidário serão distribuídos a eles na proporção dos votos obtidos na última eleição geral para a Câmara dos Deputados. **B:** incorreta. A Lei nº 12.016/2009, que disciplina o mandado de segurança, informa o seguinte: Art. 1º Conceder-se-á mandado de segurança para proteger direito líquido e certo, não amparado por habeas corpus ou habeas data, sempre que, ilegalmente ou com abuso de poder, qualquer pessoa física ou jurídica sofrer violação ou houver justo receio de sofrê-la por parte de autoridade, seja de que categoria for e sejam quais forem as funções que exerça. § 1º Equiparam-se às autoridades, para os efeitos desta Lei, os representantes ou órgãos de partidos políticos e os administradores de entidades autárquicas, bem como os dirigentes de pessoas jurídicas ou as pessoas naturais no exercício de atribuições do poder público, somente no que

Questões | Comentadas

disser respeito a essas atribuições. **C:** incorreta. Na propaganda partidária gratuita no rádio e na televisão os partidos poderão difundir seus programas partidários, divulgar a sua posição em relação a temas político-comunitários, bem como divulgar a propaganda de seus candidatos a cargos eletivos (este ponto em destaque está errado, pois a propaganda dos candidatos não pode ser feita na propaganda partidária, mas sim na propaganda eleitoral a partir do dia 5 de julho do ano da eleição conforme orienta Lei nº 9.504. Art. 36. A Lei nº 9.096 no Art. 45 § 1º, inciso II também veda a divulgação de propaganda de candidatos a cargos eletivos na propaganda partidária. **D:** incorreta. Lei nº 9.096/1995: Art. 20. É facultado ao partido político estabelecer, em seu estatuto, prazos de filiação partidária superiores aos previstos nesta Lei, com vistas à candidatura a cargos eletivos.

235. (PGR – 2012) Assinale a alternativa correta:

a) o partido político que em eleição municipal integre coligação para a eleição majoritária não poderá, na mesma eleição e município, celebrar coligação na eleição proporcional com partido que não integre a referida coligação majoritária.

b) cabe ao Procurador-Geral de Justiça designar os promotores de justiça que atuarão como promotores eleitorais, bem como dirigir as atividades do Ministério Público Eleitoral no Estado, ficando, no entanto, reservada ao Ministério Público Federal a representação perante o respectivo Tribunal Regional Eleitoral.

c) nos processos eleitorais aplica-se a regra do Código de Processo Civil que duplica o prazo para o Ministério Público recorrer.

d) na data em que requerer o registro de sua candidatura o candidato já deverá ter completado a idade mínima constitucionalmente estabelecida como condição de elegibilidade, sob pena de indeferimento.

Art. 11, § 2º, (Normas para As Eleições) A idade mínima constitucionalmente estabelecida como condição de elegibilidade é verificada tendo por referência a data da posse.

236. (PGR – 2012) Relativamente à propaganda eleitoral na internet, é correto afirmar que:

a) é permitida a divulgação paga de propaganda eleitoral em jornais, ficando entretanto vedada a reprodução na internet da edição do jornal impresso que conter essas propagandas.

b) é permitida por meio de blogs, redes sociais, sítios de mensagens instantâneas e assemelhados, cujos conteúdo seja gerado ou editado por candidatos, partidos ou coligações ou de iniciativa de qualquer pessoa natural.

c) é permitida a sua veiculação, desde que gratuitamente, em sítios de pessoas jurídicas sem fim lucrativos.

d) a lei eleitoral não prevê direito de resposta relativamente à propaganda eleitoral divulgada na internet, devendo os interessados ingressar na Justiça Comum para coibir eventuais excessos de liberdade de opinião.

Art. 57-B. A propaganda eleitoral na internet poderá ser realizada nas seguintes formas: (..) IV - por meio de blogs, redes sociais, sítios de mensagens instantâneas e assemelhados, cujo conteúdo seja gerado ou editado por candidatos, partidos ou coligações ou de iniciativa de qualquer pessoa natural.

237. **(PGR – 2012)** Assinale a ação eleitoral que pode ser ajuizada após a data da diplomação dos eleitos:

a) ação de investigação judicial eleitoral por uso indevido dos meios de comunicação.

b) ação por captação ou gasto ilícito de recurso para fins eleitorais.

c) ação por captação ilícita de sufrágio.

d) ação por conduta vedada a agentes públicos.

A: incorreta. Art. 22. Qualquer partido político, coligação, candidato ou Ministério Público Eleitoral poderá representar à Justiça Eleitoral, diretamente ao Corregedor-Geral ou Regional, relatando fatos e indicando provas, indícios e circunstâncias e pedir abertura de investigação judicial para apurar uso indevido, desvio ou abuso do poder econômico ou do poder de autoridade, ou utilização indevida de veículos ou meios de comunicação social, em benefício de candidato ou de partido político, obedecido o seguinte rito: AÇÃO DE INVESTIGAÇÃO JUDICIAL. PRAZO PARA A PROPOSITURA. A ação de investigação judicial do Art. 22, da Lei Complementar nº 64/90 pode ser ajuizada até a data da diplomação. Proposta a ação de investigação judicial após a diplomação dos eleitos, o processo deve ser extinto, em razão da decadência. (REPRESENTAÇÃO nº 628, Acórdão nº 628 de 17/12/2002, Relator(a) Min. SÁLVIO DEFIGUEIREDO TEIXEIRA, Publicação: DJ - Diário de Justiça, Volume 1, Data 21/03/2003, Página 144). **B:** correta. Lei nº 9.504/1997: Art. 30-A. Qualquer partido político ou coligação poderá representar à Justiça Eleitoral, no prazo de 15 (quinze) dias da diplomação, relatando fatos e indicando provas, e pedir a abertura de investigação judicial para apurar condutas em desacordo com as normas desta Lei, relativas à arrecadação e gastos de recursos. **C:** incorreta. Ac.-TSE, de 25.3.2008, no REspe nº 28.469: a ação de investigação judicial eleitoral proposta com base no Art. 41-A da Lei nº 9.504/97 pode ser ajuizada até a data da diplomação. V., ainda, arts. 41-A,§ 3º, e 73, § 12, da Lei nº 9.504/1997, acrescidos pela Lei nº 12.034/2009: as representações fundadas em captação de sufrágio e condutas vedadas a agentes públicos em campanha eleitoral podem ser ajuizadas até a data da diplomação. Lei nº 9.504/1997: Das Condutas Vedadas aos Agentes Públicos em Campanhas Eleitorais: Art. 73. São proibidas aos agentes públicos, servidores ou não, as seguintes condutas tendentes a afetar a igualdade de oportunidades entre candidatos nos pleitos eleitorais: §12. A representação contra a não observância do disposto neste artigo observará o rito do Art. 22, da Lei Complementar nº 64, de 18 de maio de 1990, e poderá ser ajuizada até a data da diplomação.

Questões | Comentadas

238. (MPE/MT – 2012) Quanto aos órgãos que compõem a Justiça Eleitoral, assinale a assertiva correta.

a) O Tribunal Superior Eleitoral é composto por sete membros: três Ministros do Supremo Tribunal Federal; dois Ministros do Superior Tribunal de Justiça; e dois advogados que ocuparão as vagas destinadas à classe dos juristas, nomeados pelo Presidente da República, de uma lista sêxtupla elaborada pelo Supremo Tribunal Federal.

b) Os dois advogados integrantes do Tribunal Superior Eleitoral, que devem ser detentores de notável saber jurídico e indiscutível idoneidade moral, não podem ser recrutados dentre profissionais com mais de setenta anos.

c) Cada Estado da Federação e o Distrito Federal possuem um Tribunal Regional Eleitoral, com jurisdição em seus respectivos territórios e composto por sete membros: dois desembargadores do Tribunal de Justiça; dois juízes estaduais, dentre juízes de direito escolhidos pelo Tribunal de Justiça; um desembargador ou, na falta deste, um juiz do Tribunal Regional Federal com sede na Capital do Estado ou no Distrito Federal; e dois advogados nomeados pelo Governador do Estado, dentre seis advogados de notável saber jurídico e idoneidade moral, indicados pelo Tribunal de Justiça local.

d) O desembargador ou juiz do Tribunal Regional Federal integrante do Tribunal Regional Eleitoral poderá exercer a Presidência, a Vice-Presidência ou a Corregedoria dos Tribunais Regionais Eleitorais.

e) As Juntas Eleitorais são presididas por um Juiz de Direito, integradas por cidadãos de notória idoneidade e pelo Promotor Eleitoral.

Quanto aos órgãos que compõem a Justiça Eleitoral, assinale a assertiva correta. O Tribunal Superior Eleitoral é composto por sete membros: três Ministros do Supremo Tribunal Federal; dois Ministros do Superior Tribunal de Justiça; e dois advogados que ocuparão as vagas destinadas à classe dos juristas, nomeados pelo Presidente da República, de uma lista sêxtupla elaborada pelo Supremo Tribunal Federal. Esta questão visa confundir o candidato. Na parte que se refere à lista sêxtupla, a assertiva está certa. De acordo com nossos estudos usuais, vemos a abordagem das listas tríplices. Mas tal definição justifica-se porque tais listas são divididas em duas listas de 3 de cada. Esta questão só apontou uma lista sêxtupla, tudo só em uma lista.

239. (UF/MT – 2012) São inelegíveis as pessoas que ocuparam cargos ou função de administração, direção ou representação de estabelecimento de crédito, financiamento ou seguro por _____ antes da data de decretação da liquidação judicial ou extrajudicial do empreendimento, enquanto não forem exonerados de qualquer responsabilidade. Assinale a alternativa que preenche corretamente a lacuna do texto.

a) seis meses

b) doze meses

c) dezoito meses

d) vinte e quatro meses

e) trinta e seis meses

Resposta conforme Lei Complementar nº 64/1990: Art. 1º, São inelegíveis: I - para qualquer cargo:[...]i) os que, em estabelecimentos de crédito, financiamento ou seguro, que tenham sido ou estejam sendo objeto de processo de liquidação judicial ou extrajudicial, hajam exercido, nos 12 (doze) meses anteriores à respectiva decretação, cargo ou função de direção, administração ou representação, enquanto não forem exonerados de qualquer responsabilidade.

240. (FCC – 2012) A convenção partidária do partido Alpha de um Estado da Federação se opôs, na deliberação sobre coligações, às diretrizes legitimamente estabelecidas pelo órgão de direção nacional, nos termos do respectivo estatuto. Em tal situação, esse órgão

a) não poderá anular, nem pleitear junto à Justiça Eleitoral a anulação da deliberação e dos atos dela decorrentes, em razão da independência existente entre o órgão de direção nacional e os diretórios estaduais.

b) não terá legitimidade para anular a deliberação e os atos dela decorrentes, devendo formular requerimento nesse sentido à Justiça Eleitoral, no prazo de quinze dias contados da data da realização da convenção.

c) poderá anular a deliberação e os atos dela decorrentes, comunicando à Justiça Eleitoral no prazo de trinta dias após a data limite para o registro de candidatos.

d) não terá legitimidade para anular a deliberação e os atos dela decorrentes, devendo formular requerimento nesse sentido à Justiça Eleitoral, até a data limite para o registro de candidatos.

e) só poderá pleitear junto à Justiça Eleitoral a anulação da deliberação e dos atos dela decorrentes se, além das diretrizes estabelecidas pelo órgão de direção nacional, também tiver ocorrido ofensa a dispositivo de lei federal.

Art. 7, § 3º As anulações de deliberações dos atos decorrentes de convenção partidária, na condição acima estabelecida, deverão ser comunicadas à Justiça Eleitoral no prazo de 30 (trinta) dias após a data limite para o registro de candidatos.

241. (FCC – 2012) A respeito do acesso gratuito ao rádio e à televisão, é INCORRETO afirmar que a propaganda político-partidária não.

a) sofrerá nenhuma interrupção no ano da eleição.

b) contará com a participação de pessoa filiada a partido que não seja o responsável pelo programa.

c) defenderá interesses pessoais.

d) divulgará propaganda de candidatos a cargos eletivos.

e) defenderá interesses de outros partidos.

Questões | Comentadas

Não sofrerá nenhuma interrupção no ano da eleição - INCORRETA, sofrerá. Ela não será veiculada no 2º semestre do ano de eleição (Lei nº 9.504/1997, § 2º).

242. (FCC – 2012) NÃO é requisito para a transferência do eleitor,

a) o transcurso de, pelo menos, um ano do alistamento ou da última transferência.

b) o recebimento do pedido no Cartório Eleitoral do novo domicílio no prazo estabelecido pela legislação vigente.

c) o parecer favorável do Ministério Público Eleitoral.

d) a residência mínima de três meses no novo domicílio, declarada, sob as penas da lei, pelo próprio eleitor.

e) a prova de quitação com a Justiça Eleitoral.

Resolução nº 21.538/2003: Art.18, § 5º, Do despacho que indeferir o requerimento de transferência, caberá recurso interposto pelo eleitor no prazo de cinco dias e, do que o deferir, poderá recorrer qualquer delegado de partido político no prazo de dez dias, contados da colocação da respectiva listagem à disposição dos partidos, o que deverá ocorrer nos dias 1º, e 15 de cada mês, ou no primeiro dia útil seguinte, ainda que tenham sido exibidas ao requerente antes dessas datas e mesmo que os partidos não as consultem. (Lei nº 6.996/1982, Art. 8º)

243. (FCC – 2012) Os partidos políticos

a) podem desenvolver campanhas publicitárias pagas por entidades estrangeiras.

b) são obrigados a conservar os documentos comprobatórios de suas prestações de contas por, pelo menos, cinco anos.

c) não podem impugnar as prestações de contas de outros partidos, função que cabe exclusivamente à Justiça Eleitoral.

d) podem ser mantidos por entidade de classe ou sindical, desde que os respectivos diretores sejam diferentes.

e) não estão obrigados, no ano em que ocorrem eleições, a enviar à Justiça Eleitoral nem balanço anual, nem balancetes mensais.

Art. 34, IV - obrigatoriedade de ser conservada pelo partido, por prazo não inferior a cinco anos, a documentação comprobatória de suas prestações de contas.

244. (FCC – 2012) A nomeação dos membros das Juntas Eleitorais e a designação das respectivas sedes competem ao

a) Corregedor Regional Eleitoral e ao Juiz Eleitoral, respectivamente.

b) Juiz Eleitoral da Zona Eleitoral correspondente, após aprovação do Ministério Público.

c) Tribunal Regional Eleitoral e ao Juiz Eleitoral, respectivamente.

d) Superior Tribunal Eleitoral e ao Tribunal Regional Eleitoral, respectivamente.

e) Presidente do Tribunal Regional Eleitoral, após a aprovação desse órgão.

Art. 30, V - constituir as Juntas Eleitorais e designar a respectiva sede e jurisdição.

245. (FCC – 2012) Das decisões que versarem sobre a expedição de diplomas nas eleições federais ou estaduais e das decisões que denegarem *habeas corpus* ou mandado de segurança,

a) cabe recurso especial e ordinário, respectivamente.

b) cabe somente recurso especial.

c) cabe recurso ordinário e especial, respectivamente.

d) cabe recurso ordinário.

e) não cabe recurso.

Como diferenciar recurso ordinário de especial? É importante notar que o Especial sempre vem acompanhado da palavra "lei" , enquanto que o ordinário, não. I – especial: a) quando forem proferidas contra expressa disposição de lei; b) quando ocorrer divergência na interpretação de lei entre dois ou mais Tribunais Eleitorais.

246. (FCC – 2012) Paulo é Desembargador do Tribunal de Justiça de um dos Estados da Federação. Em razão de seu cargo, Paulo poderá vir a integrar o Tribunal

a) Superior Eleitoral, apenas.

b) Regional Eleitoral do respectivo Estado, apenas.

c) Superior Eleitoral e o Tribunal Regional Eleitoral do respectivo Estado.

d) Superior Eleitoral e os Tribunais Regionais Eleitorais de qualquer Estado da Federação.

e) Superior Eleitoral, os Tribunais Regionais Eleitorais e as Juntas Eleitorais de qualquer Estado da Federação.

Composição do TRE: 7 membros: I. 2 - TJ – Voto secreto (TJ). II. 2 - Juízes Estaduais – Voto secreto (TJ). III. 1 - Juiz Federal - TRF respectivo. IV. 2 - advogados (juristas) - TJ indica e o PRESIDENTE DA REPÚBLICA escolhe dentro de uma lista com 06 advogados.

247. (FCC – 2012) Responder, sobre matéria eleitoral, às consultas que lhe forem feitas, em tese, por autoridade com jurisdição federal ou órgão nacional de partido político e aprovar a divisão dos Estados em Zonas Eleitorais incluemse dentre as atribuições

a) dos Tribunais Regionais Eleitorais e do Tribunal Superior Eleitoral, respectivamente.

b) dos Tribunais Regionais Eleitorais.

c) do Tribunal Superior Eleitoral e dos Tribunais Regionais Eleitorais, respectivamente.

d) do Tribunal Superior Eleitoral.

e) dos Tribunais Regionais Eleitorais e das Juntas Eleitorais, respectivamente.

Art. 23, XII - responder, sobre matéria eleitoral, às consultas que lhe forem feitas em tese por autoridade com jurisdição, federal ou órgão nacional de partido político.

248. (FCC – 2012) Ângelo é escrivão de polícia, Pedro é técnico judiciário do Tribunal Regional Eleitoral do Estado do Ceará, Lúcio é professor da rede estadual de ensino aposentado e Maria é professora efetiva da rede municipal de ensino. Preenchidos os demais requisitos legais, poderão ser nomeados membro das Juntas Eleitorais, escrutinador ou auxiliar:

a) Pedro e Maria.

b) Ângelo e Pedro

c) Ângelo e Maria.

d) Pedro e Lúcio.

e) Lúcio e Maria.

> Art. 36. Compor-se-ão as Juntas Eleitorais de um Juiz de Direito, que será o Presidente, e de 2 (dois) ou 4 (quatro) cidadãos de notória idoneidade. § 3º, Não podem ser nomeados membros das Juntas, escrutinadores ou auxiliares: I - os candidatos e seus parentes, ainda que por afinidade, até o segundo grau, inclusive, e bem assim o cônjuge; II - os membros de diretorias de partidos políticos devidamente registrados e cujos nomes tenham sido oficialmente publicados; III - as autoridades e agentes policiais, bem como os funcionários no desempenho de cargos de confiança do Executivo; IV - os que pertencerem ao serviço eleitoral.

249. (FCC – 2012) Serão realizadas, simultaneamente, as eleições para

a) Prefeito, Vice-Prefeito e Vereador.

b) Presidente e Vice-Presidente da República, Prefeito e Vice-Prefeito.

c) Deputado Federal, Deputado Estadual e Vereador.

d) Senador, Deputado Federal, Deputado Estadual e Vereador.

e) Governador e Vice-Governador de Estado, Deputado Estadual e Vereador.

> Lei nº 9.504, de 30 de Setembro de 1997. Art. 1º, As eleições para Presidente e Vice-Presidente da República, Governador e Vice-Governador de Estado e do Distrito Federal, Prefeito e Vice-Prefeito, Senador, Deputado Federal, Deputado Estadual, Deputado Distrital e Vereador dar-se-ão, em todo o País, no primeiro domingo de outubro do ano respectivo. Parágrafo único. Serão realizadas simultaneamente as eleições: I - para Presidente e Vice-Presidente da República, Governador e Vice-Governador de Estado e do Distrito Federal, Senador, Deputado Federal, Deputado Estadual e Deputado Distrital; II - para Prefeito, Vice-Prefeito e Vereador.

250. (FCC – 2012) Augustus é candidato a Prefeito Municipal pela coligação integrada pelos partidos Alpha, Beta e Gama, com a denominação "Augustus para o bem de todos". Os partidos Alpha e Beta celebraram coligação para Vereador, com a denominação "Vote só nos candidatos dos partidos Alpha e Beta", sendo que o partido Gama preferiu lançar candidatos próprios para a eleição proporcional. Nesse caso,

518

a) as duas coligações podem ser formadas, mas não podem ter as denominações que lhes foram dadas.

b) as duas coligações podem ser formadas e podem ter as denominações que lhes foram dadas.

c) a coligação para a eleição proporcional não pode ser formada, porque não inclui todos os partidos que compõe a coligação para a eleição majoritária.

d) a coligação para as eleições majoritárias não pode ser formada, porque inclui mais partidos do que os que compõem a coligação para a eleição proporcional.

e) a coligação para a eleição majoritária pode ser formada e ter a denominação que lhe foi dada, sendo que a coligação para a eleição proporcional pode ser formada, mas não pode ter a denominação que lhe foi dada.

Lei nº 9.504/1997 - Lei das Eleições: Das Coligações: Art. 6º, É facultado aos partidos políticos, dentro da mesma Circunscrição, celebrar coligações para eleição majoritária, proporcional, ou para ambas, podendo, neste último caso, formar-se mais de uma coligação para a eleição proporcional dentre os partidos que integram a coligação para o pleito majoritário. Logo, as coligações estão dentro do critério da lei. Porém, as denominações dadas aos candidatos estão em ordem inversa à lei. Vejamos: § 1º, A coligação terá denominação própria, que poderá ser a junção de todas as siglas dos partidos que a integram, sendo a ela atribuídas as prerrogativas e obrigações de partido político no que se refere ao processo eleitoral, e devendo funcionar como um só partido no relacionamento com a Justiça Eleitoral e no trato dos interesses interpartidários. § 1º-A. A denominação da coligação não poderá coincidir, incluir ou fazer referência a nome ou número de candidato, nem conter pedido de voto para partido político (...). § 2º, Na propaganda para eleição majoritária, a coligação usará, obrigatoriamente, sob sua denominação, as legendas de todos os partidos que a integram; na propaganda para eleição proporcional, cada partido usará apenas sua legenda sob o nome da coligação.

251. **(FCC – 2012)** As convenções partidárias para escolha de candidatos

a) não poderão, por falta de atribuição legal, deliberar sobre coligações.

b) poderão ser realizadas gratuitamente em prédios públicos, responsabilizando-se os partidos políticos pelos danos causados com a realização do evento.

c) poderão ser substituídas por indicações do órgão de direção nacional.

d) deverão ser feitas no período de 02 a 12 de julho do ano em que se realizarem as eleições.

e) não terão suas deliberações lançadas em ata em livro aberto e rubricado pela Justiça Eleitoral, em razão do princípio da autonomia partidária.

A: incorreta. Podem deliberar sobre coligações (Art. 7º,§ 2º, da Lei nº 9.504/1997). **B:** correta. Art. 8º, § 2º, Lei nº 9.504/1997. **C:** incorreta. As normas para a escolha

Questões | Comentadas

e substituição dos candidatos e para a formação de coligações serão estabelecidas no estatuto do partido, observadas as disposições desta Lei. (Art. 7º, Lei nº 9.504/1997). **D:** incorreta. As convenções deverão ser feitas de 20/julho a 5 de agosto do ano em que se realizarem as eleições (...) (Art.8º, Lei nº 9.504/1997). **E:** incorreta. Terão suas deliberações lançadas em ata em livro aberto e rubricado pela Justiça Eleitoral (Art.8º, Lei nº 9.504/1997).

252. (FCC – 2012) A criação de partidos políticos é livre, inclusive se os respectivos programas não respeitarem

a) a soberania nacional.

b) a posição dominante no Congresso Nacional.

c) o regime democrático.

d) o pluripartidarismo.

e) os direitos fundamentais da pessoa humana.

Lei nº 9.096/1995: Art. 2º, É livre a criação, fusão, incorporação e extinção de partidos políticos cujos programas respeitem a soberania nacional, o regime democrático, o pluripartidarismo e os direitos fundamentais da pessoa humana.

253. (FCC – 2012) João resolveu desligar-se do partido político ao qual estava filiado e fez comunicação escrita ao órgão de direção municipal e ao Juiz Eleitoral da Zona em que estava inscrito. O vínculo torna-se extinto, para todos os efeitos, quando

a) lhe for comunicado o deferimento do desligamento pelo órgão municipal do partido.

b) for publicado o deferimento do pedido pelo Juiz Eleitoral.

c) for deferido o desligamento pelo órgão de direção municipal do partido.

d) ocorrer o trânsito em julgado da decisão judicial que deferir o desligamento.

e) se escoar o prazo de dois dias contados da data da entrega da comunicação.

Além do Art. 21, da Lei nº 9.096/1995, há a Resolução nº 23.117/2009 que estabelece os procedimentos do desligamento dos partidos, inclusive prevê a possibilidade da comunicação de desfiliação ser encaminhada tão somente ao JUIZ ELEITORAL da Zona quando inexistir órgão de direção Municipal ou quando for comprovada impossibilidade de localização do representante do partido político.

254. (FCC – 2015) NÃO é vedado designar como local de votação

a) estabelecimentos penais.

b) imóvel pertencente a candidato, ainda que em área rural.

c) propriedade pertencente a cônjuge de delegado de partido.

d) propriedade particular, desde que seja efetuado o pagamento de justa e prévia indenização pelo seu uso.

e) propriedade pertencente à autoridade policial.

A: correta. Art. 1º, Resolução TSE nº 23.219/2010: Os Juízes Eleitorais, sob a coordenação dos Tribunais Regionais Eleitorais, criarão Seções Eleitorais especiais em estabelecimentos penais e em unidades de internação de adolescentes, a fim de que os presos provisórios e os adolescentes internados tenham assegurado o direito de voto, observadas as normas eleitorais e as normas específicas constantes desta resolução. **B:** incorreta. Art. 135, § 5º, Código Eleitoral: Não poderão ser localizadas Seções Eleitorais em fazenda sítio ou qualquer propriedade rural privada, mesmo existindo no local prédio público, incorrendo o juiz nas penas do Art. 312, em caso de infringência. **C:** incorreta. Art. 135, § 4º, Código Eleitoral: É expressamente vedado uso de propriedade pertencente a candidato, membro do diretório de partido, delegado de partido ou autoridade policial, bem como dos respectivos cônjuges e parentes, consanguíneos ou afins, até o 2º, grau, inclusive. **D:** incorreta. Art. 135, § 3º, Código Eleitoral: A propriedade particular será obrigatória e gratuitamente cedida para esse fim. **E:** incorreta. Art. 135, § 4º, Código Eleitoral: É expressamente vedado uso de propriedade pertencente a candidato, membro do diretório de partido, delegado de partido ou autoridade policial, bem como dos respectivos cônjuges e parentes, consanguíneos ou afins, até o 2º, grau, inclusive.

255. (FCC – 2015) A transferência de domicílio eleitoral

a) cabe ser objeto de recurso por qualquer Delegado de partido, caso deferida pelo Juiz Eleitoral.

b) deve ser requerida ao Cartório Eleitoral do novo domicílio, para ser admitida, até cento e vinte dias antes da data da eleição.

c) não cabe ser indeferida ou denegada caso o eleitor não esteja quite com a Justiça Eleitoral.

d) tem como requisito para ser deferida a comprovação de residência mínima de seis meses no novo domicílio, inclusive nos casos de transferência de título eleitoral de servidor público civil, militar, autárquico, ou de membro de sua família, por motivo de remoção ou transferência.

e) tem como requisito para ser deferida a comprovação de residência mínima de seis meses no novo domicílio, exceto nos casos de transferência de título eleitoral de servidor público civil, militar, autárquico, ou de membro de sua família, por motivo de remoção ou transferência.

A: correta. Art. 18, § 5º, Resolução TSE nº 21.538/03: Do despacho que indeferir o requerimento de transferência, caberá recurso interposto pelo eleitor no prazo de cinco dias e, do que o deferir, poderá recorrer qualquer delegado de partido político no prazo de dez dias, contados da colocação da respectiva listagem à disposição dos partidos, o que deverá ocorrer nos dias 1º, e 15 de cada mês, ou no primeiro dia útil seguinte, ainda que tenham sido exibidas ao requerente antes dessas datas e mesmo que os partidos não as consultem. **B:** incorreta. Art. 91 Lei nº 9.504/1997: Nenhum requerimento de inscrição eleitoral ou de transferência será recebido dentro dos cento e cinquenta dias anteriores à data da eleição. Art. 18, Inciso I Resolução

Questões | Comentadas

TSE nº 21.538/03: recebimento do pedido no Cartório Eleitoral do novo domicílio no prazo estabelecido pela legislação vigente. **C:** incorreta. Art. 18, Resolução TSE nº 21.538/2003: A transferência do eleitor só será admitida se satisfeitas as seguintes exigências: IV - prova de quitação com a Justiça Eleitoral. D e **E:** incorretas. Art. 18, Resolução TSE nº 21.538/03: A transferência do eleitor só será admitida se satisfeitas as seguintes exigências: I – recebimento do pedido no Cartório Eleitoral do novo domicílio no prazo estabelecido pela legislação vigente; II – transcurso de, pelo menos, um ano do alistamento ou da última transferência; III – residência mínima de três meses no novo domicílio, declarada, sob as penas da lei, pelo próprio eleitor (Lei nº 6.996/82, Art. 8º); IV – prova de quitação com a Justiça Eleitoral. § 1º, O disposto nos incisos II e III não se aplica à transferência de título eleitoral de servidor público civil, militar, autárquico, ou de membro de sua família, por motivo de remoção ou transferência (Lei nº 6.996/1982, Art. 8º, parágrafo único).

256. **(FCC – 2015)** Acerca dos recursos eleitorais, é correto afirmar:

a) Caberá recurso imediato das decisões das Juntas para o Tribunal Regional, os quais poderão ser interpostos verbalmente ou por escrito, fundamentadamente, no prazo máximo de vinte e quatro horas.

b) Em todos os casos, poderá ser interposto recurso em cinco dias, contados da data da publicação do ato, resolução ou despacho, suspendendo-se os efeitos da decisão impugnada.

c) Se reformada decisão interposta de junta ou juízo eleitoral, poderá o recorrido requerer suba o recurso como se por ele interposto, por simples pedido, no prazo de cinco dias.

d) Realizada a diplomação, caberá recurso contra a expedição de diploma somente nos casos de inelegibilidade, superveniente ou de natureza constitucional, e de falha de condição de elegibilidade.

e) Sendo recurso que discute matéria constitucional, caberá ao recorrente apresentar impugnação em prazo de quinze dias, diretamente perante o STF.

Lei nº 4.737/1965 (Código Eleitoral), Art. 262. O recurso contra expedição de diploma caberá somente nos casos de inelegibilidade superveniente ou de natureza constitucional e de falta de condição de elegibilidade.

257. **(FCC – 2015)** O Tribunal Regional Eleitoral de um Estado da Federação foi assim constituído: dois Desembargadores do Tribunal de Justiça do Estado e dois Juízes de Direito escolhidos pelo Tribunal de Justiça, mediante eleição e pelo voto secreto; um Juiz do Tribunal Regional Federal com sede na Capital do Estado; e três advogados de notável saber jurídico e idoneidade moral. A composição desse tribunal está em desacordo com as normas legais pertinentes, porque:

a) do referido Tribunal não faz parte nenhum Juiz Federal.

b) os Desembargadores do Tribunal de Justiça são em número de três.

c) apenas um Juiz de Direito pode ter assento no referido Tribunal.

d) são apenas dois os advogados que integram a Corte.

e) faz parte obrigatória da composição do Tribunal um membro do Ministério Público Eleitoral.

> CF/1988: Art. 120. Haverá um Tribunal Regional Eleitoral na Capital de cada Estado e no Distrito Federal. § 1º, - Os Tribunais Regionais Eleitorais compor-se-ão: I - mediante eleição, pelo voto secreto: a) de dois juízes dentre os desembargadores do Tribunal de Justiça; b) de dois juízes, dentre juízes de direito, escolhidos pelo Tribunal de Justiça; II - de um juiz do Tribunal Regional Federal com sede na Capital do Estado ou no Distrito Federal, ou, não havendo, de juiz federal, escolhido, em qualquer caso, pelo Tribunal Regional Federal respectivo; III - por nomeação, pelo Presidente da República, de dois juízes dentre seis advogados de notável saber jurídico e idoneidade moral, indicados pelo Tribunal de Justiça. § 2º, - O Tribunal Regional Eleitoral elegerá seu Presidente e o Vice-Presidente - dentre os desembargadores.

258. (FCC – 2015) Paulo e Pedro foram eleitos Deputados Estaduais. O partido Alpha alega que Paulo era inelegível e o partido Beta afirma que, quanto a Pedro, houve errônea interpretação da lei quanto à inelegibilidade superveniente. Nesses casos, esses partidos deverão, quanto às expedições de diplomas pelo Tribunal Regional Eleitoral, interpor recurso,

a) especial e recurso ordinário para o Tribunal Superior Eleitoral, respectivamente.

b) especial para o Tribunal Superior Eleitoral.

c) extraordinário para o Supremo Tribunal Federal.

d) ordinário e recurso especial para o Tribunal Superior Eleitoral, respectivamente.

e) ordinário para o Tribunal Superior Eleitoral.

> Lei nº 4.737/1965 (Código Eleitoral): Art. 276. As decisões dos Tribunais Regionais são terminativas, salvo os casos seguintes em que cabe recurso para o Tribunal Superior: I - especial: a) quando forem proferidas contra expressa disposição de lei; b) quando ocorrer divergência na interpretação de lei entre dois ou mais Tribunais Eleitorais. II - ordinário: a) quando versarem sobre expedição de diplomas nas eleições federais e estaduais; b) quando denegarem habeas corpus ou mandado de segurança.

259. (FCC – 2015) José contratou com o Jornal, de circulação diária de sua cidade, a publicação paga de anúncio da sua candidatura a Vereador com o tamanho de 1/7 de página de jornal padrão, desde o dia 1º, de setembro até o dia da eleição, todos os dias, sem mencionar o valor pago pela inserção. Essa publicação está:

a) irregular, porque excede o número de 10 anúncios e não menciona o valor pago pela inserção.

b) irregular, porque excede o número de 10 anúncios, sendo desnecessária a menção do valor pago pela inserção.

c) irregular, porque não menciona o valor pago pela inserção, sendo irrelevante o número de anúncios a serem publicados.

d) regular, posto que atende a todas as exigências legais.

e) irregular, porque é vedada por lei a propaganda paga.

Lei nº 9.504/1997 (Lei das Eleições): Art. 43. São permitidas, até a antevéspera das eleições, a divulgação paga, na imprensa escrita, e a reprodução na internet do jornal impresso, de até 10 (dez) anúncios de propaganda eleitoral, por veículo, em datas diversas, para cada candidato, no espaço máximo, por edição, de 1/8 (um oitavo) de página de jornal padrão e de 1/4 (um quarto) de página de revista ou tabloide. § 1º Deverá constar do anúncio, de forma visível, o valor pago pela inserção.

260. (FCC – 2015) A emissora que deixar de cumprir as disposições da Lei nº 9.504/1997 sobre a propaganda eleitoral,

a) terá a sua programação normal suspensa por quarenta e oito horas pela Justiça Eleitoral, independentemente de requerimento de partido, coligação ou candidato.

b) estará sujeita à imposição de multa pela Justiça Eleitoral de R$ 10.000,00 a R$ 1.000.000,00, aplicada em dobro em caso de reincidência.

c) poderá, a requerimento de partido, coligação ou candidato, ter a sua programação normal suspensa por vinte e quatro horas pela Justiça Eleitoral, sendo que a cada reiteração o tempo será duplicado.

d) ficará fora do ar por prazo indeterminado, a critério da Justiça Eleitoral, tendo em conta o tipo de infração cometida.

e) não sofrerá qualquer punição, mas os seus responsáveis serão processados criminalmente por crime eleitoral.

Lei nº 9.504/1997: Art. 56. A requerimento de partido, coligação ou candidato, a Justiça Eleitoral poderá determinar a suspensão, por vinte e quatro horas, da programação normal de emissora que deixar de cumprir as disposições desta Lei sobre propaganda.[...] § 2º, Em cada reiteração de conduta, o período de suspensão será duplicado.

261. (FCC – 2015) Peter é Diretor-Geral do Departamento de Polícia Federal; Paulus é Secretário de Estado e Brutos é Prefeito Municipal de uma cidade do interior do Estado. Para se candidatarem ao cargo de Governador do Estado, devem afastar-se de seus cargos e funções até:

a) 4 meses antes da eleição.

b) 6 meses antes da eleição.

c) 6 meses, 6 meses e 4 meses antes da eleição, respectivamente.

d) 6 meses, 4 meses e 3 meses antes da eleição, respectivamente.

e) 4 meses, 4 meses e 6 meses antes da eleição, respectivamente.

Lei Complementar nº 64/1990: Peter – Até 6 meses (Art. 1º, II, a, 15). Paulus – Até 6 meses (Art. 1º, II, a, 12). Brutus – Até 6 meses (Art. 1º, II, a, 13).

262. **(FCC – 2015)** O Tribunal Superior Eleitoral foi assim constituído: três juízes dentre os Ministros do Supremo Tribunal Federal, escolhidos mediante eleição e pelo voto secreto; dois juízes dentre os Ministros do Superior Tribunal de Justiça, escolhidos mediante eleição e pelo voto secreto; dois juízes dentre seis advogados de notável saber jurídico e idoneidade moral, indicados pelo Supremo Tribunal Federal e nomeados pelo Presidente da República. Essa composição está

a) incorreta, porque são dois os Ministros do Supremo Tribunal Federal que podem integrar o Tribunal.

b) incorreta, porque apenas um juiz oriundo da classe dos advogados pode integrar o Tribunal.

c) correta, porque atende às normas legais pertinentes constantes da Constituição Federal brasileira.

d) incorreta, porque os juízes oriundos da classe dos advogados não dependem de nomeação e são eleitos pelo Supremo Tribunal Federal.

e) incorreta, porque dois juízes oriundos do Ministério Público Eleitoral devem integrar o Tribunal.

Art. 119. O Tribunal Superior Eleitoral compor-se-á, no mínimo, de sete membros, escolhidos: I - mediante eleição, pelo voto secreto: I - mediante eleição, pelo voto secreto: a) três juízes dentre os Ministros do Supremo Tribunal Federal; b) dois juízes dentre os Ministros do Superior Tribunal de Justiça; II - por nomeação do Presidente da República, dois juízes dentre seis advogados de notável saber jurídico e idoneidade moral, indicados pelo Supremo Tribunal Federal. b) dois juízes dentre os Ministros do Superior Tribunal de Justiça; II - por nomeação do Presidente da República, dois juízes dentre seis advogados de notável saber jurídico e idoneidade moral, indicados pelo Supremo Tribunal Federal.

263. **(FCC – 2015)** As infrações penais descritas no Código Eleitoral

a) são de ação pública.

b) são sempre punidas com pena de reclusão e multa.

c) podem ser punidas pelo Juiz Eleitoral, independentemente de denúncia do Ministério Público Eleitoral.

d) são de ação pública somente quando se tratar de direito disponível.

e) só podem ser punidas se houver representação do candidato ou do partido prejudicado.

CE: Art. 355. As infrações penais definidas neste Código são de ação pública.

Questões | Comentadas

264. (FCC – 2015) A respeito da propaganda eleitoral em geral, considere:

I) Colocar faixa com o nome de candidato em cinema de propriedade particular.

II) Fixar cartaz com foto de candidato em centro comercial.

III) Fazer propaganda eleitoral de partido político por meio de placa fixada em loja de artesanato.

É vedada pela Lei nº 9.504/1997 a propaganda eleitoral indicada em

a) I, apenas.

b) II, apenas.

c) I e III, apenas.

d) II e III, apenas.

e) I, II e III.

Lei nº 9.504/1997: Art. 37. Nos bens cujo uso dependa de cessão ou permissão do poder público, ou que a ele pertençam, e nos bens de uso comum, inclusive postes de iluminação pública, sinalização de tráfego, viadutos, passarelas, pontes, paradas de ônibus e outros equipamentos urbanos, é vedada a veiculação de propaganda de qualquer natureza, inclusive pichação, inscrição a tinta e exposição de placas, estandartes, faixas, cavaletes, bonecos e assemelhados. [...] § 4º Bens de uso comum, para fins eleitorais, são os assim definidos pela Lei nº 10.406, de 10 de janeiro de 2002 - Código Civil e também aqueles a que a população em geral tem acesso, tais como cinemas, clubes, lojas, centros comerciais, templos, ginásios, estádios, ainda que de propriedade privada.

265. (FCC – 2015) A emissora de televisão Azul convidou o candidato a Vereador João para um debate com um grupo de outros três candidatos. Quinze dias depois, realizou outro debate com mais quatro candidatos e também com João, por ser o líder das pesquisas. A realização do segundo debate foi

a) irregular, porque, nas eleições proporcionais, a lei exige a presença de, no mínimo, quatro candidatos por grupo.

b) regular, pois a lei permite a divisão dos candidatos em grupos, desde que presentes pelo menos três candidatos.

c) irregular, porque, na eleição proporcional, a lei exige a presença de todos os candidatos em cada debate.

d) irregular, porque é vedada, na eleição proporcional, a presença do mesmo candidato em mais de um debate na mesma emissora.

e) irregular, porque o intervalo entre um debate e outro, na mesma emissora, não pode ser inferior a trinta dias.

Lei nº 9.504/1997 (Lei das Eleições): Art. 46, § 2º, É vedada a presença de um mesmo candidato a eleição proporcional em mais de um debate da mesma emissora.

266. (FCC – 2015) Paulo, candidato escolhido em convenção para candidatar-se a Governador do Estado pelo partido Alpha, foi acusado, na programação normal de emissora de televisão, de remeter valores desviados dos cofres públicos para o exterior quando era Prefeito municipal de uma cidade do interior. Paulo poderá pedir o exercício do direito de resposta à Justiça Eleitoral, no prazo, contado da veiculação da ofensa, de

a) quinze dias.

b) quarenta e oito horas.

c) setenta e duas horas.

d) cinco dias.

e) dez dias.

Lei nº 9.504/1997 (Lei das Eleições): Art. 58, § 1º, O ofendido, ou seu representante legal, poderá pedir o exercício do direito de resposta à Justiça Eleitoral nos seguintes prazos, contados a partir da veiculação da ofensa: I - vinte e quatro horas, quando se tratar do horário eleitoral gratuito; II - quarenta e oito horas, quando se tratar da programação normal das emissoras de rádio e televisão; III - setenta e duas horas, quando se tratar de órgão da imprensa escrita. IV - a qualquer tempo, quando se tratar de conteúdo que esteja sendo divulgado na internet, ou em 72 (setenta e duas) horas, após a sua retirada.

267. (FCC – 2015) No que concerne à fusão, incorporação e extinção dos partidos políticos, é correto afirmar:

a) Os órgãos nacionais de deliberação dos partidos em processo de fusão votarão em reunião conjunta, por maioria absoluta, os projetos, e elegerão o órgão de direção nacional que promoverá o registro do novo partido.

b) Na hipótese de fusão, a existência legal do novo partido tem início com o registro do estatuto e do programa do Tribunal Superior Eleitoral.

c) No caso de incorporação, o partido incorporando deverá, independentemente de qualquer deliberação a respeito de seu órgão nacional, adotar o estatuto e o programa do partido incorporador.

d) Havendo fusão ou incorporação de partidos, os votos por eles obtidos na última eleição geral para a Câmara dos Deputados serão desconsiderados para efeito do acesso gratuito ao rádio e à televisão.

e) No caso de incorporação, o novo estatuto ou instrumento de incorporação não precisa ser levado a registro do Ofício Civil competente, bastando o registro do Tribunal Superior Eleitoral.

A: correta. Lei nº 9.096/1995 (Lei dos Partidos Políticos), Art. 29, § 1º, II - os órgãos nacionais de deliberação dos partidos em processo de fusão votarão em reunião conjunta, por maioria absoluta, os projetos, e elegerão o órgão de direção nacional que

Questões | Comentadas

promoverá o registro do novo partido. **B:** incorreta. Lei n° 9.096/1995 (Lei dos Partidos Políticos), Art. 29, § 4°, Na hipótese de fusão, a existência legal do novo partido tem início com o registro, no Ofício Civil competente da Capital Federal, do estatuto e do programa, cujo requerimento deve ser acompanhado das atas das decisões dos órgãos competentes. **C:** incorreta. Lei n° 9.096/1995 (Lei dos Partidos Políticos), Art. 29, § 2°, No caso de incorporação, observada a lei civil, caberá ao partido incorporando deliberar por maioria absoluta de votos, em seu órgão nacional de deliberação, sobre a adoção do estatuto e do programa de outra agremiação. **D:** incorreta. Lei n° 9.096/1995 (Lei dos Partidos Políticos), Art. 29, § 7°, Havendo fusão ou incorporação, devem ser somados exclusivamente os votos dos partidos fundidos ou incorporados obtidos na última eleição geral para a Câmara dos Deputados, para efeito da distribuição dos recursos do Fundo Partidário e do acesso gratuito ao rádio e à televisão. **E:** incorreta. Lei n° 9.096/1995 (Lei dos Partidos Políticos), Art. 29, § 6°, No caso de incorporação, o instrumento respectivo deve ser levado ao Ofício Civil competente, que deve, então, cancelar o registro do partido incorporado a outro.

268. (FCC – 2015) Segundo o Art. 349 do Código Eleitoral: "Falsificar, no todo ou em parte, documento particular ou alterar documento particular verdadeiro, para fins eleitorais. Pena – reclusão até 5 anos e pagamento de 3 a 10 dias-multa."

Como o tipo legal não especifica, o mínimo da pena de reclusão que poderá ser imposta será de

a) 6 meses.

b) 1 mês.

c) 1 dia.

d) 15 dias.

e) 1 ano.

Art. 349. Falsificar, no todo ou em parte, documento particular ou alterar documento particular verdadeiro, para fins eleitorais: Pena – reclusão até cinco anos e pagamento de 3 a 10 dias-multa. DICA IMPORTANTE: CE, Art. 284. Sempre que este Código não indicar o grau mínimo, entende-se que será ele de quinze dias para a pena de detenção e de um ano para a de reclusão.

269. (FCC – 2015) João reside em um bairro da zona rural, distante dez quilômetros da cidade e possui um caminhão, com o qual transporta produtos agrícolas. Vários eleitores moradores no referido bairro solicitaram que os transportasse até os locais de votação na cidade no dia da eleição e os trouxesse de volta. Nesse caso, João

a) só poderá realizar o transporte de volta para zona rural após os eleitores terem exercido livremente o direito de voto.

b) não poderá realizar o transporte dos eleitores, tanto de ida como de volta, sob pena de cometer crime eleitoral.

c) só poderá realizar o transporte para a cidade, até os locais de votação, tanto de ida como de volta, se não for filiado a nenhum partido político.

d) poderá realizar o transporte de ida e de volta para a cidade, mas não poderá levar os eleitores até os locais de votação.

e) poderá realizar o transporte de ida para a cidade, desde que possua autorização por escrito do Prefeito Municipal.

> Lei nº 6.091/1974, Art. 5º. Nenhum veículo ou embarcação poderá fazer transporte de eleitores desde o dia anterior até o posterior à eleição, salvo: I - a serviço da Justiça Eleitoral; II - coletivos de linhas regulares e não fretados; III - de uso individual do proprietário, para o exercício do próprio voto e dos membros da sua família; IV - o serviço normal, sem finalidade eleitoral, de veículos de aluguel não atingidos pela requisição de que trata o Art. 2º.

270. (FCC – 2015) A respeito dos Órgãos da Justiça Eleitoral, considere:

I) O registro do diretório estadual de partido compete ao Tribunal Superior Eleitoral, tendo em vista o caráter nacional dos partidos políticos.

II) Os Tribunais Regionais Eleitorais deliberam por maioria de votos, em sessão pública, com a presença da maioria de seus membros.

III) Compete ao Tribunal Superior Eleitoral aprovar a divisão dos Estados em Zonas Eleitorais ou a criação de novas Zonas.

Está correto o que se afirma APENAS em:

a) II.

b) I e II.

c) I e III.

d) I.

e) II e III.

> I: incorreta. Art. 29. Compete aos Tribunais Regionais: I - processar e julgar originariamente: a) o registro e o cancelamento do registro dos diretórios estaduais e municipais de partidos políticos, bem como de candidatos a Governador, Vice-Governadores, e membro do Congresso Nacional e das Assembleias Legislativas. II: correta. CE, Art. 28. Os Tribunais Regionais deliberam por maioria de votos, em sessão pública, com a presença da maioria de seus membros. III: correta. CE, Art. 23, - Compete, ainda, privativamente, ao Tribunal Superior, [...] VIII - aprovar a divisão dos Estados em Zonas Eleitorais ou a criação de novas Zonas.

271. (FCC – 2015) Considere:

I) Oferecimento de denúncia pelo Ministério Público.

II) Oferecimento de alegações escritas e apresentação de rol de testemunhas pelo réu ou seu defensor.

Questões | Comentadas

III) Interposição de recurso para o Tribunal Regional competente da decisão final de condenação ou absolvição proferida pelo Juiz Eleitoral.

IV) Oferecimento de alegações finais para cada uma das partes – acusação e defesa.

No processo das infrações penais eleitorais, é de 10 dias o prazo para a prática dos atos processuais indicados APENAS em:

a) I, III e IV.

b) II e III.

c) I e IV.

d) I, II e III.

e) II e IV.

> Art. 357. Verificada a infração penal, o Ministério Público oferecerá a denúncia dentro do prazo de 10 (dez) dias.

272. (FCC – 2015) Peter é diretor de escola da rede estadual de ensino e pretende candidatar-se a Deputado Estadual. Para tanto, deverá afastar-se de suas funções até

a) três meses anteriores ao pleito, sem direito à percepção de vencimentos.

b) seis meses anteriores ao pleito, sem direito à percepção de vencimentos.

c) três meses anteriores ao pleito, garantido o direito à percepção dos seus vencimentos integrais.

d) seis meses anteriores ao pleito, garantido o direito à percepção de metade dos seus vencimentos.

e) quatro meses anteriores ao pleito, sem direito à percepção de vencimentos.

> Lei nº 64/1990: Art. 1º, II - l) os que, servidores públicos, estatutários ou não, dos órgãos ou entidades da Administração direta ou indireta da União, dos Estados, do Distrito Federal, dos Municípios e dos Territórios, inclusive das fundações mantidas pelo Poder Público, não se afastarem até 3 (três) meses anteriores ao pleito, garantido o direito à percepção dos seus vencimentos integrais; Os únicos prazos de DESINCOMPATIBILIZAÇÃO que não são de 6 meses : 4 meses : entidades de classe mantidas ,ainda que parcialmente, pelo poder público ou previdência social. 4 meses : Prefeito e Vice- Prefeito. 3 meses : servidores públicos , estatutários ou não.

273. (FCC – 2015) A respeito da propaganda eleitoral, é correto afirmar que:

a) é absolutamente vedada a veiculação de propaganda eleitoral nas dependências do Poder Legislativo.

b) a propaganda eleitoral mediante outdoors só é permitida após a realização de sorteio dos locais pela Justiça Eleitoral.

c) para fins de propaganda eleitoral na internet, é vedada a venda de cadastro de endereços eletrônicos.

d) é permitida, no dia da eleição, a aglomeração silenciosa de pessoas portando vestuário padronizado, de modo a caracterizar manifestação coletiva.

e) a propaganda paga na imprensa escrita e a reprodução na internet do jornal impresso são permitidas até o dia das eleições.

A: incorreta. Art. 37, § 3º, Lei nº 9.504/1997: Nas dependências do Poder Legislativo, a veiculação de propaganda eleitoral fica a critério da Mesa Diretora. **B:** incorreta. Art. 39, § 8º, Lei nº 9.504/1997: É vedada a propaganda eleitoral mediante outdoors, inclusive eletrônicos, sujeitando-se a empresa responsável, os partidos, as coligações e os candidatos à imediata retirada da propaganda irregular e ao pagamento de multa no valor de R$ 5.000,00 (cinco mil reais) a R$ 15.000,00 (quinze mil reais). **C:** correta. Art. 57-C Lei nº 9.504/1997: Na internet, é vedada a veiculação de qualquer tipo de propaganda eleitoral paga. **D:** incorreta. Art. 39-A Lei nº 9.504/1997: É permitida, no dia das eleições, a manifestação individual e silenciosa da preferência do eleitor por partido político, coligação ou candidato, revelada exclusivamente pelo uso de bandeiras, broches, dísticos e adesivos. § 1º, É vedada, no dia do pleito, até o término do horário de votação, a aglomeração de pessoas portando vestuário padronizado, bem como os instrumentos de propaganda referidos no caput, de modo a caracterizar manifestação coletiva, com ou sem utilização de veículos. **E:** incorreta. Art. 43 Lei nº 9.504/1997: São permitidas, até a antevéspera das eleições, a divulgação paga, na imprensa escrita, e a reprodução na internet do jornal impresso, de até 10 (dez) anúncios de propaganda eleitoral, por veículo, em datas diversas, para cada candidato, no espaço máximo, por edição, de 1/8 (um oitavo) de página de jornal padrão e de 1/4 (um quarto) de página de revista ou tabloide.

274. **(FCC – 2015)** A impugnação de pedido de registro de candidatura NÃO pode ser feita,

a) por qualquer eleitor.

b) por partido político.

c) por coligação.

d) pelo Ministério Público.

e) por candidato.

LC nº 64/1990: Art. 3º. Caberá a qualquer candidato, a partido político, coligação ou ao Ministério Público, no prazo de 5 (cinco) dias, contados da publicação do pedido de registro do candidato, impugná-lo em petição fundamentada. Portanto, não tem legitimidade qualquer eleitor.

275. **(FCC – 2015)** Quando o Tribunal Regional determinar a realização de novas eleições, o prazo para interposição de recurso ordinário contra a decisão que versar sobre a expedição de diploma nas eleições estaduais, feita a apuração das eleições renovadas, contar-se-á

a) da publicação do despacho que designar data para a sessão da diplomação.

b) da sessão da diplomação.

c) do despacho que designar data para a sessão da diplomação.

d) da intimação das partes do despacho que designar data para a sessão da diplomação.

e) da sessão em que for proclamado o resultado das eleições suplementares.

Art. 276, CE/1965: As decisões dos Tribunais Regionais são terminativas, salvo os casos seguintes que cabem recurso ao TSE: II- Recurso Ordinário: a) quando versarem sobre expedição de diplomas nas eleições federais ou estaduais; b) quando denegarem HC ou MS. § 2º, Sempre que o Tribunal Regional determinar novas eleições, o prazo para a interposição dos recursos, no caso do nº II, contar-se-á da sessão que for proclamado o resultado das eleições suplementares.

276. (FCC – 2015) José, Governador do Estado, valendo-se de seu cargo e da sua autoridade, intervém no funcionamento da Mesa Receptora, a pretexto de alterar o processo de votação para torná-lo mais ágil. A conduta de José é

a) legítima, porque objetivava agilizar o processo eleitoral.

b) legítima, tendo em conta o cargo por ele exercido.

c) mera infração administrativa, sujeita à pena de multa.

d) crime eleitoral punido com detenção e multa.

e) legítima, se não houver emprego de violência física ou moral.

Código Eleitoral: Art. 305. Intervir autoridade estranha à Mesa Receptora, salvo o Juiz Eleitoral, no seu funcionamento sob qualquer pretexto: Pena – detenção até seis meses e pagamento de 60 a 90 dias-multa.

277. (FCC – 2015) Considere:

I) O partido Alpha colocou uma faixa com o nome de José, candidato à Prefeito Municipal, na porta de uma igreja, no horário do culto.

II) O partido Beta realizou o comício de encerramento da campanha de seus candidatos, com aparelhagem de sonorização fixa utilizada até as 4 horas da madrugada.

III) O partido Delta, no dia da eleição, promoveu carreata de apoio aos seus candidatos às eleições majoritárias.

IV) O partido Gama utilizou, no mês de setembro do ano da eleição, trio elétrico para a sonorização de um de seus comícios.

De acordo com a Lei nº 9.094/97, é vedada a propaganda indicada APENAS em

a) I e II.

b) I, II e III.

c) I e III.

d) II, III e IV.

e) III e IV.

I: correta. Art. 37 Lei nº 9.504/1997: Nos bens cujo uso dependa de cessão ou permissão do poder público, ou que a ele pertençam, e nos bens de uso comum, inclusive postes de iluminação pública, sinalização de tráfego, viadutos, passarelas, pontes, paradas de ônibus e outros equipamentos urbanos, é vedada a veiculação de propaganda de qualquer natureza, inclusive pichação, inscrição a tinta e exposição de placas, estandartes, faixas, cavaletes, bonecos e assemelhados. (Redação dada pela Lei nº 13.165, de 2015). **II:** correta. O prazo máximo seria até 2 horas da manhã. Art. 39, § 4º, Lei nº 9.504/1997: A realização de comícios e a utilização de aparelhagens de sonorização fixas são permitidas no horário compreendido entre as 8 (oito) e as 24 (vinte e quatro) horas, com exceção do comício de encerramento da campanha, que poderá ser prorrogado por mais 2 (duas) horas. **III:** correta. Art. 39, § 5º, Lei nº 9.504/1997: Constituem crimes, no dia da eleição, puníveis com detenção, de seis meses a um ano, com a alternativa de prestação de serviços à comunidade pelo mesmo período, e multa no valor de cinco mil a quinze mil UFIR: I - o uso de alto-falantes e amplificadores de som ou a promoção de comício ou carreata. **IV:** incorreta. Art. 39, §11 Lei nº 9.504/1997: É permitida a circulação de carros de som e minitrios como meio de propaganda eleitoral, desde que observado o limite de 80 (oitenta) decibéis de nível de pressão sonora, medido a 7 (sete) metros de distância do veículo, e respeitadas as vedações previstas no § 3º, deste artigo. Art. 39, § 3º, Lei nº 9.504/1997: O funcionamento de alto-falantes ou amplificadores de som, ressalvada a hipótese contemplada no parágrafo seguinte, somente é permitido entre as oito e as vinte e duas horas, sendo vedados a instalação e o uso daqueles equipamentos em distância inferior a duzentos metros: I - das sedes dos Poderes Executivo e Legislativo da União, dos Estados, do Distrito Federal e dos Municípios, das sedes dos Tribunais Judiciais, e dos quartéis e outros estabelecimentos militares; II - dos hospitais e casas de saúde; III - das escolas, bibliotecas públicas, igrejas e teatros, quando em funcionamento.

278. **(FCC – 2015)** A impugnação de registro de candidatura

a) deve ser formulada no prazo máximo de 48 horas, contado da publicação do pedido de registro.

b) não pode ser feita pelo Ministério Público Eleitoral, que tem atribuições somente para opinar.

c) pode ser feita por candidato, jamais por partido político ou coligação.

d) pode ser feita com base em prova testemunhal.

e) pode ser feita por partido político ou coligação, jamais por candidato.

LC nº 64/1990: Art. 3º, § 3º O impugnante especificará, desde logo, os meios de prova com que pretende demonstrar a veracidade do alegado, arrolando testemunhas, se for o caso, no máximo de 6 (seis).

Questões | Comentadas

279. (FCC – 2015) A realização de qualquer ato de propaganda partidária ou eleitoral, em recinto

a) apenas fechado, depende de licença da polícia, bem como de autorização do delegado competente.

b) apenas aberto, não depende de licença da polícia.

c) apenas fechado, não depende de licença da polícia.

d) aberto ou fechado, depende de licença da polícia, bem como de autorização do delegado competente.

e) aberto ou fechado, não depende de licença da polícia.

Lei nº 9.504/1997: Art. 39. A realização de qualquer ato de propaganda partidária ou eleitoral, em recinto aberto ou fechado, não depende de licença da polícia.

280. (FCC – 2015) Segundo a Lei nº 9.504/97, a comprovação do cumprimento das determinações da Justiça Eleitoral relacionadas à propaganda realizada em desconformidade com o disposto na referida Lei poderá ser apresentada no caso de candidatos a Governador e Senador da República

a) nas sedes dos Tribunais Regionais Eleitorais e no Tribunal Superior Eleitoral, respectivamente.

b) no Tribunal Superior Eleitoral.

c) na sede dos respectivos Tribunais Regionais Eleitorais.

d) no Tribunal Superior Eleitoral e na sede dos Tribunais Regionais Eleitorais, respectivamente.

e) no Juízo Eleitoral competente.

Lei nº 9.504/1997 (Lei das Eleições): Art. 36, § 5º A comprovação do cumprimento das determinações da Justiça Eleitoral relacionadas a propaganda realizada em desconformidade com o disposto nesta Lei poderá ser apresentada no Tribunal Superior Eleitoral, no caso de candidatos a Presidente e Vice-Presidente da República, nas sedes dos respectivos Tribunais Regionais Eleitorais, no caso de candidatos a Governador, Vice-Governador, Deputado Federal, Senador da República, Deputados Estadual e Distrital, e, no Juízo Eleitoral, na hipótese de candidato a Prefeito, Vice-Prefeito e Vereador. (Incluído pela Lei nº 12.034, de 2009)

281. (FCC – 2015) De acordo com a Lei nº 6.091/1974, nenhum veículo ou embarcação poderá fazer transporte de eleitores desde

a) o dia anterior até o posterior à eleição, salvo, dentre outras hipóteses, coletivos de linhas regulares e não fretados.

b) dois dias anteriores até dois posteriores à eleição, salvo, dentre outras hipóteses, coletivos de linhas regulares e não fretados.

c) o dia anterior até o posterior à eleição, inclusive, de uso individual do proprietário, para o exercício do voto dos membros da sua família.

d) dois dias antes anteriores até dois posteriores à eleição, inclusive a serviço

534

da Justiça Eleitoral.

e) cinco dias anteriores até dois posteriores à eleição, salvo, dentre outras hipóteses, coletivos de linhas regulares e não fretados.

Lei nº 6.091/1974: Art. 5º, Nenhum veículo ou embarcação poderá fazer transporte de eleitores desde o dia anterior até o posterior à eleição, salvo: I - a serviço da Justiça Eleitoral; II - coletivos de linhas regulares e não fretados; III - de uso individual do proprietário, para o exercício do próprio voto e dos membros da sua família; IV - o serviço normal, sem finalidade eleitoral, de veículos de aluguel não atingidos pela requisição de que trata o Art. 2º.

282. (FCC – 2012) A respeito das inelegibilidades e das impugnações ao registro de candidaturas, é correto afirmar:

a) Inclui-se dentre as condições de inelegibilidade previstas na Constituição Federal brasileira a idade mínima de vinte e um anos para Governador e Vice- Governador de Estado e do Distrito Federal.

b) O conhecimento e a decisão das arguições de inelegibilidade do Presidente e do Vice-Presidente da República inserem-se na competência originária do Supremo Tribunal Federal.

c) O prazo para impugnação ao registro de candidatura é de cinco dias para qualquer candidato, partido político ou coligação e de dez dias para o Ministério Público, contados da publicação do pedido.

d) O Vice-Presidente, o Vice-Governador e o Vice-Prefeito poderão candidatar-se a outros cargos, preservando os seus mandatos respectivos, mesmo que, nos últimos seis meses anteriores ao pleito, tenham sucedido ou substituído o titular.

e) São inelegíveis para o Senado Federal, até seis meses depois de afastados definitivamente de seus cargos e funções, os Secretários de Estado.

A: incorreta. Fundamento: o Art. 14, § 2º, "b" da CF, traz a idade mínima de 30 anos para Governador e Vice-Governador de Estado e do DF. Além disso, fala em condição de elegibilidade, e não de "condição de inelegibilidade" como diz a questão. B: incorreta. Fundamento: Art. 2º, I, da LC nº 64/90, ao dizer que a arguição de inelegibilidade será feita perante o TSE, quando se tratar de candidato a Presidente ou Vice-Presidente da República. C: incorreta. Fundamento: Art. 3º, da LC nº 64/90, ao dispor: caberá a qualquer candidato, a Partido político, coligação ou ao Ministério Público, no prazo de cinco dias, contados da publicação do pedido de registro de candidato, impugná-lo em decisão fundamentada. Ou seja, o prazo é de 5 dias, inclusive para o MP. D: incorreta. Fundamento: Art. 1º, § 2º, da LC nº 64/90, que diz: O Vice-Presidente, o Vice-Governador e o Vice-Prefeito poderão candidatar-se a outros cargos, preservando os seus mandatos respectivos, desde que, nos últimos seis meses anteriores ao pleito, não tenham sucedido ou substituído o titular. E: correta. Fundamento: Art. 1º, V, "a", da LC nº 64/1990.

283. (FCC – 2012) De acordo com as normas legais que regulamentam a propaganda

Questões | Comentadas

eleitoral no rádio e na televisão,

a) dos programas de rádio e televisão destinados à propaganda eleitoral gratuita de cada partido ou coligação poderá participar, em apoio aos candidatos desta ou daquele, qualquer cidadão, sendo que, se houver remuneração, o respectivo valor deverá constar da respectiva prestação de contas.

b) se o candidato a Presidente ou a Governador deixar de concorrer, em qualquer etapa do pleito, e não houver substituição na forma da lei, o respectivo tempo na propaganda eleitoral gratuita será devolvido à programação normal da emissora de rádio ou televisão.

c) se houver segundo turno, o horário destinando à propaganda eleitoral gratuita no rádio e na televisão será dividido pela Justiça Eleitoral entre os candidatos que o disputarem, considerando a proporção dos votos obtidos no primeiro turno, desprezando-se os votos em branco, nulos e os atribuídos a outros candidatos.

d) para os debates que se realizarem no primeiro turno das eleições, serão consideradas aprovadas as regras que obtiverem a concordância de, pelo menos, a metade dos candidatos aptos no caso de eleição majoritária.

e) é facultada a inserção de depoimento de candidato a eleições proporcionais no horário da propaganda das candidaturas majoritárias e vice-versa, registrados sob o mesmo partido ou coligação, desde que o depoimento consista exclusivamente em pedido de voto ao candidato que cedeu o tempo.

A: incorreta. Fundamento: Art. 54 da Lei nº 9.504/1997, ao dizer que: Dos programas de rádio e televisão destinados à propaganda eleitoral gratuita de cada partido ou coligação poderá participar, em apoio aos candidatos desta ou daquele, qualquer cidadão não filiado a outra agremiação partidária ou a partido integrante de outra coligação, sendo vedada a participação de qualquer pessoa mediante remuneração. **B:** incorreta. Fundamento: Art. 47, § 5º, da Lei nº 9.504/97. Far-se-á nova do tempo entre os candidatos remanescentes. **C:** incorreta. Fundamento: Art. 49, § 2º, da Lei nº 9.504/97. No segundo turno o horário destinado à divulgação da propaganda eleitoral gratuita, dividido em dois períodos diários de vinte minutos para cada eleição. O tempo de cada período diário será dividido igualmente entre os candidatos. **D:** incorreta. Fundamento: Art. 46, § 5º, da Lei nº 9.504/97: Para os debates que se realizem no primeiro turno das eleições, serão consideradas aprovadas as regras que obtiverem a concordância de pelo menos 2/3 (dois terços) dos candidatos aptos, no caso de eleição majoritária, e de pelo menos 2/3 (dois terços) dos partidos ou coligações com candidatos aptos, no caso de eleições proporcionais. **E:** correta. Fundamento: Art. 53-A, § 1º, da Lei nº 9.504/1997.

284. (FCC – 2012) A ação de impugnação de mandato eletivo

a) no caso de serem diplomados Senadores e Deputados Federais insere-se na competência originária do Tribunal Superior Eleitoral.

b) tem a sua propositura condicionada ao prévio ajuizamento de investigação judicial eleitoral.

c) exige a diplomação como pré-requisito e pressuposto processual para o seu ajuizamento.

d) está sujeita a preparo, exceto quando for ajuizada pelo Ministério Público.

e) não está sujeita a prazo de decadência e pode ser proposta a qualquer tempo, enquanto durar o mandato eletivo.

Art. 14, da CF/1988: § 10. O mandato eletivo poderá ser impugnado ante a Justiça Eleitoral no prazo de quinze dias contados da diplomação, instruída a ação com provas de abuso do poder econômico, corrupção ou fraude.

285. **(FCC – 2012)** A respeito da propaganda eleitoral em geral, considere:

I) Apresentação não remunerada de artistas com a finalidade de animar comícios.

II) Distribuição de bonés e brindes com a autorização de candidato.

III) Caminhada até as vinte e duas horas do dia que antecede a eleição.

IV) Colocação de outdoors com a fotografia de candidato.

De acordo com a Lei nº 9.504/97, são PROIBIDAS as propagandas eleitorais indicadas APENAS em

a) II, III e IV.

b) I, II e IV.

c) I, II e III.

d) I e IV.

e) III e IV.

I: incorreta. Lei nº 9.504/1997: Art.39, § 7º É proibida a realização de showmício e de evento assemelhado para promoção de candidatos, bem como a apresentação, remunerada ou não, de artistas com a finalidade de animar comício e reunião eleitoral. II: incorreta. Art.39, § 6º É vedada na campanha eleitoral a confecção, utilização, distribuição por comitê, candidato, ou com a sua autorização, de camisetas, chaveiros, bonés, canetas, brindes, cestas básicas ou quaisquer outros bens ou materiais que possam proporcionar vantagem ao eleitor. III: correta. Art. 39, § 9º Até as vinte e duas horas do dia que antecede a eleição, serão permitidos distribuição de material gráfico, caminhada, carreata, passeata ou carro de som que transite pela cidade divulgando jingles ou mensagens de candidatos. IV: correta. Art. 39, § 8º É vedada a propaganda eleitoral mediante outdoors, sujeitando-se a empresa responsável, os partidos, coligações e candidatos à imediata retirada da propaganda irregular e ao pagamento de multa no valor de 5.000 (cinco mil) a 15.000 (quinze mil) UFIRs.

286. **(FCC – 2012)** No que concerne ao direito de resposta em razão de imagem ou afirmação caluniosa, difamatória, injuriosa ou sabidamente inverídica, difundidos em qualquer veículo de comunicação social, é correto afirmar:

a) Em programa eleitoral na internet, a resposta ficará disponível para acesso pelos usuários por tempo não superior ao tempo em que esteve disponível a mensagem considerada ofensiva.

b) No horário eleitoral gratuito, a resposta será veiculada imediatamente após o tempo destinado ao candidato atingido, com duração de até o dobro do tempo utilizado pelo responsável pela ofensa.

c) Quando se tratar da programação normal das emissoras de rádio e televisão, o direito de resposta poderá ser requerido à Justiça Eleitoral, pelo ofendido ou seu representante legal, no prazo de quarenta e oito horas, contado a partir da veiculação da ofensa.

d) A resposta não poderá ser veiculada, em nenhuma hipótese, nas quarenta e oito horas que antecedem o pleito, situação em que a pessoa atingida deve procurar a reparação na Justiça Comum.

e) O direito de resposta é privativo de candidato ou outra pessoa física atingida, não podendo ser exercido por partido político, por ser pessoa jurídica, nem por coligação de partidos.

A: incorreta. Lei nº 9.504/1997, Art. 58, IV, b. **B:** incorreta. Lei nº 9.504/1997, Art. 58, III, b. **C:** correta. (Lei nº 9.504/1997, Art. 58, § 1º, II). **D:** incorreta. Lei nº 9.504/1997, Art. 58, § 4º,. **E:** incorreta. Lei nº 9.504/1997, Art. 58, caput.

287. (FCC – 2012) A respeito dos crimes eleitorais, considere as afirmações abaixo.

I) Constitui crime eleitoral oferecer dinheiro a eleitor para abster-se de votar, mesmo que a oferta não seja aceita.

II) O crime de injúria na propaganda eleitoral admite a exceção da verdade se o ofendido é funcionário público e a ofensa é relativa ao exercício de suas funções.

III) Constitui crime eleitoral fazer propaganda pela imprensa escrita em língua estrangeira.

IV) Constitui crime eleitoral, deixar o órgão do Ministério Público de promover a execução de sentença condenatória.

Está correto o que se afirma APENAS em

a) II.

b) I e II.

c) III e IV.

d) I, II e III.

e) I, III e IV.

I: correta. Constitui crime eleitoral oferecer dinheiro a eleitor para abster-se de votar, mesmo que a oferta não seja aceita. Com efeito, reza o Art. 299 do Código Eleitoral: Art. 299. Dar, oferecer, prometer, solicitar ou receber, para si ou para outrem, dinheiro, dádiva, ou qualquer outra vantagem, para obter ou dar voto e para conseguir ou prometer abstenção, ainda que a oferta não seja aceita. Pena: reclusão até quatro anos e pagamento de cinco a quinze dias-multa. **II:** incorreta. O crime de injúria na propaganda eleitoral NÃO admite a exceção da verdade em nenhuma hipótese. De fato, a exceção da verdade nos crimes contra a honra somente é admitida no crime de calúnia e no delito de difamação, desde que neste o ofendido não seja funcionário público e a ofensa relativa ao exercício de suas funções. **III:** correta. Constitui crime eleitoral fazer propaganda pela imprensa escrita em língua estrangeira. A propósito, dispõe o Art. 335 do Código Eleitoral: Art. 335. Fazer propaganda, qualquer que seja a sua forma, em língua estrangeira. Pena: detenção de três a seis meses e pagamento de 30 a 60 dias-multa. Parágrafo único. Além da pena cominada, a infração ao presente artigo importa na apreensão e perda do material utilizado na propaganda. **IV:** correta. Constitui crime eleitoral, deixar o órgão do Ministério Público de promover a execução de sentença condenatória. Nesse diapasão, vaticina o Art. 342 do Código Eleitoral: Art. 342. Não apresentar o órgão do Ministério Público, no prazo legal, denúncia ou deixar de promover a execução de sentença condenatória. Pena: detenção até dois meses ou pagamento de 60 a 90 dias-multa.

288. (FCC – 2012) No que concerne ao processo penal eleitoral, é ERRADO afirmar que

a) das decisões finais de condenação ou absolvição cabe recurso para o Tribunal Regional competente, a ser interposto no prazo de cinco dias.

b) as infrações penais eleitorais são de ação pública, mas admite-se a ação penal privada subsidiária caso o representante do Ministério Público não tenha oferecido denúncia, requerido diligências ou solicitado o arquivamento de inquérito policial no prazo legal.

c) o réu, ou seu defensor, terá o prazo de dez dias para oferecer alegações escritas e arrolar testemunhas.

d) ouvidas as testemunhas de acusação e da defesa e praticadas as diligências requeridas pelo Ministério Público e deferidas ou ordenadas pelo Juiz, abrir-se-á o prazo de cinco dias a cada uma das partes – acusação e defesa - para alegações finais.

e) se o órgão do Ministério Público não oferecer a denúncia no prazo legal, representará contra ele a autoridade judiciária, sem prejuízo da apuração da responsabilidade penal.

A: incorreta. Art. 362. Das decisões finais de condenação ou absolvição cabe recurso para o Tribunal Regional, a ser interposto no prazo de 10 (dez) dias. **B:** correta. Art. 355. As infrações penais definidas neste Código são de ação pública c/c Art. 5º, inciso LIX, da CF/1988: será admitida ação privada nos crimes de ação pública, se esta não for intentada no prazo legal (ação penal privada subsidiária da pública); **C:** correta. Art. 359. Recebida a denúncia, o juiz designará dia e hora para o depoimento pessoal do acusado, ordenando a citação deste e a notificação do Ministério

Questões | Comentadas

Público. Parágrafo único. O réu ou seu defensor terá o prazo de 10 (dez) dias para oferecer alegações escritas e arrolar testemunhas. **D:** correta. Art. 360. Ouvidas as testemunhas da acusação e da defesa e praticadas as diligências requeridas pelo Ministério Público e deferidas ou ordenadas pelo juiz, abrir-se-á o prazo de 5 (cinco) dias a cada uma das partes - acusação e defesa - para alegações finais. **E:** correta. Art. 357. § 3º, Se o órgão do Ministério Público não oferecer a denúncia no prazo legal representará contra ele a autoridade judiciária, sem prejuízo da apuração da responsabilidade penal.

289. (FCC – 2012) A revisão do eleitorado

a) não poderá ser presidida pelo Juiz Eleitoral da Zona submetida à revisão, devendo ser designado pelo Tribunal Regional Eleitoral outro juiz para exercer essas funções.

b) poderá ser ordenada de ofício pelo Tribunal Superior Eleitoral quando o total de transferências de eleitores ocorridas no ano em curso seja dez por cento superior ao do ano anterior.

c) poderá ser ordenada de ofício pelo Tribunal Regional Eleitoral quando o eleitorado for superior a sessenta e cinco por cento da população projetada para aquele ano pelo Instituto Brasileiro de Geografia e Estatística - IBGE.

d) poderá ser realizada em ano eleitoral, independentemente de autorização do Tribunal Superior Eleitoral, quando houver representação nesse sentido do Corregedor Regional Eleitoral.

e) poderá ser ordenada de ofício pelo Tribunal Regional Eleitoral quando o eleitorado for superior ao dobro da população entre dez e quinze anos, somada à de idade superior a setenta anos no território daquele município.

A: incorreta. Resolução nº 21.538/2003, Art. 62. A revisão do eleitorado deverá ser SEMPRE presidida pelo Juiz Eleitoral da Zona submetida à revisão. **B:** correta. Resolução nº 21.538/2003, Art. 58, § 1º, O TSE nº determinará, de ofício, a revisão ou correição das Zonas Eleitorais sempre que: I – o total de transferências de eleitores ocorridas no ano em curso seja 10% superior ao do ano anterior; II – o eleitorado for superior ao dobro da população entre 10 e 15 anos, somada à de idade superior a 70 anos do território daquele município; III – o eleitorado for superior a 65% da população projetada para aquele ano pelo IBGE. Obs.: ressalta-se que tal determinação deve ser observada se tais requisitos acontecerem cumulativamente. **C:** incorreta. Resolução nº 21.538/03, Art. 58. Quando houver DENÚNCIA FUNDAMENTADA de fraude no alistamento de uma Zona ou Município, o TRE poderá determinar a realização de CORREIÇÃO e, provada a fraude em proporção comprometedora, ORDENARÁ, comunicando a decisão ao Tribunal Superior Eleitoral, a REVISÃO DO ELEITORADO (...). Nessa hipótese, é o TRE que determinará a revisão do eleitorado, mas só após realiza correição e se comprovar a fraude em proporção comprometedora. A hipótese mencionada pela questão é uma das que o TSE nº deve observar e, segundo a resolução, é de 65% e não de 75%. **D:** incorreta. Resolução nº 21.538/2003, Art. 58, § 2º, Não será realizada revisão de eleitorado em ano eleitoral, SALVO em situações excepcionais, quando AUTORIZADA pelo Tribunal Superior Eleitoral. **E:** incorreta. Novamente se expõe um dos requisitos que o TSE nº deve observar para determinar a Revisão do Eleitorado, conforme Art. 58, § 1º, da Resolução nº 21.538/03.

290. (FCC – 2012) Sobre plebiscito, referendum e iniciativa popular é correto afirmar que

a) cabe ao Congresso Nacional, com a sanção do Presidente da República, autorizar referendo e convocar plebiscito.

b) os Estados podem incorporar-se entre si, subdividir- se ou desmembrar-se para se anexarem a outros, ou formarem novos Estados ou Territórios Federais, mediante aprovação da população diretamente interessada, através de plebiscito, e do Congresso Nacional, por lei ordinária.

c) a criação, a incorporação, a fusão e o desmembramento de Municípios, far-se-ão por lei estadual, dentro do período determinado por Lei Ordinária Federal, e dependerão de consulta prévia, mediante plebiscito, às populações dos Municípios envolvidos, após divulgação dos Estudos de Viabilidade Municipal, apresentados e publicados na forma da lei.

d) a lei orgânica municipal deve atender aos princípios estabelecidos na Constituição da República, na Constituição do respectivo Estado e certos preceitos, entre os quais, a iniciativa popular de projetos de lei de interesse específico do Município, da cidade ou de bairros, através de manifestação de, pelo menos, cinco por cento do eleitorado.

e) a Constituição da República expressamente prevê que ela própria poderá ser emendada mediante proposta de iniciativa popular.

A: incorreta. Art. 49, CF/1988. É da competência exclusiva do Congresso Nacional: XV - autorizar o referendo e convocar o plebiscito. A Constituição não diz que compete ao Presidente da República sancionar o referendo e o plebiscito. **B:** incorreta. Art. 18, § 3º, Os Estados podem incorporar-se entre si, subdividir-se ou desmembrar-se para se anexarem a outros, ou formarem novos Estados ou Territórios Federais, mediante aprovação da população diretamente interessada, através de plebiscito, e do Congresso Nacional, por lei complementar. É Lei Complementar e não Lei Ordinária. **C:** incorreta. Art. 18, § 4º, A criação, a incorporação, a fusão e o desmembramento de Municípios, far-se-ão por lei estadual, dentro do período determinado por Lei Complementar Federal, e dependerão de consulta prévia, mediante plebiscito, às populações dos Municípios envolvidos, após divulgação dos Estudos de Viabilidade Municipal, apresentados e publicados na forma da lei. O erro está também na Lei que deve ser Complementar Federal e não Ordinária Federal. **D:** correta. Art. 29. O Município reger-se-á por lei orgânica, votada em dois turnos, com o interstício mínimo de dez dias, e aprovada por dois terços dos membros da Câmara Municipal, que a promulgará, atendidos os princípios estabelecidos

Questões | Comentadas

nesta Constituição, na Constituição do respectivo Estado e os seguintes preceitos: XIII - iniciativa popular de projetos de lei de interesse específico do Município, da cidade ou de bairros, através de manifestação de, pelo menos, cinco por cento do eleitorado. **E:** incorreta. Não há essa previsão expressa na Constituição.

291. (FCC – 2012) São inelegíveis para qualquer cargo

a) os membros do Congresso Nacional, das Assembleias Legislativas, da Câmara Legislativa e das Câmaras Municipais, que hajam perdido os respectivos mandatos por quebra do decoro parlamentar, para as eleições que se realizarem durante o período remanescente do mandato para o qual foram eleitos e nos dez anos subsequentes ao término da legislatura.

b) o Governador e o Vice-Governador de Estado e do Distrito Federal e o Prefeito e o Vice-Prefeito que perderem seus cargos eletivos por infringência a dispositivo da Constituição Estadual, da Lei Orgânica do Distrito Federal ou da Lei Orgânica do Município, para as eleições que se realizarem durante o período remanescente e nos dez anos subsequentes ao término do mandato para o qual tenham sido eleitos.

c) os que, em estabelecimentos de crédito, financiamento ou seguro, tenham sido ou estejam sendo objeto de processo de liquidação judicial ou extrajudicial, hajam exercido, nos doze meses anteriores à respectiva decretação, cargo ou função de direção, administração ou representação, enquanto não forem exonerados de qualquer responsabilidade.

d) os que forem condenados, em decisão transitada em julgado ou proferida por órgão judicial colegiado, desde a condenação até o transcurso do prazo de oito anos após o cumprimento da pena, pelos crimes de tráfico e uso de entorpecentes e drogas afins, racismo, tortura, terrorismo e hediondos.

e) os que tenham contra sua pessoa representação julgada procedente pela Justiça Eleitoral, em decisão transitada em julgado ou proferida por órgão colegiado, em processo de apuração de abuso do poder econômico ou político, para a eleição na qual concorrem ou tenham sido diplomados, bem como para as que se realizarem nos dez anos seguintes.

A: incorreta. Art. 1º, I, Alínea "b", LC nº 64/1990: os membros do Congresso Nacional, das Assembleias Legislativas, da Câmara Legislativa e das Câmaras Municipais, que hajam perdido os respectivos mandatos por infringência do disposto nos incisos I e II do Art. 55 da Constituição Federal, dos dispositivos equivalentes sobre perda de mandato das Constituições Estaduais e Leis Orgânicas dos Municípios e do Distrito Federal, para as eleições que se realizarem durante o período remanescente do mandato para o qual foram eleitos e nos oito anos subsequentes ao término da legislatura. **B:** incorreta. Art. 1º, I, Alínea "c" LC nº 64/1990: o Governador e o Vice-Governador de Estado e do Distrito Federal e o Prefeito e o Vice-Prefeito que perderem seus cargos eletivos por infringência a dispositivo da Constituição Estadual, da Lei Orgânica do Distrito Federal ou da Lei Orgânica do Município, para as eleições que se realizarem durante o período remanescente e nos 8 (oito) anos subsequentes ao término do mandato para o qual tenham sido eleitos. **C:** correta. Art. 1°, I, Alínea "i" LC n° 64/1990: os que, em estabelecimentos de crédito, financiamento ou seguro, que tenham sido ou estejam sendo objeto de processo de liquidação judicial ou extrajudicial, hajam exercido, nos 12 (doze) meses anteriores à respectiva decretação, cargo ou função de direção, administração ou representação, enquanto não forem exonerados de qualquer responsabilidade. **D:** incorreta. Apenas o tráfico de drogas é criminalizado pela legislação brasileira, o que já não ocorre com o uso. Art. 1°, I, Alínea "e" LC n° 64/1990: os que forem condenados, em decisão transitada em julgado ou proferida por órgão judicial colegiado, desde a condenação até o transcurso do prazo de 8 (oito) anos após o cumprimento da pena, pelos crimes: 7. de tráfico de entorpecentes e drogas afins, racismo, tortura, terrorismo e hediondos. **E:** incorreta. Art. 1°, I, Alínea "d" LC n° 64/1990: os que tenham contra sua pessoa representação julgada procedente pela Justiça Eleitoral, em decisão transitada em julgado ou proferida por órgão colegiado, em processo de apuração de abuso do poder econômico ou político, para a eleição na qual concorrem ou tenham sido diplomados, bem como para as que se realizarem nos 8 (oito) anos seguintes.

292. (FCC – 2012) Relativamente ao alistamento eleitoral, é INCORRETO afirmar que

a) o alistamento se faz mediante a qualificação e inscrição do eleitor.

b) para o efeito da inscrição, é domicílio eleitoral o lugar de residência ou moradia do requerente, e, verificado ter o alistando mais de uma, considerar-se-á domicílio aquela que coincida com o seu local de trabalho.

c) o alistando apresentará em cartório ou local previamente designado, requerimento em fórmula que obedecerá ao modelo aprovado pelo Tribunal Superior.

d) poderá o juiz se tiver dúvida quanto a identidade do requerente ou sobre qualquer outro requisito para o alistamento, converter o julgamento em diligência para que o alistando esclareça ou complete a prova ou, se for necessário, compareça pessoalmente à sua presença.

e) os cegos alfabetizados pelo sistema "Braille", que reunirem as demais condições de alistamento, podem qualificar-se mediante o preenchimento da fórmula impressa e a aposição do nome com as letras do referido alfabeto.

De acordo com o Código Eleitoral: **A:** correta. Art. 42. O alistamento se faz mediante a qualificação e inscrição do eleitor. **B:** incorreta. Art. 42. Parágrafo único. Para o efeito da inscrição, é domicílio eleitoral o lugar de residência ou moradia do requerente, e, verificado ter o alistando mais de uma, considerar-se-á domicílio qualquer delas. **C:** correta. Art. 43. O alistamento apresentará em cartório ou local previamente designado, requerimento em fórmula que obedecerá ao modelo aprovado pelo Tribunal Superior. **D:** correta. Art. 45. § 2°, Poderá o juiz se tiver dúvida quanto a identidade do requerente ou sobre qualquer outro requisito para o alistamento, converter o julgamento em diligência para que o alistando esclareça ou complete

Questões | Comentadas

a prova ou, se for necessário, compareça pessoalmente à sua presença. E:correta. Art. 49. Os cegos alfabetizados pelo sistema "Braille", que reunirem as demais condições de alistamento, podem qualificar-se mediante o preenchimento da fórmula impressa e a aposição do nome com as letras do referido alfabeto.

293. **(FCC – 2012)** No sistema eletrônico de votação, adotado pela legislação eleitoral brasileira,

a) a votação eletrônica será feita sempre no número do candidato, devendo o nome e fotografia do candidato aparecer no painel da urna eletrônica, com a expressão designadora do cargo disputado no masculino ou feminino, conforme o caso.

b) a urna eletrônica exibirá para o eleitor, primeiramente, os painéis referentes às eleições majoritárias e, em seguida, os referentes às eleições proporcionais.

c) caberá ao Supremo Tribunal Federal definir a chave de segurança e a identificação da urna eletrônica.

d) a urna eletrônica contabilizará cada voto, assegurando-lhe o sigilo e inviolabilidade, garantida aos partidos políticos, coligações e candidatos ampla fiscalização.

e) os Tribunais Regionais Eleitorais disciplinarão a hipótese de falha na urna eletrônica que prejudique o regular processo de votação.

Lei nº 9.504/1997: Art.61 - A urna eletrônica contabilizará cada voto, assegurando-lhe o sigilo e inviolabilidade, garantida aos partidos políticos, coligações e candidatos ampla fiscalização.

294. **(FCC – 2012)** Dois candidatos a Vereador indicaram, no pedido de registro, além do nome completo, as variações nominais com que desejavam ser registrados, mencionando em primeiro lugar na ordem de preferência, o mesmo apelido. Verificou-se que ambos eram conhecidos com esse apelido em sua vida social e profissional sendo que, anteriormente, nunca foram candidatos a nenhum cargo eletivo. Foram notificados para chegar a um acordo em dois dias, o que não ocorreu. Em vista disso, a Justiça Eleitoral

a) registrará cada candidato com o nome e o sobrenome constantes do pedido de registro, observada a ordem de preferência ali definida.

b) realizará sorteio entre os dois candidatos, em local público, com a presença destes e de representantes dos respectivos partidos.

c) registrará os dois candidatos com o apelido indicado, acrescido dos algarismos 1 e 2.

d) indeferirá o registro dos dois candidatos, porque a identidade de nomes poderá confundir o eleitor.

e) deferirá o registro do apelido ao candidato cujo partido político tiver maior número de filiados.

Lei nº 9.504/1997: Art. 12. O candidato às eleições proporcionais indicará, no pedido de registro, além de seu nome completo, as variações nominais com que deseja ser registrado, até o máximo de três opções, que poderão ser o prenome, sobrenome, cognome, nome abreviado, apelido ou nome pelo qual é mais conhecido, desde que não se estabeleça dúvida quanto à sua identidade, não atente contra o pudor e não seja ridículo ou irreverente, mencionando em que ordem de preferência deseja registrar-se. IV - tratando-se de candidatos cuja homonímia não se resolva pelas regras dos dois incisos anteriores, a Justiça Eleitoral deverá notificá-los para que, em dois dias, cheguem a acordo sobre os respectivos nomes a serem usados; V - não havendo acordo no caso do inciso anterior, a Justiça Eleitoral registrará cada candidato com o nome e sobrenome constantes do pedido de registro, observada a ordem de preferência ali definida.

295. (FCC – 2012) Para a transmissão de debates de candidatos a Governador do Estado por emissora de televisão, no primeiro turno das eleições, não foi obtido consenso quanto às regras a serem observadas. Nesse caso,

a) as regras serão estabelecidas pelo Ministério Público Eleitoral.

b) os debates não poderão ser realizados, nem transmitidos pela emissora de televisão.

c) as regras serão estabelecidas pela direção da emissora de televisão, com prévia comunicação ao Tribunal Superior Eleitoral.

d) as regras serão estabelecidas pelo Tribunal Regional Eleitoral.

e) serão consideradas aprovadas as regras que obtiverem a concordância de pelo menos dois terços dos candidatos aptos ao referido pleito eleitoral.

A: incorreta. As regras serão estabelecidas pelo Ministério Público Eleitoral. (Lei nº 9.504/97, Art. 46, § 4º,). **B:** incorreta. os debates não poderão ser realizados, nem transmitidos pela emissora de televisão. (Lei nº 9.504/1997, Art. 46). **C:** incorreta. As regras serão estabelecidas pela direção da emissora de televisão, com prévia comunicação ao Tribunal Superior Eleitoral. (Lei nº 9.504/1997, Art. 46, § 4º,). **D:** incorreta. As regras serão estabelecidas pelo Tribunal Regional Eleitoral. (Lei nº 9.504/1997, Art. 46, § 4º,). **E:** correta. Lei nº 9.504/1997, Art. 46, § 5º.

296. (FCC – 2011) A utilização da máquina pública em campanhas eleitorais pode ser fator de desequilíbrio do pleito, ofendendo o princípio da igualdade de oportunidades. No intuito de coibir tais condutas, a legislação eleitoral estipula algumas vedações ao agente público que participe do pleito, dentre as quais, destaca-se a

a) utilização de transporte oficial pelo Presidente da República, durante a campanha.

b) nomeação de aprovados em concursos públicos, homologados nos três meses que antecedem o pleito até a posse dos eleitos.

Questões | Comentadas

c) utilização da residência oficial, pelos candidatos à reeleição de Governador e de Vice-Governador de Estado e Distrito Federal, para a realização de contato, encontros e reuniões pertinentes à própria campanha, desde que não tenham caráter público.

d) nomeação ou exoneração, nos três meses que antecedem a eleição até a posse dos eleitos, de cargos em comissão e designação ou dispensa de funções de confiança, na circunscrição do pleito.

e) nomeação, nos três meses anteriores ao pleito, para cargos afetos ao Poder Judiciário.

A: incorreta. Durante a época de campanha o Presidente da República pode utilizar o transporte oficial. Vale ressaltar que a utilização do transporte oficial somente cabe ao cargo de Presidente, já a utilização de residência oficial cabe aos candidatos sujeitos à reeleição de cargos de Presidente e Vice-Presidente da República, Governador e Vice-Governador de Estado e do Distrito Federal, Prefeito e Vice-Prefeito. Art. 73, I - ceder ou usar, em benefício de candidato, partido político ou coligação, bens móveis ou imóveis pertencentes à administração direta ou indireta da União, dos Estados, do Distrito Federal, dos Territórios e dos Municípios, ressalvada a realização de convenção partidária; § 2º A vedação do inciso I do caput não se aplica ao uso, em campanha, de transporte oficial pelo Presidente da República, obedecido o disposto no Art. 76, nem ao uso, em campanha, pelos candidatos à reeleição de Presidente e Vice-Presidente da República, Governador e Vice-Governador de Estado e do Distrito Federal, Prefeito e Vice-Prefeito, de suas residências oficiais para realização de contatos, encontros e reuniões pertinentes à própria campanha, desde que não tenham caráter de ato público. **B:** Correta. É vedada a nomeação de aprovados em concurso público homologado nos três meses que antecedem o pleito até a posse dos eleitos. Para que a nomeação seja permitida o concurso tem que ser homologado ATÉ os três meses que antecedem o pleito. Art. 73, V - nomear, contratar ou de qualquer forma admitir, demitir sem justa causa, suprimir ou readaptar vantagens ou por outros meios dificultar ou impedir o exercício funcional e, ainda, ex officio, remover, transferir ou exonerar servidor público, na circunscrição do pleito, nos três meses que o antecedem e até a posse dos eleitos, sob pena de nulidade de pleno direito, ressalvados: c) a nomeação dos aprovados em concursos públicos homologados até o início daquele prazo; **C:** Incorreta. Os candidatos sujeitos à reeleição aos cargos de Presidente e Vice-Presidente da República, Governador e Vice-Governador de Estado e do Distrito Federal, Prefeito e Vice-Prefeito podem utilizar da residência oficial para encontros e reuniões desde que esses não tenham caráter público. Art. 73, § 2º A vedação do inciso I do caput não se aplica ao uso, em campanha, de transporte oficial pelo Presidente da República, obedecido o disposto no Art. 76, nem ao uso, em campanha, pelos candidatos à reeleição de Presidente e Vice-Presidente da República, Governador e Vice-Governador de Estado e do Distrito Federal, Prefeito e Vice-Prefeito, de suas residências oficiais para realização de contatos, encontros e reuniões pertinentes à própria campanha, desde que não tenham caráter de ato público. **D:** Incorreta. É permitida a nomeação e exoneração de cargos em comissão e de funções de confiança nos três meses que antecedem o pleito até a posse dos eleitos. Art.

73 [...] V - nomear, contratar ou de qualquer forma admitir, demitir sem justa causa, suprimir ou readaptar vantagens ou por outros meios dificultar ou impedir o exercício funcional e, ainda, ex officio, remover, transferir ou exonerar servidor público, na circunscrição do pleito, nos três meses que o antecedem e até a posse dos eleitos, sob pena de nulidade de pleno direito, ressalvados: a) a nomeação ou exoneração de cargos em comissão e designação ou dispensa de funções de confiança. **E:** Incorreta. A nomeação para cargos afetos ao Poder Judiciário é permitida nos três meses anteriores ao pleito (é uma exceção às condutas vedadas aos agentes públicos). Art. 73, V - nomear, contratar ou de qualquer forma admitir, demitir sem justa causa, suprimir ou readaptar vantagens ou por outros meios dificultar ou impedir o exercício funcional e, ainda, ex officio, remover, transferir ou exonerar servidor público, na circunscrição do pleito, nos três meses que o antecedem e até a posse dos eleitos, sob pena de nulidade de pleno direito, ressalvados: b) a nomeação para cargos do Poder Judiciário, do Ministério Público, dos Tribunais ou Conselhos de Contas e dos órgãos da Presidência da República;

297. **(FCC – 2011)** A lei eleitoral prevê que a partir da escolha de candidatos em convenção é assegurado o direito de resposta a candidato, partido ou coligação atingido, ainda que de forma indireta, por conceito, imagem ou afirmação caluniosa, difamatória, injuriosa ou sabidamente inverídica, difundidos por qualquer veículo de comunicação social. Em relação ao pedido de resposta, vale destacar que no caso de ofensa

a) em programação normal das emissoras de rádio e de televisão, caso deferido o pedido, a resposta será dada em até quarenta e oito horas após a decisão, em tempo igual ao da ofensa, porém nunca inferior a um minuto.

b) veiculada por órgão da imprensa escrita, caso deferido o pedido, a divulgação da resposta dar-se-á no mesmo veículo, espaço, local, página, tamanho, caracteres e outros elementos de realce no prazo de quarenta e oito horas, obrigatoriamente, quando o veículo tiver circulação diária, o que não pode ser alterado por solicitação do ofendido.

c) veiculada pela Internet, a divulgação da resposta dar-se-á no mesmo veículo e, à livre escolha do ofendido, em órgão da imprensa escrita ou na programação normal das emissoras de rádio e televisão, correndo os custos por conta do responsável pela propaganda original.

d) no horário eleitoral gratuito, a resposta será veiculada no horário destinado ao partido ou coligação responsável pela ofensa, cujo conteúdo será de livre disponibilidade do ofendido.

e) no horário eleitoral gratuito, o ofendido usará, para a resposta, tempo igual ao da ofensa, nunca inferior, porém, a um minuto. Entretanto, se o tempo reservado ao partido ou coligação responsável pela ofensa for inferior a um minuto, a resposta será limitada ao tempo disponível para o ofensor.

Vejamos cada uma das assertivas de acordo com a Lei nº 9.504/1997: **A:** Correta. Em relação ao pedido de resposta em programação normal das emissoras de rádio e de televisão, caso deferido o pedido, a resposta será dada em até quarenta e oito horas após a decisão, em tempo igual ao da ofensa, porém nunca inferior a um minuto (Art. 58, § 3º, II, "c"). **B:** Incorreta. Em relação ao pedido de resposta veiculada por órgão da imprensa escrita, caso deferido o pedido, a divulgação da resposta dar-se-á no mesmo veículo, espaço, local, página, tamanho, caracteres e outros elementos de realce usados na ofensa, em até quarenta e oito horas após a decisão ou, tratando-se de veículo com periodicidade de circulação maior que quarenta e oito horas, na primeira vez em que circular (Art. 58, § 3º, I, "b"). **C:** Incorreta. Em relação ao pedido de resposta veiculada pela internet, deferido o pedido, a divulgação da resposta dar-se-á no mesmo veículo, espaço, local, horário, página eletrônica, tamanho, caracteres e outros elementos de realce usados na ofensa, em até quarenta e oito horas após a entrega da mídia física com a resposta do ofendido (Art. 58, § 3º, IV, incluído pela Lei nº 12.034/09). **D:** Incorreta. No horário eleitoral gratuito a resposta será veiculada no horário destinado ao partido ou coligação responsável pela ofensa, devendo necessariamente dirigir-se aos fatos a ela veiculados (Art. 58, § 3º, III, "b"). **E:** Incorreta. No horário eleitoral gratuito, o ofendido usará, para a resposta, tempo igual ao da ofensa, nunca inferior, porém, a um minuto (Art. 58, § 3º, III, "a"). Se o tempo reservado ao partido ou coligação responsável pela ofensa for inferior a um minuto, a resposta será levada ao ar tantas vezes quantas sejam necessárias para a sua complementação (Art. 58, § 3º, III, "c").

298. **(FCC – 2011)** Cabe à Justiça Eleitoral o conhecimento de qualquer vício no processo eleitoral. Caso um partido político alegue que teve negado ou restringido o seu direito de fiscalizar, o que ofende norma expressa do Código Eleitoral, cabe à Justiça Eleitoral:

a) anular a votação, ainda que não comprovada a existência de prejuízo, uma vez que se trata de vício causador de nulidade absoluta.

b) instaurar procedimento de apuração para punição dos responsáveis, sem anular a votação, uma vez que o vício narrado não é capaz de gerar tal consequência.

c) a qualquer tempo anular a votação, pois, ante a natureza absoluta do vício, não incide na espécie qualquer modalidade de preclusão.

d) ainda que o requerimento tenha sido realizado por quem deu causa ao prejuízo, declarar a nulidade da votação ante a natureza absoluta do vício.

e) anular a votação, desde que a anulação tenha sido requerida na primeira oportunidade possível e tenha sido comprovado efetivo prejuízo, uma vez que não se trata de vício causador de nulidade absoluta que pudesse ficar a salvo da preclusão.

A: Incorreta. Trata-se de nulidade relativa, pois está sujeito a preclusão. Art. 221. É anulável a votação: II - quando for negado ou sofrer restrição o direito de fiscalizar, e o fato constar da ata ou de protesto interposto, por escrito, no momento. **B:** Incorreta. O Código Eleitoral não prevê espécie de procedimento para o fato em questão. Vide artigo anterior. **C:** Incorreta. A anulação do fato está sujeita à preclusão, pois deve ser feito de imediato, no momento do acontecido. **D:** Incorreta. A declaração de nulidade não pode ser dada por quem tenha dado causa ao prejuízo. Art. 219, Parágrafo único. A declaração de nulidade não poderá ser requerida pela parte que lhe deu causa nem a ela aproveitar. **E:** Correta. Art. 221. É anulável a votação: II - quando for negado ou sofrer restrição o direito de fiscalizar, e o fato constar da ata ou de protesto interposto, por escrito, no momento.

299. (FCC – 2011) As demandas e litígios no âmbito do direito eleitoral possuem como característica a especial necessidade de celeridade, uma vez que devem ser ultimados para que o eleito tome posse no ano seguinte ao pleito. O dispositivo específico da lei eleitoral que representa tal característica é:

a) o período compreendido entre o registro das candidaturas até cinco dias após a realização do segundo turno das eleições, têm prioridade para despacho do Ministério Público e dos juízes eleitorais os feitos eleitorais, inclusive sobre os processos de habeas corpus e mandado de segurança.

b) os prazos não se interrompem, nem mesmo em dias feriados ou finais de semana, em relação ao pedido de impugnação de registro de candidato.

c) embora exigida a prioridade aos feitos eleitorais, sua inobservância pelo juiz não gera responsabilização pessoal do magistrado.

d) o não cumprimento dos prazos previstos na lei eleitoral somente é admissível no caso de comprovado acúmulo de serviço, em razão do exercício das funções regulares.

e) não obstante os prazos processuais exíguos, a notificação dos advogados dos candidatos ou dos partidos e coligações, para os feitos previstos na lei eleitoral, observará antecedência mínima de 5 (cinco) dias.

A: Incorreta. Art. 94, Lei nº 9.504/1997: Os feitos eleitorais, no período entre o registro das candidaturas até cinco dias após a realização do segundo turno das eleições, terão prioridade para a participação do Ministério Público e dos Juízes de todas as Justiças e instâncias, ressalvados os processos de habeas corpus e mandado de segurança. **B:** Correta. Art. 16, LC nº 64/1990: Os prazos a que se referem o Art. 3º e seguintes desta lei complementar são peremptórios e contínuos e correm em secretaria ou Cartório e, a partir da data do encerramento do prazo para registro de candidatos, não se suspendem aos sábados, domingos e feriados. Obs.: o Art. 3º é o que prevê a Ação de Impugnação ao Registro de Candidatura. **C:** Incorreta. Art. 94, Lei nº 9.504/1997: § 2º O descumprimento do disposto neste artigo constitui crime de responsabilidade e será objeto de anotação funcional

Questões | Comentadas

para efeito de promoção na carreira. **D:** Incorreta. Art. 94, Lei nº 9.504/1997: § 1º É defeso às autoridades mencionadas neste artigo deixar de cumprir qualquer prazo desta Lei, em razão do exercício das funções regulares. **E:** Incorreta. Art. 94, Lei nº 9.504/1997: § 4º Os advogados dos candidatos ou dos partidos e coligações serão notificados para os feitos de que trata esta Lei com antecedência mínima de vinte e quatro horas, ainda que por fax, telex ou telegrama.

300. (FCC – 2011) O instrumento processual que tem como objetivo impedir que o cidadão possa disputar o pleito eleitoral, obstando sua passagem da condição de pré-candidato à de candidato, é:

a) Ação de impugnação de registro de candidato.

b) Ação de impugnação ao mandato eletivo.

c) Recurso contra a expedição de diploma.

d) Ação de investigação judicial eleitoral.

e) Ação de prestação de contas.

A: Correta. Ação de impugnação de registro de candidato, previstos nos Arts. 3º a 17 da LC nº 64/1990. Finalidade: a AIRC tem por finalidade impugnar, mediante petição fundamentada, pedidos de registros de pessoas que, em tese, não preencham os requisitos legais ou constitucionais para pleitear determinado cargo. Legitimidade: são legitimados ativos, concorrentemente, a propor a AIRC, qualquer candidato, partido político, coligação, ou Ministério Público Eleitoral. Prazo: a AIRC deve ser proposta no prazo de 5 (cinco) dias, contados a partir da publicação do edital do pedido de registro da candidatura pela Justiça Eleitoral. Competência: a AIRC deverá ser proposta perante o TSE, se a impugnação for de candidatura a Presidente ou Vice-Presidente da República; perante o TRE, a candidatura a Governador, Vice-Governador, Senador, Deputado Federal, Estadual ou Distrital; e perante o Juiz Eleitoral, a candidatura a Vereador, a Prefeito ou a Vice-Prefeito. **B:** Incorreta. Ação de impugnação ao mandato eletivo é a ação, prevista nos parágrafos 10 e 11 do Art. 14 da CF, destinada a impugnar, ante a Justiça Eleitoral, no prazo de 15 (quinze) dias, a contar da diplomação, mandato eletivo obtido com abuso de poder econômico, corrupção ou fraude. **C:** Incorreta. Recurso contra a expedição de diploma é o recurso, previsto no Art. 262 do Código Eleitoral, para arguir, no prazo de 3 (três) dias, contados da sessão de diplomação, a inelegibilidade ou a incompatibilidade do candidato diplomado. **D:** Incorreta. Ação de investigação judicial eleitoral é a ação, prevista nos Arts. 19 a 23 da Lei das Inelegibilidades, destinada a proteger a legitimidade e a normalidade das eleições, coibir o abuso do poder econômico ou político, a utilização indevida de veículos ou meios de comunicação, bem como a fraude nas eleições. A AIJE pode ser ajuizada a partir do registro de candidatura até o dia da diplomação. **E:** Incorreta. Ação de prestação de contas é o procedimento seguinte à eleição. As regras estão previstas na Lei Eleitoral nº 9.504/1997. O dever de prestar contas de campanha consta expressamente no Art.

28 da Lei Eleitoral. Deverão prestar contas os candidatos eleitos ou não, e comitês financeiros locais. Candidato que renunciou durante a campanha eleitoral ou que teve registro indeferido pela Justiça Eleitoral também deve prestar contas. Havendo indícios de irregularidade - que não se confundem com fraude - na prestação de contas, a Justiça Eleitoral poderá requisitar do candidato ou do comitê financeiro informações adicionais bem como determinar diligências. Os processos de prestações de contas são públicos.

301. (FCC – 2011) Os recursos eleitorais, em razão da especial necessidade de celeridade no direito processual eleitoral, possuem algumas especificidades quando comparados com o processo civil ordinário. Acerca de tais especificidades, está correto:

a) as decisões do Tribunal Superior Eleitoral são irrecorríveis, salvo as denegatórias de habeas corpus ou mandado de segurança, das quais caberá recurso ao Superior Tribunal de Justiça.

b) o prazo para interposição de recurso extraordinário contra decisão do Tribunal Superior Eleitoral é de quinze dias.

c) o juiz eleitoral exerce juízo de admissibilidade dos recursos eleitorais, cabendo-lhe negar prosseguimento caso verifique a ausência de algum de seus pressupostos.

d) o juiz eleitoral possui a prerrogativa de realizar o juízo de retratação nos recursos eleitorais.

e) em regra, os recursos eleitorais são recebidos nos efeitos devolutivo e suspensivo.

A: Incorreta. São irrecorríveis as decisões do Tribunal Superior, salvo as que declararem a invalidade de lei ou ato contrário à Constituição Federal e as denegatórias de habeas corpus ou mandado de segurança, das quais caberá recurso ordinário para o Supremo Tribunal Federal, interposto no prazo de 3 (três) dias (Art. 281, caput). **B:** Incorreta. Súmula nº 728 do STF: É de três dias o prazo para a interposição de recurso extraordinário contra decisão do Tribunal Superior Eleitoral, contado, quando for o caso, a partir da publicação do acórdão, na própria sessão de julgamento, nos termos do Art. 12 da Lei nº 6.055/1974, que não foi revogado pela Lei nº 8.950/1994. **C:** Incorreta. Não é especificidade do magistrado da Justiça Eleitoral exercer juízo de admissibilidade dos recursos, pois tal matéria também incumbe aos demais magistrados da Justiça Comum. **D:** Correta. O juiz eleitoral possui a prerrogativa de realizar o juízo de retratação nos recursos eleitorais (Código Eleitoral, Art. 267, § 7º). **E:** Incorreta. Os recursos eleitorais não terão efeito suspensivo (Código Eleitoral, Art. 257).

Questões | Comentadas

302. (FCC – 2011) A zona eleitoral corresponde

a) à dimensão espacial dos Estados-membros ou à do Distrito Federal, em se tratando de eleições estaduais ou distritais.

b) ao menor núcleo de organização da Justiça Eleitoral, contendo, cada uma, um número máximo de 400 (quatrocentos) eleitores.

c) à competência definida em relação aos juízes eleitorais.

d) à unidade previamente definida em lei complementar de iniciativa do Tribunal Superior Eleitoral.

e) à uma organização que, na conformidade do artigo 36 do Código Eleitoral, compreende a figura de um Juiz de Direito, seu Presidente, e 2 (dois) a 4 (quatro) cidadãos de notória idoneidade, com a função de expedir os boletins de apuração.

A: Incorreta. Os estados membros e o DF são divididos em circunscrições e por sua vez cada circunscrição se divide em zonas eleitorais. Divisão por competência dos TRE's homologada pelo TSE: Art 30. compete ao TRE: IX – dividir a respectiva circunscrição em Zonas Eleitorais, submetendo esta divisão, assim como a criação de novas Zonas, à aprovação do Tribunal Superior.

Res.-TSE nº 19.994/97: Estabelece normas para a criação e desmembramento de zonas eleitorais e dá outras providências. Dec.-TSE s/nº, de 7.10.2003, na Pet nº 1.386: competência do TSE para homologar divisão da circunscrição do estado em zonas eleitorais, bem como a criação de novas zonas. B: Incorreta. O número dado na questão corresponde às seções eleitorais. A seção eleitoral é organizada com um número limite de eleitores: o mínimo para que funcionem é de 50 eleitores e, o máximo, é de 400. C: Correta. Código Eleitoral, Art. 32. Cabe à jurisdição de cada uma das Zonas Eleitorais a um Juiz de Direito em efetivo exercício e, na falta deste, ao seu substituto legal que goze das prerrogativas do Art. 95 da Constituição. D: Incorreta. Iniciativa do TRE, homologada (aprovada) pelo TSE. Art 30. Compete ao TRE: IX – dividir a respectiva circunscrição em Zonas Eleitorais, submetendo esta divisão, assim como a criação de novas Zonas, à aprovação do Tribunal Superior Res.-TSE nº 19.994/97: Estabelece normas para a criação e desmembramento de zonas eleitorais e dá outras providências. Dec.-TSE s/nº, de 7.10.2003, na Pet nº 1.386: Competência do TSE para homologar divisão da circunscrição do estado em zonas eleitorais, bem como a criação de novas zonas.

Art 23. Compete ao TSE: VIII – aprovar a divisão dos Estados em Zonas Eleitorais ou a criação de novas Zonas. E: Incorreta. O item fala de juntas eleitorais e não de zonas eleitorais. Art. 36. Compor-se-ão as Juntas Eleitorais de um Juiz de Direito, que será o Presidente, e de 2 (dois) ou 4 (quatro) cidadãos de notória idoneidade.

303. (FCC – 2011) O alistamento eleitoral é um requisito indispensável para o exercício do voto, consistindo no procedimento pelo qual o cidadão qualifica-se perante a Justiça Eleitoral e se insere como membro do eleitorado nacional. O alistamento pode ou deve ser realizado

a) facultativamente para os maiores de dezesseis e menores de dezoito anos, ainda que completem os dezesseis anos no ano em que se realizarem as eleições, desde que até a data do pleito.

b) facultativamente no caso dos conscritos e analfabetos.

c) ex officio, isto é, por impulso próprio do órgão estatal.

d) facultativamente no caso de pessoa portadora de deficiência, quando reste comprovado que o cumprimento das obrigações eleitorais relativas ao alistamento é impossível ou demasiadamente oneroso.

e) obrigatoriamente pelos que se encontrem fora do país.

A: Correta. Resolução do TSE nº 21.538/2003: Art. 14. É facultado o alistamento, no ano em que se realizarem eleições, do menor que completar 16 anos até a data do pleito, inclusive. **B:** Incorreta. Segundo a CF, os conscritos não podem se alistar como eleitores. Quanto ao analfabeto, a assertiva está correta. **C:** Incorreta O alistamento eleitoral depende do eleitor. **D:** Incorreta. Os portadores de deficiência, para os quais se que torne impossível ou demasiadamente oneroso o cumprimento das obrigações eleitorais (alistamento e voto), podem requerer a não aplicação das sanções legais. Isso não quer dizer que o alistamento para eles é facultativo. **E:** Incorreta. Segundo o Código Eleitoral, o alistamento é facultativo aos que se encontrem fora do país.

304. **(FCC – 2011)** A diplomação é o ato pelo qual a Justiça Eleitoral habilita os candidatos eleitos e seus suplentes a exercer seus respectivos mandatos. Dentre suas características, destaca-se que

a) a competência para outorgar a diplomação pode ser de um órgão monocrático ou colegiado, conforme a instância em que ocorra.

b) a data da diplomação não pode ser alterada pela Justiça Eleitoral, uma vez que constitui objeto de norma expressa, de natureza cogente, na legislação eleitoral.

c) a expedição do diploma pode ser fiscalizada por partido político, coligação, candidato ou membro do Ministério Público, ante seu caráter de ato jurídico público.

d) nas eleições majoritárias são diplomados somente os candidatos eleitos ao Poder Executivo, não sendo cabível a diplomação dos vices.

e) existindo recurso contrário à diplomação, esta será sobrestada enquanto não julgado o recurso.

A: Incorreta. A diplomação será sempre realizada por um órgão colegiado da Justiça Eleitoral: (i) Junta Eleitoral (eleições municipais); ii) TRE (eleições gerais); e iii) TSE (eleições presidenciais). **B:** Incorreta. Não há previsão legal de data para a realização da diplomação. O TSE, mediante resolução, tem fixado que tal ato seja praticado até 19 de dezembro do ano eleitoral. Essa data limite se refere ao fato de,

Questões | Comentadas

a partir de 20 de dezembro, iniciar-se o recesso forense. **C:** Correta. A expedição do diploma, ante seu caráter de ato jurídico público-eleitoral, pode ser fiscalizada por partido político, coligação, candidato ou membro do Ministério Público. **D:** Incorreta. Os candidatos eleitos, assim como os suplentes, receberão diploma assinado pelo Presidente do Tribunal Regional ou da Junta Eleitoral, conforme o caso (Código Eleitoral, Art. 215, caput). São diplomados, nas eleições majoritárias, os titulares e os vices, bem como os suplentes de senador. **E:** Incorreta. Enquanto o Tribunal Superior não decidir o recurso interposto contra a expedição do diploma, poderá o diplomado exercer o mandato em toda a sua plenitude (Código Eleitoral, Art. 216).

305. (FCC – 2011) As agremiações políticas e coligações possuem prerrogativas de fiscalização do processo de votação e apuração das eleições, as quais são garantidas por normas expressas na legislação eleitoral, sendo que, caso não observadas, podem acarretar nulidades na votação. Entre tais prerrogativas, insere-se

a) a nomeação de fiscal para fiscalizar seção eleitoral, sendo-lhe vedado, contudo, nomear o mesmo fiscal para mais de uma seção, ainda que no mesmo local de votação.

b) o requerimento do registro, na Justiça Eleitoral, dos fiscais e delegados que participarão da fiscalização, para que aquela expeça as credenciais necessárias à livre circulação nas seções eleitorais.

c) o conhecimento antecipado dos programas de computador utilizados no processamento eletrônico da totalização dos resultados, podendo, inclusive, apresentar, em relação a eles, impugnação fundamentada à Justiça Eleitoral.

d) constituir sistema próprio de fiscalização, apuração e totalização dos resultados, contratando, inclusive, empresas de auditoria de sistemas de sua confiança, independente de credenciamento junto à Justiça Eleitoral, as quais receberão, previamente, os programas de computador e, simultaneamente, os mesmos dados alimentadores do sistema oficial de apuração e totalização.

e) obter cópia do boletim de urna, sem limitação temporal para seu requerimento.

A: Incorreta. Lei nº 9.504/1997, Art. 65, § 1º O fiscal poderá ser nomeado para fiscalizar mais de uma Seção Eleitoral, no mesmo local de votação. **B:** Incorreta. Lei nº 9.504/1997, Art. 65: § 2º As credenciais de fiscais e delegados serão expedidas, exclusivamente, pelos partidos ou coligações. § 3º Para efeito do disposto no parágrafo anterior, o presidente do partido ou o representante da coligação deverá registrar na Justiça Eleitoral o nome das pessoas autorizadas a expedir as credenciais dos fiscais e delegados. **C:** Correta. Art. 66. Os partidos e coligações poderão fiscalizar todas as fases do processo de votação e apuração das eleições e o processamento eletrônico da totalização dos resultados. (Redação dada pela Lei nº 10.408, de 10.1.2002) § 3º No prazo de cinco dias a contar da data da apresentação referida no § 2º, o partido político e a coligação poderão apresentar impugnação fundamentada à Justiça Eleitoral. (Redação dada pela Lei nº 10.740, de 1º.10.2003) **D:** Incorreta. Lei nº 9.504/1997, Art. 66, § 7o Os partidos concorrentes ao pleito poderão constituir sistema próprio de fiscalização, apuração e totalização dos resultados contratando, inclusive, empresas de auditoria de sistemas, que, credenciadas junto à Justiça Eleitoral, receberão, previamente, os programas de computador e os mesmos dados alimentadores do sistema oficial de apuração e totalização. **E:** Incorreta. Lei nº 9.504/1997, Art. 68, § 1º O Presidente da Mesa Receptora é obrigado a entregar cópia do boletim de urna aos partidos e coligações concorrentes ao pleito cujos representantes o requeiram até uma hora após a expedição.

306. (FCC – 2011) O processo eleitoral é uma das formas de concretização do princípio democrático, razão pela qual é merecedor de diversas garantias previstas, expressamente, na legislação. Entre tais garantias, destaca-se que

a) nenhuma autoridade poderá, desde cinco dias antes e até quarenta e oito horas depois do encerramento da eleição, prender ou deter qualquer eleitor, ainda que em flagrante delito ou em virtude de sentença criminal condenatória por crime inafiançável.

b) os membros das Mesas Receptoras, durante o exercício de suas funções, não poderão ser detidos ou presos, salvo o caso de flagrante delito. Tal garantia não se estende aos fiscais dos partidos.

c) o eleitor, embora não possua a prerrogativa de representar diretamente ao corregedor geral ou regional da Justiça Federal, pode provocar o Ministério Público ou o partido político para que o faça.

d) é proibida, durante o ato eleitoral, a presença de força pública no edifício em que funcionar Mesa Receptora, ou nas imediações, sendo que a força armada conservar-se-á a cem metros da Seção Eleitoral e não poderá aproximar-se do lugar da votação, ou nele penetrar, sem ordem do Presidente da Mesa.

e) aos partidos políticos é assegurada a prioridade postal durante o ano da realização das eleições, para remessa de material de propaganda de seus candidatos registrados.

A: Incorreta. Código Eleitoral, Art. 236. Nenhuma autoridade poderá, desde 5 (cinco) dias antes e até 48 (quarenta e oito) horas depois do encerramento da eleição, prender ou deter qualquer eleitor, salvo em flagrante delito ou em virtude de sentença criminal condenatória por crime inafiançável, ou, ainda, por desrespeito a salvo-conduto. **B:** Incorreta. Código Eleitoral, Art. 236, § 1º Os membros das Mesas Receptoras e os Fiscais de partido, durante o exercício de suas funções, não po-

Questões | Comentadas

derão ser, detidos ou presos, salvo o caso de flagrante delito; da mesma garantia gozarão os candidatos desde 15 (quinze) dias antes da eleição. **C:** Incorreta. Código Eleitoral, Art. 237, § 2º Qualquer eleitor ou partido político poderá se dirigir ao Corregedor-Geral ou Regional, relatando fatos e indicando provas, e pedir abertura de investigação para apurar uso indevido do poder econômico, desvio ou abuso do poder de autoridade, em benefício de candidato ou de partido político. **D:** Correta. Código Eleitoral, Art. 238. É proibida, durante o ato eleitoral, a presença de força pública no edifício em que funcionar Mesa Receptora, ou nas imediações, observado o disposto no Art. 141. Art. 141. A força armada conservar-se-á a cem metros da Seção Eleitoral e não poderá aproximar-se do lugar da votação, ou nele penetrar, sem ordem do Presidente da Mesa. **E:** Incorreta. Código Eleitoral, Art. 239. Aos partidos políticos é assegurada a prioridade postal durante os 60 (sessenta) dias anteriores à realização das eleições, para remessa de material de propaganda de seus candidatos registrados.

307. (FCC – 2011) De acordo com a Lei nº 9.096/95, os partidos políticos

a) poderão, depois de autorização diplomática, subordinarem- se a entidade estrangeira.

b) poderão incorporar-se um ao outro por decisão de seus órgãos nacionais de deliberação.

c) poderão manter organização paramilitar.

d) poderão receber recursos financeiros de procedência estrangeira.

e) não poderão promover alterações programáticas ou estatutárias após o registro de seu estatuto no Tribunal Superior Eleitoral.

A: Incorreta. Art. 5º A ação do partido tem caráter nacional e é exercida de acordo com seu estatuto e programa, sem subordinação a entidades ou governos estrangeiros. **B:** Correta. Está expresso no Art. 29 da Lei nº 9.096/1995. **C:** Incorreta. Organização paramilitar, associação que não é criada pelo poder público, já é vedada pela CF/1988. **D:** Incorreta. Art. 31. É vedado ao partido receber, direta ou indiretamente, sob qualquer forma ou pretexto, contribuição ou auxílio pecuniário ou estimável em dinheiro, inclusive através de publicidade de qualquer espécie, procedente de: I - entidade ou governo estrangeiros. A não observação desse inciso acarreta a perda, por parte do partido, de participar do fundo partidário por 01 ano. **E:** Incorreta. Art. 10, Parágrafo único. O Partido comunicará à Justiça Eleitoral a constituição de seus órgãos de direção e os nomes dos respectivos integrantes, bem como as alterações que forem promovidas, para anotação.

308. (FCC – 2011) De acordo com a Lei nº 6.091/74, utilizar em campanha eleitoral, no decurso dos noventa dias que antecedem o pleito, veículos e embarcações pertencentes à União, Estados, Municípios e respectivas autarquias e sociedades de economia mista, acarreta

a) o cancelamento do registro do candidato ou de seu diploma, se já houver sido proclamado eleito.

b) a imposição de multa de 100 a 150 dias-multa.

c) a aplicação de pena de detenção de 3 a 6 meses, somente.

d) a aplicação de pena de detenção de 15 dias a 6 meses e de 200 a 300 dias-multa.

e) a aplicação de advertência verbal e pública pelo Presidente do Tribunal Regional Eleitoral.

A: Correta. Assertiva em conformidade com o Art. 11, V, da Lei nº 6.091/1974. **B:** Incorreta. Não existe a pena de 100 a 150 dias-multa. **C:** Incorreta. Não existe a pena de 3 a 6 meses. **D:** Incorreta. Art. 11, Parágrafo único. O responsável pela guarda do veículo ou embarcação será punido com a pena de detenção de 15 dias a 6 meses e pagamento de 60 a 100 dias-multa. **E:** Incorreta. Não há penalidades aplicadas pelo Presidente do TRE.

309. (FCC – 2011) Compete aos Tribunais Regionais Eleitorais, dentre outras atribuições, processar e julgar originariamente

a) a suspeição e o impedimento do Procurador-Geral Eleitoral.

b) os conflitos de jurisdição entre Juízes Eleitorais do respectivo Estado e de outro Estado da Federação.

c) a suspeição ou impedimento aos membros do próprio Tribunal Regional Eleitoral.

d) o registro de candidatos à Presidente e Vice-Presidente da República.

e) os crimes eleitorais e os comuns que lhes forem conexos cometidos pelos juízes do próprio Tribunal Regional Eleitoral.

A: Incorreta. Art. 22, I, c, do **CE:** Art. 22. Compete ao Tribunal Superior Eleitoral: I - processar e julgar originariamente: c) a suspeição ou impedimento aos seus membros, ao Procurador Geral e aos funcionários de suas secretarias. **B:** Incorreta. Art. 22, I, b, do **CE:** Art. 22. Compete ao Tribunal Superior Eleitoral: I - processar e julgar originariamente: b) os conflitos de jurisdição entre Tribunais Regionais e juízes eleitorais de Estados diferentes. Já, os conflitos de jurisdição entre juízes eleitorais do mesmo Estado competem ao respectivo TRE. **C:** Correta. Art. 29, I, c, do **CE:** Art. 29. Compete aos Tribunais Regionais: I - processar e julgar originariamente: c) a suspeição ou impedimentos aos seus membros, ao Procurador Regional e aos funcionários de sua secretária, assim como aos juízes e escrivães eleitorais. **D:** Incorreta. Art. 22, I, a, do **CE:** Art. 22. Compete ao Tribunal Superior Eleitoral: I - processar e julgar originariamente: a) o registro e a cassação de registro de partidos políticos, dos seus diretórios nacionais e de candidatos à Presidência e Vice-Presidência da República. **E:** Incorreta. Art. 22, I, d, do **CE:** Art. 22. Compete ao Tribunal Superior Eleitoral: I - processar e julgar originariamente: d) os crimes eleitorais e os comuns que lhe forem conexos cometidos pelos seus próprios juízes e pelos juízes dos Tribunais Regionais.

Questões | Comentadas

310. **(FCC – 2011)** De acordo com a Lei Complementar no 64/90 (Lei de Inelegibilidade), no processo de impugnação de registro de candidatura,

a) o Ministério Público, encerrado o prazo da dilação probatória, não poderá apresentar alegações, se não tiver sido o impugnante.

b) poderá figurar como impugnante qualquer pessoa.

c) a defesa só poderá ser feita pelo partido a que pertencer o candidato.

d) não será admitida a produção de prova testemunhal.

e) a impugnação deverá ser feita em petição fundamentada, no prazo de cinco dias, contados da publicação do pedido de registro de candidatura.

A: Incorreta. Haverá um prazo comum, inclusive para o MP de 5 dias. **B:** Incorreta. Possíveis impugnantes: Candidato, partido político, coligação e o MP. **C:** Incorreta. A defesa pode ser feita por candidato, partido político ou coligação. **D:** Incorreta. Podem ser arroladas até 6 testemunhas. **E:** Correta. Assertiva em conformidade com o Art. 3º da LC nº 64/1990.

311. **(FCC – 2011)** De acordo com a Lei Complementar nº 64/90 (Lei de Inelegibilidade), as arguições de inelegibilidade

a) serão feitas perante o Tribunal Superior Eleitoral, quando se tratar de candidato a Governador e Vice-Governador de Estado.

b) devem ser conhecidas e decididas pela Justiça Comum Estadual, quando se tratar de candidato a Vereador.

c) serão feitas perante o Tribunal Superior Eleitoral, quando se tratar de candidato a Deputado Federal.

d) serão feitas perante o Tribunal Regional Eleitoral, quando se tratar de candidato a Prefeito e Vice-Prefeito.

e) serão feitas perante o Tribunal Regional Eleitoral, quando se tratar de candidato a Senador.

A: Incorreta. Serão feitas perante o Tribunal Regional Eleitoral, Art. 2º, parágrafo único, II. **B:** Incorreta. Conhecidas e decididas perante os Juízes Eleitorais, Art. 2º, parágrafo único, III. **C:** Incorreta. Serão feitas perante o Tribunal Regional Eleitoral, Art. 2º, parágrafo único, II. **D:** Incorreta. Serão feitas perante os Juízes Eleitorais, Art. 2º, parágrafo único, III. **E:** Correta. Assertiva em conformidade com o Art. 2º, parágrafo único, II.

312. **(FCC – 2011)** NÃO é crime eleitoral

a) impedir ou embaraçar o exercício do sufrágio.

b) prender eleitor em flagrante delito no dia da eleição.

c) reter título eleitoral contra a vontade do eleitor.

d) fazer propaganda, qualquer que seja a sua forma, em língua estrangeira.

e) inutilizar, alterar ou perturbar meio de propaganda devidamente empregado.

A: Incorreta. É crime eleitoral, previsto no Código Eleitoral. Art. 297. Impedir ou embaraçar o exercício do sufrágio: Pena - Detenção até seis meses e pagamento de 60 a 100 dias-multa. **B:** Correta. Não constitui crime eleitoral, pois o CE admite a prisão no período eleitoral apenas em 3 casos, dentre eles quando há flagrante delito. Art. 236. Nenhuma autoridade poderá, desde 5 (cinco) dias antes e até 48 (quarenta e oito) horas depois do encerramento da eleição, prender ou deter qualquer eleitor, salvo em flagrante delito ou em virtude de sentença criminal condenatória por crime inafiançável, ou, ainda, por desrespeito a salvo-conduto. § 1º Os membros das mesas receptoras e os fiscais de partido, durante o exercício de suas funções, não poderão ser detidos ou presos, salvo o caso de flagrante delito; da mesma garantia gozarão os candidatos desde 15 (quinze) dias antes da eleição. **C:** Incorreta. Constitui crime eleitoral. Art. 295. Reter título eleitoral contra a vontade do eleitor: Pena - Detenção até dois meses ou pagamento de 30 a 60 dias-multa. **D:** Incorreta. Constitui crime eleitoral. Art. 335. Fazer propaganda, qualquer que seja a sua forma, em língua estrangeira: Pena - detenção de três a seis meses e pagamento de 30 a 60 dias-multa. **E:** Incorreta. Constitui crime eleitoral. Art. 331. Inutilizar, alterar ou perturbar meio de propaganda devidamente empregado: Pena - detenção até seis meses ou pagamento de 90 a 120 dias-multa.

313. (FCC – 2011) A respeito das representações da Lei no 9.504/97, considere:

I) Salvo disposições específicas em contrário da Lei no 9.504/97, as representações relativas ao descumprimento das suas normas podem ser feitas por qualquer partido político, coligação e candidato.

II) Recebida a representação, a Justiça Eleitoral notificará imediatamente o representado para, querendo, apresentar defesa em quarenta e oito horas.

III) Contra a decisão que julgar a representação, o recurso, quando cabível, deverá ser apresentado no prazo de três dias, assegurado ao recorrido o oferecimento de contrarrazões, em igual prazo, a contar da sua notificação.

Está correto o que se afirma SOMENTE em

a) I e II.

b) I e III.

c) II e III.

d) I.

e) III.

Questões | Comentadas

I: Correta. Art. 96. Salvo disposições específicas em contrário desta Lei, as reclamações ou representações relativas ao seu descumprimento podem ser feitas por qualquer partido político, coligação ou candidato, e devem dirigir-se. II: Correta. Art. 96, § 5º Recebida a reclamação ou representação, a Justiça Eleitoral notificará imediatamente o reclamado ou representado para, querendo, apresentar defesa em quarenta e oito horas. III: Incorreta. O prazo de recurso e de contrarrazões é de vinte e quatro horas. Art. 96, § 8º Quando cabível recurso contra a decisão, este deverá ser apresentado no prazo de vinte e quatro horas da publicação da decisão em cartório ou sessão, assegurado ao recorrido o oferecimento de contrarrazões, em igual prazo, a contar da sua notificação.

314. (FCC – 2011) É permitida a propaganda eleitoral por meio de

a) faixas fixadas em viaduto sobre via pública de tráfego intenso.

b) faixa fixada em postes de iluminação pública.

c) placas instaladas em centro comercial de propriedade privada.

d) impressos, pedindo o voto para diversos candidatos do partido.

e) estandartes colocados em passarela de pedestres.

A: Incorreta. Art. 37. Nos bens cujo uso dependa de cessão ou permissão do poder público, ou que a ele pertençam, e nos de uso comum, inclusive postes de iluminação pública e sinalização de tráfego, viadutos, passarelas, pontes, paradas de ônibus e outros equipamentos urbanos, é vedada a veiculação de propaganda de qualquer natureza, inclusive pichação, inscrição a tinta, fixação de placas, estandartes, faixas e assemelhados. **B:** Incorreta. Vide Art. 37. **C:** Incorreta. Art. 37, § 4º Bens de uso comum, para fins eleitorais, são os assim definidos pela Lei no 10.406, de 10 de janeiro de 2002 - Código Civil e também aqueles a que a população em geral tem acesso, tais como cinemas, clubes, lojas, centros comerciais, templos, ginásios, estádios, ainda que de propriedade privada. **D:** Correta. Art. 38. Independe de obtenção de licença municipal e de autorização da Justiça Eleitoral a veiculação de propaganda eleitoral pela distribuição de folhetos, volantes e outros impressos... § 2º Quando o material impresso veicular propaganda conjunta de diversos candidatos, os gastos relativos a cada um deles deverão constar na respectiva prestação de contas, ou apenas naquela relativa ao que houver arcado com os custos. **E:** Incorreta. Art. 37. Nos bens cujo uso dependa de cessão ou permissão do poder público, ou que a ele pertençam, e nos de uso comum, inclusive postes de iluminação pública e sinalização de tráfego, viadutos, passarelas, pontes, paradas de ônibus e outros equipamentos urbanos, é vedada a veiculação de propaganda de qualquer natureza, inclusive pichação, inscrição a tinta, fixação de placas, estandartes, faixas e assemelhados.

Gabaritos

Questões | Comentadas

#	Resp.	#	Resp.	#	Resp.	#	Resp.
1	D	36	E	71	C	106	D
2	C	37	E	72	A	107	ERRADO
3	C	38	B	73	B	108	CERTO
4	A	39	B	74	E	109	CERTO
5	A	40	B	75	C	110	ERRADO
6	A	41	A	76	A	111	ERRADO
7	E	42	A	77	B	112	ERRADO
8	B	43	A	78	C	113	ERRADO
9	A	44	E	79	C	114	CERTO
10	B	45	C	80	C	115	CERTO
11	A	46	C	81	D	116	CERTO
12	E	47	E	82	D	117	C
13	D	48	C	83	A	118	B
14	D	49	B	84	C	119	D
15	C	50	C	85	B	120	B
16	B	51	D	86	E	121	A
17	A	52	B	87	C	122	E
18	D	53	A	88	C	123	B
19	B	54	C	89	A	124	B
20	D	55	A	90	E	125	A
21	B	56	E	91	C	126	D
22	B	57	B	92	D	127	E
23	A	58	D	93	B	128	B
24	A	59	C	94	D	129	A
25	D	60	A	95	B	130	E
26	B	61	E	96	E	131	A
27	C	62	C	97	B	132	E
28	A	63	A	98	E	133	E
29	C	64	A	99	A	134	C
30	A	65	D	100	D	135	B
31	B	66	E	101	D	136	D
32	D	67	B	102	C	137	E
33	E	68	A	103	C	138	C
34	D	69	E	104	C	139	B
35	C	70	D	105	A	140	B

141	B	176	D	211	E	246	B
142	D	177	A	212	C	247	D
143	E	178	C	213	A	248	E
144	B	179	E	214	D	249	A
145	B	180	C	215	C	250	A
146	B	181	E	216	B	251	B
147	A	182	B	217	E	252	B
148	C	183	A	218	D	253	E
149	B	184	E	219	A	254	A
150	D	185	B	220	C	255	A
151	C	186	D	221	D	256	D
152	A	187	C	222	B	257	D
153	A	188	A	223	E	258	E
154	D	189	B	224	A	259	A
155	B	190	C	225	A	260	C
156	E	191	D	226	C	261	B
157	A	192	B	227	A	262	C
158	B	193	C	228	C	263	A
159	D	194	B	229	B	264	E
160	B	195	D	230	C	265	D
161	B	196	D	231	A	266	B
162	D	197	C	232	D	267	A
163	A	198	D	233	E	268	E
164	B	199	A	234	D	269	B
165	D	200	A	235	A	270	E
166	D	201	D	236	B	271	D
167	E	202	B	237	B	272	C
168	C	203	A	238	A	273	C
169	B	204	A	239	B	274	A
170	B	205	C	240	C	275	E
171	A	206	D	241	A	276	D
172	A	207	B	242	C	277	B
173	A	208	E	243	B	278	D
174	B	209	A	244	E	279	E
175	D	210	A	245	D	280	C

Questões | Comentadas

281	A	290	D	299	B	308	A
282	E	291	C	300	A	309	C
283	E	292	B	301	D	310	E
284	C	293	D	302	C	311	E
285	B	294	A	303	A	312	B
286	C	295	E	304	C	313	A
287	E	296	B	305	C	314	D
288	A	297	A	306	D		
289	B	298	E	307	B		

Anotações

Questões | Comentadas

Por Que Escolhe o AlfaCon?

Videoaulas + PDF
Videoaulas sincronizadas com o material em PDF. O AlfaCon utiliza uma metodologia de ensino inovadora que proporciona ao aluno o aprendizado por diversas mídias.

Plano de Estudos
O plano de estudos é uma estratégia idealizada pela equipe AlfaCon para fazer com que você consiga direcionar sua preparação. É uma ferramenta essencial para você maximizar seu desempenho em provas de concursos.

Cursos Regulares, Exercícios, Eventos e Muito mais
O curso regular direciona você para a parte teórica das disciplinas dos editais. Com as turmas de exercícios, você aprende a técnica correta para resolver as questões de provas. Com os eventos, você relembra os tópicos mais importantes.

Comodidade e Flexibilidade no seu Ritmo
O aluno que escolhe o AlfaCon tem flexibilidade na composição do seu cronograma de videoaulas e conta com uma variedade de cursos e professores para a mesma matéria. Além disso, são oferecidos cursos de matérias isoladas, e também há pacotes com disciplinas específicas e básicas.

VENHA FAZER PARTE DESSE TIME VENCEDOR!

1/3 DAS VAGAS
1º LUGAR NACIONAL

1/3 DAS VAGAS

+ 10 000 CLASSIFICADOS

+50 MIL APROVADOS

42 1º COLOCADOS

454 CLASSIFICADOS

1/3 CLASSIFICADOS

CÓDIGO DE ACESSO

ESTÁ DISPONÍVEL PARA VOCÊ O CÓDIGO ABAIXO.

Este é o código do seu material

| SLDE | AHBACABG | CÓDIGO |

Entre agora no site
www.alfaconcursos.com.br/codigo
e utilize o código.

Para utilizá-lo, é preciso estar cadastrado no site.

Com esse código será possível acessar:
- Videoaulas ON-LINE GRATUITAS*, de caráter exclusivo.
- Atualizações por meio digital, se forem necessárias.

* O código de acesso terá validade de 6 (seis) meses para uso, considerando a data da compra.
* Cada videoaula pode ser visualizada 5 (cinco) vezes.
** As atualizações serão a critério exclusivo do AlfaCon, mediante análise pedagógica.